全新司法体制改革与司法职业技能培训丛书

中国法学会法律文书学研究会
委托重大专项课题结项成果（课题编号2017FLWS001）

华中师范大学应用法学与法治社会研究院学科建设
重点培育项目结项成果（项目编号:2017XKPY001）

全新司法体制改革与司法职业技能培训丛书

新民事诉讼文书样式实例评注（上卷）

INSTANCE COMMENTARY OF THE NEW DOCUMENTS STYLE OF CIVIL LITIGATION

杨凯　主编

图书在版编目（CIP）数据

新民事诉讼文书样式实例评注：全2卷/杨凯主编. —北京：北京大学出版社，2018.2
（全新司法体制改革与司法职业技能培训丛书）
ISBN 978-7-301-28727-9

Ⅰ. ①新… Ⅱ. ①杨… Ⅲ. ①民事诉讼—法律文书—范文—中国—职业培训—教材 Ⅳ. ①D926.13

中国版本图书馆CIP数据核字（2017）第212507号

书　　　名	新民事诉讼文书样式实例评注（上下卷） Xin Minshi Susong Wenshu Yangshi Shili Pingzhu（Shangxia Juan）
著作责任者	杨　凯　主编
策 划 编 辑	陆建华
责 任 编 辑	田　鹤　焦春玲
标 准 书 号	ISBN 978-7-301-28727-9
出 版 发 行	北京大学出版社
地　　　址	北京市海淀区成府路205号　100871
网　　　址	http://www.pup.cn　http://www.yandayuanzhao.com
电 子 信 箱	yandayuanzhao@163.com
新 浪 微 博	@北京大学出版社　@北大出版社燕大元照法律图书
电　　　话	邮购部 62752015　发行部 62750672　编辑部 62117788　出版部 62754962
印 刷 者	北京中科印刷有限公司
经 销 者	新华书店
	730毫米×1020毫米　16开本　125.5印张　2594千字 2018年2月第1版　2018年2月第1次印刷
定　　　价	388.00元（上下卷）

未经许可，不得以任何方式复制或抄袭本书之部分或全部内容。
版权所有，侵权必究
举报电话：010-62752024　电子信箱：fd@pup.pku.edu.cn
图书如有印装质量问题，请与出版部联系，电话：010-62756370

课题简介

本书为中国法学会法律文书学研究会委托重大专项课题"新民事诉讼文书样式实例评注研究"（课题编号：2017FLWS001）和华中师范大学应用法学与法治社会研究院学科建设重点培育项目"新民事诉讼文书样式应用法学研究"（项目编号：2017XKPY001）。

课题指导专家：

中国法学会法律文书学研究会会长
中国政法大学法学院教授　　　　　　马宏俊
中国法学会民事诉讼法研究会副会长
中南财经政法大学法学院教授　　　　蔡　虹

课题主持人：

华中师范大学法学院教授　　　　　　杨　凯

课题组成员：

华中师范大学法学院副教授　　　　　杨彩霞
武汉市硚口区人民法院法官　　　　　李　婷
武汉市江岸区人民法院法官　　　　　程　春
武汉市江汉区人民法院法官　　　　　刘　莹
湖北省高级人民法院法官　　　　　　夏　勇
湖北省高级人民法院法官　　　　　　黄　怡
湖北省高级人民法院法官　　　　　　黄　莹
湖北省高级人民法院法官　　　　　　曾　诚
武汉市硚口区人民法院法官助理　　　姜丽丽
武汉市硚口区人民法院法官助理　　　王　珂
（按课题组登记顺序排名）

课题组成员简介：

杨凯，男，法学博士，中国法学会法律文书学研究会常务理事，武汉市法学会法律文书研究会秘书长，华中师范大学法学院教授。

杨彩霞，女，法学博士，中国法学会法律文书学研究会理事，武汉市法学会法律文书研究会常务理事，华中师范大学法学院副教授。

李婷，女，法律硕士，武汉市法学会法律文书研究会理事，武汉市硚口区人民法院立案庭法官。

程春，女，法学硕士，武汉市法学会法律文书研究会理事，武汉市江岸区人民法院诉讼服务中心速裁组法官。

刘莹，女，法律硕士，武汉市法学会法律文书研究会理事，武汉市江汉区人民法院法官。

夏勇，男，法学博士，武汉市法学会法律文书研究会理事，湖北省高级人民法院民二庭法官。

黄怡，女，法学博士，武汉市法学会法律文书研究会理事，湖北省高级人民法院审判监督第一庭法官。

黄莹，女，法学硕士，武汉市法学会法律文书研究会理事，湖北省高级人民法院民一庭法官。

曾诚，女，法学硕士，武汉市法学会法律文书研究会理事，湖北省高级人民法院民四庭法官。

姜丽丽，女，法学硕士，武汉市法学会法律文书研究会理事，武汉市硚口区人民法院家事法庭法官助理。

王珂，男，法律硕士，武汉市法学会法律文书研究会理事，武汉市硚口区人民法院民一庭法官助理。

探寻司法职业技能培训与法学教育
融合共进的创新路径
——"全新司法体制改革与司法职业技能培训丛书"总序

张新宝[*]

自接到杨凯法官为其"全新司法体制改革与司法职业技能培训丛书"写总序言的邀请后,我就一直在回想近二十多年来,自己曾经多次在国家法官学院和全国各地高中级法院培训法官授课的情景。在思考和比较法官的司法职业技能培训教育与传统法学教育的异同;同时,也在思考司法职业技能培训教育的本质属性究竟是什么?法律职业的司法职业技能培训教育与法学通识教育之间究竟应该怎样相互融合?我认为,司法职业技能培训教育应当同属于现代法学教育的一部分,现代法学教育应当重视和适度融合司法职业技能培训教育的内容,当今的法学教育改革需要探寻一条将司法职业技能培训教育融入法学通识教育的创新路径。随着十八届四中全会提出的司法体制改革进程的不断深化,随着国家治理体系和治理能力现代化进程的不断加快,法学教育同样也面临着一场深刻的变革。法学通识教育对教学内容的实证与实用的要求越来越高,国内一流法学院都与公检法司等实务部门签订了各类合作共建协议,共建国家级法学实践教学基地、卓越法律人才培养基地、本科生和研究生实习基地等法学实践教学平台。法律诊所、案例教学、模拟法庭、双师同堂、双导师制、实习与实践教学等多种源于司法实践和司法职业技能培训教育的全新法学教学方法已经逐渐走进了法学通识教育的课堂。教育部、中央政法委等六部委于2013年启动的"双千计划"也是为了促进司法实践与法学教育的深度融合。在深化司法体制改革的社会发展进程中,司法职业技能培训融入法学通识教育已经成为一种趋势。

传统的法学通识教育主要集中于法学本科教育和非法学专业的法律硕士教育,主要是培养法科学生掌握从理论法学到部门法学各科的通用知识,建立起对宪法和法律的忠诚,形成法律思维和法治方法的自觉性。法学专业研究生教育则是在此基础上的提高以及法学具体学科的深化。与法学院传统的学理教育不同,司法职业技能培训教育的侧重点在于"技能"方面:即如何将学到的法学理论知识与司法实践相结合以解决日常工作中的实际问题。它是关于技术的培训、关于能力的培训、关于操作方法和流程的培训。司法职业技能培

---

[*] 张新宝:中国人民大学法学院教授、博士生导师,教育部长江学者奖励计划特聘教授,《中国法学》总编辑,中国法学会法学期刊研究会会长,华中师范大学法学院名誉院长。

训原本广泛应用于招录法科学生到法律职业工作岗位以后的入职培训、岗位培训、晋级晋职培训、职业进修培训。然而，司法体制改革和法学教育改革的交互影响和双重变革，使得我们必须重新考量司法职业技能培训与法学通识教育共同的本质属性，并在法学教育改革进程中积极探寻将司法职业技能培训融入法学通识教育的创新路径与方法。法学是文科中的"工科"，特别强调培养学生的思维能力和动手能力，强调综合培养学生的司法实践经验和司法职业技能，强调全面培养"学以致用"的实际应用能力和娴熟操作流程的实操能力。传统的学理教育模式需要与现代司法职业技能培训相融合才能真正满足现代法学通识教育的现实需要。

司法职业技能培训教育对国家法治建设的意义非常重大。改革开放以来，我国的司法职业技能培训与法治建设同步发展，经历了夜校阶段、高级法官委托培训阶段、少量学理教育阶段以及初任法官（预备法官）培训、新任院长上岗培训、新颁布的法律法规培训、刑事民事（含知识产权）和执行业务等专门培训等。整体来看，这些培训项目与内容大体适应了司法人员知识更新和技能提升的要求。但是随着我国法学教育事业的发展和成熟，特别是司法人员学历学位的普遍提高，司法职业技能教育培训无论是课程设置还是内容调整和方法改进，都面临着重大的机遇与严峻的挑战。特别是在统筹谋划全面依法治国和全面深化司法体制改革的大背景下，司法职业技能教育培训工作已经成为国家法治建设的重要组成部分，是实现国家治理体系和治理能力现代化的重要方法和路径。只有司法人员的整体素质和能力提高了，才可能胜任司法职业，裁判出来的每一个具体案件才能让人民群众真正感受到公平正义。因此，我以为，正在深入进行的司法体制改革将会给传统的法学教育和法学研究带来一场深刻而巨大的变革。现代法学教育和法学研究应当将关注视野和研究重点积极拓展到现代司法职业技能教育培训的相关领域中来，现代法学教育不能仅仅只是局限于传统的学理教育和通识教育，而应当密切关注司法实践的最新发展和司法体制改革带来的巨大变革。司法职业技能培训教育可能会发展成为未来法学教育中创建"双一流"法学专业和法学学科建设的重要内容，甚至可能会逐渐发展成为未来高等院校法学院新型法学教育的主业之一，法学教育改革的重点需要积极探寻司法职业技能培训与法学教育相结合的融合创新之路。

新一轮司法体制改革成功的关键在于司法职业队伍的专业化、规范化、职业化建设。而建设一支专业化、规范化、职业化的司法职业队伍必须要有正规化、专门化、常态化的高水平司法职业技能培训教育体系作为支撑。现代司法职业对于专业化、规范化、职业化的要求越来越高，新一轮司法体制改革力推的法官、检察官员额制改革就是为了真正改变过去司法职业非专业化、非规范化、非职业化的诸多弊端，让司法职业更加符合法治社会建设的现实需要。司法职业是一门需要终身学习的特殊职业，是一门长期需要职业技能教育培训的特殊职业，专业化的职业技能培训就是现代司法职业的显著职业特征。新形势下的司法职业队伍建设亟待系统建构一整套正规化、专门化和经常化的司法职业技能培训教育体系。现代法官、检察官、律师等法律职业无论入职起始的学历学位有多高，都不足以应对日益复杂的司法案件和纷繁复杂的社会矛盾，都需要在司法实践中不断通过职业技能培训教育来总结、借鉴、学习、培训、思考，才能较好地适应日新月异的司法职业工作需要。对于现代司法职业而言，职业化建设的基础就是学习能力的持续培养和职业技能的持续锻造。由此，我们的司法职业技能培训教育也需要借鉴现代法学教育的规律和方法，不断通过融合创新逐步，发展成为契合教育培训规律的正规化、专门化、经常化的司法职业技能培训教育体系。

长期以来，司法职业技能培训由于培训内容变化快，因而难以形成较高水平的体系化培训教材，这与司法职业技能培训的特殊性有直接关联。司法职业技能培训教育比较注重授课教师的选择、培训内容的改进和受众的评价，而普遍忽略了体系化培训教材的研发，这一点值得向法学通识教育体系学习和借鉴。我认为，培训教育与学理教育同样都属于法学教育，二者的本质属性和教育规律在法理层面应当是相同的，只是侧重点有所不同。司法职业技能培训教育的内容虽然变化很快，但实际上还是有规律可循的，完全可以针对现代司法职业技能培训教育的现实需求和特殊规律，自主研发高水平的司法职业技能培训教材，高水平的系列培训教材是保证司法职业技能培训获得成功的基础性条件，高水平体系化的培训教材将会引领司法职业培训教育发展的方向。

十八届四中全会报告和中央全面深化改革领导小组批准的司法体制改革方案明确提出司法人员分类管理，最高人民法院发布的《人民法院第四个五年改革纲要（2014－2018）》进一步明确了法官、法官助理、书记员、司法警察的改革路径与方法，司法责任制的改革也对不同类型司法职业技能提出明确责任要求。在司法体制改革不断深化的新形势下，对于司法职业队伍的系统化、专业化、正规化的职业技能培训将会成为职业化建设的新常态，而常态化的现代司法职业技能培训教育迫切需要根据新的司法体制改革的最新变化要求，结合司法体制改革、司法权运行机制改革和司法职业队伍建设的新需求研发高水平的系列培训教材。"全新司法体制改革与司法职业技能培训丛书"就是契合新一轮司法体制改革新精神的创新作品，该丛书结合十八届四中全会推进人民法院司法体制改革之后的巨大变革，整体研究员额制法官、法官助理、书记员、司法警察等司法职业最新的职业技能变化规律和现实需求，进而根据司法审判规律和改革实践的需要，系统论述员额制法官、法官助理、书记员、司法警察的全新职业技能要求和培训方法的全新司法职业技能培训教材。

系列培训教材的作者杨凯法官有长期在基层法庭、基层法院和中级法院一线审判岗位执法办案的司法实践经验，经历过书记员、助理审判员、审判员、副庭长、审判委员会委员等不同的司法职业角色，经历过民商事、行政、执行、立案、信访等不同的审判工作岗位，作为第一批参与司法体制改革试点法院的法官，又直接经历了员额制改革和司法责任制改革，对司法改革后的司法职业技能培训需求有较为深刻的体验和感知；同时，杨凯法官不仅长期担任国家法官学院、多家高级法院和中级法院的法官培训兼职教师，而且，长期担任武汉大学法学院、中南财经政法大学法学院、华中科技大学法学院等高校法学院的兼职教授，因为参与"双千计划"，还在华中师范大学法学院挂职担任过两年多时间的法学院副院长和特聘教授，对于高校法学教育有一定程度的认知了解和教学实践经验，其在华中师范大学法学院挂职期间着力推行案例实践教学和体验式模拟法庭教学方法，有力地推动了华中师范大学法学硕士、法律硕士教学水平的整体提升。作为一名既有长期司法实践经验且善于总结经验的法官，又兼备较高理论研究和授课水平的实务型教授，在编写司法职业技能培训教材方面具有独特的双重优势，能够较好地兼收并蓄和找到最新的司法职业技能培训教育需求点，同时，也能够较好地在融合司法职业技能培训教育和法学通识教育优势的基础上有所创新。

  由于新一轮司法体制改革正处在试点改革和不断深化的整体推进过程之中，关于司法体制改革后的员额制法官和法官助理、书记员、司法警察等审判辅助职业的新的职业规范和职业技能教育培训目前还没有专门且系统的研究，北京大学出版社能够及时邀请杨凯法官主持组织编写"全新司法体制改革与司法职业技能培训丛书"，是一个颇具前瞻性和建设性的出版选题决策。本套教材的主要内容主要针对司法体制改革以后法院系统的入额法官、法官助理、书记员、司法警察等司法职业共同体从业者的工作指南和职业技能培训。丛书从全新的改革视角探寻法官职业技能培训和法官助理、书记员、司法警察等司法辅助职业培训的方法与路径，针对司法体制改革以后司法职业技能培训的热点、难点和痛点问题来研究培训内容和方法，注重融合法学教育的体系化和学理化的优势，及时更新和强化司法职业技能培训的主体内容、操作流程，力争建构体系化、专门化、经常化的司法职业技能培训教材的全新体系模式。本系列教材同时还可以广泛用于高等院校法学院法律硕士和法学硕士研究生、本科生、专科生、博士研究生用作法学实践课程教学的辅助教材。本人曾作为最高人民法院"全国审判业务专家"评选委员会的高校评委参与过评选杨凯法官作为第三届全国审判业务专家的专业评审，也因为在华中师范大学担任法学院名誉院长的机缘而作为同事进一步领略了他在法学研究与实践教学方面的风采。这套培训教材较好地融合了司法职业技能与法学教育的优势，具有一定的创新性，专业化程度高、系统完整、论述的职业技能教育培训理论与方法均具有较强的可操作性和实用价值。本人有幸先睹为快，深觉这是一套好书，值得推荐给法学和法律界的同行们和同学们。

2016年8月1日

用实例推进法律文书学在民事诉讼中的应用
（代序）

马宏俊*

北京大学出版社副总编辑蒋浩送来杨凯教授的新作《新民事诉讼文书样式实例评注》审校书稿请我作序，作为长期孜孜求索法律文书学研究路径与方法的我眼睛为之一亮，这本实例评注以评注法学研究方法为桥梁促进法律文书学与民事诉讼法学研究的深度融合，将民事诉讼文书样式通过实例评注的方式与司法审判实践紧密结合，为法律文书学的应用研究拓宽了新视野，开辟了新渠道。所以，我欣然应允为本书作序。

评注法学研究在大陆法系国家有着较为成熟的经验和研究范式，其中尤以德国的研究范式更有借鉴意义，我历来认为法律评注除了研究实体法以外应当更加关注程序法的研究，法律文书和案例裁判规则互为表里，只有从法律文书学与程序法相结合的视角才能更好地研究司法实践需要的裁判规则。德国的法律评注既有对民法典的评注也有对民事诉讼法典的评注，并且在对民事诉讼法典的评注中引用了大量从司法判决文书中提炼的裁判规则。其法律评注不仅作为提炼法官裁判规则的工具和法官撰写法律文书的指南，同时，也成为法学院法律诊所教育和法学教育教学参考书的重要内容。

我国的司法制度、民事诉讼模式、民事实体法和程序法受到大陆法系的深刻影响，但是在法律评注研究方面还是刚刚开始起步。虽然我们有较为规范的文书样式和文书样式规范指引的司法传统，但以裁判文书样式为依托的法律评注研究还没有真正开启。我认为，法律文书样式虽然是法官撰写裁判文书的工具，但是其内容的内在结构关涉民事实体法和民事诉讼程序的结合与运用，对于展现法律解释和法律适用的司法成果，规范法官解释法律的权利，乃至在司法行为过程中规范法官行为，形成裁判规则、要旨有着至关重要的意义。因此，我历来呼吁法律文书学研究者从法律文书样式规范的视域来研究民事诉讼程序和民事案件裁判规则，将实体法和程序法通过法律文书学的研究载体和平台来进行融合性研究。但鉴于法律文书学与民事诉讼法学之间的学科交叉知识和实践经验的阻隔，在此领域一直都没有研究者能够以民事诉讼文书样式为依托来展开法律文书学意义上的法律评注学研究，也没有研究者以法律文书样式为研究对象并以实例评注的研究方法转向研究法律文书的范式本身。

仔细阅览这本实例评注的初审审校稿，我惊喜地发现：有着长期中基层法院一线办案经验和员额法官职业履职经历又转型当学者的杨凯教授带领其法官调研团队在法律文书样

---

* 中国法学会法律文书学研究会会长，中国政法大学法学院教授。

式实例评注研究领域开启了新的篇章，找到了一条在研究方向和研究范式上进行本土化转型的研究路径与研究方法。

2016年，最高人民法院制定了《人民法院民事裁判文书制作规范》和《民事诉讼文书样式》。新民事诉讼文书样式是紧随2015年《最高人民法院关于适用〈中华人民共和国民事诉讼法〉的解释》而制定颁布的，为统一规范写作标准，还同时颁布了《人民法院民事裁判文书制作规范》。虽然新民事诉讼文书样式是在新民事诉讼法及其解释的基础之上进行的编纂，但其中仍有一些内容在实践运用上会与现有的民事诉讼法及其司法运用中的实践问题产生冲突。新民事诉讼文书样式体系数量庞大，但在样式种类上，仍没有完全涵盖所有民事诉讼案件的具体类型，并且随着司法改革进一步深化以及民事诉讼法律制度的发展变化，相关诉讼制度的变化会导致文书样式的部分内容与新的诉讼制度出现冲突，加之民事诉讼案件本身纷繁复杂的诉讼形态以及民事案件受案范围的适度开放性特征，需要我们不断在司法实践中结合具体案情需要和制度特征对新文书样式作出新的诠释和规范，这就要求我们遵照裁判文书的规范性要求和文书实例原始形态的真实性，结合司法体制改革的时代性要求，充分研究文书样式的内涵与外延，运用文书样式实例评注研究的范式来进行本土化评注法学研究。本书较好地把握了评注法学本土化研究的现实需求，从法律评注学研究范式和研究方法的视域展开研究，通过文书样式实例评注的形式重点研究最高人民法院颁布的《民事诉讼文书样式》的功能与作用，探寻法律评注研究范式本土化路径与方法的最新视角。

经与杨凯教授多次沟通协商，中国法学会法律文书学研究会学术委员会一致同意杨凯教授及其团队将这一有着法律文书学研究特色的实例评注研究成果转化为我们研究会2017年的第一项重大委托攻关课题继续深入研究，以期取得更多的本土化研究成果。课题研究注重将民事诉讼文书样式、民事案件的文书实例和法律评注按照法律思维的形成规范融合在一起，将样式、实例、评注三者巧妙结合的研究范式将会对弥合司法实践与法学研究、法学教育之间的鸿沟，产生意义深远的重大影响。整个课题研究以富有审判实践经验的法官为主，依托武汉市成立的全国第一家地方性法律文书学研究会这个平台，邀请相关的专家学者共同参与，开启了法律文书学全国研究会指导下的地方研究会专项委托课题研究的全新应用型学术研究新模式。呈现在大家面前的这本《新民事诉讼文书样式实例评注》就是研究会这一委托课题的阶段性研究成果，课题组后续还将会继续深化以法律文书样式为依托的法律评注本土化研究，并转化出更多的法律文书样式实例评注的本土化研究成果。

是为序。

马宏俊

二〇一七年八月三十日于北京

编写说明

本书包含人民法院制作民事诉讼文书样式463个、当事人参考民事诉讼文书样式105个，更重要的是，笔者对文书样式进行了实例评注。

本书法院文书实例大部分来源于中国裁判文书网、最高人民法院公报、各地各级人民法院历年优秀裁判文书公开评选中有代表性的民事诉讼文书，部分来源于各地各级人民法院档案室卷宗或课题组编写法官新近主审或参与合议的案件；当事人部分文书实例主要来源于各律师事务所及网站。

本书评注的写作严格参照《人民法院民事裁判文书制作规范》的要求。本书通过实例评注进一步释明如何根据诉讼文书样式规范诉讼程序、规范审理流程和提高文书写作水平，力求对读者在民事诉讼文书写作方法、写作技巧上有所启示。

参与课题研究和本书编写的作者主要来自司法实践领域中从事与文书样式所代表的诉讼程序相对应的民商事审判业务庭等部门或者曾对办理该类案件有着较为丰富审判工作实践经验的一线法官，以及对民事诉讼法学和法律文书学有研究心得的教授学者。

本书由华中师范大学法学院杨凯教授担任主编，负责总体策划、制定编写体例、评注写作指导和全书统稿审校，课题组成员集体参与共同编写完成。具体编写分工如下：导论由杨凯教授撰写，人民法院制作民事诉讼文书样式和当事人参考民事诉讼文书样式的第一、二、三、四章评注由法官助理姜丽丽撰写，第五、六、七章评注由法官助理王珂撰写，第八、九、十九、二十章评注由黄莹法官撰写，第十、十一、十二章评注由程春法官撰写，第十三章评注由杨凯教授撰写，第十四、十五、二十一章评注由杨凯教授和李婷法官共同撰写，第十六章评注由夏勇法官撰写，第十七章评注由刘莹法官撰写，第十八章评注由黄怡法官撰写，第二十二章评注由曾诚法官撰写，跋由杨凯教授撰写。

本书在编写过程中，得到各地各级人民法院相关领导、审判业务专家、法官、法官助理、办公室和研究室同仁等同行们的无私支持；同时，也得到各地各律师事务所律师同仁们的积极支持，他们提供了很多民事诉讼文书的实例素材及司法实务中存在的问题和建议，在此一并致谢！

目录

（上　卷）

导论　民事诉讼文书样式实例评注研究的功用与前瞻

一、引言 …………………………………………………………………（0003）

二、评注法学研究范式与研究方法的借鉴意义 ………………………（0004）

三、评注法学在本土化法律环境中的应用现状 ………………………（0005）

四、法教义学之下评注研究范式的本土化探索 ………………………（0008）

五、文书样式实例评注的司法行为学研究价值 ………………………（0010）

六、民事诉讼文书样式评注研究范式的功能 …………………………（0017）

七、民事诉讼文书样式评注的编撰体例和素材来源 …………………（0024）

八、结语 …………………………………………………………………（0026）

第一部分　人民法院制作民事诉讼文书样式

一、管辖 ……………………………………………………………………（0031）

1. 民事裁定书（管辖权异议用） ……………………………………（0031）

2. 民事裁定书（小额诉讼程序管辖权异议用） ……………………（0036）

3. 民事裁定书(依职权移送管辖用) ……………………………… (0041)
4. 民事裁定书(依职权提级管辖用) ……………………………… (0044)
5. 民事裁定书(依报请提级管辖用) ……………………………… (0047)
6. 民事裁定书(受移送人民法院报请指定管辖案件用) ………… (0051)
7. 民事裁定书(有管辖权人民法院报请指定管辖案件用) ……… (0055)
8. 民事裁定书(因管辖权争议报请指定管辖案件用) …………… (0058)
9. 民事裁定书(上级法院移交下级法院审理用) ………………… (0062)
10. 民事裁定书(不服管辖裁定上诉案件用) ……………………… (0066)
11. 请示(报请提级管辖用) ………………………………………… (0072)
12. 请示(受移送人民法院报请指定管辖用) ……………………… (0075)
13. 请示(有管辖权人民法院报请指定管辖用) …………………… (0077)
14. 请示(因管辖权争议报请指定管辖用) ………………………… (0079)
15. 请示(报请移交管辖用) ………………………………………… (0080)
16. 批复(不同意提级管辖用) ……………………………………… (0083)
17. 批复(报请移交管辖案件审批用) ……………………………… (0084)
18. 民事管辖协商函(管辖争议协商用) …………………………… (0086)
19. 民事管辖协商回函(民事管辖协商案件回复用) ……………… (0090)
20. 案件移送函(向其他人民法院移送案件用) …………………… (0092)

二、回 避 ……………………………………………………………… (0095)

1. 决定书(申请回避用) …………………………………………… (0095)
2. 复议决定书(驳回回避申请复议用) …………………………… (0100)

三、诉讼参加人 ………………………………………………………… (0104)

1. 民事裁定书(变更当事人用) …………………………………… (0104)
2. 民事裁定书(未参加登记的权利人适用生效判决或裁定用) ……… (0109)

四、证 据 ……………………………………………………………… (0112)

1. 民事裁定书(申请书证提出命令用) …………………………… (0112)
2. 民事裁定书(申请返还鉴定费用用) …………………………… (0115)
3. 民事裁定书(诉前证据保全用) ………………………………… (0117)
4. 民事裁定书(诉讼证据保全用) ………………………………… (0121)
5. 民事裁定书(仲裁前证据保全用) ……………………………… (0124)

6. 民事裁定书(解除证据保全用) ……………………………………… (0126)
7. 举证通知书(通知当事人用) ……………………………………… (0128)
8. 准许延长举证期限通知书(通知当事人用) ……………………… (0130)
9. 不准许延长举证期限通知书(通知申请人用) …………………… (0132)
10. 准许调查收集证据申请通知书(通知当事人用) ……………… (0133)
11. 不准许调查收集证据申请通知书(通知申请人用) …………… (0136)
12. 准许具有专门知识的人出庭通知书(通知当事人用) ………… (0138)
13. 不准许具有专门知识的人出庭通知书(通知申请人用) ……… (0140)
14. 出庭通知书(通知证人出庭作证用) …………………………… (0141)
15. 出庭通知书(通知具有专门知识的人出庭用) ………………… (0145)
16. 委托鉴定书(委托鉴定用) ……………………………………… (0148)
17. 证据材料收据(收到证据材料用) ……………………………… (0150)
18. 调查笔录(庭外调查用) ………………………………………… (0153)
19. 勘验笔录(勘验物证和现场用) ………………………………… (0157)
20. 委托书(委托外地法院调查用) ………………………………… (0160)
21. 保证书(当事人当庭保证用) …………………………………… (0161)
22. 保证书(证人出庭作证保证用) ………………………………… (0163)

五、期间和送达 ……………………………………………………… (0166)

(一)期间 ……………………………………………………………… (0166)

1. 案件延长审理或者执行期限审批表(延长各类民事案件审理或者
   执行期限用) ……………………………………………………… (0166)
2. 延长特别程序审理期限报告(报请本院院长批准用) …………… (0169)
3. 延长简易程序审理期限报告(报请本院院长批准用) …………… (0171)
4. 延长第一审普通程序审理期限报告(报请本院院长批准用) …… (0173)
5. 延长第一审普通程序审理期限请示(报请上级人民法院批准用) ……… (0175)
6. 延长第一审普通程序审理期限批复(上级人民法院对申请延长
   审理期限批复用) ………………………………………………… (0178)
7. 延长第二审程序审理期限报告(报请本院院长批准用) ………… (0180)
8. 延长申请再审审查案件程序审理期限报告(报请本院院长批准用) … (0182)
9. 延长执行期限报告(报请本院院长批准用) …………………… (0184)

(二)送达 ……………………………………………………………… (0187)

10. 送达地址确认书(确认送达地址用) …………………………… (0187)

11. 送达回证(送达民事诉讼文书用) ·· (0193)

六、调　解 ·· (0198)

  1. 民事调解书(第一审普通程序用) ·· (0198)
  2. 民事调解书(简易程序用) ··· (0205)
  3. 民事调解书(小额诉讼程序用) ··· (0208)
  4. 民事调解书(公益诉讼用) ··· (0212)
  5. 民事调解书(第二审程序用) ·· (0216)
  6. 民事调解书(申请撤销劳动争议仲裁裁决案件用) ······························ (0219)
  7. 民事调解书(再审案件用) ··· (0223)
  8. 调解笔录(庭外调解用) ·· (0226)

七、保全和先予执行 ·· (0230)

  1. 民事裁定书(诉前财产保全用) ··· (0230)
  2. 民事裁定书(仲裁中财产保全用) ·· (0234)
  3. 民事裁定书(执行前保全用) ·· (0237)
  4. 民事裁定书(诉前行为保全用) ··· (0240)
  5. 民事裁定书(诉讼财产保全用) ··· (0245)
  6. 民事裁定书(诉讼行为保全用) ··· (0249)
  7. 民事裁定书(依职权诉讼保全用) ·· (0252)
  8. 民事裁定书(解除保全用) ··· (0254)
  9. 民事裁定书(变更保全用) ··· (0257)
  10. 民事裁定书(先予执行用) ··· (0260)
  11. 民事裁定书(驳回保全或者先予执行申请用) ··································· (0263)
  12. 民事裁定书(保全或者先予执行裁定复议用) ··································· (0266)
  13. 提供担保通知书(责令提供担保用) ··· (0268)
  14. 指定保管人通知书(财产保全指定保管人用) ··································· (0270)
  15. 委托保全函(委托原人民法院采取保全措施用) ································ (0271)

八、对妨害民事诉讼的强制措施 ·· (0273)

  1. 决定书(司法拘留用) ··· (0273)
  2. 决定书(司法罚款用) ··· (0278)
  3. 决定书(司法拘留并罚款用) ·· (0283)

4. 决定书(提前解除司法拘留用) ……………………………… (0286)

　　5. 复议决定书(司法制裁复议案件用) …………………………… (0288)

　　6. 执行拘留通知书(通知公安机关用) …………………………… (0295)

　　7. 提前解除拘留通知书(通知公安机关用) ……………………… (0297)

　　8. 拘传票(拘传用) ………………………………………………… (0299)

九、诉讼费用 ……………………………………………………… (0303)

　　1. 民事裁定书(未预交案件受理费按撤回起诉处理用) ………… (0303)

　　2. 民事裁定书(未补交案件受理费按撤回起诉处理用) ………… (0308)

　　3. 交纳诉讼费用通知书(通知当事人用) ………………………… (0312)

　　4. 退还诉讼费用通知书(通知当事人用) ………………………… (0314)

　　5. 准予缓交、减交、免交诉讼费用通知书(通知当事人用) …… (0317)

　　6. 不准予缓交、减交、免交诉讼费用通知书(通知当事人用) … (0320)

十、第一审普通程序 …………………………………………… (0323)

(一)民事判决书 ……………………………………………… (0323)

　　1. 民事判决书(第一审普通程序用) ……………………………… (0323)

(二)民事裁定书 ……………………………………………… (0337)

　　2. 民事裁定书(对起诉不予受理用) ……………………………… (0337)

　　3. 民事裁定书(对反诉不予受理用) ……………………………… (0340)

　　4. 民事裁定书(驳回起诉用) ……………………………………… (0344)

　　5. 民事裁定书(驳回追加共同诉讼当事人申请用) ……………… (0347)

　　6. 民事裁定书(不参加诉讼按撤诉处理用) ……………………… (0350)

　　7. 民事裁定书(准许撤诉用) ……………………………………… (0352)

　　8. 民事裁定书(准许撤回反诉用) ………………………………… (0354)

　　9. 民事裁定书(不准许撤诉用) …………………………………… (0357)

　　10. 民事裁定书(合并审理用) …………………………………… (0359)

　　11. 民事裁定书(中止诉讼用) …………………………………… (0362)

　　12. 民事裁定书(终结诉讼用) …………………………………… (0364)

　　13. 民事裁定书(补正法律文书中的笔误用) …………………… (0367)

（三）其他 （0369）

14. 受理案件通知书（通知提起诉讼的当事人用） （0369）
15. 应诉通知书（通知对方当事人用） （0372）
16. 参加诉讼通知书（通知其他当事人用） （0374）
17. 诉讼权利义务告知书（告知当事人用） （0377）
18. 合议庭组成人员通知书（通知当事人用） （0379）
19. 变更合议庭组成人员通知书（通知当事人用） （0380）
20. 传票（传唤当事人用） （0382）
21. 出庭通知书（传唤其他诉讼参与人用） （0385）
22. 公告（通知共同诉讼权利人登记用） （0387）
23. 公告（公告开庭用） （0389）
24. 庭前会议笔录（召开庭前会议用） （0390）
25. 法庭笔录（开庭审理用） （0393）
26. 合议庭评议笔录（合议庭评议案件用） （0404）
27. 审判委员会讨论案件笔录（审判委员会讨论案件用） （0405）
28. 宣判笔录（定期宣告判决用） （0407）
29. 证明书（证明裁判文书生效用） （0410）
30. 司法建议书（提出书面建议用） （0411）
31. 委托函（委托送达用） （0413）
32. 委托宣判函（委托宣判用） （0415）
33. 代办事毕复函（答复委托人民法院用） （0416）
34. 调卷函（向其他人民法院调阅案卷用） （0418）
35. 送卷函（向调卷人民法院移送案卷用） （0419）
36. 退卷函（向送卷人民法院退还案卷用） （0421）

十一、简易程序 （0423）

1. 民事判决书（当事人对案件事实有争议的用） （0423）
2. 民事判决书（当事人对案件事实没有争议的用） （0428）
3. 民事判决书（被告承认原告全部诉讼请求的用） （0431）
4. 民事裁定书（简易程序转为普通程序用） （0435）

十二、简易程序中的小额诉讼 （0438）

1. 民事判决书（小额诉讼程序令状式判决用） （0438）

2. 民事判决书（被告对原告所主张的事实和诉讼请求无异议的
   小额诉讼程序表格式判决用）……………………………………（0441）
3. 民事判决书（简易程序和小额诉讼程序要素式判决用，
   以劳动争议为例）………………………………………………（0444）
4. 民事裁定书（小额诉讼程序驳回起诉用）……………………（0452）
5. 小额诉讼程序告知书（告知当事人小额诉讼程序用）………（0454）
6. 适用简易程序其他规定审理通知书（小额诉讼转换通知当事人用）……（0458）

十三、公益诉讼 ………………………………………………………（0460）

1. 民事判决书（环境污染或者生态破坏公益诉讼用）…………（0460）
2. 民事判决书（侵害消费者权益公益诉讼用）…………………（0491）
3. 民事裁定书（对同一侵权行为另行提起公益诉讼不予受理用）……（0500）
4. 民事裁定书（环境污染或者生态破坏公益诉讼准许撤回起诉用）……（0502）
5. 民事裁定书（公益诉讼不准许撤回起诉用）…………………（0506）
6. 受理公益诉讼告知书（告知相关行政主管部门用）…………（0508）
7. 公告（环境污染或者生态破坏公益诉讼公告受理用）………（0511）
8. 公告（侵害消费者权益公益诉讼公告受理用）………………（0514）
9. 公告（公益诉讼公告和解或者调解协议用）…………………（0517）

十四、第三人撤销之诉 ………………………………………………（0522）

1. 民事判决书（第三人撤销之诉用）……………………………（0522）
2. 民事裁定书（对第三人撤销之诉不予受理用）………………（0534）
3. 民事裁定书（第三人撤销之诉并入再审程序用）……………（0540）
4. 民事裁定书（中止再审程序用）………………………………（0544）
5. 通知书（通知对方当事人提出书面意见用）…………………（0547）

十五、执行异议之诉 …………………………………………………（0550）

1. 民事判决书（案外人执行异议之诉用）………………………（0550）
2. 民事判决书（申请执行人执行异议之诉用）…………………（0559）

十六、第二审程序 ……………………………………………………（0572）

1. 民事判决书（驳回上诉，维持原判用）………………………（0572）
2. 民事判决书（二审改判用）……………………………………（0596）

3. 民事判决书(部分改判用) …………………………………………… (0604)

4. 民事裁定书(二审发回重审用) …………………………………… (0611)

5. 民事裁定书(二审准许撤回上诉用) ……………………………… (0615)

6. 民事裁定书(二审不准许撤回上诉用) …………………………… (0618)

7. 民事裁定书(未交二审案件受理费按撤回上诉处理用) ………… (0625)

8. 民事裁定书(不参加二审诉讼按撤回上诉处理用) ……………… (0628)

9. 民事裁定书(二审准许或不准许撤回起诉用) …………………… (0631)

10. 民事裁定书(二审维持不予受理裁定用) ………………………… (0634)

11. 民事裁定书(二审指令立案受理用) ……………………………… (0637)

12. 民事裁定书(二审维持驳回起诉裁定用) ………………………… (0640)

13. 民事裁定书(二审指令审理用) …………………………………… (0644)

14. 民事裁定书(二审驳回起诉用) …………………………………… (0648)

15. 二审受理案件通知书(通知上诉人用) …………………………… (0653)

16. 二审应诉通知书(通知被上诉人用) ……………………………… (0657)

17. 二审应诉通知书(通知一审其他当事人用) ……………………… (0659)

18. 送交上诉状副本通知书(送对方当事人用) ……………………… (0661)

19. 上诉移送函(向二审人民法院移送案卷等材料用) ……………… (0663)

十七、非讼程序 …………………………………………………………… (0665)

(一)选民资格案件 …………………………………………………… (0665)

1. 民事判决书(申请确定选民资格用) ……………………………… (0665)

(二)宣告失踪、宣告死亡案件 ……………………………………… (0671)

2. 民事判决书(申请宣告公民失踪用) ……………………………… (0671)

3. 民事判决书(申请撤销宣告失踪用) ……………………………… (0675)

4. 民事判决书(申请宣告公民死亡用) ……………………………… (0678)

5. 民事判决书(申请撤销宣告死亡用) ……………………………… (0681)

6. 民事裁定书(申请变更失踪人财产代管人用) …………………… (0683)

7. 公告(申请宣告公民失踪寻找下落不明人用) …………………… (0686)

8. 公告(申请宣告公民死亡寻找下落不明人用) …………………… (0687)

(三)认定公民民事行为能力案件 …………………………………… (0689)

9. 民事判决书(申请认定公民无民事行为能力用) ………………… (0689)

10. 民事判决书(申请认定公民限制民事行为能力用) ········· (0693)
11. 民事判决书(申请认定公民恢复限制民事行为能力用) ····· (0696)
12. 民事判决书(申请认定公民恢复完全民事行为能力用) ····· (0699)
13. 通知书(指定行为能力案件代理人用) ····················· (0704)

(四)认定财产无主案件 ····································· (0705)

14. 民事判决书(申请认定财产无主用) ······················· (0705)
15. 民事判决书(申请撤销认定财产无主用) ··················· (0709)
16. 公告(财产认领用) ······································· (0711)

(五)确认调解协议案件 ····································· (0712)

17. 民事裁定书(对申请司法确认调解协议不予受理用) ······· (0712)
18. 民事裁定书(准许撤回司法确认调解协议申请用) ········· (0715)
19. 民事裁定书(按撤回司法确认调解协议申请处理用) ······· (0717)
20. 民事裁定书(司法确认调解协议有效用) ··················· (0719)
21. 民事裁定书(驳回司法确认调解协议申请用) ··············· (0721)
22. 民事裁定书(申请撤销司法确认调解协议裁定用) ········· (0726)

(六)实现担保物权案件 ····································· (0729)

23. 民事裁定书(准许实现担保物权用) ······················· (0729)
24. 民事裁定书(驳回实现担保物权申请用) ··················· (0733)
25. 民事裁定书(申请撤销准许实现担保物权裁定用) ········· (0736)
26. 异议权利告知书(告知被申请人受理实现担保物权案件用) ··· (0739)

(七)监护权特别程序案件 ··································· (0740)

27. 民事判决书(申请确定监护人用) ························· (0740)
28. 民事判决书(申请变更监护人用) ························· (0744)
29. 民事判决书(申请撤销监护人资格用) ····················· (0746)
30. 民事裁定书(申请确定监护人驳回异议用) ················· (0750)

(八)确认仲裁协议效力案件 ································· (0752)

31. 民事裁定书(确认仲裁协议无效用) ······················· (0752)
32. 民事裁定书(驳回确认仲裁协议效力申请用) ··············· (0757)

(九)撤销仲裁裁决案件 ……………………………………………… (0760)

33. 民事裁定书(中止撤销程序用) ………………………………… (0760)
34. 民事裁定书(恢复撤销程序用) ………………………………… (0762)
35. 民事裁定书(终结撤销程序用) ………………………………… (0764)
36. 民事裁定书(撤销仲裁裁决申请用) …………………………… (0766)
37. 民事裁定书(驳回撤销仲裁裁决申请用) ……………………… (0770)
38. 民事裁定书(撤销劳动争议仲裁裁决用) ……………………… (0777)
39. 民事裁定书(驳回撤销劳动争议仲裁裁决申请用) …………… (0785)
40. 通知书(通知仲裁庭重新仲裁用) ……………………………… (0788)

(十)人身安全保护令案件 …………………………………………… (0789)

41. 民事裁定书(作出人身安全保护令用) ………………………… (0789)
42. 民事裁定书(驳回人身安全保护令申请用) …………………… (0793)
43. 民事裁定书(驳回复议申请用) ………………………………… (0796)
44. 民事裁定书(复议作出人身安全保护令用) …………………… (0798)
45. 民事裁定书(复议撤销人身安全保护令用) …………………… (0799)
46. 民事裁定书(申请撤销、变更、延长人身安全保护令用) ……… (0802)

(十一)其他 …………………………………………………………… (0803)

47. 民事裁定书(对特别程序申请不予受理用) …………………… (0803)
48. 民事裁定书(准许撤回特别程序申请用) ……………………… (0806)
49. 民事裁定书(终结特别程序用) ………………………………… (0808)

(下 卷)

十八、审判监督程序 …………………………………………………… (0811)

(一)当事人申请再审案件 …………………………………………… (0811)

1. 再审申请案件受理通知书(通知再审申请人用) ……………… (0811)
2. 再审申请案件应诉通知书(通知被申请人用) ………………… (0813)
3. 再审申请案件应诉通知书(通知原审其他当事人用) ………… (0815)

4. 民事裁定书(上级人民法院依再审申请提审用) ……………………(0818)
5. 民事裁定书(对不予受理裁定,上级人民法院依再审申请提审用) ………(0823)
6. 民事裁定书(上级人民法院依再审申请指令再审用) ………………(0825)
7. 民事裁定书(原审人民法院依再审申请裁定再审用) ………………(0829)
8. 民事裁定书(裁定驳回再审申请用) …………………………………(0832)
9. 民事裁定书(对不予受理裁定,驳回再审申请用) …………………(0837)
10. 民事裁定书(审查中准许或不准许撤回再审申请用) ………………(0840)
11. 民事裁定书(按撤回再审申请处理用) ………………………………(0843)
12. 民事裁定书(中止再审审查用) ………………………………………(0846)
13. 民事裁定书(终结再审审查用) ………………………………………(0848)
14. 民事判决书(依申请提审判决用) ……………………………………(0851)
15. 民事判决书(依申请受指令/指定法院按一审程序再审用) ………(0868)
16. 民事判决书(依申请受指令/指定法院按二审程序再审用) ………(0885)
17. 民事判决书(依申请对本院案件按一审程序再审用) ………………(0902)
18. 民事判决书(依申请对本院案件按二审程序再审用) ………………(0913)
19. 民事裁定书(依申请提审后中止或终结诉讼用) ……………………(0920)
20. 民事裁定书(依申请提审后准许或不准撤回再审请求用) …………(0923)
21. 民事裁定书(依申请提审后按撤回再审请求处理用) ………………(0926)
22. 民事裁定书(依再审申请对不予受理裁定提审后指令立案受理用) ……(0929)
23. 民事裁定书(依申请对驳回起诉裁定提审后用) ……………………(0934)
24. 民事裁定书(依申请提审后发回重审用) ……………………………(0939)
25. 民事裁定书(依申请受指令/指定再审,中止或终结诉讼用) ………(0944)
26. 民事裁定书(依申请受指令/指定再审,处理撤回再审请求用) ……(0946)
27. 民事裁定书(依申请受指令/指定再审,按撤回再审请求处理用) …(0950)
28. 民事裁定书(依申请受指令/指定再审,对驳回起诉裁定再审用) …(0953)
29. 民事裁定书(依申请受指令/指定再审,发回重审用) ………………(0958)
30. 民事裁定书(依申请对本院案件再审,中止或终结诉讼用) ………(0961)
31. 民事裁定书(依申请对本院案件再审,处理撤回再审请求用) ……(0965)
32. 民事裁定书(依申请对本院案件再审,按撤回再审请求处理用) …(0967)
33. 民事裁定书(依申请对本院驳回起诉裁定,再审裁定用) …………(0970)
34. 民事裁定书(依申请对本院案件再审后发回重审用) ………………(0977)
35. 民事裁定书(依申请再审案件,处理一审原告撤回起诉用) ………(0982)
36. 民事裁定书(依申请按第二审程序再审案件,驳回起诉用) ………(0985)

(二)被遗漏的必须共同进行诉讼的当事人申请再审案件 …………… (0992)

37. 民事裁定书(依被遗漏的必须共同进行诉讼的当事人再审申请提审用) ……………………………………………………………………… (0992)
38. 民事裁定书(被遗漏的必须共同进行诉讼的当事人申请再审,驳回用) ……………………………………………………………………… (0995)
39. 民事判决书(遗漏必须共同进行诉讼的当事人适用一审程序再审用) ……………………………………………………………………… (1000)
40. 民事裁定书(遗漏必须共同进行诉讼的当事人适用二审程序再审发回重审用) ……………………………………………………………… (1008)

(三)案外人申请再审案件 ……………………………………………… (1012)

41. 民事裁定书(案外人申请再审案件,裁定再审用) ………………… (1012)
42. 民事裁定书(案外人申请再审案件,驳回案外人再审申请用) …… (1018)
43. 民事判决书(案外人申请再审案件,判决用) ……………………… (1021)

(四)人民法院依职权再审案件 ………………………………………… (1029)

44. 民事裁定书(依职权对本院案件裁定再审用) ……………………… (1029)
45. 民事裁定书(依职权提审用) ………………………………………… (1032)
46. 民事判决书(依职权对本院案件按一审程序再审用) ……………… (1034)
47. 民事判决书(依职权对本院案件按二审程序再审用) ……………… (1041)
48. 民事判决书(依职权提审用) ………………………………………… (1053)
49. 民事裁定书(依职权对本院案件再审后,中止或终结诉讼用) …… (1058)
50. 民事裁定书(依职权对本院裁定驳回起诉案件裁定再审后用) …… (1061)
51. 民事裁定书(依职权对本院案件再审后,发回重审用) …………… (1067)

(五)人民检察院抗诉再审案件 ………………………………………… (1073)

52. 民事裁定书(抗诉案件提审或指令下级法院再审用) ……………… (1073)
53. 民事裁定书(抗诉案件不予受理抗诉用) …………………………… (1076)
54. 民事判决书(抗诉案件受指令法院按一审程序再审用) …………… (1080)
55. 民事判决书(抗诉案件受指令法院按二审程序再审用) …………… (1085)
56. 民事判决书(抗诉案件提审后用) …………………………………… (1096)
57. 民事裁定书(抗诉案件中止或终结诉讼用) ………………………… (1103)
58. 民事裁定书(抗诉案件准予撤回抗诉用) …………………………… (1108)

59. 民事裁定书(抗诉案件发回重审用) …………………………………… (1110)
60. 出庭通知书(抗诉案件通知检察院派员出庭用) ……………………… (1116)

(六)检察建议再审案件 …………………………………………………… (1117)

61. 民事裁定书(采纳再审检察建议并裁定再审用) ……………………… (1117)
62. 复函(不予受理再审检察建议用) ……………………………………… (1121)
63. 民事决定书(不采纳再审检察建议用) ………………………………… (1122)
64. 民事判决书(依再审检察建议对本院案件按一审程序再审用) ……… (1126)
65. 民事判决书(依再审检察建议对本院案件按二审程序再审用) ……… (1137)
66. 民事裁定书(依再审检察建议对本院案件发回重审用) ……………… (1145)

(七)小额诉讼再审案件 …………………………………………………… (1150)

67. 民事裁定书(小额诉讼案件裁定再审用) ……………………………… (1150)
68. 民事裁定书(小额诉讼案件因程序不当裁定再审用) ………………… (1154)
69. 民事判决书(小额诉讼案件再审用) …………………………………… (1158)
70. 民事判决书(小额诉讼案件因程序不当再审用) ……………………… (1165)

(八)其他 ……………………………………………………………………… (1172)

71. 询问笔录(询问当事人用) ……………………………………………… (1172)

十九、督促程序 ……………………………………………………………… (1180)

1. 支付令(督促程序用) …………………………………………………… (1180)
2. 民事裁定书(驳回支付令申请用) ……………………………………… (1184)
3. 民事裁定书(驳回支付令异议用) ……………………………………… (1187)
4. 民事裁定书(准许撤回支付令异议用) ………………………………… (1190)
5. 民事裁定书(终结督促程序用) ………………………………………… (1193)
6. 民事裁定书(撤销支付令用) …………………………………………… (1197)
7. 不予受理支付令申请通知书(通知申请人不予受理用) ……………… (1202)

二十、公示催告程序 ………………………………………………………… (1205)

1. 民事判决书(公示催告除权用) ………………………………………… (1205)
2. 民事裁定书(准许撤回公示催告申请用) ……………………………… (1209)
3. 民事裁定书(驳回公示催告申请用) …………………………………… (1211)
4. 民事裁定书(驳回利害关系人申报用) ………………………………… (1215)

5. 民事裁定书(终结公示催告程序用) ……………………………………… (1217)

6. 停止支付通知书(通知支付人停止支付用) ……………………………… (1221)

7. 公告(催促利害关系人申报权利用) ……………………………………… (1223)

8. 公告(公示催告除权判决用) ……………………………………………… (1226)

二十一、执行程序 ……………………………………………………………… (1229)

(一)申请执行及委托执行 ……………………………………………… (1229)

1. 受理案件通知书(执行实施用) ………………………………………… (1229)

2. 受理案件通知书(执行审查用) ………………………………………… (1231)

3. 执行通知书(通知被执行人用) ………………………………………… (1234)

4. 执行决定书(依申请将被执行人纳入失信被执行人名单用) ………… (1238)

5. 执行决定书(依职权将被执行人纳入失信被执行人名单用) ………… (1240)

6. 执行决定书(纠正或者驳回将被执行人纳入失信被执行人名单用) … (1242)

7. 函(委托执行用) ………………………………………………………… (1245)

8. 函(接受委托执行案件用) ……………………………………………… (1247)

9. 函(退回委托执行案件用) ……………………………………………… (1249)

10. 移送函(执行转破产程序用) …………………………………………… (1251)

11. 执行财产分配方案(参与分配用) ……………………………………… (1254)

(二)限制出境措施 ………………………………………………………… (1259)

12. 执行决定书(限制被执行人出境用) …………………………………… (1259)

13. 执行决定书(解除限制出境用) ………………………………………… (1262)

(三)执行中止与终结 ……………………………………………………… (1266)

14. 执行裁定书(中止执行用) ……………………………………………… (1266)

15. 执行裁定书(终结本次执行程序用) …………………………………… (1269)

16. 通知书(终结本次执行程序后恢复执行用) …………………………… (1272)

17. 执行裁定书(终结执行用) ……………………………………………… (1274)

18. 执行通知书(中止执行后恢复执行用) ………………………………… (1276)

(四)执行金钱给付 ………………………………………………………… (1279)

19. 通知书(通知申请执行人提供被执行人财产状况用) ………………… (1279)

20. 报告财产令(命令被执行人报告财产用) ……………………………… (1281)

21. 通知书(通知第三人履行到期债务用)……………………………………(1284)
22. 证明书(证明第三人已履行债务用)……………………………………(1287)
23. 协助执行通知书………………………………………………………………(1289)
24-1. 协助查询存款通知书……………………………………………………(1292)
24-2. 协助查询存款通知书(回执)…………………………………………(1292)
25-1. 协助冻结存款通知书……………………………………………………(1295)
25-2. 协助冻结存款通知书(回执)…………………………………………(1295)
26-1. 协助划拨存款通知书……………………………………………………(1298)
26-2. 协助划拨存款通知书(回执)…………………………………………(1298)
27-1. 解除冻结存款通知书……………………………………………………(1301)
27-2. 解除冻结存款通知书(回执)…………………………………………(1301)
28-1. 协助查询股权、其他投资权益通知书…………………………………(1303)
28-2. 协助查询股权、其他投资权益通知书(回执)………………………(1304)
29-1. 协助公示冻结、续行冻结通知书………………………………………(1306)
29-2. 公示冻结、续行冻结(公示内容)……………………………………(1307)
29-3. 协助公示冻结、续行冻结(回执)……………………………………(1307)
30-1. 协助公示解除冻结通知书………………………………………………(1311)
30-2. 解除冻结信息需求书(公示内容)……………………………………(1311)
30-3. 解除冻结通知书(回执)………………………………………………(1312)
31-1. 协助变更股东登记通知书………………………………………………(1313)
31-2. 公示股东变更登记信息需求书(公示内容)…………………………(1313)
31-3. 协助变更股东登记通知书(回执)……………………………………(1314)
32. 通知书(责令金融机构追回被转移的冻结款项用)……………………(1315)
33. 通知书(责令协助执行单位追回擅自支付款项用)……………………(1317)
34. 通知书(责令责任人追回财产用)………………………………………(1320)
35. 通知书(由法院强制保管产权证照用)…………………………………(1322)
36. 证照(财物)保管清单……………………………………………………(1324)
37. 证照(财物)发还清单……………………………………………………(1325)
38. 保管财产委托书……………………………………………………………(1326)
39. 执行裁定书(查封、扣押、冻结财产用)………………………………(1328)
40. 执行裁定书(划拨存款用)………………………………………………(1331)
41. 执行裁定书(扣留、提取被执行人收入用)……………………………(1333)
42. 执行裁定书(责令有关单位向申请执行人支付已到期收益用)………(1336)
43. 执行裁定书(禁止被执行人转让知识产权用)…………………………(1339)

44. 执行裁定书(轮候查封、扣押、冻结用) ·················· (1341)
45. 执行裁定书(预查封用) ·················· (1344)
46. 执行裁定书(冻结被执行人投资权益或股权用) ·················· (1347)
47. 执行裁定书(冻结被执行人预期收益用) ·················· (1351)
48. 执行裁定书(解除查封、扣押、冻结等强制执行措施用) ·················· (1354)
49. 执行裁定书(拍卖用) ·················· (1357)
50. 执行裁定书(拍卖成交确认用) ·················· (1361)
51. 执行裁定书(变卖用) ·················· (1364)
52. 执行裁定书(以物抵债用) ·················· (1367)
53. 价格评估委托书 ·················· (1371)
54. 拍卖(变卖)委托书 ·················· (1373)
55. 拍卖通知书 ·················· (1377)
56. 查封公告 ·················· (1379)
57. 查封(扣押、冻结)财产清单 ·················· (1382)
58. 拍卖公告 ·················· (1384)
59. 公告(强制迁出房屋或退出土地用) ·················· (1388)
60. 搜查令 ·················· (1390)

(五)执行财产交付及完成行为 ·················· (1392)

61. 通知书(责令交出财物、票证用) ·················· (1392)
62. 委托书(代为完成指定行为用) ·················· (1394)
63. 通知书(责令追回财物或票证用) ·················· (1397)

(六)审查不予执行申请 ·················· (1399)

64. 执行裁定书(审查不予执行国内仲裁裁决申请用) ·················· (1399)
65. 执行裁定书(审查不予执行涉外仲裁裁决申请用) ·················· (1406)
66. 执行裁定书(审查不予执行公证债权文书申请用) ·················· (1410)

(七)执行管辖 ·················· (1415)

67. 函(报请上级人民法院执行用) ·················· (1415)
68. 执行决定书(指定执行管辖用) ·················· (1417)
69. 执行裁定书(提级执行用) ·················· (1420)
70. 执行裁定书(指定执行用) ·················· (1424)
71. 执行决定书(决定与下级法院共同执行案件用) ·················· (1427)

72. 执行令(执行外国法院判决用) …………………………………… (1429)

(八)变更或追加执行当事人 …………………………………… (1431)

73. 执行裁定书(变更申请执行人用) …………………………………… (1431)
74. 执行裁定书(执行到期债权用) …………………………………… (1436)
75. 执行裁定书(以担保财产赔偿损失用) ……………………………… (1439)
76. 执行裁定书(暂缓执行期届满后执行担保人财产用) ……………… (1443)
77. 执行裁定书(执行保证人财产用) …………………………………… (1446)
78. 执行裁定书(变更分立、合并、注销后的法人或其他组织
    为被执行人用) …………………………………………………… (1448)
79. 执行裁定书(追加对其他组织依法承担义务的法人或者公民为
    被执行人用) ……………………………………………………… (1451)
80. 执行裁定书(变更名称变更后的法人或其他组织为被执行人用) ……… (1454)
81. 执行裁定书(变更遗产继承人为被执行人用) ……………………… (1457)
82. 执行裁定书(追究擅自处分被查封、扣押、冻结财产责任人赔偿责任用) …… (1461)
83. 执行裁定书(追究擅自解除冻结款项造成后果的金融机构赔偿
    责任用) …………………………………………………………… (1465)
84. 执行裁定书(追究擅自支付收入的有关单位赔偿责任用) ………… (1469)
85. 执行裁定书(追究擅自支付股息或办理股权转移手续的有关企业
    赔偿责任用) ……………………………………………………… (1473)

(九)执行协调与执行监督 …………………………………………… (1475)

86. 报告(报请协调处理执行争议用) …………………………………… (1475)
87. 执行决定书/协调函(协调执行争议用) …………………………… (1478)
88. 协调划款决定书(上级法院处理执行争议案件用) ………………… (1482)
89. 执行裁定书(当事人、利害关系人异议用) ………………………… (1484)
90. 执行裁定书(案外人异议用) ………………………………………… (1498)
91. 执行裁定书(执行复议用) …………………………………………… (1503)
92. 督促执行令(上级法院督促下级法院执行用) ……………………… (1508)
93. 暂缓执行通知书(上级法院通知下级法院用) ……………………… (1510)
94. 执行决定书(本院决定暂缓执行用) ………………………………… (1511)
95. 暂缓执行通知书(上级法院通知下级法院延长期限用) …………… (1514)
96. 恢复执行通知书(上级法院通知下级法院用) ……………………… (1516)
97. 执行裁定书(上级法院直接裁定不予执行非诉法律文书用) ……… (1517)

98. 执行裁定书(执行监督案件驳回当事人申诉请求用) ……………… (1522)

99. 执行裁定书(执行监督案件指令下级法院重新审查处理用) ……… (1529)

100. 执行裁定书(执行回转用) ………………………………………… (1534)

二十二、涉外民事诉讼程序的特别规定 ……………………………… (1538)

(一)承认和执行外国法院生效判决、裁定 …………………………… (1538)

1. 民事裁定书(承认和执行外国法院生效判决、裁定用) …………… (1538)
2. 民事裁定书(不予承认和执行外国法院生效判决、裁定用) ……… (1544)
3. 民事裁定书(驳回承认和执行外国法院生效判决、裁定申请用) … (1549)
4. 民事裁定书(不予受理承认和执行外国法院生效判决、裁定申请用) … (1553)
5. 民事裁定书(准许撤回承认和执行外国法院生效判决、裁定申请用) … (1556)
6. 民事裁定书(外国法院请求承认和执行外国法院生效判决、裁定用) … (1558)

(二)认可和执行香港特别行政区、澳门特别行政区、台湾地区法院民事判决 ………………………………………………………… (1560)

7. 民事裁定书(认可和执行香港特别行政区法院民事判决用) …… (1560)
8. 民事裁定书(不予认可和执行香港特别行政区法院民商事判决用) …… (1564)
9. 民事裁定书(予以认可和执行澳门特别行政区法院民事判决用) …… (1568)
10. 民事裁定书(不予认可和执行澳门特别行政区法院民商事判决用) …… (1572)
11. 民事裁定书(认可和执行台湾地区法院民事判决用) …………… (1574)
12. 民事裁定书(不予认可和执行台湾地区法院民事判决用) ……… (1577)
13. 民事裁定书(驳回认可和执行台湾地区法院民事判决申请用) … (1579)
14. 民事裁定书(不予受理认可和执行台湾地区法院民事判决申请用) … (1581)
15. 民事裁定书(准许撤回认可和执行台湾地区法院民事判决申请用) … (1582)

(三)承认和执行外国仲裁裁决 ……………………………………… (1585)

16. 民事裁定书(承认和执行外国仲裁裁决用) ……………………… (1585)
17. 民事裁定书(不予承认和执行外国仲裁裁决用) ………………… (1590)

(四)认可和执行香港特别行政区、澳门特别行政区、台湾地区仲裁裁决 ……… (1597)

18. 民事裁定书(执行香港特别行政区仲裁裁决用) ………………… (1597)
19. 民事裁定书(不予执行香港特别行政区仲裁裁决用) …………… (1602)
20. 民事裁定书(认可和执行澳门特别行政区仲裁裁决用) ………… (1606)

21. 民事裁定书(不予认可和执行澳门特别行政区仲裁裁决用) ………… (1608)
22. 民事裁定书(认可和执行台湾地区仲裁裁决用) ……………………… (1609)
23. 民事裁定书(不予认可和执行台湾地区仲裁裁决用) …………………… (1611)
24. 民事裁定书(驳回认可和执行台湾地区仲裁裁决申请用) …………… (1613)
25. 民事裁定书(不予受理认可和执行台湾地区仲裁裁决申请用) ……… (1614)
26. 民事裁定书(准许撤回认可和执行台湾地区仲裁裁决申请用) ……… (1615)

(五)国际民商事司法协助 …………………………………………………… (1617)

27. 民商事案件司法文书域外送达请求转递函(供高级人民法院报送最高人民法院国际合作局用) ……………………………………………… (1617)
28. 民商事案件司法文书域外送达请求转递函(供委托我国驻外使领馆通过外交途径向在外国的中国籍自然人送达用) …………………… (1618)
29. 民商事案件司法文书域外送达请求转递函(供委托我国驻外使领馆通过外交途径向在外国的法人和非中国籍自然人送达用) ………… (1619)
30. 民商事案件司法文书域外送达请求转递函(供通过外交途径委托被请求国主管法院向在外国的法人和非中国籍自然人送达用) ………… (1621)
31. 协助外国送达民商事案件司法文书/司法外文书转递函(供最高人民法院国际合作局向高级人民法院转递需予送达的司法文书/司法外文书用) …… (1622)
32. 协助外国送达民商事案件司法文书/司法外文书办理结果转递函(供高级人民法院向最高人民法院国际合作局报送协助外国送达司法文书或司法外文书的送达证明用) ………………………………………… (1623)
33. 民商事案件域外调查取证请求转递函(供地方各级人民法院依据海牙取证公约委托外国调查取证,高级人民法院向最高人民法院国际合作局转递请求书用) ……………………………………………… (1624)
34. 民商事案件域外调查取证请求转递函(供地方各级人民法院依据双边司法协助条约委托外国调查取证,高级人民法院向最高人民法院国际合作局转递请求书用) ……………………………………………… (1626)
35. 民商事案件域外调查取证请求转递函(供地方各级人民法院通过外交途径委托外国调查取证,高级人民法院向最高人民法院国际合作局转递请求书用) ……………………………………………… (1627)
36. 民商事案件域外调查取证请求转递函(供地方各级人民法院委托我国驻外使领馆向在外国的中国公民调取无需外国主管机关协助即可获取的证据,高级人民法院向最高人民法院国际合作局转递请求书用) ……………………………………………………………………… (1628)

37. 协助外国进行民商事案件调查取证转递函(供最高人民法院国际合作局向高级人民法院转递外国依据海牙取证公约或双边司法协助条约提出的民商事案件调查取证请求用) …………………………………… (1630)
38. 协助外国进行民商事案件调查取证转递函(供最高人民法院国际合作局向高级人民法院转递外国通过外交途径提出的民商事案件调查取证请求用) …………………………………………………… (1631)
39. 协助外国进行民商事案件调查取证办理结果转递函(供高级人民法院向最高人民法院国际合作局报送协助外国调查取证结果用) …… (1632)
40. 协助外国进行民商事案件调查取证办理结果转递函(供高级人民法院向最高法院国际合作局报送未能完成协助外国调查取证的原因用) …………………………………………………………………… (1633)

(六)港澳台司法协助 …………………………………………………… (1634)
41. 送达文书委托书(委托香港特别行政区送达文书用) …………… (1634)
42. 协助送达文书回复书(协助香港特别行政区送达文书用) ……… (1636)
43. 送达回证(协助香港特别行政区送达文书用) …………………… (1637)
44. 送达文书委托书(委托澳门特别行政区送达文书用) …………… (1638)
45. 协助送达文书回复书(协助澳门特别行政区送达文书用) ……… (1640)
46. 送达回证(协助澳门特别行政区送达文书用) …………………… (1641)
47. 调查取证委托书(委托澳门特别行政区调查取证用) …………… (1642)
48. 调查取证回复书(协助澳门特别行政区调查取证用) …………… (1644)
49. 送达文书请求书(请求台湾地区送达文书用) …………………… (1645)
50. 送达文书回复书(协助台湾地区送达文书用) …………………… (1647)
51. 送达回证(协助台湾地区送达文书用) …………………………… (1648)
52. 调查取证请求书(请求台湾地区调查取证用) …………………… (1649)
53. 调查取证回复书(协助台湾地区调查取证用) …………………… (1652)

第二部分 当事人参考民事诉讼文书样式

一、管辖 …………………………………………………………………… (1657)
1. 异议书(对管辖权提出异议用) ……………………………………… (1657)
2. 民事上诉状(对驳回管辖权异议裁定提起上诉用) ………………… (1660)

二、回避 ……………………………………………………………（1666）

1. 申请书（申请回避用） ………………………………………（1666）
2. 复议申请书（申请对驳回回避申请决定复议用） …………（1668）

三、诉讼参加人 ……………………………………………………（1672）

1. 法定代表人身份证明书（法人当事人用） …………………（1672）
2. 主要负责人身份证明书（其他组织的当事人用） …………（1674）
3. 共同诉讼代表人推选书（共同诉讼当事人推选代表人用） …（1676）
4. 授权委托书（公民委托诉讼代理人用） ……………………（1678）
5. 授权委托书（法人或者其他组织委托诉讼代理人用） ……（1681）
6. 推荐函（推荐委托诉讼代理人用） …………………………（1684）

四、证据 ……………………………………………………………（1686）

1. 申请书（申请延长举证期限用） ……………………………（1686）
2. 申请书（申请人民法院调查收集证据用） …………………（1688）
3. 申请书（申请书证提出命令用） ……………………………（1691）
4. 申请书（申请通知证人出庭作证用） ………………………（1693）
5. 申请书（申请鉴定用） ………………………………………（1695）
6. 申请书（申请返还鉴定费用） ………………………………（1697）
7. 申请书（申请通知有专门知识的人出庭用） ………………（1699）
8. 申请书（申请诉前证据保全用） ……………………………（1701）
9. 申请书（申请诉讼证据保全用） ……………………………（1704）

五、期间、送达 ……………………………………………………（1707）

1. 申请书（申请顺延期限用） …………………………………（1707）

六、调解 ……………………………………………………………（1709）

1. 意见书（离婚案件当事人出具书面意见用） ………………（1709）

七、保全和先予执行 ………………………………………………（1711）

1. 申请书（诉前或者仲裁前申请财产保全用） ………………（1711）

2. 申请书(申请诉前/仲裁前行为保全用) ……………………… (1713)

3. 申请书(申请诉讼财产保全用) ………………………………… (1716)

4. 申请书(申请诉讼行为保全用) ………………………………… (1718)

5. 申请书(申请解除保全用) ……………………………………… (1721)

6. 申请书(申请变更保全标的物用) ……………………………… (1723)

7. 申请书(申请先予执行用) ……………………………………… (1725)

8. 复议申请书(申请对保全或者先予执行裁定复议用) ………… (1729)

9. 担保书(案外人提供保全或者先予执行担保用) ……………… (1731)

八、对妨害民事诉讼的强制措施 ……………………………… (1734)

1. 复议申请书(司法制裁复议案件用) …………………………… (1734)

2. 悔过书(司法拘留案件具结悔过用) …………………………… (1737)

九、诉讼费用 ……………………………………………………… (1740)

1. 申请书(申请缓交、减交或者免交诉讼费用) ………………… (1740)

十、第一审普通程序 ……………………………………………… (1743)

1. 口头起诉登记表(公民口头提起民事诉讼用) ………………… (1743)

2. 民事起诉状(公民提起民事诉讼用) …………………………… (1745)

3. 民事起诉状(法人或者其他组织提起民事诉讼用) …………… (1748)

4. 民事反诉状(公民提起民事反诉用) …………………………… (1750)

5. 民事反诉状(法人或其他组织提起民事反诉用) ……………… (1753)

6. 民事答辩状(公民对民事起诉提出答辩用) …………………… (1755)

7. 民事答辩状(法人或其他组织对民事起诉提出答辩用) ……… (1757)

8. 申请书(申请追加必要的共同诉讼当事人用) ………………… (1761)

9. 申请书(无独立请求权的第三人申请参加诉讼用) …………… (1763)

10. 申请书(申请增加诉讼请求用) ………………………………… (1765)

11. 申请书(申请变更诉讼请求用) ………………………………… (1766)

12. 声明书(放弃诉讼请求用) ……………………………………… (1768)

13. 申请书(申请不公开审理用) …………………………………… (1770)

14. 申请书(申请撤回起诉用) ……………………………………… (1771)

15. 申请书(申请撤回反诉用) ……………………………………… (1773)

16. 申请书(申请恢复诉讼用) …………………………………………（1775）

　　17. 申请书(申请证明判决书或者裁定书的法律效力用) ……………（1778）

十一、简易程序 ………………………………………………………（1780）

　　1. 异议书(对适用简易程序提出异议用) ………………………………（1780）

十二、简易程序中的小额诉讼 ………………………………………（1783）

　　1. 异议书(对适用小额诉讼程序提出异议用) …………………………（1783）

十三、公益诉讼 ………………………………………………………（1786）

　　1. 民事起诉状(提起公益诉讼用) ………………………………………（1786）

　　2. 声明书(社会组织声明无违法记录用) ………………………………（1798）

　　3. 申请书(其他机关和有关组织申请参加公益诉讼用) ………………（1800）

　　4. 意见书(支持起诉单位提交书面意见用) ……………………………（1804）

十四、第三人撤销之诉 ………………………………………………（1809）

　　1. 民事起诉状(提起第三人撤销之诉用) ………………………………（1809）

十五、执行异议之诉 …………………………………………………（1815）

　　1. 民事起诉状(案外人提起执行异议之诉用) …………………………（1815）

　　2. 民事起诉状(申请执行人提起执行异议之诉用) ……………………（1822）

十六、第二审程序 ……………………………………………………（1826）

　　1. 民事上诉状(当事人提起上诉用) ……………………………………（1826）

十七、非讼程序 ………………………………………………………（1831）

　　(一)选民资格案件 …………………………………………………………（1831）

　　1. 起诉书(申请确定选民资格用) ………………………………………（1831）

　　(二)宣告失踪、宣告死亡案件 ……………………………………………（1833）

　　2. 申请书(申请宣告公民失踪用) ………………………………………（1833）

3. 申请书(申请撤销宣告失踪用) ……………………………………… (1835)

4. 申请书(申请变更失踪人财产代管人用) …………………………… (1837)

5. 申请书(申请宣告公民死亡用) ……………………………………… (1839)

6. 申请书(申请撤销宣告死亡用) ……………………………………… (1841)

(三)认定公民民事行为能力案件 ………………………………………… (1843)

7. 申请书(申请宣告公民无民事行为能力用) ………………………… (1843)

8. 申请书(申请宣告公民限制民事行为能力用) ……………………… (1845)

9. 申请书(申请宣告公民恢复限制民事行为能力用) ………………… (1847)

10. 申请书(申请宣告公民恢复完全民事行为能力用) ……………… (1848)

(四)认定财产无主案件 …………………………………………………… (1851)

11. 申请书(申请认定财产无主用) …………………………………… (1851)

12. 申请书(申请撤销认定财产无主用) ……………………………… (1852)

(五)确认调解协议案件 …………………………………………………… (1854)

13. 申请书(申请司法确认调解协议用) ……………………………… (1854)

14. 申请书(申请撤销确认调解协议裁定用) ………………………… (1857)

(六)实现担保物权案件 …………………………………………………… (1859)

15. 申请书(申请实现担保物权用) …………………………………… (1859)

16. 异议书(对实现担保物权申请提出异议用) ……………………… (1861)

17. 申请书(申请撤销准许实现担保物权裁定用) …………………… (1863)

(七)监护权特别程序案件 ………………………………………………… (1864)

18. 申请书(申请确定监护人用) ……………………………………… (1864)

19. 申请书(申请变更监护人用) ……………………………………… (1866)

20. 申请书(申请撤销监护人资格用) ………………………………… (1867)

(八)确认仲裁协议效力案件 ……………………………………………… (1869)

21. 申请书(申请确认仲裁协议效力用) ……………………………… (1869)

(九)撤销仲裁裁决案件 …………………………………………………… (1871)

22. 申请书(申请撤销仲裁裁决用) …………………………………… (1871)

23. 申请书(申请撤销劳动争议仲裁裁决用) ……………………………(1874)

(十)人身安全保护令案件 ……………………………………………(1878)

24. 申请书(申请人身安全保护令用) ……………………………………(1878)
25. 复议申请书(申请人对驳回人身安全保护令申请复议用) …………(1880)
26. 复议申请书(被申请人对作出人身安全保护令申请复议用) ………(1882)
27. 申请书(申请撤销/变更/延长人身安全保护令用) …………………(1883)

(十一)其他 ……………………………………………………………(1885)

28. 申请书(撤回特别程序申请用) ………………………………………(1885)

十八、审判监督程序 ……………………………………………………(1887)

1. 民事再审申请书(申请再审用) ………………………………………(1887)

十九、督促程序 …………………………………………………………(1897)

1. 申请书(申请支付令用) ………………………………………………(1897)
2. 申请书(撤回支付令申请用) …………………………………………(1899)
3. 异议书(对支付令提出异议用) ………………………………………(1901)
4. 申请书(撤回支付令异议用) …………………………………………(1903)

二十、公示催告程序 ……………………………………………………(1905)

1. 申请书(申请公示催告用) ……………………………………………(1905)
2. 申请书(撤回公示催告申请用) ………………………………………(1907)
3. 申报书(利害关系人申报权利用) ……………………………………(1909)

二十一、执行程序 ………………………………………………………(1912)

1. 申请书(申请执行用) …………………………………………………(1912)
2. 被执行人财产状况表(申请执行人提供被执行人财产状况用) ……(1914)
3. 执行异议书(当事人、利害关系人提出异议用) ……………………(1918)
4. 复议申请书(当事人、利害关系人申请复议用) ……………………(1921)
5. 申请书(申请提级执行用) ……………………………………………(1925)
6. 执行异议书(案外人提出异议用) ……………………………………(1928)

7. 执行异议书(对财产分配方案提出异议用) ……………………（1931）
　　8. 保证书(执行担保用) ……………………………………………（1935）

二十二、涉外民事诉讼程序的特别规定 ………………………………（1937）

　　1. 申请书(当事人申请承认和执行外国法院生效判决、裁定或仲裁裁决用) ……（1937）

跋 ………………………………………………………………………………（1940）

导 论
民事诉讼文书样式实例评注研究的功用与前瞻

一、引言

长期以来,最高人民法院都比较重视研究和推广标准化的诉讼文书样式,虽然也有一些学者诟病诉讼文书样式,认为最高人民法院推行的这种格式化文书样式制约了法官职业群体的个性发挥。迄今为止,关于文书样式的学术争论仍在继续,但是最高人民法院重视法律文书样式的规范化研究和推广的传统并没有改变,通过诉讼文书样式进一步规范审判执行程序的合法性,通过文书样式的规范化管理推行和强化审判流程管理中的程序规则意识和实体处理正确的检测意识,文书样式规范仍然是一种主流的指导和引领方式。我对此产生了兴趣,并开始从法律文书学、法律评注学和诉讼法学的多元化视角进行持续观察研究。最高人民法院在新民事诉讼法和司法解释出台后不久,紧接着颁布了《民事诉讼文书样式》,并于2016年8月1日开始施行。时至今日,新民事诉讼文书样式施行已经一年多的时间,虽然学术界和实务界对此褒贬不一,但我认为:从法律评注学的研究范式来观察最高人民法院颁布的《民事诉讼文书样式》的功能与作用,是一个探寻法律评注学研究范式本土化的路径与方法的最佳视角。运用法律评注研究方法除了研究法律条文和典型案例之外,更重要的一个研究对象就是文书样式的指引功能与规范作用,从法理学的视域来理解就是法律评注研究方法更重要的是研究民事程序法和民事实体法的结合。一个民事案件的裁判文书及其裁判观点,将比其引据的民事法律条文对法律的实在效果和司法的实际权威产生更广泛的影响;一本文书样式,将是司法办案过程中长期陪伴司法实务界的法律职业人的必备工具书籍;一部堪称典范的法律评注作品,将可能比其评注对象对法律思维体系的养成产生更为深刻的影响。许多一线办案员额法官与司法辅助人员(包括刚刚踏上法官职业岗位的初任法官、预备法官和法官助理、书记员)案头必备的就是法律文书样式、法律条文汇编和法律方法等工具书,但在具体比照文书样式来实际写作法律文书时,仍然还会有疑惑,仅看文书样式后的说明也不能解惑。这就需要将文书样式、实例和法律评注按照启发思维的模式巧妙地糅合在一起方能答疑解惑。如何才能凝聚匠心将样式、实例、评注三者融合,使之对弥合司法实践与法学研究、法学教育之间的鸿沟将会产生切实而深远的影响?这也是我构思策划和组织编写《新民事诉讼文书样式实例评注》致力于探索和研究的方向。本实例评注遵循中共中央十八届三中全会、四中全会关于司法体制改革的总体思路,结合《人民法院第四个五年改革纲要(2014-2018)》的改革方向和举措,立足全国各地各级人民法院深化法官员额制改革、司法责任制改革和审判权运行机制改革对员额法官、法官助理、书记员等职业技能培训教育的现实需要,努力把握评注法学本土化研究的现实需求,从法律评注学研究范式和研究方法的本土化视域展开研究,思考以评注法学研究方法为桥梁促进法律文书学与民事诉讼法学研究深度融合的路径,将《民事诉讼文书样式》通过实例评注的方式与民事审判实践紧密结合,通过文书样式实例评注的形式进一步研究最高人民法院颁布的《民事诉讼文书样式》的功能与作用，从民事诉讼文书样式的视角研究民事诉讼程序的规制和审判流程的规制方法，探寻诉讼文书样式对司法行为、诉讼程序、实体处理的规范性指引作用，拓宽民事诉讼文书写作的思路和方法，探寻法律评注研究范式的本土化路径与方法。

二、评注法学研究范式与研究方法的借鉴意义

"评注"作为一种文体及研究方法，发端于公元前 5 世纪的雅典学派，其后古罗马人又将其带入西欧。13 世纪中叶以后注释法学派转化为评注法学派，发迹于法国的两位学者雅各和皮埃尔使得评注法学从之前的主要从事注释罗马法的注释法学派独立出来。[①] 评注法学派是在注释法学派工作成果的基础之上，立足于解决实践运用的"实在的"法律和学者研究的"学理的"法律之间各行其道、互不交集的问题，这是评注法学派与其前身注释法学派的分野，也是其日后繁荣兴盛的原因。14 世纪的意大利，龙巴法、教会法和罗马法并存，但在法院中，意大利北部城邦仅对龙巴法予以承认；同时，在教会法院中承认的是寺院法，故而龙巴法和寺院法是实践运用中的法律。而在法学专著中，占据主流地位的又是罗马法，但罗马法在诉讼中无从发挥作用。而注释法学派的工作是论证罗马法和诉讼中发挥实效的法律实际上在法理根源上具有同一性，使罗马法和实在法通过评注产生融合而发挥其在诉讼中的法律效果。意大利的奇诺将在上述法国学者的研究方法引入意大利，对其研究方法予以分类范式化，其研究步骤分为：(1)读取文本；(2)文本分类；(3)概括说明；(4)举实例；(5)收集重要法律观点；(6)寻找反驳观点。[②] 此后公元 14、15 世纪，评注法学派进入了全盛时期。评注法学的兴起，在于其满足了法学科学性的历史召唤，又在实践层面回应了当时欧洲"共同法"的统一性和"特别法"的多元性。15 世纪末至 16 世纪初，由于评注法学派所依赖的理论来源《国法大全》本身的科学性和完整性受到了质疑，使得评注法学派在其科学性上遭受了质疑而一度式微。[③]

近代意义上的法律评注主要体现在大陆法系国家，是集合司法实务界和法学理论界的观点对法律规范进行解释的一项工作，是在法律的框架内对法律进行解释的一种形式。19 世纪德意志帝国成立后，在帝国主导下出现了大规模的评注。当时法学教育以德意志普通法为主线，但帝国议会颁布了大量繁多的政策性法律，至此评注法学派出现了复兴，并且"评注(Kommentar)"作为这一文体的固定用语业已形成。此后为了便于法官及法科学生等人员查阅和使用，德国的法律评注朝着简明性的方向发展，例如，当时出现的《袖珍民

[①] 参见漆竹生：《评注学派——后注释学派》，王伟臣整理。转引自何勤华主编：《外国法制史研究(第 17 卷)·罗马法与现代世界》，法律出版社 2015 年版，第 67 页。

[②] 参见舒国滢：《评注法学派的兴盛与危机——一种基于知识论和方法论的考察》，载《中外法学》2013 年第 5 期，第 1008 页。

[③] 同上注，第 1037 页。

法典评注》《袖珍民事诉讼法评注》都是考虑了便携的工具性能，使得评注作为工具得以广泛流传。同时，由于法官参加评注的撰写，使得大量判决书的裁判观点被纳入评注内容之中。1921年开始编撰的《简明民法典评注》也是考虑其简明和便利性，其编写目的是："为了对法院实践和共识观点的全面关注，为法官和律师等提供民法学术研究最为详尽的阐释"。① 可见法律评注有其特定的受众范围，突出了实务性研究。

法律评注撰写者除了大学教授之外，也吸纳立法官、法官、律师和公证人员等实务界人士参与。1978年的《慕尼黑民法典评注》是现代化评注的代表作，其确立了一套完整的评注体例：规范目的、适用范围、构成性前提要件、法律后果、证明责任以及程序性事项。德国的法律评注由于系统性、简明性而具有实用价值，在司法实务的观点中，法律评注便利性、简明性的特征使之比法律条文内容本身更具影响力。纵观法治国家法治体系和司法权威的形成过程，无一例外都是运用法律评注的方法让法治思维深入人心，而法律方法和法律思维的实际应用都是借助法律评注的载体来实现的。

我们今天的司法体制改革、审判权运行机制改革和司法实践当然也需要借鉴先进法治国家的法律评注研究范式和研究方法，但我们更加需要的是学习和借鉴法律评注的研究范式和研究方法，并将这一研究范式本土化。我认为，我国法院系统目前已经形成体系和写作传统的文书样式完全可以与法律评注研究范式和研究方法相结合，通过在文书样式原有的价值功能中引入评注法学的研究方法，来开启和创新中国司法体系法律评注研究的本土化研究范式。

三、评注法学在本土化法律环境中的应用现状

我们考量评注法学派研究范式和研究方法在中国本土化过程中的生长性，需要回到中文语境分析国人如何理解法律评注的实际意义，分析其是否具有在中国本土文化心理中的可接受性。"评注"中文词义解析为评论和注解，在前面所说的评注法学遭遇的危机和质疑中，源于法理经典产生的质疑，评注法学移植到我国之后是否会面临同样的问题？中华法系集大成者《唐律疏议》，"疏义"其实就是对《唐律》的议论和释义。封建社会晚期的《大清律例》也是用"例"的方式对"律"作的说明和举例。以上这些都可以看做是中华法系古代原生态法律评注研究范式的原型，只不过没有形成像德国法律评注那样固定的体例研究范式和系统的内容体系。

另外，我国古代司法行政合一模式中的裁判法官同时也是地方行政长官，虽然典籍中描述的裁判方式为"引经据典、缘情定罪"，但实际上，尤其是在民事诉讼领域，一方父母官作出的司法裁判往往更加具有实用性的意义，定分止争、服判息诉是有历

---

① 王剑一：《德国法律评注的历史演变与功能实现》，载《中国应用法学研究》2017年第1期，第180页。

史思想渊源的，引经据典的部分则具有很大随意性。例如，清代时曾国藩选编的《绝妙判读》中裁判的文体夹叙夹议，"既有遵循法理、环环相扣，又能绝处逢生、出人意料"①，其实并没有统一的原则和标准。司法制度演进到现代，中国的司法制度和诉讼模式随着时代的发展变化发生了持续性变革，特别是新中国成立后的现代司法行为中，经过了一段市场经济改革的大发展时期，司法功能又过度服务于政策性目标和回应社会矛盾，司法工作的重点不是建立裁判规则而是回应社会矛盾。

在当下，随着中国特色社会主义法律体系的不断完备和发展，我国部门法研究已经逐渐从立法论转向解释论，这就需要大量法律评注来弥合特别法与普通法、回应社会与提炼规则之间的差异。因此，发端于欧洲的法律评注研究方法实际上可以适应于我国的传统法律环境。当前需要更多考虑的是需要应用法律评注研究方法来应对频繁的社会经济体制改革和司法体制改革带来的司法治理中的任意性和法律思维的无序性等突出问题，用中国现代社会法律职业共同体可以接受的法律评注研究范式和研究方法和研究范式来研究中国社会的法律适用问题，用法律评注研究范式的本土化路径和方法来形成中国法律职业共同体的共识。

在人工智能迅速发展的新时代，基于在线法律咨询和互联网法院的发展，不断有人提出法官和律师执业是否会在未来被人工智能所取代？在欧洲，科学家已经研发了一台人工智能计算机"法官"，可以准确预测欧洲人权法庭大多数的裁定。② 一个职业群体是否会受到科技发展的冲击，主要取决于其作为一个独立职业的核心要素代表什么。影响社会文明显著变化的，往往是其中职业群体的思想和信仰发生结构性地变化，而不是外在物质生活环境的改变。"在一个群体中，没有什么比世代相传的思维结构更加稳固。"③ 在"文革"结束后，我国的司法体制和诉讼模式经历了数次改革，旧的体制和思维模式被逐渐颠覆变革之后，新的中国式法律思维模式和评价标准尚未形成和确立，"既有的观点已瓦解，新生的观念仍处于形成之中，现时代呈现为群龙无首的无序状态"④。这就尤其需要我们大量应用法律评注的研究范式和研究方法来帮助法律职业共同体和社会公众形成共识。近年来，随着中国特色社会主义法律体系的逐渐完备，国内的学者也逐渐意识到我们只有走过一个以立法为主导的法学研究时代，过渡到新的以法律解释为主导的法学应用研究时代，才能兼顾法律体系的稳定性及其与司法实践的契合性的平衡统一。因此，陆续有学者开始进行法律评注研究，其中，既包括专著，也包括案例和论文。

---

① 曾国藩等：《绝妙简牍》，海南出版社1993年版，序言第1页。
② 参见张新宝：《把握法律人工智能的机遇，迎接法律人工智能的挑战——致2017年法学院毕业的同学们》，载《法制日报》2017年6月29日，本文为张新宝教授在华中师范大学法学院2017毕业典礼上的致辞。
③ 〔法〕勒庞：《乌合之众：大众心理研究》（第二版），中国华侨出版社2016年版，第2页。
④ 同上注。

国内关于法律评注的文献概况			
类别	名称		内容、体例
专著	《民法总则评注》		以《中华人民共和国民法总则》条文阐释评注的方式，对《中华人民共和国民法总则》的206个条文进行逐一解读。其体例与内容包括：历史由来、规范目的、规范含义、举证责任分配、其他问题。
	《家事法评注丛书》		全书共计11卷，按照现行《中华人民共和国婚姻法》《中华人民共和国收养法》《中华人民共和国继承法》等法律的结构，逐章、逐条地予以评注。其评注的内容包括：法条及其由来、法条释义、法条相互之间以及法条与司法解释之间的关系辨析、引述关键性法院判例、学术观点。
	《税法解释与判例评注》		其评注的对象即包括内地法院税法案件的裁判文书、财税机关的行政处理决定，也包括港澳台地区及国外的税法案例，还包括财税机关关于税法适用中的解释。评注的形式结构自由，没有统一的格式要求。
论文	吴香香：《〈物权法〉第245条评注》		主要针对《中华人民共和国物权法》第245条：该条文是对占有保护请求权行使的规定。其体例是：（1）规范意旨；（2）占有保护请求权内容；（3）规范的体系关联；（4）举证分配的顺序。
	朱庆育：《〈合同法〉第52条第5项评注》		针对《中华人民共和国合同法》第52条第5项评注。其评注顺序是：规范意旨与功能，裁判法源（法源位阶、裁判法源），效力性与管理性强制规定（概念界定、判断标准、案例思路），法律禁令规范意旨之探寻，规范的体系关联、法律效果，举证责任。较为接近德国民法典评注的体例。
	汤文平：《论合同解除、债权抵销之异议——〈合同法解释（二）〉第24条评注》		总体评说法律条文与程序之间不合理问题的建议，程序节点上的要点注释，主要着眼于法律条文之间的关系分析，没有案例分析。
	贺剑：《〈合同法〉第54条第1款第2项（显失公平制度）评注》		内容包括：规范目的与立法历史、显失公平构成要件的共识与争点、法律效果、常见案例、证明责任。
	史明洲：《执行和解的法解释论展开——〈民事诉讼法〉第230条评注》		该评注虽然名称为法律条文的评注，但实际内容是对整个执行和解法律制度的评注，其包含：条文释义、立法背景、执行和解的效力瑕疵、执行和解状态解除、执行和解制度的扩张，在效力瑕疵与状态解除两部分穿插了相关典型案例。

以上国内较为典型的法律评注研究专著和论文，在编写主体上，作者大多为法学院的学者，实务界的法官和律师参与甚少。在评注对象上，大多数以民事实体法为评注对象，以诉讼程序法为评注对象的文献甚少。在评注的范围上，有的主要针对一个法律条文或者法律部门，有的是针对一个法律制度体系评注。评注的对象、形式、基础材料和格式结构都不相同。当前我国的法律评注研究属于刚刚起步的探索阶段，研究范式尚未形成，研究方法也有进一步提高的空间，我们既可以借鉴世界法治发达国家已经形成的较为成熟的研究范式、研究体例和研究方法，也可以尝试新的研究范式、研究方法和创新模式，何种研究范式和研究方法更适合我国社会的人文法律环境尚需要时间和实践去检验。

实践是检验真理的唯一标准。根据当今中国司法制度中民事审判注重文书样式指引功能的司法传统，我提出一个较为大胆的本土化研究方法：结合民事诉讼文书样式和真实案例文书进行实例评注。这是尝试将我国现行的民事司法传统和习惯做法与评注法学研究范式相结合的一个本土化创新的研究路径和方法，也是探寻将民事诉讼法程序规则引入诉讼文书样式和法律评注相结合的评注研究范式的本土化研究路径与方法，希望这个跨界思维和探索研究方法能够在司法实践中得到检验。

四、法教义学之下评注研究范式的本土化探索

在新一轮司法体制改革中提出了要加强法官队伍的专业化、规范化、职业化建设要求，这表明在法治建设的时代背景下法官职业的专业化水平受到来自各方面的质疑和挑战。法律职业尤其是法官职业受到了各方面的冲击，全国各地各级人民法院的员额法官队伍普遍存在着司法技能和法律思维"断链"的现象，这固然和法官员额制改革有一定联系，但同时也是法学院理论法学教育模式向法院以及其他司法实践领域输送的学生"产品"不能满足实践需求所致。

1998—2002年历时四年的精兵简政运动使法官队伍出现过一次断层现象，当时全国各级党政群机关共精简行政编制115万名。这四年间，各地人民法院的人员招录几乎停滞。逐渐开始司法干警人员招录之后，新招录的人员是按照新的公务员招录方式，并结合新的公务员考试制度和司法考试制度同时施行的。因此，其后招录的司法人员的知识结构与之前的法官队伍有所区别。当时继续采用了书记员—助理审判员—审判员的法官养成的三级过渡模式，以及师徒手把手"传帮带"的法官职业思维与职业技能的"言传身教"传承模式，使"断层"现象有所缓解。

当前法官员额制改革完成后，到第二轮员额法官遴选入额前，由于之前的传承模式被完全打破，令人不得不产生对法官职业队伍断链的隐忧。实际上，本轮司法体制改革中的法官员额制度改革也相当于法官职业队伍中一次规模更大的"精兵简政"运动。由于法官助理和法官之间分工的逐渐明确化，即使再优秀的法官助理也

不能保证其被任命时就具备了系统性的法官职业法律思维和司法职业技能。为此，有人提出了下一轮员额法官"分段式"养成模式的观点①，其实质类似于在法官助理和法官之间设立一个预备法官的中间阶段。

波斯纳法官提到美国司法制度存在着一部分难以解决的结构性问题和管理性问题，而法学院因为其日益的职业化、理论化与交叉学科化，其学术产出成果越来越不能满足司法实践的需求，其一直致力于提倡运用社会科学知识解决学法问题。② 我们现在所探讨的评注法学研究方式和教学方法其实也是应用法学研究方法的一个分支。其实，评注法学研究方法的本身就是缘于应用和实用主义的思考，用立法背景、法理观点、法条之间分析和比较、制度体系、司法判例等综合方式重新诠释实在法。也可以说是用各种评注的依据重新翻译了实在法，使实在法和法理之间更加融合，使法学院的法学教育产品输出逐渐满足法官职业和律师行业的现实需求，通过评注法学研究范式和研究方法的本土化路径选择和实践，在法学院和法院之间架起一道法律职业共同体对法律和司法达成共识的桥梁。

"法律犹如国之语言"，大陆法系国家的法律评注类文献经常被纳入法学教育的参考书目。评注法学就是对法理、法律条文、判例中的裁判观点综合翻译之后的再诠释，发掘综合作用之下法律本身在实境中的作用；同时，评注法学也是一种教学和锻炼思维的方法。翻译教学法中有一种方法叫做评注式翻译，也称为注解式翻译（annotation translation），是指译者在翻译的同时同步解释翻译基础词源的背景，在分析和传递原文信息时，提供自己解决翻译中重要问题的方法与过程，并就其所使用的翻译技法过程及其相关理论与实际问题交互讨论，确信自己翻译的基础根源。③ 这种翻译方法与传统翻译技能的区别在于传统方式重视的是翻译的结果是否符合范文，是一种以结果为取向的方法，而评注式翻译是行为为取向，重视译者在翻译过程之中解决问题的思维和达成内容确信的路径探索，当前在外语教学中被作为一种引导式的教学法而逐渐受到关注。

我国司法改革过程中对于法律在社会实践中效果的理论研究，从过去对司法结果的关注逐渐转向为对司法行为的关注。其中，以司法责任制度研究为例，我国早期司法责任的归责原则采用结果责任模式，就是根据案件是否发回、改判、再审来评价责任，这不符合司法审判规律的实践理性。有学者提出"司法行为责任"是

---

① 参见林娜、钟贝：《为了持续的高质量正义：论法官员额背景下法官养成机制的"分段式"改革》，载贺荣主编：《深化司法改革与行政审判实践研究：全国法院第28届学术讨论会获奖论文集》，人民法院出版社2017年版，第294页。

② 参见〔美〕理查德·A·波斯纳等：《各行其是——法学与司法》，黄韬译，中国法律出版社2017年版，第273页。

③ 参见李小撒、柯平：《过程教学法在翻译教学中的应用——以同伴互译和评注式翻译为例》，载《外语教学》2013年9月，第109页。

"主要根据法官在司法行为的过程中有无实施违法行为，如果存在了违法行为即使裁判结果正确也要追责。"① 法官作为司法主体，仅能控制案件司法过程中的行为，而非案件结果。案件是否在二审发回、改判都是一审中不可预测和不可控制的。波斯纳法官在近年对司法活动的观察中提出了"司法行为学观察研究"，其不是针对案件的结果——裁判结果中法官发表的司法意见本身进行分析，而是针对司法过程中法官的司法行为，如在案件讨论中的投票表决行为与其相关的背景因素，分析比较何种因素会对法官在案件讨论中的观点取向产生实际的影响，以及如何预测其将来的行为。②

五、 文书样式实例评注的司法行为学研究价值

法律评注是一种不同于法条释义、案例分析、裁判观点要览的法律文献题材以及法学研究方式，具有自审式、启发式、体系化的法教义学意义。司法过程中的一系列决定，其实都是"一种偶然地产生的法律适用，如何才能既有内部逻辑自洽性又兼具外在论证的合理性，且同时维护法律的确定性以及法律的正确性呢？那么处理法律理论的这个核心问题有三种可能的方案：（1）法律诠释学；（2）法律实在论；（3）法律实证论"③。法律诠释学的价值在于"徒法不足以自行"④。"任何规则本身都不能规定它自己的运用方式。一个符合某个规则的事实构成，取决于根据运用它的规范的概念对它进行的描述。"⑤ 而这个规范的具体含义被运用于一个具体实例时才能展现出具体样貌。

（一）对《民事诉讼文书样式》评注的价值和意义

民事裁判文书是案件动态的司法行为过程和静态的案件结果，以及诉讼程序法和实体法规范纵横交织的网。裁判文书样式最初的功能是制造裁判文书这张网，使诉讼程序的经线和裁判规则的纬线相互交织，又各行其道，安然有序地反映案件过程和结果。张卫平教授曾经提出，在民事诉讼法学研究的过程中，程序与实体的背离"导致了民事诉讼法发展停滞或扭曲"⑥。与此相对应，民法典编纂过程中也需要

---

① 李浩主编：《员额制司法责任改革与司法现代化》，法律出版社2017年版，第435-440页。
② 参见〔美〕理查德·A·波斯纳等：《法官如何行为——理性选择的理论和经验研究》，黄韬译，法律出版社2017年版，第273页。
③ 〔德〕哈贝马斯：《在事实与规范之间——关于法律和民主法治国的商谈理论》，童世骏译，生活·读书·新知三联书店2014年版，第246页。
④ 《孟子·离娄上》，意谓治理国家必须把行善政与行法令结合起来，体现了法的局限性。这也就是说法律除了规范以外，要真正发挥法律作用，离不开主体的素质、法律体制、人们的法律意识等。
⑤ 〔德〕哈贝马斯：《在事实与规范之间——关于法律和民主法治国的商谈理论》，童世骏译，生活·读书·新知三联书店2014年版，第246页。
⑥ 张卫平：《对民事诉讼法学贫困化的思索》，载《清华法学》2014年第2期。

"从民事诉讼法发展、完善的角度思考民法典的相应规则"①。2016年全国各级人民法院审结一审民商事案件1 076.4万件,在各类诉讼案件中位居首位。② 截至2017年7月1日,中国裁判文书网上公布的裁判文书总量为30 728 800篇,其中民事裁判文书18 991 407篇。③

我国已经出现的法律评注作品中,较多的是对民事实体法内容的评注,鲜有对民事程序法内容的评注。《民事诉讼文书样式》本身既无法完全归类为程序法范畴,也不能归类于实体法范畴,而其配套施行的《人民法院民事裁判文书制作规范》仅具有司法解释的效力。在目前我国民法典的编纂和评注尚未完全成功,民事诉讼法的评注尚少有涉足的前提下,我们选择以《民事诉讼文书样式》的实例评注作为实践探索法律评注研究方法的对象,是因为相比之下《民事诉讼文书样式》在司法实践中具有重要作用。我国的民事实体法和程序法受到德国潘德克顿法学体系的深刻影响,但是在法律评注方面国内学者刚刚起步。当前,在实体法方面,我国有学者进行过评注的研究和尝试,主要集中于立法背景、制度原则、适用问题等内容,但在诉讼法和裁判文书领域鲜有尝试,尤其是没有以裁判文书为依托的评注方面的著作成果。关于裁判文书的写作,司法实务界和法学教育界都发表过一些文献,但是早期的裁判文书类著作侧重于案件的评价,较少完整系统地评价文书写作范式,近期的裁判文书类著作才逐渐转向关注裁判文书的范式本身。文书样式虽然是法官撰写裁判文书的工具,但是其内在结构涉及民事实体法和民事程序法的结合运用,对于展现法律适用的司法成果和规范法官解释适用法律的权利,乃至在司法行为过程中规范法官行为、形成裁判规则和裁判要旨有着至关重要的现实意义。

(二)对《民事诉讼文书样式》评注的现实制度基础

为了指导各级人民法院的民事裁判书文制作,最高人民法院于2016年6月28日发布了《人民法院民事裁判文书制作规范》和《民事诉讼文书样式》。这是继最高人民法院1992年发布《法院诉讼文书样式(试行)》(以下简称《92文书样式》)之后,对民事诉讼文书样式的一次集中重大调整。《92文书样式》为文书样式改革和评注研究奠定了丰富的实践基础,但是其已不能满足民事诉讼程序的需要。而2016年《民事诉讼文书样式》是紧随2015年《最高人民法院关于适用〈中华人民共和国民事诉讼法〉的解释》而制定颁布的,为了统一规范写作标准,还同时颁布了《人民

---

① 张卫平:《民法典与民事诉讼法的连接与统合——从民事诉讼法视角看民法典的编纂》,载《法学研究》2016年第1期。
② 参见《最高人民法院工作报告——2017年3月12日在第十二届全国人民代表大会第五次会议上》,载全国人民代表大会网(http://www.npc.gov.cn/npc/xinwen/2017-03/15/content_2018938.htm),访问时间:2017年6月30日。
③ 参见中国裁判文书网2017年7月1日的实时数据。

法院民事文书制作规范》。《民事诉讼文书样式》以提高文书质量为核心目标，并提出文书撰写要做到格式统一、结构完整、要素齐全的外在形式要求，以及裁判说理要繁简得当、逻辑严密、用语准确的内在要求。《民事诉讼义书样式》的主要特征是：（1）在诉讼程序上以案件的审理级别为主线，重点体现不同的审级程序特征。（2）结合案件的实体特征提出了对裁判说理的具体要求：①根据不同审级功能确定的审理实体争议范围不同而确定裁判说理重点；②结合案件争议性质繁简得当地说理；③围绕案件事实和法律争议，对证据的采信理由、事实认定以及推理过程等予以充分论述。（3）明确了繁简分流的格式标准，新增加了适用于简易程序、小额诉讼程序案件的要素式、令状式和表格式的简易文书样式，以便简案快审、繁案精审。（4）优化了裁判文书的体例结构。（5）规定裁判文书事实部分增加争议焦点的归纳，以便于其后结合争议焦点有针对性地阐述裁判理由。[①] 尽管新民事诉讼文书样式体系数量庞大，但在样式种类上，仍没有完全涵盖所有民事诉讼案件的具体类型，并且随着司法改革进一步深化以及民事诉讼法律制度的发展变化，相关诉讼制度的变化会导致文书样式的部分内容与新诉讼制度的冲突，加之民事诉讼案件本身纷繁复杂的诉讼形态，以及民事案件受案范围的适度开放性特征，需要我们不断地在司法实践中结合具体案情需要和制度特征对新民事诉讼文书样式作出注解。基于体系完整性的需要，当前已经具备了对《民事诉讼文书样式》进行体系研究和评注研究的制度性基础。

（三）动态审判与文书要素交互指引作用的原理支持

在司法改革背景下，将动态审判要素与裁判文书要素相结合，二者紧密结合、同步运用是当下司法职业技能训练和法律思维养成的高效模式，并且也会潜移默化地影响裁判文书中裁判思维去行政化效果。波斯纳法官在其对司法行为学研究的著作中描述了美国司法中存在的和我们实行法官员额制改革后进行裁判文书写作可能面临的通病："法官可能会让有一定司法工作经验的法官助理来撰写司法意见。不擅长进行法律分析的法律工作者却可以成为合格的法官，因为他们不必论证其作出的裁决（交由法官助理完成），必然导致法院政治化程度加深和司法裁判质量下降。"[②] 那么，我国法官员额制改革后，是否也存在这样一个隐忧：法官因为将裁判文书中的部分内容和论证分析交由初离法学院的法官助理来写作，而钝化了法官的法律思维；法官助理由于没有从裁判文书中吸收足够的司法经验，没有完善养成司法实践过程和形成裁判观点这一交互指引系统的"循环回路"又难以直接过渡成

[①] 参见 2016 年 7 月 5 日最高人民法院召开的新闻发布会上，最高人民法院审判委员会专职委员杜万华对《民事诉讼文书样式》修订及发布实施情况所作的通报内容。

[②] 〔美〕理查德·A·波斯纳等：《法官如何行为——理性选择的理论和经验研究》，黄韬译，中国法律出版社 2017 年版，第 273 页。

为一名合格的法官。

作为法官、法官助理和书记员，在日复一日的司法审判实践中几乎每天都要和裁判文书打交道，制作、写作与创作裁判文书也是法官、法官助理、书记员的一项重要工作内容。从司法程序功能的视角来看，裁判文书的制作、写作与创作就是一个以审判要素为主导的动态审判程序的制作过程，法官、法官助理、书记员在审判中所做的许多工作，实际上都是与裁判文书制作内容相关的。裁判文书上的许多话语实际上也都来源于法官、法官助理和书记员在司法程序中的各项工作。法官、法官助理和书记员的送达、调查、归纳整理争点、固定证据、庭前调解、庭审、庭审记录、合议庭评议案件等工作过程，实际上都是运用要素式审判方法在制作、写作与创作裁判文书的动态过程，只不过我们没有意识到也没有深化裁判文书动态写作工作方法和职业技能养成。

裁判文书的制作与写作并不是在案件庭审之后，或合议庭评议案件后才开始的，而是应当贯穿于整个司法审判活动的全过程，每完结一个诉讼程序环节就应当同时制作或写作完成裁判文书的一部分内容。例如，民事案件审理中，完成立案登记和审前送达程序性辅助工作之后，就可以写出审理报告中"当事人和其他诉讼参加人的基本情况"；完成归纳整理案件争点和组织进行证据交换程序性辅助工作之后，就可以写出审理报告中"当事人的诉讼请求、争议的事实及其理由"；完成庭审记录和参与相关调查审核程序性辅助工作之后，就可以写出审理报告中"事实和证据的分析与认定"。

在司法审判实践中，我发现有经验的法官、法官助理或书记员写审理报告和裁判文书都是在司法审判程序运行的动态过程中及时完成的。一般到庭审完毕或合议庭评议完毕后，很快就可以完成裁判文书了，有的简单案件甚至当庭即可完成审理报告和裁判文书。这种要素式审判方法与动态阶段性裁判文书写作方法相结合的司法审判实践经验，我们可以将法官、法官助理和书记员的裁判文书制作、写作与创作总结归纳为不同的程序阶段。① 审理报告是裁判文书的"前身"，是写作裁判文书的基础。在审判实践中，人们的思想观念存在两个误区：(1)认为必须先经过庭审，经过合议庭评议再撰写审理报告，并在合议庭意见产生分歧，不能形成多数意见时将审理报告提交审判委员会讨论后写作判决书(或裁定书)的分段式处理模式；(2)认为裁判文书的制作完全是员额法官的职责。实际上审理报告的写作完全可以根据审判活动的进程分阶段完成，同理裁判文书部分内容的初稿也可以分阶段完成。法官助理、书记员除了负责审前准备程序之外，还有一个重要的任务就是辅助员额法官制作裁判文书，裁判文书应当是法官与其助手合作的产品。实践中有两个极端：要么完全依赖法官助理或书记员代写文书，有的法院甚至还专门将法官助理分为程序助理和文书助理，文书助理就是专门负责协助文书写作的；要么完全不要法官助理或书记员辅助制作

---

① 参见杨凯：《法官助理和书记员职业技能教育培训指南》，北京大学出版社2016年版，序言第3页。

文书，而由员额法官自己撰写法律文书。完全依赖书记员和法官助理来代替法官制作文书肯定是不科学的，而完全不需要法官助理和书记员的辅助，也是机械的、教条的、不切实际的做法。员额法官完全可以在审理案件的过程中进行审理报告和裁判文书的写作；法官助理和书记员同样也可以在审判过程中，阶段性地、动态地辅助员额法官制作审理报告和裁判文书。具体的动态制作过程包括如下五个环节：

1. 案件的由来和当事人基本情况的诉讼要素及动态写作方法

在立案登记和完成审前准备程序中的送达事务性工作之后，就能够查清案件的由来、当事人和其他诉讼参加人的基本情况，除了审理经过未完全完成暂时不能写明之外，已经可以写出审理报告中第一部分"案件的由来"和第二部分"当事人和其他诉讼参加人的基本情况"的主要内容。与此相对应的就是裁判文书首部的主要内容。这部分的写作内容既是审前准备程序中的法官、法官助理和书记员进行诉答准备与送达程序的审查和判断，也是对法官、法官助理和书记员完成上述事务性审判工作的如实记载，是对审前准备程序的阶段性的总结。这一阶段的事务性审判要素审查完成后，审理报告和裁判文书中相对应部分就应当同步制作出来。这印证了审判实践中有经验的法官常说的一句话："判决书上的每一句话都应当有相应的证据或程序性工作来印证。"通过审查立案登记表以及起诉状与答辩状的主要内容，对于初步确定的案由、排定的案号、当事人及其他诉讼参加人的基本身份情况及委托代理情况、合议庭组成人员及主审法官的确定等事项，基本上能够查清，也就能制作出裁判文书首部的基本内容。

2. 当事人诉讼请求、争议事实及理由的诉讼要素及动态写作方法

法官、法官助理、书记员在审前准备程序中整理争点，组织进行证据交换并固定证据的审前准备工作实际上是与审理报告中的这部分内容完全相对应的。以民事诉讼一审判决书的写作要素为例，也就是"原告诉讼请求及事实和理由""被告辩称"和"第三人述称"的内容。当事人的诉讼请求以及争议的事实和理由部分的内容虽然主要是通过原告、被告和第三人的陈述来表述的，但不能照抄照搬起诉状和答辩状的内容，必须根据法官助理对案件争议焦点的归纳整理来进行总结归纳和提炼；要集中反映当事人的真实意思表示，明确纠纷的焦点，使之能够与文书中的审查查明的事实、论理和裁判结果形成严密的逻辑体系，前后呼应，相互印证。审理报告中的内容可以写得详细具体一些，但裁判文书中的叙述应当简练。审理报告中的内容可由法官、法官助理、书记员动态完成，裁判文书中的这部分内容可由法官在审理报告的基础上进一步精简和提炼后来写作。法官、法官助理对案件争点的整理是一个周密严谨的法律推理过程，需要不断地在事实和法律之间顾盼往返，不论是要件事实的提炼与认定，还是在事实认定的基础上对法律关系的判断、法律责任及风险的划分都需要具备准确的分析判断和归纳总结提炼的职业技能，如果这种职

业技能的培养跟诉讼要素和裁判文书的动态写作相结合，会更有利于其职业技能的提高和规范。案件争点的整理水平只有从裁判文书的制作上才能真正体现出来。司法权本质上就是一种判断权。从司法的过程视角来定义，对案件争点的整理实际上也就是对当事人之间法律关系的审查判断。对于案件争点的整理是法官助理对当事人之间法律关系的产生、变更及其内容的理性分析、判断过程，这一过程也是审判思路的形成过程，其分析、判断的技能水平对案件的审理方向和裁判文书的写作起着至关重要的作用，是立案后整个后续审判活动过程的出发点和方向标。因此，能够高度概括和提纲契领地归纳总结并撰写出原、被告及第三人的诉辩称意见及述称意见，本身就是法官、法官助理和书记员整理、固定争点技能水平的体现。审理报告和裁判文书此部分内容的写作也是对整理固定争点准备工作的文字固定记载及质量的评判。此外，在审理报告中，还应对双方当事人就事实理由提供的所有证据项目进行分析式地列举，便于法官下一步对证据进行分析与判断。此部分写作应当形成对当事人诉辩主张、事实理由及举证的初步审判结果。

3. 案件事实和证据的分析与认定诉讼要素及动态写作方法

法官、法官助理和书记员在审前准备程序中组织进行整理争点和证据交换的工作其实就是本部分内容的前提和基础，如果法官助理参与庭审或者听审，则可以辅助法官更加全面地写好本部分的内容。本部分内容与裁判文书相对应的就是"经审理查明"部分的内容。法院经审理查明的事实，应当是经过法庭审理查明的事实。叙述的方法一般应按照案件发生的时间顺序，客观地、全面地、真实地反映整个案件情况，同时要根据争点抓住纠纷的重点和关键内容，详述主要纠纷产生的原因和情节以及因果关系。具体包括：(1)围绕当事人所主张的请求权基础法律关系来展开分析双方当事人法律关系的产生、变更、终结、延续等构成法律关系要件的事实，其中所包含的时间、地点、参与人员等要素应该具体明确。(2)应当写明作为双方当事人之间的责任划分的事实依据或酌定因素，包括纠纷的起因、经过、双方的行为态度及后果影响等。(3)应当列举写明据以认定案件事实的证据。列举的方式包括统一列举式、逐一列举式和内容证明式列举等多种列举方式。对于双方无争议的证据可以简写，对于双方有争议的证据应当逐一列举，并写明双方的质证意见以及法院认定证据的意见及其理由。另外，叙述事实和证据时应当注意保守国家机密、商业秘密和当事人的个人隐私，注意保护当事人的及其他诉讼参加人、证人等的声誉和安全。同时，事实和证据部分的写作因为涉及审前准备程序中的证据交换和证据固定内容，大量工作由法官助理承担，法官助理在辅助法官写作此部分内容的过程也是学习法官如何对证据进行审查、判断，学习如何写作对证据的分析论证和评价，体会和感悟法官心证形成的过程，参与辅助制作可以逐渐熟悉诉讼证据规则的运用和证据审查判断的技巧与方法。此部分的写作实际上是对审前证据交换与证据固定技能的延伸性学习和拓展性的训练，由此可以提升庭审准备工作的职业技能，更好地辅助法官做好审前准备工作；同时，也能为法官写作裁判文书提供初始性和原创性的辅助；还可以从旁观者和辅助者的视角协助法官更加全面和直观地审查判断证据，避免证据审查判断过程中可能出现的偏见和错误，真正起到法官助手的作用。法官助理辅助制作裁判文书技能的提升能够从一定层面辅助法官提升裁判文书的质量和效率。法官与法官助理对于审判工作相互配合的合力的效果肯定胜过法官单独的力量和智慧。从写作经验的视角来看，好的文章是改出来的，而不是写出来的。由法官助理根据审前准备程序的直观感受和审查判断的理性思考而起草的对证据审查判断的初稿，无论是对法官庭审前拟定庭审提纲，还是对法官庭审后拟写事实证据的审查判断都是良好的基础和成功的前奏。法官在法官助理撰写的初稿的基础上再根据庭审的实际情况及合议庭评议的情况来修改和写作将更有利于提高裁判文书的制作水平和效率。

4. 需要说明问题的相关诉讼要素及动态写作方法

在案件的审前准备程序以及整个的审理过程中，可能会牵扯或涉及相关案件背景和社会影响的情况。比如：有的案件当事人有特殊情况；有的案件存在深层次的社会问题；有的案件有深刻的社会背景；有的案件当事人之间存在矛盾激化的隐患；有的案件涉及社会群体或利益集团的利益；有的案件涉及社会稳定问题；有的案件涉及本辖区的民生问题；等等。这些情况都是记录和写作的内容。审理报告固定写作模式中专门列有一项"需要说明的问题"。法官、法官助理和书记员需要培养一种善于及时捕捉和获取审判活动中各种相关信息的能力。这种能力体现在裁判文书的辅助制作中，就是对于审理报告中"需要说明的问题"部分的撰写技能水平上。审判实践的社会复杂性告诉我们，每一起案件都可能是社会矛盾与纠纷的集中体现，案件背后可能隐藏着深层次的社会问题，也可能存在这样或那样的矛盾隐患，这就需要办案法官、法官助理和书记员们具有一双"慧眼"，及时发现问题和矛盾隐患，不仅要就案办案，而且要运用法律的精神真正化解矛盾和纠纷，达到"案结事了"的最佳效果。审理报告"需要说明的问题"的撰写水平从某种程度上也反映了法官、法官助理和书记员在案件审理全过程中的审判水平。是否善于发现问题，是否善于归纳和总结问题，是一种运用司法手段和技术手段妥善解决社会矛盾纠纷能力的具体体现。司法审判辅助职业技能的培养，包括及时发现和总结分析问题能力的培养。这一部分的写作水平就是考察法官、法官助理和书记员在审判过程中是否是一个有心人的标尺。本部分内容的具体的写作方法应当结合审判工作中的诉讼要素和实际情况来撰写。具体包括以下六个方面：（1）列举写明案件审前准备程序中所获取的有关部门、单位和人民群众对案件的性质、是非曲直的评价、处理结果和适用法律的意见、看法和建议；（2）列举写明案件审前准备程序中所了解的案件相关社会背景和可能存在矛盾激化的隐患问题；（3）列举写明案件审理过程中当事人可能存在的各种特殊情况；（4）列举写明与其他案件审理相关联的情况；

(5)列举写明关于案件审理的社会舆论评价、新闻传播报道评价以及民意调查反映的相关内容;(6)列举写明案件所涉及的其他相关问题。

5. 裁判说理部分的诉讼要素及动态写作方法

裁判文书说理部分的制作,主要内容是对涉及案件可能适用相关法律的收集与整理,这也是写好裁判文书论理部分的前提和基础。以民事案件为例,审理报告中最重要的一部分就是"解决纠纷的意见和理由",此部分实际上也就是裁判文书的说理部分。按理说裁判文书的论理部分应当是主审法官的职责,与法官助理没有什么关系,这是一种偏见和片面的理解。法官助理的辅助作用在此部分内容的撰写中同样也很重要。一方面,法官助理是法官人才的储备力量,法官是一种实践性、经验性很强的职业,与医生需要临床经验一样,成为一名合格的职业法官需要长期审判实践经验的积累,而裁判文书的论理部分是培养法官职业技能的关键所在。实践中,很多的法官都是在辅助写作的锻炼中成长起来的。另一方面,协助配合写作论理部分对法官助理的职业技能也是一个全面的培训与提升,对论理部分的思考与实际操作将会更加有利于法律思维习惯的养成,更有利于综合素质和审判业务素质的提高,从而使法官助理的审前准备技能更加精湛和全面。法官助理参与案件审理的审前准备程序,对于案件的诉辩主张和事实、理由有直观的感受和一定程度的判断和认识,以此为基点的辅助写作工作将会有助于法官将说理部分写得更加清楚、明白和有说服力。运用要素式审判法进行动态写作裁判文书的过程也是持续训练法律思维与司法写作能力的职业技能培养过程。裁判文书动态写作实际上是对所审理案件审理思路、法律事实认定和法律解释与适用的书面表达,而实际的动态审判过程转化成文辞精美、言简意赅、逻辑严密、论理充分的优美裁判文书,还是需要一定的思维与写作能力的。因此,通过要素式审判方法指引下的动态制作裁判文书的训练,法官、法官助理和书记员的写作能力将会得到大幅提升。古代选用司法人员讲究"身、言、书、判",其中"书"是指记录能力,"判"即指裁判文书写作能力。古代将司法审判职业称之为"刀笔吏",就是将这一职业与写作紧紧地结合在一起,记录和写作同样也应当成为现代法律职业的重要职业技能,并且应当比古代司法职业有更进一步的职业技能拓展和职业技能的创新。[①] 司法实践中动态审判要素和裁判文书要素穿插交互指引的作用原理,也正与司法行为学研究原理以及法律评注的法学教育方式过程化教学原理一脉相承、相互支撑。

六、民事诉讼文书样式评注研究范式的功能

法律评注研究之所以能够作为一种独立研究范式以及写作体例,是基于其有着不

---

① 参见杨凯:《司法体制改革视角下的要素式裁判文书动态写作方法》,载《中国审判》2016 年第 24 期。

同于学理分析类法学论文、法条释义、案例分析的研究范式和具体功能实现机制。新一轮司法体制改革成功的关键在于法官队伍的规范化、专业化、职业化建设。而建设一支规范化、专业化、职业化的法官职业队伍必须要有正规化、专门化、常态化的高水平司法职业技能培训教育体系作为支持。① "为了实现法律秩序的社会功能并同时满足法律的合法性声称，判决必须同时满足其逻辑自洽性和社会可接受性。因以上两者又往往相互冲突，故这两套不同的评价标准最终必须在司法实践中相互妥协。"② 遵照案件与裁判文书实例的原始形态的真实性，紧随司法制度改革的时代性，补足新民事诉讼文书样式及裁判文书制作规范中未为详尽之处，弥合《民事诉讼文书样式》与民事诉讼制度发展之间的缝隙，充分展示民事诉讼文书繁简分流的内涵与外延，将动态审判要素与裁判文书要素写作紧密结合，总结实践经验并指导司法实践中的裁判文书写作，构建将动态审判要素与裁判文书要素紧密结合的法官司法职业技能养成新模式是开展新民事诉讼文书样式实例评注研究和编纂的意义所在。

（一）完善和补充新民事诉讼文书样式中未予以明确的形式要素

尽管新民事诉讼文书样式包含568个样式（《92文书样式》中民事类有196个），其中463个样式为各级人民法院用文书（《92文书样式》中法院文书样式有180个），105个当事人文书样式（《92文书样式》中当事人文书样式有16个），同时颁布了《人民法院民事裁判文书制作规范》，但仍然还需要在评注中进一步明确一些审判程序要素和裁判文书写作要素。

完整的裁判文书应当包括形式要素和实质要素两个部分。裁判文书的形式要素，是指的文书的形式规范要求，也可以理解为裁判文书的结构要素，其主要了体现案件的程序类型和具体程序性要求，《人民法院民事裁判文书制作规范》规定的文书基本要素即为形式要素：文书由标题（包含法院名称、文书名称、案号），正文（包括首部、事实、理由、裁判依据、裁判主文、尾部），落款（包括署名和日期）三部分组成。其中，正文中的审理经过和落款中的署名部分没有表述法官助理在文书中所处地位，主要是由于在新一轮司法体制改革进程中，法官助理的具体职责和法律地位尚未通过立法予以明确化。为此，本实例评注展示了几篇落款处明确载明法官助理的裁判文书实例来分析实践中法官助理在文书落款中的处理方式。

另外，《人民法院民事裁判文书制作规范》中重点规定了一审裁判文书尤其是判决书的制作详细要求，但是没有规定和说明其他诉讼程序裁判文书的详细要求。由此，需要借助实例评注来对文书制作规范中未予以规定的文书写作的通常性要素和具体要求进行梳理和说明。

---

① 参见杨凯：《法官助理和书记员职业技能培训指南》，北京大学出版社，2016年第1版，序言第3页。
② 〔德〕哈贝马斯：《在事实与规范之间——关于法律和民主法治国的商谈理论》，童世骏译，生活·读书·新知三联书店2014年出版，第246页。

(二)结合审判法动态提炼要素式裁判文书的制作要领

裁判文书除了形式要素之外,还有其实质要素,实质要素是指经过审理作出裁判的必备要素,也是裁判文书必备的内容要素。《92文书样式》不论案件类型,对简易程序案件依然罗列了一些对案件裁判没有影响的内容,但对于作出裁判结果必须考量的实质性构成要件,即裁判要素却没有具体要求,因此导致有些案件案情简单,却文书冗长,并且没有充分说明裁判理由。为此,新民事诉讼文书样式增设了表格式、令状式、要素式的文书格式,以提高采用简易程序和速裁程序审理的案件的审判质量和效率。

推行表格式、令状式、要素式裁判文书是为了:(1)提高审判效率。目前,我国诉讼案件的数量大幅提升,法院案多人少的矛盾日趋尖锐,同时,实行法官员额制改革精简了法官的数量,这就有必要通过诉讼体制和审判机制的优化来破解这一矛盾。对诉讼案件进行繁简分流,通过要素式审判快速处理简单或一般的民事案件,从而使法院将司法资源和审判精力主要放在复杂疑难、影响力大的案件上。(2)满足程序多元化的发展需要,适应现代民事诉讼程序发展的价值诉求。(3)促进法院司法水平的提高和司法公信力的提升。相较于长期沿用的浑然一体、繁简不分的《92文书样式》,新民事诉讼文书样式更能有效促进民事案件审理程序的高效进行。一方面更加适应庭审中心主义诉讼制度改革的需要,另一方面也要求司法者做足功课,充分提炼民事案件的审理和裁判要素,准确把控案件审理的争议焦点。①

1. 案件要素的内涵、特点和功能

要素是构成事物必不可缺的因素或者组成系统的基本单元,审判的对象笼统地说是案件本身,但具体地说则是构成案件的各个要素,包括案件事实要素、证据要素、法律要素以及程序要素。其中,案件事实要素是基础性要素,其他要素都是在该要素的基础上生成而来的。因此,要素式审判首先是指针对案件的事实要素所进行的审判。由此可以概括出要素的四个特点:

一是要件性。案件要素来源于法律要件,但比法律要件更加丰富。在法律要件的支配下,案件要素依次展开;在案件要素中,法律要件也蕴含于其中。所以,法律要件是概括和铺陈案件要素的指针和中轴,离开法律要件来谈案件审判要素,无异于缘木求鱼。对解决案件不具有要件意义的案件事实,不足以上升到案件审判要素的高度和层面。

二是层次性。案件具有多个要素,这多个要素之间具有内在的逻辑关联,这种逻辑关联不仅表现在案情展开的纵向方面,也表现在各要素的横向方面。所以,最终的要素图是纵横交错的,如同一张网,要素便是这"网上的纽结"。法院审判案件,便是针对这些"网上的纽结"而进行的。

---

① 参见汤维建:《如何理解要素式审判法》,载《中国审判》2016年第24期。

三是个案性。对所有的案件而言，案件审判要素是抽象的若干要件事实；对类案而言，案件审判要素表现为完整的要素节点；对个案而言，案件审判要素便涵盖了具体的时间、地点、人物、情节以及主观客观因素、因果关系等，成为案情的纲要或目录。只有依据个案而形成的案件要素才能转换成法官的审判提纲。

四是动态性。就本质而言，审判其实就是对案件审判要素的摸索、发掘和判定，是案件要素不断注入法官心灵并最终拼凑成案件图案的过程，这个过程呈现出由不清晰到较为清晰再到最终清晰的形态，以及由不完整到较为完整再到最终达到完整的动态过程。在诉讼之初就希望将案件要素网罗殆尽是不现实的，也是本末倒置的。

2. 文书实质要素必须结合要素式审判方法理解和掌握

由于要素式文书适用于简易程序案件，新民事诉讼文书样式并没有完全详细列举所有适用要素式文书样式的案件类型的文书要素，因此，具体各种案件类型的民事裁判文书要素有待于我们在司法审判实践中归纳提炼。一般说来，要素式裁判文书应注重以下两个方面的制作要领：

一是要素式文书的案情概要简写必须以无争议为基础。

案情概要位于要素式裁判文书的正文部分，也是要素式裁判文书制作的核心部分，这部分的写作特点集中体现了要素式裁判文书与普通式裁判文书的区别。根据《民事诉讼文书样式》的要求，要素式裁判文书对于无争议的要素（事实）可以用一句话简要概括，不再分开陈述原告、被告和法院三方意见。① 也就是说，要素式文书不再全面铺陈原、被告诉辩意见，本院查明事实和本院认为部分，而是围绕双方当事人所争议的要素，陈述当事人双方的意见及证据和法院认定的事实理由。由此可见，要素式裁判文书的简略，是对于无争议的事实才可以简略概述，即对于一方陈述的事实，另一方表示认可的内容，而不是所有案件事实。其可以表述为"双方对……等无异议"或者"被告对原告主张的……等事实予以认可"。对于对方当事人有异议的，哪怕是部分异议也必须将有争议的要素具体表述，而不能省略。当然，对有争议的案件要素，可以夹叙夹议，简单事实也可在庭审中予以确认并记入笔录，在裁判文书中可不再说明。②

需要强调的是，如果案件中出现当事人前后不一致的陈述该如何取舍？在要素式裁判文书与普通式裁判文书制作中应体现出不同的判断标准。要素式裁判文书采纳"从新原则"，普通式裁判文书主要采取"从旧原则"，但以上"从新"与"从旧"之间的价值目标并不相互冲突。这里要素式裁判文书的"从新"是指的如果当事人在填写《诉讼要素表》时的内容和开庭审理中的陈述不一致，经过询问后明确当事人是因为对要素表内容、意义没有理解透彻而产生了错误时，应当以庭审中陈述的事实为准，

---

① 参见沈德咏主编：《民事诉讼文书样式》（上册），人民法院出版社2016年版，第350页。
② 参见滕威：《要素式审判法的理论与实践思考》，载《中国审判》2016年第24期。

因为其更接近案件发生的自然经过。普通式裁判文书的"从旧"是指当事人在普通程序案件中开始陈述的或认可的某种事实后，又改变以上陈述，作出对自己一方更有利的陈述，该发生变化的内容对本案的结果可能有影响时，一般认为当事人在诉讼中首次陈述较为接近案件的真实经过，事后变更的陈述有可能经过了加工、删改。

另外，在要素式裁判文书制作中，如果当事人前后矛盾的陈述不是基于认识错误，而是将先前的陈述变更为有利于己方的陈述则应当与普通式裁判文书的处理原则一致，即"从旧"。因此，无论是"从新"还是"从旧"均以尊重当事人表意的真实性为基础。

综上所述，案情概要可以简化的前提和基础必须是案件无争议的内容，如果是双方当事人有争议，既包括的当事人双方意见不一致，也包括当事人一方前后陈述不一致的这些有争议的内容则在民事裁判文书制作中不得省略。

二是要素式裁判文书的裁判依据与主文的标准并不低于普通裁判文书。

要素式裁判文书的裁判依据也即是裁判中法律条文的引用与法规条文的引用，应当严格依照《最高人民法院关于裁判文书引用法律、法规等规范性文件的规定》的要求，分别依据不同法律条文的效力等级，按照先实体规范后程序规范、先适用特别法后适用一般法的次序引用。裁判文书引用的法律规范仅限于国家颁布的法律、行政法规和司法解释，其他政府规章、旨在保护本地区经济发展的地方性法规等不应在裁判文书中体现和引用。

要素式裁判文书主文部分的表述与普通式裁判文书一样，必须语法结构完整，权利义务主体和执行标的以及履行内容、履行方式及期限明确具体，并具有可执行性。在裁判文书的执行程序中不允许对案件的实体法律关系产生的争议再行作出判断，只能依照裁判主文明确的范围予以执行，故而在裁判主文中不应当给实体问题留下争议空间。

此外，令状式裁判文书只包含当事人称谓和裁判主文，不记载当事人的辩诉主张和裁判理由，此种设计主要为了配合小额速裁案件的审理，但这种文书表面形式的简化，背后实质上是以案件经过了前期的甄别环节，各项案件特征适用于该程序为前提的。表格式裁判文书即用表格列举双方当事人的诉辩主张、法院查明事实、裁判理由和裁判主文的简易式法律文书，以及附表列举金钱给付项目的裁判文书。

由于上述三类适用简易程序、速裁程序的裁判文书在新民事诉讼文书样式实行之前仅仅在一些试点地区使用过，在全国并未普遍推广，为了明确其在普遍推广实践中的写作要点，我们特别邀请基层人民法院从事小额速裁审判工作的员额法官来承担此部分的撰写任务，以其正在办理的真实案例和实际办案中的感受、经验总结的实例评注来展现文书要素的提炼运用方式，以及裁判文书繁简分流中对文书样式选择甄别的技巧。

(三)弥合文书样式体系和诉讼法制度体系之间的缝隙

我国的民事诉讼制度改革不断持续进行,部分民事诉讼制度经常会出现调整更新,而一部大型的民事诉讼文书样式规范却必须保持其固有的稳定性才能使得裁判文书的题材在司法裁判者的司法习惯中根深蒂固,形成书写习惯和风格。因为,民事诉讼制度常修而民事诉讼文书样式不可经常改变,这一冲突产生的困惑必须由裁判文书样式的评注工作来消解。而且原来样式规范没有包含的新问题的处理方式,也必须由后续的评注工作来示范和指引。虽然新民事诉讼文书样式是在2012年的《中华人民共和国民事诉讼法》及其解释的基础上进行的编纂,但其中仍有一些内容与现有的民事诉讼法的实践运行状况产生冲突,这种冲突又可以分为两种类型,原发型冲突和后发型冲突。

1. 样式中存在原发型冲突

样式中的原发型冲突即在样式制订中存在一些与实践操作不契合的问题,需要明确实践中如何结合实践需要在不违反民事实体法和诉讼程序法,且不减损当事人诉讼权利的前提下,对样式的部分细节问题予以变通处理。例如:样式中各类案件的公告格式,都要求写明"公告期间为××××年××月××日至××××年××月××日"。但是我国当前的司法实践中,法院的公告大多数是刊登在《人民法院报》上的,往往在撰写公告文书内容时,根本无法确认报社实际安排刊登的日期,因此在实践中根据现实情况,有的公告表述为:"从本公告刊登之日起××日内。"

2. 文书样式中存在后发型冲突

新民事诉讼文书样式中除了会出现与实践不符合的情况外,随着我国民事诉讼制度的发展变化和民法典编纂的推进,必然会有部分内容与新民事诉讼制度和新民事实体法无法匹配,需要在新民事诉讼文书样式颁布后进行修正。根据2016年12月1日实施的《最高人民法院关于民事执行中变更、追加当事人若干问题的规定》第二十七条的规定,执行当事人姓名或名称发生变化的,人民法院可以直接将变更后的主体作为当事人,在文书中注明变更前后的姓名或名称。也就是仅因更名导致的变更,可以不再单独裁定。这一规定直接导致了《民事诉讼文书样式》第二十一章(执行程序)样式81"执行裁定书(变更名称变更后的法人或其他组织为被执行人)"在未来的实践中没有可以适用的空间,这些新的诉讼制度都是在新民事诉讼文书样式制定时无法预见的。因此,需要我们在后续的评注中结合实例来说明文书样式使用中相关问题的处理办法,以此来弥补新民事诉讼文书样式的不足。上述规定第三十二条还增加规定了:"被申请人或申请人对执行法院依据本规定第十四条第二款、第十七条至第二十一条规定作出的变更、追加裁定或驳回申请裁定不服的,可以自裁定书送达之日起十五日内,向执行法院提起执行异议之诉。"根据第十七条至第二十一条的规定,法人中股东未足额出资、抽逃出资、股东个人财产和公司财产混同等作出的变更、追加裁定或驳回申请裁定不服的,可以自裁定书送达之日起十五日内,向执行法院提起执行异议之诉。《民事诉讼文书样式》第二十一章(执行程序)中的样式73、样式78、样式81依照上述司法解释都可以复议,样式79可以复议或者起诉。由于《民事诉讼文书样式》颁布之后,新的司法解释对原来的诉讼程序及当事人权利义务内容作了调整,直接导致了原来样式的适用范围、文书首部中的诉讼主体称谓、尾部的救济途径和期限告知等内容的变化,乃至部分文书由于制度的变化失去了适用空间。这些问题都需要通过文书样式实例评注研究的方式来弥补。另外,我们还及时结合2017年10月1日起施行的《中华人民共和国民法总则》的规定,针对新民事诉讼文书样式中原适用《中华人民共和国民法通则》相关规定的内容,在撰写评注时将《中华人民共和国民法总则》予以调整后的制度内容在评注中进行了说明。

(四)准确把握裁判文书繁简分流中文书说理的限度和张力

2016年9月12日,《最高人民法院关于进一步推进案件繁简分流优化司法资源配置的若干意见》出台,该意见提出要根据案件事实、法律适用、社会影响等因素,选择适用适当的审理程序,规范不同程序之间的转换衔接,做到该繁则繁,当简则简,繁简得当,努力以较小的司法成本取得较好的法律效果。根据《中华人民共和国民事诉讼法》第一百五十七条的规定,简易程序的适用范围为"事实清楚、权利义务关系明确、争议不大的简单的民事案件"。但是上述规定在实践中掌握标准并不明确,并且有的案件在立案时呈现出简单案件的一些特征,在诉讼过程中有可能转化为复杂的案件。有鉴于此,该意见专门给出了一个原则性的规定,即地方各级人民法院根据法律规定,科学制定简单案件与复杂案件的区分标准和繁简分流规则。对于案件繁简程度难以及时、准确判断的案件,立案、审判及审判管理部门应当及时会商沟通协调,实现分案工作的有序高效。因此,案件繁简分流无法从法律规定上一刀切,这就需要我们在具体个案的裁判文书中再现案件繁简分流的实践尺度。

(五)辅助智能化文书模块生成和规则提炼的交互指引

随着当前各地智能化裁判文书辅助制作模块软件的研发和投入使用,充分理解掌握要素式裁判文书的制作要领显得更具有时代意义。可以说,审判要素和要素式裁判文书样式的结合是智能化裁判文书辅助制作模块软件生成的前提和基础,也是智能化裁判文书辅助制作模块软件能够及时更新和发展的保障,只有审判要素和要素式裁判文书样式高度结合,才能在庭审过程中结合庭审笔录同步智能生成裁判文书。

"案多人少"一直是困扰基层人民法院民事审判的最大难题,为破解这一难题,各地人民法院在探索进行要素式审判方式改革和案件繁简分流机制改革;同时,也在多方尝试研发裁判文书智能辅助写作的文书自动生成软件系统。司法改革从信息化技术入手,向信息化运用要效率,为要素式审判与繁简分流机制改革增添"翅膀"。智能化裁判文书自动生成系统基于专有法律语义分析技术,对案件的起诉书、答辩状、证据等前置数据和庭审笔录的内容进行智能判断分析后,按照新民事诉讼文书样式的格式要求，一键式自动生成案件的判决书、裁定书等各类裁判文书。

各类裁判文书辅助生成软件大致的检索和分类路径及原理基本上都是相类似的，都是沿着以下路径展开工作：(1)登陆审判管理系统⇨(2)选择案件⇨(3)查看电子卷⇨(4)点击裁判文书制作⇨(5)进入案件分析页面⇨(6)选择生成模板⇨(7)查看裁判文书。这个文书智能生成系统软件的准确性实际上还依赖于目前裁判文书及案件审理的规范性、准确性、明确化。因为一般在电脑登记录入裁判文书和案件的其他文书时，都会涉及案由检索的问题，案件根据案由进行分类后才能进一步根据相应的程序进行下一事项的选择。

实践中，无论过去还是现在，很多法院裁判文书写作中会出现一些不符合《民事案件案由规定》的"土案由"，即在司法实践中形成了习惯的案由写法，但是在《民事案件案由规定》中无法找到对应的具体案由，例如"欠款纠纷""腾退纠纷"，这些都是不符合《民事案件案由规定》的做法，其也无法正确体现案件争议的法律关系，更无法通过请求权基础关系来对案件进行检索和后续生成相应的庭审笔录和裁判文书。最为明显的事例是，如果在中国裁判文书网检索民事案件，理论上同一时间段的民事案件，无论是按照审判级别分类，还是按照案由分类，其两种分类法计算的各项目综合案件总数应当是一致的，但是实际上按照案由分类之后检索的案件数总和往往小于全部民事案件数的总和，这主要是由于部分案件裁判文书案由书写不规范，导致无法自动根据案由检索到该案件，裁判文书形式填写的规范性直接影响到裁判文书自动智能生成系统运转的有效性。因此，现实状况需要我们应用法律评注的研究范式和研究方法来弥合民事诉讼文书样式体系和民事诉讼法制度体系之间的缝隙。

七、民事诉讼文书样式评注的编撰体例和素材来源

法律评注之所以作为一种独立研究范式以及写作体例，除了有独立的研究方式外，还应当具有独立的写作体例和写作素材对象。鉴于《民事诉讼文书样式》的颁布有其特殊的制度背景，2015年最高人民法院颁布的《最高人民法院关于适用〈中华人民共和国民事诉讼法〉的解释》有500多个条文，补充完善和修正了一系列的诉讼制度，这些制度性的调整都需要实践中运用民事裁判文书这一载体，制度才能发生实在效果。

由于民事诉讼制度的变动规模如此之大，《92文书样式》已经完全不能满足民事诉讼的制度和运行要求，且此前的执行程序文书样式是脱离于《92文书样式》单独制定的。由于《92文书样式》的原则性、单一性，为了满足实践需求，最高人民法院又授权各地高级人民法院制定民事诉讼文书样式的制作规范要求。因此，2016年起草《最高人民法院关于适用〈中华人民共和国民事诉讼法〉的解释》的原班组成员又在制度改革基础上结合裁判文书改革的理念制定了《民事诉讼文书样式》。《最高人民法院关于适用〈中华人民共和国民事诉讼法〉的解释》与《民事诉讼文书样式》在制度理论

基础和制定过程上可谓"一母同胞",在司法实践中是一体两面、相互依存的。

在实例评注过程中必须与民事诉讼程序制度的变化紧密结合。我们在编纂民事诉讼文书样式实例评注过程中遵循如下体例:

一是样式的规范依据、诉讼程序制度梳理及其法理分析。该部分主要介绍民事诉讼文书样式所主要依据的法律条文规范,并由此展开相关的诉讼程序制度的简介和梳理:首先梳理民事诉讼制度的新问题新变化,区分新旧诉讼程序制度,对于新制度没有既往实践经验的,在每个章节适用较多的文书样式中简介制度变革和注意要点,对实践中容易出现认识分歧的制度运用问题进行必要的法理分析。

二是结合样式与文书实例介绍裁判文书的写作要点和注意事项。写作严格参照《人民法院民事裁判文书制作规范》的要求,主要根据形式要素,即首部、正文、落款三部分分别评注,通过实例评注进一步释明如何根据新民事诉讼文书样式写作好文书,教会读者文书写作的方法、技巧和注意事项,其中重点内容包括:

(1)对各类民事诉讼文书样式的特点和功能作概括性的说明,结合民事诉讼法及其司法解释的具体条文内容和立法精神来评述和注解。

(2)对各类民事诉讼文书样式的基本逻辑结构和主要写作构架作概括性的说明,结合《人民法院民事裁判文书制作规范》来评述和注解。

(3)对《民事诉讼文书样式》说明部分中目前尚不充分或与实践情况以及新法律制度不相符的内容作进一步的评述和注解;结合实例体现的文书样式不同的特点和注意事项进行具体的写作述评和注解。

(4)结合新旧民事诉讼文书样式的主要内容变化进行具体的写作述评和注解。

(5)结合案件审理的过程和法定程序对民事诉讼文书样式的动态写作过程进行具体的写作述评和注解。

(6)结合实例和具体办案经验,对各类民事诉讼文书样式中的相关注意事项、格式要求、文书风格等作进一步的写作述评和注解,包括对民事诉讼文书写作的相关意见和建议。

(7)结合实例和办案经验,对于目前《民事诉讼文书样式》存在的问题和不足进行具体的写作述评和注解。

(8)对《民事诉讼文书样式》中的错误和错漏之处予以校正说明。

(9)对文书写作方法、写作技巧和写作注意事项予以说明。评注研究既不是法学理论研究的论文需要大段深入的理论性分析,也非案例分析以案件为中心,由于评注本身的工具性要求,其内容应当保持一定的简明性。

具体的撰写要求是:(1)字面简洁严谨;(2)以《人民法院民事裁判文书制作规范》为文书评价的标准依据;(3)需要进行论述的部分应当结合实践中的问题简明论述,必要时可以作简明的法理上的分析论述,但不得堆叠大量的参考文献。

本书中法院部分的裁判文书实例来源于中国裁判文书网公布的裁判文书,《最高人民法院公报》历年公布的民事诉讼文书,历年优秀裁判文书评选中有代表性的民事诉讼文书,或者各地人民法院档案室查阅的案卷中较新的裁判文书,或者编写法官自己主审或参与合议案件中的最新文书,当事人部分文书实例来源于网站以及各律师事务所。

民事诉讼文书样式实例评注的选择参照以下原则:一是必须保证文书实例是司法实践中真实发生的案例,虽然我们进行了文书隐名处理,为了保障真实性,全部实例注明了其真实来源。二是实例的挑选以"从新兼顾内容典范、样式的时间性优先于内容的典范性"为原则,在时间上尽量选取《民事诉讼文书样式》实施后按照新的样式要求写作的文书,以反映其在实践中的可操作性。如果没有《民事诉讼文书样式》实施后的文书,选择旧样式文书中同类程序下典型的裁判文书。在同为新文书样式书写的条件下,尽量选择案例内容具有典型意义的优秀文书实例予以分析裁判要素。但是,如果旧文书样式的案例内容优于现有的新文书样式的情况下,鉴于是民事诉讼文书样式评注而不是案例分析的体例要求,仍然选择按照新民事诉讼文书样式写作的裁判文书来进行实例评注。还有一些样式暂时没有实例,我们只能采取实例暂缺而反对样式本身进行评注的方式处理。

在规范了评注研究方式和编写体例的前提下,考虑到司法实践经验会对《新民事诉讼文书样式实例评注》内容的实践性产生关键影响,特别是如前所述样式颁布实施之时就已经包含了一些原发型的冲突问题,因为《民事诉讼文书样式》编写人员大多出自最高人民法院,而文书样式中有相当一部分只能运用于中基层人民法院的司法审判实践之中,因此,会出现实践中应用不合理的问题。

选择编写《新民事诉讼文书样式实例评注》课题组组成人员时,要求一定要有高级、中级和基层三级人民法院相关立案、一审、二审、再审、执行和涉外审判相结合的审判实践工作经验的优势组合。我们注重结合《民事诉讼文书样式》本身的实践应用范围来考虑课题组人员组成,组建了一个有较为丰富一线审判实践经验的民事法官调研团队。鉴于《民事诉讼文书样式》中新增的许多样式只适于基层人民法院,故有一半的课题组成员均是基层人民法院长期从事相应部分对应的程序案件审理或处理的法官、法官助理,其中有一些实例就是课题组成员自己承办主审或参与办理的案件,另一半课题组成员是来自中级人民法院和高级人民法院有相关审判实践经验的法官。课题组还广泛邀请从事民事诉讼制度研究和法律文书学研究的专家学者共同参与课题研究的指导和审稿工作,确保课题组组成人员的强强联合与优势互补。

八、结语

本实例评注力争重点把握评注法学本土化研究的现实需求,从法律评注学研究范式和研究方法的视域展开实证与应用研究,通过文书样式实例评注的形式重点研究最高人民法院颁布的《民事诉讼文书样式》的功能与作用，探寻法律评注研究范式本土化的新路径、新视角与新方法。人民法院的民事裁判文书不仅仅是民事案件裁判结果和裁判规则的司法载体，也应当是整个法院作为国家审判机关记录和规范司法行为的载体。司法裁判文书不仅要承载个案公平，通过其结合裁判要素的充分说理发挥司法裁判的教育、评价、指引和示范功能，还要结合司法实践活动通过文书样式的形式要素保障民事诉讼程序过程的公开公正，防止法官自由裁量权的滥用。实例评注是裁判文书制作、写作与创作方法研究的重要路径，通过民事诉讼文书样式实例评注研究范式和研究方法的本土化塑造，能够较好地锻造法律职业共同体的法律思维实践理性和形成共识，通过评注法律文书评注实例的法学研究来构建法律职业共同体的法律思维特有的专业化、规范化、职业化运行体系，使其充分体现法治精神和法治原则的社会主义核心价值观通过民事诉讼文书样式这样一个司法审判的有形载体找到应用于司法实践的落脚点、着力点、生长点，让法治精神和公平正义在中国社会转型时期的司法实践中落地生根、茁壮成长。

第一部分
人民法院制作民事诉讼文书样式

一、管 辖

1. 民事裁定书（管辖权异议用）

××××人民法院
民事裁定书

（××××）……民初……号

原告：×××，……。
法定代理人/指定代理人/法定代表人/主要负责人：×××，……。
委托诉讼代理人：×××，……。
被告：×××，……。
法定代理人/指定代理人/法定代表人/主要负责人：×××，……。
委托诉讼代理人：×××，……。
第三人：×××，……。
法定代理人/指定代理人/法定代表人/主要负责人：×××，……。
委托诉讼代理人：×××，……。
（以上写明当事人和其他诉讼参加人的姓名或者名称等基本信息）
原告×××与被告×××、第三人×××……（写明案由）一案，本院于××××年××月××日立案。
×××诉称，……（概述原告的诉讼请求、事实和理由）。
×××在提交答辩状期间，对管辖权提出异议认为，……（概述异议内容和理由）。
本院经审查认为，……（写明异议成立或不成立的事实和理由）。
依照《中华人民共和国民事诉讼法》第×条、第一百二十七条第一款规定，裁定如下：
（异议成立的，写明：）×××对管辖权提出的异议成立，本案移送××××人民法院处理。
（异议不成立的，写明：）
驳回×××对本案管辖权提出的异议。
案件受理费……元，由被告……负担（写明当事人姓名或者名称、负担金额）。
如不服本裁定，可以在裁定书送达之日起十日内，向本院递交上诉状，并按对方当事人或者代表人的人数提出副本，上诉于××××人民法院。

审　判　长　×××
审　判　员　×××
审　判　员　×××

×××× 年 ×× 月 ×× 日
（院印）
书记员　×××

【说明】

1. 本样式根据《中华人民共和国民事诉讼法》第一百二十七条第一款制定，供第一审人民法院对当事人提出的管辖权异议，裁定移送管辖或者驳回异议用。

2. 案号类型代字为"民初"。

3. 当事人提出案件管辖权异议，异议不成立的，由提出异议的当事人交纳案件受理费；异议成立的，当事人均不交纳案件受理费。

4. 当事人在中华人民共和国领域内没有住所的，尾部上诉期改为三十日。

5. 适用普通程序的，落款中的"审判员"可以为"代理审判员"或者"人民陪审员"。

6. 适用简易程序的，落款中的署名为"审判员"或者"代理审判员"。

【实例评注1】

山东省泰安市岱岳区人民法院
民事裁定书 ①

（2016）鲁 0911 民初 2551 号之二

原告：泰安市鑫源太阳能有限公司。

法定代表人：刘某，总经理。

被告：泰安市泰山区瑞丰太阳能有限公司。

法定代表人：×××，总经理。

被告：尚某某。

被告：王某。

本院受理原告泰安市鑫源太阳能有限公司与被告泰安市泰山区瑞丰太阳能有限公司、尚某某、王某追偿权纠纷一案，本院于 2016 年 7 月 14 日立案。

原告诉称，2016 年 6 月 14 日原告按照与济南民生银行槐荫支行签订担保合同的约定，原告向济南民生银行槐荫支行为第一被告的公司代偿 361 000 元，尚某某、王

---

① 来源：中国裁判文书网。

某对此债务承担连带赔偿责任。后原告多次向被告提出归还代偿款及相应利息，被告拒不归还。原告为维护自己的权益，诉至本院：1. 请求法院依法判令被告泰安市泰山区瑞丰太阳能有限公司、尚某某、王某归还原告代偿本金及利息 361 000 元，以及按照银行同期贷款利率计算至判决生效之日的相应利息。2. 案件受理费等相关费用由被告承担。

被告泰安市泰山区瑞丰太阳能有限公司、尚某某、王某在提交答辩状期间，对管辖权提出异议，认为被告住所地都在泰山区，此案应由泰安市泰山区人民法院管辖。

本院经审查认为，根据《中华人民共和国民事诉讼法》的解释第十八条：合同约定履行地点的，以约定的履行地点为合同履行地。合同对履行地点没有约定或者约定不明确，争议标的为给付货币的，接收货币一方所在地为合同履行地；其他标的，履行义务一方所在地为合同履行地。即时结清的合同，交易行为地为合同履行地。因本案原告行使的是追偿权，追偿权是指享有追偿权的保证人和合伙债务人在行使追偿权时产生的权利义务。被告履行的是向原告支付货币的义务，且本案的原告公司住所地为泰安市岱岳区××村。因此，按照该司法解释的规定，本院对此案有管辖权。依照《中华人民共和国民事诉讼法》第一百二十七条及《中华人民共和国民事诉讼法》的解释第十八条之规定，裁定如下：

驳回被告泰安市泰安区瑞丰太阳能有限公司、尚某某、王某对本案管辖权提出的异议。

案件受理费 100 元由被告泰安市泰山区瑞丰太阳能有限公司、尚某某、王某承担。

如不服本裁定，可在裁定书送达之日起十日内，向本院递交上诉状，并按照对方当事人的人数提出副本，上诉于山东省泰安市中级人民法院。

审　判　长　王月红
人民陪审员　杨梅翠
人民陪审员　吴豪杰
二〇一六年八月十五日
书　记　员　李一康

〔评注〕

当事人认为受诉法院对该案没有管辖权，向该法院提出不服该法院管辖的意见或主张，法院予以审查处理（如果当事人在提交答辩状期间提出管辖异议，又针对起诉状的内容进行答辩的，人民法院仍应当对管辖异议进行审查），审查后，认为异议成立的，裁定将该案移送给有管辖权的法院；认为异议不成立的，裁定驳回异议。本样式供第一审人民法院对当事人提出的管辖权异议，裁定移送管辖或者驳回异议用。

1. 管辖权异议的条件

(1)提出管辖权的主体是本案的当事人。提出管辖权异议的通常为被告,但是允许原告在特殊情况下对管辖权提出异议;

(2)管辖权异议的客体为第一审民事案件的管辖权。管辖制度是针对第一审民事案件设立的,管辖权异议只能适用于第一审民事案件。管辖权异议在内容上不仅可以针对地域管辖,也可以针对级别管辖;

(3)提出管辖权异议的时间须在提交答辩状期间。

2. 实例采用的格式与内容

本实例选取山东省泰安市岱岳区人民法院(2016)鲁0911民初2551号之二裁定书,该案系原告泰安市鑫源太阳能有限公司与被告泰安市泰山区瑞丰太阳能有限公司、尚某某、王某追偿权纠纷一案中,被告泰安市泰山区瑞丰太阳能有限公司、尚某某、王某在提交答辩状期间,对管辖权提出异议,认为被告住所地都在泰山区,此案应由泰安市泰山区人民法院管辖,泰安市岱岳区经审查认为本院对此案有管辖权。依照《中华人民共和国民事诉讼法》(以下评注中简称《民事诉讼法》)第一百二十七条及《最高人民法院关于适用〈中华人民共和国民事诉讼法〉的解释》(以下评注中简称《民诉法解释》)第十八条之规定驳回被告泰安市泰山区瑞丰太阳能有限公司、尚某某、王某对本案管辖权提出的异议所作出的裁定。

(1)管辖权异议只能适用于第一审案件,管辖权异议的裁定一律使用"民初",实例案号为"(2016)鲁0911民初2551号之二",符合规定。根据《最高人民法院关于在同一案件多个裁判文书上规范使用案号有关事项的通知》的规定,对同一案件出现的多个同类裁判文书,首份裁判文书直接使用案号,第二份开始可在案号后缀"之一""之二"……以示区别。该案在案号后缀之二说明该文书是该案中制作的第三个裁定书。

(2)当事人和诉讼参加人的基本情况、案件的由来在首部作出相应的表述。正文事实部分的原告诉称、被告提出管辖权异议等基本情况分别表述为:"原告诉称,……诉至本院。1. 请求……;2.……""被告泰安市泰山区瑞丰太阳能有限公司、尚某某、王某在提交答辩状期间,对管辖权提出异议,认为……"

(3)山东省泰安市岱岳区人民法院对该管辖权异议进行了审查,认为异议不成立,表述为:"驳回被告……对本案管辖权提出的异议。"同时在裁定书中写明了诉讼费的负担问题以及不服裁定书内容的救济路径。《诉讼费用交纳办法》第十三条第一款第六项规定:"当事人提出管辖权异议,异议不成立的,每件交纳50元至100元。"该案中,被告提出的管辖权异议不成立,由提出异议的当事人也就是被告交纳案件受理费,在裁定书中表述为:"本案件受理费100元由被告……承担。"该案裁判依据表述不正确,"《中华人民共和国民事诉讼法》的解释"应修改为"《最高人民法院关于适用〈中华人民共和国民事诉讼法〉的解释》"。

(4) 对于管辖权异议的裁定不服提起上诉，上诉期为十日，若当事人在中华人民共和国领域内没有住所，上诉期为三十日。

【实例评注2】

天津市东丽区人民法院
民事裁定书 ①

（2016）津 0110 民初 5179 号

原告：耿某某。

委托代理人：郝某某，天津民合律师事务所律师。

被告：赵某某。

原告耿某某与被告赵某某建设工程合同纠纷一案，本院于 2016 年 7 月 12 日立案。

原告耿某某诉称，2015 年 5 月，经原、被告协商达成口头约定，由原告为被告在军粮城建造彩钢房，原告负责提供建设该彩钢房的材料及劳务。后原告依双方约定完成了该项工程，截至 2015 年 6 月，被告尚欠原告劳务费及材料费共计 19 000 元。

被告赵某某在提交答辩状期间，对管辖权提出异议认为，原告为被告施工建造的彩钢房坐落于天津市滨海新区开发区西区×公寓旁×门口，建设工程合同纠纷属于专属管辖，本案应移送天津市滨海新区人民法院处理。

本院经审查认为，因不动产纠纷提起的诉讼，由不动产所在地人民法院管辖，建设工程施工合同纠纷按照不动产纠纷确定管辖。因本案工程施工地为天津市滨海新区开发区西区×公寓旁×门口，故本案应由天津市滨海新区人民法院管辖。依照《中华人民共和国民事诉讼法》第三十三条、第一百二十七条第一款，《最高人民法院关于适用〈中华人民共和国民事诉讼法〉的解释》第二十八条规定，裁定如下：

被告赵某某对管辖权提出的异议成立，本案移送天津市滨海新区人民法院处理。

如不服本裁定，可在裁定书送达之日起十日内，向本院递交上诉状，并按照对方当事人或者代表人的人数提出副本，上诉于天津市第二中级人民法院。

审　判　员　王艳芬

二〇一六年八月十一日

书　记　员　刘书岳

---

① 来源：中国裁判文书网。

〔评注〕

本文书是天津市东丽区人民法院对被告赵某某提出管辖权异议进行审查后，认为符合《民事诉讼法》第一百二十七条第一款的规定，裁定管辖权异议成立，将案件移送至天津市滨海新区人民法院审理所作出的裁定。

1. 《民事诉讼文书样式》中将诉讼代理人表述为"委托诉讼代理人"，本实例裁定表述为"委托代理人"不够规范。

2. 当事人和诉讼参加人的基本情况、案件的由来在首部做出相应的表述。事实部分的原告诉称、被告提出管辖权异议等基本情况分别表述为："原告诉称，……"；"被告赵某某在提交答辩状期间，对管辖权提出异议认为……本案应移送天津市滨海新区人民法院。"此处仅写明了原告诉称的事实和理由，并未对原告的诉求进行列明，逻辑结构有所欠缺。

3. 天津市东丽区人民法院经审查，认为异议成立，作出裁判："被告赵某某对管辖权提出的异议成立，本案移送天津市滨海新区人民法院处理。"

4. 管辖权异议成立的，当事人不交纳案件受理费，在裁定书中亦无需列明诉讼费负担问题。

5. 在管辖权异议裁定作出前，原告申请撤回起诉，受诉人民法院作出准予撤回起诉裁定的，对管辖权异议不再审查，并在裁定书中一并写明。

2. 民事裁定书（小额诉讼程序管辖权异议用）

××××人民法院
民事裁定书

（××××）……民初……号

原告：×××，……。
……
被告：×××，……。
……
（以上写明当事人和其他诉讼参加人的姓名或者名称等基本信息）

原告×××与被告×××……（写明案由）一案，本院于××××年××月××日立案。

×××诉称，……（概述原告的诉讼请求、事实和理由）。

×××在提交答辩状期间，对管辖权提出异议认为，……（概述异议内容和理由）。

本院经审查认为，……（写明异议成立或不成立的事实和理由）。

依照《中华人民共和国民事诉讼法》第×条、第一百二十七条第一款、《最高人民法院关于适用〈中华人民共和国民事诉讼法〉的解释》第二百七十八条规定，裁定如下：

（异议成立的，写明：）×××对管辖权提出的异议成立，本案移送××××人民法院处理。

（异议不成立的，写明：）

驳回×××对本案管辖权提出的异议。

案件受理费……元，由被告……负担（写明当事人姓名或者名称、负担金额）。

本裁定一经作出即生效。

审　判　员　×××

××××年××月××日
（院印）

书　记　员　×××

【说明】

1. 本样式根据《中华人民共和国民事诉讼法》第一百二十七条第一款以及《最高人民法院关于适用〈中华人民共和国民事诉讼法〉的解释》第二百七十八条制定，供第一审人民法院受理小额诉讼案件后，对当事人提出的管辖权异议，裁定移送管辖或者驳回异议用。

2. 案号类型代字为"民初"。

3. 当事人提出案件管辖权异议，异议不成立的，由提出异议的当事人交纳案件受理费；异议成立的，当事人均不交纳案件受理费。

4. 本裁定一经作出即生效。

【实例评注】

重庆市大渡口区人民法院
民事裁定书 ①

(2016) 渝 0104 民初 1741 号

原告：姜某某，男，汉族，住所地重庆市渝北区。

委托代理人：苏某，重庆巨力律师事务所律师，特别授权代理。

委托代理人：成某某，重庆巨力律师事务所律师助理，特别授权代理。

被告：何某某，男，汉族，户籍所在地重庆市大渡口区，现住重庆市渝北区。

本院受理原告姜某某诉被告何某某买卖合同纠纷一案后，依法适用简易程序（小额诉讼）由代理审判员刘毅独任审判。被告何某某在提交答辩状期间对管辖权提出异议，认为本案被告经常居住地为重庆市渝北区，故本案应移送重庆市渝北区人民法院管辖。经审查查明：被告何某某的户籍所在地为重庆市大渡口区×镇×村，重庆市大渡口×镇×村的土地已于几年前被政府征收。2010年被告何某某购买了位于重庆市渝北区的房屋，并在此居住一年以上。原告的住所地位于重庆市渝北区，其在诉状中陈述依据口头合同约定向被告在重庆市渝北区所开"×"餐馆供应活鱼，因被告拖欠货款而起诉到法院。

本院认为，本案属于买卖合同纠纷，《中华人民共和国民事诉讼法》第二十三条规定"因合同纠纷提起的诉讼，由被告住所地或者合同履行地人民法院管辖"，《中华人民共和国民事诉讼法》第二十一条第一款规定"对公民提起的民事诉讼，由被告住所地人民法院管辖；被告住所地与经常居住地不一致的，由经常居住地人民法院管辖"，《最高人民法院关于适用〈中华人民共和国民事诉讼法〉的解释》第四条规定"公民的经常居住地是指公民离开住所地至起诉时已连续居住一年以上的地方，但公民住院就医的地方除外"，依据上述规定，本案应由被告何某某的经常居住地法院或本案所涉买卖合同履行地法院管辖。依据查明的事实，重庆市大渡口区不是本案所涉买卖合同的履行地；被告何某某的户籍所在地虽为重庆市大渡口区，但其在重庆市渝北区已经连续居住一年以上，故被告何某某的经常居住地应为重庆市渝北区。综上所述，本院对本案无管辖权，本案应由重庆市渝北区人民法院管辖，被告何某某提出的管辖异议理由成立，应予支持。故依据《中华人民共和国民事诉讼法》第一百二十七条第一款之规

---

① 来源：中国裁判文书网。

定，裁定如下：

本案移送重庆市渝北区人民法院管辖。

本案受理费25元(已由原告姜某某预缴)，全额退还原告姜某某。

本裁定为终审裁定。

代理审判员　刘　毅

二〇一六年五月十六日

书　记　员　郑方嫒

〔评注〕

1. 2012年《民事诉讼法》在修改中增加了小额案件审理的特别规定，本章单独将小额诉讼程序管辖权异议的民事裁定书列出来，是基于小额诉讼程序与简易程序、普通程序相比，有其自身的特点，小额诉讼程序与简易程序既有联系也有区别。小额诉讼都是简易程序，而适用简易程序审理的案件未必都是小额诉讼。与简易程序相比，小额诉讼程序有其自身的特点和规律：

(1) 从案件类型上看，小额诉讼仅属于无异议或异议不大的以货币或其他财产形式的给付诉讼。《民诉法解释》第二百七十四条规定了适用小额诉讼程序审理的金钱给付案件包括：①买卖合同、借款合同、租赁合同纠纷；②身份关系清楚，仅在给付的数额、时间、方式上存在争议的赡养费、抚育费、扶养费纠纷；③责任明确，仅在给付的数额、时间、方式上存在争议的交通事故损害赔偿和其他人身损害赔偿纠纷；④供用水、电、气、热力合同纠纷；⑤银行卡纠纷；⑥劳动关系清楚，仅在劳动报酬、工伤医疗费、经济补偿金或者赔偿金给付数额、时间、方式上存在争议的劳动合同纠纷；⑦劳务关系清楚，仅在劳务报酬给付数额、时间、方式上存在争议的劳务合同纠纷；⑧物业、电信等服务合同纠纷；⑨其他金钱给付纠纷。同时《民诉法解释》第二百七十五条规定了不适用小额诉讼程序审理的案件类型：①人身关系、财产确权纠纷；②涉外民事纠纷；③知识产权纠纷；④需要评估、鉴定或者对诉前评估、鉴定结果有异议的纠纷；⑤其他不宜适用一审终审的纠纷。

(2) 从程序适用上看，小额诉讼的程序更加简易，原则上一次开庭审结，禁止反诉。实行一审终审，不得上诉。

(3) 从裁判文书上看，小额诉讼案件的裁判文书可以简化，主要记载当事人基本信息、诉讼请求、裁判主文等内容。

2. 本文书样式供第一审人民法院受理小额诉讼案件后，对当事人提出的管辖权异议，裁定移送管辖或者驳回异议用。在普通程序和简易程序中，《民事诉讼法》对管辖异议给予了上诉的权利，当事人对驳回管辖异议的裁定可以上诉。由于小额诉讼程序实行一审终审制，如果对驳回管辖异议的裁定给予上诉救济就违反了一审终审的规定，与小额诉讼制度设置目的相违背。所以，《民诉法解释》第二百七十八条规定："当事人对小额诉讼案件提出管辖异议的，人民法院应当作出裁定。裁定一经作出即生效。"制作该文书应注意的是：

(1)《民诉法解释》第二百八十二条规定："小额诉讼案件的裁判文书可以简化，主要记载当事人的基本信息、诉讼请求、裁判主文等内容。"该规定明确了小额诉讼裁判文书简化的程度：只需要记载当事人基本信息、诉讼请求、裁判主文等内容。也提高了法院制作裁判文书的司法效率。但是应当注意的是，简化裁判文书不需要记载事实认定和适用法律的理由，并不等于在审判中不讲明事实认定和法律适用的根据和理由。因此，在该裁定的事实认定和法律适用部分，承办人可以根据案情情况在"本院经审查认为"处对异议是否成立的事实和理由进行简要说明。

(2) 该文书样式与本章样式1相比，仅在尾部是否交待上诉权利有所不同。因为小额诉讼实行一审终审，应在文书最后注明："本裁定一经作出即生效。"

(3) 小额诉讼适用独任审判，落款中的署名为"审判员"或者"代理审判员"。

3. 本处实例选取重庆市大渡口区人民法院(2016)渝0104民初1741号民事裁定书，本裁定书论理充分，繁简分明，因在新文书样式公布之前制作，部分内容与样式要求不一致，应引起注意：

(1) 案件由来处没有写明该案的立案时间。

(2) 文书样式要求在案件由来后面另起一行，概述原告的诉讼请求、事实和理由，实例遗漏了该部分内容。

(3) 理由部分应该另起一行，以"本院经审查认为"开头写明异议成立或不成立的事实和理由。实例将本院审理查明的事实部分与被告提出的异议内容和理由部分放在同一段概述，使得逻辑结构不清晰，层次不分明，应将审理查明的事实放在"本院经审查认为"的段落里。

(4) 法律依据遗漏了"《最高人民法院关于适用〈中华人民共和国民事诉讼法〉的解释》第二百七十八条规定"。

(5) 异议成立的，文书样式的裁判主文表述为："×××对管辖权提出的异议成立，本案移送×××人民法院处理。"实例遗漏了前半句，应更正为："何某某对管辖权提出的异议成立，本案移送重庆市渝北区人民法院处理。"

(6) 异议成立的，当事人不交纳案件受理费。实例中，因为原告已经预缴，注明全额退还。

(7) 文书样式在尾部对本裁定的效力表述为："本裁定一经作出即生效。"而实例表述为："本裁定为终审裁定。"实例的表述方式虽与文书样式要求不一致，但含义相同，并无不可。

3. 民事裁定书（依职权移送管辖用）

×××venture人民法院
民事裁定书

（××××）……民初……号

原告：×××，……。
……
被告：×××，……。
……
（以上写明当事人和其他诉讼参加人的姓名或者名称等基本信息）

原告×××与被告×××……（写明案由）一案，本院于××××年××月××日立案。

×××诉称，……（概述原告的诉讼请求、事实和理由）。

×××在提交答辩状期间未对管辖权提出异议/未应诉答辩。

本院经审查认为，……（写明移送的事实和理由）。

依照《中华人民共和国民事诉讼法》第×条、第三十六条规定，裁定如下：

本案移送××××人民法院处理。

本裁定一经作出即生效。

审 判 长　×××
审 判 员　×××
审 判 员　×××

××××年××月××日
（院印）
书 记 员　×××

【说明】

1. 本样式根据《中华人民共和国民事诉讼法》第三十六条以及《最高人民法院关于适用〈中华人民共和国民事诉讼法〉的解释》第三十五条、第二百一十一条制定，供第一审人民法院发现受理的案件不属于本院管辖的，依职权裁定移送有管辖权的人民法院用。

2. 案号类型代字为"民初"。

3. 当事人在答辩期间届满后未应诉答辩,人民法院在一审开庭前裁定移送的,可以同时援引《最高人民法院关于适用〈中华人民共和国民事诉讼法〉的解释》第二十五条。

4. 本裁定一经作出即生效。

【实例评注】

安徽省淮北市烈山区人民法院
民事裁定书 ①

(2016)皖 0604 民初 1121 号

原告:上华电气有限公司。

法定代表人:李某,该公司总经理。

委托诉讼代理人:王某某,该公司员工。

委托诉讼代理人:高某,浙江海昌律师事务所律师。

被告:安徽施耐德电气科技有限公司。

法定代表人:叶某某,该公司经理。

原告上华电气有限公司与被告安徽施耐德电气科技有限公司买卖合同纠纷一案,本院于 2016 年 8 月 8 日立案。

原告诉称,1. 依法判决被告立即向原告支付货款 161 300 元,并支付利息损失(自起诉之日起按中国人民银行同期贷款利率计算至判决确定的履行之日止);2. 诉讼费由被告承担。事实和理由:原、被告一直存在业务往来,被告多次向原告购买货物。2014 年 12 月 31 日经双方结算,被告累计欠原告货款 161 300 元。后经原告多次催要,被告至今未支付,故原告依法起诉。

被告安徽施耐德电气科技有限公司未应诉答辩。

本院经审查认为,本案中原、被告协议约定由原告所在地人民法院管辖,而原告所在地为浙江省乐清市,故本院对本案不具有管辖权。

依照《中华人民共和国民事诉讼法》第三十六条之规定,裁定如下:

本案移送浙江省乐清市人民法院处理。

本裁定一经作出即生效。

---

① 来源:中国裁判文书网。

代理审判员　王　强

二〇一六年八月二十五日

书　记　员　王　阳

〔评注〕

本样式是供第一审人民法院发现受理的案件不属于本院管辖，依职权裁定移送有管辖权的人民法院使用。

1. 移送管辖的相关规定及制度分析

《民事诉讼法》第三十六条规定："人民法院发现受理的案件不属于本院管辖的，应当移送有管辖权的人民法院，受移送的人民法院应当受理。"

《民诉法解释》第二百一十一条规定："对本院没有管辖权的案件，告知原告向有管辖权的人民法院起诉；原告坚持起诉的，裁定不予受理；立案后发现本院没有管辖权的，应当将案件移送有管辖权的人民法院。"

上述法律规定表明移送管辖移送的是案件，而不是案件的管辖权，移送管辖是纠正法院错误行使管辖权的方式，是法院错误受理案件后的一种补救措施。《民诉法解释》第二百一十一条逻辑关系顺序是：先告知当事人到有管辖权的法院起诉——告知无效坚持起诉的，裁定不予受理——立案后发现没有管辖权的，移送管辖纠正错误。该条规定赋予了人民法院可依职权对管辖权进行审查的权利。

对于依职权移送管辖裁定书是否可以上诉，审判实践中是有争议的，笔者认为，《民事诉讼法》第一百五十四条第二款规定，对于不予受理、对管辖权有异议的、驳回起诉的裁定可以上诉。依职权移送管辖是法院的职权行为，与管辖权异议是两个不同的概念，并不适用该条法律规定。因此，对于法院依职权移送管辖的裁定书，当事人不能提出上诉。

2. 实例采用的格式与内容

本案是安徽省淮北市烈山区人民法院对原告上华电气有限公司与被告安徽施耐德电气科技有限公司买卖合同纠纷立案后，依职权对管辖权进行审查，并依法移送的案件。本案的裁定书格式严格按照《民事诉讼文书样式》的要求书写，措辞严谨，表述准确，逻辑结构清晰，符合法定程序，可以作为本文书样式的范文。

（1）案号类型代字为"民初"。

（2）列明当事人和诉讼参加人的基本情况，诉讼代理人表述为"委托诉讼代理人"。交代案件的由来："原告上华电气有限公司与被告安徽施耐德电气科技有限公司买卖合同纠纷一案，本院于2016年8月8日立案。"

（3）正文事实部分的原告诉称表述为："原告诉称：1.……；2.……事实和理由：……"先列明诉讼请求，后说明事实和理由，逻辑结构清晰明确。被告未应诉答辩，如实注明。

（4）本案系法院依职权移送管辖作出裁定，并未对案件进行实体审理，并将案件移送有管辖权的法院，当事人不交纳案件受理费，尾部无需对案件受理费的负担进行表述。此裁定不可上诉，在裁定书尾部表述为："本裁定一经作出即生效。"

4. 民事裁定书（依职权提级管辖用）

×××× 人民法院
民事裁定书

（××××）……民辖……号

原告：×××，……。
……
被告：×××，……。
……

（以上写明当事人和其他诉讼参加人的姓名或者名称等基本信息）

原告×××与被告×××……（写明案由）一案，××××人民法院于××××年××月××日立案。

×××诉称，……（概述原告的诉讼请求、事实和理由）。

本院认为，……（写明提级管辖的理由）。

依照《中华人民共和国民事诉讼法》第三十八条第一款规定，裁定如下：

本案由本院审理。

本裁定一经作出即生效。

审　判　长　×××
审　判　员　×××
审　判　员　×××

××××年××月××日
（院印）
书　记　员　×××

【说明】

1. 本样式根据《中华人民共和国民事诉讼法》第三十八条第一款制定，供上级人民法院对下级人民法院管辖的第一审民事案件，裁定由本院审理用。

2. 案号类型代字为"民辖"。

3. 本裁定一经作出即生效。

【实例评注】

河南省焦作市中级人民法院
民事裁定书 ①

（2016）豫 08 民辖 00023 号

原告：焦作亿祥房地产开发有限公司。（焦新路北）

法定代表人：王某某，董事长。

被告：浙江省海天建设集团有限公司。

法定代表人：应某某，董事长。

原告焦作亿祥房地产开发有限公司与被告浙江省海天建设集团有限公司建设工程施工合同纠纷一案，焦作市马村区人民法院于 2016 年 6 月 7 日立案。

原告焦作亿祥房地产开发有限公司诉称：双方合作期间，被告拖延施工索要进度款，后又无故停止施工，撤走施工设备及人员，致使项目工期严重延误，故原告诉至法院，要求依法解除双方签订的建设工程合同及补充协议，判令被告向原告提供亿祥美郡相应竣工验收资料、已完主体施工资料，支付各项逾期违约金，赔偿各项经济损失并承担诉讼费用。

本院认为，本案复杂，疑难，确系社会关注度较高的、有重大影响力的案件，结合审判实际，应由我院提级审理。

依照《中华人民共和国民事诉讼法》第三十八条第一款规定，裁定如下：

本案由本院审理。

本裁定一经作出即生效。

审　判　长　　裴永胜

审　判　员　　苏　杭

审　判　员　　张前进

---

① 来源：中国裁判文书网。

二〇一六年九月二十七日
书　记　员　李　倩

〔评注〕

1. 提级管辖是上下级法院之间移送管辖的一项重要制度，《民事诉讼法》第三十八条第一款规定，"上级人民法院有权审理下级人民法院管辖的第一审民事案件"，该条明确了上级人民法院依职权可将由下级人民法院管辖的第一审民事案件提级管辖到本院审理。提级管辖在审判实践中具有下列优势：①可以加大审级监督力度，提级管辖后，所涉案件的二审由高级人民法院或者最高人民法院管辖，进一步加强上级人民法院对下级人民法院的审判监督力度；②可以统一裁判尺度，统一适用法律；③可减少地方行政权力对于民事审判的干预。《人民法院第四个五年改革纲要（2014-2018）》正式提出完善提级管辖制度，为提级管辖提供了政策依据，但具体的范围、程序还需进一步的细化和规范。

审判实践中，提级管辖通常适用于下列案件：①在全国乃至国际上有重大影响，易引起新的社会矛盾或外事交涉的案件；②涉及法律之间严重冲突而损害公民权益的案件；③争议问题因缺乏法律规定而不知如何处理的案件。概括而言，就是审理时需要考虑诸如政治、经济、社会、道德等多种因素的重大、疑难、复杂或新类型案件范畴。符合上述条件，上级人民法院依职权可以对下级人民法院管辖的第一审民事案件，裁定由本院审理。该类裁定的一般写作规律为：

（1）案号：根据《人民法院案件类型及其代字标准》规定，民事提级管辖案件使用类型代字为"民辖"。

（2）首部：需列明当事人和诉讼参加人的基本情况、案件由来。

（3）事实和理由：事实部分列明原告的诉讼请求、事实和理由。理由部分以"本院认为"开头，其后重点阐述本院将该案提级管辖的理由。

（4）本裁定样式的裁判依据为《民事诉讼法》第三十八条第一款。

（5）裁判主文一律表述为："本案由本院审理。"

（6）正文尾部：该裁定不属于《民事诉讼法》第一百五十四条规定的可以上诉的三种裁定，因此在尾部要写明"本裁定一经作出即生效"。

2. 本处实例选取河南省焦作市中级人民法院（2016）豫08民辖00023号民事裁定书，本案系原告焦作亿祥房地产开发有限公司诉被告浙江省海天建设集团有限公司施工合同纠纷，河南省焦作市中级人民法院经审查，认为本案复杂、疑难，确系社会关注度较高的、有重大影响力的案件，符合《民事诉讼法》第三十八条第一款的规定，结合审判实际，作出裁定本案由该院提级审理。该裁定书格式规范，措辞严谨，论理充分，完全符合《民事诉讼文书样式》的要求，是该类裁定书一个较好的范例。

5. 民事裁定书（依报请提级管辖用）

××××人民法院
民事裁定书

（××××）……民辖……号

原告：×××，……。
……

被告：×××，……。
……

（以上写明当事人和其他诉讼参加人的姓名或者名称等基本信息）

原告×××与被告×××（写明案由）一案，××××人民法院于××××年××月××日立案。

×××诉称，……（概述原告的诉讼请求、事实和理由）。

××××人民法院经审查认为，……（写明报请提级管辖的理由）。

本院认为，……（写明对下级法院报请提级管辖的事实与理由的分析意见）。

依照《中华人民共和国民事诉讼法》第三十八条第二款规定，裁定如下：

本案由本院审理。

本裁定一经作出即生效。

审　判　长　×××
审　判　员　×××
审　判　员　×××

××××年××月××日
（院印）
书　记　员　×××

【说明】

1. 本样式根据《中华人民共和国民事诉讼法》第三十八条第二款制定，供上级人民法院对下级人民法院报请管辖的第一审民事案件，裁定由本院审理用。

2. 案号类型代字为"民辖"。

3. 本裁定一经作出即生效。

4. 上级人民法院不同意提级管辖的，不作裁定。

【实例评注】

北京市第一中级人民法院
民事裁定书 ①

(2016) 京 01 民辖 35 号

原告：北银消费金融有限公司，住所地北京市海淀区中关村大街 22 号中科大厦 B 座。

法定代表人：严某某，董事长。

委托诉讼代理人：赵某某，北京市融泰律师事务所律师。

被告：马某，男，1983 年 7 月 9 日出生。

委托诉讼代理人：梁某，河北城舒律师事务所律师。

原告北银消费金融有限公司（以下简称北银公司）与被告马某保证合同纠纷一案，北京市海淀区人民法院于 2016 年 5 月 6 日立案。

原告北银公司诉称，北银公司是为中国境内居民个人提供消费贷款的非银行金融机构，是中国境内第一家消费金融公司。2015 年 1 月至 3 月，通过被告马某的介绍，北银公司总共接受了马某及廊坊市双宇房地产有限公司原法定代表人陈某某推荐的 420 人前来北银公司处申请贷款，北银公司陆续与各借款人签署了《轻松贷个人消费贷款合约书》。合约书约定北银公司向各借款人发放金额为 20 万元，为期 12 个月，按月还息到期还本的个人消费贷款。合同书就一系列权利义务进行了约定。以上 420 人总计借款本金 8 400 万元。2016 年初，上述贷款陆续到期，但借款人均没有正常偿还借款本息。为此北银公司多次找马某等人，但没有效果。后马某于 2016 年 1 月 29 日签署了《不可撤销的承诺书》，承诺对 420 人名下的《轻松贷个人消费贷款合约书》的本金等承担连带偿还责任。北银公司根据《不可撤销的承诺书》对马某个人提起诉讼，要求其对上述借款人的本金、利息等承担连带偿还责任。2016 年 7 月 25 日，北银公司向北京市海淀区人民法院提交了《变更诉讼请求申请书》，变更后的诉讼请求合计 89 542 520 元。

北京市海淀区人民法院经审查认为，因本案的诉讼标的额为 89 542 520 元，且马某的住所地为天津市河西区艺林路宽福里×号楼×门×号，不在北京市辖区内。依据《北京市高级人民法院关于调整北京市三级法院管辖第一审民商事案件标准及高院执行

---

① 来源：中国裁判文书网。

案件的通知》(京高法发〔2011〕270号,2011年8月16日发布)(以下简称《通知》)第二条第二款,诉讼标的额在5 000万元以上且当事人一方住所地不在本市辖区的第一审民商事案件由中级人民法院管辖。故该院依据《中华人民共和国民事诉讼法》第三十八条第二款之规定,报请本院提级管辖本案。

本院认为,鉴于本案的诉讼标的额在5 000万元以上,且马某的住所地不在北京市辖区内,依据《通知》第二条第二款,北京市海淀区人民法院报请的提级管辖的事由成立。

综上,依据《中华人民共和国民事诉讼法》第三十八条第二款之规定,裁定如下:
本案由本院审理。
本裁定一经作出即生效。

审　判　长　　安李超
审　判　员　　李　妮
助理审判员　　张　静
二〇一六年八月二十四日
书　记　员　　王　然

〔评注〕

1. 提级管辖是上下级法院之间移送管辖的一项重要制度,《民事诉讼法》第三十八条规定:"上级人民法院有权审理下级人民法院管辖的第一审民事案件……下级人民法院对它管辖的第一审民事案件,认为需要由上级人民法院审理的,可以报请上级人民法院审理。"《人民法院第四个五年改革纲要(2014-2018)》正式提出完善提级管辖制度,对重大、疑难、复杂案件和新型案件适用提级管辖制度提供了依据。审判实践中,除了对重大、疑难、复杂案件和新型案件适用提级管辖制度外,当事人在诉讼中增加诉讼请求、超过了受诉法院可受理案件标的额的,亦适用提级管辖制度。

2. 该文书样式供上级人民法院对下级人民法院报请提级管辖的第一审民事案件,裁定由本院审理时用。本文书实例选取的是(2016)京01民辖35号裁定书,系原告北银消费金融有限公司与被告马某保证合同纠纷一案在北京市海淀区人民法院立案后,因原告增加诉讼请求,标的额超过北京市海淀区人民法院所能受理的当事人一方住所地不在本市辖区的第一审民商事案件标的额的上限,北京市海淀区人民法院报请提级管辖,北京市第一中级人民法院裁定由本院受理所作出的裁定。

3. 需要注意的是,《最高人民法院关于执行级别管辖规定几个问题的批复》(法复〔1996〕5号)提到:"当事人在诉讼中增加诉讼请求从而加大诉讼标的额,致使诉讼标的额超过受诉人民法院级别管辖权限的,一般不再予以变动。但当事人故意规避有关级别管辖等规定的除外。"《民诉法解释》第三十九条规定:"人民法院对管辖异议审查后确定有管辖权的,不因当事人提起反诉、增加或者变更诉讼请求等改变管辖,但违反级别管辖、专属管辖规定的除外。"因该批复与《民诉法解释》第三十九条规定冲突,已不再适用。

4. 案号:根据《人民法院案件类型及其代字标准》规定,民事提级管辖案件使用类型代字为"民辖",实例中使用案号为"(2016)京01民辖35号"符合要求。

5. 首部:将当事人和诉讼参加人的基本情况,案件的由来在首部做出相应的表述。要表述清楚案件是由哪个法院在什么时间立案,这里的立案法院是作出该裁定的人民法院的下级法院。

6. 事实部分:应概述原告的诉讼请求、事实和理由,实例在原告诉称的部分仅阐述了事实和理由,没有列明诉讼请求,内容不完整,与后文提到的变更诉讼请求没有形成呼应。以"××××人民法院经审查认为"作为开头,在其后列明下级人民法院报请提级管辖的事实和理由。在本案中,北京市海淀区人民法院认为,《北京市高级人民法院关于调整北京市三级法院管辖第一审民商事案件标准及高院执行案件的通知》第二条第二款规定,诉讼标的额在5 000万元以上且当事人一方住所地不在本市辖区的第一审民商事案件由中级人民法院管辖,原告在诉讼过程中将诉讼标的调整为89 542 520元,且被告的住所地不在北京市辖区内,该案应由北京市第一中级人民法院审理。

7. 理由部分:以"本院认为"作为开头,需要注意的是,上级人民法院同意提级管辖的案件,才会依照本样式作出裁定书,所以此处"本院认为"后面的分析意见一定要围绕着"下级人民法院报请提级管辖的事由成立"这个核心去论述,并以"依据……××××人民法院报请的提级管辖的事由成立"为本段的结束句。

8. 裁判依据:《民事诉讼法》第三十八条规定了管辖权转移的两种情况,第一款规定了"上移下",第二款规定了"下移上"。本裁定是针对"下移上",因此,在裁判依据上应该列明依据是"第三十八条第二款"。

9. 尾部:该裁定不属于《民事诉讼法》第一百五十四条规定的可以上诉的三种裁定,因此在文书尾部要写明"本裁定一经作出即生效"。

10. 本章文书样式5、样式11、样式16之间存在逻辑联系:首先下级人民法院应该适用文书样式11向上级人民法院进行提级管辖的请示,如上级人民法院同意提级管辖,适用文书样式5作出提级管辖的裁定,如不同意提级管辖,则适用文书样式16作出不同意提级管辖的批复。

6. 民事裁定书（受移送人民法院报请指定管辖案件用）

×××人民法院
民事裁定书

（××××）……民辖……号

原告：×××，……。
……
被告：×××，……。
……
（以上写明当事人和其他诉讼参加人的姓名或者名称等基本信息）

原告×××与被告×××……（写明案由）一案，××××人民法院于××××年××月××日立案。

×××诉称，……（概述原告的诉讼请求、事实和理由）。

×××人民法院认为，……（写明移送管辖的理由）。于××××年××月××日裁定：……（写明移送管辖主文）。

××××年××月××日，×××人民法院以……为由（写明报请指定管辖的理由），报请本院指定管辖。

本院认为，……（写明对下级法院报请指定管辖的事实与理由的分析意见）。

依照《中华人民共和国民事诉讼法》第三十六条规定，裁定如下：

本案由××××人民法院审理。

本裁定一经作出即生效。

审　判　长　×××
审　判　员　×××
审　判　员　×××

××××年××月××日
（院印）
书　记　员　×××

【说明】

1. 本样式根据《中华人民共和国民事诉讼法》第三十六条制定,供上级人民法院对受移送的下级人民法院认为受移送的案件不属于本院管辖而报请指定管辖,裁定指定管辖用。

2. 案号类型代字为"民辖"。

3. 本裁定一经作出即生效。

【实例评注】

湖北省宜昌市中级人民法院
民事裁定书 ①

(2016)鄂 05 民辖 23 号

原告:宜昌天诚木业有限公司,住所地枝江市董市镇石匠店村。

法定代表人:王某某,该公司总经理。

委托诉讼代理人:李某某,湖北百思特律师事务所律师。

被告:湖北三新硅业有限责任公司,住所地宜昌市猇亭园区南部工业园内。

法定代表人:吴某某,该公司董事长。

原告宜昌天诚木业有限公司与被告湖北三新硅业有限责任公司买卖合同纠纷一案,宜昌市三峡坝区人民法院于 2016 年 7 月 5 日立案。

宜昌天诚木业有限公司诉称,2013 年原、被告双方签订木块(木片)购销合同,由原告向被告销售木块。合同签订后,截止 2013 年 12 月 16 日,被告尚欠原告货款 252 020.60 元。在原告多次向被告索要货款未果后,原、被告双方于 2016 年 3 月 2 日对尚欠货款再次确认。据此,原告要求被告立即支付购买木块款人民币 252 020.60 元,并自 2013 年 12 月 30 日按年利率 6% 赔偿原告利息损失(截止 2016 年 3 月 30 日止利息合计 24 090 元),并由被告承担本案诉讼费用。

宜昌市三峡坝区人民法院认为,因双方当事人在购销合同中约定发生争议由合同履行地猇亭园区南部工业园所在地人民法院管辖。于 2016 年 7 月 12 日以案件移送函的方式将本案移送宜昌市猇亭区人民法院。

2016 年 7 月 25 日,宜昌市猇亭区人民法院以该院对本案无管辖权为由,报请本院指定管辖。

---

① 来源:湖北省宜昌市中级人民法院。

本院认为，原告宜昌天诚木业有限公司与被告湖北三新硅业有限责任公司于2013年签订的《购销合同》中约定："执行本合同发生争议时，由当事人双方协商解决。协商不成，依法向合同履约地人民法院起诉。"且该合同约定的"履约地点"为"湖北省宜昌市猇亭园区南部工业园需方厂区内"。根据《中华人民共和国民事诉讼法》第三十四条之规定，该管辖协议约定有效。因宜昌市三峡坝区人民法院管辖宜昌高新技术产业开发区的民事案件，而宜昌市猇亭园区隶属于宜昌高新技术产业开发区，故本案应由宜昌市三峡坝区人民法院管辖。

依照《中华人民共和国民事诉讼法》第三十六条规定，裁定如下：

本案由宜昌市三峡坝区人民法院审理。

本裁定一经作出即生效。

审　判　长　　罗江鄂
代理审判员　　李　丹
代理审判员　　陶霄溶

二〇一六年八月二日
书　记　员　　李　乔

〔评注〕

指定管辖，是指上级法院以裁定的方式，指定其辖区内的下级法院对某一民事案件行使管辖权。指定管辖制度的设置，旨在赋予上级法院一定的权力，以便在下级法院出现困难或发生争议时，及时指定案件的管辖法院。根据《民事诉讼法》第三十六条、第三十七条的规定，指定管辖适用于以下三种情况：①受移送的人民法院认为自己对受移送的案件没有管辖权；②有管辖权的人民法院由于特殊原因，不能行使管辖权；③人民法院之间因管辖权发生争议，无法通过协商解决。本裁定适用于第一种情况，供上级人民法院对受移送的下级人民法院认为受移送的案件不属于本院管辖而报请指定管辖，裁定指定管辖用。

1. 指定管辖案件的争议处理程序

《民事诉讼法》第三十六条规定："人民法院发现受理的案件不属于本院管辖的，应当移送有管辖权的人民法院，受移送的人民法院应当受理。受移送的人民法院认为受移送的案件依照规定不属于本院管辖的，应当报请上级人民法院指定管辖，不得再自行移送。"从上述规定可知，受移送的人民法院认为受移送的案件不属于本院管辖的，不得将案件再次移送给其他法院或者退回给移送法院，应该按照管辖权争议处理程序，报请共同上级人民法院指定管辖。上级人民法院根据报请，裁定本案由其辖区的下级人民法院审理。该下级人民法院不局限于受移送的法院和移送的法院，也有可能是该上级人民法院辖区内的其他下级人民法院。

2. 关于指定管辖采用文书形式的问题

《民事诉讼法》第一百五十四条第一款明确规定了适用裁定的事项，并于第十一项规定："其他需要裁定解决的事项。"上级人民法院对下级人民法院受理案件管辖权存在争议时做出指定，属于诉讼程序中的重大事项，应当采用裁定的形式。指定管辖并不是单纯解决法院之间对管辖权的争议，同样也是解决当事人之间关于案件管辖权的争议问题，从性质上看，属于需要对当事人公开的文书。另外，采用裁定的形式可以将指定管辖的理由在更大范围内公开，促进裁定依法公正，因此，采用裁定更为合理。

3. 上级人民法院指定管辖的裁定不可上诉

本裁定不属于《民事诉讼法》第一百五十四条第一项至第三项规定的情形。指定管辖是对法定管辖的补充，其目的是为了早日确定管辖权，及时审判，使当事人的合法权益尽快得到保护。上级人民法院的指定管辖裁定是针对对受移送案件的管辖有异议的下级人民法院的请示所作出的，因此不得上诉。

4. 文书样式存在不当之处

如果上级人民法院指定由移送法院或者除移送法院及受移送法院之外的其他下级人民法院管辖该案，应该在本裁定书中对移送法院作出的原移送管辖裁定予以撤销，文书样式忽略了该项内容。

5. 实例分析

实例选取湖北省宜昌市中级人民法院作出的(2016)鄂05民辖23号民事裁定书，该案系原告宜昌天诚木业有限公司与被告湖北三新硅业有限责任公司买卖合同纠纷一案，经宜昌市三峡坝区人民法院立案受理后，三峡坝区人民法院认为本院没有管辖权，将案件移送至本市猇亭区人民法院，猇亭区人民法院以本院无管辖权为由，报请宜昌市中级人民法院指定管辖，宜昌市中级人民法院最终指定宜昌市三峡坝区人民法院审理。

(1) 报请指定管辖的案号类型代字均为"民辖"，以区别于一审法院就管辖权异议以及移送管辖作出裁定所用案号类型。

(2) 事实部分首先概述原告的诉讼请求、事实和理由，写明移送法院移送管辖的理由，并写明移送管辖的主文，表述为："裁定：……"实例在该部分表述为："……于2016年7月12日以案件移送函的方式将本案移送宜昌市猇亭区人民法院。"据此，无法判断三峡坝区法院在向猇亭区法院移送案件时是否作出裁定，表述不严谨。受移送法院报请指定管辖的时间和理由应写在原告诉称之后。

(3) 理由部分以"本院认为"开头，阐述上级人民法院对下级人民法院报请指定管辖的分析意见，本案中，宜昌市中级人民法院认为原被告双方签订的管辖协议有效，案件应该由合同履行地人民法院即三峡坝区人民法院管辖，裁定如下："本案由宜昌市三峡坝区人民法院审理。"实际上，宜昌市中级人民法院是以指定管辖的方式纠正了宜昌市三峡坝区人民法院的错误移送。

（4）该类裁定书不能上诉，要在尾部写明："本裁定一经作出即生效。"

7. 民事裁定书（有管辖权人民法院报请指定管辖案件用）

××××人民法院
民事裁定书

（××××）……民辖……号

原告：×××，……。
……
被告：×××，……。
……
（以上写明当事人和其他诉讼参加人的姓名或者名称等基本信息）

原告×××与被告×××……（写明案由）一案，××××人民法院于××××年××月××日立案。

×××诉称，……（概述原告的诉讼请求、事实和理由）。

×××人民法院经审查认为，因……（写明报请指定管辖的理由），不能行使管辖权。

本院认为，……（写明对下级法院报请指定管辖的事实与理由的分析意见）。

依照《中华人民共和国民事诉讼法》第三十七条第一款规定，裁定如下：

本案由××××人民法院审理。

本裁定一经作出即生效。

审　判　长　×××
审　判　员　×××
审　判　员　×××

××××年××月××日
（院印）
书　记　员　×××

【说明】

1. 本样式根据《中华人民共和国民事诉讼法》第三十七条第一款制定，供上级人民法院对有管辖权的下级人民法院由于特殊原因不能行使管辖权而报请指定管辖，裁定指定管辖用。

2. 案号类型代字为"民辖"。

3. 本裁定一经作出即生效。

【实例评注】

北京市第三中级人民法院

民事裁定书①

（2016）京03民辖94号

原告：邓某某。

被告：郑某某。

委托代理人：任某某（被告郑某某之夫）。

委托代理人：任某甲（被告郑某某之小叔子）。

原告邓某某与被告郑某某排除妨害纠纷一案，北京市密云区人民法院于2016年7月15日立案。

邓某某诉称：邓某某与郑某某系东西院邻居，邓某某居西，郑某某居东。2016年3月12日，邓某某家安装空调，郑某某将安装在邓某某房屋后的铁栅门锁上，不让邓某某安装，双方发生纠纷。郑某某在邓某某房屋后安装铁栅门还上锁，严重影响邓某某对房屋的修缮和使用。为维护自己的合法权益，故邓某某诉至北京市密云区人民法院，请求判令郑某某将安装在其房屋后的铁栅门撤除等。

北京市密云区人民法院经审查认为，因本案被告郑某某之夫任某某的弟弟任某甲系该院人民陪审员，且郑某某又委托任某某、任某甲为其诉讼代理人，故北京市密云区人民法院根据相关法律规定，特将此案报请本院指定管辖。

本院认为，因本案被告郑某某之委托代理人任某甲系北京市密云区人民法院人民陪审员，符合《中华人民共和国民事诉讼法》第四十四条第一款第（三）项、《最高人民法院关于适用〈中华人民共和国民事诉讼法〉的解释》第四十三条第（六）项规定的回避情形。北京市密云区人民法院因该特殊原因，不宜对本案行使

---

① 来源：中国裁判文书网。

管辖权，故其申请回避的理由成立。

综上，依据《中华人民共和国民事诉讼法》第三十七条第一款之规定，裁定如下：

本案由北京市平谷区人民法院审理。

北京市密云区人民法院接到本裁定后七日内将上述案件诉讼材料移送至北京市平谷区人民法院。

本裁定一经作出即生效。

审　判　长　　陈学芹
审　判　员　　张　灵
审　判　员　　黄　粲
二〇一六年八月二十三日
书　记　员　　刘金梦

〔评注〕

本裁定样式供上级人民法院对有管辖权的下级人民法院由于特殊原因不能行使管辖权而报请指定管辖，裁定指定管辖用。指定管辖适用的三种情况、案件的争议处理程序、指定管辖采用文书形式、上级人民法院指定管辖的裁定不可上诉等问题已在本章文书样式6中进行评注，此处不再赘述。

通常认为，有管辖权的人民法院不能行使管辖权的特殊情形有两种：①该法院的全体审判人员需要回避，因法律上的原因无法行使管辖权；②该法院所在地发生了严重的自然灾害，因事实上的原因无法行使管辖权。审判实践中，因为第一种情形使得有管辖权的人民法院不能行使管辖权的案件较多，如该实例。

1. 本案系北京市密云区人民法院报请北京市第三中级人民法院指定管辖。报请指定管辖的案号类型代字为"民辖"，以区别于一审法院就管辖权异议以及移送管辖作出裁定所用案号类型。

2. 当事人诉讼地位，按照报请指定管辖法院立案的案件当事人的诉讼地位列明，当事人和诉讼参加人的基本情况在首部做出相应的表述，《民事诉讼文书样式》中将诉讼代理人表述为"委托诉讼代理人"，本裁定表述为"委托代理人"不够规范。案件的由来写明系"北京市密云区人民法院于2016年7月15日立案"。

3. 实例事实部分先陈述了原告的事实和理由，后列明原告的诉讼请求，表述为："邓某某诉称：……请求判令……"此处与《民事诉讼文书样式》所要求的先写诉讼请求，后写事实和理由有所不同，但笔者认为，诉讼请求与事实和理由的写作顺序并不影响文书的结构和逻辑关系，可以进行适当调整。

4. 正文部分要列明有管辖权的法院报请指定管辖的理由，本案中，北京市密云区人民法院经审查,"因本案被告郑某某之夫任某某的弟弟任某甲系该院人民陪审员,且郑某某又委托任某某、任某甲为其诉讼代理人",《民事诉讼法》第四十四条第一款第三项规定:"审判人员有下列情形之一的,应当自行回避,……(三)与本案当事人、诉讼代理人有其他关系,可能影响对案件公正审理的。"根据该条法律规定,北京市密云区人民法院的全体审判人员需要回避,因法律上的原因无法行使管辖权,故报请北京市第三中级人民法院指定管辖。

5.《人民法院民事裁判文书制作规范》规定,"引用法律条款中的项的,一律使用汉字不加括号,例如:'第一项'",实例中的"第(三)项""第(六)项"应改为"第三项""第六项"。

6. 本案中,北京市第三中级人民法院在"本案由北京市平谷区人民法院审理"之后加了一段:"北京市密云区人民法院接到本裁定后七日内将上述案件诉讼材料移送至北京市平谷区人民法院。"笔者认为,案件诉讼材料的转移属于人民法院之间卷宗的流转程序,这段话不应出现在裁定文书中,在有公文性质的指定管辖函中注明更为恰当。

8. 民事裁定书(因管辖权争议报请指定管辖案件用)

××××人民法院
民事裁定书

(××××)……民辖……号

原告:×××,……。
……
被告:×××,……。
……
(以上写明当事人和其他诉讼参加人的姓名或者名称等基本信息)
××××年××月××日××××人民法院立案的(××××)……民初……号……(写明当事人及案由)一案,与××××年××月××日××××人民法院立案的(××××)……民初……号……(写明当事人及案由)一案,两地人民法院之间因管辖权产生争议,协商未果。××××年××月××日,××××人民法院(写明报请人民法院名称)报请本院指定管辖。
本院经审查认为,……(写明指定管辖的事实和理由)。
依照《中华人民共和国民事诉讼法》第三十七条第二款、《最高人民法院关于适用〈中华人民共和国民事诉讼法〉的解释》第四十条、第四十一条规定,裁定如下:

一、撤销×××人民法院（××××）……民初……号民事判决/裁定（不需要撤销的，不写该项）；

二、……（写明当事人及案由）一案由×××人民法院（写明被指定人民法院名称）审理；

三、×××人民法院自接到本裁定之日起××日内将（××××）……民初……号……（写明当事人及案由）一案全部卷宗材料及诉讼费移送×××人民法院（写明被指定人民法院名称）。

本裁定一经作出即生效。

审　判　长　×××
审　判　员　×××
审　判　员　×××

××××年××月××日
（院印）
书　记　员　×××

【说明】

1. 本样式根据《中华人民共和国民事诉讼法》第三十七条第二款以及《最高人民法院关于适用〈中华人民共和国民事诉讼法〉的解释》第四十条、第四十一条制定，供上级人民法院对下级人民法院之间因管辖权发生争议且协商解决不了报请指定管辖，裁定指定管辖用。

2. 案号类型代字为"民辖"。

3. 当事人诉讼地位，按照先报请指定管辖法院立案的案件当事人的诉讼地位列明。

4. 依照《中华人民共和国民事诉讼法》第三十七条第二款规定，发生管辖权争议的两个人民法院因协商不成报请它们的共同上级人民法院指定管辖时，双方为同属一个地、市辖区的基层人民法院的，由该地、市的中级人民法院及时指定管辖；同属一个省、自治区、直辖市的两个人民法院的，由该省、自治区、直辖市的高级人民法院及时指定管辖；双方为跨省、自治区、直辖市的人民法院，高级人民法院协商不成的，由最高人民法院及时指定管辖。报请上级人民法院指定管辖时，应当逐级进行。

5. 对报请上级人民法院指定管辖的案件，下级人民法院应当中止审理。报请指定管辖后，上级人民法院作出指定管辖裁定前，下级人民法院对案件作出判决、裁定的，上级人民法院应当在裁定指定管辖的同时，一并撤销下级人民法院的判决、裁定。

6. 本裁定一经作出即生效。

【实例评注】

安徽省淮南市中级人民法院
民事裁定书①

(2016)皖 04 民辖 19 号

原告：赵某。

原告：唐某。

被告：朱某。

2016 年 5 月 5 日淮南市谢家集区人民法院立案的(2016)皖 0404 民初 551 号赵某、唐某与朱某借款合同纠纷一案，与 2016 年 8 月 1 日淮南市大通区人民法院立案的(2016)皖 0402 民初 681 号赵某、唐某与朱某借款合同纠纷一案，两地人民法院之间因管辖权产生争议，协商未果。2016 年 8 月 1 日，淮南市大通区人民法院报请本院指定管辖。

本院经审查认为，赵某、唐某与朱某借款合同纠纷一案，淮南市谢家集区人民法院于 2014 年 12 月 18 日立案受理，并于 2015 年 5 月 27 日作出(2015)谢民一初字第 00056 号民事判决，朱某不服，向本院提出上诉。本院于 2015 年 12 月 24 日作出(2015)淮民一终字第 00622 号民事裁定，撤销一审判决，将案件发回谢家集区人民法院重审。案件审理中，朱某提出管辖权异议，淮南市谢家集区人民法院作出(2016)皖 0404 民初 551 号民事裁定，以被告住所地在淮南市大通区，且本案的合同履行地不在谢家集区为由，将案件移送至淮南市大通区人民法院审理。本案系发回重审的案件，《最高人民法院关于〈中华人民共和国民事诉讼法〉适用的解释》第三十八条规定，上级人民法院指令再审、发回重审的案件，由原审人民法院再审或者重审。第三十九条第二款规定："人民法院发回重审或者按第一审程序再审的案件，当事人提出管辖异议的，人民法院不予审查。"淮南市谢家集区人民法院在审理该发回重审的案件时，对于被告提出的管辖权异议应当不予审查。故其以被告管辖权异议成立为由将本案移送至淮南市大通区人民法院，属移送不当。依照《中华人民共和国民事诉讼法》第三十七条第二款、《最高人民法院关于适用民事诉讼法的解释》第四十条、第四十一条之规定，裁定如下：

---

① 来源：中国裁判文书网。

一、撤销淮南市谢家集区人民法院(2016)皖0404民初551号民事裁定；

二、赵某、唐某与朱某借款合同纠纷一案由淮南市谢家集区人民法院审理；

三、淮南市大通区人民法院自接到本裁定之日起七日内将(2016)皖0402民初681号一案全部卷宗材料及诉讼费移送淮南市谢家集区人民法院。

本裁定一经作出即生效。

审　判　长　孙　根

审　判　员　王雪霞

审　判　员　魏　玲

二〇一六年八月九日

书　记　员　刘永利

〔评注〕

根据《民事诉讼法》第三十六条、第三十七条的规定，指定管辖适用于以下三种情况：①受移送的人民法院认为自己对受移送的案件没有管辖权；②有管辖权的人民法院由于特殊原因，不能行使管辖权；③人民法院之间因管辖权发生争议，无法通过协商解决。本文书样式适用于第三种情况，供上级人民法院对下级人民法院之间因管辖权发生争议且协商解决不了报请指定管辖，裁定指定管辖用。

1. 本裁定案号类型代字为"民辖"，以区别于一审法院就管辖权异议以及移送管辖作出裁定所用案号类型。

2. 关于管辖权争议的处理程序。《民诉法解释》第四十条第一款规定："依照民事诉讼法第三十七条第二款规定，发生管辖权争议的两个人民法院因协商不成报请它们的共同上级人民法院指定管辖时，双方为同属一个地、市辖区的基层人民法院的，由该地、市的中级人民法院及时指定管辖；同属一个省、自治区、直辖市的两个人民法院的，由该省、自治区、直辖市的高级人民法院及时指定管辖；双方为跨省、自治区、直辖市的人民法院，高级人民法院协商不成的，由最高人民法院及时指定管辖。"报请上级人民法院指定管辖时，应当逐级进行。

3. 关于争议期间抢先判决的问题。《民诉法解释》第四十一条第二款规定："对报请上级人民法院指定管辖的案件，下级人民法院应当中止审理。指定管辖裁定作出前，下级人民法院对案件作出判决、裁定的，上级人民法院应当在裁定指定管辖的同时，一并撤销下级人民法院的判决、裁定。"上级人民法院可以一并撤销的裁定、判决必须是指定管辖期间作出的。人民法院就发生的管辖争议报请上级人民法院处理期间，可以认定为上级人民法院指定管辖期间。管辖争议法院在此期间作出的裁定、判决，上级人民法院才可在指定管辖的同时一并撤销。而非在指定管辖期间作出的裁定、判决，已经发生法律效力的，只能通过审判监督程序解决。

4. 本实例选取安徽省淮南市中级人民法院(2016)皖04民辖19号民事裁定书，淮南市谢家集区人民法院、淮南市大通区人民法院分别于2016年5月5日、2016年8月1日受理了赵某、唐某与朱某借款合同纠纷一案，两地人民法院因管辖权产生争议，协商未果，淮南市大通区人民法院报请淮南市中级人民法院指定管辖。淮南市中级人民法院经审理认为淮南市谢家集区人民法院违反了《民诉法解释》第三十八条第一款、第三十九条第二款的规定，淮南市谢家集区人民法院在重审案件时，针对当事人提出的管辖权异议本应不予审查，却以民事裁定书的方式裁定将案件移送至淮南市大通区人民法院，属于处理不当，在指定管辖前淮南市中级人民法院首先撤销了淮南市谢家集区人民法院(2016)皖0404民初551号民事裁定，后指定该案由淮南市谢家集区人民法院审理。

实例在引用裁判依据时出现重大错误，并且同一裁定书中对《民诉法解释》的表述出现了两种不同的错误，应予以重视，正确的表述应该是"《最高人民法院关于适用〈中华人民共和国民事诉讼法〉的解释》"。

该文书样式将卷宗材料及诉讼费移送的内容写在了裁定内容里，笔者认为有所不妥，案件诉讼材料的移转属于法院之间卷宗的流转程序，这些内容在指定管辖的函或者案件移送函中予以表述更为恰当。

9. 民事裁定书（上级法院移交下级法院审理用）

××××人民法院
民事裁定书

（××××）……民初……号

原告：×××，……。
……
被告：×××，……。
……
（以上写明当事人和其他诉讼参加人的姓名或者名称等基本信息）
原告×××与被告×××……（写明案由）一案，本院于××××年××月××日立案。
本院经审查认为，……（写明移交管辖的事实和理由）。且已经报请××××人民法院（写明上一级人民法院名称）批准。依照《中华人民共和国民事诉讼法》第三十八条第一款、《最高人民法院关于适用〈中华人民共和国民事诉讼法〉的解释》第四十二条规定，裁定如下：

本案由××××人民法院(写明下一级人民法院名称)审理。

本裁定一经作出即生效。

审　判　长　×××

审　判　员　×××

审　判　员　×××

××××年××月××日

（院印）

书　记　员　×××

【说明】

1. 本样式根据《中华人民共和国民事诉讼法》第三十八条第一款以及《最高人民法院关于适用〈中华人民共和国民事诉讼法〉的解释》第四十二条制定，供人民法院报请上一级人民法院同意后，将其管辖的第一审民事案件裁定交下级人民法院审理用。

2. 案号类型代字为"民初"。

3. 下列第一审民事案件，人民法院报请其上级人民法院批准，可以在开庭前交下级人民法院审理：（1）破产程序中有关债务人的诉讼案件；（2）当事人人数众多且不方便诉讼的案件；（3）最高人民法院确定的其他类型案件。

4. 本裁定一经作出即生效。

【实例评注】

湖北省黄冈市中级人民法院
民事裁定书①

（2016）鄂 11 民初 69 号

原告湖北朋泰房地产开发有限公司，住所地湖北省黄梅县黄梅镇沙岭居委会三组（黄梅县鄂东新农茂五楼）。

法定代表人何某某，该公司董事长。

---

① 来源：湖北省高级人民法院。

被告蕲春县国土资源局，住所地湖北省蕲春县漕河镇漕河四路128号。

法定代表人宋某某，该局局长。

原告湖北朋泰房地产开发有限公司与被告蕲春县国土资源局建设用地使用权出让合同纠纷一案，本院于2016年8月30日立案。

本院经审查认为，为妥善化解矛盾，本案由蕲春县人民法院进行审理为妥。且已经报请湖北省高级人民法院批准。依照《中华人民共和国民事诉讼法》第三十八条第一款、《最高人民法院关于适用〈中华人民共和国民事诉讼法〉的解释》第四十二条规定，裁定如下：

本案由蕲春县人民法院审理。

本裁定一经作出即生效。

审　判　长　欧阳武

审　判　员　龚世荣

审　判　员　张　华

二〇一六年九月六日

书　记　员　熊　静

〔评注〕

本文书样式适用于管辖权的向下转移，即人民法院报请上一级人民法院同意后，将其管辖的一审民事案件裁定交给下级人民法院审理。《民事诉讼法》第三十八条第一款规定，"确有必要"时，人民法院将案件管辖权"上交下"，应报请上级人民法院批准。

1. 关于"确有必要"的情形

根据《民诉法解释》第四十二条规定，人民法院可以将下列第一审民事案件在开庭前交下级人民法院审理：（1）破产程序中有关债务人的诉讼案件；（2）当事人人数众多且不方便诉讼的案件；（3）最高人民法院确定的其他类型案件。之所以规定了这三种情形，主要考虑到破产衍生诉讼中劳动争议案件数量众多，在一些大型的用工人数众多的企业更是如此，如果全部由中级人民法院审理，二审法院便成为高级人民法院，不仅加大审判压力，还会严重拖延诉讼，不利于矛盾的化解。而对于一些群体性、类型化的案件，由于涉及人数众多，息诉罢访压力大，往往需要依靠当地党委、政府各方面的力量共同化解矛盾，下移管辖，有利于维护社会稳定。除了上述两类案件，本条还明确规定最高人民法院可以根据案件实际情况确定是否可以交由下级人民法院审理，作为兜底条款。

2. 管辖权"上交下"的程序问题

《民诉法解释》第四十二条第二款规定了管辖权"上交下"应事先报请上级人民法

院批准的程序，即对于确有必要的案件，人民法院交下级人民法院审理前，应当报请其上级人民法院批准。上级人民法院批准后，人民法院才能裁定将案件交下级人民法院审理。

本裁定不属于《民事诉讼法》第一百五十四条第一项至第三项规定的情形，是上级人民法院针对应当属于上级人民法院审理的案件交下级人民法院审理作出的裁定，该裁定不得上诉。

3. 文书的写作要求

案号类型代字为"民初"，诉讼参与人的基本情况以及案件的由来分别在首部列明，需要注意的是，因为管辖权"上交下"的案件一定是本裁定的作出法院在受理案件之后依法"上交下"的，因此案件是已被作裁定的法院立案受理的，在文书中要表述为"本院于××××年××月××日立案"。

事实部分应该写明移交管辖的事实和理由，管辖权"上交下"的理由部分是关键，受案法院应将该说理部分论述清楚。依照法律规定，人民法院交下级人民法院审理前，应当报请其上级人民法院批准，故在文书中应注明："且已经报请××××人民法院（上一级人民法院名称）批准。"判项部分裁定如下："本案由××××人民法院（下一级人民法院名称）审理。"

该类裁定均不能上诉，尾部均应写明："本裁定一经作出即生效。"

应该注意的是，在该份文书中，使用了三级人民法院的名称，分别是：作出裁定的人民法院的名称出现在标题的文书名称处，作出裁定的人民法院的上一级人民法院的名称出现在正文报请批准处，作出裁定的人民法院的下一级人民法院的名称则出现在判项里，这是符合程序要求的逻辑顺序，切忌写错位置。

4. 实例分析

本实例选取湖北省黄冈市中级人民法院(2016)鄂11民初69号民事裁定书，原告湖北朋泰房地产开发有限公司与被告蕲春县国土资源局建设用地使用权出让合同纠纷一案，由湖北省黄冈市中级人民法院受理。经审查，湖北省黄冈市中级人民法院认为该案由蕲春县人民法院进行审理可以更妥善地化解矛盾，因此在报请湖北省高级人民法院批准后，裁定将该案移交给蕲春县人民法院审理。本实例完全符合《民事诉讼文书样式》的要求，格式规范，内容完整，措辞准确，是一份较好的裁定书范例。

5. 本文书样式与本章样式15、样式17存在逻辑联系

人民法院认为有必要将本院管辖的第一审民事案件交下级人民法院审理的，适用样式15向其上一级人民法院请示，其上级人民法院适用样式17作出同意的批复后，其适用本文书样式作出裁定将案件移交下级人民法院审理。

10. 民事裁定书（不服管辖裁定上诉案件用）

××× 人民法院
民事裁定书

（××××）……民辖终……号

上诉人（原审××）：×××，……。
……
被上诉人（原审××）：×××，……。
……
（以上写明当事人和其他诉讼参加人的姓名或者名称等基本信息）

上诉人×××因……（写明当事人及案由）一案，不服××××人民法院（××××）……民初……号民事裁定，向本院提起上诉。

×××上诉称，……（概述上诉请求、事实和理由）。

×××答辩称，……（概述被上诉人答辩意见）。

本院经审查认为，……（写明上诉请求是否成立的理由）。

依照《中华人民共和国民事诉讼法》第一百七十条第一款第一/二项、第一百七十一条规定，裁定如下：

（维持原裁定的，写明:）驳回上诉，维持原裁定。

（撤销原裁定的，写明:）

一、撤销××××人民法院（××××）……民初……号民事裁定；

二、本案由××××人民法院管辖（辖区内的）/本案移送××××人民法院处理（辖区外的）。

本裁定为终审裁定。

  审 判 长 ×××
  审 判 员 ×××
  审 判 员 ×××

  ××××年××月××日
  （院印）
  书 记 员 ×××

【说明】

1. 本样式根据《中华人民共和国民事诉讼法》第一百七十条第一款第一项、第二项及第一百七十一条制定,供第二审人民法院对当事人不服驳回管辖权异议裁定上诉,裁定驳回上诉或者撤销原裁定用。

2. 案号类型代字为"民辖终"。

3. 维持原裁定的,引用《中华人民共和国民事诉讼法》第一百七十条第一款第一项;撤销原裁定的,引用《中华人民共和国民事诉讼法》第一百七十条第一款第二项。

【实例评注 1】

<h3 style="text-align:center">北京市第三中级人民法院
民事裁定书①</h3>

(2016)京 03 民辖终 1096 号

上诉人(原审被告):李某某,男,1969 年 3 月 16 日出生。
委托代理人侯某某,北京仁道律师事务所律师。
委托代理人王某某,北京仁道律师事务所律师。
上诉人(原审被告):李某甲,男,1991 年 7 月 8 日出生。
委托代理人侯某某,北京仁道律师事务所律师。
委托代理人王某某,北京仁道律师事务所律师。
上诉人(原审被告):高某,男,1984 年 8 月 22 日出生。
委托代理人王某某,北京仁道律师事务所律师。
委托代理人侯某某,北京仁道律师事务所律师。
被上诉人(原审原告):柯某,男,1981 年 2 月 4 日出生。
委托代理人林某,北京谋律律师事务所律师。

上诉人李某某、李某甲、高某因与被上诉人柯某某民间借贷纠纷一案,不服北京市密云区人民法院(2016)京 0118 民初 4983 号管辖权异议民事裁定,向本院提起上诉。

李某某、李某甲、高某上诉称:上诉人的经常居住地均位于朝阳区,因此,依据相关法律规定,本案应移送至朝阳区法院管辖。综上,一审裁定适用法律错误,请求:依法撤销一审裁定,本案由朝阳区人民法院审理。

---

① 来源:中国裁判文书网。

柯某某对于李某某、李某甲、高某的上诉理由和请求，未向本院提交书面答辩意见。

本院经审查认为：因合同纠纷提起的诉讼，由被告住所地或者合同履行地人民法院管辖。合同对履行地点没有约定或约定不明确，争议标的为给付货币的，接收货币一方所在地为合同履行地。现柯某某为接收货币一方，住所位于密云区，故一审法院依据合同履行地对本案具有管辖权。李某某、李某甲、高某的上诉请求应予驳回。

综上，一审法院裁定结果正确，应予维持。依照《中华人民共和国民事诉讼法》第一百七十条第一款第（一）项、第一百七十一条、第一百七十五条之规定，裁定如下：

驳回上诉，维持原裁定。

案件受理费70元，由李某某、李某甲、高某负担（于本裁定生效之日起七日内向一审法院交纳）。

本裁定为终审裁定。

审　判　长　　玄明虎
代理审判员　　梁　冬
代理审判员　　巫扬帆
二〇一六年十月十七日
书　记　员　　乔文鑫

〔评注〕

对当事人提出的管辖权异议，人民法院应当予以审查，经审查，异议成立的，应裁定将案件移送到有管辖权的人民法院；若异议不成立的，人民法院应裁定予以驳回。对驳回管辖权异议的裁定不服的，当事人可以在接到裁定书之日起10日内，向受诉人民法院的上一级人民法院提起上诉，二审法院对当事人不服管辖权异议上诉作出驳回上诉或者撤销原裁定的裁定。若二审法院裁定驳回上诉，案件继续由受诉法院审理；若二审法院撤销原裁定，则该裁定书中所确定的案件管辖法院，即为对该案有管辖权的法院。

本实例选取北京市第三中级人民法院(2016)京03民辖终1096号民事裁定书，该案系原告柯某某诉被告李某某、李某甲、高某民间借贷纠纷一案中，被告李某某、李某甲、高某提出管辖权异议，北京市密云区人民法院作出(2016)京0118民初4983号裁定书驳回被告的管辖权异议，被告不服该裁定，向北京市第三中级人民法院提出上诉。北京市第三中级人民法院经审查，认为柯某某作为接受货币一方，其住所地人民法院即一审法院对本案有管辖权，遂作出驳回上诉人的上诉，维持原裁定的裁定。

1. 标题

因该裁定系二审法院作出的终审裁定,案号类型代字为"民辖终"。

2. 正文

(1)在文书首部依次列明上诉人、被上诉人的名称等基本情况,并注明当事人在一审中的诉讼地位。提起上诉的当事人,称为"上诉人"。对方当事人则称为"被上诉人"。双方当事人甚至第三人都提起上诉,则均为上诉人,没有被上诉人。本案中系原审被告李某某、李某甲、高某提出上诉,均列为上诉人,原审原告柯某某则列为被上诉人,实例中"委托代理人"表达不够精确,按照文书样式应为"委托诉讼代理人"。

(2)案件由来的写法为:"上诉人×××因……(写明当事人及案由)一案,不服××××人民法院(××××)……民初……号民事裁定,向本院提起上诉。"

(3)事实部分简述上诉人提起上诉的请求、事实和理由,被上诉人的主要答辩意见。

(4)二审法院经审查认为的部分,根据案件的不同情况采取不同的书写方法:①原审对于管辖权异议的裁定没有错误,但上诉人提出异议的,应该将有异议的部分叙述清楚,并有针对性的对上诉请求不成立进行分析,论证异议不能成立;②原审对于管辖权异议的裁定存在认定事实错误或者适用法律错误,应指出一审裁定的不当之处。实例中,北京市第三中级人民法院审查认为一审法院依据合同履行地对本案具有管辖权,针对上诉的请求和理由,就原审裁定认定事实和适用法律是否正确,上诉请求是否应予支持进行了评述,并论证了被上诉人的上诉请求不成立,应予驳回。

(5)裁定结果是该裁定书的关键部分,是对一审裁定的最后确定。针对不服管辖裁定上诉的案件,有两种不同的裁定结果:

①维持原裁定的,引用《民事诉讼法》一百七十条第一款第一项,写明:"驳回上诉,维持原裁定。"

②撤销原裁定的,引用《民事诉讼法》一百七十条第一款第二项,写明:"一、撤销×××人民法院(××××)……民初……号民事裁定;二、本案由××××人民法院管辖(辖区内的)/本案移送×××人民法院处理(辖区外的)。"

本实例中,"第一百七十条第一款第(一)项"引用不正确,应改为"第一百七十条第一款第一项"。

(6)《诉讼费交纳办法》第八条规定,对于管辖权异议裁定不服,提起上诉的案件不交纳案件受理费;第十三条第六项规定,当事人提出案件管辖权异议,异议不成立的,每件交纳50元至100元。关于管辖权异议案件的受理费及上诉费的缴纳可以总结如下:当事人对人民法院的管辖有异议的,可以在法定期限内向法院提出,不需交纳诉讼费;对人民法院的管辖权异议裁定不服,提起上诉的,不需交纳诉讼费;当事人对管辖权异议的裁定不服提起上诉后,二审人民法院裁定维持原裁定、驳回上诉的,在裁定的同时应裁定管辖权异议的受理费在二审裁定生效后向一审法院交纳。实例中在判项后面写明了受理费的负担。但是文书样式上却遗漏了在维持原裁定的情况下受理费负担的问题，应予以补充。

(7)《民事诉讼法》第一百七十五条规定："第二审人民法院的判决、裁定，是终审的判决、裁定。"该文书即是二审裁定，当事人无上诉权利，因而应写明"本裁定为终审裁定"的字样。

【实例评注2】

江苏省泰州市中级人民法院
民事裁定书①

(2016)苏12民辖终265号

上诉人(原审原告)：江苏瑞能防腐设备有限公司。
法定代表人：洪某某，该公司董事长。
被上诉人(原审被告)：中国化学工程第六建设有限公司。
法定代表人：胡某某，该公司董事长。

上诉人江苏瑞能防腐设备有限公司(以下简称瑞能公司)因与被上诉人中国化学工程第六建设有限公司(以下简称中化第六公司)定作合同纠纷管辖权异议一案，不服江苏省泰州市姜堰区人民法院(2016)苏1204民初2165号民事裁定，向本院提起上诉。

瑞能公司上诉称，一、本案设备(材料)供货合同实质是一份按图加工定作合同而非买卖合同，故本案合同履行地应为加工制作方亦即我公司所在地，而送货地依法不应认定为合同履行地。二、根据《最高人民法院关于适用〈中华人民共和国民事诉讼法〉的解释》第十八条的规定，争议标的为给付货币的，接受货币的一方所在地为合同履行地的规定，本案的争议标的为货币，故我公司所在地应享有管辖权。请求撤销一审裁定，本案由江苏省泰州市姜堰区人民法院审理。

本院经审查认为，《最高人民法院关于适用〈中华人民共和国民事诉讼法〉的解释》第十八条规定：合同约定履行地点的，以约定的履行地点为合同履行地。合同对履行地点没有约定或约定不明确，争议标的为给付货币的，接受货币一方所在地为合同履行地；交付不动产的，不动产所在地为合同履行地；其他标的，履行义务一方所在地为合同履行地。即时结清的合同，交易行为地为合同履行地。本案双方签订设备(材

---

① 来源：中国裁判文书网。

料)供货合同,合同约定了交货地点为山东省青岛市黄岛区,但未明确约定合同履行地,交货地点并非合同履行地,故本案的合同履行地应根据当事人的诉讼请求和合同性质确定。瑞能公司的诉讼请求为中化第六公司给付所欠酬金,即要求中化第六公司支付价款,争议标的为给付货币,因此无论合同的性质为买卖合同还是定作合同,瑞能公司是接受货币一方,瑞能公司所在地即为合同履行地。瑞能公司所在地在江苏省泰州市姜堰区,故一审法院对本案享有管辖权。一审裁定将本案移送山东省青岛市黄岛区人民法院处理不当,应予纠正。依照《中华人民共和国民事诉讼法》第一百七十条第一款第二项、第一百七十一条规定,裁定如下:

一、撤销江苏省泰州市姜堰区人民法院(2016)苏1204民初2165号民事裁定;

二、本案由江苏省泰州市姜堰区人民法院管辖。

本裁定为终审裁定。

审 判 长 俞爱宏
审 判 员 周红梅
审 判 员 陈霄燕

二〇一六年九月一日

书 记 员 高 梅

〔评注〕

本实例选取江苏省泰州市中级人民法院(2016)苏12民辖终265号民事裁定书,该案系原告江苏瑞能防腐设备有限公司与中国化学工程第六建设有限公司定作合同纠纷,江苏泰州市姜堰区人民法院受理后认为本院对该案没有管辖权,作出(2016)苏1204民初2165号民事裁定将该案移送山东省青岛市黄岛区人民法院审理。原告江苏瑞能防腐设备有限公司对该裁定不服,向江苏省泰州市中级人民法院提出上诉,江苏省泰州市中级人民法院审查后,认为一审裁定移送错误,应予纠正,裁定撤销(2016)苏1204民初2165号民事裁定,并裁定该案由江苏省泰州市姜堰区人民法院管辖。

笔者特意选取了同样对管辖裁定不服提出上诉,但二审裁定结果不同的两个实例,前一个实例是二审法院驳回上诉,维持原裁定,该实例是二审法院对一审的错误移送予以纠正,撤销原裁定,两个裁定的不同之处在于:

1. 二审法院经审查认为的部分,书写方法不同。驳回上诉,维持原裁定的,应该将有异议的部分叙述清楚,并有针对性的对上诉请求不成立进行分析,论证异议不能成立;撤销原裁定的,应当指出一审裁定存在认定事实或者适用法律错误之处。实例中,江苏省泰州市中级人民法院对上诉人请求成立予以论证,并指出了一审裁定的错误:"一审裁定将本案移送山东省青岛市黄岛区人民法院处理不当,应予纠正。"

2. 引用法律条款不同。驳回上诉，维持原裁定的，引用《民事诉讼法》第一百七十条第一款第一项；撤销原裁定的，引用《民事诉讼法》第一百七十条第一款第二项。实例为驳回上诉，撤销原裁定，引用法律条款准确。

3. 裁定内容不同。维持原裁定的，裁定："驳回上诉，维持原裁定。"撤销原裁定的，写明："一、撤销×××人民法院（××××）……民初……号民事裁定；二、本案由××××人民法院管辖（辖区内的）/本案移送××××人民法院处理（辖区外的）。"实例中，泰州市中级人民法院确定泰州市姜堰区人民法院对本案进行审理，因姜堰区人民法院在其辖区内，裁定书表述为"本案由江苏省泰州市姜堰区人民法院管辖"。

4. 案件受理费的负担不同。维持原裁定的应在裁定中写明裁定管辖权异议的受理费在二审裁定生效后向一审法院交纳；撤销原裁定的不交纳案件受理费。

11. 请示（报请提级管辖用）

关于……（写明当事人及案由）一案报请提级管辖的请示

（××××）……民初……号

×××人民法院：

原告×××与被告×××……（写明案由）一案，本院于××××年××月××日立案。尚未开庭审理。

×××诉称，……（概述原告的诉讼请求、事实和理由）。

本院认为，……（写明报请提级管辖的事实和理由）。

依照《中华人民共和国民事诉讼法》第三十八条第二款规定，现报请你院提级管辖（××××）……民初……号……（写明当事人和案由）一案。

以上请示，请批复。

附：案卷×宗

××××年××月××日
（院印）

【说明】

1. 本样式根据《中华人民共和国民事诉讼法》第三十八条第二款制定，供下级人民法院对它所管辖的第一审民事案件认为需要由上级人民法院审理的，向上级人民法院请示用。

2. 案号类型代字为"民初"。

3. 对于本请示，上级人民法院立提级管辖案件审查，案号类型代字为"民辖"。同意提级管辖的，适用样式5民事裁定书（依报请提级管辖案件用），不需要制作批复；不同意提级管辖的，适用样式16批复（不同意提级管辖用）。

【实例评注】

（暂缺实例）

〔评注〕

案件请示制度，是下级人民法院在审理案件的过程中，就疑难复杂案件的实体或程序问题，向上级人民法院以口头或者书面形式请示，上级人民法院给予答复的制度。作为法院的一种办案方式，案件请示制度在我国司法实践中已经运行很久。最高人民法院于1986年3月24日和1990年8月16日分别下发了《关于报送请示案件应注意的问题的通知》和《关于报送请示案件应注意的问题的补充通知》，通知第一次以最高人民法院文件的形式，将下级人民法院就具体案件向上级人民法院请示的措施确立为一种制度。但是在我国现行的法律条文框架体系内，并没有关于案件请示制度的明确规定。随着我国司法制度的日趋完善，案件请示制度在司法实践中的弊端也日益明显，比如影响审级独立、违背司法独立原则、影响审判效率等，因此司法理论界和实务界长期都在争论是否取消案件请示制度。最高人民法院在2005年10月发布《人民法院第二个五年改革纲要（2004－2008）》实施意见明确规定，改革和完善下级人民法院就法律适用疑难问题向上级人民法院请示的制度，逐步取消个案请示。之后，各地法院也纷纷开始了司法改革与实践。但是，全国更多法院却是对案件请示制度采取了默许的态度，出台相应文件规范而不是取消案件请示制度。2009年3月，最高人民法院发布了《人民法院第三个五年改革纲要（2009－2013）》，在涉及案件请示制度时明确表述为"规范下级人民法院向上级人民法院请示报告制度"。可见，通过近几年的改革，最高人民法院对案件请示制度的态度也有稍许改变，或许更符合司法实践的需要。

从我国法院目前的审判实际运作来看，更为普遍的做法是下级人民法院在案件审理过程中，就法律适用中的疑难问题，以书面形式向上级人民法院请示，由上级人民法院予以答复，包括中级人民法院对基层人民法院，高级人民法院对中级、基层人民法院，最高人民法院对各级人民法院的案件请示予以答复的各种情形。而在前述各类上级人民法院的答复中，只有最高人民法院的答复或批复具有司法解释的效力。也就是说，我国目前针对下级人民法院案件请示的答复实际上既包括具有司法解释效力的答复，也包括不具有司法解释效力的答复。

在审判实践中,能够请示的案件范围包括:①法律尚未有明文规定的案件;②重大的疑难案件或有重大社会影响的案件;③适用法规冲突,应当由最高人民法院与有关部门进行协调或确认的案件;④按照规定必须上报最高人民法院审核的涉外、涉港澳台和涉侨案件;⑤案件管辖不明或有争议的案件。

根据最高人民法院的规定,报请指示案件要符合以下条件:①请示的案件在允许的案件范围内;②报送请示的案件,必须事实清楚,证据确凿,即下级人民法院只能就案件的法律适用问题进行请示,对于案件的事实和证据的认定不得请示;③下级人民法院应当逐级请示,不得越级请示,更不能个人请示;④请示以及答复应当采用书面的形式。

本样式供下级人民法院对其所管辖的一审民事案件认为需要由上级人民法院审理的,向上级人民法院请示用。因请示属于法院内部文书,既不上网公开,亦不对外查阅,笔者未查询到相关实例,仅就请示的写作要求及内容作如下分析:

1. 该请示文书样式的结构

(1)标题。文书名称包含当事人及案由的相关信息,表述为"关于……(当事人及案由)一案报请提级管辖的请示",不包含法院名称,很多法院作出的请示会冠以法院名称,这是不恰当的,应予以注意。案号类型代字与报请案件一致为"民初"。

(2)正文。主送法院为负责受理和答复该请示的上级人民法院,每件请示只能有一个主送机关,不能多头请示;正文应依次列明案件来由、原告的诉讼请求及事实理由、请示提级管辖的事实和理由、请示内容。请示内容表述为:"依照《中华人民共和国民事诉讼法》第三十八条第二款规定,现报请你院提级管辖(××××)……民初……号……(写明当事人和案由)一案。"请示属于上行文,要求上级人民法院进行批复,因此在正文尾部应使用"以上请示,请批复"或者"妥否,请批复"等作为结语,正文尾部还应注明附送的案卷及其他材料。

(3)落款仅注明发文时间即可。

2. 本请示程序要求

(1)报请主体。由于最高人民法院原则上不应作为一审法院,故报请的人民法院应仅限于基层人民法院和中级人民法院。

(2)报请程序。下级人民法院只能向上一级人民法院报请,不能越级报请。

(3)对于本请示,上级人民法院要对申请提级管辖的案件进行审查,如同意提级管辖,适用本章样式5的民事裁定书进行裁定;如果不同意提级管辖,适用本章样式16的批复进行答复。

12. 请示（受移送人民法院报请指定管辖用）

关于……（写明当事人及案由）一案报请指定管辖的请示

（××××）……民初……号

××××人民法院：

原告×××与被告×××……（写明案由）一案，××××人民法院于××××年××月××日立案。

×××诉称，……（概述原告的诉讼请求、事实和理由）。

××××人民法院认为，……（写明移送管辖的理由），于××××年××月××日作出（××××）……民初……号民事裁定，将本案移送我院管辖。

我院经审查认为，……（写明事实和理由）。本案依法不属于我院管辖。

依照《中华人民共和国民事诉讼法》第三十六条规定，现将本案报请你院指定管辖。

以上请示，请批复。

附：案卷×宗

××××年××月××日

（院印）

【说明】

1. 本样式根据《中华人民共和国民事诉讼法》第三十六条制定，供受移送的人民法院认为受移送的案件依法不属于本院管辖，报请上级人民法院指定管辖用。

2. 案号类型代字为"民初"。

3. 上级人民法院立指定管辖案件审查，案号类型代字为"民辖"。指定管辖的，适用样式6民事裁定书(受移送人民法院报请指定管辖案件用)。不同意指定管辖的，参照样式16制作批复。

【实例评注】

湖北省宜昌市猇亭区人民法院
关于原告宜昌天诚木业有限公司与被告湖北三新
硅业有限责任公司买卖合同纠纷一案
指定管辖的请示①

宜猇法【2016】48 号

宜昌市中级人民法院：

  2016 年 7 月 17 日，我院收到宜昌市三峡坝区人民法院移送审理的原告宜昌天诚木业有限公司诉被告湖北三新硅业有限责任公司买卖合同纠纷一案。

  经审查，原被告双方在买卖合同中约定：交货地点为被告湖北三新硅业有限责任公司位于宜昌市猇亭园区南部工业园需方厂区内，双方发生争议时依法向合同履行地人民法院起诉，从实际情况看，我区猇亭园区并无南部工业区，湖北三新硅业有限责任公司的主要办事机构、生产厂区分别在宜昌市港窑路 37 号和宜昌高新区白洋工业园内，在我区并无生产厂区，本案合同履行地应为宜昌高新区白洋工业园区，故该案我院无管辖权。

  依照《中华人民共和国民事诉讼法》第三十六条的规定，受移送的案件依照法律规定不属于本院管辖的，应当报请上级人民法院指定管辖，不得再自行移送。现将本案报请贵院指定管辖。

  特请指示，请批复。

二〇一六年七月二十五日

〔评注〕

  1. 本文书样式供受移送人民法院认为受移送的案件依法不属于本院管辖，报请上级人民法院指定管辖用。请示的结构在本章样式 11 中已经予以说明，此处不再赘述。

  2. 上级人民法院对于该请示，如指定管辖，适用本章样式 6 作出民事裁定书；如不同意指定管辖，适用本章样式 16 作出批复。

  3. 实例选取湖北省宜昌市猇亭区人民法院作出的宜猇法【2016】48 号请示，湖北省宜昌市猇亭区人民法院收到宜昌市三峡坝区人民法院移送的原告宜昌天诚木业有限

---

① 来源：湖北省宜昌市中级人民法院。

公司诉被告湖北三新硅业有限责任公司买卖合同纠纷一案,猇亭区人民法院认为本院对该案没有管辖权,依照法律规定,不能自行移送,报请宜昌市中级人民法院对该案进行指定管辖。本实例是新文书样式公布前作出的,结构比较完整,请示的理由论证充分,但部分格式与《民事诉讼文书样式》要求不一致,在制作此类文书时,应充分注意的是:

(1) 实例标题冠以"湖北省宜昌市猇亭区人民法院"与文书样式要求不一致,在标题中无需标明法院名称,应予以修正。

(2) 实例中请示案号类型代字使用"宜猇法【2016】48号",与文书样式规定的"(××××)……民初……号"不一致。

(3) 文书样式在此文部分依次列明了案件由来、原告诉称以及移送法院移送管辖的理由。而在本实例中,仅写明了收到案件移送的情况,遗漏了案件由来、原告诉称以及移送法院移送管辖的理由。上级人民法院在该请示中不能全面获得该案报请指定管辖的原因和理由,应该按照文书样式对相关内容加以补充。

(4) 实例的尾部没有注明附送的案卷及其他材料。

13. 请示(有管辖权人民法院报请指定管辖用)

关于……(写明当事人及案由)一案报请指定管辖的请示

(××××)……民初……号

××××人民法院:

  原告×××与被告×××……(写明案由)一案,本院于××××年××月××日立案。

  ×××诉称,……(概述原告的诉讼请求、事实和理由)。

  我院经审查认为,……(写明不能行使管辖权的特殊原因)。我院依法不能行使管辖权。

  依照《中华人民共和国民事诉讼法》第三十七条第一款规定,现将本案报请你院指定管辖。

  以上请示,请批复。

  附:案卷×宗

××××年××月××日
(院印)

【说明】

1. 本样式根据《中华人民共和国民事诉讼法》第三十七条第一款制定，供有管辖权的人民法院由于特殊原因不能行使管辖权，报请上级人民法院指定管辖用。

2. 案号类型代字为"民初"。

3. 上级人民法院立指定管辖案件审查，案号类型代字为"民辖"。指定管辖的，适用样式7民事裁定书(有管辖权人民法院报请指定管辖案件用)。不指定管辖的，制作批复。

【实例评注】

湖北省武汉市江岸区人民法院
关于原告盛某某与被告武汉小竹物业管理有限公司一案的请示①

市法院立案庭：

我院收到原告盛某某诉被告武汉小竹物业管理有限公司一案的起诉材料，因被告系管理我院物业的物业公司，我院经立案前审查，认为小竹物业与我院有利害关系，我院不便审理，应依法回避，请市法院指定其他法院审理，妥否？

特此请示

二〇一六年八月三十日

〔评注〕

本文书样式供有管辖权的人民法院由于特殊原因不能行使管辖权，报请上级人民法院指定管辖用。请示的结构在本章样式11中已经予以说明，此处不再赘述，仅就不同之处做一说明。

1. 通常不能行使管辖权的两种原因：

(1)该法院的全体审判人员需要回避，因法律上的原因无法行使管辖权；

(2)该法院所在地发生了严重的自然灾害，因事实上的原因无法行使管辖权。

2. 上级人民法院指定管辖的，适用本章样式7作出裁定书；不指定管辖的，适用本章样式16作出批复。

3. 本处实例选取湖北省武汉市江岸区人民法院就盛某某诉武汉小竹物业管理有限公司一案，因认为被告与该院有利害关系不便审理，向武汉市中级人民法院报请指定管辖的请示。总体而言，本处实例格式比较完整，写明了报请指定管辖的案件情况及理

---

① 来源：湖北省武汉市中级人民法院。

由，但部分格式与《民事诉讼文书样式》要求不一致，值得引起注意的是：

（1）实例标题在文书名称前冠以"湖北省武汉市江岸区人民法院"与文书样式要求不一致，在标题中无需标明法院名称，应予以修正；

（2）实例中未标注请示案件的案号，该请示案号类型代字为"民初"；

（3）主送机关应为上级人民法院，实例抬头表述为"市法院立案庭"不准确，应改为"武汉市中级人民法院"；

（4）本文书样式在正文部分写明了案件由来、原告的诉讼请求及事实和理由，但实例中并未对该部分予以表述，应加以补充；

（5）本文书样式列明了请示依据为《民事诉讼法》第三十七条第一款，实例中未对请示依据进行引用；

（6）实例中未标注"附"项，应予以完善。

14. 请示（因管辖权争议报请指定管辖用）

关于……（写明当事人及案由）一案报请指定管辖的请示

（××××）……民初……号

××××人民法院：

　　××××年××月××日，××××人民法院受理（××××）……民初……号……（写明当事人及案由）一案。××××年××月××日，××××人民法院/本院受理（××××）……民初……号（写明当事人及案由）一案。两地人民法院之间因管辖权发生争议，协商未果。

　　我院经审查认为，……（写明事实和理由）。

　　依照《中华人民共和国民事诉讼法》第三十七条第二款规定，报请你院指定管辖。以上请示，请批复。

　　附：案卷×宗

××××年××月××日
（院印）

【说明】

1. 本样式根据《中华人民共和国民事诉讼法》第三十七条第二款制定，供人民法院之间因管辖权发生争议协商未果，报请它们的共同上级人民法院指定管辖用。

2. 案号类型代字为"民初"。

3. 共同上级人民法院立指定管辖案件审查，案号类型代字为"民辖"。指定管辖，适用样式8民事裁定书（因管辖权争议报请指定管辖案件用），不需要制作批复。

【实例评注】

（暂缺实例）

〔评注〕

本文书样式供人民法院之间因管辖权发生争议，协商未果，报请它们的共同上级指定管辖用。因请示属于法院内部文书，既不上网公开，亦不对外查阅，笔者未查询到相关实例，仅就请示的写作要求及内容作如下分析：

1. 该请示的结构与本章样式11、样式12、样式13有明显不同。正文部分需要写明两地人民法院分别受理案件的时间、当事人及案由。报请共同上级人民法院指定管辖前，发生管辖权争议的人民法院必须经过协商，严禁未经双方协商直接报请指定管辖，因此，应将"两地人民法院之间因管辖权发生争议，协商未果"写入正文。

2. 报请法院可将案件的事实、两地法院协商未果的原因、本院的倾向性意见及理由写在"我院经审查认为"的部分。

3. 引用法律条款为"《民事诉讼法》第三十七条第二款"。

4. 该文书样式与本章样式8存在逻辑联系：上级人民法院对因管辖权争议报请指定管辖的案件明确管辖法院时，应适用样式8作出民事裁定书。

15. 请示（报请移交管辖用）

关于……（写明当事人及案由）一案报请移交管辖的请示

（××××）……民初……号

××××人民法院：

原告×××与被告×××……（写明案由）一案，本院于××××年××月××日立案。尚未开庭审理。

×××诉称，……（概述原告的诉讼请求、事实和理由）。

本院认为，……（写明案件需要移交下级人民法院审理的事实和理由）。

依照《中华人民共和国民事诉讼法》第三十八条第一款、《最高人民法院关于适用

《中华人民共和国民事诉讼法》的解释》第四十二条规定，申请将（××××）……民初……号……（写明当事人及案由）一案移交××××人民法院审理。

以上请示，请批复。

附：案卷×宗

××××年××月××日
（院印）

【说明】

1. 本样式根据《中华人民共和国民事诉讼法》第三十八条第一款以及《最高人民法院关于适用〈中华人民共和国民事诉讼法〉的解释》第四十二条制定，供人民法院认为确有必要将本院管辖的第一审民事案件交下级人民法院审理的，向其上一级人民法院请示用。

2. 案号类型代字为"民初"。

3. 下列第一审民事案件，人民法院报请其上级人民法院批准，可以在开庭前交下级人民法院审理：（1）破产程序中有关债务人的诉讼案件；（2）当事人人数众多且不方便诉讼的案件；（3）最高人民法院确定的其他类型案件。

【实例评注】

关于原告湖北鹏泰房地产开发有限公司与被告蕲春县
国土资源管理局合同纠纷一案报请指定管辖的请示①

（2016）鄂 11 民初 69 号

湖北省高级人民法院：

原告湖北鹏泰房地产开发有限公司与被告蕲春县国土资源管理局合同纠纷一案，本院于 2016 年 8 月 25 日立案。

原告湖北鹏泰房地产开发有限公司诉称，2013 年 10 月 18 日与被告蕲春县国土资源管理局签订了《国有建设用地使用权出让合同》，约定被告应当在同年 11 月 10 日前交付位于蕲春县漕河镇南门畈社区的土地，后因部分拆迁户拒不领取赔偿款导致该宗土

---

① 来源：湖北省高级人民法院。

地无法交付，原告亦迟迟无法进行施工，故本合同已无法全部履行，故诉至本院要求解除原被告签署的合同并要求被告蕲春县国土资源局返还原告支付的土地出让金3 500万元。

本院认为，因该案涉及土地转让和拆迁安置补偿，案件情况复杂，且本案原被告双方协商一致向本院申请由蕲春县人民法院进行审理。为妥善解决本案化解矛盾，便于蕲春县委县政府统一协调处置，故本案由蕲春县人民法院进行审理较为妥当。因本案涉案标的为3 500万元，不属于基层人民法院（蕲春县人民法院）的受案范围，依照《中华人民共和国民事诉讼法》第三十八条第一款、《最高人民法院关于适用〈中华人民共和国民事诉讼法〉的解释》第四十二条规定，申请将（2016）鄂11民初第69号（原告湖北鹏泰房地产开发有限公司与被告蕲春县国土资源局合同纠纷一案）案件移交蕲春县人民法院审理。

以上请示，请批复。

附：卷宗1宗

二〇一六年八月二十五日

〔评注〕

本文书样式供人民法院认为确有必要将本院管辖的第一审民事案件交下级人民法院审理的，向其上一级人民法院请示用。

1. 该请示的适用范围

《民诉法解释》第四十二条规定，人民法院可以将下列第一审民事案件在开庭前交下级人民法院审理：(1)破产程序中有关债务人的诉讼案件；(2)当事人人数众多且不方便诉讼的案件；(3)最高人民法院确定的其他类型案件。只有上述三种类型的案件才能适用该请示。

2. 请示的时间要求

报请法院需在尚未开庭审理时向上级人民法院请示。并在请示中注明："尚未开庭审理"。

3. 请示的内容

本章样式12、样式13、样式14均为报请指定管辖，请示内容均没有明确指向某个具体的人民法院。而该请示是针对管辖权的"上交下"所做的报请，请示内容是具体明确的，"申请将（××××）……民初……号……一案移交××××人民法院审理"，即申请上级人民法院将案件移交给报请法院的下级人民法院审理。

4. 实例分析

本处实例选取湖北省黄冈市中级人民法院向湖北省高级人民法院报请，关于原告湖北鹏泰房地产开发有限公司与被告蕲春县国土资源管理局合同纠纷一案移交给蕲春县人民法院审理的请示。该实例格式规范，与《民事诉讼文书样式》要求一致，事实叙述清楚，理由论证充分，适用法律正确，唯有一处需要调整，即裁判依据应另起一段进行表述，但瑕不掩玉，不影响该实例成为一篇优秀的范文。

16. 批复（不同意提级管辖用）

关于对……（写明当事人及案由）一案报请提级管辖的批复

（××××）……民辖……号

××××人民法院：

你院《关于……一案报请提级管辖的请示》收悉。经研究，批复如下：

不同意……一案由我院提级管辖。

此复

××××年××月××日

（院印）

【说明】

1. 本样式根据《中华人民共和国民事诉讼法》第三十八条第二款制定，供上级人民法院对于下级人民法院报请提级管辖案件，批复不同意提级管辖用。

2. 案号类型代字为"民辖"。

3. 同意提级管辖的，适用样式5民事裁定书（依报请提级管辖案件用），不需要制作批复。

【实例评注】

（暂缺实例）

〔评注〕

批复是上级机关用于答复下级机关的请示事项所使用的公文，人民法院作为法律文书使用的批复与其他机关使用的批复具有一样的特点和功能。批复以下级机关的请示为前提，专门用于答复下级机关的请示事项。先有上报的请示，后有下发的批复，一来一往。上级人民法院批复的内容要针对下级人民法院请示的事项，批复的内容必须明确、简洁。批复表示的是上级人民法院的结论性意见，效用类似命令、决定，带有很强的权威性，下级人民法院对于上级人民法院的批复应贯彻执行，不能违背。审判实践中，提级管辖的适用条件比较严格，下级人民法院不会轻易启动该程序，因此该类案件较少，笔者未查询到相关实例，下面仅就该文书写作的格式进行分析：

1. 该文书样式供上级人民法院对下级人民法院报请提级管辖案件，批复不同意提级管辖用；

2. 标题由事由和文种组成：关于对……（写明当事人及案由）一案报请提级管辖的批复；

3. 针对管辖作出的批复，案号类型代字均为"民辖"，由作出批复的人民法院按同类型案件编号；

4. 批复的内容应该明确、简洁，对于该报请提级管辖的批复意见只有一种，即"不同意……一案由我院提级管辖"；

5. 如果上级人民法院同意提级管辖，则适用本章样式5作出同意提级管辖的裁定书。

17. 批复（报请移交管辖案件审批用）

关于对……（写明当事人及案由）一案报请移交管辖的批复

（××××）……民辖……号

××××人民法院：

你院《关于……一案报请移交管辖的请示》收悉。经研究，批复如下：

（批准下交审理的，写明：）同意将……（写明当事人及案由）一案交××××人民法院审理。

（不批准下交审理的，写明：）不同意将……（写明当事人及案由）一案交××××人民法院审理。

此复

××××年××月××日
（院印）

【说明】

1. 本样式根据《中华人民共和国民事诉讼法》第三十八条第一款以及《最高人民法院关于适用〈中华人民共和国民事诉讼法〉的解释》第四十二条制定,供上级人民法院对于下级人民法院报请的移交管辖审批案件,批复是否同意用。

2. 案号类型代字为"民辖"。

3. 上级人民法院批准移交管辖的,报请的人民法院应当适用样式9民事裁定书(上级法院移交管辖用)。

【实例评注】

关于对原告湖北鹏泰房地产开发有限公司与被告蕲春县
国土资源管理局建设用地使用权出让合同纠纷一案报请移交管辖的批复①

(2016)鄂民辖13号

黄冈市中级人民法院:

你院《关于原告湖北鹏泰房地产开发有限公司与被告蕲春县国土资源管理局合同纠纷一案报请指定管辖的请示》收悉。经研究,批复如下:

同意将原告湖北鹏泰房地产开发有限公司与被告蕲春县国土资源管理局建设用地使用权出让合同纠纷一案交湖北省蕲春县人民法院审理。

此复:

二〇一六年九月二日

〔评注〕

《民事诉讼法》第三十八条第一款规定:"上级人民法院有权审理下级人民法院管辖的第一审民事案件;确有必要将本院管辖的第一审民事案件交下级人民法院审理的,应当报请其上级人民法院批准。"依照该条规定,上级人民法院对于下级人民法院报请的移交管辖审批案件,批复是否同意时,使用该文书样式。

该批复案号类型代字为"民辖",抬头为报请的人民法院名称。开头告知报请法院请示已收悉,并答复对于请示的意见。与本章样式16不同,这里的批复意见有两种,一种是同意,一种是不同意。报请法院请示的目的在于将管辖权"上交下",因此,上级法院

---

① 来源:湖北省高级人民法院。

批复的时候应该表述为"同意将……(写明当事人及案由)一案交××××人民法院审理"或"不同意将……(写明当事人及案由)一案交××××人民法院审理",此处的××××人民法院为报请法院的下级法院。如果上级人民法院同意将该案交由报请法院的下级法院审理,报请的人民法院应当作出本章样式9将管辖权移交其下级人民法院。

本处实例选取湖北省高级人民法院作出的关于对原告湖北鹏泰房地产开发有限公司与被告蕲春县国土资源管理局建设用地使用权出让合同纠纷一案报请移交管辖的批复。本实例格式规范,与《民事诉讼文书样式》要求完全一致,不失为一篇优秀的范文。

18. 民事管辖协商函(管辖争议协商用)

×××高级人民法院
民事管辖协商函

　　　　　　　　　　　　　　　　　(××××)……民辖……号

×××人民法院:

　　××××年××月××日,××××人民法院受理的(××××)……民初……号……(写明当事人及案由)一案,××××年××月××日××××人民法院受理的(××××)……民初……号……(写明当事人及案由)一案,两地人民法院之间对管辖权发生争议,协商未果。××××年××月××日,××××人民法院报请我院协商解决。

　　本院经审查认为,……(写明事实和理由)。该案依法应当由××××人民法院管辖。

　　依照《中华人民共和国民事诉讼法》第三十七条第二款、《最高人民法院关于适用〈中华人民共和国民事诉讼法〉的解释》第四十条规定,现函告你院协商解决管辖争议。请你院在收到本函后××日内函复我院。

　　联 系 人:……(写明姓名、部门、职务)
　　联系电话:……
　　联系地址:……
　　此致

　　　　　　　　　　　　　　　　　　　　××××年××月××日
　　　　　　　　　　　　　　　　　　　　　　　(院印)

【说明】

　　1. 本样式根据《中华人民共和国民事诉讼法》第三十七条第二款以及《最高人民

法院关于适用〈中华人民共和国民事诉讼法〉的解释》第四十条制定，供高级人民法院对本辖区的下级人民法院和其他辖区的人民法院之间因管辖权发生争议协商未果，商请其他高级人民法院协商解决管辖用。

2. 民事管辖协商案件只能产生于高级人民法院之间。管辖权争议发生后，争议人民法院之间也可以进行协商，但此项协商不属于民事管辖协商案件范畴。

3. 对同一管辖权争议，参与协商的各高级人民法院均编立民事管辖协商案件，案号类型代字为"民辖"。

4. 发生管辖权争议的两个人民法院因协商不成报请它们的共同上级人民法院指定管辖时，双方为同属一个地、市辖区的基层人民法院的，由该地、市的中级人民法院及时指定管辖；同属一个省、自治区、直辖市的两个人民法院的，由该省、自治区、直辖市的高级人民法院及时指定管辖；双方为跨省、自治区、直辖市的人民法院，高级人民法院协商不成的，由最高人民法院及时指定管辖。报请上级人民法院指定管辖时，应当逐级进行。

【实例评注】

河北省高级人民法院
关于北京贞亨利德建筑工程有限公司与新
八建设集团有限公司建设工程施工合同纠纷一案管辖问题的协商函①

(2016) 冀民辖 8 号

湖北省高级人民法院：

  湖北省武汉市新洲区人民法院于 2015 年 6 月 30 日作出移送函，将北京贞亨利德建筑工程有限公司与新八建设集团有限公司建设工程施工合同纠纷一案移送至我省遵化市人民法院。遵化市人民法院经审查认为，本案应由武汉市中级人民法院继续审理，由此产生管辖争议。遵化市人民法院经逐级报请至我院，我院经研究认为，本案应由武汉市中级人民法院按二审程序继续审理。现将案件有关情况协商如下：

  一、案件基本情况

  原告（反诉被告）：北京贞亨利德建筑工程有限公司。住所地：北京市通州区云景东路 17-5 号。

  法定代表人：周某某，该公司董事长。

---

① 来源：湖北省高级人民法院。

被告（反诉原告）：新八建设集团有限公司。住所地：湖北省武汉市新洲区辛冲镇辛冲东城湾。

法定代表人：刘某某，该公司董事长。

北京贞亨利德建筑工程有限公司与新八建设集团有限公司建设工程施工合同纠纷一案，武汉市新洲区人民法院于2012年8月21日立案受理，案号为（2012）鄂新洲民商初字第00171号，后于2014年11月27日作出一审判决。

北京贞亨利德建筑工程有限公司不服一审判决，在法定期间内上诉至武汉市中级人民法院。武汉市中级人民法院于2015年4月20日作出案号为（2015）鄂武汉中民终字第00330号民事裁定书，以本案建设工程施工地在河北省遵化市，本案应按照不动产纠纷确定管辖为由，依据《中华人民共和国民事诉讼法》第三十三条第（一）项、《最高人民法院关于适用〈中华人民共和国民事诉讼法〉的解释》第二十八条第二款的规定，裁定撤销了武汉市新洲区人民法院（2012）鄂新洲民商初字第00171号民事判决，将本案移送我省遵化市人民法院审理。

武汉市新洲区人民法院于2015年6月30日作出移送函，将本案移送至我省遵化市人民法院。

二、我院审查情况及协商意见

（一）武汉市新洲区人民法院对本案有管辖权

武汉市新洲区人民法院于2012年8月21日受理本案，依据2008年4月1日施行的《中华人民共和国民事诉讼法》第二十四条的规定，武汉市新洲区人民法院作为被告住所地人民法院对本案有管辖权。

（二）本案应由武汉市中级人民法院继续审理

依照"管辖恒定原则"，即确定管辖以起诉时为标准，起诉时对案件有管辖权的法院，不因确定管辖的事实在诉讼中发生变化而影响其管辖权。本案中，武汉市新洲区人民法院于2012年8月21日受理本案时对案件有管辖权，《最高人民法院关于适用〈中华人民共和国民事诉讼法〉的解释》于2015年2月4日实施，即使该解释第二十八条规定了建设工程施工合同纠纷按照不动产纠纷确定管辖，武汉市中级人民法院也应按二审程序对本案予以审理。

综上，我院认为，本案应由武汉市中级人民法院按二审程序继续审理。

以上意见，同贵院协商，请在收到此函后一个月内函复我院。如逾期未接到贵院复函，我院将依照《中华人民共和国民事诉讼法》第三十七条第二款的规定，报请最高人民法院指定管辖。

二〇一六年四月七日

联系人：付竹竹　　　0311-×××××××　　　185××××××××
邮寄地址：河北省高级人民法院立案一庭
　　　　　河北省石家庄市裕华西路65号(050051)

〔评注〕

《民诉法解释》第四十条规定："依照民事诉讼法第三十七条第二款规定，发生管辖权争议的两个人民法院因协商不成报请它们的共同上级人民法院指定管辖时，双方为同属一个地、市辖区的基层人民法院的，由该地、市的中级人民法院及时指定管辖；同属一个省、自治区、直辖市的两个人民法院的，由该省、自治区、直辖市的高级人民法院及时指定管辖；双方为跨省、自治区、直辖市的人民法院，高级人民法院协商不成的，由最高人民法院及时指定管辖。依照前款规定报请上级人民法院指定管辖时，应当逐级进行。"本函依据该规定制作，供高级人民法院对本辖区的下级人民法院和其他辖区的人民法院之间因管辖权发生争议协商未果，商请其他高级人民法院协商解决管辖用。

1. 民事管辖协商函的结构

函是适用范围较广、使用频率较高的一种公文，收发函件的单位均以比较平等的身份进行联系，函可以上行、下行，但大多数函作平行文。就该文书样式而言，是高级人民法院就管辖问题向不相隶属的其他高级人民法院进行协商作出的函，其他高级人民法院在收到该函后应该回复，制作回函。

(1)标题。本函标题包括法院名称、文书名称和案号，表述为"×××高级人民法院+民事管辖协商函"，无需标注当事人情况及案由；案号类型代字为"民辖"，由该协商函的高级人民法院自行编立民事管辖协商案件的案号。

(2)正文部分首先阐述案件来由及发函的原因。在该函中，案件来由是要列明发生管辖权争议的两个法院分别受理案件的情况，包括立案时间、当事人及案由。发函的原因是："两地人民法院之间对管辖权发生争议，协商未果。××××年××月××日，××××人民法院报请我院协商解决。"报请共同上级人民法院指定管辖前，发生管辖权争议的人民法院必须进行协商，严禁未经双方协商直接报请指定管辖，所以协商函要载明"两地人民法院协商未果"，这里的报请法院是发文法院的下级法院。

(3)理由部分要说明协商的内容，写明事实和理由，还要表达己方的意见："该案依法应当由××××人民法院管辖。"该协商函是需要待协商法院复函的，则要告知待协商法院："现函告你院协商解决管辖争议，请你院在收到本函后××日内函复我院。"

(4)尾部应列明联系人、联系电话、联系地址，方便主送法院联系发文法院。文书样式在联系方式后用结语"此致"以示恭敬。

2. 需要注意的问题

（1）民事管辖协商案件只能产生于高级人民法院之间，因此该函的主送法院和发文法院只能是高级人民法院。

（2）注意民事管辖协商函与请示的区别。向上级人民法院请求指示、批准事项用请示，向同级高级人民法院协商管辖用协商函。

（3）一函一案。每个民事管辖协商函只针对一个案件，如果一次性有多个案件的管辖需要协商，应分别制作协商函。

3. 实例分析

该处实例选取河北省高级人民法院作出的关于北京贞亨利德建筑工程有限公司与新八建设集团有限公司建设工程施工合同纠纷一案管辖问题的协商函，该实例系2016年4月作出，协商函内容完整，要素齐备，清楚明确地将待协商案件的管辖权归属问题进行了论证，并表达了己方的观点，是一份规范的协商函，因作出该协商函时，《民事诉讼文书样式》还未实施，该协商函部分与文书样式要求不一致，值得注意的是：

（1）实例的标题表述为"河北省高级人民法院关于北京贞亨利德建筑工程有限公司与新八建设集团有限公司建设工程施工合同纠纷一案管辖问题的协商函"，与文书样式"×××高级人民法院民事管辖协商函"不一致，应予以简化。

（2）文书样式在正文部分依次阐述了案件由来，协商管辖的事实和理由、法律依据，段落清晰，层次分明，实例可参照文书样式对体例格式进行调整。

（3）《人民法院民事裁判文书制作规范》规定，"引用法律条款中的项的，一律使用汉字不加括号，例如'第一项'"，实例中"第三十三条第（一）项"应改为"第三十三条第一项"。

19. 民事管辖协商回函（民事管辖协商案件回复用）

×××高级人民法院
民事管辖协商回函

（××××）……民辖……号

×××人民法院：

你院××××年××月××日(××××)……民辖……号民事管辖协商函收悉。

本院经审查认为，……（写明事实和理由）。

（同意对方法院协商意见的，写明：）同意……（写明当事人及案由）一案由××××人民法院审理。

（不同意对方法院协商意见的，写明:）不同意……（写明当事人及案由）一案由××××人民法院审理。该案应当由××××人民法院管辖。
　　联系 人：……（写明姓名、部门、职务）
　　联系电话：……
　　联系地址：……

××××年××月××日
（院印）

【说明】

1. 本样式根据《中华人民共和国民事诉讼法》第三十七条第二款以及《最高人民法院关于适用〈中华人民共和国民事诉讼法〉的解释》第四十一条制定，供高级人民法院在收到其他高级人民法院民事管辖协商函后，回复同意或者不同意对方意见用。

2. 案号类型代字为"民辖"。

3. 高级人民法院协商不成的，报请最高人民法院指定管辖。

【实例评注】

湖北省高级人民法院
关于北京贞亨利德建筑工程有限公司与新八建设集团有限
公司建设工程施工合同纠纷一案管辖权争议的复函①

（2016）鄂民辖 7 号

河北省高级人民法院：

　　你院《关于北京贞亨利德建筑工程有限公司与新八建设集团有限公司建设工程施工合同纠纷一案管辖问题的协商函》收悉。经研究，答复如下：

　　同意你院协商意见，本案应由湖北省武汉市中级人民法院按照二审程序继续审理。请你院通知河北省遵化市人民法院将有关案卷材料及时移送至湖北省武汉市中级人民法院。

　　此复。

二〇一六年五月十七日

---

① 来源：湖北省高级人民法院。

〔评注〕

　　该文书样式与本章样式18即民事管辖协商函形成对应，供高级人民法院在收到其他高级人民法院民事协商函后，回复同意或者不同意用。

　　回函的案号应使用作出该回复函的高级人民法院自编的民事管辖协商案号。正文部分首先要告知对方法院已经收到民事管辖协商函，另起一行阐述本院经审查后对于该协商案件管辖权的认定和理由，并回复同意或者不同意对方法院的意见。如果不同意对方法院的协商意见，除了表达不同意，还要写明本院认为该案应该由何法院审理。尾部应列明本院的联系人、联系电话、联系地址及成文时间。

　　需要注意的是，如果不同意对方法院的协商意见，除了要回函给对方法院，还要报请最高人民法院指定管辖。

　　本处实例选取湖北省高级人民法院关于北京贞亨利德建筑工程有限公司与新八建设集团有限公司建设工程施工合同纠纷一案管辖权争议的复函，该复函作出时间在《民事诉讼文书样式》实施之前，与样式的体例格式有不同之处，应予以注意的是：

　　1. 实例标题将当事人及案由情况标注在标题上，与文书样式不一致，可简化为"湖北省高级人民法院民事管辖协商回函"。虽实例使用文书名称"复函"，但实质上与"回函"在文法意思上一致，无需修改，两种名称均可。

　　2. 文书样式在正文部分要求回函法院写明事实和理由，而实例中对此并未着墨，应予以补充。

　　3. 实例在回函意见中告知对方法院："请你院通知河北省遵化市人民法院将有关案卷材料及时移送至湖北省武汉市中级人民法院。"虽然文书样式中没有这句告知事项，但是在实践中，具有现实意义，加上告知事项，也并无不可，但在回函意见后面另起一行更为妥当。

　　4. 文书样式在尾部列明联系人、联系电话、联系地址，此目的在于方便两地协商法院之间的联系，实例没有加注该部分，应予以补充。

20. 案件移送函（向其他人民法院移送案件用）

××××人民法院
案件移送函

（××××）……民初……号

××××人民法院：
　　……（写明当事人及案由）一案，××××人民法院作出（××××）……民×……号民事裁定，该案由你院审理。现将该案移送你院，请查收。
　　联 系 人：……（写明姓名、部门、职务）
　　联系电话：……
　　联系地址：……

　　附件：……

××××年××月××日
（院印）

【说明】

1. 本样式根据《中华人民共和国民事诉讼法》第三十六条、第三十七条、第三十八条、第一百二十七条第一款制定，供人民法院在受理案件后，向其他人民法院移送案件用。

2. 移送案件时，应将有关材料、证据作为本函的附件一并移送。

【实例评注】

武汉市硚口区人民法院
案件移送函[①]

（2016）鄂 0104 民初 1767 号

随州市曾都区人民法院：

　　原告江某某诉被告万某某离婚纠纷一案，武汉市硚口区人民法院和武汉市中级人民法院分别作出（2016）鄂 0104 民初 1767 号民事裁定、（2016）鄂 01 民辖终 567 号民事裁定，该案由你院审理。现将本案移送你院，请查收。

　　联系人：周取才，武汉市硚口区人民法院审判员

　　联系电话：027－××××××××

　　联系地址：武汉市硚口区宝丰路营房四街 19 号

---

① 来源：湖北省武汉市硚口区人民法院。

附件：（2016）鄂0104民初1767号正卷壹宗
备注：案件受理费我院已退还当事人，由当事人向贵院缴纳。

二〇一六年九月二十三日

〔评注〕

该文书样式供人民法院在受理案件后，向其他人民法院移送案件用，并应将有关材料、证据作为案件移送函的附件一并移送。

1. 案件移送函的格式及内容

（1）标题

标题分为上下两行写明制作文书的机关名称"××××人民法院"和文书名称"案件移送函"。文书案号，按照"（××××）……民初……号"的格式顺序依次填写收案年度、法院代字、案件编号。

（2）正文

抬头写受移送人民法院名称；写明当事人及案由、移送所依据的文书全称，需注明"现将该案移送你院，请查收"；依次列明联系人、联系电话、联系地址，方便受移送法院有疑问时与移送案件的审判员联系。移送案件时，应将有关材料、证据作为本函的附件一并移送，在附件部分写明附送的卷宗、文书、材料、证据和份数。

（3）落款

在成文时间处加盖人民法院印章。

2. 实例分析

本实例选取湖北省武汉市硚口区人民法院（2016）鄂0104民初1767号案件移送函，原告江某某诉被告万某某离婚纠纷一案由武汉市硚口区人民法院作出（2016）鄂0104民初1767号民事裁定，裁定本案应移送随州市曾都区人民法院审理，原告江某某不服该裁定，上诉至武汉市中级人民法院，武汉市中级人民法院作出（2016）鄂01民辖终567号民事裁定维持原判，遂武汉市硚口区人民法院作出该案件移送函，将该案移送至随州市曾都区人民法院审理，该实例在附件后还加了备注"案件受理费我院已退还当事人，由当事人向贵院缴纳"，这是对文书样式内容的一个很好的补充，裁定移送管辖的案件，人民法院不收取诉讼费，但因为案件在受诉法院立案时已经受理缴费，实践中通常采取两种方法：一是将诉讼费退还当事人，由当事人向受移送法院缴纳；二是通过转账的方式将诉讼费转交给受移送法院。该实例在移送函中告知受移送法院本案诉讼费的问题，是可取的做法。

二、回 避

1. 决定书（申请回避用）

> ××××人民法院
> 决定书
>
> （××××）……号
>
> 申请人：×××，……。
> ……
> （以上写明申请人及其代理人的姓名或者名称等基本信息）
> 本院在审理/执行……（写明当事人及案由）一案中，×××于××××年××月××日申请……（写明被申请人的诉讼地位和姓名）回避。理由是：……（概述申请回避的理由）。
> 本院院长/审判委员会/本案审判长认为，……（写明准许或者驳回回避申请的理由）。依照《中华人民共和国民事诉讼法》第四十七条规定，决定如下：
> （准许回避申请的，写明:）准许×××提出的回避申请。
> （驳回回避申请的，写明:）驳回×××提出的回避申请。
> 如不服本决定，可以在接到决定书时向本院申请复议一次。
>
> ××××年××月××日
> （院印）

【说明】

1. 本样式根据《中华人民共和国民事诉讼法》第四十四条至第四十七条以及《最高人民法院关于适用〈中华人民共和国民事诉讼法〉的解释》第四十三条至第四十九条制定，供人民法院决定准许或者驳回当事人的回避申请用。

2. 当事人提出回避申请，应当说明理由，在案件开始审理时提出；回避事由在案件开始审理后知道的，也可以在法庭辩论终结前提出。被申请回避的人员在人民法院作出是否回避的决定前，应当暂停参与本案的工作，但案件需要采取紧急措施的除外。

3. 被申请回避的人员包括参与本案审理的人民法院院长、副院长、审判委员会委员、庭长、副庭长、审判员、助理审判员、人民陪审员、书记员、翻译人员、鉴定人、勘验人。

4. 院长担任审判长时的回避,由审判委员会决定;审判人员的回避,由院长决定;其他人员的回避,由审判长决定。

5. 人民法院对当事人提出的回避申请,应当在申请提出的三日内,以口头或者书面形式作出决定。申请人对决定不服的,可以在接到决定时申请复议一次。

【实例评注1】

山东省郯城县人民法院
对申请回避的决定书①

(2015)郯民初字第1073号

申请人刘某某

本院在审理原告刘某某与被告徐某、纪某某、钟某某、韩某某、李某某劳动争议纠纷一案中,申请人刘某某申请审判员徐庆祝、李永和人民陪审员滕猛回避。申请人刘某某认为在徐某、纪某某、钟某某、韩某某、李某某与刘某某拖欠劳动报酬争议一案的仲裁审理中,郯城县人民法院作为证人出具的证言,已经被郯城县劳动人事争议仲裁委员会采纳并作为证据使用,审判员徐庆祝、李永和人民陪审员滕猛作为郯城县人民法院的审判法官或陪审员,他们的审理活动代表郯城县人民法院,故提出回避申请。本院院长认为,申请人刘某某申请回避的理由不符合回避的法定情形。依照《中华人民共和国民事诉讼法》第四十四条之规定,决定:

驳回申请人刘某某要求审判员徐庆祝、审判员李永和人民陪审员滕猛的回避申请。

如不服本决定,可以向本院申请书面复议一次。

二〇一五年七月二十日

〔评注〕

申请回避决定书,是人民法院对当事人提出的回避申请决定准许或者驳回时使用的法律文书。决定是人民法院为解决诉讼过程中发生的、影响诉讼正常进行的特殊事项所作出的具有约束力的结论性判定。当事人申请回避的,人民法院应审查该申请是否符合回避的条件,不管是否回避,都应当采用决定的形式予以答复。

---

① 来源:中国裁判文书网。

1. 应当回避的主体范围

《民事诉讼法》对哪些人应当回避作出了规定。回避的主体范围包括：审判人员、书记员、翻译人员、鉴定人和勘验人。《民诉法解释》对审判人员作出了进一步界定：参与审理本案的人民法院院长、副院长、审判委员会委员、庭长、副庭长、审判员、助理审判员和人民陪审员。

2. 作出回避决定需依据法定事由

根据《民诉法解释》第四十三条的规定，审判人员具有下列情形之一的，应当自行回避，当事人及其法定代理人也有权申请其回避：(1)是本案当事人或者当事人近亲属的；(2)本人或者其近亲属与本案有利害关系的；(3)担任过本案的证人、鉴定人、辩护人、诉讼代理人、翻译人员的；(4)是本案诉讼代理人近亲属的；(5)本人或者其近亲属持有本案非上市公司当事人的股份或者股权的；(6)与本案当事人或者诉讼代理人有其他利害关系，可能影响公正审理的。根据《民诉法解释》第四十四条的规定，审判人员有下列情形之一的，当事人及其法定代理人有权要求其回避，但应当提供相关的证据材料：(1)接受本案当事人及其受托人宴请，或者参加由其支付费用的活动的；(2)索取、接受本案当事人及其受托人财物或者其他利益的；(3)违反规定会见本案当事人、诉讼代理人的；(4)为本案当事人推荐、介绍诉讼代理人，或者为律师、其他人员介绍代理本案的；(5)向本案当事人及其受托人借用款物的；(6)有其他不正当行为，可能影响公正审理的。人民陪审员、书记员、翻译人员、司法鉴定人员、勘验人员的回避问题以及执行员在执行过程中的回避问题，参照审判人员回避的有关内容执行。

3. 回避的程序

当事人申请回避应该在案件开始审理时提出，如果回避事由是在案件开始审理后知道的，也可以在法庭辩论终结前提出。被申请回避的人不同，决定其回避的人员或组织也有所不同：《民事诉讼法》第四十六条规定："院长担任审判长时的回避，由审判委员会决定；审判人员的回避，由院长决定；其他人员的回避，由审判长决定。"人民法院对当事人提出的回避申请，应当在申请提出三日内以口头或者书面形式作出决定，申请人对决定不服的，可以在接到决定时申请复议一次。复议期间，被申请回避的人员，不停止参与本案的工作。人民法院对复议申请，应当在三日内作出复议决定，并通知复议申请人。

4. 制作回避决定书时应当注意的问题

(1)标题由"××××人民法院决定书+案号"构成，文书样式并未明确回避决定书应该用什么类型代字，表述为"(××××)……号"，显然与诉讼案件的类型代字"(××××)……民×……号"并不相同，笔者认为文书样式对此需要进一步说明；(2)决定书是针对申请人申请回避是否准许的文书，当事人的诉讼地位只列明申请人及其代理人的基本情况，如果原、被告均申请回避，应分别作出决定书，并分别将原、被告列为申请人；(3)案件由来部分应该列明当事人申请回避的时间，决定书的落款时间应与该时间间隔不超过三天,以符合人民法院作出决定书的期限;(4)理由部分以"本院院长/审判委员会/本案审判长认为"开头,其后写明准许或者驳回回避申请的理由;(5)本文书样式依据《民事诉讼法》第四十七条作出决定,准许回避申请的,写明"准许×××提出的回避申请",驳回回避申请的,写明"驳回×××提出的回避申请";(6)正文尾部注明如不服本决定,当事人有复议的权利;(7)落款处写裁判文书的签发日期并加盖院章;(8)笔者认为本文书样式仅引用《民事诉讼法》第四十七条并不全面,本决定书根据《民事诉讼法》第四十四条至第四十七条的规定制定,应将四十四条、四十五条、四十六条均作为依据引入。

5. 实例分析

本处选取的实例是山东省郯城县人民法院对原告刘某某提出的要求审判员徐庆祝、李永和人民陪审员滕猛进行回避的申请进行审查,认为不符合回避的法定情形,依照《民事诉讼法》第四十四条的规定驳回申请人刘某某要求审判员徐庆祝、审判员李永和人民陪审员滕猛的回避申请而作出的决定书。因该决定书的作出时间为2015年,与《民事诉讼文书样式》要求不一致,应予以注意:

(1)实例标题与文书样式不符,应在山东省郯城县人民法院后直接加决定书,无需冠以"对申请回避的";

(2)案件由来没有写明申请人申请回避的时间,与文书样式要求不一致;

(3)实例理由部分以"本院院长认为"开头,应该另起一行阐述,与事实放在同一段落使得逻辑层次不分明;

(4)实例仅引用《民事诉讼法》四十五条不全面,应将四十五条、四十六条、四十七条均作为依据引入;

(5)判项可简洁表述为"驳回刘某某提出的回避申请"。

【实例评注2】

青海省乌兰县人民法院
民事决定书①

(2016)青2821民初112号

申请人青海京柯盐化有限公司。

法定代表人王某某,该公司董事长。

---

① 来源:中国裁判文书网。

本院在审理原告王某甲与被告青海京柯盐化有限公司劳务合同纠纷一案中，被告青海京柯盐化有限公司提出本院干警王玉兰系原告王某甲的姐姐，可能影响公正处理案件，并以此为理由，要求本院全体审判员回避。经审查，本院认为，申请人青海京柯盐化有限公司提出的回避理由成立。依照《中华人民共和国民事诉讼法》第四十四条的规定，决定如下：

准许申请人青海京柯盐化有限公司提出的回避申请。

如不服本决定，可于接到本决定书之日起三日内向本院申请复议一次。

复议期间，被申请回避的人员不停止参与本案的审判活动。

代理审判员　　乔明珠

二〇一六年六月二十日

书　记　员　　赵学龙

本案适用法律条文：

《中华人民共和国民事诉讼法》第四十四条

审判人员有下列情形之一的，应当自行回避，当事人有权用口头或者书面方式申请他们回避：

（一）是本案当事人或者当事人、诉讼代理人近亲属的；

（二）与本案有利害关系的；

（三）与本案当事人、诉讼代理人有其他关系，可能影响对案件公正审理的。

审判人员接受当事人、诉讼代理人请客送礼，或者违反规定会见当事人、诉讼代理人的，当事人有权要求他们回避。

审判人员有前款规定的行为的，应当依法追究法律责任。

前三款规定，适用于书记员、翻译人员、鉴定人、勘验人。

〔评注〕

1. 本处选取的实例是青海省乌兰县人民法院对申请人青海京柯盐化有限公司提出的回避申请进行审查后，认为申请人提出的回避理由成立，准许申请人提出的回避申请而作出的决定书。

2. 实例中，理由部分与事实部分放在同一段落阐述，结构不清晰，应该按照样式要求将理由部分另起一段进行阐述。实例的理由部分以"经审查，本院认为"开头不准确，本案中，申请人申请乌兰县人民法院全院审判员回避，应由院长决定，表述为"本院院长认为"更为准确。理由部分，实例直接认定"申请人青海京柯盐化有限公司提出的回避理由成立"，不符合《民事诉讼法》第一百五十四条第三款规定的"裁定书应当写明裁定结果和作出该裁定的理由"的要求,应该进一步说明申请人申请回避的理由符合法律规定的哪种情形。

3. 裁判依据仅引用《民事诉讼法》四十四条不全面,应将四十五条、四十六条、四十七条均作为依据引入。

4. 实例在尾部表述"如不服本决定,可于接到本决定书之日起三日内向本院申请复议一次",与文书样式有出入。《民事诉讼法》四十七条规定:"人民法院对于当事人提出的回避申请,应当在申请提出的三日内,以口头或者书面形式作出决定。申请人对决定不服的,可以在接到决定时申请复议一次。复议期间,被申请回避的人员,不停止参与本案的工作。人民法院对复议申请,应当在三日内作出复议决定,并通知复议申请人。"事实上,在该规定中并未明确当事人申请复议的期限,"三日内"是针对法院作出回避决定和复议决定的期限,并非当事人提出复议申请的期限,故文书样式中表述为"如不服本决定,可以在接到决定书时向本院申请复议一次"更为妥当。

5. "复议期间,被申请回避的人员不停止参与本案的审判活动"列在尾部与文书样式不一致,应予删除。

6. 实例的落款方式与文书样式的要求不一致,实例的这种错误具有普遍性,应当予以重视。决定书只需要在落款处写明签发日期即可,无须审判人员署名。

2. 复议决定书(驳回回避申请复议用)

××××人民法院
复议决定书

(××××)……号

复议申请人:×××,……。
　……
(以上写明复议申请人及其代理人的姓名或者名称等基本信息)

本院在审理/执行……(写明当事人及案由)一案中,×××申请……(写明被申请人的诉讼地位和姓名)回避。本院于××××年××月××日作出(××××)……号驳回回避申请的决定后,×××不服,申请复议。理由是:……(概述申请复议的理由)。

经复议,本院院长/本院审判委员会/本案审判长认为,……(写明驳回或准许复议申请的理由)。

依照《中华人民共和国民事诉讼法》第四十七条规定，决定如下：
（驳回复议申请的，写明：）驳回复议申请，维持原决定。
（准许复议申请的，写明：）
一、撤销本院×××年××月××日作出的（××××）……号驳回回避申请决定；
二、准许×××提出的回避申请。
本决定为最终决定。

×××年××月××日
（院印）

【说明】

1. 本样式根据《中华人民共和国民事诉讼法》第四十四条至第四十七条以及《最高人民法院关于适用〈中华人民共和国民事诉讼法〉的解释》第四十三条至第四十九条制定，供人民法院决定驳回或者准许当事人的回避复议申请用。

2. 复议期间，被申请回避的人员，不停止参与本案的工作。人民法院对复议申请，应当在三日内作出复议决定，并通知复议申请人。

【实例评注】

广东省湛江市中级人民法院
驳回回避申请复议决定书[①]

（2015）湛中法民一终字第 349 号

申请复议人：陈某某，男，1949 年 11 月 24 日出生，公民身份号码：440825×××
××××××××，汉族，住徐闻县东平一路东七横巷×号。

申请复议人陈某某不服本院（2015）湛中法民一终字第 349 号《驳回回避申请决定书》，向本院提出复议申请。申请复议人陈某某认为本院审判员陈红、李尚文、王瑾在办理陈某某与冯某某离婚纠纷一案过程中，没有正确适用法律，属于《中华人民共和国民事诉讼法》第四十四条第一款第（三）项规定的"有其他关系"应予回避的情形，故申请审判员陈红、李尚文、王瑾回避。

本院认为：《中华人民共和国民事诉讼法》第四十四条第一款规定："审判人

[①] 来源：中国裁判文书网。

员有下列情形之一的,应当自行回避,当事人有权用口头或者书面方式申请他们回避:(一)是本案当事人或者当事人、诉讼代理人近亲属的;(二)与本案有利害关系的;(三)与本案当事人、诉讼代理人有其他关系,可能影响对案件公正审理的。"本案中,审判员陈红、李尚文、王瑾均不存在以上三种应当回避的情形,申请复议人陈某某申请审判员陈红、李尚文、王瑾回避的理由不成立,应予驳回。依照《中华人民共和国民事诉讼法》第四十四条、第四十六条、第四十七条的规定,决定如下:

驳回复议申请,维持原决定。

二〇一五年六月四日

〔评注〕

1. 本文书样式供人民法院决定驳回或者准许当事人的回避复议申请用。

2. 申请复议人既可以是原申请回避的人,也可以是申请回避的对方当事人。申请复议仍然向原来作出回避决定的人民法院提出。有关组织和人员在接到当事人的复议申请后,必须再次进行审查,并于三日内作出复议决定,通知复议申请人,此决定一经作出即为终局决定,当事人不得以相同的理由再次申请回避或者复议。当事人提出复议申请,不影响人民法院作出的驳回回避申请决定的效力。复议期间,被申请回避的人员,不停止案件的审理、记录、翻译和勘验、鉴定等相关工作。

3. 本实例是广东省湛江市中级人民法院对申请复议人陈某某提出复议申请进行审查,认为不符合应当回避的情形,作出驳回复议申请,维持原决定的决定书。实例是2015年制作的决定书,总体而言,要素基本齐全,在说理部分对申请复议人提出的申请是否符合回避的情形进行了评判,但其格式体例与文书样式要求不完全一致,值得注意的是:

(1)标题:根据《人民法院民事裁判文书制作规范》规定,"标题由法院名称、文书名称和案号构成,例如:'××××人民法院民事判决书(民事调解书、民事裁定书)+案号'",实例标题"驳回回避申请复议决定书",按照文书样式应表述为"复议决定书"。关于该类文书的案号,《民事诉讼文书样式》并未具体说明,仅表述为"(××××)……号",显然与诉讼案件的类型代字"(××××)……民×……号"并不相同,具体应该如何表述该案号,文书样式应该进一步对此予以说明。

(2)案件由来:文书样式在案件由来部分对当事人不服回避决定书,申请复议进行了简单介绍,写明当事人不服决定书申请复议的理由。实例案件由来表述相对比较简单。

(3)根据《人民法院民事裁判文书制作规范》规定,"引用法律条款中的项的,一律使用汉字不加括号,例如:'第一项'",实例中"第(三)项"应改为"第三项"。

(4)裁判依据:《民事诉讼法》第四十七条规定了复议决定书的相关内容,文书样式也仅引用该条作为裁判依据,实例引用了《民事诉讼法》第四十四条、第四十六条、第四十七条作为裁判的依据,与文书样式不一致,应予以修改。

(5)尾部:本决定书为最终决定,实例未在尾部注明"本决定为最终决定"。

三、诉讼参加人

1. 民事裁定书（变更当事人用）

××××人民法院
民事裁定书

（××××）……民×……号

申请人：×××，……。
……

（以上写明申请人及其代理人的姓名或者名称等基本信息）

原告×××与被告×××、第三人×××……（写明案由）一案，本院于××××年××月××日立案。××××年××月××日，×××向本院提出申请变更当事人。

×××称，……（概述申请人替代当事人承担诉讼的事实和理由）。

本院经审查认为，……（写明准许变更当事人的理由）。

依照《中华人民共和国民事诉讼法》第一百五十四条第一款第十一项、《最高人民法院关于适用〈中华人民共和国民事诉讼法〉的解释》第二百四十九条、第二百五十条规定，裁定如下：

准许×××替代×××作为本案……（写明诉讼地位）参加诉讼，×××退出诉讼。

审　判　长　×××
审　判　员　×××
审　判　员　×××

××××年××月××日
（院印）
书　记　员　×××

【说明】

1. 本样式根据《最高人民法院关于适用〈中华人民共和国民事诉讼法〉的解释》第二百四十九条、第二百五十条制定，供人民法院准许争议民事权利义务的受让人申请替代当事人承担诉讼，裁定变更当事人用。

2. 本裁定书案号用诉讼案件的类型代字。

3. 在诉讼中，争议的民事权利义务转移的，不影响当事人的诉讼主体资格和诉讼地位。人民法院作出的发生法律效力的判决、裁定对受让人具有拘束力。受让人申请以无独立请求权的第三人身份参加诉讼的，人民法院可予准许。受让人申请替代当事人承担诉讼的，人民法院可以根据案件的具体情况决定是否准许；不予准许的，可以追加其为无独立请求权的第三人。

4. 裁定变更当事人后，诉讼程序以受让人为当事人继续进行，原当事人应当退出诉讼。原当事人已经完成的诉讼行为对受让人具有拘束力。

【实例评注】

吉林省高级人民法院
民事裁定书①

（2015）吉民二初字第 1 号

申请人：中国信达资产管理股份有限公司吉林省分公司。住所：吉林省长春市南关区。

代表人：赵某某，该公司总经理。

委托代理人：董某某，该公司员工。

委托代理人：杨某某，该公司员工。

被申请人：沈阳机床临江大华铸造有限公司。住所：吉林省临江市。

法定代表人：董某甲，该公司董事长。

委托代理人：蒋某某，吉林连星律师事务所律师。

被申请人：大连奥邦特国际物流有限公司。住所：辽宁省大连保税物流园区。

法定代表人：刘某某，该公司经理。

委托代理人：张某某，吉林连星律师事务所律师。

被申请人：大连嘉圣通国际物流有限公司。住所：辽宁省大连大窑湾保税港区。

法定代表人：董某甲，该公司董事长。

委托代理人：张某乙，吉林连星律师事务所律师。

被申请人：临江市大华矿业有限公司。住所：吉林省临江市。

法定代表人：董某甲，该公司董事长。

---

① 来源：中国裁判文书网。

委托代理人：张某甲，吉林连星律师事务所律师。

被申请人：临江市白云岩矿。住所：吉林省临江市。

法定代表人：董某甲，该矿经理。

委托代理人：张某乙，吉林连星律师事务所律师。

被申请人：抚松铅锌矿。住所：吉林省抚松县。

法定代表人：董某甲，该矿经理。

委托代理人：张某乙，吉林连星律师事务所律师。

被申请人：董某甲，男，汉族，1963年1月25日出生，住吉林省抚松县。

委托代理人：张某乙，吉林连星律师事务所律师。

被申请人：刘某丙，女，汉族，1964年12月29日出生，住辽宁省辽阳市。

委托代理人：张某乙，吉林连星律师事务所律师。

被申请人：白山虹桥纸业有限公司。住所：吉林省白山市。

法定代表人：杨某丁，该公司总经理。

委托代理人：徐某某，吉林长白山律师事务所律师。

本院在审理中国建设银行股份有限公司白山分行与沈阳机床临江大华铸造有限公司、大连奥邦特国际物流有限公司、大连嘉圣通国际物流有限公司、临江市大华矿业有限公司、临江市白云岩矿、抚松铅锌矿、董某甲、刘某丙、白山虹桥纸业有限公司金融借款合同纠纷、抵押合同纠纷、质押合同纠纷、保证合同纠纷一案的过程中，申请人中国信达资产管理股份有限公司吉林省分公司于2015年5月15日向本院申请变更其为本案原告，并提交了中国建设银行股份有限公司吉林省分行与中国信达资产管理股份有限公司吉林省分公司签订的《资产转让合同》，以及在《吉林日报》发布的《债权转让暨债务催收联合公告》。经审查，本案中国建设银行股份有限公司白山分行对沈阳机床临江大华铸造有限公司、大连奥邦特国际物流有限公司、大连嘉圣通国际物流有限公司、临江市大华矿业有限公司、临江市白云岩矿、抚松铅锌矿、董某甲、刘某丙、白山虹桥纸业有限公司的全部债权已于2015年3月20日通过资产转让的方式转让给中国信达资产管理股份有限公司吉林省分公司，各方当事人对此均无异议。本院认为，申请人中国信达资产管理股份有限公司吉林省分公司关于其为本案原告的申请成立，依照《最高人民法院关于适用〈中华人民共和国民事诉讼法〉的解释》第二百四十九条关于"在诉讼中，争议的民事权利义务转移的，不影响当事人的诉讼主体资格和诉讼地位。人民法院作出的发生法律效力的判决、裁定对受让人具有拘束力。受让人申请替代当事人承担诉讼的，人民法院可以根据案件的具体情况决定是否准许"、第二百五十条关于"依照本解释第二百四十九条规定，人民法院准许受让人替代当事人承担诉讼的，裁定变更当事人。变更当事人后，诉讼程序以受让人为当事人继续进行，原当事人应当退出诉讼。原当事人已经完成的诉讼行为对受让人具有拘束力"、《最高人民法院关于审理涉及金融资产管理公司收购、管理、处置国有银行不良贷款形成的资产的案件适用法律若干问题的规定》第二条关于"金融资产管理公司受让国有银行债权后，人民法院对于债权转让前原债权银行已经提起诉讼尚未审结的案件，可以根据原债权银行或者金融资产管理公司的申请将诉讼主体变更为受让债权的金融资产管理公司"的规定，裁定如下：

变更申请人中国信达资产管理股份有限公司吉林省分公司为本案原告。

本裁定送达后即发生法律效力。

审　判　长　　李　靖
代理审判员　　国伟杰
代理审判员　　季伟明

二〇一五年六月二十九日
书　记　员　　吴楠楠

〔评注〕

《民诉法解释》第二百四十九、第二百五十条规定，在诉讼中，争议的民事权利义务转移，受让人申请替代当事人承担诉讼且法院准许的，裁定变更当事人。可见，对于因民事权利义务转移所引发的当事人变更有严格的限制条件，必须由受让人申请并经法院准许。发生当事人变更的情况后，受让权利义务的新当事人是继续原当事人的诉讼程序，而不是使诉讼程序重新开始。原当事人的诉讼权利义务由新当事人承担，原当事人所实施的一切诉讼行为对新当事人仍然有效。我国法律在民事权利义务转移后的当事人资格确定上，实行当事人恒定为原则、诉讼继承为例外的模式，有利于保证诉讼程序的稳定，兼顾受让人的程序权利保障。

应该注意的是，要区分受让人以何种身份参加诉讼，该身份影响到法院准许其参加诉讼的方式：①受让人以无独立请求权的第三人身份参加诉讼的，人民法院可予准许；②受让人申请替代当事人承担诉讼的，人民法院应对受让人的申请进行审查，核实诉讼标的的转移是否存在，根据案件的具体情况决定是否准许，不予准许的，可以追加其为无独立请求权的第三人。对于第一种情况，法律没有规定应当作出裁定，司法实践中，承办人通常是书面通知或者以笔录形式告知。对于第二种情况，《民诉法解释》明确规定人民法院决定准许的，应当作出裁定。

本文书样式即属于第二种情况下，供人民法院准许争议民事权利义务的受让人申请替代当事人承担诉讼，裁定变更当事人用。本处实例选取吉林省高级人民法院作出的(2015)吉民二初字第1号民事裁定书，本案在审理过程中，中国信达资产管理股份有限公司向该院申请变更其为本案原告，并提交了相关债权转让的证据。吉林省高级人民法院经审查认为，申请人中国信达资产管理股份有限公司吉林省分公司申请变更其为本案原告的申请成立,遂作出裁定。

该实例是2015年制作的民事裁定书,结构完整,要素齐全,重点突出,但与样式存在部分差异,应该予以注意:

1. 当事人的诉讼地位及委托诉讼代理人

变更当事人的案件中,准许变更的裁定只需列申请人即受让权利义务的新当事人,本实例中将本案被告列为"被申请人"与文书样式不符。《人民法院民事裁定文书制作规范》要求"当事人是法人的,……并另起一行写明法定代表人的姓名和职务。当事人是其他组织的,……并另起一行写明负责人的姓名和职务",实例表述为"代表人"不准确。实例表述"委托代理人"不规范,应改为"委托诉讼代理人"。

2. 案由

《最高人民法院关于实施〈民事案件案由规定〉的通知》规定:"同一诉讼中涉及两个以上的法律关系,属于主从关系的,人民法院应当以主法律关系确定案由,但当事人仅以从法律关系起诉的,则以从法律关系确定案由;不属于主从关系的,则以当事人诉争的法律关系确定案由,均为诉争法律关系的,则按诉争的两个以上法律关系确定并列的两个案由。"本案中,案由表述为"金融借款合同纠纷、抵押合同纠纷、质押合同纠纷、保证合同纠纷一案"与上述规定不符,抵押、质押、保证均为借款法律关系的从关系,应以主法律关系确定案由,即"借款合同纠纷"。

3. 裁判依据

《最高人民法院关于裁判文书引用法律、法规等规范性法律文件的规定》第一条规定:"人民法院的裁判文书应当依法引用相关法律、法规等规范性法律文件作为裁判依据。引用时应当准确完整写明规范性法律文件的名称、条款序号,需要引用具体条文的,应当整条引用。"根据该规定,笔者认为在理由部分需要援引法律、法规、司法解释时,应当写明条文内容,但在裁判依据处,只需准确完整写明规范性法律文件的名称、条款序号即可,无需像实例中这样引用具体条文,否则会使裁判依据部分占据过多篇幅。

4. 裁判主文

实例将裁判主文表述为"变更申请人中国信达资产管理股份有限公司吉林省分公司为本案原告",与文书样式的表述"准许×××替代×××作为本案……参加诉讼,×××退出诉讼"不符,应予以修正。

5. 尾部

实例在尾部告知当事人"本裁定送达后即发生法律效力",虽然文书样式里没有这项要求,但是考虑到针对该裁定当事人不能提出上诉,笔者认为加上该项也并无不可。

2. 民事裁定书（未参加登记的权利人适用生效判决或裁定用）

×××× **人民法院**
民事裁定书

（××××）……民初……号

原告：×××，……。
……
被告：×××，……。
……

（以上写明当事人和其他诉讼参加人的姓名或者名称等基本信息）

……（写明当事人及案由）一案，本院于××××年××月××日立案后，依法进行了审查。现已审查终结。

×××向本院提出诉讼请求：1. ……2. ……（明确原告的诉讼请求）。事实和理由：……（概述原告主张的事实和理由）。

本院认为，本案诉讼标的与本院（××××）……民×……号民事判决/裁定一案的诉讼标的是同一种类。由于该案当事人一方人数众多在起诉时人数尚未确定，本院于××××年××月××日发出公告，说明案件情况和诉讼请求，通知权利人于××××年××月××日前向本院登记。原告未在规定期限内向本院进行登记，但于××××年××月××日在诉讼时效期间提起诉讼，依法应当适用该判决/裁定。

依照《中华人民共和国民事诉讼法》第五十四条、第一百五十四条第一款第十一项、《最高人民法院关于适用〈中华人民共和国民事诉讼法〉的解释》第八十条规定，裁定如下：

本案适用本院（××××）……民×……号民事判决/裁定。

申请费……元，由……负担（写明当事人姓名或者名称、负担金额）。

本裁定一经作出即生效。

审　判　长　×××
审　判　员　×××
审　判　员　×××

××××年××月××日
（院印）
书　记　员　×××

【说明】

1. 本样式根据《中华人民共和国民事诉讼法》第五十四条以及《最高人民法院关于适用〈中华人民共和国民事诉讼法〉的解释》第八十条制定,供人民法院经审理认定未参加诉讼登记的权利人提起诉讼的请求成立,裁定适用人民法院已作出的判决、裁定用。

2. 标题中的案号为新提起诉讼的案件案号。

3. 本裁定一经作出即生效。

【实例评注】

(暂缺实例)

〔评注〕

人数不确定的代表人诉讼是指人民法院在受理多数人诉讼时,发现起诉时一方当事人人数尚未确定的,可以发出公告,说明案件情况和诉讼请求,通知权利人在一定期间内向人民法院登记。登记的目的在于确定当事人的人数,以便为诉讼做准备。在公告期内,权利人应当向发布公告的案件管辖法院登记。登记本身并不引起诉讼的发生,只表明自己为案件当事人的身份。未在公告期内登记的权利人,仅表明他不作为本次诉讼的当事人,对其实体权利并不会产生不利的影响。人数不确定的代表人诉讼应该符合以下几个条件:①当事人一方人数众多,并于起诉时仍未确定;②多数当事人之间的诉讼标的系同一种类;③当事人推选出代表人。

在人数不确定的代表人诉讼中,人民法院作出的判决、裁定,对参加登记的全体权利人发生效力。未参加登记的权利人在诉讼时效期间提起诉讼的,适用该判决、裁定。裁判的效力主要表现在两个方面:①对于已经登记的权利人具有直接的拘束力;②对于未参加登记的权利人有预决效力。即未参加登记的权利人在诉讼时效期间内提起诉讼,人民法院认为其诉讼请求成立的,裁定适用人民法院已作出的判决、裁定,而不需要另行裁判,即人民法院既判力具有扩张性。需要注意的是,《民事诉讼法》第五十四条仅规定了人民法院作出的生效判决、裁定适用于未参加登记的权利人,并不包含调解书,经过妥协而达成的调解协议并不产生约束调解书当事人之外任何人的效力。

需要注意的两个问题:①未参加登记的权利人诉讼请求与原案件中原告一方的诉讼请求不一致时,是否可以适用已作出的判决、裁定?诉讼标的虽是同一种类但诉讼请求可能会不一致,比如在保护消费者利益的产品质量纠纷诉讼中,原案件中原告一方的诉讼请求是赔偿损失,而未参加登记的权利人的诉讼请求是要求退货或者要求更换符合质量的产品。再比如未参加登记的权利人的诉讼请求有数项,而原案件中原告一方的诉讼请求只有一项,这种情况下,显然不能作出适用原裁判的裁定,但是法律又没有明确对此做出说明,笔者认为,在诉讼请求不一致的情况下,人民法院不宜作出适用原裁判的裁定,而应作出新的判决。②未参加登记的权利人对于适用原裁判的裁定是否可以提出上诉?《民事诉讼法》第一百五十四条规定了三种可以上诉的裁定,该裁定不在此列,因此,对于未参加登记的权利人对于适用原裁判的裁定,当事人是不能上诉的。

审判实践中,该类案件较少,笔者未查询到相关实例,现仅就该裁定的写作要求做如下分析说明:

1. 标题中的案号为新提起诉讼的案件案号。

2. 当事人的诉讼地位按照一审民事案件当事人的诉讼地位表述为"原告""被告"。

3. 本院认为部分,应对本案的诉讼标的是否与原裁判系同一种类进行审查认定,并将人民法院发出公告的时间、通知权利人登记的时间、原告起诉的时间——列明。需要注意的是,原告提起该诉应在诉讼时效期间内。

4. 该裁定不属于《民事诉讼法》第一百五十四条第一款前十项规定的裁定,因此裁判依据应引入《民事诉讼法》第一百五十四条第一款第十一项的兜底条款。

5. 文书样式尾部注明"申请费……元",笔者认为该表述并不准确,《诉讼费用交纳办法》第十条规定:"当事人依法向人民法院申请下列事项,应当交纳申请费:(一)申请执行人民法院发生法律效力的判决、裁定、调解书,仲裁机构依法作出的裁决和调解书,公证机构依法赋予强制执行效力的债权文书;(二)申请保全措施;(三)申请支付令;(四)申请公示催告;(五)申请撤销仲裁裁决或者认定仲裁协议效力;(六)申请破产;(七)申请海事强制令、共同海损理算、设立海事赔偿责任限制基金、海事债权登记、船舶优先权催告;(八)申请承认和执行外国法院判决、裁定和国外仲裁机构裁决。"可见,该类案件并不在上述应当交纳申请费的范围内,笔者认为这里表述为"案件受理费"更为恰当。

四、证 据

1. 民事裁定书（申请书证提出命令用）

××××人民法院

民事裁定书

（××××）……民×……号

申请人：×××，……。

……

被申请人：×××，……。

……

（以上写明申请人、被申请人及其代理人的姓名或者名称等基本信息）

……（写明当事人及案由）一案，本院于××××年××月××日立案。申请人×××向本院提出书面申请，请求本院责令×××提交……（写明证据名称），以证明……（写明证明对象）。

本院经审查认为，……（写明准许或者驳回书证提出命令申请的理由）。

依照《中华人民共和国民事诉讼法》第六十四条、第一百五十四条第一款第十一项、《最高人民法院关于适用〈中华人民共和国民事诉讼法〉的解释》第一百一十二条规定，裁定如下：

（准许申请的，写明:）

×××于××××年××月××日前向本院提交……。

无正当理由拒不提交的，本院可以认定申请人主张的书证内容为真实。

（驳回申请的，写明:）

驳回×××的申请。

审　判　长　×××
审　判　员　×××
审　判　员　×××

××××年××月××日
（院印）
书　记　员　×××

【说明】

1. 本样式根据《中华人民共和国民事诉讼法》第六十四条、第一百五十四条第一款第十一项以及《最高人民法院关于适用〈中华人民共和国民事诉讼法〉的解释》第一百一十二条制定，供人民法院审查书证提出命令申请后，裁定准许或者驳回书证提出命令申请用。

2. 本裁定书案号用诉讼案件的类型代字。

3. 申请理由成立的，人民法院应当责令对方当事人提交，因提交书证所产生的费用，由申请人负担。对方当事人无正当理由拒不提交的，人民法院可以认定申请人所主张的书证内容为真实。

【实例评注】

（暂缺实例）

〔评注〕

1. 书证是我国民事诉讼法中最被经常运用的一种证据，取得书证则是书证运用的前提。司法实践中，书证往往并不在承担举证责任的当事人控制之下，控制书证的另一方当事人或者案外第三人通常也不会为了实现非控制书证当事人的举证目的予以配合交出。根据《民事诉讼法》规定，不负举证责任的当事人以及案外第三人负有协助受诉法院进行证据调查的协力义务，但当事人并不能直接向对方当事人或案外第三人收集证据。若有需要，须向法院提出申请。书证提出规则的立法最早出现在2002年《最高人民法院关于民事诉讼证据的若干规定》，该法第七十五条设立了证明妨害规则。在此基础上，2015年《民诉法解释》在第一百一十二条规定了书证提出规则："书证在对方当事人控制之下的，承担举证证明责任的当事人可以在举证期限届满前书面申请人民法院责令对方当事人提交。申请理由成立的，人民法院应当责令对方当事人提交，因提交书证所产生的费用，由申请人负担。对方当事人无正当理由拒不提交的，人民法院可以认定申请人所主张的书证内容为真实。"该条规定的书证提出规则是我国现行民事诉讼法中一方当事人向对方当事人或诉讼外第三人收集证据的最主要手段。

2. 现行《民诉法解释》建立的书证提出规则扩大了当事人收集证据的途径，增强了当事人举证能力，完善了法院调查收集证据体系，但由于《民事诉讼法》及《民诉法解释》规定的比较笼统，缺乏具体、明确的适用标准，在司法实践中造成各地法院在适用上的不统一：

（1）未规定可申请提出命令的书证范围，在司法适用中，容易造成适用上的模糊和法院裁量权的滥用，也易导致文书持有人的合法秘密权利受到侵害。

（2）适用条件规定为"书证在对方当事人控制之下"过于笼统，事实上，并非只要书证在对方当事人控制之下，人民法院就可根据承担举证责任的当事人申请，责令持有人提交。法院应具体判断"待证事实是否因该证据不被提交而真伪不明、当事人是否有可以不提交的法定理由或者其他不可归责于己的客观情况"。如果不考虑上述情况，极易造成人民法院在适用中的错误理解，从而导致法院在审查判断时的专断，以及书证提出规则的滥用。

(3) 规定法院在申请人的"理由成立"时，可发出文书提出命令，但并未具体规定"理由成立"的情形，这也易导致法官裁量时的专断。在司法实践中，我们认为，在有证据证明书证被对方当事人控制或者持有书证的当事人负有法定义务、约定或者依习惯上保存、保管的义务的情况下，如果该证据不提供，待证事实将陷入真伪不明的状态时，当事人申请的理由才能成立。

(4) 未规定当事人可以拒绝提交的正当理由。司法实践中，一般认为如果提交证据将使当事人或者相关人遭受重大不利的，证据持有人可以拒绝提供，具体要根据个案的情况进行判断。

(5) 未明确规定对于书证提出申请时，法院应使用何种裁判文书，这导致司法实践中，各地法院在适用上的混乱。

3. 综上，因《民事诉讼法》及《民诉法解释》对书证提出规则的规定缺乏明确的适用标准，各地法院在适用上并不统一，笔者未查询到该文书的相关实例，现就制作本书样式的一般写作规律做如下分析：

(1) 本文书样式供人民法院审查书证提出命令申请后，裁定准许或者驳回书证提出命令申请用。《民事诉讼文书样式》在此明确提出，对书证提出申请，法院应使用裁定书。

(2) 该裁定书案号适用诉讼案件的类型代字。

(3) 当事人的诉讼地位表述为"申请人""被申请人"，"被申请人"可以是对方当事人，也可以是"案外第三人"。

(4) 案件由来应写明当事人及案由、立案时间、申请人要求持有人提交的证据名称及证明对象。

(5) 理由部分以"本院经审查认为"开头，重点阐述准许或者驳回书证提出命令申请的理由。若准许，应论证当事人申请的理由成立；若驳回，则应论证被申请人存在不提交的正当理由。

(6) 准许申请的，裁判主文表述为："×××于××××年××月××日前向本院提交……。"并在尾部告知被申请人拒绝提交的法律后果："无正当理由拒不提交的，本院可以认定申请人主张的书证内容为真实。"驳回申请的，裁判主文表述为："驳回×××的申请。"但是对于准许申请的判项里的提交期限，笔者并未找到相关规定，法官可根据个案中书证提交的难易程度自由裁量提交的期限。

2. 民事裁定书（申请返还鉴定费用用）

××××人民法院
民事裁定书

（××××）……民×……号

申请人：×××，……。
……
被申请人：×××，……。
……
（以上写明申请人、被申请人及其代理人的姓名或者名称等基本信息）

……（写明当事人及案由）一案，本院于××××年××月××日立案。×××向本院提出申请，……（概述主张鉴定人返还鉴定费用的请求、事实和理由）。

本院经审查认为，……（写明准许或者驳回返还鉴定费用申请的理由）。

依照《中华人民共和国民事诉讼法》第七十八条、第一百五十四条第一款第十一项规定，裁定如下：

（准许申请的，写明：）×××于××××年××月××日前返还×××鉴定费用……元。

（驳回申请的，写明：）驳回×××的申请。

审　判　长　×××
审　判　员　×××
审　判　员　×××

××××年××月××日
（院印）
书　记　员　×××

【说明】

1. 本样式根据《中华人民共和国民事诉讼法》第七十八条、第一百五十四条第一款第十一项制定，供人民法院对于当事人申请返还鉴定费用，裁定准许或者驳回申请用。

2. 本裁定书案号用诉讼案件的类型代字。

【实例评注】

（暂缺实例）

〔评注〕

1. 现行《民事诉讼法》第七十八条规定："当事人对鉴定意见有异议或者人民法院认为鉴定人有必要出庭的，鉴定人应当出庭作证。经人民法院通知，鉴定人拒不出庭作证的，鉴定意见不得作为认定事实的根据；支付鉴定费用的当事人可以要求返还鉴定费用。"该条是在《民事诉讼法》修改时新增设的内容，规定了法院启动鉴定人出庭作证程序和鉴定人拒不出庭的法律后果：鉴定人拒不出庭作证的，鉴定意见不得作为认定事实的根据，支付鉴定费用的当事人可以要求返还鉴定费用。首先我们需要明确鉴定费用的范围是：

《诉讼费用交纳办法》第六条规定："当事人应当向人民法院交纳的诉讼费用包括（一）案件受理费；（二）申请费；（三）证人、鉴定人、翻译人员、理算人员在人民法院指定日期出庭发生的交通费、住宿费、生活费和误工补贴。"

第十一条第一款规定："证人、鉴定人、翻译人员、理算人员在人民法院指定日期出庭发生的交通费、住宿费、生活费和误工补贴，由人民法院按照国家规定标准代为收取。"

第十二条第一款规定："诉讼过程中因鉴定、公告、勘验、翻译、评估、拍卖、变卖、仓储、保管、运输、船舶监管等发生的依法应当由当事人负担的费用，人民法院根据谁主张、谁负担的原则，决定由当事人直接支付给有关机构或者单位，人民法院不得代收代付。"

第二十条第三款规定："本办法第十一条规定的费用，待实际发生后交纳。"

从上述规定，可以看出，广义上的鉴定费用实际上包含三部分：鉴定必要费用、鉴定人的报酬、鉴定人的出庭作证费用。并且被分割成两种途径进行收取：一是鉴定人为了实施鉴定所支出的必要费用及鉴定人的报酬，由申请鉴定的当事人直接向鉴定机构支付；二是鉴定人出庭作证的必要费用作为诉讼费用，待鉴定人出庭作证任务终了，由法院支付给鉴定人，当事人无需预先向法院交纳。

2. 本文书样式"申请返还鉴定费用"仅包括鉴定必要费用和鉴定人的报酬，因为鉴定人的出庭作证费用并未发生，无需退还。审判实践中，较少出现申请人到法院申请返还鉴定费的案件，多数情况下，申请人会采取平和抑或是极端的方式直接去鉴定机构要求退还，笔者未查询到该类裁定书实例，现就该裁定书的写作方法做一般规律性评注：

(1) 本裁定书案号用诉讼案件的类型代字。

(2) 当事人诉讼地位表述为"申请人""被申请人"，申请人为申请鉴定的当事人，既可以是诉讼案件的原告，也可以是诉讼案件的被告；被申请人为本案的鉴定人。

（3）事实部分写明案件由来及申请人主张鉴定人返还鉴定费用的请求、事实和理由。

（4）理由部分写明法院准许或者驳回返还鉴定费用申请的理由。此处应该注意，并非鉴定人不出庭，就可以准许返还鉴定费用，应该对鉴定人不出庭是否有正当理由进行审查，无正当理由拒不出庭才符合准许返还鉴定费用的条件。

（5）根据裁定结果作出裁判主文：准许申请的，写明"×××于××××年××月××日前返还×××鉴定费用……元"；驳回申请的，写明"驳回×××的申请"。

3. 民事裁定书（诉前证据保全用）

××××人民法院
民事裁定书

（××××）……证保……号

申请人：×××，……。
……

被申请人：×××，……。
……

担保人：×××，……。

（以上写明申请人、被申请人及其代理人的姓名或者名称等基本信息，如有担保人的应一并写明其基本信息）

申请人×××于××××年××月××日向本院申请诉前保全证据，请求……（写明证据保全措施），并以本人/担保人×××的……（写明担保财产的名称、数量或者数额、所在地点等）提供担保。

本院认为，因情况紧急，在证据可能灭失或者以后难以取得的情况下，利害关系人可以在提起诉讼前向证据所在地、被申请人住所地或者对案件有管辖权的人民法院申请保全证据。申请人×××的申请符合法律规定。

依照《中华人民共和国民事诉讼法》第八十一条第二款、第三款、第一百零一条第一款、第一百五十四条第一款第四项规定，裁定如下：

……（写明证据保全措施）。

如不服本裁定，可以自收到裁定书之日起五日内向本院申请复议一次。复议期间不停止裁定的执行。

申请人在人民法院采取保全措施后三十日内不依法提起诉讼的,本院将依法解除保全。

审　判　长　×××
审　判　员　×××
审　判　员　×××

×××年××月××日
（院印）
书　记　员　×××

【说明】

1. 本样式根据《中华人民共和国民事诉讼法》第八十一条第二款、第三款,第一百零一条第一款,第一百五十四条第一款第四项制定,供人民法院在当事人申请诉前证据保全后,经审查符合法定条件的,裁定采取证据保全措施用。

2. 案号类型代字为"证保"。

3. 因情况紧急,在证据可能灭失或者以后难以取得的情况下,利害关系人可以在提起诉讼前向证据所在地、被申请人住所地或者对案件有管辖权的人民法院申请保全证据。

【实例评注】

山东省济南市中级人民法院
民事裁定书①

（2016）鲁01证保42号

申请人：山东巨能兴业新型材料科技发展有限公司,住所地山东省济宁市金乡县。

法定代表人：王某某,总经理。

被申请人：山东高阳建设有限公司,住所地山东省淄博市。

法定代表人：孙某某,总经理。

申请人山东巨能兴业新型材料科技发展有限公司于2016年8月23日向本院申

---

① 来源：中国裁判文书网。

请诉前保全证据，请求对涉嫌侵犯名称为"一种专用于复合剪力墙结构填充墙的构造及施工方法"（专利号：ZL201310194391.0）的墙体结构及施工方法进行诉前证据保全。

本院认为，因情况紧急，在证据有可能灭失或以后难以取得的情况下，利害关系人可以在提起诉讼前向证据所在地、被申请人住所地或者对案件有管辖权的人民法院申请证据保全。申请人山东巨能兴业新型材料科技发展有限公司享有独占实施涉案专利的权利，其申请符合法律规定。

依照《中华人民共和国民事诉讼法》第八十一条第二款、第三款，第一百五十四条第一款第四项规定，裁定如下：

对被申请人山东高阳建设有限公司涉嫌侵犯名称为"一种专用于复合剪力墙结构填充墙的构造及施工方法"（专利号：ZL201310194391.0）的墙体结构及施工方法进行诉前证据保全。

如不服本裁定，可以自收到裁定书之日起五日内向本院申请复议一次。复议期间不停止裁定的执行。

申请人在人民法院采取保全措施后三十日内不依法提起诉讼的，本院将依法解除保全。

审　判　长　　刘军生

代理审判员　　李　玉

代理审判员　　李现光

二〇一六年八月二十五日

书　记　员　　刘玲玲

〔评注〕

1. 2012年《民事诉讼法》修法之前，诉前证据保全制度仅体现在知识产权、海事特别诉讼等特别立法中，2012年《民事诉讼法》修订时引入诉前证据保全制度，将该制度的适用范围扩展至所有民事诉讼和仲裁程序。《民事诉讼法》第八十一条第二款、第三款规定："因情况紧急，在证据可能灭失或者以后难以取得的情况下，利害关系人可以在提起诉讼或者申请仲裁前向证据所在地、被申请人住所地或者对案件有管辖权的人民法院申请保全证据。证据保全的其他程序，参照适用本法第九章保全的有关规定。"从上述法条可以看出：①申请诉前证据保全的条件为情况紧急，证据可能灭失或者以后难以取得的情况；②对象为适用诉讼或仲裁的所有案件；③申请主体为利害关系人；④启动主体仅为法院；⑤管辖法院为证据所在地、被申请人住所地或者对案件有管辖权的人民法院；⑥保全程序参照适用财产保全和先于执行程序。但是对于是否提供担保并未作具体的规定，且对于申请证据保全的期限及诉讼期限、保全方式、保全后证据效力、诉前证据保全的程序保障等亦未有规定。

2. 本文书样式供人民法院在当事人申请诉前证据保全后，经审查符合法定条件的，裁定采取证据保全措施用。本处实例选取山东省济南市中级人民法院作出的(2016)鲁01证保42号民事裁定书，该案系申请人山东巨能兴业新型材料科技发展有限公司向山东省济南市中级人民法院申请诉前保全证据，请求对涉嫌侵犯名称为"一种专用于复合剪力墙结构填充墙的构造及施工方法"(专利号：ZL201310194391.0)的墙体结构及施工方法进行诉前证据保全。山东省济南市中级人民法院认为其申请符合法律规定，作出裁定进行诉前证据保全。实例用语标准，说理充分，但部分格式和内容与《民事诉讼文书样式》要求不完全一致。

(1) 诉前证据保全案件的类型代字为"证保"。

(2) 当事人的诉讼地位表述为"申请人""被申请人"，如有担保人，还应列明"担保人"，并写明基本信息。审判实践中，对证据保全的申请是否提供担保存在不同看法。笔者认为，若证据价值不大，对被申请人不会造成损害，可不必要求担保；若证据价值较大，但可通过缴纳诉讼费用的办法，达到预防损害发生或补偿损害的目的，此时也可不提供担保；若证据价值巨大无法通过预缴诉讼费用的办法预防损害发生或达到补偿损害的目的，或者证据保全的价值无法确定，但存在损害被申请人利益的高风险(商业秘密泄露、个人隐私侵害等)，则应当提供担保，具体数额由法院自由裁量。实例中并未列明担保人的基本情况，应该是没有提供担保的。

(3) 实例在事实和理由部分分别列明了当事人申请诉前保全的时间、请求及本院认为当事人申请符合法律规定的理由。需要注意的是，在本案中，对申请人的请求表述为"请求对涉嫌侵犯名称为'一种专用于复合剪力墙结构填充墙的构造及施工方法'(专利号：ZL201310194391.0)的墙体结构及施工方法进行诉前证据保全"，并没有明确写明证据保全措施，与文书样式要求不一致。

(4) 实例的裁判主文也存在上述问题，没有写明证据保全的具体措施，只是笼统的表述为："对……墙体结构及施工方法进行诉前证据保全。"

(5) 对于证据保全是否交纳保全费用，法律并未规定，审判实践中各地法院的做法也不尽相同。笔者认为，我国立法应当明确申请诉前保全需缴纳费用，该笔费用由申请人预先缴纳，至于该费用是否转化为诉讼费用的一部分，则分情况区别对待。若申请人未在法定期间内(三十日)起诉，则申请人预缴费用不予退还，以此作为惩戒。若申请人于法定期间内起诉，则该费用可以转化为诉讼费用。

(6) 实例将救济途径及逾期不起诉的法律后果在尾部进行注明，符合文书样式要求。

4. 民事裁定书（诉讼证据保全用）

××××人民法院
民事裁定书

（××××）……民×……号

申请人：×××，……。
……
被申请人：×××，……。
……
担保人：×××，……。
（以上写明申请人、被申请人及其代理人的姓名或者名称等基本信息，如有担保人的应一并写明其基本信息）

……（写明当事人及案由）一案，申请人×××于××××年××月××日向本院申请保全证据，请求……（写明证据保全措施），并以本人/担保人×××的……（写明担保财产名称、数量或者数额、所在地点等）提供担保。

本院经审查认为，在证据可能灭失或者以后难以取得的情况下，当事人可以在诉讼过程中向人民法院申请保全证据。申请人×××的申请符合法律规定。

依照《中华人民共和国民事诉讼法》第八十一条第一款、第三款，第一百条第一款，第一百五十四条第一款第四项规定，裁定如下：

……（写明证据保全措施）。

如不服本裁定，可以自收到裁定书之日起五日内向本院申请复议一次。复议期间不停止裁定的执行。

审　判　长　×××
审　判　员　×××
审　判　员　×××

××××年××月××日
（院印）
书　记　员　×××

【说明】

1. 本样式根据《中华人民共和国民事诉讼法》第八十一条第一款、第三款，第一百条第一款,第一百五十四条第一款第四项制定,供人民法院在当事人申请保全证据后,经审查符合法定条件,裁定采取证据保全措施用。

2. 本裁定书案号用诉讼案件的类型代字。

3. 在证据可能灭失或者以后难以取得的情况下,当事人可以在诉讼过程中向人民法院申请保全证据。

【实例评注】

湖北省武汉市中级人民法院
民事裁定书①

(2016)鄂 01 民初 3257 号

原告:杭州全合科技有限公司。住所地:浙江省杭州市江干区艮山支三路 5 号 4 栋 1 楼 106 室。

法定代表人:余某某,该公司董事长。

委托代理人:于某,湖北安格律师事务所律师。

委托代理人:高某,湖北安格律师事务所律师。

被告:中铁十一局集团有限公司。住所地:湖北省武汉市武昌区中山路 277 号。

法定代表人:何某某,该公司经理。

本院在审理原告杭州全合科技有限公司(以下简称全合公司)与被告中铁十一局集团有限公司(以下简称中铁十一局公司)专利权侵权纠纷一案中,原告全合公司向本院提出证据保全申请,请求法院对被告中铁十一局公司位于广东省鹤山市双合镇合成加油站旁江门至罗定高速公路路面工程施工招标(路面 3 标)内沥青拌和机上的粉煤气化炉进行证据保全,保全措施为指定被告保管,并保证随时能够找到该设备。

本院经审查认为,原告全合公司为涉案名称为"一种微正压空气气化的气流床粉煤气化炉及其气化方法"的发明专利权人(专利号:ZL20141002590L.6)。原告全合公司提交的初步证据表明,被告中铁十一局公司在其位于广东省鹤山市双合镇合成加油站旁江门至罗定高速公路路面工程(第三合同段)内的粉煤气化炉设备,涉嫌侵犯原告的涉案专利权。被控设备由被告控制和保管,且该设备为生产、施工设备,流动性较大,涉案证据可能存在灭失或者以后难以取得的情形,如不及时进行提取、固定,该证据难以获得。故原告全合公司的证据保全申请符合法律规定,依法应当准许,本案经合

---

① 来源:湖北省武汉市中级人民法院(2016)鄂 01 民初 3257 号案卷。

议庭评议，本院依照《中华人民共和国民事诉讼法》第八十一条、第一百五十四条第一款第(四)项的规定，裁定如下：

对被告中铁十一局集团有限公司江门至罗定高速公路路面工程(路面3标)内沥青拌和机上的粉煤气化炉设备以现场拍照、拍摄、现场勘查等方式予以提取、固定。

本裁定送达后立即执行。

如不服本裁定，可以自收到裁定书之日起5日内向本院申请复议一次。复议期间不停止本裁定的执行。

审　判　长　佘　杰
审　判　员　熊艳红
审　判　员　赵千喜

二〇一六年八月十日

书　记　员　周书博

〔评注〕

1. 诉讼证据保全是指在证据可能灭失或以后难以取得的情况下，人民法院根据当事人的请求或者依照职权采取一定措施，对证据加以固定和保全的制度。

(1)诉讼证据保全的条件：证据可能灭失或者以后难以取得。

(2)诉讼证据保全的提出：在诉讼中，申请证据保全的主体是案件的利害关系人，既有可能是原告，亦有可能是被告。

(3)诉讼证据保全启动方式：当事人申请或法院依职权。

(4)诉讼保全方法：《最高人民法院关于民事诉讼证据的若干规定》第二十四条第一款规定："人民法院进行证据保全，可以根据具体情况，采取查封、扣押、拍照、录音、录像、复制、鉴定、勘验、制作笔录等方法。"司法实践中，要根据不同的证据采取不同的保全措施对证据进行保存和固定。

2. 该文书样式供人民法院在当事人申请保全证据后，经审查符合法定条件，裁定采取证据保全措施用。本处实例选取湖北省武汉市中级人民法院作出的(2016)鄂01民初3257号民事裁定书，该案系原告杭州全合科技有限公司与被告中铁十一局集团有限公司专利权侵权纠纷一案中，原告全合公司作为申请人要求法院对被告中铁十一局公司位于广东省鹤山市双合镇合成加油站旁江门至罗定高速公路路面工程施工招标(路面3标)内沥青拌和机上的粉煤气化炉进行证据保全，保全措施为指定被告保管，并保证随时能够找到该设备。武汉市中级人民法院经审查，认为申请符合规定，对该证据采取现场拍照、拍摄、现场勘查等方式予以提取、固定。该实例内容完整、措辞准确、论证充分，但仍有部分与文书样式要求不一致，值得注意的是：

(1)当事人诉讼地位：诉讼证据保全案件中，当事人的诉讼地位表述为"申请人""被申请人"，实例表述为"原告""被告"，与文书样式要求不一致。

(2)委托诉讼代理人：文书样式将诉讼代理人表示为"委托诉讼代理人"，实例的表述不规范。

(3)《人民法院民事裁判文书制作规范》规定，"引用法律条款中的项的，一律使用汉字不加括号，例如：'第一项'"，实例引用《民事诉讼法》第一百五十四条第一款第四项，表述为"第(四)项"不当，应改为"第四项"。

(4)文书样式有一处错误：在裁判主文遗漏了应告知事项"本裁定送达后立即执行"。

5. 民事裁定书（仲裁前证据保全用）

××××人民法院
民事裁定书

（××××）……证保……号

申请人：×××，……。
……
被申请人：×××，……。
……
担保人：×××，……。
（以上写明申请人、被申请人及其代理人的姓名或者名称等基本信息，如有担保人的应一并写明其基本信息）

申请人×××于××××年××月××日向本院申请仲裁前保全证据，请求……（写明证据保全措施），并以本人/担保人×××的……（写明担保财产名称、数量或者数额、所在地点等）提供担保。

本院认为，因情况紧急，在证据可能灭失或者以后难以取得的情况下，利害关系人可以在申请仲裁前向证据所在地、被申请人住所地或者对案件有管辖权的人民法院申请保全证据。申请人×××的申请符合法律规定。

依照《中华人民共和国民事诉讼法》第八十一条第二款、第三款、第一百零一条第一款、第一百五十四条第一款第四项规定，裁定如下：

……（写明证据保全措施）。

如不服本裁定，可以自收到裁定书之日起五日内向本院申请复议一次。复议期间不停止裁定的执行。

申请人在人民法院采取保全措施后三十日内不依法申请仲裁的，本院将依法解除保全。

审　判　长　×××
审　判　员　×××
审　判　员　×××

××××年××月××日
（院印）
书　记　员　×××

【说明】

　　本样式根据《中华人民共和国民事诉讼法》第八十一条第二款、第三款，第一百零一条第一款，第一百五十四条第一款第四项制定，供人民法院在当事人申请仲裁前申请保全证据，经审查符合法定条件，裁定采取证据保全措施时用。

【实例评注】

　　（暂缺实例）

〔评注〕

　　因情况紧急，在证据可能灭失或者以后难以取得的情况下，利害关系人可以在申请仲裁前向证据所在地、被申请人住所地或者对案件有管辖权的人民法院申请保全证据。司法实践中，该类案例较少，以武汉市仲裁委员会为例，近年来都没有当事人在申请仲裁前到人民法院进行证据保全的案例，几乎全部都是案件在仲裁过程中，申请人向仲裁委员会申请证据保全，仲裁委员会提请法院进行保全。在未查询到该文书实例的情况下，仅就制作该裁定书应注意的问题进行分析。

　　该文书样式与本章样式3在格式上完全相同，可参照本章样式3的评注，在此不予以赘述，仅就不同之处进行说明：

　　1. 案件由来表述为："申请人×××于××××年××月××日向本院申请仲裁前保全证据。"

　　2. 理由部分要写明："本院认为……利害关系人可以在申请仲裁前……"

6. 民事裁定书（解除证据保全用）

××××人民法院
民事裁定书

（××××）……证保……号

申请人：×××，……。
……

（以上写明申请人及其代理人的姓名或者名称等基本信息）

……（写明当事人及案由）一案，××××法院于××××年××月××日作出（××××）……号民事裁定：……（写明裁定主文）。

本院经审查认为，……（写明解除证据保全措施的事实和理由）。

依照《中华人民共和国民事诉讼法》第一百零一条第三款/《最高人民法院关于适用〈中华人民共和国民事诉讼法〉的解释》第一百六十六条第一款第×项规定，裁定如下：

解除对被保全人×××的……（写明保全对象名称）的保全措施。

本裁定书送达后立即执行。

审　判　长　×××
审　判　员　×××
审　判　员　×××
××××年××月××日
（院印）
书　记　员　×××

【说明】

1. 本样式根据《中华人民共和国民事诉讼法》第一百零一条第三款以及《最高人民法院关于适用〈中华人民共和国民事诉讼法〉的解释》第一百六十六条制定，供人民法院在采取保全措施后，具备法定情形时，裁定解除保全措施用。

2. 人民法院裁定采取保全措施后，除作出保全裁定的人民法院自行解除或者其上级人民法院决定解除外，在保全期限内，任何单位不得解除保全措施。

3. 申请人在人民法院采取保全措施后三十日内不依法提起诉讼或者申请仲裁的，人民法院应当解除保全。

4. 裁定采取保全措施后,有下列情形之一的,人民法院应当作出解除保全裁定:(1)保全错误的;(2)申请人撤回保全申请的;(3)申请人的起诉或者诉讼请求被生效裁判驳回的;(4)人民法院认为应当解除保全的其他情形。

5. 解除以登记方式实施的保全措施的,应当向登记机关发出协助执行通知书。

【实例评注】

（暂缺实例）

〔评注〕

《最高人民法院关于民事诉讼证据的若干规定》第二十四条第一款规定了证据保全的九种方式:"人民法院进行证据保全,可以根据具体情况,采取查封、扣押、拍照、录音、录像、复制、鉴定、勘验、制作笔录等方法。"需要注意的是,并非所有的证据保全都需要进行解除,比如通过拍照、录音、录像、复制、鉴定、勘验、制作笔录等方法保存和固定的措施,实际上是不需要解除的,因为通过上述方法对证据进行的保存和固定,既未侵害被申请人的利益,也没有破坏证据的完整性,需要解除的证据保全应该是通过查封、扣押等方式可能会对被申请人权利造成侵害的保全措施。

《民诉法解释》第一百六十六条规定了人民法院应当解除保全裁定的四种情形:①保全错误的;②申请人撤回保全申请的;③申请人的起诉或者诉讼请求被生效判决驳回的;④人民法院认为应当解除保全的其他情形。人民法院裁定采取保全措施后,除非发生上述四种情形,否则任何单位不得解除保全措施。

审判实践中,人民法院对证据的保存和固定方式多是通过拍照、录音、录像、复制、鉴定、勘验、制作笔录等方法进行保存和固定,即使发生了上述四种需要解除的情形,也无需进行解除,所以笔者未查询到相关实例,现就该类裁定书的写作要求做一般规律性评注:

1. 解除证据保全裁定书案号类型代字为"证保"。需要注意的是,"诉前证据保全裁定书""仲裁前证据保全裁定书"及"解除证据保全裁定书"均使用"证保","诉讼证据保全裁定书"使用的是诉讼案件的类型代字,一定要注意区分,避免混淆。

2. 当事人的民事诉讼地位仅列"申请人",此处申请人既可以是申请证据保全的申请人,也可以是申请证据保全的被申请人。

3. 事实部分列明人民法院作出证据保全裁定书的案号及裁定主文。对于作出证据保全裁定的法院的表述,笔者认为此处不严谨,文书样式使用"××××法院"只强调了上级法院决定解除的情形,对于本院自行解除的情况,此处适用"本院"更为恰当。因此文书样式此处可修改为"××××法院/本院"。

4. 理由部分列明本院经审查认为应该解除证据保全措施的事实和理由。

5. 裁判依据的引用：如果因为申请人在人民法院采取保全措施三十日内不依法提起诉讼或者申请仲裁的，引用"《中华人民共和国民事诉讼法》第一百零一条第三款"；如果属于《民诉法解释》第一百六十六条规定的四种情形之一的，应引用该条，并注明是该条第一款的第几项。

6. 判项表述为："解除对被保全人×××的……（写明保全对象名称）的保全措施。"

7. 在尾部注明："本裁定书送达后立即执行。"

7. 举证通知书（通知当事人用）

××××人民法院
举证通知书

（××××）……民×……号

×××：

……（写明当事人及案由）一案，本院依照《中华人民共和国民事诉讼法》第六十五条、《最高人民法院关于适用〈中华人民共和国民事诉讼法〉的解释》第九十九条规定，指定本案的举证期限至××××年××月××日届满。（当事人协商一致的，写明：你方与×××协商一致，确定本案的举证期限至××××年××月××日届满，本院予以准许。）你方应当在该期限前向本院提交证据，逾期提交，将承担相应的不利后果。

特此通知。

××××年××月××日
（院印）

【说明】

1. 本样式根据《中华人民共和国民事诉讼法》第六十五条以及《最高人民法院关于适用〈中华人民共和国民事诉讼法〉的解释》第九十九条制定，供人民法院在审理前的准备阶段确定当事人的举证期限后，通知当事人用。

2. 本通知书送达各方当事人。

3. 举证期限可以由当事人协商，并经人民法院准许。

4. 人民法院确定举证期限，第一审普通程序案件不得少于十五日，当事人提供新的证据的第二审案件不得少于十日。

5. 举证期限届满后,当事人对已经提供的证据,申请提供反驳证据或者对证据来源、形式等方面的瑕疵进行补正的,人民法院可以酌情再次确定举证期限,该期限不受上述规定的限制。

【实例评注】

广西壮族自治区贵港市港南区人民法院
举证通知书①

(2016)桂 0803 民初 1193 号

姬某:

原告梁某某与你离婚纠纷一案,本院依照《中华人民共和国民事诉讼法》第六十五条、《最高人民法院关于适用〈中华人民共和国民事诉讼法〉的解释》第九十九条规定,指定本案的举证期限至 2017 年 1 月 17 日届满。你方应当在该期限前向本院提交证据,逾期提交,将承担相应的不利后果。

特此通知。

××××年××月××日

〔评注〕

1. 该文书样式供人民法院在审理前的准备阶段确定当事人的举证期限后,通知当事人用。

(1)举证期限确定的时间:《民诉法解释》第九十九条规定,"人民法院应当在审理前的准备阶段确定当事人的举证期限",审理前的准备阶段是答辩期届满后至开庭审理前的阶段。

(2)举证期限的确定:①当事人协商并经人民法院准许;②人民法院确定举证期限,第一审普通程序案件不得少于十五日,当事人提供新的证据的第二审案件不得少于十日。

(3)人民法院可以再次酌情确定举证期限的情形,仅限于当事人需要提供反驳证据和补强证据。

2. 本处实例选取广西壮族自治区贵港市港南区人民法院(2016)桂 0803 民初 1193 号举证通知书,因本案被告姬某不配合送达,广西壮族自治区贵港市港南区人民法院委托湖北

---

① 来源:广西壮族自治区贵港市港南区人民法院(2016)桂 0803 民初 1193 号案件案卷材料。

省武汉市硚口区人民法院进行送达,也是基于此原因,港南区人民法院对该案指定了较长的举证期限,并告知被送达人逾期举证将承担不利的法律后果。该实例严格按照《民事诉讼文书样式》的要求制作,格式规范,内容完整,唯有一处表述不严谨,因为该通知书需送达给各方当事人,实例中"原告梁某某与你离婚纠纷一案"的表述应改为"原告梁某某与被告姬某离婚纠纷一案"更为妥当。

8. 准许延长举证期限通知书(通知当事人用)

××××人民法院
准许延长举证期限通知书

(××××)……民×……号

×××:

……(写明当事人及案由)一案,×××于××××年××月××日以……(写明申请延长举证期限的理由),在举证期限内提交证据确有困难为由,向本院申请延期举证。

经审查,×××的申请符合《中华人民共和国民事诉讼法》第六十五条第二款、《最高人民法院关于适用〈中华人民共和国民事诉讼法〉的解释》第一百条规定,本院准许你方延长本案举证期限至××××年××月××日。

特此通知。

××××年××月××日
(院印)

【说明】

1. 本样式根据《中华人民共和国民事诉讼法》第六十五条第二款以及《最高人民法院关于适用〈中华人民共和国民事诉讼法〉的解释》第一百条制定,供人民法院在当事人申请延长举证期限后,通知申请人不准许延长举证期限用。

2. 本通知书送达申请人和其他当事人。

【实例评注】

湖北省武汉市硚口区人民法院
准许延长举证期限通知书[①]

(2015)鄂硚口民一初字第00347号

张某某：

关于张某某与刘某某机动车交通事故责任纠纷一案，张某某于2016年1月15日以《接处警工作登记表》《接处警详细信息》原件需要向武汉市公安局硚口区交通大队进行调取，在举证期限内提交证据确有困难为由，向本院申请延期举证。

经审查，张某某的申请符合《中华人民共和国民事诉讼法》第六十五条第二款、《最高人民法院关于适用〈中华人民共和国民事诉讼法〉的解释》第一百条规定，本院准许你方延长本案举证期限至2016年1月22日。

特此通知。

二〇一六年一月十五日

〔评注〕

准许延长举证期限通知书，是当事人在举证期限内提交证据材料确实有困难，在举证期限内向人民法院申请延期举证，人民法院经审查后予以准许可以适当延长举证期限，并在审限届满前告知双方当事人的书面通知。本样式供人民法院在准许延长举证期限申请时使用。本实例选取湖北省武汉市硚口区人民法院(2015)鄂硚口民一初字第00347号准许延长举证期限通知书。该通知书格式规范，要素齐备，措辞标准，可做范文，现就以该通知书为例，说明此类通知书的格式及写作要求。

1. 标题

(1) 法院名称和文书名称：××××人民法院准许延长举证期限通知书。

(2) 案号：使用诉讼案件的案号"(××××)……民×……号"。

2. 正文

(1) 抬头为被通知人姓名或单位名称。本通知书应当发双方当事人，此处写明双方当事人的姓名或单位名称。

[①] 来源：湖北省武汉市硚口区人民法院(2015)鄂硚口民一初字第00347号案卷。

(2) 写明案件基本情况，延长举证期限申请理由。实例中，载明了原告申请延长举证期限的理由为"《接处警工作登记表》《接处警详细信息》原件需要向武汉市公安局硚口区交通大队进行调取，在举证期限内提交证据确有困难"，符合文书样式须在通知书中写明申请理由的要求。

(3) 实例明确了延长举证期限的具体日期，表述为："本院准许你方延长本案举证期限至 2016 年 1 月 22 日。"

(4) 尾部以"特此通知"作为结语。

3. 落款

落款写明发文日期，加盖人民法院印章。

9. 不准许延长举证期限通知书（通知申请人用）

<pre>
××××人民法院
不准许延长举证期限通知书

                              （××××）……民×……号

×××：
    ……（写明当事人及案由）一案，你方于××××年××月××日以……（写明申请延长举证期限的理由），在举证期限内提交证据确有困难为由，向本院申请延期举证。
    经审查，你方的申请不符合《中华人民共和国民事诉讼法》第六十五条第二款、《最高人民法院关于适用〈中华人民共和国民事诉讼法〉的解释》第一百条规定，本院不予准许。
    特此通知。

                                    ××××年××月××日
                                         （院印）
</pre>

【说明】

1. 本样式根据《中华人民共和国民事诉讼法》第六十五条第二款以及《最高人民法院关于适用〈中华人民共和国民事诉讼法〉的解释》第一百条制定，供人民法院在当事人申请延长举证期限后，通知申请人不准许延长举证期限用。

2. 本通知书只送达申请人，不送达其他当事人。

【实例评注】

（暂缺实例）

〔评注〕

不准许延长举证期限通知书，是当事人向人民法院申请延期举证，人民法院经审查后不准许延长举证期限并告知申请人的书面通知。本样式供人民法院在当事人申请延长举证期限后，通知申请人不准许延长举证期限用。审判实践中，对于不准许延长举证期限的申请，人民法院通常采用口头答复或者笔录的形式予以告知，很少作出不准许延长举证期限通知书，笔者并未查询到该类通知书的实例，现就该通知书格式及写作要求加以评析：

1. 标题

(1)法院名称和文书名称：××××人民法院不准许延长举证期限通知书。

(2)案号：使用诉讼案件的案号"（××××）……民×……号"。

2. 正文

(1)抬头为被通知人姓名或单位名称。本通知书只送达申请人，此处写明申请人的姓名或单位名称。

(2)写明案件基本情况，延长举证期限申请理由。

(3)写明不予准许的法律依据，表述为："经审查，你方的申请不符合《中华人民共和国民事诉讼法》第六十五条第二款、《最高人民法院关于适用〈中华人民共和国民事诉讼法〉的解释》第一百条规定，本院不予准许。"

(4)尾部以"特此通知"作为结语。

3. 落款

落款写明发文日期，加盖人民法院印章。

10. 准许调查收集证据申请通知书（通知当事人用）

××××人民法院
准许调查收集证据申请通知书

（××××）……民×……号

×××：

……（写明当事人及案由）一案，×××于××××年××月××日向本院书面申请调查收集……（写明当事人申请调查收集的证据名称）。

经审查，×××的申请符合《中华人民共和国民事诉讼法》第六十四条第二款和《最高人民法院关于适用〈中华人民共和国民事诉讼法〉的解释》第九十四条规定，本院予以准许。

　　特此通知。

××××年××月××日
（院印）

【实例评注】

湖北省武汉市硚口区人民法院
准许调查收集证据申请通知书①

（2015）鄂硚口民初字第00345号

谭某某/李某：

　　原告李某诉被告谭某某离婚纠纷一案，谭某某于2016年5月30日向本院书面申请调查收集李某银行存款及单位工资收入。

　　经审查，谭某某的申请符合《中华人民共和国民事诉讼法》第六十四条第二款和《最高人民法院关于适用〈中华人民共和国民事诉讼法〉的解释》第九十四条规定，本院予以准许。

　　特此通知。

二〇一六年六月二日

〔评注〕

　　准许调查收集证据申请通知书，是法院认为当事人提出的情况符合法定情形而准许当事人调查收集证据申请时使用的法律文书。本通知书样式根据《民事诉讼法》第六十四条第二款以及《民诉法解释》第九十四条制定。

　　根据《民事诉讼法》的规定，证明案件事实的证据原则上应当由当事人收集，只

---

① 来源：湖北省武汉市硚口区人民法院（2015）鄂硚口仁民初字第00345号案卷。

有在特定情况下，法院才可以收集。《最高人民法院关于民事诉讼证据的若干规定》进一步明确规定，符合下列条件之一的，当事人及其诉讼代理人可以申请人民法院调查收集证据：①申请调查收集的证据属于国家有关部门保存并须人民法院依职权调取的档案材料；②涉及国家秘密、商业秘密、个人隐私的材料；③当事人及其诉讼代理人确因客观原因不能自行收集的其他材料。当事人或其诉讼代理人应当不迟于举证期限届满前七日向人民法院提交书面申请，申请书应当载明被调查人的姓名或者单位名称、住所地等基本情况，所要调查收集的证据的内容、需要由人民法院调查收集证据的原因及其要证明的事实。

当事人及其诉讼代理人提出调查收集证据的申请，人民法院应当对申请进行审查是否属于《民诉法解释》第九十四条规定的因客观原因不能自行收集证据的情形。如果当事人的申请符合上述条件被准许的，人民法院制作准许调查收集证据申请通知书，并将该通知书送达申请人和其他当事人。需要注意的是：虽然《最高人民法院关于民事诉讼证据的若干规定》第十八条规定当事人及其诉讼代理人申请人民法院调查收集证据应当采用书面申请，但是在审判实践中，对于当事人书面申请确有困难，或者简易程序中无书面申请必要的，人民法院应当将当事人口头申请的内容予以明确记录，由当事人签字或捺印，以此替代书面申请。

另《最高人民法院关于民事诉讼证据的若干规定》对人民法院调查收集的证据也作出了相应规定，第二十条规定："调查人员调查收集的书证，可以是原件，也可以是经核对无误的副本或者复制件。是副本或者复制件的，应当在调查笔录中说明来源和取证情况。"第二十一条规定："调查人员调查收集的物证应当是原物。被调查人提供原物确有困难的，可以提供复制品或者照片。提供复制品或者照片的，应当在调查笔录中说明取证情况。"第二十二条规定："调查人员调查收集计算机数据或者录音、录像等视听资料的，应当要求被调查人提供有关资料的原始载体。提供原始载体确有困难的，可以提供复制件。提供复制件的，调查人员应当在调查笔录中说明其来源和制作经过。"

本处实例选取湖北省武汉市硚口区人民法院（2015）鄂硚口民初字第00345号准许调查收集证据申请通知书，该案系原告李某与被告谭某某离婚纠纷一案，涉及财产分割问题，被告向法院申请要求法院调查收集原告的银行存款及工资收入。法院经审查认为，申请人申请法院调查收集证据符合《民事诉讼法》第六十四条第二款、《民诉法解释》第九十四条的规定，故该院作出准许调查收集证据申请通知书。本通知书应送达申请人和其他当事人，根据受送达人的姓名填写抬头，如实例所示。该实例格式规范，内容完整，适用法律正确，符合《民事诉讼文书样式》的要求。

11. 不准许调查收集证据申请通知书（通知申请人用）

××××人民法院
不准许调查收集证据申请通知书

（××××）……民×……号

×××：

……（写明当事人及案由）一案，你方于××××年××月××日向本院书面申请调查收集……（写明当事人申请调查收集的证据名称）。

经审查，你方的申请不符合《中华人民共和国民事诉讼法》第六十四条第二款和《最高人民法院关于适用〈中华人民共和国民事诉讼法〉的解释》第九十四条规定/你方的申请属于《最高人民法院关于适用〈中华人民共和国民事诉讼法〉的解释》第九十五条规定情形。本院不予准许。

特此通知。

××××年××月××日
（院印）

【说明】

1. 本样式根据《中华人民共和国民事诉讼法》第六十四条第二款以及《最高人民法院关于适用〈中华人民共和国民事诉讼法〉的解释》第九十四条、第九十五条制定，供人民法院在当事人书面申请人民法院调查收集证据后，通知申请人不准许调查收集证据申请用。

2. 本通知书只送达申请人，不送达其他当事人。

【实例评注】

（暂缺实例）

〔评注〕

不准调查收集证据申请通知书，是法院认为当事人提出的申请不符合法定情形而不予准许调查收集证据申请时作出的法律文书。

当事人申请人民法院调查取证，一定程度上受到法院自由裁量权的影响，"准许"

与"不准许"仅一字之差，有时却会导致不同甚至完全相反的审判结果，一般情况下，当事人能够取证的不会申请法院调查取证，当事人自己取证确有困难时才会申请法院调查取证，当然也不排除有的当事人滥用权利，恶意申请法院调查取证。所以一般情况下，法院应该尽量准许，可以最大程度地查清案件事实。

保障当事人的举证权利不代表法院必须根据当事人的申请调查取证，法院经审查认为不属于因客观原因不能由当事人及其诉讼代理人自行收集的证据，或者认为当事人申请调查收集的证据与待证事实无关联、对证明待证事实无意义或无调查收集必要的，人民法院应当作出不准调查收集证据申请通知书。

《最高人民法院关于民事诉讼证据的若干规定》第十九条第二款规定了当事人对于不准许调查取证通知书的救济途径，"人民法院对当事人及其诉讼代理人的申请不予准许的，应当向当事人或其他诉讼代理人送达通知书。当事人及其诉讼代理人可在收到通知书的次日起的三日内向受理申请的人民法院书面申请复议一次。人民法院应当在收到复议申请之日起五日内作出答复"，当事人第一次申请不被准许后还可以向法院申请复议一次，这在一定程度上保障了当事人申请调查取证的权利。

审判实践中，对于不符合调查收集证据的申请，法院很少作出不准许调查收集证据申请通知书，而是通过口头答复或者笔录的形式予以告知，笔者并未查询到该类通知书的实例，现就书写该通知书要注意的问题加以评析：

1. 文书名称为"不准许调查收集证据申请通知书"，案号使用诉讼案件案号。

2. 抬头为申请人姓名。

3. 首段写明申请人申请调查收集证据的时间、证据名称。

4. 理由部分有两种表述方式：（1）"你方的申请不符合《中华人民共和国民事诉讼法》第六十四条第二款和《最高人民法院关于适用〈中华人民共和国民事诉讼法〉的解释》第九十四条规定"；（2）"你方的申请属于《最高人民法院关于适用〈中华人民共和国民事诉讼法〉的解释》第九十五条规定情形"。根据案件具体情况选择适当的表述。

5. 《最高人民法院关于民事诉讼证据的若干规定》规定当事人及其诉讼代理人在收到该通知书的次日起的三日内向人民法院书面申请复议一次。但该文书样式并未将该救济途径告知当事人，笔者认为这属于需要告知的内容，应在本通知书尾部予以补充完善。

6. 本通知书送达给申请人，不送达给其他当事人。

12. 准许具有专门知识的人出庭通知书（通知当事人用）

```
××××人民法院
准许具有专门知识的人出庭通知书

                              （××××）……民×……号

×××：
　　……（写明当事人及案由）一案，×××于××××年××月××日向本院申请×××作为具有专门知识的人出庭，就……（鉴定意见或者专业问题）提出意见。
　　经审查，×××的申请符合《中华人民共和国民事诉讼法》第七十九条、《最高人民法院关于适用〈中华人民共和国民事诉讼法〉的解释》第一百二十二条规定，本院予以准许。相关费用由申请人负担。
　　特此通知。

                                  ××××年××月××日
                                       （院印）
```

【说明】

1. 本样式根据《中华人民共和国民事诉讼法》第七十九条以及《最高人民法院关于适用〈中华人民共和国民事诉讼法〉的解释》第一百二十二条制定，供人民法院在当事人申请具有专门知识的人出庭后，通知申请人准许具有专门知识的人出庭用。

2. 本通知书送达申请人并告知其他当事人。

【实例评注】

湖北省武汉市硚口区人民法院
准许具有专门知识的人出庭通知书①

（2015）鄂硚口民二初字第 00589 号

武汉新概念农业机械设备制造有限公司/武汉威瑞玛机械制造有限公司：
　　原告武汉新概念农业机械设备制造有限公司与被告武汉威瑞玛机械制造有限公司

---

① 来源：湖北省武汉市硚口区人民法院(2015)鄂硚口民二初字第 00589 号卷宗。

加工承揽合同纠纷一案，原告武汉新概念农业机械设备制造有限公司于2016年6月7日向本院申请刘某某作为具有专门知识的人出庭，就本案涉及的型号为YZYX-20X2L双螺旋榨油机制造的制造原理以及功能提出意见。

本院经审查，武汉新概念农业机械设备制造有限公司的申请复合《中华人民共和国民事诉讼法》第七十九条、《最高人民法院关于适用〈中华人民共和国民事诉讼法〉的解释》第一百二十二条规定，本院予以准许。相关费用由申请人负担。

特此通知。

二〇一六年六月八日

〔评注〕

1. 《民事诉讼法》第七十九条规定："当事人可以申请人民法院通知有专门知识的人出庭，就鉴定人作出的鉴定意见或者专业问题提出意见。"该条款将专家证人制度引入民事诉讼法，在立法上确立了我国民事诉讼中鉴定与专家辅助人并存的"双层"专家证据制度，对于我国民事诉讼的发展具有重要意义。

2. 专门知识的人出庭辅助质证具有以下特征：

(1)需要由当事人在举证期限届满前提出申请，人数为一至二人。

(2)专门知识的人在诉讼中是围绕专门性问题展开的，包括对鉴定意见的质证，对专门性问题发表意见等。

(3)专门知识的人作为当事人的诉讼辅助人，其在法庭上的活动视为当事人的活动，故其对专门性问题进行的陈述视为当事人的陈述。

(4)专门知识的人的功能是辅助当事人诉讼，因当事人申请而出席法庭审理，故其出庭的费用不属于诉讼费用的范畴，应当由申请的当事人负担。

3. 准许具有专门知识的人出庭通知书，是由于案件的需要，当事人向人民法院申请在科学、技术以及其他学科知识方面具有特殊的专门知识或者经验的人员，就案件所涉及的专业问题出庭进行说明，人民法院经审查予以准许并在审限届满前告知双方当事人的书面通知。本样式供人民法院在准许具有专门知识的人员出庭对案件所涉及的专业性问题进行说明，协助质证时使用。本处实例选取湖北省武汉市硚口区人民法院(2015)鄂硚口民二初字第00589号准许具有专门知识的人出庭通知书，本通知书格式规范，结构完整，内容详尽，可作为本文书样式的范例。现以该范例为例，对该类通知书的格式及书写要求作以下评注：

(1)标题

要写明：××××人民法院准许具有专门知识的人出庭通知书。使用诉讼案件的案号：(××××)……民×……号。

（2）正文

抬头为被通知人姓名或单位名称，本通知书应当发申请方当事人，此处写明双方当事人的姓名或单位名称。写明案由及申请人申请具有专门知识的人出庭协助质证的申请事项，实例中注明申请事项为，"就本案涉及的型号为 YZYX-20X2L 双螺旋榨油机制造的制造原理以及功能提出意见。"明确准许具有专门知识的人出庭协助质证的理由，表述为："经审查，武汉新概念农业机械设备制造有限公司的申请符合《中华人民共和国民事诉讼法》第七十九条、《最高人民法院关于适用〈中华人民共和国民事诉讼法〉的解释》第一百二十二条规定，本院予以准许。"并告知被通知人相关费用由申请人负担。尾部以"特此通知"作为结语。

（3）落款

落款写明发文日期，加盖人民法院印章。

13. 不准许具有专门知识的人出庭通知书（通知申请人用）

×××× 人民法院
不准许具有专门知识的人出庭通知书

（××××）……民×……号

×××：

……（写明当事人及案由）一案，你于××××年××月××日向本院申请×××作为具有专门知识的人出庭，就……（鉴定意见或者专业问题）提出意见。

经审查，你的申请不符合《中华人民共和国民事诉讼法》第七十九条、《最高人民法院关于适用〈中华人民共和国民事诉讼法〉的解释》第一百二十二条规定，本院不予准许。

特此通知。

××××年××月××日
（院印）

【说明】

1. 本样式根据《中华人民共和国民事诉讼法》第七十九条以及《最高人民法院关于适用〈中华人民共和国民事诉讼法〉的解释》第一百二十二条制定，供人民法院在当事人申请具有专门知识的人出庭后，通知申请人不准许具有专门知识的人出庭用。

2. 本通知书只送达申请人。

【实例评注】

（暂缺实例）

〔评注〕

不准许具有专门知识的人出庭通知书，是当事人向法院提出申请具有专门知识的人出庭协助质证后，法院经审查当事人的申请不符合相关规定，用于告知申请人的书面通知。本样式供人民法院在不予准许具有专门知识的人出庭协助质证的申请时使用。审判实践中，对于不准许具有专门知识的人出庭，法院通常口头答复申请人或者在笔录中予以告知。笔者并未查询到该类通知书的实例，且该文书样式与本章样式12准许具有专门知识的人出庭通知书格式完全一样，仅将内容不同的部分予以说明：

1. 本通知书只送达申请人，抬头为申请人姓名或单位名称。

2. 理由部分表述为："经审查，你的申请不符合《中华人民共和国民事诉讼法》第七十九条、《最高人民法院关于适用〈中华人民共和国民事诉讼法〉的解释》第一百二十二条规定，本院不予准许。"

14. 出庭通知书（通知证人出庭作证用）

×××× **人民法院**
出庭通知书

（××××）……民×……号

×××：

……（写明当事人及案由）一案，本院根据当事人申请/依职权通知你出庭作证。你应于××××年××月××日××时××分携带有效身份证明到……（证人作证的地点）出庭。现将有关事项通知如下：

一、凡是知道案件情况的单位和个人，都有义务出庭作证。

二、证人应当客观陈述亲身感知的事实，不得使用猜测、推断或者评论性的语言，不得宣读事先准备的书面证言。

三、证人应当如实作证，并如实回答审判人员和当事人的询问，作伪证的，应承担相应的法律责任。

>　　四、证人不得旁听法庭审理，不得与当事人和其他证人交换意见。
>　　五、证人的合法权利受法律保护。
>　　联 系 人：……（写明姓名、部门、职务）
>　　联系电话：……
>　　联系地址：……
>　　特此通知。
>
>　　　　　　　　　　　　　　　　　　　　　××××年××月××日
>　　　　　　　　　　　　　　　　　　　　　　　　　　（院印）

【说明】

　　1. 本样式根据《中华人民共和国民事诉讼法》第七十二条、第七十三条以及《最高人民法院关于适用〈中华人民共和国民事诉讼法〉的解释》第一百一十五条、第一百一十七条制定，供人民法院根据当事人申请或者依职权通知证人出庭作证用。

　　2. 凡是知道案件情况的单位和个人，都有义务出庭作证。有关单位的负责人应当支持证人作证。不能正确表达意思的人，不能作证。

【实例评注】

湖北省武汉市硚口区人民法院
出庭通知书①

（2016）鄂 0104 民初 2446 号

朱某某：

　　原告胡某某与被告南通五建控股集团有限公司武汉分公司、第三人中国人民解放军海军工程大学建设工程分包合同纠纷一案，本院根据原告胡某某的申请通知你出庭作证。你应于 2016 年 10 月 11 日 9 时携带有效身份证明到本院二十二号法庭出庭。现将有关事项通知如下：

　　一、凡是知道案件情况的单位和个人，都有义务出庭作证。

　　二、证人应当客观陈述亲身感知的事实，不得使用猜测、推断或者评论性的语言，

---

①　来源：湖北省武汉市硚口区人民法院(2016)鄂 0104 民初 0104 号案卷。

不得宣读事先准备的书面证言。

三、证人应当如实作证，并如实回答审判人员和当事人的询问，作伪证的，应承担相应的法律责任。

四、证人不得旁听法庭审理，不得与当事人和其他证人交换意见。

五、证人的合法权利受法律保护。

联系人：民二庭　张慧

联系电话：83417557

联系地址：武汉市硚口区古田四路189号

特此通知。

二〇一六年九月二十八日

〔评注〕

1. 证人的范围

民事诉讼的证人是指除诉讼参与人之外，了解案情，并就自己的感知向法庭陈述事实的单位或个人。

《民事诉讼法》第七十二条规定，"凡是知道案件情况的单位和个人，都有义务出庭作证"，但"不能正确表达意思的人，不能作证"。这是我国民事诉讼法规定的判断证人资格的唯一标准，《民事诉讼法》规定的证人范围较广，既可以是自然人，也可以是单位。

2. 证人出庭作证的义务

出庭作证并接受法官和当事人的直接询问，是证人的义务。经人民法院通知，证人应当出庭作证。需要注意的是，根据《民事诉讼法》第七十三条和司法解释的规定，出庭义务有下列例外：

（1）证人具有下列情形之一的，经人民法院许可，可以通过书面证言、视听传输技术或者视听资料等方式作证：因健康原因不能出庭的；因路途遥远，交通不便不能出庭的；因自然灾害等不可抗力不能出席的；其他有正当理由不能出庭的。

（2）证人在人民法院组织双方当事人交换证据时出席陈述证言的，可视为出庭作证。

除了上述情形之外，证人未出庭所提供的证言，其证据能力和证明力将受到一定的影响，即无正当理由未出庭作证的证人证言，不能单独作为认定案件事实的依据。

将单位（包括法人和非法人机构）作为法律意义上的证人是我国所特有的规定。其作证的方式通常是单位就所了解的案件事实出具书面文件。《民诉法解释》第一百一十五条规定了单位证人的作证方式，"人民法院就单位出具的证明材料，可以向单位及制作证明材料的人员进行调查核实。必要时,可以要求制作证明材料的人员出庭作证",“单位及制作证明材料的人员拒绝人民法院调查核实,或者制作证明材料的人员无正当理由拒绝出庭作证的,证明材料不得作为认定案件事实的根据"。可见,单位作为证人时,人民法院认为必要可以要求制作证明材料的人员出庭作证。

3. 证人出庭作证的程序要求

《民事诉讼法》一百三十六条规定,"人民法院审理民事案件,应当在开庭三日前通知当事人和其他诉讼参与人"。《民诉法解释》第一百一十七条规定:"当事人申请证人出庭作证的,应当在举证期限届满前提出,符合本解释第九十六条第一款规定情形的,人民法院可以依职权通知证人出庭作证。未经人民法院通知,证人不得出庭作证,但双方当事人同意并经人民法院准许的除外。"根据《最高人民法院关于民事诉讼证据的若干规定》第五十四条的规定,当事人申请证人出庭作证,应经人民法院许可。人民法院对当事人的申请予以准许的,应当在开庭审理前通知证人出庭作证,并告知其应当如实作证及作伪证的法律后果。根据上述规定,当事人应当在举证期限届满前提出申请人出庭作证,人民法院准许后,应在开庭前三日通知证人出庭作证。证人出庭作证的方式有两种:一是当事人向法庭提出申请要求证人出庭作证。这种情况下,当事人应在举证期限届满前向人民法院提交申请书和证人名单,由人民法院审查后作出是否批准证人出庭的决定。二是当人民法院认为因审理案件需要查明证据的,依职权通知证人出庭作证。

4. 通知证人出庭的方式

对证人出庭适用何种传唤形式的文书,我国法律和司法解释没有作出明确的规定。实践中,有使用传票的,有使用出庭通知书的,也有用一般的通知书的,还有的不采用书面形式,而是电话通知,比较不统一。笔者认为,应以正式的法律文书通知证人出庭,既能显示作证行为的法律严肃性,更明确地告知证人要履行法律义务,否则就可能受到法律的制裁,而如果只是通过口头的方式或者形式不正规的材料通知证人,将在一定程度上影响效果。审判实践中,一般告知当事人出庭使用传票,告知其他诉讼参与人出庭用通知书。证人参加诉讼的目的是协助人民法院审理案件,他们与诉讼的结果没有利害关系,不属当事人之列,属其他诉讼参与人,采用出庭通知书的形式传唤更为恰当。

需要强调的一点是,《最高人民法院关于适用简易程序审理民事案件的若干规定》第六条规定:"原告起诉后,人民法院可以采取捎口信、电话、传真、电子邮件等简便方式随时传唤双方当事人、证人。"可见,适用简易程序的案件,证人可由人民法院采用简便的方式进行传唤。

5. 结合实例分析证人出庭通知的写作要点

本实例选取湖北省武汉市硚口区人民法院(2016)鄂0104民初2446号出庭通知书。

该案系原告胡某某与被告南通五建控股集团有限公司武汉分公司、第三人中国人民解放军海军工程大学建设工程分包合同纠纷一案中,原告胡某某申请朱某某作为证人出庭作证,人民法院经过审查,批准证人朱某某出庭作证,并制作证人出庭通知书。

(1)标题为"湖北省武汉市硚口区人民法院+出庭通知书+(2016)鄂0104民初2446号",符合文书样式的要求。

(2)抬头写证人的姓名。正文部分另起一行,简明扼要地将以下要素交代清楚:当事人及案由、通知证人出庭作证的原因(依申请或是依职权)、开庭时间及地点、应携带有效身份证件验明正身。然后依次告知下列事项:①证人出庭作证的义务性规定;②证人出庭作证的要求;③证人如实作证的义务;④证人遵守法庭纪律和诉讼秩序的义务;⑤证人出庭作证的权利性规定。正文的最后要列明联系人(既可以是审判员也可以是司法辅助人员)、联系电话、联系地址。

(3)该通知书只送达证人。

(4)该实例完全符合文书样式对通知证人出庭作证通知书的要求,要素齐全,格式正确,可以作为该文书样式的范本。

15. 出庭通知书(通知具有专门知识的人出庭用)

××××人民法院
出庭通知书

(××××)……民×……号

×××:

……(写明当事人及案由)一案,×××向本院申请你作为具有专门知识的人出庭,就本案涉及的……(写明协助质证的专门性问题)代表其质证或者提出意见。本院经审查,已准许×××的申请。现将有关事项通知如下:

一、你应于××××年××月××日××时××分携带有效身份证明到……(写明法庭审理的地点)出庭。

二、你在法庭上可以代表当事人对鉴定意见进行质证,或者对案件事实所涉及的专业问题提出意见。

三、审判人员可以对你进行询问。经法庭准许,当事人可以对你进行询问。你可以与对方当事人或其申请的具有专门知识的人就案件中的有关问题进行对质。

四、你应当遵守法庭秩序,服从审判人员指挥,不得参与鉴定意见或者专业问题之外的法庭审理活动。

联系人：……（写明姓名、部门、职务）

联系电话：……

联系地址：……

特此通知。

×××× 年 ×× 月 ×× 日

（院印）

【说明】

1. 本样式根据《中华人民共和国民事诉讼法》第七十九条以及《最高人民法院关于适用〈中华人民共和国民事诉讼法〉的解释》第一百二十二条制定，供人民法院根据当事人申请通知具有专门知识的人出庭用。

2. 当事人可以在举证期限届满前申请一至二名具有专门知识的人出庭，就鉴定人作出的鉴定意见或者专业问题提出意见。

【实例评注】

湖北省武汉市硚口区人民法院
出庭通知书①

（2015）鄂硚口民二初字第 00589 号

刘某某：

原告武汉新概念农业机械设备制造有限公司与被告武汉威瑞玛机械制造有限公司加工承揽合同纠纷一案，原告武汉新概念农业机械设备制造有限公司向本院申请你作为具有专门知识的人出庭，就本案涉及的型号为 YZYX－20X2L 双螺旋榨油机制造的制造原理以及功能提出意见。本院经审查，已准许原告武汉新概念农业机械设备制造有限公司的申请。现将有关事项通知如下：

一、你应于 2016 年 6 月 14 日 14 时 30 分携带有效身份证明到本院二十二号法庭出庭。

二、你在法庭上可以代表当事人对鉴定意见进行质证，或者对案件事实所涉及的

---

① 来源：湖北省武汉市硚口区人民法院 2015）鄂硚口民二初字第 00589 号案卷。

专业问题提出意见。

三、审判人员可以对你进行询问。经法庭准许,当事人可以对你进行询问。你可以与对方当事人或其申请的具有专门知识的人就案件中的有关问题进行对质。

四、你应当遵守法庭秩序,服从审判人员指挥,不得参与鉴定意见或者专业问题之外的法庭审理活动。

联系人:民二庭　张慧

联系电话:83417557

联系地址:武汉市硚口区古田四路189号

特此通知。

二〇一六年六月八日

〔评注〕

2002年《最高人民法院关于民事诉讼证据的若干规定》第一次提出"具有专门知识的人可以协助法院了解案情",直到2012年《民事诉讼法》从立法层面正式确立了专家辅助人制度,并扩展了具有专门知识的人参与诉讼的具体方式,这对于提高鉴定意见的质量,改革庭审方式和证据制度有着重要意义。所谓专家辅助人,是指由当事人聘请,帮助当事人向审判人员说明案件事实中的专门性问题,并协助当事人对案件中的专门性问题进行质证的人。由此可见,具有专门知识的人所陈述的意见,仅是补强一方当事人对案件所涉及的专业问题的说明意见,并不是法定的证据种类之一。

《民诉法解释》规定,当事人可向人民法院申请由一至两名具有专门知识的人出庭,具有专门知识的人可以下列方式参与诉讼:①代表当事人对鉴定意见进行质证;②对案件事实所涉及的专业问题提出意见;③在法庭上就专业问题提出的意见视为当事人陈述;④接受审判人员的询问;⑤在法庭允许的情况下,接受当事人的询问或者可就案件中的有关问题与其他具有专门知识的人进行对质。具有专门知识的人不得参与专业问题之外的法庭审理活动。

通知具有专门知识的人出庭作证通知书是人民法院通过审查当事人提出的具有专门知识的人出庭协助质证的申请,对当事人的申请予以批准后而做出的通知具有专门知识的人出庭用的法律文书。该文书样式与本章样式12(准许具有专门知识的人出庭通知书)是人民法院向不同送达人送达的两种不同的通知书,样式12用于通知双方当事人,本文书样式用于通知具有专门知识的人。本处实例选取湖北省武汉市硚口区人民法院(2015)鄂硚口民二初字第00589号出庭通知书。该通知书格式符合《民事诉讼文书样式》要求,要素齐备,可作为制作该文书样式的范例。制作该通知书的格式为:

1. 标题

(1)法院名称和文书名称：××××人民法院出庭通知书。

(2)案号：使用诉讼案件的案号"（××××）……民×……号"。

2. 正文

(1)本通知书旨在通知具有专门知识的人出庭，只送达该人，抬头为本案准许出庭的具有专门知识的人的姓名。

(2)写明案由、申请人申请具有专门知识的人协助质证的事项及告知法院已准许申请。

(3)告知事项包括：具有专门知识的人的出庭时间、地点；参与诉讼的方式；出庭应遵守的法庭秩序。

(4)尾部：列明联系人、联系电话、联系地址并以"特此通知"作为结语。

3. 落款

落款写明发文日期，加盖人民法院印章。

16. 委托鉴定书（委托鉴定用）

<pre>
××××人民法院
委托鉴定书

（××××）……民×……号

×××（写明受委托鉴定人名称或姓名）：
　　我院审理/执行……（写明当事人及案由）一案，需对……（写明委托鉴定的事项）予以鉴定。依照《中华人民共和国民事诉讼法》第七十六条规定，请你进行鉴定，并及时向我院提出书面鉴定意见。
　　联 系 人：……（写明姓名、部门、职务）
　　联系电话：……

　　附：委托鉴定清单/委托鉴定事项说明

××××年××月××日
（院印）
</pre>

【说明】

1. 本样式根据《中华人民共和国民事诉讼法》第七十六条以及《最高人民法院关

于适用〈中华人民共和国民事诉讼法〉的解释》第一百二十一条制定,供人民法院在审理或执行案件中,委托具备资格的鉴定人进行鉴定用。

2. 案号适用诉讼案号。

3. 委托书后应附委托鉴定清单或者委托鉴定事项说明。

【实例评注】

湖北省武汉市硚口区人民法院
委托鉴定书[①]

(2016)鄂 0104 民初 344 号

湖北三真司法鉴定中心:

我院审理原告刘某某与被告武汉天久建筑劳务承包有限公司、被告湖北江山建筑工程有限公司建设工程施工合同纠纷一案,被告武汉天久建筑劳务承包有限公司申请鉴定,我院需对原告提交的"武汉天久劳务承包有限公司 2014 年 5 月工资明细表"及"泥工工程承包合同"上武汉天久劳务分包有限公司印章进行鉴定。依照《中华人民共和国民事诉讼法》第七十六条的规定,请你单位进行鉴定,并及时向我院提出书面鉴定意见。

联系人:陈敏,武汉市硚口区人民法院立案庭

联系电话:027-83418441

附:1. 武汉天久劳务承包有限公司 2014 年 5 月工资明细表原件。
    2. 泥工工程承包合同原件。

二〇一六年六月八日

〔评注〕

《全国人大常委会关于司法鉴定管理问题的决定》第七条规定,"人民法院和司法行政部门不得设立鉴定机构",该决定自实施以来,各级法院依照其要求,将司法鉴定均交由鉴定机构鉴定,鉴定程序按对外委托有关规定实施。人民法院对外委托司法鉴定工作,在审判、执行人员与当事人、鉴定人之间筑起了有效的隔离屏障,实现"审鉴分离"与"执鉴分离",保证了审判、执行人员集中精力办案,提高司法效率,确保司法公正。

[①] 来源:湖北省武汉市硚口区人民法院(2016)鄂 0104 民初 344 号案卷。

该文书样式供人民法院在审理或执行案件中，委托具备资格的鉴定人进行鉴定用。本处实例选取湖北省武汉市硚口区人民法院（2016）鄂 0104 民初 344 号委托鉴定书，该委托书格式规范，委托事项清楚明确，可作范文。现以该委托书为实例，评析制作该类委托书应注意的问题：

1. 委托鉴定书案号适用诉讼案号。

2. 抬头写明受委托鉴定人名称或姓名。司法实践中，受委托的几乎都是在司法行政管理部门进行登记，并且进入人民法院选录的机构名册的司法鉴定机构，而不会是个人。

3. 正文要写明当事人及案由，并列明委托鉴定的事项。

4. 应注明联系人及联系电话，方便鉴定人就委托鉴定事项与委托法院进行沟通。

5. 委托书后应附委托鉴定清单或者委托鉴定事项说明。

17. 证据材料收据（收到证据材料用）

×××× 人民法院
证据材料收据

（××××）……民×……号

今收到 ××× 提交的证据……（单一证据可填写证据名称；如证据较多，可表述为"参见附录"）一式×份。

签收人（签名或者盖章）

××××年××月××日

附录：

序号	证据名称	份数	页数	原件/复制件	证明目的	备注

【说明】

1. 本样式根据《中华人民共和国民事诉讼法》第六十六条制定，供人民法院收到当事人提交的证据材料后，向当事人出具收据用。

2. 写明证据名称、份数、页数、原件或者复制件、证明目的、收到时间，并由经办人员签名或者盖章。

【实例评注】

荆州市沙市区人民法院
证据收据①

[2014]　　　字第　号

今收到刘某某提交的证据,一式一份。

参见附录。

签　收　人

二〇一四年七月　日

附录

序号	证据名称	份数	页数	原件/复印件	证明目的	备注
1	原告身份证、户口簿、驾驶证	3	3	复印件	证明原告身份、子女情况及驾驶人资格	
2	机动车行驶证	1	1	复印件	证明涉案车辆所有人	
3	被告身份证、驾驶证	2	2	复印件	证明被告身份及驾驶人资格	
4	机动车行驶证	1	1	复印件	证明被告诉讼主体资格及车辆所有人情况	
5	道路交通事故认定书	1	2	复印件	证明事故情况及责任划分	
6	荆州市第二人民医院出院记录	1	1	复印件	证明原告的伤情及住院情况	
7	病历、住院费收据、门诊收费收据	1	5	复印件	证明原告门诊费218元、住院费12 600元	
8	楚凤司法鉴定中心鉴定意见书	3	1	复印件	证明原告伤残等级为X级,后续治疗费为6 000元	
9	楚凤司法鉴定中心收费收据	1	1	复印件	证明原告支付鉴定费800元	

---

①　来源:馆档网(http://doc.guandang.net/b6a1fc9f48d203221285782ff.html),访问时间:2016年12月25日。

(续表)

序号	证据名称	份数	页数	原件/复印件	证明目的	备注
10	打印费发票	2	2	复印件	证明原告打印费为100元的事实	
11	DA2351交强险、道路客运承运人责任险与第三者责任商业保险保单	3	3	复印件	证明车辆所有人投保的事实	
12	DA1012交强险、道路客运承运人责任险与第三者责任商业保险保单	3	3	复印件	证明车辆所有人投保的事实	

当事人签名确认：　　　　　　　　　　　　　　　　二〇一四年七月　日

〔评注〕

证据是人民法院认定事实并作出裁判的基础。完善当事人举证制度，对于查明事实，正确适用法律，妥善解决民事纠纷具有重要作用。法院向当事人开具证据材料收据是2012年《民事诉讼法》修改时增加的内容，也是完善当事人举证制度的重要举措。《民事诉讼法》第六十六条规定："人民法院收到当事人提交的证据材料，应当出具收据，写明证据名称、页数、份数、原件或者复印件以及收到时间等，并由经办人员签名或者盖章。"提交证据的当事人有权向人民法院索取证据收据，人民法院不出具的，当事人有权拒绝提交证据。

在司法实践中，人民法院收到证据时出示的收据应符合以下要求：(1)注明证据的名称、份数、页数、件数、种类等。必要时，可要求当事人制作证据目录或证据清单。这样做有利于避免日后对是否提交或收到证据、收到哪些证据等问题发生争议，也有利于证据交换等诉讼活动的顺利进行，进一步提高诉讼的效率。(2)注明签收人名称，签收人既可以是立案法官，也可以是案件的承办法官、法官助理、书记员。(3)注明人民法院收到证据的时间。注明收到证据的时间看似小问题，却极具重要意义，甚至关系到证据的证据能力和证明力。(4)立案阶段尽量收取与证据原件核对无异的复印件，原件由当事人自行保管。

本文书样式供人民法院收到当事人提交的证据材料后，向当事人出具收据用。笔者认为该文书样式还有完善的空间，比如在证据附录下面，增加一项当事人核对无异的签字，避免出现当事人事后否认收据真实性的情况发生。

本实例选取荆州市沙市区人民法院开具给当事人的证据收据，尽管该实例是2014年所出具的，但与文书样式要求一致，格式规范，收据记载得翔实清楚，可做范例。有一处瑕疵需要引起注意,《人民法院民事裁判文书制作规范》规定,"法院名称一般应与院印的文字一致。基层人民法院、中级人民法院名称前应冠以省、自治区、直辖市的名称",故该实例中应将法院名称表述为:"湖北省荆州市沙市区人民法院"。另外,对于证据收据,笔者建议签收人应制作一式两份,一份交由当事人,一份附卷留档,避免出现当事人因遗失证据收据而无法核实所交证据的情况。

18. 调查笔录(庭外调查用)

调查笔录

(××××)……民×……号

时间:××××年××月××日××时××分至××时××分
地点:……
调查人:……(写明职务和姓名)
记录人:……(写明职务和姓名)
被调查人:……(写明基本信息,与当事人的关系)
记录如下:
……(写明记录内容)。
(以下无正文)

被调查人(签名或者盖章)
调查人(签名或者盖章)
记录人(签名或者盖章)

【说明】

1. 本样式根据《中华人民共和国民事诉讼法》第一百三十条制定,供人民法院派出人员进行庭外调查记录用。

2. 人民法院派出人员进行调查时,应当向被调查人出示证件。

3. 调查笔录经被调查人校阅后,由被调查人和调查人签名或者盖章。

【实例评注】

调查笔录①

(2015)鄂硚口民一初字第981号

时间:2015年11月2日10:00至10:15

地点:湖北省人民法院

调查人:李玉毅,武汉市硚口区人民法院审判员

记录人:王珂,武汉市硚口区人民法院法官助理

被调查人:曾某,湖北省人民医院心血管内科副教授

记录如下:

问:曾教授,你好,我们是武汉市硚口区人民法院的工作人员,刚才通过医疗部沈处长的介绍,前来向你了解有关心脏起搏器后期治疗费的相关问题。

(注:向曾教授出示美敦力植入设备识别卡)

问:你们医院现在使用或者曾经使用过该识别卡上的产品型号为ReliaRE001的双腔起搏器么?

曾:使用过。

问:该起搏器的使用年限大概多久?每次安装的费用和价格是多少?

曾:一般使用年限为6~8年,起搏器55 000元左右,安装住院的费用1~2万元。

问:电极导线是必须更换的么?

曾:如果导线坏了必须更换。

被调查人:曾某(签名)

调查人:李玉毅(签名)

记录人:王珂(签名)

---

① 来源:湖北省武汉市硚口区人民法院(2015)鄂硚口民一初字第981号案卷。

调查笔录①

(2015)鄂硚口民一初字第 981 号

时间：2015 年 11 月 3 日 15:30 至 15:45
地点：亚洲心脏病医院七楼会议室
调查人：李玉毅，武汉市硚口区人民法院审判员
记录人：王珂，武汉市硚口区人民法院法官助理
被调查人：韩某某，亚洲心脏病医院心内科心率失常组主任
记录如下：
问：我们是武汉市硚口区人民法院的工作人员，现在过来向你调查，关于心脏起搏器的相关费用问题。
(注：出示美敦力 ReliaRE001 植入设备识别卡)
问：你们是否使用过该型号的心脏起搏器？
答：我们使用过同型号的起搏器。
问：更换一次的费用大概是多少，起搏器的价格是多少？
答：正常的安装一次，不出现意外的情况，包含起搏器，住院费、手术费，一共不超过 55 000 元，大概 5 万多元，6 万元以内。

被调查人：韩某某(签名)
调查人：李玉毅(签名)
记录人：王珂(签名)

〔评注〕
调查笔录是人民法院在办理案件中，依法向案件知情人进行调查、询问，而如实地作出的具有法律效力的文字记录。与判决书、裁定书必须具有严格统一的格式相比，调查笔录属于法院内部使用的文书，格式要求相对宽松。审判实践中，各地法院制作的调查笔录格式也不尽相同，笔者认为，在符合文书样式总体格式的情况下，可以根据案件情况对调查笔录的内容以及形式进行适当调整。
1. 调查笔录的格式、内容
(1)文书名称为"调查笔录"，文书名称之下列明案号。写明调查的时间、地点，

---

① 来源：湖北省武汉市硚口区人民法院(2015)鄂硚口民一初字第 981 号案卷。

调查人、记录人的职务和姓名，被调查人的基本信息。对被调查人要记明其姓名等身份情况，包括自然特征，如聋、哑、盲等，还要记明被调查人与当事人之间的关系。这些内容往往可以作为鉴别证言真伪的重要依据，不能忽略。如果有在场人，要记明其姓名、性别、年龄、工作单位、职务、职业。在场人多数是被调查人所在地或者所在单位的基层干部。这些人对当地情况熟悉，他们的参加可以促使被调查人如实反映情况。但是在特定情况下，如果有上述在场人参加，反而使被调查人不敢说出真话，就不宜让他们参加。

(2) 记录内容。文书样式并没有明确记录内容应采用哪种形式，在审判实践中，通常有两种做法：一种是问答式，一问一答，如实记录，反映出调查的全过程；另一种是综合叙述式，即不记问话，只把被调查人回答的内容连贯起来，形成陈述文字。因为文书样式没有要求固定使用何种记录方式，因此上述两种记录形式都可以。

(3) 落款。调查笔录作完后，应将笔录交给被调查人自阅。如被调查人有阅读障碍，应将笔录内容读给被调查人听。如存在记录错误，应予更正。校对完毕，由被调查人、调查人、记录人分别签名或盖章。

2. 调查笔录的制作要求

(1) 合法性

调查笔录必须依照法定原则和手续作出。调查前，调查人应当按照《民事诉讼法》第一百三十条的规定，向被调查人出示工作证及执行公务证，表明调查程序的合法性，保障调查笔录的法律效力。

(2) 关联性

调查的内容必须是与案情事实相关。

(3) 客观性

调查笔录应该如实记录，边调查，边记录，一次完成，不能根据记录人的主观臆断进行记录，亦不能事后加工整理。

本实例选取了武汉市硚口区人民法院在同一个案件中做的两个庭外调查笔录，承办人前往医院就医疗案件中心脏起搏器的使用情况及安装费用向有关方面的医疗专家进行调查。该两份调查笔录在记录内容处采用了一问一答的方式，如实反映出了向两位医生进行调查的情况。两份调查笔录格式规范，结构完整，条例清晰，可作为该文书样式的范文。

19. 勘验笔录（勘验物证和现场用）

勘 验 笔 录

（××××）……民×……号

时间：××××年××月××日××时××分至××时××分
地点：……
勘验对象：……（写明勘验的现场或物证）
勘验人：……（写明姓名、所在法院和职务）
在场人：×××（写明到场的当事人或者其成年家属、当事人的法定代表人或主要负责人的姓名等基本信息，上述人员拒不到场的，记录在案）
被邀参加人：×××（写明邀请的当地基层组织工作人员或者当事人所在单位的工作人员的姓名等基本信息）
记录人：×××（写明姓名、所在法院和职务）
勘验经过：……。
勘验情况和结果：……。
（以下无正文）

勘验人（签名或者盖章）
在场人（签名或者盖章）
被邀参加人（签名或者盖章）

【说明】

1. 本样式根据《中华人民共和国民事诉讼法》第八十条以及《最高人民法院关于适用〈中华人民共和国民事诉讼法〉的解释》第一百二十四条制定，供人民法院勘验物证和现场记录用。

2. 勘验物证或者现场，勘验人必须出示人民法院的证件，并邀请当地基层组织或者当事人所在单位派人参加。当事人或者当事人的成年家属应当到场，拒不到场的，不影响勘验的进行。

3. 有关单位和个人根据人民法院的通知，有义务保护现场，协助勘验工作。

4. 勘验人应当将勘验情况和结果制作笔录，由勘验人、当事人和被邀参加人签名或者盖章。

【实例评注】

勘验笔录①

(2016)鄂 0104 民初 3012 号

时　　间：2016 年 9 月 14 日 10 时至 10 时 30 分
地　　点：肯德基民意店
勘验对象：肯德基民意店及生达新世界大药房经营场所
勘 验 人：余敏，武汉市硚口区人民法院审判员
在 场 人：祝某某，系原告武汉生达新世界大药房有限公司委托诉讼代理人
　　　　　姚某，湖北华隽律师事务所律师，系被告百胜餐饮(武汉)有限公司、百胜餐饮(武汉)有限公司委托代理人的共同委托诉讼代理人
被邀参加人：刘某，系原告公司总经理
　　　　　　张某，系被告公司员工
记 录 人：王玥，武汉市硚口区人民法院书记员
勘验经过：勘验人对肯德基民意店及生达新世界大药房经营场所进行实地勘测，并绘制勘测图。
勘验情况和结果：
勘验人余敏：今天组织双方就腾退纠纷一案，进行现场勘查，经过勘查，双方一致确认被告肯德基民意店占有使用下列画图中标注①的部分，对于该情况，双方是否认可确认？
原告委托代理人：被告肯德基民意店实际占有使用标注①的部分。
被告委托代理人：标注①的部分确实是我们在使用。
勘验人余敏：标注②的部分，双方是否确认确实存在？
原告委托代理人：今天经过勘验，已经证实标注②的部分是现实存在的。
被告委托代理人：我方也确认标注②的部分确实存在。
勘验人余敏：原被告双方对该勘验结果是否认同？
原告委托代理人：对于今天的现场勘验制作的勘验图我们是认同的，但是对标注②的部分的使用情况是有异议的，该部分实际上是由肯德基民意店控制、占有。
被告委托代理人：对于今天的现场勘验制作的勘验图我们是认同的，但是对标注②的部分的使用情况是有异议的。标注①是原告最早承租时就将该部分租给肯德基民

---

① 来源：湖北省武汉市硚口区人民法院(2016)鄂 0104 民初 3012 号案卷。

意店在用,但是标注②的部分,我们是没有使用的。

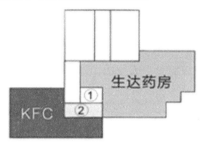

〔评注〕

　　勘验笔录是为了查明案件事实,法院对与案件有关,但不能、不方便拿到人民法院的物件或者现场,就地进行分析、检验、测量、勘查后制作的笔录。制作勘验笔录一般基于两种情形:一是人民法院依据当事人的申请而制作,二是人民法院认为有必要时依职权而制作。

　　人民法院对现场或者物品进行勘验时,应当严格按照法定程序进行,勘验人必须出示证件表明身份,并邀请当地基层组织或者当事人所在单位派人参加。应通知当事人或者当事人的成年家属到场,目的在于让他们了解勘验的情况,维护其正当权益,如果他们拒不到场,不影响勘验的进行。在必要的时候,人民法院还可以通知有关单位或者个人保护现场,并协助进行勘验。

　　1. 勘验笔录的格式和内容

　　(1)在"勘验笔录"的标题下应该列明案号。勘验笔录应依次记载勘验的时间、地点、场所或者对象;写明勘验人、记录人的姓名及所在法院和职务;在场的当事人或成年家属,如他们拒不到场,应将情况记录在案。需要注意的是,在做勘验笔录时,有些记录人习惯于只记载勘验的起始时间,并未标注结束时间。某些特殊情况下,勘验的时间对勘验结果会产生影响,因此应该准确记录勘验的起止时间。

　　(2)关于被邀参加人,司法实践中,有些当地基层组织不愿意配合法院工作,在这种情况下,由双方当事人所在单位派人参加亦可。

　　(3)文书样式并未明确勘验经过及勘验情况和结果应采用何种方式记录,笔者认为能如实反映勘验经过和结果的方式均可,不必拘泥于固定的格式。

　　(4)勘验人应当将勘验情况和结果制作成笔录,由勘验人、当事人和被邀请参加人签名或者盖章。

　　2. 制作勘验笔录应该注意的问题

　　(1)笔录内容必须保持客观真实,对勘验当时的情况要如实记载,不能掺杂勘验人员的主观推测和分析判断的内容。

(2) 笔录文字措辞一定要确切肯定，忌用"大概""可能"等不确定的词句。

(3) 笔录要完整反映勘验的经过和结果，必须在勘验过程中当场进行制作，不能事后回忆制作。

本处实例选取湖北省武汉市硚口区人民法院(2016)鄂0104民初3012号勘验笔录，该笔录格式规范，记录翔实，并且在笔录中采用了绘制勘验图的形式，使得勘验结果一目了然，达到了制作该勘验笔录的目的，可作为该文书样式的范文。

20. 委托书（委托外地法院调查用）

×××× 人民法院
委托书

（××××）……民×……号

×××× 人民法院（写明受委托人民法院名称）：

我院受理……（写明当事人及案由）一案，因……（写明委托调查的原因）。特此委托你院协助调查下列提纲中所列举的事项。请你院在收到本委托书后三十日内完成调查，并将调查材料函复我院。因故不能完成的，请在上述期限内函告我院。

联 系 人：……（写明姓名、部门、职务）
联系电话：……
联系地址：……

附：调查提纲

××××年××月××日
（院印）

【说明】

1. 本样式根据《中华人民共和国民事诉讼法》第一百三十一条制定，供人民法院在必要时委托外地人民法院调查用。

2. 委托调查，必须提出明确的项目和要求。受委托人民法院可以主动补充调查。

3. 受委托人民法院收到委托书后，应当在三十日内完成调查。因故不能完成的，应当在上述期限内函告委托人民法院。

【实例评注】

（暂缺实例）

〔评注〕

委托外地法院调查，是指法院需要调查的证据在异地时，受理案件的法院可以委托当地法院予以调查。委托调查可以节约司法资源，符合诉讼经济的要求。委托法院应当向受托法院出具委托函，明确调查的事项和要求，受托法院应当及时开始和按要求完成调查。本文书样式供人民法院在必要时委托外地人民法院调查用。笔者未查询到该类委托书实例，现就制作该类文书及在委托调查中应注意的问题作以下说明：

1. 委托书中应写明委托调查的原因，并附调查提纲，调查提纲应注明调查的项目和要求。

2. 在委托书中应写明进行调查及材料函复的时间期限。

3. 尾部应列明联系人、联系电话、联系地址，供受托法院及时将调查情况与委托法院进行沟通。

委托调查时，委托法院应将被调查、送达或被传讯的人的姓名、住址和有关情况，清楚详细地注明在调查提纲里，以减少受托法院查找的困难；受托的法院应迅速、认真地办理被委托办理的事项，无法办理的事情，也应在时间期限内予以说明，以免案件受到不必要的拖延，造成不良影响。需要注意的是，为了全面地查清案情，受托法院可以超出委托的事项进行补充调查。为全面地查清案情，应当授予受托法院依据具体情况进行补充调查的权限。另外，人民法院在审理案件过程中，需要勘验现场的，一般不应委托其他人民法院代为勘验。

21. 保证书（当事人当庭保证用）

保证书

（××××）……民×……号

姓名：
本案诉讼地位：
案由：

我作为本案当事人，保证向法庭据实陈述。如有虚假陈述，愿意接受罚款、拘留乃至刑事处罚。

> 特此保证。
>
> 　　　　　　　　　　　　　　　保证人（签名或捺印）
>
> 　　　　　　　　　　　　　　　××××年××月××日

【说明】

　　1. 本样式根据《最高人民法院关于适用〈中华人民共和国民事诉讼法〉的解释》第一百一十条制定，供人民法院在询问到庭当事人之前认为有必要的，要求当事人签署用。

　　2. 人民法院认为有必要的，可以要求当事人本人到庭，就案件有关事实接受询问。在询问当事人之前，可以要求其签署保证书。

　　3. 当事人拒绝签署保证书，待证事实又欠缺其他证据证明的，人民法院对其主张的事实不予认定。

【实例评注】

保证书[①]

（2015）鄂硚口民二初字第1097号

　　姓名：张某，男，1974年3月21日生，汉族，住湖南省株洲县渌口镇漉浦大道×号×栋×室，公民身份号码：430221××××××××××。

　　委托代理人：袁某，湖北哲思律师事务所律师（特别授权）。

　　本案诉讼地位：原告。

　　我作为本案的当事人保证向法院据实陈述，若有虚假陈述，愿意承担相应的法律责任。

　　特此保证。

保证人：张某

二〇一六年十月三十一日

[①] 来源：湖北省武汉市硚口区人民法院（2015）鄂硚口民二初字第1097号案卷。

〔评注〕

当事人陈述在功能上，可以分为三种：(1)当事人为了支持其诉讼请求向法院陈述的事实根据，即主张；(2)当事人对于不利于自己的事实的真实性的认可，即自认；(3)当事人就亲历所知向法院陈述有关案件事实，以作为证据供法院参考。就第三种而言，当事人需要就案件事实向法院陈述时，应当作为证人，适用证人规则。《民诉法解释》第一百一十条规定了询问当事人的程序和当事人拒绝接受询问的后果，即(1)人民法院询问当事人的条件："人民法院认为有必要的"的情况下，一般是指证据已经穷尽，而待证事实仍处于真伪不明的情况，当然出于审理便利的需要，也可以询问当事人本人，并不违反该条规定。(2)询问当事人时的具结：签署保证书。具结是一种保证，是保证对自己的行为负责，愿意为违反保证承担责任的意思表示。当事人具结对于促使当事人如实陈述是必要的，也具有十分积极的意义。(3)当事人拒绝接受询问的后果：人民法院对其主张的待证事实不予支持。

本文书样式供人民法院在询问到庭当事人之前认为有必要的，要求当事人签署用。保证书的性质为具结书，其内容应当包含对如实陈述的保证以及虚假陈述愿意接受处罚等。审判实践中，人民法院可以要求被询问的当事人在签署保证书后朗读保证书的内容，很多情况下，口头具结对当事人如实陈述的保证效果更好。

本处实例选取湖北省武汉市硚口区人民法院(2015)鄂硚口民二初字第1097号案件中原告所签署的保证书，该保证书格式基本规范，内容有所遗漏，一是缺少案由，二是没有将虚假陈述的法律后果予以明确，如果按照文书样式写明相应的法律责任更为完善。

22. 保证书（证人出庭作证保证用）

保证书

（××××）……民×……号

姓名		性别		民族		联系方式	
证件类型		证件号码				与本案当事人关系	
职业和工作单位							

我作为本案证人，保证向法庭据实陈述证言。如有虚假陈述，愿意接受罚款、拘留乃至刑事处罚。
　　特此保证。

保证人（签名或捺印）

××××年××月××日

【说明】

　　1. 本样式根据《最高人民法院关于适用〈中华人民共和国民事诉讼法〉的解释》第一百一十九条、第一百二十条制定，供人民法院在证人出庭作证前，责令证人签署用。

　　2. 人民法院在证人出庭作证前应当告知其如实作证的义务以及作伪证的法律后果，并责令其签署保证书，但无民事行为能力人和限制民事行为能力人除外。

　　3. 证人拒绝签署保证书的，不得作证，并自行承担相关费用。

【实例评注】

保证书①

（2016）鄂 0104 民初 2446 号

姓名	朱某某	性别	男	民族	汉族	联系方式	
证件类型	身份证	证件号码	420104××××××××××××	与本案当事人关系		同行	
职业和工作单位	中国人民解放军工程大学工程师						

　　我作为本案保证人，保证向法庭据实陈述证言。如有虚假陈述，愿意接受罚款、拘留乃至刑事处罚。
　　特此保证。

保证人　朱某某

二〇一六年十月十一日

---

① 来源：湖北省武汉市硚口区人民法院(2016)鄂 0104 民初 2446 号案卷。

〔评注〕

  2015 年《民诉法解释》对民事证人出庭作证制度作了一些规定和完善，首次规定了人民法院在证人出庭作证前应当告知其如实作证义务以及作伪证的法律后果。通过责令证人签署保证书，使证人更加清楚地认识到如实作证的义务以及作伪证应承担的法律后果，对证人起到约束和威慑作用，增强了证人的责任意识。证人保证书制度一定程度上能够对证人形成威慑，约束证人如实作证，但不可忽略的是，证人签署保证书并不代表证人一定会如实作证，如实作证仍然靠证人自觉遵从。

  《民诉法解释》第一百一十条第二款规定："保证书应当载明据实陈述、如有虚假陈述愿意接受处罚等内容。当事人应当在保证书上签名或者捺印。"《民诉法解释》第一百一十九条规定："人民法院在证人出庭作证前应当告知其如实作证的义务以及作伪证的法律后果，并责令其签署保证书，但无民事行为能力人和限制民事行为能力人除外。证人签署保证书适用本解释关于当事人签署保证书的规定。"《民诉法解释》第一百二十条规定："证人拒绝签署保证书的，不得作证，并自行承担相关费用。"

  文书样式中保证书分为三个部分，首先列明证人的基本情况，包括证人的身份信息、联系方式、证件类型、证件号码、工作单位以及与本案当事人的关系等内容；保证内容载明"我作为本案证人，保证向法庭据实陈述证言。如有虚假陈述，愿意接受罚款、拘留及至刑事处罚。特此保证"等内容；落款由保证人签名或捺印。

  本实例选取湖北省武汉市硚口区人民法院(2016)鄂 0104 民初 2446 号案件中的证人出庭作证保证书，该实例系原告胡某某与被告南通五建控股集团有限公司武汉分公司、第三人中国人民解放军海军工程大学建设工程分包合同纠纷一案中，原告胡某某申请证人朱某某出庭作证，合议庭准许朱某某出庭作证，朱某某在开庭作证前签署了保证书。该保证书要素齐全，符合文书样式要求。

五、期间和送达

（一）期间

1. 案件延长审理或者执行期限审批表（延长各类民事案件审理或者执行期限用）

××××人民法院
案件延长审理或者执行期限审批表

××××年××月××日

案号	
案由	
当事人	
审判组织	
适用程序	
审理或执行期限	
收案日期	
期限届满日期	
期限变动情况	
申请延长的理由和时间	
承办人签署意见和日期	
庭长签署意见和日期	
院长签署意见和日期	
备考	

【说明】

1. 本样式根据《中华人民共和国民事诉讼法》第一百四十九条、第一百六十一条、第一百八十条、第二百零四条第一款，《最高人民法院关于适用〈中华人民共和国民事诉讼法〉的解释》第二百四十三条、第二百五十八条以及《最高人民法院关于严格执行案件审理期限制度的若干规定》第五条制定,供人民法院在民事案件难以在审理或者执行期限内结案的,报请延长审理或者执行期限用。

2. 本样式作为延长各类案件审理或者执行期限报告或者请示的附件。

3. 审限是指从立案之日起至裁判宣告、调解书送达之日止的期间,但公告期间、鉴定期间、双方当事人和解期间、审理当事人提出的管辖异议以及处理人民法院之间的管辖争议期间不应计算在内。

【实例评注】

(2004)硚民三重字第4号民事案件延长期限审理报告表①

民事案件延长期限审理报告表

案　由	返还财产等	案　号	(2004)硚民三重字第4号
原　告	周某某、夏某某		
被　告	硚口区长丰乡汉西村委会		
第三人			
收案时间	2004年10月22日	应当审结时间	2005年4月22日
简要案情以及延期理由	周某某诉长丰乡汉西村民委员会返还财产、赔偿损失、停止侵权等纠纷,经本院一审裁定后,周某某上诉。市中院撤销一审裁定,指令本院重审。在审理过程中,周某某多次通知不到庭,后其妻夏某某通过邮件申请要求作为本案原告参与诉讼,为此,该案需延期审理。		
合议庭意见	鉴于本案复杂性及追加了当事人,提交院长申请延长审限六个月。	申请延长时间	申请延长审限六个月,至2005年10月22日。妥否,请批示!承办人: 2005年4月20日
庭长意见	同意延期三个月,请院长审批		
院长批示	同意		
备　注			

〔评注〕

1. 延长审理或执行期限审批的一般性问题

民事审判审限指民事诉讼案件从立案的次日起至裁判宣告、调解书送达之日止的

---

① 来源:湖北省武汉市硚口区人民法院(2004)硚民三重字第4号案卷。

期间,是人民法院审理案件必须遵守的期限。法院执行期限,指某一执行案件从人民法院受理开始执行到执行完毕的法定期间。严格遵守审理及执行期限规定,有利于提高司法效率,减少当事人讼累,防止案件久拖不决,久审不判,有重要意义。延长审理或执行期限制度,建立在审理和执行期限制度之上,具有两方面的意义:一方面对于特殊案件,难以在期限内审结或执结的,确立了相对宽松和灵活的处理方式,使得特殊情况得到特殊处理;另一方面,延长审理或执行期限有一套严格的实体规则和程序规范,可以防止法院滥用延长权力,保证当事人的合法权益及时得到保护。以上程序规范的具体体现就是相关延长的审批,表现为审批表、报告、请示和批复,该类文书具有以下一般性问题:

(1)延长期限审批的实践状况

目前的司法实践中,当案件有可能超出审限时,办案法官更多的选择审限的扣除而非延长,相关的延长期限审批制度没有得到有效执行,取而代之的是扣除/暂停审限制度,该制度在实践中的使用频率要明显高于延长期限。

与此同时,随着审判管理信息化的普及,传统的纸质延长期限报批,被网上报批表所取代,形式和内容也发生了一定的变化,但是从要素来看,依然包括案号、案由、审判组织、适用程序、审理或执行期限、收案日期、期限届满日期、申请延长的理由和时间等内容,更加高效和便捷。也正是基于上述原因,本章所采用的实例多产生于新民事诉讼文书样式发布之前。

(2)延长期限与扣除审限之比较

延长期限和扣除/暂停审限作为法院处理审限超期问题的两种主要方式,在法律依据、适用范围、审批程序上都有明显差别:①法律依据不同,延长期限的法律依据是《民事诉讼法》第一百四十九条、第一百六十一条、第一百八十条、第二百零四条第一款以及《民诉法解释》第二百四十三条、第二百五十八条、《最高人民法院关于严格执行案件审理期限制度的若干规定》第五条;而延长/扣除审限的法律依据是《最高人民法院关于严格执行案件审理期限制度的若干规定》第九条中关于不计入审理期限的规定。②适用范围不同,对于延长期限没有具体的规定,只是原则性的有特殊情况,难以在审理或执行期限内结案;扣除/暂停审限则有具体的适用范围,即因当事人、诉讼代理人、辩护人申请通知新的证人到庭、调取新的证据、申请重新鉴定或者勘验,法院决定延期审理一个月之内的期间;案件公告、鉴定的期间;审理当事人提出的管辖权异议和处理法院之间的管辖争议的期间;案件由有关专业机构进行审计、评估、资产清理的期间;中止诉讼(审理)或执行至恢复诉讼(审理)或执行的期间;当事人申请庭外和解的期间等。③审批程序不同,对于延长期限的审批,法律有严格规定,即普通程序有特殊情况需要延长的,由本院院长批准,可以延长六个月;还需要延长的,报请上级人民法院批准。其他程序,由本院院长批准。而延长/扣除审限则缺乏相应的法定程序规定,实践中一般为庭长或院长审批。

2. 对实例的评注

（1）实例产生于2005年，当时新民事诉讼文书样式尚未出台，从审批表形式上而言，与文书样式有较大出入，但是要素上包含了案号、案由、当事人、审理期限、申请延长的时间和理由、承办人签署意见和日期、庭长签署意见和日期、院长签署意见和日期等内容。但仍有所缺失：①审判组织和适用程序，该内容对于确定审限和延长期限审批流程有重要作用；②期限变动情况，填明期限变动情况有利于审批人审查申请是否符合规定，是否存在多次延长的情形。

（2）按照相关法律规定，普通程序有特殊情况需要延长的，由本院院长批准，可以延长六个月。实例为重审案件，按照普通程序审理，申请延长审理期限六个月，而审批结果为批准延长审理期限三个月，均符合法律规定。

2. 延长特别程序审理期限报告（报请本院院长批准用）

关于申请延长……（写明当事人及案由）一案审理期限的报告

（××××）……民特……号

院长：

我院于××××年××月××日立案的……（写明当事人及案由）一案，依法适用特别程序，审理期限到××××年××月××日届满。但因……（写明需要延长审理期限的原因），不能如期结案，需要延长审理期限××日，至××××年××月××日。

请审批。

附：案件延长审理或者执行期限审批表一份

审 判 员 ×××

××××年××月××日

【说明】

1. 本样式根据《中华人民共和国民事诉讼法》第一百八十条制定，供人民法院适用特别程序审理的案件在立案之日起或者公告期满后三十日内未能审结需要延长审理期限的，报请本院院长批准用。

2. 组成合议庭审理的，落款为合议庭。

3. 选民资格案件必须在选举日前审结，不得延长审理期限。

【实例评注】

关于延长原告归某某与被告莫某某担保物权特别程序一案审理期限的报告①

(2013)园商特字第003号

院、庭长：

原告归某某与被告莫某某担保物权一案，审理期限到2013年10月17日届满，因本案所涉财产数额较大，争议复杂，申请延长审理期限60日。

妥否，请审批。

2013年10月8日

〔评注〕

本章之所以将特别程序审理期限报告单列出来，是因为与其他程序相比，特别程序案件延长审理期限的报批具有以下特点：①审理期限特殊，特别程序的审理期限为三十日。②与普通程序相比，特别程序审理期限的延长只能由本院院长审批，没有报请上级人民法院审批的情形。③特别程序中选民资格案件必须在选举日前审结，不得延长审理期限。

根据《民事诉讼法》一百八十条规定："人民法院适用特别程序审理的案件，应当在立案之日起三十日内或者公告期满后三十日内审结。有特殊情况需要延长的，由本院院长批准。但审理选民资格的案件除外。"结合实例，评注如下：

1. 实例属于特别程序案件，符合此部分民事诉讼文书样式适用的情形。

2. 实例的标题符合样式规定，名称正确，且写明了当事人及案由。

3. 延长特别程序审理期限的报告案号代字应当使用诉讼案件的案号代字，实例符合此要求。

4. 报告主体部分至少应当包括以下内容：①案件的立案时间，用以确定审限的起算时间；②当事人及案由；③案件适用的程序，此实例中适用特别程序；④审理期限的届满日期，以此确定延长审理的起算时间；⑤写明需要延长审理期限的原因；⑥延长审

---

① 来源：江苏省苏州市工业园区人民法院(2013)园商特字003号案卷。

理期限的具体天数，该时间以六个月为限；⑦延长审理期限后的审限届满日期。

实例中欠缺立案时间、案件适用程序、延长审理期限后的审限届满日期等内容，不便于审批人及时做出审批。

5. 延长审理期限的报告必须附《案件延长审理或者执行期限审批表》，并在报告中予以说明，实例未有表述。

6. 《人民法院民事裁判文书制作规范》"五、数字用法"规定："（二）裁判尾部落款时间使用汉字数字，例：'二〇一六年八月二十九日'。"为保证法院诉讼文书样式的一致性，此报告也应当使用汉字数字，即落款时间应当改为"二〇一三年十月十八日"。

7. 落款处应当写明审判员的姓名。

3. 延长简易程序审理期限报告（报请本院院长批准用）

关于申请延长……（写明当事人及案由）
一案审理期限的报告

（××××）……民初……号

院长：

我院于××××年××月××日立案的……（写明当事人及案由）一案，依法适用简易程序，审理期限到××××年××月××日届满。但因……（写明需要延长审理期限的原因），不能如期结案，当事人同意继续适用简易程序，需要延长审理期限×个月，至××××年××月××日。

请审批。

附：案件延长审理或者执行期限审批表一份

审 判 员 ×××

××××年××月××日

【说明】

1. 本样式根据《中华人民共和国民事诉讼法》第一百六十一条以及《最高人民法院关于适用〈中华人民共和国民事诉讼法〉的解释》第二百五十八条制定，供人民法院适用简易程序审理的案件在立案之日起三个月内未能审结，当事人同意继续适用简易程序需要延长审理期限的，报请本院院长批准用。

2. 延长后的审理期限累计不得超过六个月。

【实例评注】

报　　告①

（2016）鄂 0104 民初 1177 号

院长：

　　本院所审理的原告武汉市硚口区鑫汉中副食经营部与被告湖北锐意锦程贸易有限公司、熊某、张某、舒某产品质量纠纷一案，审理期限将于 2016 年 10 月 13 日到期。因当事人双方申请庭外和解，需延长审限一个月，至 2016 年 11 月 13 日。

　　妥否，请批示。

　　附：案件延长审理期限审批表。

承办人：

二〇一六年十月十一日

〔评注〕

　　根据《民事诉讼法》第一百六十一条以及《民诉法解释》第二百五十八条的规定，人民法院适用简易程序审理案件，应当在立案之日起三个月内审结。适用简易程序审理的案件，审理期限到期后，双方当事人同意继续适用简易程序的，由本院院长批准，可以延长审理期限。延长后的审理期限累计不得超过六个月。结合实例，评注如下：

　　1.《民诉法解释》以司法解释的方式创设了简易程序审理期限延长制度，弥补了《民事诉讼法》的不足。

　　2. 实例属于简易程序案件，符合此部分民事诉讼文书样式适用的情形。

　　3. 实例的标题过于简单，未体现报告的性质，亦未写明当事人及案由。

　　4. 延长简易程序审理期限的报告案号代字应当使用诉讼案件的案号代字，实例符合此要求。

　　5. 报告主体部分至少应当包括以下内容：(1)案件的立案时间，用以确定审限的起算时间；(2)当事人及案由；(3)案件适用的程序，此实例中适用简易程序；(4)审理期

---

① 来源：湖北省武汉市硚口区人民法院(2016)鄂 0104 民初 1177 号案卷。

限的届满日期,以此确定延长审理的起算时间;(5)写明需要延长审理期限的原因;(6)延长审理期限的具体天数,该时间以六个月为限;(7)延长审理期限后的审限届满日期;(8)强调当事人同意继续适用简易程序。实例中欠缺对立案时间、案件适用程序、延长审理期限后的审限届满日期,也未强调当事人同意继续适用简易程序,不便于审批人及时做出审批。在实践中,简易程序案件无法在规定审限内审结,往往意味着案情较为复杂,或者争议较大,故而审判员会将案件转为普通程序审理。但是,仍然不乏案件可以继续适用简易程序的情形,而这种情形必须以当事人同意继续适用简易程序为前置条件。因此,强调这一内容是非常有必要的。

6. 实例中,作为延长审限理由的是"因当事人双方申请庭外和解"。实际上,《最高人民法院关于人民法院民事调解工作若干问题的规定》第四条第一款规定:"当事人在诉讼过程中自行达成和解协议的,人民法院可以根据当事人的申请依法确认和解协议制作调解书。双方当事人申请庭外和解的期间,不计入审限。"因此,双方当事人申请庭外和解,属于扣除/暂停审限的情形,并不适用延长审理期限报告。

7. 实例中对于承办人的表述有所不妥,应表述为审判员。

4. 延长第一审普通程序审理期限报告(报请本院院长批准用)

关于申请延长……(写明当事人及案由)一案审理期限的报告

(××××)……民初……号

院长:

我院于×××年××月××日立案的……(写明当事人及案由)一案,依法适用第一审普通程序,审理期限到×××年××月××日届满。但因……(写明需要延长审理期限的原因),不能如期结案,需要延长审理期限×个月,至×××年××月××日。

请审批。

附:案件延长审理或者执行期限审批表一份

审　判　长　×××
审　判　员　×××
审　判　员　×××

×××年××月××日

【说明】

1. 本样式根据《中华人民共和国民事诉讼法》第一百四十九条以及《最高人民法院关于适用〈中华人民共和国民事诉讼法〉的解释》第一百二十八条制定,供人民法院适用第一审普通程序审理的案件在立案之日起六个月内未能审结需要延长审理期限的,报请本院院长批准用。

2. 人民法院适用第一审普通程序审理的案件,应当在立案之日起六个月内审结。有特殊情况需要延长的,由本院院长批准,可以延长六个月;还需要延长的,报请上级人民法院批准。

3. 再审案件按照第一审程序审理的,适用《中华人民共和国民事诉讼法》第一百四十九条规定的审理期限。案号类型代字为"民再"。

4. 人民法院审理涉外民事案件的期间,不受《中华人民共和国民事诉讼法》第一百四十九条规定的限制。

【实例评注】

湖北省武汉市硚口区人民法院
关于申请延长原告李某某与被告蔡某某离婚纠纷
一案审理期限的报告[①]

(2006)硚民一重字第 5 号

院长:

本院 2006 年 4 月 5 日受理原审原告李某某不服本院(2005)硚民一初字第 351 号民事判决书提出上诉,现中院发回重审,在本案的审理过程中,原告于 2006 年 8 月 1 日申请对被告居住的房屋评估,至 2006 年 10 月 26 日止评估结束。根据《最高人民法院关于严格执行案件审理期限制度的若干规定》,该案审理期限到 2006 年 12 月 30 日届满。已扣除评估时间。

但因该案证据较多,同时被告申请延期审理的原因,不能如期结案,需要延长审理期限。延长期限至 2007 年 6 月 30 日止。

二〇〇六年十二月二十七日

[①] 来源:湖北省武汉市硚口区人民法院(2006)硚民一重字第 5 号案卷。

〔评注〕

根据《民事诉讼法》第一百四十九条以及《民诉法解释》第一百二十八条的规定，人民法院适用普通程序审理的案件，应当在立案之日起六个月内审结。有特殊情况需要延长的，由本院院长批准，可以延长六个月；还需要延长的，报请上级人民法院批准。再审案件按照第一审程序或者第二审程序审理的，适用《民事诉讼法》第一百四十九条、第一百七十六条规定的审限。审限自再审立案的次日起算。结合实例，评注如下：

1. 实例属于当事人上诉后，二审法院发回重审的案件。《民事诉讼法》第四十条第二款规定："发回重审的案件，原审人民法院应当按照第一审程序另行组成合议庭。"因此该案例应当适用第一审普通程序，符合此部分民事诉讼文书样式适用的情形。

2. 实例标题与样式不符，作为内部报告，文书的标题不应当冠以法院名称。

3. 延长第一审普通程序审理期限的报告案号代字应当使用诉讼案件的案号代字，实例符合此要求。

4. 报告主体部分至少应当包括以下内容：(1)案件的立案时间，用以确定审限的起算时间；(2)当事人及案由；(3)案件适用的程序，此实例中适用第一审普通程序；(4)审理期限的届满日期，以此确定延长审理的起算时间；(5)写明需要延长审理期限的原因；(6)延长审理期限的具体天数，该时间以六个月为限；(7)延长审理期限后的审限届满日期。

实例中仅表述了"原审原告李某某不服本院(2005)砾民一初字第351号民事判决书提出上诉，现中院发回重审"，未明确重审案件的案由，也未说明其所适用的程序，不符合样式要求。在逻辑上，重审案件是一个新的案件，不能够与原审案件混为一谈。

5. 延长审理期限的报告必须附《案件延长审理或者执行期限审批表》，并在报告中予以说明，实例虽然实际附有该审批表，却未有表述。

6. 落款处应当写明合议庭成员的姓名。

5. 延长第一审普通程序审理期限请示（报请上级人民法院批准用）

关于延长……（写明当事人及案由）一案审理期限的请示

（××××）……民初……号

××××人民法院：

我院于××××年××月××日立案的……（写明当事人及案由）一案，依法适用普通程序，审理期限到××××年××月××日届满。但因……（写明需要延长审理期限的原因），

> 虽经××××年××月××日报请本院院长批准延长审理期限至××××年××月××日，仍不能如期结案，需要继续延长审理期限×个月，至××××年××月××日。
>
> 以上请示，请批复。
>
> 附：案件延长审理或者执行期限审批表一份
>
> ××××年××月××日
> （院印）

【说明】

1. 本样式根据《中华人民共和国民事诉讼法》第一百四十九条以及《最高人民法院关于适用〈中华人民共和国民事诉讼法〉的解释》第一百二十八条制定，供人民法院适用第一审普通程序审理的民事案件在立案之日起六个月内未能审结且经本院院长批准延长六个月还需要延长审理期限的，报请上级人民法院批准用。

2. 人民法院适用第一审普通程序审理的案件，应当在立案之日起六个月内审结。有特殊情况需要延长的，由本院院长批准，可以延长六个月；还需要延长的，报请上级人民法院批准。

3. 再审案件按照第一审程序审理的，适用《中华人民共和国民事诉讼法》第一百四十九条规定的审理期限。案号类型代字为"民再"。

4. 人民法院审理涉外民事案件的期间，不受《中华人民共和国民事诉讼法》第一百四十九条规定的限制。

【实例评注】

湖北省武汉市硚口区人民法院
关于申请延长原告周某某、夏某某与被告武汉市硚口区长丰乡汉西村
民委员会返还财产纠纷、赔偿损失纠纷一案审理期限的报告[①]

（2004）硚民三重字第4号

武汉市中级人民法院：

我院于2004年10月22日受理了经你院（2004）武民二终字第759号民事裁定书指

[①] 来源：湖北省武汉市硚口区人民法院（2004）硚民三重字第4号案卷。

令我院审理的原告周某某、夏某某与被告武汉市硚口区长丰乡汉西村民委员会返还财产纠纷、赔偿损失纠纷一案，审理期限到 2005 年 4 月 22 日届满，但因该案案情复杂，曾经本院院长批准延长了六个月审理期限，仍不能如期结案。现需要再次延长审理期限六个月。请审批。

二〇〇五年十月二十一日

〔评注〕

根据《民事诉讼法》第一百四十九条以及《民诉法解释》第一百二十八条的规定，人民法院适用普通程序审理的案件，应当在立案之日起六个月内审结。有特殊情况需要延长的，由本院院长批准，可以延长六个月；还需要延长的，报请上级人民法院批准。再审案件按照第一审程序或者第二审程序审理的，适用《民事诉讼法》第一百四十九条、第一百七十六条规定的审限。审限自再审立案的次日起算。结合实例，评注如下：

1. 如前所述，实例属于当事人上诉后，二审法院发回重审的案件，符合此部分民事诉讼文书样式适用的情形。

2. 不同于所在法院内部报院长审批用报告，本文书用于报请上级法院批准延长审理。因此，文书的标题应当使用"请示"而非"报告"。

3. 延长第一审普通程序审理期限的请示案号代字应当使用诉讼案件的案号代字，实例符合此要求。

4. 请示主体部分至少应当包括以下内容：(1)案件的立案时间，用以确定审限的起算时间；(2)当事人及案由；(3)案件适用的程序，此实例中适用第一审普通程序；(4)审理期限的届满日期，以此确定延长审理的起算时间；(5)写明需要延长审理期限的原因；(6)延长审理期限的具体天数，该时间以六个月为限；(7)延长审理期限后的审限届满日期。

5. 延长审理期限的报告必须附《案件延长审理或者执行期限审批表》，并在报告中予以说明，实例虽然实际附有该审批表，却没有表述。

6. 延长第一审普通程序审理期限批复（上级人民法院对申请延长审理期限批复用）

关于对延长……（写明当事人及案由）一案审理期限的批复

（××××）……民他……号

××××人民法院：

你院××××年××月××日（××××）……民初……号关于申请延长……（写明当事人及案由）一案审理期限的请示收悉。经审查，批复如下：

……（写明批复内容）。

（同意延长审理期限的，写明：）同意延长审理期限×个月，至××××年××月××日。

××××年××月××日
（院印）

【说明】

1. 本样式根据《中华人民共和国民事诉讼法》第一百四十九条以及《最高人民法院关于适用〈中华人民共和国民事诉讼法〉的解释》第一百二十八条制定，供上级人民法院对于下级人民法院在审理期限内未能审结且经本院院长批准延长六个月后还需要延长审理期限的，批复同意或不同意延长审理期限用。

2. 案号类型代字为"民他"。

3. 人民法院适用第一审普通程序审理的案件，应当在立案之日起六个月内审结。有特殊情况需要延长的，由本院院长批准，可以延长六个月；还需要延长的，报请上级人民法院批准。

4. 再审案件按照第一审程序审理的，适用《中华人民共和国民事诉讼法》第一百四十九条规定的审理期限。

5. 人民法院审理涉外民事案件的期间，不受《中华人民共和国民事诉讼法》第一百四十九条规定的限制。

【实例评注】

湖北省武汉市硚口区人民法院
关于申请延长原告周某某、夏某某与被告武汉市硚口区长丰乡汉西村
民委员会返还财产纠纷、赔偿损失纠纷一案审理期限的报告①

(2004)硚民三重字第 4 号

武汉市中级人民法院：

  我院于 2004 年 10 月 22 日受理了经你院(2004)武民二终字第 759 号民事裁定书指令我院审理的原告周某某、夏某某与被告武汉市硚口区长丰乡汉西村民委员会返还财产纠纷、赔偿损失纠纷一案，审理期限到 2005 年 4 月 22 日，但因该案案情复杂，曾经本院院长批准延长了六个月审理期限，仍不能如期结案。现需要再次延长审理期限六个月。请审批。

二〇〇五年十月二十一日

拟批准延期三个月，请李委员审批。

闫小龙
2005.10.24

同意

李梅芳
2005.10.24

〔评注〕

  根据《民事诉讼法》第一百四十九条以及《民诉法解释》第一百二十八条的规定，人民法院适用普通程序审理的案件，应当在立案之日起六个月内审结。有特殊情况需要延长的，由本院院长批准，可以延长六个月；还需要延长的，报请上级人民法院批准。再审案件按照第一审程序或者第二审程序审理的，适用《民事诉讼法》第一百四十九条、第一百七十六条规定的审限。审限自再审立案的次日起算。结合实例，评注如下：

---

① 来源：湖北省武汉市硚口区人民法院(2004)硚民三重字第 4 号案卷。

1. 实例属于当事人上诉后，二审法院发回重审的案件，符合此部分民事诉讼文书样式适用的情形。

2. 本文书样式产生于新民事诉讼文书样式出台之前，在审判实践中，上级人民法院对申请延长审理期限的批复一般采用直接在原请示上签字批复的形式，而不采用文书样式中独立的批复文书。此类做法虽然简单便捷，但缺乏严谨性，不利于期限延长制度的良性运行。

3. 延长第一审普通程序审理期限的批复案号代字应当使用"民他"，因为不同于前述报告和请示，进行审理期限批复的案件在上级人民法院并没有专门的案号。

4. 批复的主体部分至少应当包括以下内容：（1）原请示的时间；（2）原请示案号；（3）当事人及案由；（4）批复内容。实例中的批复形式，能够明确此四项内容。

5. 此批复是由上级人民法院作出，而非由上级人民法院的某一人员作出，实例欠缺院印，不适合作为正式批复材料使用。

7. 延长第二审程序审理期限报告（报请本院院长批准用）

关于申请延长……（写明当事人及案由）一案审理期限的报告

（××××）……民终……号

院长：

我院于××××年××月××日立案的……（写明当事人及案由）一案，依法适用第二审程序，审理期限到××××年××月××日届满。但因……（写明需要延长审理期限的原因），不能如期结案，需要延长审理期限至××××年××月××日。

请审批。

附：案件延长审理或者执行期限审批表一份

审　判　长　×××
审　判　员　×××
审　判　员　×××

××××年××月××日

【说明】

1. 本样式根据《中华人民共和国民事诉讼法》第一百七十六条以及《最高人民法

院关于适用〈中华人民共和国民事诉讼法〉的解释》第一百二十八条、第三百四十一条制定，供人民法院适用第二审程序审理的案件在立案之日起三个月或者三十日内未能审结需要延长审理期限的，报请本院院长批准用。

2. 人民法院审理对判决的上诉案件，应当在第二审立案之日起三个月内审结。有特殊情况需要延长的，由本院院长批准。

3. 人民法院审理对裁定的上诉案件，应当在第二审立案之日起三十日内作出终审裁定。有特殊情况需要延长的，由本院院长批准。

4. 再审案件按照第二审程序审理的，适用《中华人民共和国民事诉讼法》第一百七十六条规定的审理期限。案号类型代字为"民再"。

5. 人民法院审理涉外民事案件的期间，不受《中华人民共和国民事诉讼法》第一百七十六条规定的限制。

【实例评注】

关于延长原告陈某诉被告张某某间借贷纠纷一案审理期限的报告①

(2016) 苏民终字第 211 号

领导：

我院于 2016 年 7 月 2 日立案的原告陈某诉被告张某某间借贷纠纷一案，将于 2016 年 10 月 2 日审限届满。现因本案案情较为复杂，当事人申请重新调取证据，故不能按期结案。特申请延长审限两个月，延长至 2016 年 12 月 2 日。

恳请批准！

×××

二〇一六年九月三十日

〔评注〕

根据《民事诉讼法》第一百七十六条以及《民诉法解释》第一百二十八条、第三百四十一条的规定，人民法院审理对判决的上诉案件，应当在第二审立案之日起三个月内审结。有特殊情况需要延长的，由本院院长批准。人民法院审理对裁定的上诉案件，应当在第二审立案之日起三十日内作出终审裁定。再审案件按照第一审程序或者

---

① 来源：江苏省苏州市中级人民法院(2016)苏民终字第 211 号案卷。

第二审程序审理的,适用《民事诉讼法》第一百四十九条、第一百七十六条规定的审限。审限自再审立案的次日起算。人民法院审理对裁定的上诉案件,应当在第二审立案之日起三十日内作出终审裁定。有特殊情况需要延长审限的,由本院院长批准。结合实例,评注如下:

1. 二审程序中的延长审限报批分为两种情形:一是当事人对判决不服的上诉案件,应当在三个月内审结;二是当事人对裁定不服的上诉案件,应当在三十日内审结。因此,在报告中必须明确所适用的案件类型,是当事人对判决不服,还是对裁定不服。实例中未予以明确。

2. 延长第二审程序审理期限的报告案号代字应当使用二审案件的代字"民终",实例符合这一要求。

3. 报告的主体部分至少应当包括以下内容:(1)案件的立案时间,用以确定审限的起算时间;(2)当事人及案由;(3)案件适用的程序,此实例中适用第二审程序;(4)审理期限的届满日期,以此确定延长审理的起算时间;(5)写明需要延长审理期限的原因;(7)延长审理期限后的审限届满日期。与前述延长审理期限报告不同的是,民事诉讼文书样式并没有要求写明需要延长审理期限的具体天数,是因为法律对于二审案件审理期限的延长并没有限制。

4. 延长审理期限的报告必须附《案件延长审理或者执行期限审批表》,并在报告中予以说明,实例虽然实际附有该审批表,却未有表述。

5.《民事诉讼法》第八十二条第三款规定,"期间届满的最后一日是节假日的,以节假日后的第一日为期间届满的日期"。实例中,审理期限的最后一日为 2016 年 10 月 2 日,遇国家法定节假日,故届满日期应当为 2016 年 10 月 8 日。

8. 延长申请再审审查案件程序审理期限报告(报请本院院长批准用)

关于申请延长……(写明当事人及案由)一案审理期限的报告

(××××)……民申……号

院长:

  我院于××××年××月××日立案的……(写明当事人及案由)一案,依法适用民事申请再审审查案件程序,审理期限到××××年××月××日届满。但因……(写明需要延长审理期限的原因),不能如期结案,需要延长审理期限至××××年××月××日。

  请审批。

附：案件延长审理或者执行期限审批表一份

审　判　长　×××
审　判　员　×××
审　判　员　×××

××××年××月××日

【说明】

1. 本样式根据《中华人民共和国民事诉讼法》第二百零四条第一款制订，供人民法院审理民事申请再审审查案件在立案之日起三个月内未能审结需要延长审理期限的，报请本院院长批准用。

2. 人民法院对涉外民事案件的当事人申请再审进行审查的期间，不受《中华人民共和国民事诉讼法》第二百零四条第一款规定的限制。

【实例评注】

关于申请延长再审申请人中国平安人寿保险股份有限公司
南阳中心支公司与被申请人代某保险合同纠纷一案
审理期限的报告[①]

（2007）豫民申 36 号

院长：

我院于 2007 年 7 月 8 日立案的中国平安人寿保险股份有限公司南阳中心支公司与代某保险合同纠纷一案，依法适用民事申请再审审查程序，审理期限到 2007 年 10 月 8 日届满。但因本案的复杂性，不能如期结案，需要延长审理期限至 2007 年 11 月 6 日。

请审批。

审　判　长　×××
审　判　员　×××
审　判　员　×××
二〇〇七年九月三十一日

---

① 来源：河南省高级人民法院（2007）豫民申 36 号案卷。

〔评注〕

根据《民事诉讼法》第二百零四条的规定，人民法院应当自收到再审申请书之日起三个月内审查，符合本法规定的，裁定再审；不符合本法规定的，裁定驳回申请。有特殊情况需要延长的，由本院院长批准。因当事人申请裁定再审的案件由中级人民法院以上的人民法院审理，但当事人依照本法第一百九十九条的规定选择向基层人民法院申请再审的除外。最高人民法院、高级人民法院裁定再审的案件，由本院再审或者交其他人民法院再审，也可以交原审人民法院再审。结合实例，评注如下：

1. 实例属于当事人对终审判决不服，向高级人民法院申请再审的案件，人民法院进行再审审查，符合此部分民事诉讼文书样式适用的情形。

2. 实例的标题符合样式规定，名称正确，且写明了当事人及案由。

3. 延长再审程序审理期限的报告案号代字应当使用诉讼案件的案号代字"民申"，实例符合此要求。

4. 报告的主体部分至少应当包括以下内容：(1)案件的立案时间，用以确定审限的起算时间；(2)当事人及案由；(3)案件适用的程序，此实例中适用再审审查案件程序；(4)审理期限的届满日期，以此确定延长审理的起算时间；(5)写明需要延长审理期限的原因；(7)延长审理期限后的审限届满日期。与之前的延长审理期限报告不同的是，民事诉讼文书样式并没有要求写明需要延长审理期限的具体天数，是因为法律对于再审审查案件审理期限的延长并没有限制。实例中对于以上主体内容均有包含。

5. 延长审理期限的报告必须附《案件延长审理或者执行期限审批表》，并在报告中予以说明，实例虽然实际附有该审批表，却未有表述。

9. 延长执行期限报告（报请本院院长批准用）

关于申请延长……（写明当事人及案由）一案执行期限的报告

（××××）……号

院长：

　　我院于××××年××月××日立案的……（写明当事人及案由）一案，依法适用执行程序，执行期限到××××年××月××日届满。但因……（写明需要延长执行期限的原因），不能如期结案，需要延长执行期限×个月，至××××年××月××日。

　　请审批。

```
┌─────────────────────────────────────────────────┐
│   附：案件延长审理或者执行期限审批表一份            │
│                                                 │
│                          执 行 员×××             │
│                                                 │
│                          ××××年××月××日         │
└─────────────────────────────────────────────────┘
```

【说明】

1. 本样式根据《最高人民法院关于严格执行案件审理期限制度的若干规定》第五条制定，供人民法院难以在执行期限内执结案件的，报请本院院长批准延长执行期限用。

2. 执行案件应当在立案之日起六个月内执结，非诉执行案件应当在立案之日起三个月内执结；有特殊情况需要延长的，经本院院长批准，可以延长三个月，还需延长的，层报高级人民法院备案。

【实例评注】

硚口区人民法院
关于申请延长_____一案
执行期限的报告①

（　）执字第　号

_____院长：

本院_____年_____月_____日立案执行的_____一案，执行期限至_____年_____月_____日届满。但因_____，不能如期结案，需要延长执行期限至_____年_____月_____日，请审批。

附：延长执行期限案件情况表一份。

_____年_____月_____日
_____庭(局)印

---

① 来源：湖北省武汉市硚口区人民法院。

延长执行期限案件情况表

制表部门：　　　　　　　　　　　　　　　　　　　　　　　　年　月　日

案由		案号	（　）字第　号
申请执行人			
被执行人			
收案日期	年　月　日	执行期限届满日期	年　月　日
简要案情			
申请延长的理由和时间			

〔评注〕

根据《最高人民法院关于严格执行案件审理期限制度的若干规定》第五条的规定，结合实例，评注如下：

1. 实例为湖北省武汉市硚口区人民法院延长执行期限报告模板，包括延长执行期限报告和延长执行期限案件情况表。实例报告包含下列内容：(1)标题依次写明以下事项：制作文书的法院名称；文书名称；文书编号。(2)正文部分，抬头写为"院长"；写明执行期限届满日期；延长执行期限的理由和延长日期。(3)落款写明制发本文书的时间(年月日)，即签发法律文书的日期，而不是承办人拟稿书写的日期；制作本文书的执行庭(局)的公章应端正的加盖在制作日期上。

2. 实例的标题符合样式规定，名称正确，且写明了当事人及案由。

3. 延长执行程序审理期限的报告案号代字应当使用执行案件的案号代字，实例符合此要求。

4. 延长审理期限的报告必须附《案件延长审理或者执行期限审批表》，并在报告中予以说明，实例虽然实际附有延长执行期限案件情况表，但情况表不同于审批表，不符合民事诉讼文书样式的要求。

（二）送达

10. 送达地址确认书（确认送达地址用）

\multicolumn{3}{c}{送达地址确认书}		
案号				
案由				
告知事项	1. 为便于当事人及时收到人民法院诉讼文书，保证诉讼程序顺利进行，当事人应当如实提供确切的送达地址。 2. 如果提供的地址不确切，或不及时告知变更后的地址，使诉讼文书无法送达或未及时送达，当事人将自行承担由此可能产生的法律后果。 3. 为提高送达效率，法院可以采用传真、电子邮件等方式送达诉讼文书，但判决书、裁定书、调解书除外。以发送方设备显示发送成功视为送达。 4. 确认的送达地址适用于一审、二审、再审审查、执行程序。如果送达地址有变更，应当及时书面告知人民法院变更后的送达地址。 5. 有关送达的法律规定，见本确认书后页。			
送达地址及方式	指定签收人			
	证件类型		证件号码	
	确认送达地址			
	是否接受电子送达	□是　□否 □手机号码： □传真号码： □电子邮件地址：		
	手机号码		邮编	
	其他联系方式			
受送达人确认	我已阅读（听明白）本确认书的告知事项，提供了上栏送达地址，确认了上栏送达方式，并保证所提供的送达地址各项内容是正确的、有效的。如在诉讼过程中送达地址发生变化，将及时通知法院。 　　　　　　　　　　　　　　　受送达人（签名或盖章） 　　　　　　　　　　　　　　　　　　年　　月　　日			
备注				
法院工作人员签名				
\multicolumn{3}{l}{收到后请于一周内填妥寄回××××人民法院}		

送达地址有关事项告知书

根据《中华人民共和国民事诉讼法》《最高人民法院关于适用〈中华人民共和国民事诉讼法〉的解释》《最高人民法院关于以法院专递方式邮寄送达民事诉讼文书的若干规定》等,现将送达地址及送达方式有关事项告知如下:

一、法院专递的适用范围

人民法院直接送达诉讼文书有困难的,可以交由国家邮政机构(以下简称邮政机构)以法院专递方式邮寄送达,但有下列情形之一的除外:

1. 受送达人或者其诉讼代理人、受送达人指定的代收人同意在指定的期间到人民法院接受送达的;

2. 受送达人下落不明的;

3. 法律规定或者我国缔结或者参加的国际条约中约定有特别送达方式的。

二、法院专递的法律效力

以法院专递方式邮寄送达民事诉讼文书的,其送达与人民法院送达具有同等法律效力。

三、电子送达的适用范围

经受送达人同意,本院将采用电子送达方式送达诉讼文书,但判决书、裁定书、调解书除外。电子送达到达受送达人特定系统的日期,即人民法院对应系统显示发送成功的日期为送达日期。但受送达人证明到达其特定系统的日期与人民法院对应系统显示发送成功的日期不一致的,以受送达人证明到达其特定系统的日期为准。

四、电子送达的法律效力

以法院电子送达方式送达诉讼文书的,其送达与人民法院送达具有同等法律效力。

五、电子送达的使用说明

如受送达人同意接受电子送达,需向本院提供手机号码,该手机号码将用于接收法院以短信形式发送的电子送达诉讼文书签名码。签名码为身份确认码,受送达人可以凭立案时预留的证件号和签名码签收电子诉讼文书。

为方便受送达人接受送达,本院提供互联网和手机APP终端推送电子诉讼文书服务。受送达人可通过中国审判流程信息公开网或者手机APP终端项下的"文书签收"栏目签收电子送达的诉讼文书。

六、送达地址的提供或者确认

当事人起诉或者答辩时应当向人民法院提供或者确认自己准确的送达地址,并填写送达地址、送达方式确认书。当事人拒绝提供的,人民法院应该告知其拒不提供送达地址的不利后果,并记入笔录。

七、送达地址的推定

当事人拒绝提供自己的送达地址,经人民法院告知后仍不提供的,自然人以其户籍登记中的住所地或者经常居住地为送达地址;法人或者其他组织以其工商登记或者其他依法登记、备案中的住所地为送达地址。

> 八、法律后果及其除外条件
>
> 因受送达人自己提供或者确认的送达地址不准确、拒不提供送达地址、送达地址变更未及时告知人民法院、受送达人本人或者受送达人指定的代收人拒绝签收,导致诉讼文书未能被受送达人实际接收的,文书退回之日视为送达之日。
>
> 受送达人能够证明自己在诉讼文书送达的过程中没有过错的,不适用前款规定。

【说明】

1. 本样式根据《中华人民共和国民事诉讼法》第八十四条、第八十五条、第八十七条、第九十一条以及《最高人民法院关于适用〈中华人民共和国民事诉讼法〉的解释》第一百三十六条制定,供人民法院确认当事人送达地址用。

2. 受送达人同意采用电子方式送达的,应当在送达地址确认书中予以确认。

【实例评注】

武汉市青山区人民法院
当事人送达地址确认书[①]

案　由		案　号	(　)字第　号
人民法院对当事人填写送达地址确认书的告知事项	根据最高人民法院《关于适用简易程序审理民事案件的若干规定》第九条、第十条的规定: 一、被告拒不提供送达地址的,以其户籍登记、工商登记或者其他依法登记、备案的住所地为送达地址。 二、因当事人自己提供的送达地址不准确,地址变更后未及时告知人民法院,或者当事人拒不提供送达地址导致诉讼文书未能被当事人实际接收的,按下列方式处理: (一)邮寄送达的,邮件回执上注明的退回之日视为送达之日; (二)直接送达的,送达人当场在送达回证上记明情况之日视为送达之日。		
当事人提供的自己的送达地址	当事人(原告、被告或第三人): 送达地址: 邮政编码: 收件人: 电话(移动电话): 其他联系方式:		

[①] 本地址确认书查阅自武汉市青山区人民法院卷宗。由于是表格形式,为评注方便,只保留格式,填写内容方面将在评注部分专项说明。

（续表）

案　由		案　号	（　）字第　号
当事人对自己送达地址的确认	我已阅读了人民法院对当事人填写送达地址确认书的告知事项，并保证上述地址是准确的、有效的。 　　　　　　　　　　　　　　　　　当事人：_____ 　　　　　　　　　　　　　　　　____年____月____日		
备考			
法院工作人员	签名：_____		

〔评注〕

当事人送达地址确认书，是人民法院要求当事人填写的重要文书，是法院其他文书合法有效送达的基础。为切实解决送达难问题，除《民事诉讼法》《民诉法解释》作出了原则性规定外，最高人民法院还专门出台了《关于以法院专递方式邮寄送达民事诉讼文书的若干规定》（以下评注中简称《邮寄送达若干规定》），并在《关于进一步推进案件繁简分流优化司法资源配置的若干意见》中对于约定送达地址作出了规定。据此，对于上述送达地址确认书评注如下：

1. 送达地址确认书的结构框架

送达地址确认书至少应当包括以下内容：案由案号；告知事项；送达方式；送达地址；送达地址确认；备注及签名；有关法律规定。

实例中的送达地址确认书成形于新文书样式出台之前，参照自《民事简易程序诉讼文书样式（试行）》，框架为案由案号、告知事项、送达地址、送达地址确认、备注及签名，欠缺送达方式、有关法律规定部分。就送达地址而言，《民事诉讼文书样式》对于约定送达地址未有体现。

（1）案由案号。《关于人民法院案件案号的若干规定》第三条规定案号各基本要素的编排规格为："（"＋收案年度＋"）"＋法院代字＋类型代字＋案件编号＋"号"。据此，法院文书中不再出现"字""第"字样；实例中的案号格式为"（　　　）……字第……号"，与前述规定不符，应当去掉"字第"。

（2）告知事项。实例中的告知事项乃是引用《最高人民法院关于适用简易程序审理民事案件的若干规定》（以下评注中简称《简易程序若干规定》）。在实际应用中，因为基层法院在立案时直接将全部案件立为简易程序，而地址确认书一般于立案时填写，故简易程序案件并没有专门的地址确认书，实例中即是简易程序地址确认书。同时，该实例中的告知事项不够全面。

（3）送达方式。《民事诉讼法》第八十七条规定："经受送达人同意，人民法院可以采用传真、电子邮件等能够确认其收悉的方式送达诉讼文书，但判决书、裁定书、调解书除外。采用前款方式送达的，以传真、电子邮件等到达受送达人特定系统的日期为送达日期。"《民诉法解释》第一百三十六条规定："受送达人同意采用电子方式送达的，应当在送达地址确认书中予以确认。"实例名为《当事人送达地址确认书》，就标题而言比较完整；就内容而言，没有当事人是否同意电子送达的选项，和电子送达方式的栏目。

《最高人民法院关于进一步推进案件繁简分流优化司法资源配置的若干意见》规定：完善送达程序与送达方式。当事人在纠纷发生之前约定送达地址的，人民法院可以将该地址作为送达诉讼文书的确认地址。该文件出台于上述文书样式成文后，故上述文书样式未有涉及。根据该规定，送达地址确认书应当增加"是否有约定送达地址"及"约定送达地址"两项。

（4）送达地址。《民事诉讼法》第八十四、第八十五、第八十六条将送达对象表述为"受送达人"，该表述较之于实例中的当事人（原告、被告或第三人）更为精确和简洁。

《民事诉讼法》第八十五条第一款规定："送达诉讼文书，应当直接送交受送达人。受送达人是公民的，本人不在交他的同住成年家属签收；受送达人是法人或者其他组织的，应当由法人的法定代表人、其他组织的主要负责人或者该法人、组织负责收件的人签收；受送达人有诉讼代理人的，可以送交其代理人签收；受送达人已向人民法院指定代收人的，送交代收人签收。"第八十八条规定："直接送达诉讼文书有困难的，可以委托其他人民法院代为送达，或者邮寄送达。邮寄送达的，以回执上注明的收件日期为送达日期。"就逻辑而言，第八十五条是对直接送达的规定，第八十八条是对委托送达和邮寄送达的规定，所约束的是两种不同的送达方式。因此，第八十五条中规定的"受送达人已向人民法院指定代收人的，送交代收人签收"并不适用于第八十八条规定的邮寄送达情形，即邮寄送达只能送达至受送达人本人。实例中在当事人（原告、被告或第三人）之外专门设置收件人一栏，与上述精神相违背，若将相关法律文书邮寄至其他人进行送达，虽有当事人确认，但仍然有违程序正义。相比而言，文书样式中虽然没有"收件人"一栏，但未将代收情形囊括在内，法院在实际操作中有所不便，可以增加"代收人"一栏，并要求填写该代收人基本情况。与此同时，说明部分应当明确代收只适用于直接送达情形，不适用于邮寄送达。

（5）送达地址确认。文书式样相较于实例，增加"如在诉讼过程中送达地址发生变化，将及时通知法院"，在层次上与前文是递进关系，且对于地址发生变化的情形作出了承诺，降低了送达不能的风险。

（6）备注及签名。实例中"备考"一词用语不及"备注"规范；法院工作人员签名位置过小，应当留足两名法院工作人员签字的空间。

（7）有关事项告知书。当事人填写送达地址确认书，即面临相关法律风险，告知事项虽有部分风险提示功能，但失之完整充分，因此有必要就相关法律规定对当事人进行释明。实例未涉及此部分，文书样式则对邮寄送达、电子送达进行了专门说明，并对地址提供、确认和推定进行了阐述，最后强调法律后果，逻辑严谨。如前所述，我国已经确立送达地址约定制度，因此，在有关送达地址确认书部分应当增加相应内容。

2. 送达地址确认书的填写

（1）送达地址确认书表格，除受送达人（签名或盖章）一栏外，均可以由法院工作人员代为填写。

（2）增加的"代收人"一栏，若签收人非当事人本人，则须写明代收人与当事人之关系。

（3）受送达人（签名或者盖章）一栏，若当事人书写困难，可由他人带签，表述为"×××（×××代）"，并由当事人本人盖章或捺手印。

（4）法院工作人员签名一栏，须两名法院工作人员签字。

3. 送达地址方式确认书的效力

（1）在简易程序中确认的送达地址确认书可以在普通程序中适用。虽然送达地址确认和申报制度首次是在《简易程序若干规定》中规定的，并没有规定在普通程序中可以适用。但2005年的《邮寄送达若干规定》确立了以法院专递邮寄送达的方式具有与人民法院送达同等的法律效力，并专门设计了《当事人送达地址确认书》的文书样式，作为邮寄送达方式的实施形式。由此可以认为《邮寄送达若干规定》将原来只适用于简易程序的送达地址确认以及推定送达的重要规定扩展适用于整个民事诉讼送达程序中，这是完善邮寄送达制度的重要举措。根据该规定的精神以及当事人应依诚实信用原则参与诉讼的法理，在简易程序中确认的送达地址确认书可以在普通程序中适用；以简易程序审理的案件转入普通程序审理后，当事人原填写的送达地址确认书，可以继续在普通程序审理中适用。

（2）当事人在一案中提供或确认的送达地址确认书适用于同一时期的该当事人在其他案件中的送达。当事人在一案件中提供的送达地址确认书可否适用于同一时期的其他案件，《简易程序若干规定》和《邮寄送达若干规定》均未对此作出规定，导致审判实践中对此有不同意见。事实上，送达过程应当是诉讼各方互动的过程，是责任与风险共担的过程。送达不能，实质上也属于一种诉讼风险，作为诉讼程序的参加主体，当事人应当成为这种风险的承担者。而送达地址确认书是当事人向人民法院作出的一种承诺，即承诺该地址为有效的送达地址，具有契约性的特点，基于这种契约性，在特定的相同时期，在不同的案件当中应当均为有效。由于此案根据当事人提供的送达地址可以有效送达，那么审理该当事人在相同时期的其他案件的人民法院依据该有效的送达地址进行送达的行为具有正当性。这对提供送达地址的当事人来说并无不利影响，也不存在不公平，相反是诚实信用原则的基本要求，是当事人与法院共同促进诉讼义务的体现，这也对防范、惩戒恶意逃避诉讼的当事人，提高民事诉讼文书送达的效率有着重大作用。因此，同一当事人在同一时期不同案件提供的送达地址确认书可以在其他案件中使用。

（3）一审的送达地址确认书适用于二审和执行程序。审判实践中，当事人在对其不利的一审裁判提出上诉后，又拒不接收法院按一审确认的送达地址送达的各类司法文书，以借机拖延诉讼，实现转移资产、逃避债务的目的。根据《邮寄送达若干规定》第四条第三款的规定，当事人在第一审、第二审和执行终结前变更送达地址的，应当及时以书面方式告知人民法院。同时第十一条规定，因受送达人自己提供或者确认的送达地址变更未及时告知人民法院，导致诉讼文书未能被受送达人实际接收的，文书退回之日视为送达之日。从该规定的内容看，当事人在一审诉讼时向法院提供或确认的送达地址，在案件进入二审和执行程序后仍然是有效的。根据此规定我们可以将送达地址确认书的时间和空间效力扩展至二审和执行阶段，在一个案件完整的诉讼程序终结前，当事人未申请变更送达地址的情况下，送达地址确认书应该在整个程序中均为有效，除适用一审程序外，可以继续在二审和执行程序中适用。

11. 送达回证（送达民事诉讼文书用）

××××人民法院
送达回证

案号	
案由	
送达文书名称和件数	
受送达人	
送达地址	
受送达人签名或盖章	
代收人及代收理由	
备考	

填发人：	送达人：

注：①送达民事诉讼文书按照《中华人民共和国民事诉讼法》第八十四条、第八十五条、第八十六条的规定办理。

②代收诉讼文书的，由代收人签名或者盖章后，还应注明其与受送达人的关系及代收理由。

【说明】

1. 本样式根据《中华人民共和国民事诉讼法》第八十四条、第八十五条、第八十六条、第八十八条、第八十九条、第九十条、第九十一条制定，供人民法院送达民事诉讼文书时，由受送达人在送达回证上签名或者盖章并记明收到日期用。

2. 送达诉讼文书必须有送达回证，但是可以采用传真、电子邮件等能够确认其收悉的方式送达以及公告送达的除外。

3. 如果同时送达多种诉讼文书，在送达回证中的"送达文书名称和件数"栏中分别写明文书的名称和件数。

4. 受送达人是单位的，受送达人签名或者盖章栏内应注明收件人身份。

5. 非直接送达的，在"备考"栏记明送达方式。

6. 送达诉讼文书，应当直接送交受送达人。受送达人是公民的，本人不在交他的同住成年家属签收；受送达人是法人或者其他组织的，应当由法人的法定代表人、其他组织的主要负责人或者该法人、组织负责收件的人签收；受送达人有诉讼代理人的，可以送交其代理人签收；受送达人已向人民法院指定代收人的，送交代收人签收。受送达人的同住成年家属，法人或者其他组织的负责收件的人，诉讼代理人或者代收人在送达回证上签收的日期为送达日期。

7. 受送达人或者他的同住成年家属拒绝接收诉讼文书的，送达人可以邀请有关基层组织或者所在单位的代表到场，说明情况，在送达回证上记明拒收事由和日期，由送达人、见证人签名或者盖章，把诉讼文书留在受送达人的住所；也可以把诉讼文书留在受送达人的住所，并采用拍照、录像等方式记录送达过程，即视为送达。

8. 经受送达人同意，人民法院可以采用传真、电子邮件等能够确认其收悉的方式送达诉讼文书，但判决书、裁定书、调解书除外。以传真、电子邮件等到达受送达人特定系统的日期为送达日期。

9. 直接送达诉讼文书有困难的，可以委托其他人民法院代为送达，或者邮寄送达。邮寄送达的，以回执上注明的收件日期为送达日期。

10. 受送达人是军人的，通过其所在部队团以上单位的政治机关转交。

11. 受送达人被监禁的，通过其所在监所转交。受送达人被采取强制性教育措施的,通过其所在强制性教育机构转交。

12. 代为转交的机关、单位收到诉讼文书后,必须立即交受送达人签收,以在送达回证上的签收日期,为送达日期。

【实例评注】

武汉市硚口区人民法院
送达回证①

(各类案件通用)

案号:

案由	
送达文书名称和件数	
受送达人	
受送达人签名或盖章	年　月　日
代收人签名及代收理由	年　月　日
备考	

填发人:　　　　　　　　送达人:

〔评注〕

送达是司法机关按照法定的一定方式,将法律文书、诉讼文书交付给应当接受文书的当事人和其他诉讼参与人的诉讼行为。当事人向法院提交诉讼文书,或者当事人相互间交付诉讼文书,不称送达。

1. 送达方式

根据《民事诉讼法》的规定,人民法院送达的方式有以下六种:

(1)直接送达

直接送达又称交付送达,是指人民法院派专人将诉讼文书直接交付给受送达人签收的送达方式,直接送达是送达方式中最基本的方式。即是说凡是能够直接送达的,就应当直接送达,以防止拖延诉讼,保证诉讼程序的顺利进行。在一般情况下,受送达人是公民的,由该公民直接签收,该公民不在时可交由与其同住的成年家属签收。但是,在离婚案件中,本人不在,如果家中没有其他成年家属,只有对方当事人的,不宜采用由对方当事人签收的方法,因为双方有利害关系;受送达人是法人的交由其法定代表

---

① 来源:湖北省武汉市硚口区人民法院。

人或者该法人负责收件的人签收；受送达人是其他组织的交由其主要负责人或者该组织负责收件的人签收；受送达人有诉讼代理人的，可以交由其签收；受送达人已向人民法院指定代收人的，由代收人签收。

但是，调解书应当直接送交本人，不得由别人代收。因为调解书一经接受，即发生法律效力；当事人如果不接受，即视为调解未能成立。

(2) 留置送达

留置送达，是指受送达人无理拒收诉讼文书时，送达人依法将诉讼文书放置在受送达人的住所并产生送达的法律效力的送达方式。《民事诉讼法》第八十六条规定："受送达人或者他的同住成年家属拒绝接收诉讼文书的，送达人可以邀请有关基层组织或者所在单位的代表到场，说明情况，在送达回证上记明拒收事由和日期，由送达人、见证人签名或者盖章，把诉讼文书留在受送达人的住所；也可以把诉讼文书留在受送达在人住所，并采用拍照、录像等方式记录送达过程，即视为送达。"

(3) 委托送达

委托送达，是指负责审理该民事案件的人民法院直接送达诉讼文书有困难时，依法委托其他人民法院代为送达。委托送达与直接送达具有同等法律效力。负责审理该民事案件的人民法院称为委托法院，接受送达任务的法院称为受托法院。委托送达应当出具委托函，并附相关的诉讼文书和送达回证。受送达人在送达回证上签收的日期为送达日期。

(4) 邮寄送达

邮寄送达，是指人民法院将所送达的文书通过邮局并用挂号信寄给受送达人的方式。实践表明，法院采用邮寄送达通常是受送达人住地离法院路途较远，直接送达有困难时所采用的一种送达方式。

(5) 转交送达

转交送达，是指人民法院将诉讼文书送交受送达人所在单位代收，然后由其所在单位转交给受送达人的送达方式。转交送达有三种情况：①受送达人是军人，通过其所在部队团以上单位的政治机关转交；②受送达人被监禁的，通过其所在监所和劳动改造单位转交；③受送达人正在被劳动教养的，通过其劳动教养单位转交。代为转交的机关、单位收到诉讼文书后，必须立即交受送达人签收，并以其在送达回证上签收的时间为送达日期。

(6) 公告送达

公告送达，是指法院以张贴公告、登报等办法将诉讼文书公之于众，经过一定时间，法律上即视为送达的送达方式。根据《民事诉讼法》的规定，采用公告送达必须是受送达人下落不明，或者用前五种方式无法送达时，才能适用的送达方式。公告送达，自发出公告之日起，经过六十日，即为公告期满，视为送达。

2. 送达回证

送达回证是指人民法院或其他司法机关按照法定格式制作的，用以证明送达法律文书的凭证。它既是送达行为证明，又是受送达人接受送达的证明，是人民法院与受送达人之间发生诉讼法律关系的凭证。

根据民事诉文书样式，完整的送达回证当包括以下内容：①标题；②案号；③案由；④送达文书名称和件数；⑤受送达人；⑥送达地址；⑦受送达人签名或者盖章；⑧代收人及代收理由；⑨备考。实例中其他要素尽皆完备，缺少送达地址。实际上，送达地址是一项特别重要的内容，不应当忽略。原因如下：在案件审理过程中，诉讼文书的送达有两种情形，即在法院送达和在法院外送达。在法院外送达时，会涉及受送达人不在交他同住成年家属签收的情形，且前述送达地址确认书的填写，就是为了明确当事人的送达地址，防止当事人以未收到文书为由逃避诉讼。如果送达回证中没有送达地址一项，则前述送达地址确认书的功能将大为减弱。此处，实例中也没有"注"部分。"注"明确了送达的法律依据和代收文书需要注意的事项，不应当忽略。

六、调 解

1. 民事调解书（第一审普通程序用）

××××人民法院
民事调解书

（××××）……民初……号

原告：×××，……。
法定代理人/指定代理人/法定代表人/主要负责人：×××，……。
委托诉讼代理人：×××，……。
被告：×××，……。
法定代理人/指定代理人/法定代表人/主要负责人：×××，……。
委托诉讼代理人：×××，……。
第三人：×××，……。
法定代理人/指定代理人/法定代表人/主要负责人：×××，……。
委托诉讼代理人：×××，……。
（以上写明当事人和其他诉讼参加人的姓名或者名称等基本信息）
原告×××与被告×××、第三人×××……（写明案由）一案，本院于××××年××月××日立案后，依法适用普通程序，公开/因涉及……（写明不公开开庭的理由）不公开开庭进行了审理（开庭前调解的，不写开庭情况）。
……（写明当事人的诉讼请求、事实和理由）。
本案审理过程中，经本院主持调解，当事人自愿达成如下协议/当事人自行和解达成如下协议，请求人民法院确认/经本院委托……（写明受托单位）主持调解，当事人自愿达成如下协议：
一、……；
二、……。
（分项写明调解协议内容）
上述协议，不违反法律规定，本院予以确认。
案件受理费……元，由……负担（写明当事人姓名或者名称、负担金额。调解协议包含诉讼费用负担的，则不写）。
本调解书经各方当事人签收后，即具有法律效力/本调解协议经各方当事人在笔录上签名或者盖章，本院予以确认后即具有法律效力（各方当事人同意调解协议上签名或者盖章后发生法律效力的）。

审　判　长　×××
审　判　员　×××
审　判　员　×××

××××年××月××日
（院印）
书　记　员　×××

【说明】

1. 本样式根据《中华人民共和国民事诉讼法》第五十条、第九十五条、第九十六条、第九十七条、第九十八条制定，供人民法院在适用第一审普通程序审理案件过程中，当事人自行和解达成协议请求人民法院确认、人民法院主持调解达成协议、人民法院委托有关单位主持调解达成协议由人民法院确认后，制作民事调解书用。

2. 案号类型代字为"民初"。

3. 调解书应当写明诉讼请求、案件事实和调解结果。

4. 调解协议的内容不得违反法律规定。

5. 诉讼请求和案件事实部分的写法力求简洁、概括，可以不写审理过程及证据情况。

【实例评注】

湖北省荆门市中级人民法院
民事调解书[①]

（2014）鄂荆门民三初字第00028号

原告湖北博瑞建设工程有限公司，住所地京山县新市镇京源大道184号，组织机构代码773×××××－×。

法定代表人蒋某某，该公司总经理。

委托代理人张某某，男，1966年10月25日出生，汉族，江苏省江都市人，湖北博瑞建设工程有限公司项目经理，住荆门市金虾路浏河新村，公民身份号码321088×××

[①] 来源：湖北省荆门市人民法院(2014)鄂荆门民三初字第00028号案卷。

××××××××××，系特别授权。

委托代理人刘某某，湖北京中金律师事务所律师，系特别授权。

被告荆门市三恒房地产开发有限公司，住所地荆门市掇刀区深圳大道东8号东方名都1幢5层0501室，组织机构代码739××××—×。

法定代表人毛某某，该公司执行董事。

委托代理人王某，湖北中科律师事务所律师，系特别授权。

案由：建设工程合同纠纷

原告湖北博瑞建设工程有限公司与被告荆门市三恒房地产开发有限公司建设工程合同纠纷一案，本院于2014年8月18日受理后，依法组成合议庭，于2014年10月15日公开开庭进行了审理。原告湖北博瑞建设工程有限公司的委托代理人张某某、刘某某，被告荆门市三恒房地产开发有限公司的委托代理人王某到庭参加诉讼。

原告湖北博瑞建设工程有限公司诉称，2009年9月10日，原被告双方经协商，签订了《湖北省建设工程施工合同》。2013年10月28日双方签订《补充协议》，约定未付工程款从2010年12月1日起按年息25%计算滞纳金，直至款项付清时止，确认原告在被告无力支付工程款时可通过法律程序变卖工程优先受偿。2014年4月2日双方进行工程决算，确定工程总价款为1 060万元，被告已向原告支付工程款265万元，尚欠795万元未支付，因此被告向原告出具了欠条。该款项经原告多次催要，但被告一直借故拖延。2014年5月，该工程交由被告管理。为此，原告请求法院依法判令：1. 被告支付工程款795万元，以被告位于钟祥市承天大道的钟祥新园大酒店综合楼项目建设工程折价或拍卖的价款优先受偿；2. 被告支付违约金7 454 486元（违约金计算到2014年8月31日，之后的违约金按年息25%计算至款项还清时止）；3. 本案诉讼费由被告承担。

被告荆门市三恒房地产开发有限公司辩称：1. 原告要求被告支付工程款795万元的金额属实，由于该工程的项目负责人董成元下落不明，导致该工程未能完工，房产未能出售，工程款延期支付。2. 被告愿意承担欠付的工程款，按双方的相关约定承担利息或者违约金。3. 被告在该工程中投入了部分资金，董某某的失联引发了系列问题，请原告谅解，待该工程恢复正常销售时，优先支付原告的相应款项。

原告湖北博瑞建设工程有限公司为证实其主张，向本院提交了以下七份证据：

A1. 原被告双方于2009年9月10日签订的《湖北省建设工程施工合同》。拟证明：1. 被告将钟祥新园大酒店综合楼交由原告承建开发，约定工程价款为930万元；2. 该合同第58条约定了工程款的支付方式及逾期付款的违约责任；3. 该合同约定了原被告双方的权利义务关系。

A2. 原被告双方于2013年10月28日签订的《补充协议》。拟证明：1. 原被告双方约定了工程决算时间；2. 钟祥新园大酒店综合楼工程一直由原告占有看管；3. 原被告双方约定了利息计算的时间、标准；4. 被告同意尽快完工验收，同意原告变卖工程优先受偿。

A3. 2014年4月2日，钟祥新园大酒店工程决算书及工程量增加项目明细。拟证明该工程总造价为1 060万元，双方签字盖章认可。

A4. 2014年4月5日，被告书写的欠条。拟证明被告现尚欠工程款本金795万元。

A5. 2014年5月20日，新园大酒店综合楼交接单。拟证明：1. 原告于2014年5月20日正式将大楼移交给被告，但只交了装修钥匙；2. 被告售房后应将房款支付给原告。

A6. 2013年8月3日，钟祥市祥安建设工程监理有限责任公司证明。拟证明钟祥新园大酒店综合楼一直未完工。

A7. 钟祥新园大酒店综合楼项目的《建设用地规划许可证》《建设工程规划许可证》《建设工程施工许可证》。拟证明钟祥新园大酒店综合楼项目的施工单位是原告，施工手续完备合法。

被告荆门市三恒房地产开发有限公司对原告湖北博瑞建设工程有限公司上述七份证据的质证意见为：对证据A1、A2、A3、A4、A5、A6、A7的真实性、合法性及其证明目的均无异议。

被告荆门市三恒房地产开发有限公司未向法院提交证据。

本院经审查，对原告湖北博瑞建设工程有限公司上述七份证据的认证意见为：证据A1、A2、A3、A4、A5、A6、A7具备真实性、合法性，与本案具有关联性，能达到其证明目的，本院对证据A1、A2、A3、A4、A5、A6、A7予以采信。

经审理查明，2009年9月10日，原被告双方经协商，签订了《湖北省建设工程施工合同》，该合同约定被告将其开发的钟祥新园大酒店综合楼工程发包给原告，合同价款为930万元，工程款如不能按时支付，被告每天按应付款的1%支付原告滞纳金。钟祥新园大酒店综合楼工程依法办理了《建设用地规划许可证》《建设工程规划许可证》《建设工程施工许可证》。合同签订后，原告依约定履行合同义务，但被告未按期支付工程款。2013年10月28日，原被告双方签订一份《补充协议》，约定在该协议生效后6个月内按工程现状办理完工程决算，且不论何时办理决算，双方同意将《湖北省建设工程施工合同》中约定的滞纳金计算标准变更为未付工程款从2010年12月1日起按年息25%计算滞纳金，直至款项付清时止，并确认原告在被告无力支付工程款时可通过法律程序变卖工程优先受偿。2014年4月2日，原被告双方进行工程决算，确定工程合同价为930万元，增补项目造价为130万元，工程总价款为1 060万元。2014年4月5日，被告向原告出具了一张欠条，确认被告已向原告支付工程款265万元，尚欠795万元未支付。2014年5月20日，原被告双方签署《新园大酒店综合楼交接单》，原告将该工程移交给被告，但仅交付装修钥匙，正式钥匙仍由原告保管。

本案在审理过程中，经本院主持调解，双方当事人自愿达成如下协议：

一、被告荆门市三恒房地产开发有限公司同意支付原告湖北博瑞建设工程有限公司工程款7 950 000元。

二、被告荆门市三恒房地产开发有限公司同意承担原告湖北博瑞建设工程有限公司违约金 7 454 486 元（自 2010 年 12 月 1 日起计算至 2014 年 8 月 31 日止）；2014 年 9 月 1 日之后的违约金以 7 950 000 元为本金，按中国人民银行发布的同期同类贷款利率的四倍为计息标准，计算至被告荆门市三恒房地产开发有限公司实际付清之日止。

三、被告荆门市三恒房地产开发有限公司同意于 2014 年 12 月 31 日前付清上述第一、二项下的款项。

四、如果被告荆门市三恒房地产开发有限公司于 2014 年 12 月 31 日前未付清上述第一、二项下的款项，原告湖北博瑞建设工程有限公司就上述第一项下的工程款 7 950 000 元，依照《中华人民共和国合同法》第二百八十六条规定享有本案建设工程折价或者拍卖的价款的优先受偿权，被告荆门市三恒房地产开发有限公司对原告湖北博瑞建设工程有限公司上述依法享有的优先受偿权及行使优先受偿权不持异议。

五、案件受理费 114 227 元，减半收取 57 113.5 元，案件保全申请费 5 000 元，合计 62 113.5 元，由被告荆门市三恒房地产开发有限公司负担（上述款项已由原告湖北博瑞建设工程有限公司预交 65 000 元，被告荆门市三恒房地产开发有限公司在本案执行时径付 62 113.5 元给原告湖北博瑞建设工程有限公司）。

上述调解协议，根据《最高人民法院关于人民法院民事调解工作若干问题的规定》第十三条的规定，已经本院审查确认，并已由当事人、审判人员、书记员在该调解协议上签名，该调解协议已于 2014 年 10 月 15 日发生法律效力。应当事人的请求，本院制作此调解书。如当事人拒收调解书，不影响调解协议的效力。一方不履行调解协议的，另一方可以持调解书向人民法院申请执行。

审　判　长　　杨红艳
代理审判员　　李园园
代理审判员　　邱　泉
二〇一四年十月十五日
书　记　员　　曾　靖

〔评注〕

1. 民事调解书的一般性问题

人民法院审理民事案件，在坚持自愿、合法的原则下，查明事实、分清是非的基础上，采取调解方式，促使双方当事人互相谅解，达成协议后而写成的文书，称为人民法院民事调解书。民事调解书是人民法院常用的重要的司法应用文之一，具有法律效力。它既是当事人协商结果的记录，又是人民法院予以批准的证明，也是当事人遵照执行的根据。因此，制作好调解书，对于及时解决人民内部矛盾，促进安定团结，宣传社会主义法制，预防和减少纠纷,都有重要意义。民事调解书分为一审、二审、再审调解书。

(1)民事调解书的结构

①诉讼参与人的姓名、性别、年龄、民族、籍贯、工作单位、职业和住址等。

②案由。写明案件的性质。

③事实。写明标的物的名称、数量、所在地、纠纷的原因、过程和现状以及双方的请求和所持的理由。

④理由。根据法律的适用条款,针对当事人争议的问题,作出公正合理的评定。

⑤协议内容。这是调解书的核心部分。写明在当事人自愿、合法的原则下达成的解决纠纷的一致意见。

⑥注明调解书的法律效力。

⑦审判庭人员签字并加盖院章,注明制作日期。

(2)民事调解书的写作方法

①标题。标题由法院名称、文书名称和案号组成。案号由收案年度、法院代字、类型代字和案件编号组成。

②诉讼参与人(原告、被告)身份等基本情况,写法与第一审普通程序民事判决书相同,可参照。

③事实。调解书事实的写法,应视具体案件而定:如先写明标的物的名称、数量、所在地,再写明纠纷的原因、过程和现状,以及双方的请求和所持的理由。

在写法上,一般采取把双方争议的事实和法院认定的事实综合在一起写。它不像判决书那样把事实写得很详细,而是力求高度的概括和凝练,在简明上见功夫。

④理由。调解理由,是指人民法院在查清事实的基础上,根据法律,针对当事人争议的问题,作出公正合理的评定,从而讲明道理,分清是非,表明态度。

案情简单,协议达成也顺利的,可以不写理由,或者调解理由从简,与事实写在一段里。但是,案情比较重大复杂的,当事人要求法院明辨是非的,以及经济纠纷案件,则应当另起一行写明调解的理由。

⑤协议内容。这是指当事人在自愿合法的原则下达成的解决纠纷的一致意见。有两方面的具体内容:一是案件实体问题的解决意见,二是诉讼费用的负担。

⑥注明文书效力。在诉讼费用负担的下一行写明:"本调解书经各方当事人签收后,即具有法律效力/本调解协议经各方当事人在笔录上签名或者盖章,本院予以确认后即具有法律效力(各方当事人同意在调解协议上签名或者盖章后发生法律效力的)。"

⑦合议庭组成人员或者独任审判员署名;达成协议的时间,并加盖人民法院院章;书记员署名。

(3)《民事诉讼法》相关规定

第九十三条【调解的原则】人民法院审理民事案件,根据当事人自愿的原则,在事实清楚的基础上，分清是非，进行调解。

第九十四条【调解组织形式】人民法院进行调解，可以由审判员一人主持，也可以由合议庭主持，并尽可能就地进行。

人民法院进行调解，可以用简便方式通知当事人、证人到庭。

第九十五条【协助调解】人民法院进行调解，可以邀请有关单位和个人协助。被邀请的单位和个人，应当协助人民法院进行调解。

第九十六条【调解协议】调解达成协议，必须双方自愿，不得强迫。调解协议的内容不得违反法律规定。

第九十七条【调解书】调解达成协议，人民法院应当制作调解书。调解书应当写明诉讼请求、案件的事实和调解结果。

调解书由审判人员、书记员署名，加盖人民法院印章，送达双方当事人。

调解书经双方当事人签收后，即具有法律效力。

第九十八条【不制作调解书】下列案件调解达成协议，人民法院可以不制作调解书：

(一)调解和好的离婚案件；

(二)调解维持收养关系的案件；

(三)能够即时履行的案件；

(四)其他不需要制作调解书的案件。

对不需要制作调解书的协议，应当记入笔录，由双方当事人、审判人员、书记员签名或者盖章后，即具有法律效力。

2. 对实例的评注

(1)按照《民事诉讼文书样式》的格式要求，民事调解书中案件案号使用"民初"字样。

(2)当事人及其法定代表人、委托代理人后应添加":"。"委托代理人"应改为"委托诉讼代理人"。

(3)在列明当事人信息后写明案件受理后依法所适用的诉讼程序及是否公开审理，若不公开审理应写明不公开审理的理由。

(4)应先列明当事人就本案的诉讼请求，再叙述当事人就本案诉讼请求的事实及理由。

(5)对当事人自行达成的合法调解协议，应该写明"上述协议，不违反法律规定，本院予以确认"。

(6)就内容而言，审判员归纳当事人达成的调解意见的内容应该明确、清楚，有给付金钱的应明确支付方式、时间等内容。本调解书中所归纳调解意见第一项"被告荆门市三恒房地产开发有限公司同意支付原告湖北博瑞建设工程有限公司工程款7 950 000元"的表述，未明确支付的时间及方式，在归纳的其他调解意见中也未明确支付方式及时间。

（7）每项调解协议之间应当用"；"来区分项目或段落，而非"。"。

2. 民事调解书（简易程序用）

×××× 人民法院
民事调解书

（××××）……民初……号

原告：×××，……。
被告：×××，……。
（以上写明当事人和其他诉讼参加人的姓名或者名称等基本信息）

原告×××与被告×××……（写明案由）一案，本院于××××年××月××日立案后，依法适用简易程序公开/因涉及……（写明不公开开庭的理由）不公开开庭进行了审理（开庭前调解的，不写开庭情况）。

……（写明当事人的诉讼请求、事实和理由）。

本案审理过程中，经本院主持调解，当事人自愿达成如下协议/当事人自行和解达成如下协议，请求人民法院确认/经本院委托……（写明受委托单位）主持调解，当事人自愿达成如下协议：

一、……；
二、……。

（分项写明调解协议内容）

上述协议，不违反法律规定，本院予以确认。

案件受理费……元，由……负担（写明当事人姓名或者名称、负担金额。调解协议包含诉讼费用负担的，则不写）。

本调解书经各方当事人签收后，即具有法律效力/本调解协议经各方当事人在笔录上签名或者盖章，本院予以确认后即具有法律效力（各方当事人同意在调解协议上签名或者盖章后发生法律效力的）。

审　判　员　×××

××××年××月××日
（院印）
书　记　员　×××

【说明】

1. 本样式根据《中华人民共和国民事诉讼法》第五十条、第九十五条、第九十六条、第九十七条、第九十八条以及《最高人民法院关于适用〈中华人民共和国民事诉讼法〉的解释》第一百五十一条、第二百七十条第一项制定,供人民法院在适用简易程序审理案件过程中,当事人自行和解达成协议请求人民法院确认、人民法院主持调解达成协议、人民法院委托有关单位主持调解达成协议由人民法院确认后,制作民事调解书用。

2. 对于不需要制作调解书的,当事人各方同意在调解协议上签名或者盖章后即发生法律效力,经人民法院审查确认后,应当记入笔录或者将调解协议附卷,并由当事人、审判人员、书记员签名或者盖章后即具有法律效力。当事人请求制作调解书的,人民法院审查确认后可以制作调解书送交当事人。当事人拒收调解书的,不影响调解协议的效力。

【实例评注】

湖北省武汉市硚口区人民法院
民事调解书①

(2016)鄂 0104 民初 2086 号

原告胡某,女,汉族,1971 年 10 月 29 日生,居民身份证住址武汉市江夏区金口街花园路×号,公民身份号码 420122××××××××××××。

委托代理人张某某,湖北海纳川律师事务所律师(一般代理)。

被告武汉博雅东方物业管理有限公司,住所地武汉市江汉区金华大厦 7 层 5 室。

法定代表人杨某某,该公司董事长。

委托代理人赵某某,湖北得伟君尚律师事务所律师(特别授权)。

被告武汉同济物业管理有限公司,住所地武汉市硚口区航空路 13 号。

法定代表人李某某,该公司总经理。

委托代理人杨某,湖北得伟君尚律师事务所律师(特别授权)。

案由:劳动争议

经审理查明,原告胡某诉称其于 2006 年 9 月入职武汉同济物业管理有限公司从事电梯管理员工作,2008 年 1 月 1 日双方补签书面劳动合同。2010 年 12 月 5 日

---

① 来源:湖北省武汉市硚口区人民法院。

原告在未与武汉同济物业管理有限公司解除劳动合同情况下，被要求与武汉博雅东方物业管理有限公司就相同劳动事宜重新签订劳动合同。两被告未为原告缴纳社会保险，原告自行缴纳了社会保险。2015年9月原告以被告未依法缴纳社会保险为由辞职。

原告于2016年1月4日向武汉市硚口区劳动人事争议仲裁委员会申请仲裁，该仲裁委作出硚劳人仲裁字［2016］第85号裁决书。现原告不服仲裁，诉至本院，请求判令1. 武汉博雅东方物业管理有限公司支付原告2014年至2015年年休假补偿853元；2. 武汉博雅东方物业管理有限公司支付原告经济补偿金16 704元；3. 武汉博雅东方物业管理有限公司支付原告失业保险损失16 380元；4. 武汉同济物业管理有限公司就上述支付义务承担连带责任。

本案在审理过程中，经本院主持调解，双方当事人自愿达成如下协议：

一、被告武汉博雅东方物业管理有限公司于本调解书签收之日起七日内一次性支付原告胡芳经济补偿金18 737.82元。

二、原告胡某放弃对被告武汉博雅东方物业管理有限公司其他诉讼请求。

三、原告胡某放弃要求被告武汉同济物业管理有限公司承担连带责任诉讼请求。

四、原告胡某与被告武汉博雅东方物业管理有限公司、被告武汉同济物业管理有限公司因劳动关系产生的权利义务全部终结，各方不得以同一事实和理由再次主张权利。

案件受理费予以免交。

上述协议，不违反法律规定，本院予以确认。本调解书自双方当事人签收之日起即具有法律效力。

审　判　员　徐岚路

二〇一六年八月十八日

书　记　员　朱瑞波

〔评注〕

根据《民事诉讼法》第五十条、第九十五条、第九十六条、第九十七条、第九十八条以及《民诉法解释》第一百五十一条、第二百七十条第一项的规定，双方当事人可以自行和解。人民法院进行调解，可以邀请有关单位和个人协助。被邀请的单位和个人，应当协助人民法院进行调解。结合实例，对于该类文书评注如下：

1. 当事人及其法定代表人、委托代理人后应添加"："。"委托代理人"应改为"委托诉讼代理人"。

2. 在列明当事人信息后，应按照格式要求写明"原告×××与被告×××……

（写明案由）一案，本院于××××年××月××日立案后，依法适用简易程序公开/因涉及……（写明不公开开庭的理由）不公开开庭进行了审理（开庭前调解的，不写开庭情况）"。实例仅写明了案由，是明显不够的。

3. 就调解协议内容而言，调解协议中应该明确诉讼费的负担主体及数额，本例中，没有明确诉讼费负担主体及数额，仅表述为"案件受理费予以免交"是不足够的。

4. 每项调解协议之间应该用";"区分项目及段落而非"。"。

5. 关于调解书效力的部分不应该与其他部分混同表达，应该单独成段。

3. 民事调解书（小额诉讼程序用）

××××人民法院
民事调解书

（××××）……民初……号

原告：×××，……。
……
被告：×××，……。
……

（以上写明当事人和其他诉讼参加人的姓名或者名称等基本信息）

原告×××与被告×××……（写明案由）一案，本院于××××年××月××日立案后，依法适用小额诉讼程序进行了审理。

……（写明当事人的诉讼请求、事实和理由）。

本案审理过程中，经本院主持调解，当事人自愿达成如下协议/当事人自行和解达成如下协议，请求人民法院确认/经本院委托……（写明受委托单位）主持调解，当事人自愿达成如下协议：

一、……；
二、……。

（分项写明调解协议内容）

上述协议，不违反法律规定，本院予以确认。

案件受理费……元，由……负担（写明当事人姓名或者名称、负担金额。调解协议包含诉讼费用负担的，则不写）。

本调解书经各方当事人签收后，即具有法律效力/本调解协议经各方当事人在笔录上签名或者盖章，本院予以确认后即具有法律效力（各方当事人同意在调解协议上签名或者盖章后发生法律效力的）。

审 判 员　×××

××××年××月××日
（院印）
书 记 员　×××

【说明】

1. 本样式根据《中华人民共和国民事诉讼法》第五十条、第九十五条、第九十六条、第九十七条、第九十八条以及《最高人民法院关于适用〈中华人民共和国民事诉讼法〉的解释》第一百五十一条、第二百八十二条制定，供人民法院在适用小额诉讼程序审理案件过程中，当事人自行和解达成协议请求人民法院确认、人民法院主持调解达成协议、人民法院委托有关单位主持调解达成协议由人民法院确认后，制作民事调解书用。

2. 小额诉讼案件，可以不写案件事实。

【实例评注】

湖北省武汉市硚口区人民法院
民事调解书①

（2016）鄂 0104 民初 1065 号

原告杨某某，女，1935 年 12 月 9 日出生，汉族，武汉市人，住武汉市。
委托代理人陈某某、余某某，湖北九畴律师事务所律师（特别授权）。
委托代理人曾某某，女，1959 年 7 月 11 日出生，汉族，武汉市人，住武汉市，系原告之女（特别授权）。
被告徐某，男，1990 年 6 月 21 日出生，汉族，湖北省云梦县人，住湖北省云梦县。
被告中国太平洋财产保险股份有限公司湖北分公司武昌友谊大道营销部，住所地武汉市。
负责人熊某某，该公司总经理。

---

① 来源：湖北省武汉市硚口区人民法院(2016)鄂 0104 民初 1065 号案卷。

委托代理人阮某，该公司员工(特别授权)。

案由：机动车交通事故责任纠纷

经审理查明：2015年7月18日10时50分，被告徐某驾驶小轿车驾驶到武汉市硚口区长寿社区长寿桥8号门前倒车时，将行走在小区道路上的原告杨某某撞倒，至其受伤住院治疗5天，共花去医疗费6 098元。此次事故经交警部门认定，被告徐某负事故全部责任，原告杨某某无责任。经湖北荆楚法医司法鉴定所鉴定，原告杨某某所受损伤不构成伤残，建议给以后期治疗费1 500元，治疗及休息时间为40天，护理时间为10天。现原告为维护其合法权益诉至法院，请求：1. 被告共同赔偿原告各项损失共计人民币11 250.1元；2. 诉讼费用由被告承担。

另查明，肇事车辆为被告徐某所有，该车在被告中国太平洋财产保险股份有限公司湖北分公司武昌友谊大道营销部处投保交强险及商业三责险。

本案在审理过程中，经本院主持调解，双方当事人自愿达成如下协议：

一、被告中国太平洋财产保险股份有限公司湖北分公司武昌友谊大道营销部自本调解协议生效之日起十日内，在交强险以及商业三责险限额内共赔偿原告杨某某人民币6 837.1元。

二、被告徐某赔偿原告杨某某诉讼费及鉴定费用人民币共计2 100元。(此款已当庭给付)。

三、原告杨某某自愿放弃其他诉讼请求，并同意不再以同一事实和理由向被告主张任何民事权利。

四、案件受理费减半收取250元由被告徐某负担(此款已计入上述款项中，不再另行支付)。

上述协议，符合有关法律规定，本院予以确认。

本调解书经双方当事人签收后，即具有法律效力。

审 判 员　李旭光

二〇一六年四月二十六日

书 记 员　林 伟

〔评注〕

依据《民事诉讼法》第五十条、第九十五条、第九十六条、第九十七条、第九十八条的规定，双方当事人可以自行和解。人民法院进行调解，可以邀请有关单位和个人协助。被邀请的单位和个人，应当协助人民法院进行调解。调解达成协议，必须双方自愿，不得强迫。调解协议的内容不得违反法律规定。调解达成协议，人民法院应当制作调解书。调解书应当写明诉讼请求、案件的事实和调解结果。调解书由审判人员、书记员署名，加盖人民法院印章，送达双方当事人。调解书经双方当事人签收后，即具有法律效力。下列案件调解达成协议，人民法院可以不制作调解书：(1)调解和好的离婚案件；(2)调解维持收养关系的案件；(3)能够即时履行的案件；(4)其他不需要制作调解书的案件。对不需要制作调解书的协议，应当记入笔录，由双方当事人、审判人员、书记员签名或者盖章后，即具有法律效力。根据《民诉法解释》第一百五十一条、第二百八十二条的规定，人民法院在适用小额诉讼程序审理案件过程中，当事人自行和解达成协议请求人民法院确认、人民法院主持调解达成协议、人民法院委托有关单位主持调解达成协议由人民法院确认后，人民法院应当制作调解书。

实例选取自湖北省武汉市硚口区人民法院(2016)鄂0104民初1065号民事调解书，结合上述规定，评注如下：

1. 一般而言，小额诉讼程序调解书与简易程序调解书相类似，但是有以下三点区别：(1)案件的标的额不同，小额诉讼程序标的额为各省、自治区、直辖市上年度就业人员年平均工资30%以下的民事案件，简易程序则无此要求。(2)文书更加简化，小额诉讼程序调解文书中可以不写案件事实，而简易程序则要求相对更为严格。(3)适用的原则不同，小额诉讼程序以"调解优先、调判结合"的工作原则贯穿始终，需要更加注意调解方法的灵活性、正当性和可操作性。

2. 文书样式要求写明立案时间以及适用小额诉讼程序审理此案，实例中未注明该项内容。

3. 根据《人民法院民事裁判文书制作规范》的规定，案件受理费的书写方式有两种，一种是写在"上述协议，不违反法律规定，本院予以确认"之后，另一种是直接在调解协议中约定案件受理费的承担问题。实例中采取的是第二种方式。

4. 依据文书样式的要求原被告与身份信息之间应用"："隔开，在实例中未隔开。"委托代理人"应改为"委托诉讼代理人"。

5. 实例中对事实的描写简明扼要，把握住案件的重点，脉络清晰明了，符合小额诉讼程序中"简化"的要求。在新版的文书样式中甚至可以"简化"到不写明事实。案件的事实及理由在笔录中有详细的记载，适用的法律依据也可以当庭询问法官。案件当庭调解结案，更能体现司法效率。

6. 每项调解协议之间应当用"；"来区分项目或段落而非"。"。

4. 民事调解书（公益诉讼用）

××××人民法院
民事调解书

（××××）……民初……号

原告：×××，……。
……

被告：×××，……。
……

第三人：×××，……。
……

（以上写明当事人和其他诉讼参加人的姓名或者名称等基本信息）

原告×××与被告×××、第三人×××……公益诉讼（写明案由）一案，本院于××××年××月××日立案后，依法适用普通程序审理。

×××诉称，……（概述原告的诉讼请求、事实和理由）。

×××辩称，……（概述被告答辩意见）。

×××述称，……（概述第三人陈述意见）。

经审理，本院认定事实如下：

……（写明法院查明的事实和证据）。

本案审理过程中，经本院主持调解，当事人自愿达成如下协议/当事人自行和解达成如下协议，请求人民法院确认：

一、……；

二、……。

（分项写明调解协议内容）

本院于××××年××月××日将民事起诉状、和解/调解协议、整改/技术处理方案在本院公告栏、人民法院报和……（当地媒体）上进行了为期××日（不少于三十日）的公告。（无异议的，写明：）公告期满后未收到任何意见或建议。（有异议的，写明：）公告期满后收到×××（写明异议人）提出的异议认为……（概述异议内容）。

本院认为，×××提出的异议，……（概述异议不成立的理由），本院不予采纳（没有异议的，不写）。上述协议不违反法律规定和社会公共利益，本院予以确认。

本调解书经各方当事人签收后，即具有法律效力。

审　判　长　×××

```
                                          审  判  员  ×××
                                          审  判  员  ×××

                                       ××××年××月××日
                                                （院印）
                                          书  记  员  ×××
```

【说明】

1. 本样式根据《中华人民共和国民事诉讼法》第五十条、第九十七条以及《最高人民法院关于适用〈中华人民共和国民事诉讼法〉的解释》第二百八十九条制定，供人民法院在适用第一审普通程序审理公益诉讼案件过程中，当事人自行和解达成协议请求人民法院确认或者人民法院主持调解达成协议，人民法院进行公告期满后，经审查和解或者调解协议不违反社会公共利益的，制作民事调解书用。

2. 公益诉讼当事人达成和解或者调解协议后，人民法院应当将和解或者调解协议公告。公告期间不少于三十日。

3. 公告期满后，人民法院经审查，和解或者调解协议不违反社会公共利益的，应当出具调解书；和解或者调解协议违反社会公共利益的，不予出具调解书，继续对案件审理并依法裁判。

4. 没有整改方案或者技术处理方案等的，不写相应内容。

【实例评注】

江苏省泰州市中级人民法院
民事调解书①

（2015）泰中环公民初字第00001号

原告北京市朝阳区自然之友环境研究所，住所地北京市朝阳区裕民路12号C号楼406。

法定代表人张某某，该所副总干事。

委托代理人葛某，该所工作人员。

---

① 来源：江苏省泰州市中级人民法院(2015)泰中环公民初字第00001号案卷。

委托代理人夏某，北京市中咨律师事务所律师。

被告江苏中丹化工技术有限公司，住所地泰兴市沿江经济开发区通江路8号。

法定代表人张某某，总经理。

委托代理人常某某，江苏济恒律师事务所律师。

委托代理人陆某，江苏济恒律师事务所律师。

原告北京市朝阳区自然之友环境研究所（以下简称自然之友）与被告江苏中丹化工技术有限公司（以下简称中丹公司）、被告泰州市沃爱特化工有限公司、被告泰兴市橡胶化工厂环境污染损害赔偿纠纷一案，原告于2014年11月11日向本院起诉。本院于2015年1月15日作出不予受理的裁定，自然之友不服，向江苏省高级人民法院提起上诉。江苏省高级人民法院于2015年5月15日作出（2015）苏环公民诉终字00001号民事裁定，指令本院予以受理。本院于2015年8月14日受理后，予以了公告，并于2015年8月24日向被告送达了起诉状副本及应诉通知书。2015年9月2日，被告中丹公司向本院提出管辖权异议，申请对此案不合并审理。2015年10月12日原告自然之友向本院提出申请，在本案中撤回对被告泰州市沃爱特化工有限公司、被告泰兴市橡胶化工厂的起诉，另案起诉泰州市沃爱特化工有限公司、泰兴市橡胶化工厂。本院于2015年10月14日裁定准许原告自然之友撤回对被告泰州市沃爱特化工有限公司、被告泰兴市橡胶化工厂的起诉。本院依法组成合议庭，分别于2015年12月11日、2016年3月18日组织当事人进行了证据交换，于2016年3月31日公开开庭审理了本案，原告自然之友的委托代理人葛某、夏某，被告中丹公司的委托代理人常某某到庭参加诉讼。

原告自然之友诉称，2012年4月至2012年12月期间，被告中丹公司将892.84吨废酸交予无处理资质和处理能力的戴某某等人处置，废酸被倾倒至如泰运河、古马干河，严重污染了环境，经评估，上述废酸的虚拟治理成本为178.6万至312.5万元。参照江苏省泰州市中级人民法院（2014）泰中环公民初字第00001号环境污染公益诉讼一案民事判决，以虚拟治理成本178.6万乘以4.5倍计算环境污染损害赔偿费用为803.7万元。请求判令中丹公司赔偿环境污染损害赔偿费用803.7万元，并承担原告为本案支付的差旅费25 797元，鉴定评估费12万元及律师费（赔偿费用的8%）。

被告中丹公司辩称，1. 原告不具备诉讼主体资格。原告登记日期是2010年6月18日，提起诉讼时间为2014年11月份，成立时间未达到法律规定的连续5年，且原告章程确定的宗旨和主要业务范围为明确维护社会公共利益且从事环境保护公益活动，因此原告不具备本案诉讼主体资格。2. 原告认定被告中丹公司交戴某某处置的废酸没有事实根据。依照环保部门批复的环评报告，被告中丹公司生产过程中产生的尾气吸收液是废水，不是废酸。在12·19刑事案件中对被告中丹公司尾气吸收液的检测结果为含酸量比较低，属于废水，故未追究中丹公司责任。3. 原告认定被告中丹公司交戴某某等人处置的废弃物数量没有事实根据，原告依据的是戴某某在公安机关的供述，而该供述并未被人民法院所确认，因此不能作为本案认定的根据，事实上从环评报告所依据的产品工艺来看，实际产生废水量不大，达不到原告所讲的800多吨。4. 原告所称的中丹公司废弃物成本评估不科学，不能作为依据，认定属于废酸没有依据。原告单方委托的人员没有法定评估资质，且评估未经过与被告协商和人民法院指定，没有法律效力。

经审理查明：2012年4月至2012年12月期间，被告江苏中丹化工技术有限公司以每吨补贴30~60元的价格将814.72吨尾气吸收液交予戴卫国、蒋巧红等人处置，并倾倒至泰兴市如泰运河、泰州市高港区古马干河，污染了环境。2015年5月7日，泰兴市环境保护局作出泰环罚字（2015）16号行政处罚决定，对被告江苏中丹化工技术有限公司罚款6万元。2016年8月4日，泰兴市环境保护局出具证明："江苏中丹化工技术有限公司已认真整改，规范处置，在泰兴12.19案件后未发生超标违法排放和污染事故。"

本案审理过程中，经本院主持调解，双方当事人自愿达成以下协议：

一、被告江苏中丹化工技术有限公司赔偿生态环境损害费用100万元，于签收调解书之日交付至泰州市环保公益金专用账户（开户行：建设银行泰州新区支行，账号：3200176153605250××××）；

二、原告北京市朝阳区自然之友环境研究所支出的律师费5万元、评估费10万元、差旅费3万元，合计18万元，由被告江苏中丹化工技术有限公司于签收调解书之日给付原告北京市朝阳区自然之友环境研究所。

案件受理费13 800元，由被告江苏中丹化工技术有限公司负担。

上述协议，不违反法律规定，本院予以确认。

本调解书经各方当事人签收后，即具有法律效力。

审　判　长　　叶志军
代理审判员　　蔡　鹏
人民陪审员　　陈　雯

二〇一六年九月二十一日
书　记　员　　王　蕊

〔评注〕

根据《民事诉讼法》第五十条、第九十七条以及《民诉法解释》第二百八十九条的规定，结合实例，对于该类文书评注如下：

1. 当事人及其法定代表人、委托代理人后应添加"："。"委托代理人"应改为"委托诉讼代理人"。

2. 在列明当事人信息后，应按照格式要求写明"原告×××与被告×××、第三人×××……公益诉讼（写明案由）一案，本院于××××年××月××日立案后，依法适用普通程序审理"。实例中未有相关表述,不符合《民事诉讼文书样式》的要求。

3. "诉称""辩称""述称"三部分均应该单独成段,而非如本例中合并为一体。

4. 在达成调解协议后,应该按照下列格式内容书写:

"本院于××××年××月××日将民事起诉状、和解/调解协议、整改/技术处理方案在本院公告栏、人民法院报和……(当地媒体)上进行了为期××日(不少于三十日)的公告。(无异议的,写明:)公告期满后未收到任何意见或建议。(有异议的,写明:)公告期满后收到×××(写明异议人)提出的异议认为……(概述异议内容)。

"本院认为,×××提出的异议,……(概述异议不成立的理由),本院不予采纳(没有异议的,不写)。上述协议不违反法律规定和社会公共利益,本院予以确认。

"本调解书经各方当事人签收后,即具有法律效力。"

实例书写格式与上述格式有所不符。

5. 民事调解书(第二审程序用)

××××人民法院
民事调解书

(××××)……民终……号

上诉人(原审原告/被告/第三人):×××,……。
……
被上诉人(原审原告/被告/第三人):×××,……。
……
原审原告/被告/第三人:×××,……。
……

(以上写明当事人和其他诉讼参加人的姓名或者名称等基本信息)

上诉人×××因与被上诉人×××/上诉人×××、第三人×××……(写明案由)一案,不服××××人民法院(××××)……民初……号民事判决,向本院提起上诉。本院于××××年××月××日立案后,依法组成合议庭审理了本案(开庭前调解的,不写开庭情况)。

×××上诉称,……(概述上诉人的上诉请求,事实和理由)。

本案审理过程中,经本院主持调解,当事人自愿达成如下协议/当事人自行和解达成如下协议,请求人民法院确认:

一、……;
二、……。

（分项写明调解协议内容）

上述协议，不违反法律规定，本院予以确认。

一审案件受理费……元，由……负担；二审案件受理费……元，由……负担（写明当事人姓名或者名称、负担金额。调解协议包含诉讼费用负担的，则不写）。

本调解书经各方当事人签收后，即具有法律效力。

审　判　长　×××

审　判　员　×××

审　判　员　×××

××××年××月××日

（院印）

书　记　员　×××

【说明】

1. 本样式根据《中华人民共和国民事诉讼法》第一百七十二条以及《最高人民法院关于适用〈中华人民共和国民事诉讼法〉的解释》第三百三十九条制定，供人民法院在审理第二审民事案件审理过程中，当事人自行达成和解协议请求人民法院确认或者人民法院主持调解达成协议，制作民事调解书用。

2. 本调解书送达后，原审人民法院的判决即视为撤销。

【实例评注】

湖北省荆门市中级人民法院
民事调解书①

(2015)鄂荆门民三终字第00001号

上诉人郑某某(原审被告、反诉原告)，女，1963年12月25日出生，汉族，荆门市人，无业，住荆门市东宝区，公民身份号码420800××××××××××××。

上诉人车某某(原审被告、反诉原告)，男，1962年5月18日出生，汉族，荆门市

---

① 来源：湖北省荆门市人民法院(2015)鄂荆门民三终字第00001号案卷。

人,无业,住荆门市东宝区,公民身份号码420802×××××××××××。

上列二上诉人的委托代理人胡某某,湖北新天律师事务所律师,系特别授权。

被上诉人肖某(原审原告、反诉被告),男,1974年9月3日出生,汉族,荆门市人,农民,住荆门市东宝区,公民身份号码420802×××××××××××。

委托代理人王某,湖北邦伦律师事务所律师,系一般代理。

案由:财产损害赔偿纠纷

上诉人郑某某、车某某因与被上诉人肖某财产损害赔偿纠纷一案,不服荆门市东宝区人民法院(2014)鄂东宝城民初字第00097号民事判决,向本院提起上诉。本院受理后,依法组成合议庭,于2015年1月9日公开开庭审理了本案。上诉人郑某某、车某某及委托代理人胡某某,被上诉人肖某及委托代理人王某到庭参加诉讼。

本案在审理过程中,经本院主持调解,双方当事人自愿达成如下协议:

一、郑某某、车某某于2015年3月1日前支付肖某青苗补偿费20 000元,另补偿肖某经济损失7 000元。

二、郑某某、车某某于2015年3月1日前恢复肖某活动板房前地坪的原状。

三、自2015年3月1日始,位于荆门市东宝区牌楼镇新生村二组的一宗土地(东至二零七国道公路边,西至距二零七国道中线六十米,南至距肖某老屋南墙三十米,北至距肖某老屋南墙十二米)的一切收益归郑某某、车某某。

四、自2015年3月1日始,郑某某、车某某对位于荆门市东宝区牌楼镇新生村二组的一宗土地(东至二零七国道公路边,西至距二零七国道中线六十米,南至距肖某老屋南墙十二米,北至肖某老屋南墙)不享有任何权利。

五、郑某某、车某某与肖某在本案中再无其他争议。

六、一审案件受理费400元,由肖某负担100元,由郑某某、车某某负担300元;二审案件受理费400元,减半收取200元,由郑某某、车某某负担。

上述调解协议,根据《最高人民法院关于人民法院民事调解工作若干问题的规定》第十三条的规定,已经本院审查确认,并已由当事人、审判人员、书记员在该调解协议上签名,该调解协议已于2015年2月12日发生法律效力。应当事人的请求,本院制作此调解书。如当事人拒收调解书,不影响调解协议的效力。一方不履行调解协议的,另一方可以持调解书向人民法院申请执行。

审　判　长　向华波
代理审判员　王　冉
代理审判员　邱　泉

二〇一五年二月十三日

书　记　员　曾　靖

〔评注〕

根据《民事诉讼法》第一百七十二条以及《民诉法解释》第三百三十九条的规定，第二审人民法院审理上诉案件，可以进行调解。调解达成协议，应当制作调解书，由审判人员、书记员署名，加盖人民法院印章。调解书送达后，原审人民法院的判决即视为撤销。结合实例，对于该类文书评注如下：

1. 案号的标注应该按照"（××××）……民终……号"，本案中案号"（2015）鄂荆门民三终字第00001号"表述不符合规定。

2. 当事人及其法定代理人、委托代理人后应添加"；"。"委托代理人"应改为"委托诉讼代理人"。

3. 案由不应另行列出，应表述为"上诉人×××因与被上诉人×××/上诉人×××、第三人×××……（写明案由）一案"。

4. 每项调解协议之间应当用"；"来区分项目或段落而非"。"。

5. 对调解协议的确认应该以下列方式表述：

"上述协议，不违反法律规定，本院予以确认。

"一审案件受理费……元，由……负担；二审案件受理费……元，由……负担（写明当事人姓名或者名称、负担金额。调解协议包含诉讼费用负担的，则不写）。

"本调解书经各方当事人签收后，即具有法律效力。"

6. 民事调解书（申请撤销劳动争议仲裁裁决案件用）

××××人民法院
民事调解书

（××××）……民特……号

申请人：×××，……。
……
被申请人：×××，……。
……
（以上写明申请人、被申请人及其代理人的姓名或者名称等基本信息）

申请人×××与被申请人×××申请撤销……（写明仲裁机构名称、仲裁书的文号）劳动争议仲裁裁决一案，本院于××××年××月××日立案后，依法组成合议庭进行了审理。

×××申请称，……（概述申请人的请求、撤销裁决的事实和理由）。

×××辩称，……（概述被申请人的意见）。

……（概述案件事实，写明劳动争议仲裁裁决结果）。

本案审理过程中，经本院主持调解，当事人自愿达成如下协议/当事人自行和解达成如下协议，请求人民法院确认：

一、……；

二、……。

（分项写明调解协议内容）

上述协议，不违反法律规定，本院予以确认。

案件受理费……元，由……负担（写明当事人姓名或者名称、负担金额。调解协议包含诉讼费用负担的，则不写）。

本调解书经各方当事人签收后，即具有法律效力。

审　判　长　×××
审　判　员　×××
审　判　员　×××

××××年××月××日
（院印）
书　记　员　×××

【说明】

1. 本样式根据《中华人民共和国民事诉讼法》第九十七条以及《最高人民法院关于审理劳动争议案件适用法律若干问题的解释（四）》第三条制定，供中级人民法院审理用人单位申请撤销劳动争议终局裁决的案件，调解达成协议，制作民事调解书用。

2. 案号类型代字为"民特"。

3. 当事人为申请人和被申请人。

【实例评注】

湖北省武汉市中级人民法院
民事调解书①

(2014)鄂武汉中劳仲监字第00151号

申请人(原仲裁被申请人):武汉常安置业集团有限公司,住所地武汉市。

法定代表人:万某某,该公司总经理。

委托代理人:万某,该公司法务。

委托代理人:徐某,该公司员工。

被申请人(原仲裁申请人):方某,女,汉族,1987年10月2日出生,住武汉市。

案由:申请撤销仲裁裁决

申请人武汉常安置业集团有限公司(以下简称常安置业公司)因不服武汉市东西湖区劳动人事争议仲裁委员会作出的东劳人仲裁字(2014)第452-1号仲裁裁决,向本院提出申请撤销该仲裁裁决。

经审理查明:方某于2013年9月27日入职到常安置业公司从事行政文员工作,月工资为2 174.74元,常安置业公司未支付方某2014年2月份工资2 151元。2014年4月1日,常安置业公司与方某签订了一份劳动合同。2014年7月28日,常安置业公司以方某无法适应也不能接受公司临时性行政接待工作,其行为不符合《签署〈劳动合同〉附条件协议》第三条之规定要求,解除了与方某之间的劳动关系。2014年8月22日方某向武汉市东西湖区劳动人事争议仲裁委员会申请仲裁,请求:一、常安置业公司支付方某延期签订劳动合同的赔偿金9 200元;二、常安置业公司支付方某违法解除劳动合同赔偿金2 600元;三、常安置业公司支付方某2014年2月份工资2 151元。该委于2014年10月28日作出仲裁裁决,裁决:一、常安置业公司应自本裁决书生效之日起十日内支付方某违法解除劳动关系的经济赔偿金2 600元,2014年2月工资2 151元;二、驳回方某的其他仲裁请求。

本案审理过程中,经本院主持调解,双方当事人自愿达成如下协议:

一、武汉常安置业集团有限公司于本协议签订之日一次性支付方某2 151元,方某放弃经济赔偿金2 600元;

二、本协议经双方当事人或有特别授权代理人签字生效。

经本院审查,上述协议符合自愿、合法原则,双方当事人的特别授权代理人、审

---

① 来源:湖北省武汉中级人民法院(2014)鄂武汉中劳仲监字第00151号案卷。

判员、书记员均予以签名或盖章。根据《最高人民法院关于人民法院民事调解工作若干问题的规定》第十三条关于"当事人各方同意在调解协议上签名或盖章后生效,经人民法院审查确认后,应当记入笔录或者将该协议附卷,并由当事人、审判人员、书记员签名或盖章后即具有法律效力"的规定,上述协议已于签署之日2015年2月11日发生法律效力。当事人拒收本调解书的,不影响上述调解协议的效力,一方当事人不履行该协议,另一方当事人可以持本调解书向人民法院申请强制执行。

审 判 长　　程继伟
代理审判员　　刘鑫荣
代理审判员　　胡　浩

二〇一五年二月十一日
书　记　员　　舒　净

〔评注〕

　　根据《民事诉讼法》第九十七条以及《最高人民法院关于审理劳动争议案件适用法律若干问题的解释(四)》第三条的规定,调解达成协议,人民法院应当制作调解书。调解书应当写明诉讼请求、案件的事实和调解结果。调解书由审判人员、书记员署名,加盖人民法院印章,送达双方当事人。调解书经双方当事人签收后,即具有法律效力。中级人民法院审理用人单位申请撤销终局裁决的案件,应当组成合议庭开庭审理。经过阅卷、调查和询问当事人,对没有新的事实、证据或者理由,合议庭认为不需要开庭审理的,可以不开庭审理。中级人民法院可以组织双方当事人调解。达成调解协议的,可以制作调解书。一方当事人逾期不履行调解协议的,另一方可以申请人民法院强制执行。

　　实例选取自武汉市中级人民法院(2014)鄂武汉中劳仲监字第00151号民事调解书,结合上述规定,评注如下:

　　1. 一般而言,用人单位和劳动者对仲裁裁决不服的,均可以向法院起诉,但有些劳动争议实行"一裁终局"。对于用人单位而言,对于法律规定的几类案件仲裁裁决不服的,不能向人民法院起诉,但是给予了用人单位另一项救济权利,即向中院申请撤销裁决。依据相关司法解释,审理此类案件应当组成合议庭。我国合议庭一般用于审理二审、再审、重审等非简单类民事案件。而撤销裁决案件,一般双方争议较大,也正是基于此,此类案件适用合议庭审理显得尤为必要。

　　2. 文书样式中撤销劳动争议仲裁裁决民事调解书的代字类型应为"民特",而实例中代字类型为"劳仲监"。

　　3. 本文书样式要求在调解书中写明"依法组成合议庭进行了审理",实例中未有此内容。

4. 本文书样式要求写明申请人的请求、撤销裁决的事实和理由、被申请人的意见、概述案件事实，写明劳动争议仲裁裁决结果。实例中对于以上内容均无表述。

5. 实例中"委托代理人"应改为"委托诉讼代理人"。

7. 民事调解书（再审案件用）

××××人民法院
民事调解书

（××××）……民再……号

再审申请人（原审……）：×××，……。
……
被申请人（原审……）：×××，……。
……
（以上写明当事人和其他诉讼参加人的姓名或者名称等基本信息）

再审申请人×××因与被申请人×××/再审申请人×××及原审×××……（写明案由）一案，不服××××人民法院（××××）……号民事判决/民事裁定/民事调解书，申请再审。××××年××月××日，本院/××××人民法院作出（××××）……民×……号民事裁定，本案由本院再审。本院依法组成合议庭审理了本案。

×××再审请求，……（写明当事人的再审请求、事实和理由）。

×××辩称，……（概述被申请人的答辩意见）。

……（概述案件事实，写明原审裁判结果）。

本案再审审理过程中，经本院主持调解，当事人自愿达成如下协议/当事人自行和解达成如下协议，请求人民法院确认：

一、……；

二、……。

（分项写明调解协议内容）

上述协议，不违反法律规定，本院予以确认。

一审案件受理费……元，由……负担；二审案件受理费……元，由……负担（写明当事人姓名或者名称、负担金额。调解协议包含诉讼费用负担的，则不写）。

本调解书经各方当事人签收后，即具有法律效力。

审　判　长　×××
审　判　员　×××
审　判　员　×××

×××年××月××日
(院印)
书记员　×××

【说明】

1. 本样式根据《中华人民共和国民事诉讼法》第五十条、第九十七条、第二百零七条制定，供人民法院在适用审判监督程序再审案件过程中，当事人自行和解达成协议请求人民法院确认或者人民法院主持调解达成协议后，制作民事调解书用。

2. 对于依职权、依抗诉等再审案件适用本样式的，需要对当事人诉讼地位和案件由来和审理过程部分等表述作相应调整。

3. 调解书由当事人签收生效后，原生效裁判即视为撤销。

【实例评注】

陕西省高级人民法院
民事调解书①

(2015)陕民提字第00071号

再审申请人（一审被告、二审上诉人）：李某某。

委托代理人：贺某，陕西北望律师事务所律师。

被申请人（一审原告、二审被上诉人）：延安瑞豪科工贸有限公司。住所地：陕西省延安市姚店镇延安钢厂。

法定代表人：王某某，该公司总经理。

委托代理人：王某，陕西嘉岭律师事务所律师。

再审申请人李某某因与被申请人延安瑞豪科工贸有限公司（以下简称瑞豪公司）不当得利纠纷一案，不服延安市中级人民法院(2014)延中民一终字第00652号民事判决，向本院申请再审。本院于2015年9月11日作出(2015)陕立民申字第00347号民事裁定，提审本案。

本案在审理过程中，经本院主持调解，当事人自愿达成如下协议：

由再审申请人李某某于本调解书生效时向被申请人延安瑞豪科工贸有限公司支付

---

① 来源：中国裁判文书网。

100万元，延安瑞豪科工贸有限公司向执行法院申请撤回执行申请。

上述协议符合有关法律规定，本院予以确认。

本调解书经各方当事人签收后，即具有法律效力。

审　判　长　　武江海
代理审判员　　陈德强
代理审判员　　杨亮亮

二〇一五年九月十一日
书　记　员　　张　钊

〔评注〕

　　依据《民事诉讼法》第五十条、第九十七条、第二百零七条的规定，双方当事人可以自行和解。调解达成协议，人民法院应当制作调解书。调解书应当写明诉讼请求、案件的事实和调解结果。调解书由审判人员、书记员署名，加盖人民法院印章，送达双方当事人。调解书经双方当事人签收后，即具有法律效力。人民法院按照审判监督程序再审的案件，发生法律效力的判决、裁定是由第一审法院作出的，按照第一审程序审理，所作的判决、裁定，当事人可以上诉；发生法律效力的判决、裁定是由第二审法院作出的，按照第二审程序审理，所作的判决、裁定，是发生法律效力的判决、裁定；上级人民法院按照审判监督程序提审的，按照第二审程序审理，所作的判决、裁定是发生法律效力的判决、裁定。人民法院审理再审案件，应当另行组成合议庭。

　　实例选取自陕西省高级人民法院（2015）陕民提字第00071号民事调解书，结合上述规定，评注如下：

　　1. 再审案件调解书与普通程序调解书相类似，但是有以下两点区别：（1）适用程序不同，再审民事调解书适用于审判监督程序。（2）效力后果不同，再审调解书生效后，原生效裁判即视为撤销。

　　2. 《人民法院民事裁判文书制作规范》中规定，当事人诉讼地位在前，其后写当事人姓名或者名称，两者之间用冒号。当事人姓名或者名称之后，用逗号。实例中，未用冒号进行分隔。《人民法院民事裁判文书制作规范》要求将委托代理人表述为"委托诉讼代理人"，实例中使用的是"委托代理人"。

　　3. 新民事诉讼文书样式中再审民事调解书的代字类型应为"民再"。

　　4. 本文书样式要求在调解书中写明"本院依法组成合议庭审理了本案"，实例中未有此内容。

　　5. 本文书样式要求写明当事人的再审请求、事实和理由；概述被申请人的答辩意见；概述案件事实；写明原审裁判结果。实例中对于以上内容均未有涉及，不能反映案件的审理过程,也不能反映法官的动态写作过程。

6. 调解协议内容未包含案件受理费的负担金额,应当在"上述协议,不违反法律规定,本院予以确认"之后进行表述,不能如实例中默认为按照原一审、二审的判决书中的受理费负担方式直接处理。原因在于:再审案件调解书由当事人签收生效后,原生效判决即视为撤销,原生效判决中关于受理费的负担自然也不再有效。

8. 调解笔录(庭外调解用)

调解笔录

时间:××××年××月××日××时××分至××时××分
地点:……
审判人员:……(写明职务和姓名)
书记员:×××
协助调解人员:……(写明单位、职务、姓名)
调解经过和结果:
(首先核对当事人和其他诉讼参加人身份、宣布案由、告知诉讼权利义务等)
……。
(调解达成协议的,写明:)
经主持调解,当事人自愿达成如下协议:
……。
(确定调解协议签名生效的,写明:)本调解协议经各方当事人在调解笔录上签名或者盖章后,即具有法律效力。
(以下无正文)

当事人和其他诉讼参加人(签名或者盖章)
审判人员(签名)
书记员(签名)

【说明】

1. 本样式根据《中华人民共和国民事诉讼法》第八章制定,供人民法院制作调解记录用。

2. 对于调解和好的离婚案件、调解维持收养关系的案件、能够即时履行的案件以及其他不需要制作调解书的案件,调解协议记入笔录,由双方当事人、审判人员、书记员签名或者盖章后,即具有法律效力。

3. 在庭前会议或开庭审理期间调解的,记入庭前会议笔录或法庭笔录,不需要另行制作调解笔录。

【实例评注】

湖北省武汉市硚口区人民法院
调解笔录①

（2016）鄂 0104 民初 2981 号

案由：医疗损害责任纠纷一案
时间：2016 年 8 月 23 日 15:00
地点：310 办公室
审判员：李玉毅
书记员：王珂

原告：刘某某，女，1952 年 10 月 29 日生，汉族，居民身份证住址：武汉市汉南区，居民身份证号码：420101××××××××××。
委托代理人：李某甲，男，1981 年 3 月 3 日生，汉族，居民身份证住址：武汉市江汉区，居民身份证号码：420113××××××××××。
原告：李某，男，1981 年 3 月 3 日生，汉族，居民身份证住址：武汉市江汉区，居民身份证号码：420113××××××××××。
被告：武汉市第一医院，住所地：武汉市中山大道 215 号。
法定代表人：张某某，该院院长。
委托代理人：杨某，该院职工（特别授权）。

审：李某，刘某某对你的委托是否属实？患者李某某除两原告外还有无其他近亲属？
原：委托是属实的，若不属实愿承担法律责任。李某某除两原告外无其他近亲属，有社区出具的证明。
审：根据当事人的要求，本院今天组织双方进行调解，调解必须是在双方完全自愿的基础上进行的，原告可以咨询一下律师或者专业人员，如果原、被告对本次调解还有什么顾虑或者还需要时间进行考虑，我们今天可以暂不予调解。那么，原、被告是否

---

① 来源：湖北省武汉市硚口区人民法院（2016）鄂 0104 民初 2981 号案卷。

同意今天调解？

原：同意今天调解。

被：同意今天进行调解。

审：原、被告选择到法院进行调解，由本院对你们达成的协议进行确认，那么本院向原、被告告知以下调解的风险，调解是存在风险的，风险对双方来说都是一样的，原、被告都请慎重地考虑一下，因为本案并未进行过任何类型的鉴定，所以被告是否有医疗过错，是否应当承担责任以及如需承担责任，要承担多大的责任，目前都是不明确的，由于本案并未进行任何类型的鉴定，即可能多赔也可能少赔，如果以后原告认为赔少了，被告认为赔偿多了，双方再起诉，法院均可能不予支持。原、被告是否完全理解？

原：调解的风险我理解了，我自愿承担该风险。

被：调解产生的风险由我们承担。

审：被告，患者是否还有医疗费未结清？

被：结清了。

审：原、被告的调解意见是什么？

原：要求被告赔偿原告各项损失 240 000 元，此案一次性了结。

被：赔偿原告 240 000 元。

被：原告不得再以同一事实、任何理由再追究被告任何责任。

原：同意被告的意见。

审：本案在审理过程中，经本院主持调解，双方当事人自愿达成如下协议。

一、被告武汉市第一医院于本调解书生效后 10 个工作日内一次性赔偿原告刘某某、李某医疗费、误工费、护理费、交通费、住院伙食补助、营养费、丧葬费、被抚养人生活费、死亡赔偿金、精神抚慰金等各项损失共计人民币 240 000 元整。

二、此协议生效后，原告刘某某、李某不得再以本案事实为由向被告武汉市第一医院提出赔偿要求和主张任何权利。

三、原刘某某、李某放弃就本案所涉医疗事件进行相关鉴定的权利。

四、案件受理费减半收取 750 元由被告承担。

审：双方当事人是否同意以上协议？

原：同意以上协议。

被：同意以上协议。

审：自双方在调解协议上签名或捺印后本调解协议即具有法律效力。

原：明白。

被：明白。

审：上述协议内容不违反法律规定，本院对此予以确认。自双方当事人在该协议上签字或捺印后该调解协议即具有法律效力。双方看笔录无异议后签字确认。本案以调解方式结案。现在闭庭。

原告或委托代理人签字：　　　　　被告或委托代理人签字：

审判人员签字：　　　　　　　　　书记员签字：

〔评注〕

　　根据《民事诉讼法》第八章的规定，人民法院审理民事案件，根据当事人自愿的原则，在事实清楚的基础上，分清是非，进行调解。人民法院进行调解，可以由审判员一人主持，也可以由合议庭主持，并尽可能就地进行。人民法院进行调解，可以用简便方式通知当事人、证人到庭。人民法院进行调解，可以邀请有关单位和个人协助。被邀请的单位和个人，应当协助人民法院进行调解。调解达成协议，必须双方自愿，不得强迫。调解协议的内容不得违反法律规定。调解达成协议，人民法院应当制作调解书。调解书应当写明诉讼请求、案件的事实和调解结果。调解书由审判人员、书记员署名，加盖人民法院印章，送达双方当事人。调解书经双方当事人签收后，即具有法律效力。下列案件调解达成协议，人民法院可以不制作调解书：（1）调解和好的离婚案件；（2）调解维持收养关系的案件；（3）能够即时履行的案件；（4）其他不需要制作调解书的案件。对不需要制作调解书的协议，应当记入笔录，由双方当事人、审判人员、书记员签名或者盖章后，即具有法律效力。调解未达成协议或者调解书送达前一方反悔的，人民法院应当及时判决。

　　实例选取自武湖北省武汉市硚口区人民法院（2016）鄂0104民初2981号调解笔录，结合上述规定，评注如下：

　　（1）标题：标题由法院名称、文书名称、案号组成，实例符合本诉讼文书样式要求。

　　（2）首部：首部包括调解的时间、地点、审判人员、书记员、有协助调解人员的标明协助调解人员。实例包含了上述内容，但是"委托代理人"应表述为"诉讼委托代理人"。

　　（3）调解经过和结果：包括核对当事人和其他诉讼参加人身份、宣布案由、告知诉讼权利义务等。此部分实际与开庭笔录相仿，用于保证当事人的正当诉讼权利，实例中未有表述，不妥当。但是，实例中反复告知了调解风险，是法院行使释明权的体现。

　　（4）协议：此部分是调解笔录最为重要的部分，力求准确性、明确性、可操作性和可执行性。

　　（5）本文书样式要求在当事人等签名之前，笔录中应当表述"（以下无正文）"，可防止当事人随意篡改调解笔录，并保证调解笔录的公信力。实例中未表述此内容。

七、保全和先予执行

1. 民事裁定书（诉前财产保全用）

> ××××人民法院
民事裁定书
>
>（××××）……财保……号
>
>申请人：×××，……。
>……
>
>被申请人：×××，……。
>……
>
>（以上写明申请人、被申请人及其代理人的姓名或者名称等基本信息）
>
>申请人×××于××××年××月××日向本院申请诉前财产保全，请求对被申请人×××……（写明申请采取财产保全措施的具体内容）。申请人×××/担保人×××以……（写明担保财产的名称、数量或者数额、所在地点等）提供担保。
>
>本院经审查认为，……（写明采取财产保全措施的理由）。依照《中华人民共和国民事诉讼法》第一百零一条、第一百零二条、第一百零三条第一款规定，裁定如下：
>
>查封/扣押/冻结被申请人×××的……（写明保全财产名称、数量或者数额、所在地点等），期限为……年/月/日（写明保全的期限）。
>
>案件申请费……元，由……负担（写明当事人姓名或者名称、负担金额）。
>
>本裁定立即开始执行。
>
>如不服本裁定，可以自收到裁定书之日起五日内向本院申请复议一次。复议期间不停止裁定的执行。
>
>申请人在人民法院采取保全措施后三十日内不依法提起诉讼或者申请仲裁的，本院将依法解除保全。
>
> 审　判　员　×××

××××年××月××日
（院印）
书　记　员　×××

【说明】

1. 本样式根据《中华人民共和国民事诉讼法》第一百零一条、第一百零二条、第一百零三条第一款制定,供当事人提起诉讼或者申请仲裁前向人民法院申请财产保全,人民法院裁定采取财产保全措施用。

2. 保全民事裁定中,没有担保人的,不写相应内容。

【实例评注】

山东省滕州市人民法院
民事裁定书①

(2016)鲁 0481 财保 662 号

申请人:李某某,男,1986 年 8 月 23 日出生,汉族,居民,住滕州市。

担保人:李某甲,男,1966 年 2 月 17 日出生,汉族,居民,住滕州市。

担保人:孔某某,男,1965 年 9 月 22 日出生,汉族,居民,住滕州市。

被申请人:舒某,男,1970 年 1 月 7 日出生,汉族,居民,住滕州市。

被申请人:华某某,女,1972 年 4 月 26 日出生,汉族,居民,住滕州市。

被申请人:段某某,男,1970 年 5 月 26 日出生,汉族,居民,住滕州市。

申请人李某某因与被申请人舒某、华某某、段某某申请诉前财产保全一案,认为被申请人有转移财产、阻碍申请人实现债权的可能,申请人于 2016 年 9 月 28 日向本院提出诉前财产保全的申请,要求冻结被申请人舒某、华某某、段某某名下的银行存款 8 万元或查封同等价值的其他财产。

担保人李某甲自愿以其所有的松花江牌汽车一辆作为本次诉前财产保全申请的担保。担保人孔某某自愿以其所有的朗逸牌汽车一辆作为本次诉前财产保全申请的担保。

经审查,本院认为,申请人李某某诉前财产保全的申请符合法律规定。担保人李某某、孔某某向本院提供的担保财产合法有效。依照《中华人民共和国民事诉讼法》第一百零一条、第一百零二条、第一百零三条,《最高人民法院关于适用〈中华人民共和国民事诉讼法〉的解释》第一百六十四条之规定,裁定如下:

一、冻结被申请人舒某、华某某、段某某的银行存款 8 万元或查封同等价值的其他财产;

二、查封担保人李某甲所有的松花江牌汽车一辆,查封担保人孔某某所有的朗逸

---

① 来源:中国裁判文书网。

牌汽车一辆。

本裁定立即开始执行。

如不服本裁定，可以自收到裁定书之日起五日内向本院申请复议一次。复议期间不停止裁定的执行。

审　判　员　王成振
二〇一六年九月二十九日
书　记　员　杨　静

〔评注〕

1. 保全裁定书的一般性问题

保全裁定书基于不同的情形和法律规定，种类繁多。为免言辞繁复，将保全裁定文书中所涉及的一些共性问题在此一并阐术，适用于诉前财产保全、仲裁中财产保全、执行财产保全、诉前行为保全、诉讼财产保全、诉讼行为保全，即本章文书样式1~6。

(1) 关于保全裁定书的主体

《民事诉讼法》第一百零一条、第一百零四条、第一百零五条、第一百零七条中，将保全当事人表述为"申请人""被申请人"；而在与之对应的《民诉法解释》第一百五十四条、第一百五十五条、第一百六十四条、第一百六十七条将财产保全程序中当事人的法律概念表述为"申请保全人"和"被保全人"。笔者认为，在保全裁定书中，还是应当将当事人表述为"申请人"和"被申请人"，理由如下：第一，就效力而言，法律的效力高于司法解释，当司法解释与法律相冲突时，应当以法律为准。第二，上述司法解释未明确表示当事人应当使用"申请保全人"和"被保全人"。第三，民事案件中当事人地位平等，法院居中裁判，"申请人"与"被申请人"恰当地体现了这一地位。而"申请保全人"和"被保全人"，则在民事裁定书的当事人部分即先验地给"被申请人"确定了义务，即其财产需要被保全，从逻辑上类似于将被告命名为"责任承担人"，有违民事案件当事人地位平等的原则。

(2) 关于案件申请费(保全费)的负担

《民事诉讼文书样式》统一表述"案件申请费……元，由……负担(写明当事人姓名或者名称、负担金额)"，存在与后续裁判文书相冲突的风险。在当事人的诉讼请求全部或部分被驳回的情形下，超出法院支持的诉讼请求部分的保全费用应当由原告承担，否则应当由被告承担。在此处即确定申请费的负担，有失妥当。申请人在缴纳该项费用时，可视为垫付，应在后续裁判文书中明确费用的承担人。因为诉前保全和仲裁中保全并不对应具体的案件，故不在此列。

(3) 保全裁定书的即时执行

《民事诉讼法》第一百条、第一百零一条均作出规定：裁定采取保全措施的，应当立即开始执行。因此，保全裁定的执行，并不以当事人收到裁定书为前提，而是在裁定作出后立即执行。实际上，由于送达困难、当事人刻意回避等因素，裁定书作出之后到送达完毕之前尚有一定的时间，这对于财产保全的效果而言是较为不利的；同时，被申请人不服裁定尚有在收到裁定书之日起五日内申请复议的救济途径。

2. 对于实例的评述

根据《民事诉讼法》第一百零一条的规定，利害关系人因情况紧急，不立即申请保全将会使其合法权益受到难以弥补的损害的，可以在提起诉讼或者申请仲裁前向被保全财产所在地、被申请人住所地或者对案件有管辖权的人民法院申请采取保全措施。申请人应当提供担保，不提供担保的，裁定驳回申请。人民法院接受申请后，必须在四十八小时内作出裁定；裁定采取保全措施的，应当立即开始执行。申请人在人民法院采取保全措施后三十日内不依法提起诉讼或者申请仲裁的，人民法院应当解除保全。

结合实例，对于该类文书评注如下：

(1) 诉前财产保全裁定书的案件代字为"财保"。

(2) 不同于诉讼财产保全，诉前财产保全是利害关系人因情况紧急，不立即申请保全将会使其合法权益受到难以弥补的损害的，可以在提起诉讼或者申请仲裁前向被保全财产所在地、被申请人住所地或者对案件有管辖权的人民法院申请采取保全措施。因此，诉前财产保全是一项独立的措施，并不归属于具体的案件，实例中"申请人李某某因与被申请人舒某、华某某、段某某申请诉前财产保全一案"的表述，未体现这一区别，且与本诉讼文书样式不符。

(3) 诉前财产保全必须做到四个明确。明确申请采取财产保全措施的具体内容；明确担保财产的名称、数量或者数额、所在地点等；明确保全财产名称、数量或者数额、所在地点等；明确保全的期限。实践中，保全期限是容易被忽略的问题，实例中就没有明确保全期限。事实上，诉前财产保全的立法宗旨是在紧急情况下为避免当事人合法权益受到难以弥补的损害所采取的措施，具有临时性，因此对于保全期限的明确非常重要。

(4) 诉前财产保全裁定不可上诉，但可以自收到裁定书之日起五日内向作出裁定的人民法院申请复议一次。

(5) 诉前财产保全并无对应的具体案件，故案件申请费的负担，须在裁定书中明确。

(6)《民事诉讼法》第一百零一条第三款规定："申请人在人民法院采取保全措施后三十日内不依法提起诉讼或者申请仲裁的，人民法院应当解除保全。"此项规定对于保全申请人和被申请人的利益均有重大影响，需要特别提示，应当在裁定书中有所表述，而实例中并未表述。

2. 民事裁定书（仲裁中财产保全用）

×××人民法院
民事裁定书

（××××）……财保……号

申请人：×××，……。
……
被申请人：×××，……。
……
（以上写明申请人、被申请人及其代理人的姓名或者名称等基本信息）

申请人×××于××××年××月××日向××××仲裁委员会申请财产保全，请求对被申请人×××……（写明申请采取财产保全措施的具体内容）。申请人×××/担保人×××以……（写明担保财产的名称、数量或者数额、所在地点等）提供担保。××××年××月××日，××××仲裁委员会将保全申请书、担保材料等提交本院。

本院经审查认为，……（写明采取财产保全措施的理由）。依照《中华人民共和国仲裁法》（以下评注中简称《仲裁法》）第二十八条、《中华人民共和国民事诉讼法》第一百零三条第一款规定，裁定如下：

查封/扣押/冻结被申请人×××的……（写明保全财产名称、数量或者数额、所在地点等），期限为……年/月/日（写明保全的期限）。

案件申请费……元，由……负担（写明当事人姓名或者名称、负担金额）。

本裁定立即开始执行。

如不服本裁定，可以自收到裁定书之日起五日内向本院申请复议一次。复议期间不停止裁定的执行。

审　判　员　×××

××××年××月××日
（院印）
书　记　员　×××

【说明】

本样式根据《中华人民共和国仲裁法》第二十八条、《中华人民共和国民事诉讼法》第一百零三条第一款制定，供人民法院在仲裁委员会提交当事人财产保全申请后，裁定采取财产保全措施用。

【实例评注】

山东省东营市垦利区人民法院
民事裁定书①

(2016)鲁 0521 财保 7 号

申请人：山东众成清泰(东营)律师事务所。

负责人：马某某。

被申请人：垦利县和丰小额贷款股份有限公司。

法定代表人：孙某某。

申请人山东众成清泰(东营)律师事务所于 2016 年 9 月 26 日向东营仲裁委员会申请财产保全，请求冻结被申请人垦利县和丰小额贷款股份有限公司银行存款 50 万元或查封同等价值的其他财产。申请人以山东金太阳农业融资性担保有限公司提供担保。2016 年 9 月 26 日东营仲裁委员会将保全申请书、担保材料等提交本院。

本院经审查认为，申请人山东众成清泰(东营)律师事务所的申请符合法律规定。依照《中华人民共和国仲裁法》第二十八条、《中华人民共和国民事诉讼法》第一百零三条第一款规定，裁定如下：

冻结垦利县和丰小额贷款股份有限公司银行存款 50 万元或查封同等价值的其他财产。

需要续行查封的，应当在查封期限届满前 15 日内向本院提出续行查封的书面申请；未按期提出书面申请的，视为自行放弃权利。

本裁定立即开始执行。

如不服本裁定，可以自收到裁定书之日起五日内向本院申请复议一次。复议期间不停止裁定的执行。

审　判　员　李福刚

二〇一六年九月二十六日

书　记　员　李维海

---

① 来源：中国裁判文书网。

〔评注〕

　　根据《中华人民共和国仲裁法》（以下评注中简称《仲裁法》）第二十八条的规定，一方当事人因另一方当事人的行为或者其他原因，可能使裁决不能执行或者难以执行的，可以申请财产保全。当事人申请财产保全的，仲裁委员会应当将当事人的申请依照民事诉讼法的有关规定提交人民法院。申请有错误的，申请人应当赔偿被申请人因财产保全所遭受的损失。根据《民事诉讼法》第一百零三条第一款的规定，财产保全采取查封、扣押、冻结或者法律规定的其他方法。人民法院保全财产后，应当立即通知被保全财产的人。结合实例，对于该类文书评注如下：

　　仲裁中财产保全的代字为"财保"。

　　就程序而言，仲裁中财产保全并非由申请人直接向人民法院提出，而是在申请人向仲裁机构提出申请之后，由仲裁机构提交给人民法院。因此，裁定书中须明确：申请人于何时，向何仲裁机构申请财产保全；该仲裁机构于何时将保全申请书、担保材料提交至人民法院。这是仲裁中财产保全与其他财产保全的显著不同之处，在文书撰写过程中需特别留意。

　　采取财产保全措施的理由部分，针对的是保全申请人的申请，即审查其是否满足保全条件，而不是针对仲裁委员会。实例中的表述语言简洁明确，对象适当。

　　如前所述，财产保全必须做到四个明确。实例中，未明确保全期限，实属不当。实践中虽然有裁定书中不明确保全期限，而在协助执行通知书中写明保全期限的做法。但是，从逻辑上而言，协助执行通知书是对具有法律效力的裁判文书的延续，其内容不能超出裁判文书所确定的范畴，该范畴应当包含保全时间，故此类做法并不妥当。

　　实例中有"需要续行查封的，应当在查封期限届满前15日内向本院提出续行查封的书面申请；未按期提出书面申请的，视为自行放弃权利"的表述，该表述缺乏相关法律依据，实属不当，无端剥夺了当事人续封的权利。仲裁中财产保全是依申请的行为，当事人应当珍视自己的法定权利，在裁定书明确了保全期限的前提下，若因为自己怠于行使权利而导致查封期满未能续期，应当自己承担责任。在裁定书中作上述表述，无疑是有违司法中立性原则的。

　　《民事诉讼法》第一百零一条第三款规定："申请人在人民法院采取保全措施后三十日内不依法提起诉讼或者申请仲裁的，人民法院应当解除保全。"此项规定对于保全申请人和被申请人的利益均有重大影响，需要特别提示，应当在裁定书中有所表述，而实例中并未表述。

3. 民事裁定书（执行前保全用）

××××人民法院
民事裁定书

（××××）……号

申请人：×××，……。
……
被申请人：×××，……。
……

（以上写明申请人、被申请人及其代理人的姓名或者名称等基本信息）

申请人×××根据已经生效的……（写明生效法律文书的制作单位、案号、文书名称），于××××年××月××日向本院申请保全，请求对被申请人×××……（写明申请采取保全措施的具体内容）。

本院经审查认为，……（写明采取保全措施的理由）。依照《中华人民共和国民事诉讼法》第一百条、《最高人民法院关于适用〈中华人民共和国民事诉讼法〉的解释》第一百六十三条规定，裁定如下：

……（财产保全的，应当写明保全财产的名称、数量或者数额、所在地点等，以及保全的期限；行为保全的，应当写明行为保全措施）。

案件申请费……元，由……负担(写明当事人姓名或者名称、负担金额)。

本裁定立即开始执行。

如不服本裁定，可以自收到裁定书之日起五日内向本院申请复议一次。复议期间不停止裁定的执行。

申请人在生效法律文书指定的履行期间届满后五日内不申请执行的，本院将依法解除保全。

审　判　员　×××

××××年××月××日
（院印）
书　记　员　×××

【说明】

本样式根据《中华人民共和国民事诉讼法》第一百条、第一百零二条、第一百零三条第一款、《最高人民法院关于适用〈中华人民共和国民事诉讼法〉的解释》第一百六十三条制定,供执行法院在法律文书生效后,进入执行程序前,因紧急情况,债权人申请保全,裁定采取保全措施用。

【实例评注】

安徽省怀宁县人民法院
民事裁定书①

(2016)皖 0822 财保 133 号之一

申请人:中国工商银行股份有限公司怀宁支行,住所地安徽省怀宁县。
负责人:陈某,该行行长。
被申请人:徐某,男,1984 年 10 月 6 日出生,汉族,住安徽省怀宁县。

申请人中国工商银行股份有限公司怀宁支行根据已生效的安徽省怀宁县人民法院(2016)皖 0822 民初 1811 – 1816 号民事调解书,于 2016 年 9 月 20 日向本院提出申请,请求冻结被申请人徐某在广州福云商业管理有限公司所有的股权。

经审查,本院认为,申请人的申请符合法律规定,应予准许。依照《中华人民共和国民事诉讼法》第一百条、第一百零二条、第一百零三条,《最高人民法院关于适用〈中华人民共和国民事诉讼法〉的解释》第一百六十三条规定,裁定如下:

冻结被申请人徐某在广州福云商业管理有限公司的所有股权,冻结期限为三年。

案件申请费 5 000 元,由中国工商银行股份有限公司怀宁支行负担。

本裁定立即开始执行。

如不服本裁定,可以自收到裁定书之日起五日内向本院申请复议一次。复议期间不停止裁定的执行。

申请人在生效法律文书指定的履行期间届满后五日内不申请执行的,本院将依法解除保全。

审 判 员　查育华
二〇一六年九月二十六日
书 记 员　郑兵兵

---

① 来源:中国裁判文书网。

〔评注〕

1. 本章之所以将执行前保全用的民事裁定书单列出来，是因为此文书对应的保全行为是《民诉法解释》出台后，所产生的全新类型的保全。在该司法解释颁布之前，诉前保全、诉中保全、执行中保全均有章可循，而实践中法院的法律文书生效后，在进入执行程序前，尚有一段时间的过渡阶段，在此阶段如何切实保障当事人的合法权利，对法律文书所确定的债权进行保护，如何采取保全措施，尚无明确规定。《民诉法解释》第一百六十三条规定："法律文书生效后，进入执行程序前，债权人因对方当事人转移财产等紧急情况，不申请保全将可能导致生效法律文书不能执行或者难以执行的，可以向执行法院申请采取保全措施。债权人在法律文书指定的履行期间届满后五日内不申请执行的，人民法院应当解除保全。"该规定有效填补了这一法律空白，对于执行到位大有裨益。具体而言，执行前保全裁定书有以下特点：

(1) 适用情形特殊

如前所述，执行前保全裁定适用于法律文书生效后，进入执行程序前。此乃司法解释的原则性规定。法律文书生效的时间点易于确定，而进入执行程序前，应当以执行案件是否已经立案为限。因为执行案件一旦立案，便可采取执行保全措施。实践中，当事人在法律文书生效后，在申请执行的同时，可以提出执行前保全申请，从而最大限度地保证生效文书所确定的债权的实现。

(2) 担保特殊

根据《民事诉讼法》第一百条的规定，人民法院采取保全措施，可以责令申请人提供担保，申请人不提供担保的，裁定驳回申请。措辞上，法律使用的"可以"，而在实践中，诉前保全和诉讼保全采取需要保全为一般，不需要保全为例外，不要求申请人提供担保的情况极少，且存在较大司法风险。而执行前保全依据的乃是生效法律文书，故原则上可以不要求申请人提供担保，在文书样式中，亦没有对于担保财产的表述。在此，不得不赞扬《民事诉讼法》措辞之严谨，正是由于其所留下的空间，才使得相关司法解释规定的执行前保全具有了实际可操作性。倘若其规定的是"应当"责令担保，那么执行前保全的实用性无疑大打折扣，也是对于申请人的不合理要求。

(3) 保全期限特殊

按照前述《民诉法解释》第一百六十三条的规定，债权人在法律文书指定的履行期间届满后五日内不申请执行的，人民法院应当解除保全。由此，执行前保全的保全期限不同于其他保全，在当事人怠于行使权利，履行期限届满后五日内未申请执行时，即解除保全，这是对申请人的约束，与前款对被申请人的约束相得益彰。

2. 结合实例，对于该类文书评述如下：

(1) 执行前财产保全的，代字为"财保"；执行前行为保全的，代字为"行保"。

(2) 必须写明执行前保全所依据的生效法律文书的制作单位、案号、文书名称，并明确该法律文书"已生效"。

（3）此类裁定书所依据的是《民事诉讼法》第一百条、《民诉法解释》第一百六十三条，实例中错误引用了其他无关条文。

（4）实例中，明确了保全的时间，避免了本章样式1与样式2实例的错误。《民诉法解释》第四百八十七条第一款规定："人民法院冻结被执行人的银行存款的期限不得超过一年，查封、扣押动产的期限不得超过两年，查封不动产、冻结其他财产权的期限不得超过三年。"此规定对于《最高人民法院关于人民法院民事执行中查封、扣押、冻结财产的规定》中的保全期限上限作出了更改，实例中冻结股权三年符合新规。

（5）《民诉法解释》第一百六十三条规定，"债权人在法律文书指定的履行期间届满后五日内不申请执行的，人民法院应当解除保全"。此项规定对于保全申请人和被申请人的利益均有重大影响，需要特别提示，应当在裁定书中有所表述，而实例中并未表述。

4. 民事裁定书（诉前行为保全用）

×××× 人民法院

民事裁定书

（××××）……行保……号

申请人：×××，……。
……

被申请人：×××，……。
……

（以上写明申请人、被申请人及其代理人的姓名或者名称等基本信息）

申请人×××于××××年××月××日向本院申请诉前行为保全，请求对被申请人×××……（写明申请采取行为保全措施的具体内容）。申请人×××/担保人×××以……（写明担保财产的名称、数量或者数额、所在地点等）提供担保。

本院经审查认为，……（写明采取行为保全措施的理由）。依照《中华人民共和国民事诉讼法》第一百零一条、第一百零二条的规定，裁定如下：

……（写明行为保全措施）。

案件申请费……元，由……负担（写明当事人姓名或者名称、负担金额）。

本裁定立即开始执行。

如不服本裁定，可以自收到裁定书之日起五日内向本院申请复议一次。复议期间不停止裁定的执行。

申请人在人民法院采取保全措施后三十日内不依法提起诉讼或者申请仲裁的，本院将依法解除保全。

审 判 员 ×××

××××年××月××日
（院印）

书 记 员 ×××

【说明】

本样式根据《中华人民共和国民事诉讼法》第一百零一条、第一百零二条制定，供人民法院依当事人诉前行为保全申请，裁定采取行为保全措施用。

【实例评注】

中华人民共和国
上海市第一中级人民法院
民事裁定书①

（2014）沪一中民保字第1号

申请人诺华（中国）生物医学研究有限公司。
法定代表人克某·某（C），董事长。
委托代理人谢某，上海市方达律师事务所律师。
委托代理人陈某，上海市方达律师事务所律师。
被申请人贺某。

申请人于2014年1月7日向本院提出诉前行为保全申请，本院受理后，于当日进行了单方听证，申请人的委托代理人谢某到庭参加了听证。

申请人称：被申请人原系申请人化学部门负责人和高级研究员，对申请人负有保密义务。2013年7月，被申请人向申请人申请辞职，于同年8月21日正式离职。在该辞职期间，被申请人曾大量访问申请人的保密文件。经申请人委托鉴定机构恢复数据，发现被申请人在正式离职前擅自将申请人抗癌药品研发项目（EED和LSD1）的879个保

---

① 来源：中国裁判文书网。

密文件（见"申请人商业秘密文件列表"）复制到其移动存储设备中带走。申请人随即委托律师向被申请人发送律师函，要求其立即停止侵权行为，删除和销毁涉密文件，但被申请人未予答复。

申请人认为，被申请人的行为已经将申请人的商业秘密置于危险境地，尤其令人不安的是，被申请人已经前往申请人的同行处工作。一旦被申请人泄露、使用或者允许他人使用上述秘密，申请人势必遭受难以弥补的重大损失。据此，申请人请求本院责令被申请人不得披露、使用或者允许他人使用申请人的商业秘密文件及其中包含的所有信息。

本院认为：《中华人民共和国民事诉讼法》第一百零一条第一款规定，"利害关系人因情况紧急，不立即申请保全将会使其合法权益受到难以弥补的损害的，可以在提起诉讼或者申请仲裁前向被保全财产所在地、被申请人住所地或者对案件有管辖权的人民法院申请采取保全措施"。据此，判断是否实施诉前行为保全应考量两个要件：是否情况紧急以及不采取行为保全措施是否会给申请人造成难以弥补的损害。而是否情况紧急又需要进一步考虑申请人是否提出了具有理据的严肃争议、双方当事人利益是否明显失衡、本申请是否具有紧迫性以及是否违反公共利益等因素。就本案而言，申请人的申请符合上述要件，本院予以准许，兹分析如下：

一、申请人是否提出了具有理据的严肃争议

在涉及侵权的纠纷中，情况紧急一般表现为权利人的合法权益面临迫在眉睫的侵害，故在理想状态下，应首先对申请人会否受到侵害做出判断，但要充分判断侵害可能性需以双方当事人诉辩的方式来查明，并花费大量的时间。本案是一起诉前行为保全案件，具有时间上的紧迫性，依据法律规定，必须在48小时内作出裁定，如果以上述理想状态来查明侵害可能性显然不切实际，若以短时间内无法查明侵害可能性为由简单驳回申请，到时难以弥补的损害即有可能成为现实，此亦不符合诉前行为保全制度的设计初衷。因此，本院在动态综合考虑以下所有因素的情况下，将侵害可能性因素的考虑重点侧重于申请人是否提出了具有理据的严肃争议。

申请人在听证中主张，根据被申请人签署的员工手册和劳动合同，被申请人对申请人的商业秘密负有保密义务，且根据合同约定，被申请人在职期间成果的知识产权均归属于申请人。涉案两个项目下的电子文件属于申请人的商业秘密，相关文件存储于申请人的服务器中，设置了访问权限。申请人另主张，被申请人在离职前的较短时间内大量访问并转存服务器上的前述文件，违反了员工离职前将申请人的商业秘密资料及财产归还申请人的合同约定，属于以不正当手段获取商业秘密。申请人对于其在申请书及听证中主张的事实均陈述并出示了相关证据材料，该等主张在《中华人民共和国反不正当竞争法》上亦有其请求权基础。据此，本院有理由相信，申请人提出了一个具有正当理由和法律依据的严肃争议。

二、是否会造成难以弥补的损害

本案中，这个问题的答案是显而易见的。申请人主张，其将研发资料作为商业秘密保护，这就意味着申请人选择用保密的方式来保护其有关药物研发可能形成的智力财产。如果他人未经申请人许可，将其运用于相同领域，无疑会给申请人造成损害，而且这种损害难以用金钱来衡量。如果他人未经申请人许可，进一步向特定主体披露这些研发资料甚至将其公之于众，则更将对申请人通过前期投入大量时间和金钱所建立的竞争优势带来难以挽回的损害。本院认为，冻结被申请人的行为以维持现状并阻止损害发生符合本案的实际情况。

三、双方当事人利益是否明显失衡

如前所述，涉案研发资料对申请人而言至关重要，如果不采取行为保全措施，申请人的合法权益将可能受到难以弥补的损害。如果采取行为保全措施禁止的是被申请人本不打算实施的行为，则该行为保全对被申请人并无损害；如果相反，即使不考虑申请人声明被申请人对前述资料不享有任何权益的因素，临时禁止被申请人披露、使用以及允许他人使用前述资料对被申请人而言也难谓有重大损害。此外，本院审酌本案情况已经要求申请人提供人民币10万元的担保金，这对被申请人利益亦具有保障作用。本院认为，两利相权取其重，不采取行为保全措施将很可能使申请人陷入困境，故对这一因素的判断也明显倾向于申请人。

四、本次申请是否具有紧迫性

基于申请人的前述主张，本院有理由相信被申请人未经申请人许可，获取了申请人的秘密文件。由于这些文件已经脱离了申请人的控制范围，被申请人随时有可能披露、使用或允许他人使用，因此，禁止该等行为的实施就显得刻不容缓。

五、本行为保全是否违反公共利益

本行为保全申请系申请人请求获得商业秘密保护的救济，属于私权范畴，本院没有发现本行为保全将对社会公共利益造成损害的可能。

综上所述，申请人的申请可予准许。本院同时注意到，本裁定系在申请人单方申请的情况下作出，被申请人的利益尚缺乏程序保障。根据《中华人民共和国民事诉讼法》的规定，被申请人对本裁定有申请复议的权利，在今后可能的诉讼中，被申请人亦有抗辩的权利，故本院有可能对此做出进一步裁判，在此之前本裁定维持其效力。鉴于《中华人民共和国民事诉讼法》第一百零八条并未对复议期间作出规定，本院参照《中华人民共和国专利法》第六十六条第三款及《最高人民法院关于对诉前停止侵犯专利权行为适用法律问题的若干规定》第十条的规定，将被申请人申请复议的期间确定为十日。

依照《中华人民共和国民事诉讼法》第一百零一条的规定，裁定如下：

在本院作出进一步裁判前，被申请人贺某不得披露、使用或允许他人使用"申请人商业秘密文件列表"所列的879个文件（包括文件名本身）。

本裁定送达后立即执行。

本案行为保全申请费人民币 30 元，由申请人诺华（中国）生物医学研究有限公司负担。

如不服本裁定，可在裁定书送达之日起十日内向本院申请复议一次。复议期间不停止裁定的执行。

审 判 长　　胡震远
代理审判员　　桂　佳
代理审判员　　陈瑶瑶
二〇一四年一月八日
书 记 员　　谭　尚

〔评注〕

根据《民事诉讼法》第一百零一条、第一百零二条的规定，利害关系人因情况紧急，不立即申请保全将会使其合法权益受到难以弥补的损害的，可以在提起诉讼或者申请仲裁前向被保全财产所在地、被申请人住所地或者对案件有管辖权的人民法院申请采取保全措施。申请人应当提供担保，不提供担保的，裁定驳回申请。人民法院接受申请后，必须在四十八小时内作出裁定；裁定采取保全措施的，应当立即开始执行。申请人在人民法院采取保全措施后三十日内不依法提起诉讼或者申请仲裁的，人民法院应当解除保全。保全限于请求的范围，或者与本案有关的财物。根据《民诉法解释》第一百五十二条的规定，利害关系人申请诉前保全的，应当提供担保。申请诉前财产保全的，应当提供相当于请求保全数额的担保；情况特殊的，人民法院可以酌情处理。申请诉前行为保全的，担保的数额由人民法院根据案件的具体情况决定。

实例选取自中华人民共和国上海市第一中级人民法院(2014)沪一中民保字第 1 号民事裁定书，该实例虽然选取自新《民事诉讼文书样式》出台之前，但就新、旧文书样式比较而言具有明显参考意义，同时此案案情较为复杂，申请人陈述和本院认为部分，反映了诉前行为保全的动态写作过程，具有较强的指导意义。结合上述规定，评注如下：

1. 新样式诉前行为保全的代字为"行保"。

2. 根据《人民法院民事裁判文书制作规范》的规定，当事人诉讼地位在前，其后写当事人姓名或者名称，两者之间用冒号。当事人姓名或者名称之后，用逗号。实例中，未用冒号进行分隔。《人民法院民事裁判文书制作规范》要求将委托代理人表述为"委托诉讼代理人"，实例中使用的是"委托代理人"。

3. 根据前述《民事诉讼法》第一百零一条之规定，申请人应当提供担保，不提供担保的，裁定驳回申请。实例中，未有对于担保的表述，可能有两种情形：一是申请人未提供担保，那么根据法律规定，应当驳回申请；二是申请人提供了担保但未作表述，就诉前保全而言，申请人提供担保是维持程序正义，防止被申请人权益受损的重要举措，在裁定书中应当有所表述。总之，未对担保情况予以说明，是不恰当的。

4. 文书样式原则性要求了写明采取行为保全措施的理由，在司法实践中一般也仅仅表述为申请是否符合法律规定，未有明确的说理和论证。实例中，对于申请人的观点意见进行了清晰的描述，本院认为部分条理清晰、论证详尽，反映了审判员作出此裁定的动态写作过程。审判员从五个方面分析了该行为保全是否可行，分别是：申请人是否提出了具有理据的严肃争议、双方当事人利益是否明显失衡、是否会造成难以弥补的损害、本申请是否具有紧迫性、是否违反公共利益，形成了完整的逻辑链。具体而言，由于本案属诉前行为保全，案件未进入实体审理，对于申请人是否提出有理据的严肃争议应当予以评判；保全措施作为一项强制性措施，只有在当事人利益出现明显失衡且具有紧迫性的情形下才可以适用；为实现申请人和被申请人的地位平等，必须充分考虑该保全是否会造成难以弥补的损害，从而预防司法风险和防止申请人权利滥用；是否违反公共利益，则是从更为广阔的视角来评判该保全行为的社会效果。

5. 关于复议期限问题，《民诉法解释》第一百七十一条已经作出规定："当事人对保全或者先予执行裁定不服的，可以自收到裁定书之日起五日内向作出裁定的人民法院申请复议。人民法院应当在收到复议申请后十日内审查。裁定正确的，驳回当事人的申请；裁定不当的，变更或者撤销原裁定。"该规定解决了保全裁定申请复议的期限问题。

6. 《民事诉讼法》第一百零一条规定，"申请人在人民法院采取保全措施后三十日内不依法提起诉讼或者申请仲裁的，人民法院应当解除保全"。此项规定对于保全申请人和被申请人的利益均有重大影响，需要特别提示，应当在裁定书中有所表述，而实例中并未表述。

5. 民事裁定书（诉讼财产保全用）

××××人民法院

民事裁定书

（××××）……民×……号

申请人：×××，……。
……

被申请人：×××，……。
……

（以上写明申请人、被申请人及其代理人的姓名或者名称等基本信息）

……（写明当事人及案由）一案，申请人×××于×××年××月××日向本院申请财产保全，请求对被申请人×××……（写明申请采取财产保全措施的具体内容）。申请人×××/担保人×××以……（写明担保财产的名称、数量或者数额、所在地点等）提供担保。

本院经审查认为，……（写明采取财产保全措施的理由）。依照《中华人民共和国民事诉讼法》第一百条、第一百零二条、第一百零三条第一款规定，裁定如下：

查封/扣押/冻结被申请人×××的……（写明保全财产名称、数量或者数额、所在地点等），期限为……年/月/日（写明保全的期限）。

案件申请费……元，由……负担（写明当事人姓名或者名称、负担金额）。

本裁定立即开始执行。

如不服本裁定，可以自收到裁定书之日起五日内向本院申请复议一次。复议期间不停止裁定的执行。

审　判　长　×××
审　判　员　×××
审　判　员　×××

×××年××月××日
（院印）
书　记　员　×××

【说明】

1. 本样式根据《中华人民共和国民事诉讼法》第一百条、第一百零二条、第一百零三条第一款制定，供人民法院在诉讼中，依当事人申请裁定采取财产保全措施用。

2. 本裁定书案号用诉讼案件的类型代字。

3. 独任审判的，裁定书署独任审判员的姓名。

4. 对当事人不服一审判决提起上诉的案件，在第二审人民法院接到报送的案件之前，当事人有转移、隐匿、出卖或者毁损财产等行为，必须采取保全措施的，由第一审人民法院依当事人申请或者依职权采取。第一审人民法院的保全裁定，应当及时报送第二审人民法院。

【实例评注】

北京市房山区人民法院
民事裁定书①

(2016)京 0111 民初 12681 号

申请人张某某,男,1964 年 8 月 28 日出生。

被申请人翟某某,男,1958 年 7 月 1 日出生。

被申请人李某某,女,1960 年 6 月 14 日出生。

本院审理张某某与翟某某、李某某民间借贷纠纷一案中,张某某于 2016 年 9 月 18 日向本院提出财产保全的申请,要求冻结翟某某、李某某在北京市房山区××镇××村村民委员会、北京市房山区××镇××村农工商经济联合社的占地补偿款 50 万元。并提供张某某名下的位于房山区××街道××家园×号×层×单元×房产一套(房屋产权证号:京(2015)房山区不动产权第××××××号)作为财产担保,提供张某某在中国工商银行北潞园支行账户内的 10 万元作为现金担保(户名:张某某;开户行:中国工商银行××支行;账号:×××××××)。

本院认为,原告的申请符合法律规定,本院应准予。依照《中华人民共和国民事诉讼法》第一百条、第一百零二条、第一百五十四条第一款第四项之规定,裁定如下:

一、冻结翟某某、李某某在北京市房山区××镇××村村民委员会、北京市房山区××镇××村农工商经济联合社的占地补偿款 50 万元。

二、查封张某某名下的位于房山区××街道××家园×号×层×单元×房产一套[房屋产权证号:京(2015)房山区不动产权第××××××号]。

三、冻结张某某在中国工商银行××支行账户内的 10 万元(户名:张某某;开户行:中国工商银行北潞园支行;账号:×××××××)。本裁定书送达后立即执行。

如不服本裁定,可以向本院申请复议一次。复议期间不停止裁定的执行。

代理审判员　王　然

二〇一六年九月十八日

书　记　员　王亚昕

---

① 来源:中国裁判文书网。

〔评注〕

根据《民事诉讼法》第一百条、第一百零二条及第一百零三条第一款的规定，人民法院对于可能因当事人一方的行为或者其他原因，使判决难以执行或者造成当事人其他损害的案件，根据对方当事人的申请，可以裁定对其财产进行保全、责令其作出一定行为或者禁止其作出一定行为；当事人没有提出申请的，人民法院在必要时也可以裁定采取保全措施。人民法院采取保全措施，可以责令申请人提供担保，申请人不提供担保的，裁定驳回申请。人民法院接受申请后，对情况紧急的，必须在四十八小时内作出裁定；裁定采取保全措施的，应当立即开始执行。保全限于请求的范围，或者与本案有关的财物。财产保全采取查封、扣押、冻结或者法律规定的其他方法。人民法院保全财产后，应当立即通知被保全财产的人。

实例选取自北京市房山区人民法院(2016)京0111民初12681号民事裁定书，结合上述规定，评注如下：

一般而言，诉讼财产保全裁定与前述诉前财产保全裁定在格式上相类似，有四点区别：一是诉讼财产保全裁定的案号使用诉讼案件的类型代字，与其所在的诉讼案件案号保持一致；二是在裁定书主文部分应当写明当事人及案由；三是诉讼财产保全不涉及当事人不依法提起诉讼或者申请仲裁时依法解除保全的情形；四是根据前述法律规定，人民法院采取保全措施，可以责令申请人提供担保，故而担保并非该裁定的前置条件，表现在文书格式上，则担保事项并非必要内容。

根据《人民法院民事裁判文书制作规范》，当事人诉讼地位在前，其后写当事人姓名或者名称，两者之间用冒号。当事人姓名或者名称之后，用逗号。实例中，未用冒号进行分隔。

对于当事人及案由的表述，写明当事人姓名、名称即可，无须添加"原告""被告"身份；在其后的裁定主文中，应当加"申请人""被申请人"前缀。理由如下：诉讼财产保全虽然存在于具体案件中，但是就诉讼财产保全而言，尚有依申请和依职权之分，在依申请的诉讼财产保全这一情境下，诉讼双方的身份是申请人与被申请人，裁定书主文以此表述，可与裁定书首部相一致，且不至于称呼混乱。实例中未添加"申请人""被申请人"前缀，属表述不规范。

诉讼财产保全的作出，应当充分考虑以下因素：(1)需要对争议的财产采取诉讼中财产保全的案件必须是给付之诉，即该案的诉讼请求具有财产给付内容。(2)将来的生效判决因为主观或者客观的因素导致不能执行或者难以执行。主观因素有，当事人有转移、毁损、隐匿财物的行为或者可能采取这种行为；客观因素主要是诉讼标的物是容易变质、腐烂的物品，如果不及时采取保全措施将会造成更大损失。(3)诉讼中财产保全发生在民事案件受理后、法院尚未作出生效判决前。在一审或二审程序中，如果案件尚未审结，就可以申请财产保全。如果法院的判决已经生效，当事人可以申请强制执行，但是不得申请财产保全。(4)诉讼中财产保全一般应当由当事人提出书面申请。当事人没有提出申请的，人民法院在必要时也可以裁定采取财产保全措施。但是，人民法院一般很少依职权裁定财产保全，因为根据国家赔偿法的规定，人民法院依职权采取财产保全或者先予执行错误的，应当由人民法院依法承担赔偿责任。(5)人民法院可以责令当事人提供担保。人民法院依据申请人的申请，在采取诉讼中财产保全措施前，可以责令申请人提供担保。提供担保的数额应当相当于请求保全的数额。申请人不提供担保的，人民法院可以驳回申请。在发生诉讼中财产保全错误给被申请人造成损失的情况下，被申请人可以直接从申请人提供担保的财产中得到赔偿。上述内容虽然并未全部表现于相关裁定中，但承办法官在作出裁定，撰写裁定书之时必须全面考量。

如本章样式1中评注部分所述，财产保全裁定必须做到四个明确，不再赘述。

6. 民事裁定书（诉讼行为保全用）

××××人民法院
民事裁定书

（××××）……民×……号

申请人：×××，……。
……
被申请人：×××，……。
……
（以上写明申请人、被申请人及其代理人的姓名或者名称等基本信息）

……（写明当事人及案由）一案，申请人×××于××××年××月××日向本院申请行为保全，请求对被申请人×××……（写明申请采取行为保全措施的具体内容）。申请人×××/担保人×××以……（写明担保财产的名称、数量或者数额、所在地点等）提供担保。

本院经审查认为，……（写明采取行为保全措施的理由）。依照《中华人民共和国民事诉讼法》第一百条、第一百零二条规定，裁定如下：

……（写明行为保全措施）。

案件申请费……元，由……负担（写明当事人姓名或者名称、负担金额）。

本裁定立即开始执行。

如不服本裁定，可以自收到裁定书之日起五日内向本院申请复议一次。复议期间不停止裁定的执行。

审　判　长　×××
审　判　员　×××
审　判　员　×××
××××年××月××日
（院印）
书　记　员　×××

【说明】

1. 本样式根据《中华人民共和国民事诉讼法》第一百条、第一百零二条制定，供人民法院在诉讼中，依当事人申请裁定采取行为保全措施用。

2. 本裁定书案号用诉讼案件的类型代字。

3. 独任审判的，裁定书署独任审判员的姓名。

【实例评注】

山东省平原县人民法院
民事裁定书[①]

（2016）鲁1426民初1914号

申请人：荆某某，1961年7月5日生，女，汉族，住平原县。

被申请人：高某某，1950年4月5日生，男，汉族，住德州市陵城区。

原告荆某某与被告高某某、天安财产保险股份有限公司德州中心支公司机动车交通事故责任赔偿纠纷一案，申请人荆某某于2016年9月21日向本院申请行为保全，请求冻结被申请人高某某名下20万元银行存款或查封其价值相当的财产。担保人刘某某以自有房产提供担保。

本院经审查认为，原告的申请符合法律规定，依照《中华人民共和国民事诉讼法》第一百条、第一百零二条、第一百零三条第一款规定，裁定如下：

冻结被申请人高某某的20万元银行存款或查封其价值相当的财产。

查封刘某某名下的房产。

[①] 来源：中国裁判文书网。

本裁定立即开始执行。

如不服本裁定,可以自收到本裁定书之日起五日内向本院申请复议一次,复议期间不停止裁定的执行。

审　判　员　贾冬冬
二〇一六年九月二十二日
书　记　员　王　静

〔评注〕

根据《民事诉讼法》第一百条、第一百零二条的规定,人民法院对于可能因当事人一方的行为或者其他原因,使判决难以执行或者造成当事人其他损害的案件,根据对方当事人的申请,可以裁定对其财产进行保全、责令其作出一定行为或者禁止其作出一定行为;当事人没有提出申请的,人民法院在必要时也可以裁定采取保全措施。人民法院采取保全措施,可以责令申请人提供担保,申请人不提供担保的,裁定驳回申请。人民法院接受申请后,对情况紧急的,必须在四十八小时内作出裁定;裁定采取保全措施的,应当立即开始执行。保全限于请求的范围,或者与本案有关的财物。

实例选取自山东省平原县人民法院(2016)鲁1426民初1914号民事裁定书,结合上述规定,评注如下:

本节之所以将诉讼行为保全裁定单列出来,是因为其与诉前行为保全裁定相比有如下区别:一是案号不同,诉讼行为保全裁定采用诉讼案件的类型代字;二是担保不同,诉讼行为保全非必须担保;三是诉讼行为保全不涉及当事人不依法提起诉讼或者申请仲裁时依法解除保全的情形。与诉讼财产保全相比有如下区别:一是对象不同,诉讼财产保全的对象是被申请人的财产,诉讼行为保全的对象是行为,即要求被申请人作为或不作为;二是法律依据不同;三是是否需要通知被申请人不同,法律未对诉讼行为保全需要通知被申请人作出规定。在实践中,常有将诉讼行为保全与诉讼财产保全相混同的情况,笔者在中国裁判文书网中检索出大量以诉讼行为保全为名而进行诉讼财产保全的情况,本节所用实例即属于此种情况,该问题值得引起广大法官的重视。穷尽裁判文书网,尚未找到新《民事诉讼文书样式》发布后真正意义上的诉讼行为保全裁定。笔者分析认为行为保全一般发生于诉前保全中。

实例中的案号采用了诉讼案件的类型代字,首部将称呼与姓名/名称以冒号相区隔,符合文书样式要求。

如本章样式5评注所述,对于当事人及案由的表述,写明当事人姓名、名称即可,无须添加"原告""被告"身份;在其后的裁定主文中,应当加"申请人""被申请人"前缀。实例中混用了原告、被告,申请人、被申请人,实属不当。

诉讼行为保全的申请费,应当在裁定书中有所表述,并写明当事人姓名或者名称、负担金额，实例漏掉了此项。

诉讼行为保全的作出，应当充分考虑以下因素：（1）有初步证据表明申请人的合法权益正在或者将要受到被申请人的侵害；（2）如不采取行为保全将会给申请人造成损害或者使其损害扩大；（3）如不采取行为保全可能给申请人造成的损害大于如采取行为保全可能给被申请人造成的损害。但如采取行为保全会损害公共利益的，不得采取行为保全。上述内容虽然并未全部表现于相关裁定中，但承办法官在作出裁定，撰写裁定书之时必须全面考量。

7. 民事裁定书（依职权诉讼保全用）

×××× 人民法院
民事裁定书

（××××）……民×……号

原告：×××，……。
……

被告：×××，……。
……

（以上写明当事人及其代理人的姓名或者名称等基本信息）

……（写明当事人及案由）一案，本院×××于××××年××月××日立案。

本院经审查认为，……（写明依职权采取诉讼保全措施的理由）。依照《中华人民共和国民事诉讼法》第一百条第一款规定，裁定如下：

……（写明保全措施）。

案件申请费……元，由……负担（写明当事人姓名或者名称、负担金额）。

本裁定立即开始执行。

如不服本裁定，可以自收到裁定书之日起五日内向本院申请复议一次。复议期间不停止裁定的执行。

审　判　长　×××
审　判　员　×××
审　判　员　×××
××××年××月××日
（院印）
书　记　员　×××

【说明】

1. 本样式根据《中华人民共和国民事诉讼法》第一百条第一款制定，供人民法院在诉讼过程中，依职权采取保全措施用。

2. 本裁定书案号用诉讼案件的类型代字。

3. 独任审判的，裁定书署独任审判员的姓名。

【实例评注】

（暂缺实例）

〔评注〕

根据《民事诉讼法》第一百条第一款的规定，人民法院对于可能因当事人一方的行为或者其他原因，使判决难以执行或者造成当事人其他损害的案件，根据对方当事人的申请，可以裁定对其财产进行保全、责令其作出一定行为或者禁止其作出一定行为；当事人没有提出申请的，人民法院在必要时也可以裁定采取保全措施。与依申请的保全裁定相比，法院依职权保全裁定具有以下特点：一是适用法律不同；二是适用范围不同，依申请的保全可以适用于诉前、诉讼中、仲裁中乃至诉后执行前，而依职权的保全只适用于诉讼中；三是首部当事人称谓不同，依申请的保全统一称谓为"申请人""被申请人"，而依职权的保全称谓为"原告""被告"。具体而言，笔者对依职权诉讼保全裁定评注如下：

作为一项保证当事人诉讼权利的重要举措，在当事人没有提出申请时，法院在必要的情况下裁定采取保全措施具有其实际价值。但在司法实践中，存在大量的依申请诉讼保全，而穷尽中国裁判文书网，却未能找到依职权诉讼保全的实例，表明这一制度在一定程度上流于法律文本，未有效实施。究其原因，当包括：（1）在依申请的诉讼保全制度存在的前提下，当事人一般会根据诉讼案件的实际情况，提出相关申请，法官也会进行相应的释明工作；（2）法律对于依职权采取诉讼保全措施的适用情形仅作了"必要时"这一原则性规定，没有具体细则；（3）部分法院的内部规定可视作对"必要时"的具体说明，没有超出法定范畴，但存在对依职权保全的人为设限，如《深圳市宝安区人民法院财产保全工作细则》第八条规定："当事人没有提出财产保全申请的，但确有采取财产保全措施必要的，本院可以依职权采取保全措施。有关法律文书应当逐级呈报主管院长审批。"

就逻辑而言，依职权诉讼保全属于能动司法的范畴，而实现保护当事人合法权益与保障当事人民事自决权的矛盾统一，应当采取更加严格的标准。

本诉讼文书样式中有"案件申请费……元，由……负担"，此条并不适用于依职权的裁定中，应当删除。

8. 民事裁定书（解除保全用）

×××× 人民法院
民事裁定书

（××××）……号

解除保全申请人：×××，……。
……
被申请人：×××，……。
……
（以上写明申请人、被申请人及其代理人的姓名或者名称等基本信息）
……（写明当事人及案由）一案，本院于××××年××月××日作出（××××）……号民事裁定，……（写明已经采取的保全措施）。×××于××××年××月××日向本院申请解除上述保全措施。

本院经审查认为，……（写明解除保全的事实和理由）。依照《中华人民共和国民事诉讼法》第一百零一条第三款/《最高人民法院关于适用〈中华人民共和国民事诉讼法〉的解释》第一百六十六条第一款第×项规定，裁定如下：

解除对×××（被保全人姓名或者名称）的……（写明保全措施）。

案件申请费……元，由……负担（写明当事人姓名或者名称、负担金额）。

本裁定立即开始执行。

如不服本裁定，可以自收到裁定书之日起五日内向本院申请复议一次。复议期间不停止裁定的执行。

审　判　长　×××
审　判　员　×××
审　判　员　×××

××××年××月××日
（院印）
书　记　员　×××

【说明】

1. 本样式根据《中华人民共和国民事诉讼法》第一百零一条第三款以及《最高人民法院关于适用〈中华人民共和国民事诉讼法〉的解释》第一百六十六条制定，供人民法院在采取保全措施后，依法裁定解除保全措施用。

2. 人民法院依职权裁定解除保全的，当事人按照原裁定保全案件的当事人列。

3. 独任审判的，裁定书署独任审判员的姓名。

4. 本裁定书案号，在诉讼中解除保全的，用诉讼案件类型代字；其他解除保全的，用保全裁定的类型代字。

【实例评注】

安徽省天长市人民法院
民事裁定书①

(2016)皖 1181 民初 3097 号之一

解除保全申请人：天长市万佳包装有限公司，住所地安徽省天长市西城工业区经三路，统一社会信用代码913××××××××××××××。

法定代表人：吴某某，该公司总经理。

委托诉讼代理人：刘某某，安徽天申律师事务所律师。

被申请人：明光市永德包装有限公司，住所地安徽省明光市，统一社会信用代码913×××××××××××××。

法定代表人：张某，该公司董事长。

委托诉讼代理人：张某某，该公司总经理。

原告天长市万佳包装有限公司与被告明光市永德包装有限公司买卖合同纠纷一案，本院于 2016 年 9 月 8 日作出(2016)皖 1181 民初 3097 号民事裁定，冻结了被申请人明光市永德包装有限公司的银行存款 27 万元。天长市万佳包装有限公司于 2016 年 10 月 21 日向本院申请解除上述保全措施。

本院经审查认为：天长市万佳包装有限公司的申请符合法律规定。依照《最高人民法院关于适用〈中华人民共和国民事诉讼法〉的解释》第一百六十六条第一款第四项规定，裁定如下：

解除对被申请人明光市永德包装有限公司银行存款 27 万元的冻结。

本裁定立即开始执行。

如不服本裁定，可以自收到裁定书之日起五日内向本院申请复议一次。复议期间

---

① 来源：中国裁判文书网。

不停止裁定的执行。

审　判　员　　解明星

二〇一六年十月二十一日

书　记　员　　郑　蕾

〔评注〕

根据《民事诉讼法》第一百零一条第三款以及《民诉法解释》第一百六十六条的规定，申请人在人民法院采取保全措施后三十日内不依法提起诉讼或者申请仲裁的，人民法院应当解除保全。裁定采取保全措施后，有下列情形之一的，人民法院应当作出解除保全裁定：（1）保全错误的；（2）申请人撤回保全申请的；（3）申请人的起诉或者诉讼请求被生效裁判驳回的；（4）人民法院认为应当解除保全的其他情形。解除以登记方式实施的保全措施的，应当向登记机关发出协助执行通知书。

实例选取自安徽省天长市人民法院民事裁定书（2016）皖1181民初3097号之一民事裁定书，结合上述规定，评注如下：

不同于《民事诉讼法》中的原则性规定，《民诉法解释》对于裁定解除保全措施进行了明确规定，即在上述四种情形下，人民法院应当作出解除保全裁定。

本裁定书属于诉讼中解除保全，故而用诉讼案件类型代字，实例符合要求。

该裁定书首部将当事人写作"解除保全申请人"和"被申请人"，并有"委托诉讼代理人"，均符合格式要求。

在裁定书主文部分，实例写明了当事人及案由和已经采取的保全措施，并对于申请人何时申请解除保全进行了描述。

在裁定理由部分，上述司法解释明确了裁定解除保全的四种情形，实例属于第四种情形，即人民法院认为应当解除保全的其他情形。此条款属兜底条款。实例中仅仅说明了申请人的申请符合法律规定，而未就其为何符合法律规定作出说明，即无法使该裁定书的受众，包括案件当事人乃至公众，明确获知解除裁定的真正理由是否恰当。笔者认为，解除保全必须充分考虑以下因素：（1）案件事实是否初步查明；（2）解除保全是否会对原保全申请人的合法权益造成损害；（3）当原保全申请人的合法权益与公共利益相冲突时，损益相抵下解除保全是否更符合公共利益；（4）解除保全申请人的履行能力。

对于案件申请费的负担，应当作出说明，而实例中未作说明。

9. 民事裁定书（变更保全用）

××××人民法院
民事裁定书

（××××）……号

变更保全申请人(被保全人)：×××，……。
……

被申请人：×××，……。
……

（以上写明申请人、被申请人及其代理人的姓名或者名称等基本信息）

……(写明当事人及案由)一案，本院于××××年××月××日作出(××××)……号民事裁定，……(写明保全措施)。被保全人×××于××××年××月××日向本院提供……(写明其他等值担保财产的名称、数量或者数额、所在地点等)作为其他等值担保财产，请求变更保全标的物。

本院经审查认为，申请人的请求符合法律规定。依照《最高人民法院关于适用〈中华人民共和国民事诉讼法〉的解释》第一百六十七条规定，裁定如下：

一、查封/扣押/冻结申请人/担保人×××的……(写明其他等值担保财产名称、数量或者数额、所在地点等)，期限为……年/月/日(写明保全的期限)；

二、解除对被保全人×××的……(写明被保全财产名称、数量、所在地点等)的查封/扣押/冻结。

案件申请费……元，由……负担(写明当事人姓名或者名称、负担金额)。

本裁定立即开始执行。

如不服本裁定，可以自收到裁定书之日起五日内向本院申请复议一次。复议期间不停止裁定的执行。

审　判　长　×××
审　判　员　×××
审　判　员　×××

××××年××月××日
（院印）
书　记　员　×××

【说明】

1. 本样式根据《最高人民法院关于适用〈中华人民共和国民事诉讼法〉的解释》第一百六十七条制定,供人民法院在被保全人申请变更保全标的物,并提供其他等值担保财产且有利于执行,裁定变更保全标的物用。

2. 独任审判的,裁定书署独任审判员的姓名。

3. 本裁定书案号,在诉讼中变更保全的,用诉讼案件类型代字;其他变更保全的,用保全裁定的类型代字。

【实例评注】

湖北省汉江中级人民法院
民事裁定书①

(2014)鄂汉江中民二初字第02010-2号

原告(反诉被告)伟基建设集团有限公司。住所地:浙江省金华市东阳市人民路252号。

法定代表人虞某,该公司董事长。

委托代理人赵某、何某,该公司员工。

被告(反诉原告)湖北绿地置业有限公司。住所地:湖北省仙桃市军垦路9号。

法定代表人潘某某,该公司董事长。

委托代理人邵某某,湖北文意律师事务所律师。

原告(反诉被告)伟基建设集团有限公司与被告(反诉原告)湖北绿地置业有限公司建设工程施工合同纠纷一案,本院依(2014)鄂汉江中民二初字第02010-1号民事裁定,对被告(反诉原告)湖北绿地置业有限公司部分房地产予以查封。现被告(反诉原告)湖北绿地置业有限公司自愿提供N15-×-××××号(239.98平方米)和N15-×-×××××号(181.98平方米)的两套房屋作为担保,请求对被查封前已与他人签订《商品房买卖合同》,出售给他人的康城10#××号(146.66平方米)和傲城6#××号(252.4平方米)予以解除查封,以有利于买受人办理产权登记手续。本院经审查认为,被告(反诉原告)湖北绿地置业有限公司的申请符合法律规定,依照《中华人民共和国民事诉讼法》第一百零四条、第一百五十四条第一款第(十一)项、《最高人民法院关于适用〈中华人民共和国民事诉讼法〉的解释》第一百六十七条的规定,裁定如下:

---

① 来源:中国裁判文书网。

一、对被告（反诉原告）湖北绿地置业有限公司所有的位于仙桃市军垦路9号N15－×－××××号和N15－×－××××号的两套房屋进行查封。

二、解除对被告（反诉原告）湖北绿地置业有限公司所有的位于仙桃市军垦路9号康城10#×号和傲城6#×号的两套房屋的查封。

本裁定书送达后立即执行。

审 判 长　　刘汝梁
代理审判员　　任　婕
人民陪审员　　叶方静

二〇一五年十二月十七日

书 记 员　　高　杭

〔评注〕

根据《民诉法解释》第一百六十七条的规定，财产保全的被保全人提供其他等值担保财产且有利于执行的，人民法院可以裁定变更保全标的物为被保全人提供的担保财产。

实例选取自湖北省汉江中级人民法院民事裁定书（2014）鄂汉江中民二初字第02010－2号民事裁定书，结合上述规定，评注如下：

上述司法解释确立了保全标的物变更制度。这是最高人民法院创设的新制度，从解释学角度上说，创设变更保全标的物制度属于漏洞填补。这种漏洞填补是根据司法实践的急迫需要、财产保全的立法目的和解除财产保全的立法精神而进行的。财产保全的目的主要是为了防止判决难以执行；解除财产保全则侧重于被保全人的合法权益的保障。而这两者都是双刃剑：保全有利于保障申请人的合法权益却可能造成被保全人合法权益的损害，解除则有利于保障被保全人的合法权益却可能对申请人合法权益造成损害。变更保全标的物制度，是以问题为导向而又在依法原则下经过权衡利弊而创设的。它既保留保全从而保障申请人的合法权益，又置换出被保全人急需的保全标的物从而保障其合法权益。可见，这是对解除财产保全规定的有益补充。

本裁定书属于诉讼中变更保全，故而用诉讼案件类型代字，实例符合要求。

该变更保全虽然存在于具体案件中，但是在变更保全这一情境下，诉讼双方的身份是变更保全申请人与被申请人，裁定书首部及主文均应当如此表述，而非表述为原、被告。

就裁定书的动态写作过程而言，变更保全的作出，应当充分考虑：（1）保全变更必须是依申请的，只有被保全人申请进行变更方可作出，法院不得依职权擅自进行；（2）被保全人必须提供了其他等值的担保财产，此为形式要件；（3）变更保全必须有利于执行，此为实际要件，否则会架空保全的功能。

《民事诉讼法》第一百零一条规定，"申请人在人民法院采取保全措施后三十日内不依法提起诉讼或者申请仲裁的，人民法院应当解除保全"。此项规定对于保全申请人和被申请人的利益均有重大影响，需要特别提示，应当在裁定书中有所表述，而实例中并未表述。

如本章样式1中评述部分所述，财产保全裁定必须做到四个明确，不再赘述。

此外，根据《人民法院民事裁判文书制作规范》的要求，引用法律第几项时不加括号，实例中错误地添加了括号。当事人及其法定代理人、委托代理人后应添加"："，且"委托代理人"应改为"委托诉讼代理人"。

10. 民事裁定书（先予执行用）

××××人民法院
民事裁定书

（××××）……民×……号

申请人：×××，……。
……
被申请人：×××，……。
……

（以上写明申请人、被申请人及其代理人的姓名或者名称等基本信息）

……（写明当事人及案由）一案，申请人×××于××××年××月××日向本院申请先予执行，请求……（写明先予执行内容）。申请人×××/担保人×××向本院提供……（写明担保财产的名称、数量或者数额、所在地点等）作为担保（不提供担保的，不写）。

本院经审查认为，申请人×××的申请符合法律规定。依照《中华人民共和国民事诉讼法》第一百零六条、第一百零七条规定，裁定如下：

……（写明先予执行的内容）。

案件申请费……元，由……负担（写明当事人姓名或者名称、负担金额）。

如不服本裁定，可以自收到裁定书之日起五日内向本院申请复议一次。复议期间不停止裁定的执行。

审　判　长　×××
审　判　员　×××

```
                          审 判 员  ×××

                          ××××年××月××日
                                (院印)
                          书 记 员  ×××
```

【说明】

1. 本样式根据《中华人民共和国民事诉讼法》第一百零六条、第一百零七条制定，供人民法院依当事人申请裁定先予执行用。

2. 本裁定书案号用诉讼案件的类型代字。

3. 独任审判的，裁定书署独任审判员的姓名。

【实例评注】

安徽省天长市人民法院
民事裁定书[①]

(2016)皖1181民初3304号之一

原告：张某某，个体户。

委托诉讼代理人：路某某，安徽天道律师事务所律师。

委托诉讼代理人：王某某，安徽天道律师事务所律师。

被告：孙某某，驾驶员。

被告：中国平安财产保险股份有限公司天长支公司，住所地天长市天康大道南侧万寿路丰乐家园3栋111号，统一社会信用代码913××××××××××××××。

主要负责人：张某某，该公司经理。

本院在审理原告张某某诉被告孙某某、中国平安财产保险股份有限公司天长支公司机动车交通事故责任纠纷一案中，原告张某某于2016年9月23日向本院提出先予执行的申请，要求被告中国平安财产保险股份有限公司天长支公司先行向原告张某某支付医疗费8万元，用于救治张某某急用。

本院认为，经审查原告张某某向本院提交的医疗费单据若干和机动车责任事故另

[①] 来源：中国裁判文书网。

一方车辆投保了交强险和限额为100万元不计免赔的商业第三者责任险保险单的复印件,且提交了天长市公安局天公交认字［2016］第161174号《道路交通事故认定书》的原件,本案部分当事人之间权利义务关系明确,原告张某某的医疗费已经支付124 917.5元,后续治疗费用太大,原告经济困难无法再承担,原告张某某主张的被告中国平安财产保险股份有限公司天长支公司有履行能力、不先予执行将严重影响张某某治疗的情形,可以采信。依照《中华人民共和国民事诉讼法》第一百零六条第一项、第三项,第一百零七条第一款、第二款,第一百五十四条第一款第四项的规定,裁定如下:

被告中国平安财产保险股份有限公司天长支公司向原告张某某预付医疗费用人民币8万元(汇入天长法院执行专户;开户行:中国邮政储蓄银行股份有限公司天长市支行;账号:934××××××××××××××)。

本裁定于裁定书送达后立即执行。

如不服本裁定,可以向本院申请复议一次。复议期间不停止裁定的执行。

审　判　员　丘　泉
二〇一六年九月二十三日
书　记　员　罗　媛

〔评注〕

先予执行,是指人民法院在受理案件后、终审判决作出之前,根据一方当事人的申请,裁定对方当事人向申请一方当事人给付一定数额的金钱或其他财物,或者实施或停止某种行为,并立即付诸执行的一种程序。具体而言,先予执行裁定书有以下特点:

1. 适用范围

第一,追索赡养费、扶养费、抚育费、抚恤金、医疗费用的案件;第二,追索劳动报酬的案件;第三,因情况紧急需要先予执行的案件。根据最高人民法院的有关司法解释,所谓的情况紧急,主要是指下列情况:需要立即停止侵害、排除妨碍的;需要立即制止某项行为的;需要立即返还用于购置生产原料、生产工具款的;追索恢复生产、经营急需的保险理赔费的。

2. 满足条件

第一,当事人之间事实基本清楚、权利义务关系明确,即当事人之间谁享有权利谁负有义务是明确的,不先予执行将严重影响申请人的生活或生产经营的。先予执行是预先实现权利人的权利,如果当事人之间谁享有权利谁承担义务不明确,也就无所谓预先实现权利的问题。在司法实践中要求案件的基本事实是清楚的,人民法院根据案情能够判断出谁是权利人以及权利人享有什么性质的权利。就被申请人承担的义务的性质而言，通常是属于给付、返还或赔偿义务的性质。

第二，申请人有实现权利的迫切需要。即如果申请人不预先实现有关的权利，则其生活或生产就会遇到极大的困难。

第三，当事人向人民法院提出了申请，案件的诉讼请求属于给付之诉。当事人是否因生活或生产的急需而要立即实现有关的权利，当事人自己最清楚，因此，先予执行的要求应当由当事人主动向人民法院提出，人民法院不能主动依职权裁定采取先予执行的措施。

第四，被申请人有履行的能力。因为只有被申请人具有履行的能力，申请人的申请才有可能实现，人民法院作出的先予执行的裁定才有实际意义。

依据《民事诉讼法》第一百零六条、第一百零七条。结合实例，对于该类文书评述如下：

1. 先予执行使用诉讼案件类型代字，实例符合要求。

2. 首部及主文应当表述为"申请人"和"被申请人"，而非原、被告，理由不再赘述。

3. 此类裁定书所依据的是《民事诉讼法》第一百零六条、第一百零七条，实例中错误的引用了其他无关条文。

4. 关于复议期限问题，《民诉法解释》第一百七十一条已经作出规定："当事人对保全或者先予执行裁定不服的，可以自收到裁定书之日起五日内向作出裁定的人民法院申请复议。人民法院应当在收到复议申请后十日内审查。裁定正确的，驳回当事人的申请；裁定不当的，变更或者撤销原裁定。"该规定解决了保全裁定申请复议的期限问题。

11. 民事裁定书（驳回保全或者先予执行申请用）

××××人民法院

民事裁定书

（××××）……号

申请人：×××，……。
……

被申请人：×××，……。
……

（以上写明申请人、被申请人及其代理人的姓名或者名称等基本信息）

申请人×××于××××年××月××日向本院申请财产保全/行为保全/先予执行。

本院经审查认为，……（写明驳回保全或者先予执行申请的理由）。依照《中华人民共和国民事诉讼法》第一百条第一款/第一百条第二款/第一百零一条第一款/第一百零六条/第一百零七条第一款/第一百零七条第二款规定，裁定如下：

驳回×××的申请。

审 判 长 ×××
审 判 员 ×××
审 判 员 ×××

××××年××月××日
（院印）
书 记 员 ×××

【说明】

1. 本样式根据《中华人民共和国民事诉讼法》第一百条第一款、第一百条第二款、第一百零一条第一款、第一百零六条、第一百零七条制定，供人民法院裁定驳回保全或者先予执行申请用。

2. 独任审判的，裁定书署独任审判员的姓名。

【实例评注】

<h3 style="text-align:center">安徽省合肥市蜀山区人民法院
民事裁定书[①]</h3>

（2016）皖 0104 民初 7596 号

申请人：浙江吉磊融资租赁有限公司合肥分公司，住所地安徽省合肥市蜀山区梅山路18号安徽国际金融贸易中心2-707室，统一社会信用代码913×××××××××××××××××。

负责人：许某某，经理。

---

① 来源：中国裁判文书网。

委托诉讼代理人：刘某某，安徽百商律师事务所律师。

委托诉讼代理人：王某某，安徽百商律师事务所实习律师。

被申请人：赵某，男，1971年8月22日生，住安徽省淮南市谢家集区。

申请人浙江吉磊融资租赁有限公司合肥分公司与被申请人赵某融资租赁合同纠纷一案中，申请人浙江吉磊融资租赁有限公司合肥分公司于2016年10月11日向本院申请财产保全，请求依法扣押被申请人赵某名下的一辆车牌号为皖A×××××大众牌小型轿车。

本院经审查认为，申请人浙江吉磊融资租赁有限公司合肥分公司未提供担保，其申请不符合法律规定。依照《中华人民共和国民事诉讼法》第一百零一条第一款之规定，裁定如下：

驳回浙江吉磊融资租赁有限公司合肥分公司的申请。

审　判　员　陈孟凯

二〇一六年十月十一日

书　记　员　叶潇潇

〔评注〕

根据《民事诉讼法》第一百条第一款、第一百条第二款、第一百零一条第一款、第一百零六条、第一百零七条的规定，人民法院采取保全措施，可以责令申请人提供担保，申请人不提供担保的，裁定驳回申请。利害关系人因情况紧急，不立即申请保全将会使其合法权益受到难以弥补的损害的，可以在提起诉讼或者申请仲裁前向被保全财产所在地、被申请人住所地或者对案件有管辖权的人民法院申请采取保全措施。申请人应当提供担保，不提供担保的，裁定驳回申请。人民法院裁定先予执行的，应当符合下列条件：……人民法院可以责令申请人提供担保，申请人不提供担保的，驳回申请。申请人败诉的，应当赔偿被申请人因先予执行遭受的财产损失。

实例选取自安徽省合肥市蜀山区人民法院(2016)皖0104民初7596号民事裁定书，结合上述规定，评注如下：

1. 根据上述法律规定，驳回保全和先予执行有两种情况：一是申请人的申请不符合法定条件，具体条件本章前文各部分已有分析，不再赘述；二是申请人未提供担保。

2. 实践中，保全和先予执行裁定作出较多，驳回裁定极少。人民法院遇到需要驳回的情形时，一般采用口头形式。究其原因，法律规定了对保全、先予执行裁定不服的救济途径，即申请复议，而未规定驳回保全、先予执行裁定的救济途径，以口头形式驳回申请，尚不会侵犯申请人的合法权益。但是，前述法律规定中，在诉讼保全和诉前保全的情况下，申请人不提供担保的，均应当"裁定驳回申请"，因此，在此种情形下，采用口头形式的一般做法，实际上是与法律相违背的。

3. 实例从标题、正文、落款而言，均符合民事裁判文书样式的规定。

12. 民事裁定书（保全或者先予执行裁定复议用）

×××人民法院
民事裁定书

（××××）……号

复议申请人：×××，……。
……

被申请人：×××，……。
……

（以上写明复议申请人、被申请人及其代理人的姓名或者名称等基本信息）

……（写明当事人及案由）一案（如属于诉前、执行前、仲裁中保全裁定，不写），本院于××××年××月××日作出（××××）……号财产保全/行为保全/先予执行民事裁定。×××不服，于××××年××月××日向本院提出复议申请。

×××复议称，……（写明复议申请人的请求、事实和理由）。

本院经审查认为，……（写明保全或者先予执行裁定正确或不当的事实和理由）。依照《中华人民共和国民事诉讼法》第一百零八条、《最高人民法院关于适用〈中华人民共和国民事诉讼法〉的解释》第一百七十一条规定，裁定如下：

（原裁定正确的，写明:）驳回×××的复议请求。

（原裁定不当予以撤销的，写明:）撤销本院（××××）……号保全/先予执行民事裁定。

（原裁定不当予以变更的，写明:）

一、……（写明新的保全或者先予执行措施）；

二、撤销本院（××××）……号保全/先予执行民事裁定。

本裁定立即开始执行。

审　判　长　×××
审　判　员　×××
审　判　员　×××

××××年××月××日
（院印）
书　记　员　×××

【说明】

1. 本样式根据《中华人民共和国民事诉讼法》第一百零八条以及《最高人民法院关于适用〈中华人民共和国民事诉讼法〉的解释》第一百七十一条制定，供人民法院在当事人对保全或者先予执行裁定不服申请复议后，裁定驳回申请或者变更、撤销原裁定用。

2. 案号与原裁定的案号相同。

3. 人民法院应当在收到复议申请后十日内审查。裁定正确的，驳回当事人的申请；裁定不当的，变更或者撤销原裁定。

4. 独任审判的，裁定书署独任审判员的姓名。

【实例评注】

湖北省松滋市人民法院
民事裁定书①

（2016）鄂 1087 民初 1473 号之二

复议申请人：余某。

被申请人：胡某。

原告胡某与被告易某某、余某民间借贷纠纷一案，本院于 2016 年 9 月 8 日作出（2016）鄂 1087 民初 1473 号财产保全民事裁定。余某不服，于 2016 年 9 月 24 日向本院提出复议申请。

复议申请人余某复议称，原告胡某申请财产保全的标的额为 140 万元，但（2016）鄂 1087 民初 1473 号民事裁定书裁定冻结 140 万元股份、140 万元银行存款，查封"168 广场"×室房屋一套，被查封房屋价值 350 万元，查封、冻结财产已经超出原告请求标的额。

本院经审查认为，依据（2016）鄂 1087 民初 1473 号民事裁定书，虽对被告易某某的部分财产采取财产保全措施，但其中易某某位于松滋市新江口镇白云路"168 广场"1 幢×房屋一套已预告抵押，易某某持有的湖北松滋农村商业银行股份有限公司价值 140 万元股份已于 2016 年 5 月 9 日办理借方全额冻结，实际冻结易某某银行存款 54 205 元。本院保全财产的价值并未超出原告请求标的额，复议申请人余某的复议理由不成立。依照《中华人民共和国民事诉讼法》第一百零八条、《最高人民法院关于适用〈中华人

---

① 来源：中国裁判文书网。

民共和国民事诉讼法〉的解释》第一百七十一条的规定，裁定如下：

驳回复议申请人余某的复议请求。

审　判　员　　王峥嵘

二〇一六年十月九日

书　记　员　　赵秋霞

〔评注〕

根据《民事诉讼法》第一百零八条以及《民诉法解释》第一百七十一条的规定，当事人对保全或者先予执行的裁定不服的，可以申请复议一次。复议期间不停止裁定的执行。当事人对保全或者先予执行裁定不服的，可以自收到裁定书之日起五日内向作出裁定的人民法院申请复议。人民法院应当在收到复议申请后十日内审查。裁定正确的，驳回当事人的申请；裁定不当的，变更或者撤销原裁定。

实例选取自湖北省松滋市人民法院(2016)鄂1087民初1473号之二民事裁定书，结合上述规定，评注如下：

如本章文书样式5中评注所述，对于当事人及案由的表述，写明当事人姓名、名称即可，无须添加"原告""被告"身份；在其后的裁定主文中，应当加"申请人""被申请人"前缀。实例中混用了原、被告，申请人、被申请人，实属不当。

作为诉讼中保全的复议裁定，必须写明当事人及案由、原保全裁定、申请人复议理由、裁定理由。实例中的审理查明部分，直接针对申请人提出的保全金额高于争议标的问题，条理清晰，说理恰当。

13. 提供担保通知书（责令提供担保用）

××××人民法院
提供担保通知书

（××××）……号

×××(写明保全或者先予执行申请人姓名或者名称)：

……(写明当事人及案由)一案，你/你单位于××××年××月××日向本院申请财产保全/行为保全/先予执行。依照《中华人民共和国民事诉讼法》第一百条/第一百零一条/第一百零七条、《最高人民法院关于适用〈中华人民共和国民事诉讼法〉的解释》第一百五十二条规定，你/你单位应当在接到本通知书之日起××日内向本院提供……(写明

> 担保方式、担保金额等）。逾期不提供担保的，本院将裁定驳回保全/先予执行申请。
>   特此通知。
>
>   ××××年××月××日
>   （院印）

【说明】

本样式根据《中华人民共和国民事诉讼法》第一百条、第一百零一条、第一百零七条以及《最高人民法院关于适用〈中华人民共和国民事诉讼法〉的解释》第一百五十二条制定，供人民法院在裁定诉前、诉讼保全/先予执行时，责令当事人或者利害关系人提供担保用。

【实例评注】

（暂缺实例）

〔评注〕

《民事诉讼法》规定，申请诉前财产保全的应当提供担保。这是基于诉前财产保全的案件并未进入诉讼程序，人民法院对当事人之间的权利义务关系无法作出判断，保全错误或者申请人滥用诉讼权利的概率较高，从保护被申请人合法权利、有效弥补财产保全措施可能给被申请人造成的损失的角度考虑作出的规定。而申请诉讼保全的，《民事诉讼法》仅规定人民法院可以责令申请人提供担保，也就是说申请人是否需要提供担保，由人民法院根据案件具体情况自由裁量。从司法实践看，法院出于防范自身风险考虑，在绝大多数案件中都要求诉讼保全申请人提供担保。事实上，并非所有的诉讼保全案件都存在提供担保的必要。如有的案件当事人之间的权利义务关系明确，事实比较清楚，申请保全错误的概率极小，甚至根本不会错误；再如有的申请人很有经济实力，资信情况良好，即使申请保全错误也有足够的资金赔偿被申请人的损失。这些案件中，再责令申请人提供担保就失去了意义，也浪费了司法资源。

结合审判实际，笔者认为下列案件的当事人申请保全的可以不提供担保。一是事实清楚、权利义务关系明确、争议不大的案件。这主要是从发生保全错误的风险角度考虑，如民间借贷纠纷案件、道路交通事故纠纷案件等，人民法院通过审查基本可以判断出原告能否胜诉，对于那些原告的主要诉讼请求能够得到支持的案件，人民法院可以不责令申请诉讼保全的原告提供担保。二是追索赡养费、扶养费、抚育费、抚恤金、医疗费用、劳动报酬等社会弱势群体提起诉讼的案件。这主要是从原告方的经济能力角度考虑，追索赡养费、扶养费、抚育费、抚恤金、医疗费用、劳动报酬的案件，原告方一般都属于社会弱势群体，且案件事实较为清楚，原告胜诉的可能性较大，这些案件也可以不责令提供担保。三是商业银行、保险公司、农村信用社等金融机构，以及资产管理公司等经济实力充足的单位申请财产保全的。这也是从申请人经济实力角度考虑，这些申请人的经济实力都比较强，责令他们提供担保，实在是浪费司法资源。除金融机构、资产管理公司外，其他单位经济实力充足的，人民法院也可以不责令提供担保。

根据本诉讼文书样式，提供担保通知书应当包括如下内容：①写明案由及当事人，明确主体；②写明该通知书所针对的保全或先予执行申请；③根据不同情形列明所依据的法律规定；④写明担保方式、金额、时限；⑤写明法律后果，即逾期不提供担保的，本院将裁定驳回保全/先予执行申请。

14. 指定保管人通知书（财产保全指定保管人用）

×××× 人民法院
指定保管人通知书

（××××）……号

×××（写明保管人姓名或名称）：

……（写明当事人及案由）一案，本院作出（××××）……号财产保全民事裁定，查封/扣押/冻结×××的……（写明保全财产名称、数量或者数额、所在地点等），因保全财产不宜由人民法院保管，依照《最高人民法院关于适用〈中华人民共和国民事诉讼法〉的解释》第一百五十四条、第一百五十五条规定，通知如下：

指定×××负责保管被保全财产。在保全期间，对被保全的财产应当妥善保管，可以/不得使用，不得转移，不得设定权利负担，也不得有其他妨碍行为。

特此通知。

××××年××月××日
（院印）

【说明】

1. 本样式根据《最高人民法院关于适用〈中华人民共和国民事诉讼法〉的解释》第一百五十四条、第一百五十五条制定，供人民法院采取诉讼财产保全时，指定保全财产保管人用。

2. 由人民法院指定被保管人保管的财产，如果继续使用对该财产的价值无重大影响，可以允许被保全人继续使用；由人民法院保管或者委托他人、申请保全人保管的财产，人民法院和其他保管人不得使用。

【实例评注】

（暂缺实例）

〔评注〕

根据《民诉法解释》第一百五十四条的规定，人民法院在财产保全中采取查封、扣押、冻结财产措施时，应当妥善保管被查封、扣押、冻结的财产。不宜由人民法院保管的，人民法院可以指定被保全人负责保管；不宜由被保全人保管的，可以委托他人或者申请保全人保管。查封、扣押、冻结担保物权人占有的担保财产，一般由担保物权人保管；由人民法院保管的，质权、留置权不因采取保全措施而消灭。由此，人民法院在采取查封、扣押、冻结财产措施时，应当优先考虑人民法院保管，只有在人民法院不宜保管时，才指定被保全人负责保管。

根据《民诉法解释》第一百五十五条的规定，由人民法院指定被保全人保管的财产，如果继续使用对该财产的价值无重大影响，可以允许被保全人继续使用；由人民法院保管或者委托他人、申请保全人保管的财产，人民法院和其他保管人不得使用。

该通知书的代字应该与通知书所对应的裁定书相一致。

通知书中应当写明保管人的权利义务，即其是否可以使用保全财产，不得转移财产，不得设定权利负担，不得有其他妨碍行为。

15. 委托保全函（委托原人民法院采取保全措施用）

×××× 人民法院

委托保全函

（××××）……民×……号

××××人民法院：

……（写明当事人及案由）一案，本院作出(××××)……号财产保全/行为保全民事裁定。依照《最高人民法院关于适用〈中华人民共和国民事诉讼法〉的解释》第一百六十二条规定，委托你院采取保全措施。请接到本函后，立即进行保全，并将保全情况及时函复我院。

联 系 人：……(写明姓名、部门、职务)

联系电话：……

联系地址：……

附：
1. 诉讼案件立案材料
2. (××××)……民×……号财产保全/行为保全民事裁定书
3. 有关委托保全财产情况的材料

××××年××月××日
（院印）

【说明】

1. 本样式根据《最高人民法院关于适用〈中华人民共和国民事诉讼法〉的解释》第一百六十二条制定，供第二审人民法院、再审人民法院在对原保全措施予以续保或者采取新的保全措施的，委托第一审人民法院、原审人民法院或者执行法院保全用。

2. 第二审人民法院裁定对第一审人民法院采取的保全措施予以续保或者采取新的保全措施的，可以自行实施，也可以委托第一审人民法院实施。再审人民法院裁定对原保全措施予以续保或者采取新的保全措施的，可以自行实施，也可以委托原审人民法院或者执行法院实施。

【实例评注】

（暂缺实例）

〔评注〕

根据《民诉法解释》第一百六十二条的规定，第二审人民法院裁定对第一审人民法院采取的保全措施予以续保或者采取新的保全措施的，可以自行实施，也可以委托第一审人民法院实施。再审人民法院裁定对原保全措施予以续保或者采取新的保全措施的，可以自行实施，也可以委托原审人民法院或者执行法院实施。据此，第二审和再审人民法院可以委托第一审或原审人民法院执行保全措施。

作为法院内部函件，该委托保全函完整意义上包括以下七个部分：(1)标题。(2)案号，案号应当使用保全措施所对应裁定的案号。(3)抬头，即受委托法院。(4)主文部分写明当事人及案由；保全所依据的裁定；委托事项。(5)复函的联系人、电话及地址。(6)附件内容。(7)落款。

八、对妨害民事诉讼的强制措施

1. 决定书（司法拘留用）

×××× 人民法院
决定书

（××××）……司惩……号

被拘留人：×××，……（写明姓名等基本信息）。

本院在审理/执行（××××）……号……（写明当事人及案由）一案中，查明……（写明被拘留人妨害民事诉讼的事实和予以拘留的理由）。依照《中华人民共和国民事诉讼法》第×条、第一百一十五条第二款、第一百一十六条第一款、第三款规定，决定如下：

对×××拘留×日。

如不服本决定，可以在收到决定书之日起三日内，口头或者书面向××××人民法院（写明上一级人民法院名称）申请复议一次。复议期间，不停止本决定的执行。

××××年××月××日
（院印）

【说明】

1. 本样式根据《中华人民共和国民事诉讼法》第一百一十条至第一百一十六条以及《最高人民法院关于适用〈中华人民共和国民事诉讼法〉的解释》"八、对妨害民事诉讼的强制措施"制定，供人民法院对实施妨害民事诉讼行为的个人，决定采取拘留措施用。

2. 案号类型代字为"司惩"。

3. 本决定书应当先引用《中华人民共和国民事诉讼法》第一百一十条至第一百一十四条的相应条款项，后引用第一百一十五条第二款、第一百一十六条。

4. 拘留必须经院长批准。

5. 拘留的期限，为十五日以下。被拘留的人，由人民法院司法警察将被拘留人送交当地公安机关看管。

6. 人民法院对被拘留人采取拘留措施后，应当在二十四小时内通知其家属；确实无法按时通知或者通知不到的，应当记录在案。

7. 因哄闹、冲击法庭，用暴力、威胁等方法抗拒执行公务等紧急情况，必须立即采取拘留措施的，可在拘留后，立即报告院长补办批准手续。院长认为拘留不当的，应当解除拘留。

【实例评注】

湖北省武汉市江岸区人民法院
拘留决定书①

（2016）鄂 0102 执 1286 号

被拘留人刘某，男，1954 年 7 月 13 日出生，汉族，住武汉市大智路×号，现住武汉市江汉区。

本院在执行王某某申请执行刘某民间借贷纠纷一案中，查明刘某拒不履行生效法律文书确定的义务，拒不申报财产。依照《中华人民共和国民事诉讼法》第二百四十一条的规定，决定如下：

对刘某拘留十五日。

如不服本决定，可以在收到决定书之日起三日内，口头或者书面向武汉市中级人民法院申请复议一次。复议期间，不停止本决定的执行。

2016 年××月××日②

〔评注〕

本章单独将对妨害民事诉讼的强制措施的裁判文书列出来，是基于其与普通民事诉讼裁判文书在司法功能、表现形式和构成要件上存在较大区别。主要有以下五个特点：

1. 案件类型特殊

依据《最高人民法院关于印发〈关于人民法院案件案号的若干规定〉及配套标准的通知》（法〔2015〕137 号）及《人民法院案件类型及其代字标准》的规定，结合案

---

① 来源：湖北省武汉市江岸区人民法院(2016)鄂 0102 执 1286 号案件承办人留存案件资料。
② 因案例来源于承办人留存资料，日期部分字迹较为模糊，具体日期不详。

件所涉事项的法律关系性质与适用程序特点，将对妨害民事诉讼的强制措施，例如司法制裁审查案件(包括司法拘留案件、司法罚款案件)以及司法制裁复议案件，归于与民事案件、刑事案件并列的第八类案件——司法制裁案件。这是因为不论是《民事诉讼法》中对妨害民事诉讼的强制措施单列一章，还是《行政诉讼法》第五十九条关于妨害行政诉讼的强制措施仅作一条规定，司法制裁旨在对当事人及其他诉讼参与人、案外人以作为或不作为方式妨害民事诉讼的行为排除妨害并加以惩戒，以保障当事人和其他诉讼参与人充分行使诉讼权利，确保人民法院正常行使审判权，顺利完成审判任务，进而起到教育公民自觉遵守法律，自觉维护诉讼秩序的作用。因此，在司法功能上，对妨害民事诉讼的强制措施与普通民事诉讼案件定分止争的裁判功能截然不同。

2. 案件类型代字特殊

根据《人民法院案件类型及其代字标准》的规定，司法制裁审查案件案号代字为"司惩"，司法制裁复议案件案号代字为"司惩复"，即若湖北省某基层法院作出的适用于对妨害民事诉讼强制措施决定书，则案号应为(2016)鄂0×0×司惩××号。但实践中，由于《最高人民法院关于印发〈关于人民法院案件案号的若干规定〉及配套标准的通知》自2016年1月1日起施行，加上人民法院对妨害民事诉讼的强制措施适用历来较为慎重，适用新案号的案例较为少见，故本节笔者收集的案例仍沿用的旧案号。

3. 可处以拘留的妨害民事诉讼行为的种类

根据《民事诉讼法》第一百一十条至第一百一十四条的规定，可处以扣留的妨害民事诉讼行为有：(1)违反法庭规则的；(2)哄闹、冲击法庭，侮辱、诽谤、威胁、殴打审判人员且情节较轻的；(3)伪造、毁灭重要证据，妨碍人民法院审理案件的；(4)以暴力、威胁、贿买方法阻止证人作证或者指使、贿买、胁迫他人作伪证的；(5)隐藏、转移、变卖、毁损已被查封、扣押的财产，或者已被清点并责令其保管的财产，转移已被冻结的财产的；(6)对司法工作人员、诉讼参加人、证人、翻译人员、鉴定人、勘验人、协助执行的人，进行侮辱、诽谤、诬陷、殴打或者打击报复的；(7)以暴力、威胁或者其他方法阻碍司法工作人员执行职务的；(8)当事人之间恶意串通，企图通过诉讼、调解等方式侵害他人合法权益的；(9)被执行人与他人恶意串通，通过诉讼、仲裁、调解等方式逃避履行法律文书确定的义务的；(10)有义务协助调查、执行的单位拒绝或者妨碍人民法院调查取证的；(11)有义务协助调查、执行的单位接到人民法院协助执行通知书后，拒不协助查询、扣押、冻结、划拨、变价财产的；(12)有义务协助调查、执行的单位接到人民法院协助执行通知书后，拒不协助扣留被执行人的收入，办理有关财产权证照转移手续、转交有关票证、证照或者其他财产的；(13)有义务协助调查、执行的单位其他拒绝协助执行的。人民法院可对第(10)至(13)项中有义务协助调查、执行的单位的主要负责人或者直接责任人员予以拘留。

4. 拘留的适用

拘留，作为最为严厉的强制措施，是对严重妨害民事诉讼的个人或单位的主要负责人、直接责任人员人身自由的剥夺。因此拘留不可滥用，应满足以下两个条件：一是行为人妨害民事诉讼的行为，性质比较严重，情节比较恶劣，或者造成了一定的后果，但又未触犯刑法；二是不采取拘留措施，有可能造成严重后果，或者不足以教育行为人。

依据《民事诉讼法》第一百一十五条第二款、第一百一十六条第一款、第三款的规定，拘留的期限，为十五日以下。拘留必须经院长批准。拘留应当用决定书。对决定不服的，可以向上一级人民法院申请复议一次。复议期间不停止执行。依据《民诉法解释》第一百七十八条至第一百八十四条、第一百九十一条的规定，采取拘留措施的，应经院长批准，作出拘留决定书，由司法警察将被拘留人送交地公安机关看管。被拘留人不在本辖区的，作出拘留决定的人民法院应当派员到被拘留人所在地的人民法院，请该院协助执行，受委托的人民法院应当及时派员协助执行。人民法院对被拘留人采取拘留措施后，应当在二十四小时内通知其家属；确实无法按时通知或者通知不到的，应当记录在案。因哄闹、冲击法庭，用暴力、威胁等方法抗拒执行公务等紧急情况，必须立即采取拘留措施的，可在拘留后，立即报告院长补办批准手续。院长认为拘留不当的，应当解除拘留。对同一妨害民事诉讼行为的拘留不得连续适用。发生新的妨害民事诉讼行为的，人民法院可以重新予以拘留。有《民事诉讼法》第一百一十二条或者第一百一十三条规定行为的，人民法院可以对其主要负责人或者直接责任人员予以罚款、拘留；构成犯罪的，依法追究刑事责任。

实践中，拘留的期间为一日以上十五日以下，这是人民法院根据被拘留人实施的妨害民事诉讼行为的性质、情节及危害性等因素综合考虑决定的。人民法院还应在拘留决定书中载明采取拘留措施的事实与理由。

5. 与执行措施的关联与区别

对妨害民事诉讼行为的强制措施与民事诉讼执行措施有着密切关联但又存在一定差异。

两者的主要联系在于当前人民法院对妨害民事诉讼行为的强制措施适用最为普遍的情形，即为执行措施中对拒不履行人民法院已经发生法律效力的判决、裁定的行为的司法制裁。[①]对前述行为进行司法制裁，是保障申请执行人合法权益、维护司法裁判权威的重要手段，相比罕有适用的违反法庭规则等妨害诉讼行为，此类司法拘留决定较为常见。在实践中，此类司法制裁决定往往冠以执行案件案号，且其在人民法院案件管理系统中仍被归入执行案件类型，此种现象应在案件案号及代字标准出台后予以进

---

① 《中华人民共和国民事诉讼法》第二百四十一条规定："被执行人未按执行通知履行法律文书确定的义务，应当报告当前以及收到执行通知之日前一年的财产情况。被执行人拒绝报告或者虚假报告的，人民法院可以根据情节轻重对被执行人或者其法定代理人、有关单位的主要负责人或者直接责任人员予以罚款、拘留。"

一步规范，采用新文书样式中的"司惩"字号，更便于区分其案件性质，并与其他执行措施区分开来。

两者的主要区别在于适用情形不同：依据《民事诉讼法》第十章第一百一十一条、第一百一十三条、第一百一十四条对妨害民事诉讼行为的规定，涉及执行行为的情形较多，包括诉讼参与人或者其他人拒不履行人民法院已经发生法律效力的判决、裁定的；被执行人与他人恶意串通，通过诉讼、仲裁、调解等方式逃避履行法律文书确定的义务的；有义务协助调查、执行的单位拒绝或者妨碍人民法院调查取证的，或接到人民法院协助执行通知书后，拒不协助查询、扣押、冻结、划拨、变价财产的，或接到人民法院协助执行通知书后，拒不协助扣留被执行人的收入、办理有关财产权证照转移手续、转交有关票证、证照或者其他财产的及其他拒绝协助执行等情形。而依据《民事诉讼法》第二十一章第二百四十一条的规定，被执行人未按执行通知履行法律文书确定的义务，应当报告当前以及收到执行通知之日前一年的财产情况。被执行人拒绝报告或者虚假报告的，人民法院可以根据情节轻重对被执行人或者其法定代理人、有关单位的主要负责人或者直接责任人员予以罚款、拘留。可见，对妨害民事诉讼行为中有关执行的司法制裁范围较广，种类较多，但执行措施中对未按执行通知履行法律文书确定义务的拘留，仅限以拒绝报告或虚假报告收到执行通知之日前一年的财产情况为前提。可以认为，对妨害民事诉讼行为的强制措施是对所有不履行执行义务需予以司法制裁作出了更为宽泛并具有兜底性的规定，实例即为此种情形。

实例选取湖北省武汉市江岸区人民法院(2016)鄂0102执1286号拘留决定书，该案系执行王某某申请执行刘某民间借贷纠纷一案中，依照《民事诉讼法》第二百四十一条的规定，对负有申报财产义务的被执行人刘某作出拘留决定，契合以上特征。但因该决定书作出时间在《最高人民法院关于印发〈关于人民法院案件案号的若干规定〉及配套标准的通知》实施以前，故该决定书在标题部分使用的是旧文书样式，且存在与执行类案件案号混同之嫌。依据新民事诉讼文书样式，标题文书名称应为"决定书"，案号应为(2016)鄂0102司惩1286号。正文首部当事人基本情况中，当事人诉讼地位与当事人姓名或名称之间用"："间隔，实例应加冒号。裁判依据部分引用了《民事诉讼法》第二百四十一条的规定，是因为该实例是对被执行人拒不履行生效法律文书确定的义务、拒不申报财产作出的拘留决定，故引用《民事诉讼法》执行章节中的第二百四十一条的规定并无不妥。当然，在新民事诉讼文书样式出台后，统一引用《民事诉讼法》第一百一十条至第一百一十四条的相应条款项更为规范。值得注意的是，即使拘留事由及相应法条可根据个案选择，但对此类文书都应对《民事诉讼法》第一百一十五条第二款、第一百一十六条第一款、第三款关于拘留期限及程序规定加以引用，告知当事人法定期限、批准程序及救济渠道。落款日期应使用汉字数字，即"二〇一六年××月××日"。

2. 决定书（司法罚款用）

×××× 人民法院
决定书

（××××）……司惩……号

被罚款人：×××，……（写明姓名或者名称等基本信息）。

本院在审理/执行（××××）……号……（写明当事人及案由）一案中，查明……（写明被罚款人妨害民事诉讼行为的事实和予以罚款的理由）。

依照《中华人民共和国民事诉讼法》第×条、第一百一十五条第一款、第一百一十六条第一款、第三款规定，决定如下：

对×××罚款……元，限于××××年××月××日前交纳。

如不服本决定，可以在收到决定书之日起三日内，口头或者书面向××××人民法院（写明上一级人民法院名称）申请复议一次。复议期间，不停止本决定的执行。

××××年××月××日
（院印）

【说明】

1. 本样式根据《中华人民共和国民事诉讼法》第一百一十条至第一百一十六条以及《最高人民法院关于适用〈中华人民共和国民事诉讼法〉的解释》"八、对妨害民事诉讼的强制措施"制定，供人民法院对实施妨害民事诉讼的个人或者单位，决定采取罚款措施用。

2. 案号类型代字为"司惩"。

3. 本决定书应当先引用《中华人民共和国民事诉讼法》第一百一十条至第一百一十四条的相应条款项，后引用第一百一十五条第一款、第一百一十六条。

4. 罚款必须经院长批准。

5. 对个人的罚款金额，为人民币十万元以下。对单位的罚款金额，为人民币五万元以上一百万元以下。

【实例评注1】

湖北省孝感市中级人民法院
罚款决定书①

(2015)鄂孝感中执字第00069-1号

被罚款人叶某某,现任湖北省武汉市黄陂区国土资源和规划局局长。

本院在执行广州市美林基业投资有限公司与湖北德大置业有限公司、武汉南顺物流有限公司、何某某、湖北南顺储油有限公司股权转让合同纠纷案一案中,查明武汉市黄陂区国土资源和规划局于2015年9月15日收到本院(2015)鄂孝感中执字第00073-5号执行裁定书和(2015)鄂孝感中执字第00073-5-1号协助执行通知书后,没有办理协助执行事项,此后,本院执行工作人员多次专程前往该局催办,但该局仍不办理协助执行事项。本院又于2015年12月1日向武汉市黄陂区国土资源和规划局送达了《催办函》,告知其应当马上办理协助执行事项以及再拖延不办的法律后果,但是该局至今仍未办理,其行为已经严重妨碍了人民法院的依法执行。叶某某作为湖北省武汉市黄陂区国土资源和规划局的局长,在该局拒不协助法院执行的程序中负有领导责任,也应承担不协助人民法院依法执行的责任,依照《中华人民共和国民事诉讼法》第一百一十四条第一款(三)项和第二款的规定,决定如下:

对叶某某罚款人民币壹拾万元。限其在2015年12月20日前交纳。

如不服本决定,可以在收到决定书的次日起三日内向湖北省高级人民法院申请复议一次。复议期间不停止本决定的执行。

二〇一五年十二月十日

〔评注〕

本文书样式与本章文书样式1"决定书(司法拘留用)"在案件类型、案号类型及文书样式上有共同之处。但因罚款系剥夺被罚款人的财产权利,故存在以下四个自身特点:

1. 罚款与拘留措施的联系与区别

罚款与拘留的联系主要表现在:二者可以单独适用,也可以合并适用。主要区别有:其一,罚款是对妨害民事诉讼行为的一种经济制裁措施,拘留则是对妨害民事诉讼行为的一种人身自由权利的剥夺;其二,罚款适用的对象既可以是个人,也可以是单

---

① 来源:湖北省孝感市中级人民法院(2015)鄂孝感中执字第00069-1号案卷。

位，拘留适用的对象仅限个人；其三，罚款决定书必须由院长在先签署，不可事后补签；但在法律规定的紧急情况下，可先采取拘留措施后立即报告院长补办批准手续。

2. 可处以罚款的妨害民事诉讼行为的种类

依据《民事诉讼法》第一百一十条至第一百一十四条的规定，可处以罚款的妨害民事诉讼行为有：(1)违反法庭规则的；(2)哄闹、冲击法庭，侮辱、诽谤、威胁、殴打审判人员且情节较轻的；(3)伪造、毁灭重要证据，妨碍人民法院审理案件的；(4)以暴力、威胁、贿买方法阻止证人作证或者指使、贿买、胁迫他人作伪证的；(5)隐藏、转移、变卖、毁损已被查封、扣押的财产，或者已被清点并责令其保管的财产，转移已被冻结的财产的；(6)对司法工作人员、诉讼参加人、证人、翻译人员、鉴定人、勘验人、协助执行的人，进行侮辱、诽谤、诬陷、殴打或者打击报复的；(7)以暴力、威胁或者其他方法阻碍司法工作人员执行职务的；(8)当事人之间恶意串通，企图通过诉讼、调解等方式侵害他人合法权益的；(9)被执行人与他人恶意串通，通过诉讼、仲裁、调解等方式逃避履行法律文书确定的义务的；(10)有义务协助调查、执行的单位拒绝或者妨碍人民法院调查取证的；(11)有义务协助调查、执行的单位接到人民法院协助执行通知书后，拒不协助查询、扣押、冻结、划拨、变价财产的；(12)有义务协助调查、执行的单位接到人民法院协助执行通知书后，拒不协助扣留被执行人的收入、办理有关财产权证照转移手续、转交有关票证、证照或者其他财产的；(13)有义务协助调查、执行的单位其他拒绝协助执行的。人民法院可对第(10)至(13)项中有义务协助调查、执行的单位的主要负责人或者直接责任人员予以罚款。

3. 罚款的适用

罚款，较之训诫、责令退出法庭等，可视为一种较为严厉的强制措施，惩戒程度仅次于拘留。依据《民事诉讼法》第一百一十五条、第一百一十六条的规定，对个人的罚款金额，为人民币十万元以下。对单位的罚款金额，为人民币五万元以上一百万元以下。罚款必须经院长批准。罚款应当用决定书。对决定不服的，可以向上一级人民法院申请复议一次。复议期间不停止执行。

依据《民诉法解释》第一百八十四条、第一百八十五条、第一百八十六条的规定，对同一妨害民事诉讼行为的罚款不得连续适用。发生新的妨害民事诉讼行为的，人民法院可以重新予以罚款。被罚款的人不服罚款、拘留决定申请复议的，应当自收到决定书之日起三日内提出。上级人民法院应当在收到复议申请后五日内作出决定，并将复议结果通知下级人民法院和当事人。上级人民法院复议时认为强制措施不当的，应当制作决定书，撤销或者变更下级人民法院作出的罚款决定。情况紧急的，可以在口头通知后三日内发出决定书。

4. 罚款金额的确定

随着社会经济水平不断提高，历次民事诉讼法的修订都对罚金金额的上限进行了上调。1991年《民事诉讼法》规定对个人的罚款金额为一千元以下，对单位的罚款金额为一千元以上三万元以下。2007年修改的《民事诉讼法》规定,对个人的罚款金额为一万元以下,对单位的罚款金额为一万元以上三十万元以下。2012年《民事诉讼法》继续上调,规定对个人的罚金金额为十万元以下,对单位的罚金金额为五万元以上一百万元以下。在当前罚金可裁定幅度较大的前提下,由于全国各地经济发展水平、个案具体情况不一,可能会出现法官自由裁量后同一行为罚金数量差距较大的情形,这就需要人民法院综合考量妨害民事诉讼行为的情节,结合当地经济发展水平决定个案金额,既要避免过少起不到教育警示作用,又要避免过多产生不良社会影响。

  本文书实例选取的湖北省孝感市中级人民法院(2015)鄂孝感中执字第00069-1号罚款决定书契合以上特征,但因该决定书作出时间在《最高人民法院关于印发〈关于人民法院案件案号的若干规定〉及配套标准的通知》实施以前,故该决定书在标题部分使用的是旧文书样式,且存在与执行类案件案号混同之嫌。依据新民事诉讼文书样式,标题文书名称应为"决定书",案号应为(2015)鄂09司惩69号(因司法制裁案件单列,不再与执行类案件混用案号,再无需用-1区分)。决定书正文简要阐述了被罚款人所涉案件及妨害民事诉讼行为的事实和予以罚款的理由。正文首部当事人基本情况一栏中"被罚款人叶某某,现任湖北省武汉市黄陂区国土资源和规划局局长",依据《人民法院民事裁判文书制作规范》,参照该单位组织机构代码证显示机构名称为"武汉市黄陂区国土资源和规划局",故应去掉"湖北省"。当事人诉讼地位与其姓名或名称之间用":"间隔,实例应补充冒号。正文裁判依据部分仅引用了《民事诉讼法》第一百一十四条第一款第三项和第二款的规定,还应对《民事诉讼法》第一百一十五条第一款、第一百一十六条第一款、第三款关于罚款金额及程序规定加以引用。另依据《人民法院民事裁判文书制作规范》的规定,引用法律条款中的项的,一律使用汉字不加括号,例如"第一项",故实例中引用的《民事诉讼法》"第一百一十四条第一款(三)项"应改为"第一百一十四条第一款第三项"。正文尾部载明了对决定不服的救济途径。

【实例评注2】

湖北省孝感市中级人民法院
罚款决定书①

(2015)鄂孝感中执字第00069-2号

被罚款人武汉市黄陂区国土资源和规划局,住所地:湖北省武汉市黄陂区黄

---

① 来源:湖北省孝感市中级人民法院(2015)鄂孝感中执字第00069-2号案卷。

陂大道160号。

　　本院在执行广州市美林基业投资有限公司与湖北德大置业有限公司、武汉南顺物流有限公司、何某某、湖北南顺储油有限公司股权转让合同纠纷案一案中，查明武汉市黄陂区国土资源和规划局于2015年9月15日收到本院(2015)鄂孝感中执字第00073-5号执行裁定书和(2015)鄂孝感中执字第00073-5-1号协助执行通知书后，没有办理协助执行事项，此后，本院执行工作人员多次专程前往该局催办，但该局仍不办理协助执行事项。本院又于2015年12月1日向武汉市黄陂区国土资源和规划局送达了《催办函》，告知其应当马上办理协助执行事项以及再拖延不办的法律后果，但是该局至今仍未办理，其行为已经严重妨碍了人民法院的依法执行。依照《中华人民共和国民事诉讼法》第一百一十四条第一款(三)项的规定，决定如下：

　　对武汉市黄陂区国土资源和规划局罚款人民币壹百万元。限其在2015年12月20日前交纳。

　　如不服本决定，可以在收到决定书的次日起三日内向湖北省高级人民法院申请复议一次。复议期间不停止本决定的执行。

二〇一五年十二月十日

〔评注〕

　　1. 实例选取的湖北省孝感市中级人民法院(2015)鄂孝感中执字第00069-2号罚款决定书与前文湖北省孝感市中级人民法院(2015)鄂孝感中执字第00069-1号罚款决定书，均是该院在执行广州市美林基业投资有限公司与湖北德大置业有限公司、武汉南顺物流有限公司、何某某、湖北南顺储油有限公司股权转让合同纠纷案一案中，经协助执行通知书、口头及书面催办后，对负有协助调查、执行义务主体作出的罚款决定。其中(2015)鄂孝感中执字第00069-1号罚款决定书是对有义务协助调查、执行的单位主要负责人处以罚款，(2015)鄂孝感中执字第00069-2号罚款决定书则是对有义务协助调查、执行的单位处以罚款。上述两份决定书充分体现了人民法院对《民事诉讼法》第一百一十四条规定的对单位及单位负责人双重制裁的适用。对以往出现的单位出于自身利益，以各种理由不协助人民法院调查、执行工作，或企图通过庇护被执行人获得更大利益等现象，此种双重处罚不仅加大了惩处力度，而且强化了惩治效果，在一定程度上提高了兑现执行依据的可能性。

　　2. 本决定书存在与(2015)鄂孝感中执字第00069-1号决定书同样的问题。即该决定书在标题部分使用的是旧文书样式，且存在与执行类案件案号混同之嫌。依据新民事诉讼文书样式，标题文书名称应为"决定书"，案号应为(2015)鄂09司惩××号。决定书正文简要阐述了被罚款人所涉案件及妨害民事诉讼行为的事实和予以罚款的理由。正文首部当事人基本信息部分，因罚款决定书仅针对被罚款人，故仅列明被罚款人即可，案件中的其他信息在正文开头再予载明；当事人的诉讼地位与其姓名或名称之间应用冒号间隔。裁判依据部分仅引用了《民事诉讼法》第一百一十四条第一款第三项和第二款的规定，还应对《民事诉讼法》第一百一十五条第一款、第一百一十六条第一款、第三款关于罚款金额及程序规定加以引用。另依据《人民法院民事裁判文书制作规范》的规定，引用法律条款中的项的，一律使用汉字不加括号，例如"第一项"，故实例中引用的《民事诉讼法》"第一百一十四条第一款（三）项"应改成"第一百一十四条第一款第三项"。正文尾部载明了对决定不服的救济途径。

3. 本决定书正文裁判主文中"对武汉市黄陂区国土资源和规划局罚款人民币壹百万元"的表述存在错误，应为"壹佰万元"。

3. 决定书（司法拘留并罚款用）

××××人民法院
决定书

（××××）……司惩……号

被拘留、罚款人：×××，……（写明姓名等基本信息）。

本院在审理/执行（××××）……号……（写明当事人及案由）一案中，查明……（写明被拘留、罚款人实施妨害民事诉讼行为的事实和予以拘留、罚款的理由）。

依照《中华人民共和国民事诉讼法》第×条、第一百一十五条、第一百一十六条第一款、第三款、《最高人民法院关于适用〈中华人民共和国民事诉讼法〉的解释》第一百八十三条规定，决定如下：

对×××拘留×日；对×××罚款……元，限于××××年××月××日前交纳。

如不服本决定，可以在收到决定书之日起三日内，向××××人民法院（写明上一级人民法院名称）申请复议一次。复议期间，不停止本决定的执行。

××××年××月××日
（院印）

【说明】

1. 本样式根据《中华人民共和国民事诉讼法》第一百一十条至第一百一十六条以及《最高人民法院关于适用〈中华人民共和国民事诉讼法〉的解释》"八、对妨害民事诉讼的强制措施"制定，供人民法院对实施妨害民事诉讼的个人或者单位，决定采取拘留并罚款措施时用。

2. 案号类型代字为"司惩"。

3. 本决定书应当先引用《中华人民共和国民事诉讼法》第一百一十条至第一百一十四条的相应条款项，后引用第一百一十五条、第一百一十六条。

4. 拘留并罚款必须经院长批准。

5. 拘留的期限，为十五日以下。对个人的罚款金额，为人民币十万元以下。对单位的罚款金额，为人民币五万元以上一百万元以下。

【实例评注】

新泰市人民法院
拘留决定书①

(2016) 鲁 0982 民初 3775、3776 号

被拘留人张某某，男，1946 年 2 月 15 日生，住新泰市。

本院在审理原告许某某、王某某与被告张某、张某某相邻采光权纠纷两案中，查明，本院已于 2016 年 5 月 23 日分别作出民事裁定书，均裁定：二被告即日起停止加盖二层楼房的建设行为，且已向被拘留人送达并告知，现被拘留人未执行裁定，继续进行建设行为。依照《中华人民共和国民事诉讼法》第一百一十一条第一款第(六)项的规定，决定如下：

对张某某拘留十日，罚款 20 000 元。

如不服本决定，可在收到决定书的次日起三日内，口头或者书面向泰安市中级人民法院申请复议一次，复议期间，不停止决定的执行。

二〇一六年五月二十六日

〔评注〕

实践中，出于对当事人诉权的充分尊重及对其在诉讼中偶发的过激行为的宽容，人民法院对妨害民事诉讼行为的强制措施适用十分慎重。罚款和拘留，是最为严厉的两项制裁措施，一般情况下单处已较少适用，并处的情形更为罕见，但对需采取并处罚款和拘留的强制措施方能排除行为人对民事诉讼妨害的情形，仍应依法作出处罚。

---

① 来源：中国裁判文书网。

1. 适用情形

依据《民诉法解释》第一百八十三条的规定,《民事诉讼法》第一百一十条至第一百一十三条①规定的罚款、拘留可以单独适用,也可以合并适用。即包括以下情形:(1)违反法庭规则的;(2)哄闹、冲击法庭,侮辱、诽谤、威胁、殴打审判人员且情节较轻的;(3)伪造、毁灭重要证据,妨碍人民法院审理案件的;(4)以暴力、威胁、贿买方法阻止证人作证或者指使、贿买、胁迫他人作伪证的;(5)隐藏、转移、变卖、毁损已被查封、扣押的财产,或者已被清点并责令其保管的财产,转移已被冻结的财产的;(6)对司法工作人员、诉讼参加人、证人、翻译人员、鉴定人、勘验人、协助执行的人,进行侮辱、诽谤、诬陷、殴打或者打击报复的;(7)以暴力、威胁或者其他方法阻碍司法工作人员执行职务的;(8)当事人之间恶意串通,企图通过诉讼、调解等方式侵害他人合法权益的;(9)被执行人与他人恶意串通,通过诉讼、仲裁、调解等方式逃避履行法律文书确定的义务的。值得注意的是,《民事诉讼法》第一百一十四条规定可单处罚款或拘留的情形,与上述情形有一定区别,该条规定,"人民法院对有前款规定的行为之一的单位,可以对其主要负责人或者直接责任人员予以罚款;对仍不履行协助义务的,可以予以拘留"。可见,对该条规定的适用强制措施的情形是递进式的,首先处以罚款,仍不履行的,方可拘留。

2. 适用程序

因拘留并罚款决定书在适用程序中无特殊之处,可参照本章文书样式1"决定书(司法拘留用)"与样式2"决定书(司法罚款用)"适用程序的表述。

3. 文书样式特点

在此类决定书中,应在正文裁判依据中引入《民诉法解释》第一百八十三条关于罚款、拘留可以合并适用的规定。在裁判主文中应对拘留期限及罚款金额等一并规定。

实例中,原告许某某、王某某与被告张某、张某某相邻采光权纠纷两案中,人民法院已作出民事裁定书,明确了二被告停止加盖二层楼房的建设行为,但被告仍继续建设行为,通过作为的方式阻碍人民法院的执行行为。文书首部写明姓名等基本信息,但在称谓上应明确定义为被拘留、罚款人。正文事实理由部分载明当事人所涉案件诉讼情况及被拘留、罚款人实施妨害民事诉讼行为的事实和予以拘留、罚款的理由。裁判依据部分除引用依照《民事诉讼法》第一百一十一条第一款第六项外,还应引用第一百一十五条,第一百一十六条第一款、第三款,《民诉法解释》第一百八十三条的规定。依据《人民法院民事裁判文书制作规范》的规定,引用法律条款中的项的,一律使用汉字不加括号,例如"第一项",故实例中引用的"第一百一十一条第一款第

---

① 可参照在本章文书样式1"决定书(司法拘留用)"与样式2"决定书(司法罚款用)"中对适用情形的阐述。

（六）项"应去掉括号。实例裁判主文对被拘留、罚款人的处罚内容符合法律规定。

另外，本决定书因拟定于新民事诉讼文书样式之前，故也存在案号未更新的问题。依据新民事诉讼文书样式，标题文书名称应为"决定书"，案号应为"（2016）鲁0928司惩3775、3776号"。正文首部中，当事人的诉讼地位与姓名或名称之间用"："间隔，实例应补充冒号。

4. 决定书（提前解除司法拘留用）

<pre>
××××人民法院
决定书

                              （××××）……司惩……号

被拘留人：×××，……（写明姓名等基本信息）。
因×××妨害民事诉讼，本院于××××年××月××日作出（××××）……司惩……号拘留决定书，决定对×××拘留×日，已交由公安机关执行。在拘留期间，被拘留人×××……（写明承认并改正错误的事实以及提前解除拘留的理由）。
依照《中华人民共和国民事诉讼法》第一百一十五条第三款规定，决定如下：
提前解除对×××的拘留。
本决定一经作出即生效。

                              ××××年××月××日
                                    （院印）
</pre>

【说明】

1. 本样式根据《中华人民共和国民事诉讼法》第一百一十五条第三款以及《最高人民法院关于适用〈中华人民共和国民事诉讼法〉的解释》第一百八十二条制定，供人民法院对妨害民事诉讼的被拘留人，决定提前解除拘留用。

2. 案号类型代字为"司惩"。

3. 提前解除拘留，应报经院长批准，并作出提前解除拘留决定书，交负责看管的公安机关执行。

【实例评注】

武汉市江岸区人民法院
提前解除拘留决定书①

(2015)鄂江岸执民商字第00306-3号

被拘留人方某某因拒不申报财产,经本院2016年1月8日决定拘留15日,已由公安机关执行。在拘留期间,被拘留人方某某承认并改正错误。本院依照《中华人民共和国民事诉讼法》第一百一十五条第三款规定,决定提前解除方某某的拘留。

2016年1月14日

〔评注〕

拘留作为最为严厉的对妨害民事诉讼的强制措施,是对被拘留人人身自由的限制,其目的在于保障审判和执行工作免受干扰,同时通过司法制裁促使被拘留人完成相应的义务,警示所有诉讼参与人依法参加诉讼。其制度旨在教育和预防,故当被拘留人认错悔改后,可以提前解除拘留,便于诉讼活动的进一步推进。

1. 提前解决司法拘留的适用条件

依据《民事诉讼法》第一百一十五条第三款的规定,在拘留期间,被拘留人承认并改正错误的,人民法院可以决定提前解除拘留。关于提前解除的时机,则由人民法院综合考虑被拘留人的态度及妨害民事诉讼的事由决定。实例中,被拘留人方某某在拘留期间承认并改正错误,故人民法院在对其作出拘留决定7日后对其提前解除拘留;且因该案系方某某未依法履行申报财产义务,一旦其改过并依法申报,则能有效推进案件执行工作,符合提前解除拘留制度的设计初衷。

2. 提前解除司法拘留的程序

依据《民诉法解释》第一百八十二条的规定,提前解除拘留,应报经院长批准,并作出提前解除拘留决定书,交负责看管的公安机关执行。可见,提前解除拘留和决定拘留一样,决定机关为人民法院,由人民法院院长批准,并作出相应法律文书,而其执行机关为公安机关,对被拘留人的看管主体为公安机关。

3. 提前解除司法拘留的限制

提前解除拘留的适用前提是被拘留人承认并改正错误,此情节由人民法院根据个案情况认定。若被拘留人没有认错悔悟,则不能乱用提前解除机制,否则将破坏司法权威。

---

① 来源:湖北省武汉市江岸区人民法院(2015)鄂江岸执民商字第00306-3号承办人留存案卷资料。

实例选取的是湖北省武汉市江岸区人民法院(2015)鄂江岸执民商字第00306-3号提前解除司法拘留决定书，符合上述特征，文书正文首部载明被拘留人身份，事实部分对被拘留人方某某被拘留的事实及其承认并改正错误的情况繁简得当，裁判依据引用准确。

但因此类文书适用较少，本实例是民事诉讼文书样式修改前的案例，其在标题案号、正文首部、正文尾部存在与文书样式不一致之处，情有可原。根据新民事诉讼文书样式的规定，案号改为(2016)鄂0102司惩306号，首部应载明被拘留人的基本信息，尾部应告知"本决定一经作出即生效"。落款日期应使用汉字数字，实例应改为"二〇一六年一月十四日"。

5. 复议决定书（司法制裁复议案件用）

××××人民法院
复议决定书

（××××）……司惩复……号

复议申请人：×××，……(写明姓名或者名称等基本信息)。

复议申请人×××不服××××人民法院于××××年××月××日作出的(××××)……司惩……号拘留/罚款/拘留并罚款决定，向本院申请复议。

×××提出，……(写明申请复议的请求和理由)。

经审查查明：……(写明复议审查查明的妨害民事诉讼事实，与原决定一致的不写)。

本院经审查认为，……(写明作出复议决定的理由)。

依照《中华人民共和国民事诉讼法》第一百一十六条规定，决定如下：

(维持原决定的，写明:)驳回×××的复议申请，维持原决定。

(撤销原决定的，写明:)撤销××××人民法院(××××)……司惩……号决定。

(变更原决定的，写明:)

一、撤销××××人民法院(××××)……司惩……号决定；

二、对×××拘留……日/罚款……元，限于××××年××月××日前交纳。

本决定一经作出即生效。

××××年××月××日
（院印）

【说明】

1. 本样式根据《中华人民共和国民事诉讼法》第一百一十六条以及《最高人民法

院关于适用〈中华人民共和国民事诉讼法〉的解释》第一百八十五条、第一百八十六条制定，供上级人民法院对当事人不服下级人民法院作出的拘留、罚款决定所提出的复议申请，作出复议决定用。

2. 案号类型代字为"司惩复"。

3. 上级人民法院应当在收到复议申请后五日内作出决定，并将复议结果通知下级人民法院并送达当事人。

4. 上级人民法院复议时认为强制措施不当的，应当制作决定书，撤销或者变更下级人民法院作出的拘留、罚款决定。情况紧急的，可以在口头通知后三日内发出决定书。

【实例评注1】

湖北省高级人民法院
复议决定书①

(2016)鄂执复第 26 号

申请复议人武汉市黄陂区国土资源和规划局。住所地：湖北省武汉市黄陂区黄陂大道160号。

申请复议人武汉市黄陂区国土资源和规划局(下称黄陂国土局)因不服湖北省孝感市中级人民法院(下称孝感中院)于 2015 年 12 月 10 日作出的(2015)鄂孝感中执字第 00069 - 2 号罚款决定，向本院申请复议。本院受理后，依法组成合议庭进行了审查，现已审查终结。

申请复议人黄陂国土局称：一、孝感中院协助执行通知书要求我局协助执行的事项不符合法定条件，其送达的相关附件没有明确界址，导致我局客观上无法协助执行；二、所涉协助执行标的处于被湖北省检察院依法冻结状态，我局无法协助执行；三、孝感中院(2015)鄂孝感中执字第 00073 - 5 - 1 号协助执行通知书协助执行事项第一项载明的协助执行事项错误，根据《中华人民共和国土地管理法》相关规定，湖北德大置业有限公司在武汉市黄陂区滠口项目用地中的 330 亩只有土地使用权，没有土地所有权，该协助执行通知书要求将该所涉土地所有权转让给武汉美悦房地产开发有限公司错误。故请求撤销孝感中院(2015)鄂孝感中执字第 00069 - 2 号罚款决定。

经审查查明，孝感中院在执行广州市美林基业投资有限公司与湖北德大置业有限公司、武汉南顺物流有限公司、何某某、湖北南顺储油有限公司股权转让合同纠纷一案

---

① 来源：湖北省高级人民法院(2016)鄂执复第 26 号复议决定书案卷。

过程中，于 2015 年 9 月 11 日作出(2015)鄂孝感中执字第 00073-5 号执行裁定书和(2015)鄂孝感中执字第 00073-5-1 号协助执行通知书，主要内容为：一、将湖北德大置业有限公司名下位于武汉市黄陂区滠口项目用地中的 330 亩土地所有权转让给武汉美悦房地产开发有限公司。二、将执行标的土地地块(330 亩)按附件一的分割方案分割到独立的国有土地使用权证下。三、土地使用权转让价格按照每亩 56 万元(人民币，下同)计算，330 亩土地转让款共计 18480 万元。黄陂国土局收到该执行裁定和协助执行通知书后，没有办理协助执行事项。2015 年 12 月 1 日，孝感中院向黄陂国土局送达了《催办函》，告知其应当马上办理协助执行事项以及再拖延不办的法律后果。2015 年 12 月 10 日，该院作出(2015)鄂孝感中执字第 00069-2 号罚款决定书，认为黄陂国土局的行为已经严重妨碍了人民法院的依法执行，依照《中华人民共和国民事诉讼法》第一百一十四条第一款第(三)项的规定，决定对黄陂国土局罚款 100 万元，限其在 2015 年 12 月 20 日前交纳。

另查明，2015 年 12 月 9 日，黄陂国土局对孝感中院提出《审查建议书》(同年 12 月 14 日投寄，同年 12 月 17 日收件)，其主要载明：一、不能协助执行的理由，主要是对孝感中院(2015)鄂孝感中执字第 00073-5-1 号协助执行通知书所提供的附件未载明要求执行的标的坐标界址点。二、孝感中院确定的土地使用权转让价格远远低于被执行地块的现行基准地价及市场价格。2015 年 12 月 15 日，孝感中院根据黄陂国土局建议，作出(2015)鄂孝感中执字第 00073-5-2 号协助执行通知书，主要内容为：一、将湖北德大置业有限公司名下位于武汉市黄陂区滠口项目用地中的 330 亩土地使用权转让给武汉美悦房地产开发有限公司。二、将执行标的土地地块(330 亩)按附件一的分割方案分割到独立的国有土地使用权证下。执行标的土地地块的分割按附件二确定的坐标界址点进行分割。黄陂国土局根据该协助执行通知书，已根据相关规定办理土地使用权转移手续，并于 2015 年 12 月 31 日将办理情况回函至孝感中院。

本院认为，《中华人民共和国民事诉讼法》第一百一十四条第一款第(三)项规定，有关单位接到人民法院协助执行通知书后，拒不协助扣留被执行人的收入、办理有关财产权证照转移手续、转交有关票证、证照或者其他财产的，人民法院除责令其履行协助义务外，可以予以罚款。本案中，黄陂国土局于 2015 年 9 月 15 日收到孝感中院(2015)鄂孝感中执字第 00073-5-1 号协助执行通知书后，于 2015 年 12 月 9 日才作出《审查意见书》，存在拖延协助执行的情形，但其未办理协助执行事项的原因是协助执行通知书中未明确执行标的之坐标界址点。黄陂国土局在收到执行标的明确的孝感中院(2015)鄂孝感中执字第 00073-5-2 号协助执行通知书后，即已积极协助履行，未造成实际损失，黄陂国土局的行为不属拒不协助的情形，故孝感中院依此规定对黄陂国土局予以罚款错误。关于黄陂国土局复议提出所涉协助执行标的已被湖北省检察院依法冻结一节，因其未提供相关证据，本院不予采纳。关于协助执行事项错误一节，根据最高人民法院与国土资源部、建设部《关于依法规范人民法院执行和国土资源房地产管理部门协助执行若干问题的通知》第三条第二款的规定，国土资源、房地产管理部门在协助人民法院执行土地使用权、房屋时，不对生效法律文书和协助执行通知书进行实体审查，其认为人民法院查封、预查封或处理的土地、房屋权属错误的，可以向法院提出审查建议但不应停止办理协助执行事项，黄陂国土局即便认为孝感中院载明的协助执行事项错误，也不应停止办理协助执行事项。

综上，鉴于孝感中院依据《中华人民共和国民事诉讼法》第一百一十四条第一款第(三)项规定，作出(2015)鄂孝感中执字第00069-2号罚款决定书，对黄陂国土局予以罚款缺乏事实和法律依据。依照《中华人民共和国民事诉讼法》第一百一十四条第一款和《最高人民法院关于适用〈中华人民共和国民事诉讼法〉的解释》第186条的规定，决定如下：

撤销湖北省孝感市中级人民法院(2015)鄂孝感中执字第00069-2号罚款决定书。

本决定送达后立即生效。

二〇一六年三月十六日

〔评注〕

人民法院依据当事人对妨害民事诉讼的强制措施的复议申请作出的复议决定，属于司法制裁复议案件，故复议决定书有着与其他司法制裁类的裁判文书在案件类型、案件代码、构成要件上的一般共性，但因其是人民法院对当事人对妨害民事诉讼的强制措施的复议申请进行审查后作出的终局决定，也存在一定个性特征：

1. 制度来源的延续性

本复议决定书样式是根据《民事诉讼法》第一百一十六条以及《民诉法解释》第一百八十五条、第一百八十六条制定的。此文书样式并非2012年新《民事诉讼法》首创，它沿用了2007年《民事诉讼法》第一百零五条、《最高人民法院关于适用〈中华人民共和国民事诉讼法〉若干问题的意见》第一百二十一条的规定，并吸收了《最高人民法院关于对因妨害民事诉讼被罚款拘留的人不服决定申请复议的期间如何确定问题的批复》中关于申请复议期间的答复意见。本文书样式将上述规定予以集中统一后，更便于承办法官针对个案准确适用。

2. 适用种类的限定性

《民事诉讼法》第一百一十六条第三款规定："罚款、拘留应当用决定书。对决定不服的，可以向上一级人民法院申请复议一次。复议期间不停止执行。"故依据上述法律规定，当事人可能申请复议的妨害民事诉讼强制措施仅限罚款和拘留。这是因为，从形式上看，以决定书作为制裁文书的强制措施仅限罚款和拘留；从实质上看，罚款、拘留是强制措施中最为严厉的两种，它涉及公民的财产权利和人身自由，只有对极少数有严重妨害民事诉讼行为的单位或个人才会适用。因此适用时必须慎重，也必须给予被罚款、拘留人一定的救济渠道。

3. 复议结果的及时性

依据《民事诉讼法》第一百一十六条第三款的规定，复议期间不停止执行。这就决定了上一级人民法院必须及时高效地作出复议决定。对此《民诉法解释》第一百八十五条、第一百八十六条作出了明确规定，上级人民法院应当在收到复议申请后五日内作出决定，并将复议结果通知下级人民法院和当事人。上级人民法院复议时认为强制措施不当的，应当制作决定书，撤销或者变更下级人民法院作出的拘留、罚款决定。情况紧急的，可以在口头通知后三日内发出决定书。即上一级人民法院应在收到复议申请后五日内作出决定，且在情况紧急时，可先口头通知再尽快发出决定书，其目的就在于确保及时有效纠正不当的罚款或拘留决定，维护被罚款、拘留人的合法权益，尽可能减少对当事人造成的损失，使其免受不当罚款或拘留的继续侵害。

实例中，复议法院（湖北省高级人民法院）认为，被罚款人未办理协助执行事项的原因是协助执行通知书中未明确执行标的之坐标界址点，且在原审法院（孝感市中级人民法院）送达第二次协助执行通知书后，黄陂国土局已积极协助履行，未造成实际损失，故黄陂国土局的行为不属拒不协助的情形，孝感中院依此规定对黄陂国土局予以罚款错误。依据法律规定，复议决定撤销了原罚款决定。

4. 复议结果的终局性

对司法制裁案件的复议，是被罚款、拘留人认为罚款、拘留决定不当，向作出罚款、拘留决定的人民法院的上一级人民法院寻求权利救济的程序。其体现的是上一级人民法院对下级人民法院作出的司法制裁决定的司法监督权，不同于罚款、拘留决定书正文尾部告知当事人有复议的权利，复议决定书正文尾部载明，"本决定一经作出即生效"，即具有终局效力。故实例裁判正文尾部应将"本决定送达后立即生效"改为"本决定一经作出即生效"更为准确。

实例选取的湖北省高级人民法院（2016）鄂执复第26号复议决定书契合以上特征，但因该决定书作出时间是在《最高人民法院关于印发〈关于人民法院案件案号的若干规定〉及配套标准的通知》实施以前，故该决定书在标题部分使用的案号未启用新的案件代字标准。依据《人民法院案件类型及其代字标准》的规定，该案案号应为（2016）鄂司惩复26号。依据《人民法院民事裁判文书制作规范》的规定，实例正文首部阐述案件由来时对申请复议人及原审人民法院的简称，应表述为"以下简称×××"。正文首部中，当事人的诉讼地位与姓名或名称之间用"："间隔，实例应补充冒号。正文事实部分申请复议人主张应表述为"申请复议人黄陂国土局提出"，其后人民法院认定事实部分"经审理查明""另查明"后应用冒号。正文理由部分，实例以"本院认为"开头，而文书样式表述为"本院经审查认为"，依据《人民法院民事裁判文书制作规范》的规定，理由部分以"本院认为"作为开头，本复议决定书样式仅做了一定文字扩充，但内容上无实质区别，故笔者认为两种方式皆可。实例正文裁判依据部分引用了《民事诉讼法》第一百一十四条第一款和《民诉法解释》第 186 条，漏引了《民事诉讼法》第一百一十六条，且司法解释的条文需要应与正式文本一致，改为"第一百八十六条"为宜。依据《人民法院民事裁判文书制作规范》的规定，引用法律条款中的项的，一律使用汉字不加括号，例如"第一项"，故实例中引用的"第一百一十四条第一款第(三)项"应去掉括号。

【实例评注2】

湖北省襄阳市中级人民法院
复议决定书①

(2015) 鄂襄阳中执复字第 00012 号

申请复议人(被拘留人，被执行人)曾某某，男，1965 年 2 月 4 日出生，汉族，湖北省天门市人，住襄阳市襄城区陈侯巷。公民身份号码：422428×××××××××××。

申请复议人曾某某对湖北省襄阳高新技术产业开发区人民法院(下称高新区法院) 2014 年 8 月 18 日作出的(2012) 鄂襄新执字第 00208 号拘留决定，以其不如实申报财产和拒不履行生效法律文书确定的义务为由，对其拘留十五日不服，向本院申请复议。

申请复议人曾某某认为，高新区法院在执行襄阳前方房地产开发有限公司与曾某某民间借贷纠纷执行回转一案中，未隐藏、转移原执行财产，未逃避法院执行，未有妨害执行回转的行为，不宜对其实施拘留。请求撤销(2012) 鄂襄新执字第 00208 号拘留决定。

经审查，高新区法院在执行襄阳前方房地产开发有限公司与曾某某民间借贷纠纷执行回转一案中，于 2012 年 6 月 5 日作出执行回转裁定，2012 年 6 月 8 日送达执行通知书和报告财产令。因曾某某下落不明，上述法律文书于 2012 年 8 月 7 日以张贴的方式留置送达其现居住地址湖北省天门市竟陵办事处东湖居委会东寺三小区×排×号。此后曾某某一直拖延履行生效法律文书确定的义务。2014 年 6 月 23 日曾某某向高新区人民法院申报财产，申报的内容中除了每月 2 350 元工资外，其余什么都没有，只有欠债，对原收到的执行款(原执行款 8 747 710.73 元减去原未支付的 1 670 000 元) 7 077 710.73 元没有申报说明其使用情况。截至目前曾某某仅履行了 161 000 元执行款，

---

① 来源：湖北省襄阳市中级人民法院(2015) 鄂襄阳中执复字第 00012 号案卷。

高新区人民法院回转了1 670 000元（原未付完的执行款）。此后经执行法院调查，曾某某原收到的执行款已经转移处理，没有其他可供执行的财产。上述查证的事实说明，曾某某未按时如实申报财产，应予处罚。依照《中华人民共和国民事诉讼法》第一百一十六条第三款和《最高人民法院关于适用〈中华人民共和国民事诉讼法〉若干问题的意见》第121条的规定，决定如下：

驳回申请复议人曾某某的复议申请，维持原拘留决定。

本决定送达后立即生效。

二○一五年三月十九日

〔评注〕

1. 实例选取的是湖北省襄阳市中级人民法院(2015)鄂襄阳中执复字第00012号复议决定书，是湖北省襄阳市中级人民法院对湖北省襄阳高新技术产业开发区人民法院作出的拘留决定进行复议审查后作出的复议决定。

2. 实例中湖北省襄阳高新技术产业开发区人民法院系依据《民事诉讼法》第二百四十一条关于"被执行人未按执行通知履行法律文书确定的义务，应当报告当前以及收到执行通知之日前一年的财产情况。被执行人拒绝报告或者虚假报告的，人民法院可以根据情节轻重对被执行人或者其法定代理人、有关单位的主要负责人或者直接责任人员予以罚款、拘留"的规定，对曾某某未按时如实申报财产的行为作出罚款处罚。《民事诉讼法》执行措施章节中对上述情形作出了可予以罚款、拘留的规定，但未对罚款、拘留的具体程序进行规定，既然此项规定是在被执行人未按执行通知履行法律文书确定的义务的前提下，其符合《民事诉讼法》第一百一十一条第一款第六项的规定，诉讼参与人或者其他人拒不履行人民法院已经发生法律效力的判决、裁定的，人民法院可以根据情节轻重予以罚款、拘留。《民事诉讼文书样式》（2016年7月第一版）已将此情形纳入对妨害民事诉讼的强制措施文书样式中，故实例依照《民事诉讼法》第一百一十六条第三款的规定，对原拘留决定进行复议并无不妥。

3. 实例（裁判时间2015年3月19日）正文裁判依据部分引用了已于2015年2月4日作废的《最高人民法院关于适用〈中华人民共和国民事诉讼法〉若干问题的意见》。实践中，存在案件草拟裁判文书时上述司法解释未予作废的可能性，但从规范文书写作的角度，裁判文书制作时《民事诉讼法》第一百一十六条以及《民诉法解释》（2015年2月4日施行）第一百八十五条对此已有相关规定，故应予引用。

4. 实例正文首部申请复议人与姓名之间应加以冒号隔开。正文事实部分申请复议人主张应表述为"申请复议人曾某某提出"，其后人民法院认定事实部分应以"经审查明"开头。实例裁判正文尾部应将"本决定送达后立即生效"改为"本决定一经作出即生效"更为准确。

6. 执行拘留通知书（通知公安机关用）

××××人民法院
执行拘留通知书

　　　　　　　　　　　　　　　　　（××××）……司惩……号

××××公安局：
　　本院审理/执行（××××）……号……（写明当事人及案由）一案中，×××因……（写明采取拘留措施的理由），本院决定对其拘留×日。请你局收押看管，期满解除。
　　拘留期间自××××年××月××日起至××××年××月××日止。

　　附：××××人民法院（××××）……司惩……号决定书×份

　　　　　　　　　　　　　　　　　　　　××××年××月××日
　　　　　　　　　　　　　　　　　　　　　　（院印）

此联交由公安机关收执

××××人民法院
执行拘留通知书（回执）

　　　　　　　　　　　　　　　　　（××××）……司惩……号

××××人民法院：
　　你院（××××）……司惩……号执行拘留通知书及附件收悉。我局已于××××年××月××日××时将×××收押看管在……（写明看守所名称）。

　　　　　　　　　　　　　　　　　　　　××××年××月××日
　　　　　　　　　　　　　　　　　　　　　　（公章）

此联由公安机关填写并加盖公章后退回法院入卷

【说明】

　　1. 本样式根据《中华人民共和国民事诉讼法》第一百一十五条以及《最高人民法院关于适用〈中华人民共和国民事诉讼法〉的解释》第一百七十八条制定，供人民法院在审理或者执行案件中,依法对妨害民事诉讼的行为人经院长批准作出拘留决定后,通知公安机关收押看管用。

2. 案号类型代字为"司惩"。

【实例评注】

湖北省武汉市江岸区人民法院
拘留通知书①

(2016)鄂 0102 执 1286 号

武汉市拘留所：

  本院在执行王某某申请执行刘某民间借贷纠纷一案中,查明刘某拒不履行生效法律文书确定的义务,拒不申报财产,本院决定给予刘某司法拘留十五日。请你局将刘某收押看管,期满解除。

  拘留期间：自 年 月 日起
       至 年 月 日止

  附：本院(2016)鄂 0102 执 1286 号拘留决定书一份

年 月 日

  注：此联送达公安局

〔评注〕

  在对妨碍民事诉讼的强制措施一章中,执行拘留通知书和提前解除拘留通知书两个文书样式,均是供人民法院通知公安机关对被拘留人的拘留或提前解除拘留的对公文书,是作为被拘留人由拘留决定机关向拘留执行机关交接的司法手续,是纯粹的程序性公文书,其文书结构较为简单,且表述具有模板性,故不予赘言。该文书的适用中,较为特殊的一点是异地拘留程序。依据《民诉法解释》第一百七十九条的规定,被拘留人不在本辖区的,作出拘留决定的人民法院应当派员到被拘留人所在地的人民法院,请该院协助执行,受委托的人民法院应当及时派员协助执行。司法实践中,因拘留涉及人身权利,故人民法院必须严格依照明确的地域管辖规定,一般仅限于管辖本

---

① 来源：湖北省武汉市江岸区人民法院(2016)鄂 0102 执 1286 号承办人留存案件资料。

辖区。当出现被拘留人的居所地或经常居住地不在作出拘留决定的人民法院辖区时，依法可请被拘留人实际所在地人民法院派员协助执行，即由被拘留人实际所在地人民法院通知当地公安机关执行拘留。当地人民法院和公安机关不可推诿拖延，应积极协助。这也是对妨害民事诉讼的强制措施中少见的可以异地执行的情形之一。

本实例选取自湖北省武汉市江岸区人民法院(2016)鄂0102执1286号拘留通知书，该案是执行王某某申请执行刘某民间借贷纠纷一案中，依照《民事诉讼法》第二百四十一条的规定，对负有申报财产义务的被执行人刘某作出拘留决定，契合以上特征。文书标题部分应采用"执行拘留通知书"更为准确。因该通知的送达对象是公安机关，故文书首部应以"×××公安机关"为对象，样式中所用的"×××公安局"的表述存在漏掉实践中送达给"拘留所""看守所"等作为送达对象的情形，故笔者认为统称为公安机关为宜。因该决定书作出时间在《最高人民法院关于印发〈关于人民法院案件案号的若干规定〉及配套标准的通知》实施以前，故该决定书在标题部分使用了旧文书样式，与执行类案件案号有混同之嫌。依据新民事诉讼文书样式，标题文书名称应为"决定书"，案号应为(2016)鄂0102司惩1286号。据了解，因执行拘留通知书一般是在将被拘留人交付公安机关的同时当场填写并送达公安机关，故其落款的时间一般为当场填写并随即送达。

另外，拘留通知书(回执)作为公安机关填写后退回人民法院入卷留存的公文书，是由人民法院自行拟定在向公安机关送达相应通知书时，由公安机关填写并退还，以证实公安机关收悉对被拘留人的拘留通知用。因实例未能找到相应回执，故空缺。

7. 提前解除拘留通知书（通知公安机关用）

××××人民法院
提前解除拘留通知书

（××××）……司惩……号

××××公安局：

  因×××在拘留期间，承认并改正错误，我院决定提前对其解除拘留。请你局在接到本通知书后，立即对×××解除看管。

  附：××××人民法院(××××)……司惩……号决定书×份

×××年××月××日
（院印）

此联交由公安机关收执

```
××××人民法院
提前解除拘留通知书(回执)

                                    (××××)……司惩……号

××××人民法院：
    你院(××××)……司惩……号提前解除拘留通知书及附件收悉。我局已于××××
年××月××日对×××解除拘留。

                                          ××××年××月××日
                                               (公章)

此联由公安机关填写并加盖公章后退回法院入卷
```

【说明】

1. 本样式根据《中华人民共和国民事诉讼法》第一百一十五条第三款以及《最高人民法院关于适用〈中华人民共和国民事诉讼法〉的解释》第一百八十二条制定，供人民法院在审理或者执行案件中，对已被拘留的妨害民事诉讼行为人经院长批准作出提前解除拘留决定后，通知公安机关立即解除看管用。

2. 案号类型代字为"司惩"。

【实例评注】

（暂缺实例）

〔评注〕

实践中，因提前解除拘留决定的情形较为少见，且普遍存在承办法官将提前解除拘留决定通知书送达公安机关后未予留存的情形，故笔者尚未查询到此类文书实例。现仅就该文书写作的一般规律作出说明。

依据《民事诉讼法》第一百一十五条第三款规定，在拘留期间，被拘留人承认并改正错误的，人民法院可以决定提前解除拘留。此规定既能通过一定期限的拘留措施对被拘留人进行教育惩戒，又能促使其尽快认错悔改依法履行法律义务。若被拘留人在拘留期间承认错误并具结悔过，则人民法院可综合考虑被拘留人的态度及妨害民事诉讼的事由决定提前解除拘留。

依据《民诉法解释》第一百八十二条规定，提前解除拘留，应报经院长批准，并作出提前解除拘留决定书，交负责看管的公安机关执行。可见，提前解除拘留和决定拘留一样，决定机关为人民法院，由人民法院院长批准，并作出相应法律文书，而其执行机关为公安机关，对被拘留人的看管主体为公安机关。

需注意的是，提前解除拘留的适用前提是被拘留人承认并改正错误，此情节由人民法院根据个案情况认定。一般而言，被拘留人应有实际的悔过行为，并作出具结悔过，书写悔过书。若被拘留人没有认错悔悟，则不能乱用提前解除机制，否则将破坏司法权威。

另外，提前解除拘留通知书(回执)作为公安机关填写后退回人民法院入卷留存的公文书，是由人民法院自行拟定在向公安机关送达相应通知书时，由公安机关填写并退还，以证实公安机关收悉对被拘留人的提前解除拘留通知用。

8. 拘传票（拘传用）

×××× 人民法院

拘传票（审批联）

（××××）……号

被拘传人姓名		性别		民族		出生日期	年　月　日
住所地							
工作单位							
应到时间	年　月　日		应到处所				

拘传原因及理由：
　　本院在审理/执行(××××)……号……(写明当事人及案由)一案中，×××(写明被拘传人姓名)经两次传票/依法传唤无正当理由拒不到庭/场，影响了本案的审理/执行，依照《中华人民共和国民事诉讼法》第一百一十六条规定，决定对×××予以拘传。

审　判　员(签名)
×××年××月××日

批　准　人(签名)
×××年××月××日

本联存卷

××××人民法院
拘传票

(××××)……号

被拘传人姓名		性别		民族		出生日期	年　月　日
住所地							
工作单位							
应到时间	年　月　日		应到处所				

执行人宣布：
　　本院在审理/执行(××××)……号……(写明当事人及案由)一案中，×××(写明被拘传人姓名)经两次传票/依法传唤无正当理由拒不到庭/场，影响了本案的审理/执行，依照《中华人民共和国民事诉讼法》第一百一十六条规定，决定对×××予以拘传。

××××年××月××日
（院印）

本拘传票已于××××年××月××日××时××分送达被拘传人。

被拘传人×××
（签名）
××××年×月×日

执行拘传情况：

执行人×××
××××年×月×日

本联执行拘传后存卷

【说明】

1. 本样式根据《中华人民共和国民事诉讼法》第一百零九条、第一百一十六条第一款、第二款以及《最高人民法院关于适用〈中华人民共和国民事诉讼法〉的解释》第一百七十四条、第一百七十五条、第二百三十五条、第四百八十四条制定，供人民法院对必须到庭或者接受调查询问的人员经两次传票传唤或者依法传唤无正当理由拒不到庭或到场的，拘传用。

2. 拘传必须经院长批准。

3. 拘传必须用拘传票，并直接送达被拘传人；在拘传前，应当向被拘传人说明拒不到庭的后果，经批评教育仍拒不到庭的，可以拘传其到庭。

4. 本拘传票应由被拘传人签名，拒绝签名的，应在"执行拘传情况"栏中注明。

5. 负有赡养、抚育、扶养义务和不到庭就无法查清案情的被告，必须到庭才能查清案件基本事实的原告，以及必须到庭的无民事行为能力当事人的法定代理人，经两次传票传唤，无正当理由拒不到庭的，可以拘传。

6. 对必须接受调查询问的被执行人、被执行人的法定代表人、负责人或者实际控制人，经依法传唤无正当理由拒不到场的，人民法院可以拘传其到场。人民法院应当及时对被拘传人进行调查询问，调查询问的时间不得超过八小时；情况复杂，依法可能采取拘留措施的，调查询问的时间不得超过二十四小时。人民法院在本辖区以外采取拘传措施时，可以将被拘传人拘传到当地人民法院，当地人民法院应予协助。

【实例评注】

（暂缺实例）

〔评注〕

拘传票，指人民法院对必须到庭但经两次传唤后无正当理由拒不到庭的当事人，派出司法警察携带拘传票强制将其带到法庭参加诉讼的民事诉讼强制措施。它是保障诉讼程序有序推进，维护对方当事人合法诉权的重要措施。但目前实践中，适用并不多见，故笔者暂未查询到适用新民事诉讼文书样式的实例，现仅对文书样式特点评注如下：

1. 拘传适用的情形。依据《民事诉讼法》第一百零九条以及《民诉法解释》第一百七十四条、第一百七十五条、第二百三十五条、第四百八十四条的规定，下列情形可适用拘传：(1)负有赡养、抚育、扶养义务和不到庭就无法查清案情的被告，经两次传票传唤，无正当理由拒不到庭的；(2)必须到庭才能查清案件基本事实的原告，经两次传票传唤，无正当理由拒不到庭的；(3)无民事行为能力的当事人的法定代理人，经传票传唤无正当理由拒不到庭，属于被告方的且人民法院认为必要时；(4)对必须接受调查询问的被执行人、被执行人的法定代表人、负责人或者实际控制人，经依法传唤无正当理由拒不到场的。对于拘留措施的适用对象，必须同时是法律规定或人民法院认为必须到庭的被告，且经过两次传票传唤后无正当理由拒不到庭，仅限法律规定的上述情形，不可随意扩大范围。

2. 拘传的适用程序。先由承办人或合议庭提出，经院长批准填写拘传票。拘传票应载明被拘传人的姓名、性别、民族、出生日期、住所、工作单位、应到时间及处所、拘传理由、送达情况及执行拘传的情况。由制作拘传票的人民法院加盖公章后交司法警察执行。司法警察在拘传时，应向被拘传人出示拘传票，再次责令其立即到庭，并说明拒不到庭的法律后果。若被拘传人经教育认识到错误，并能主动到庭参加诉讼的，可以撤销拘传决定；若经批评教育后被拘传人仍拒不到庭的，可拘传其到庭。

3. 对被执行人采取拘传措施的询问。依据《民诉法解释》第四百八十四条的规定，对必须接受调查询问的被执行人、被执行人的法定代表人、负责人或者实际控制人，经依法传唤无正当理由拒不到场的，可以拘传。人民法院应当及时对被拘传人进行调查询问，调查询问的时间不得超过八小时；情况复杂，依法可能采取拘留措施的，调查询问的时间不得超过二十四小时。人民法院在本辖区以外采取拘传措施时，可以将被拘传人拘传到当地人民法院，当地人民法院应予协助。因而对此类被拘传人进行调查询问，应当拘传至人民法院；在人民法院辖区以外采取拘传措施时，应当将被拘传人拘传至当地人民法院，当地人民法院应当予以协助。这是除拘留措施外，对妨害民事诉讼的强制措施中可异地执行的第二种情形。

4. 拘传票因需履行签批手续，故拘传票(审批联)除应载明被拘传人的姓名、性别、民族、出生日期、住所、工作单位、应到时间及处所、拘传理由等要素外，还应有批准人签字和填写审批时间。

九、诉讼费用

1. 民事裁定书（未预交案件受理费按撤回起诉处理用）

×××人民法院
民事裁定书

（××××）……民初……号

原告：×××，……。
法定代理人/指定代理人/法定代表人/主要负责人：×××，……。
委托诉讼代理人：×××，……。
被告：×××，……。
法定代理人/指定代理人/法定代表人/主要负责人：×××，……。
委托诉讼代理人：×××，……。
（以上写明当事人和其他诉讼参加人的姓名或者名称等基本信息）
原告×××与被告×××……（写明案由）一案，本院于××××年××月××日立案。原告×××在本院依法送达交纳诉讼费用通知后，未在七日内预交案件受理费/申请减、缓、免未获批准而仍不预交。
依照《中华人民共和国民事诉讼法》第一百一十八条、第一百五十四条第一款第十一项、《最高人民法院关于适用〈中华人民共和国民事诉讼法〉的解释》第二百一十三条规定，裁定如下：
本案按×××撤回起诉处理。

审　判　长　×××
审　判　员　×××
审　判　员　×××

××××年××月××日
（院印）
书　记　员　×××

【说明】

1. 本样式根据《中华人民共和国民事诉讼法》第一百一十八条以及《最高人民法院关于适用〈中华人民共和国民事诉讼法〉的解释》第二百一十三条制定,供第一审人民法院对原告应当预交而未预交案件受理费的,裁定按撤回起诉处理用。

2. 案号类型代字为"民初"。

3. 因未预交案件受理费而裁定按撤回起诉处理的,不需另行交纳案件受理费。

【实例评注1】

湖北省高级人民法院
民事裁定书①

(2016)鄂民初40号

原告:招商银行股份有限公司成都益州大道支行。住所地:四川省成都市高新区益州大道北段1480号德商国际A座。

主要负责人:卢某,该行行长。

委托诉讼代理人:王某某,国浩律师(北京)事务所律师。

委托诉讼代理人:闫某某,国浩律师(北京)事务所律师。

被告:襄阳雅可商务区开发有限公司。住所地:湖北省襄阳市樊城区解放路电信大楼6楼。

法定代表人:刘某某。

被告:上海星信捷投资有限公司。住所地:上海市杨浦区控江路2075号710室。

法定代表人:刘某某。

被告:武汉星合投资有限公司。住所地:湖北省武汉市武汉经济技术开发区17C1地块(东风三路)东合中心。

法定代表人:刘某某。

被告:四川百汇投资管理有限公司。住所地:四川省成都市成都高新区益州大道北段777号3幢7层721号。

法定代表人:刘某甲。

被告:刘某某,男,汉族,1958年7月2日出生,住北京市朝阳区。公民身份号码:510212××××××××××。

---

① 来源:湖北省高级人民法院(2016)鄂民初40号案卷。

被告：谭某某，男，住四川省成都市人民南路。

原告招商银行股份有限公司成都益州大道支行与被告襄阳雅可商务区开发有限公司、上海星信捷投资有限公司、武汉星合投资有限公司、四川百汇投资管理有限公司、刘某某、谭某某金融借款合同纠纷一案，本院于2016年6月15日立案。原告招商银行股份有限公司成都益州大道支行在本院依法送达交纳诉讼费用通知后，未在七日内预交案件受理费。

依照《中华人民共和国民事诉讼法》第一百一十八条、第一百五十四条第一款第十一项、《最高人民法院关于适用〈中华人民共和国民事诉讼法〉的解释》第二百一十三条规定，裁定如下：

本案按招商银行股份有限公司成都益州大道支行撤回起诉处理。

审　判　长　孙　刚
审　判　员　王　赫
审　判　员　牛　卓

二〇一六年八月十二日
书　记　员　华　卉

〔评注〕

诉讼费用，是当事人参加民事诉讼过程中依法应当向人民法院交纳的费用。本章单独将诉讼费用列出来，是基于诉讼费用作为一项诉讼制度与普通民事诉讼文书存在较大差距。征收诉讼费用是民事诉讼法的一项重要制度，也是国家司法制度的一个重要组成部分。关于诉讼费用的交纳、种类、缓交、减交或者免交等制度，在《民事诉讼法》第一百一十八条、《民诉法解释》第一百九十四条至第二百零七条以及《诉讼费用交纳办法》中予以规定。

1. 诉讼费用的种类

依据《民事诉讼法》第一百一十八条以及《诉讼费用交纳办法》第六条的规定，民事诉讼中诉讼费用包括三种，即案件受理费、申请费和证人、鉴定人、翻译人员、理算人员在人民法院指定日期出庭发生的交通费、住宿费、生活费和误工补贴。

案件受理费，是当事人行使诉权，在启动诉讼程序时向人民法院交纳的费用。依据《诉讼费用交纳办法》第七条、第八条的规定，案件受理费包括：第一审案件受理费、第二审案件受理费、再审案件中依法需要交纳的案件受理费。除依照民事诉讼法规定的特别程序审理的案件；裁定不予受理、驳回起诉、驳回上诉的案件；对不予受理、驳回起诉和管辖权异议裁定不服，提起上诉的案件；行政赔偿案件可不交纳案件受理费外，其他民事案件原则上都要征收案件受理费。

申请费，是当事人行使诉权，在启动非诉程序时向人民法院交纳的费用。依据《诉讼费用交纳办法》第十条的规定，当事人依法向人民法院申请执行人民法院发生法律效力的判决、裁定、调解书，仲裁机构依法作出的裁决和调解书，公证机构依法赋予强制执行效力的债权文书；申请保全措施；申请支付令；申请公示催告；申请撤销仲裁裁决或者认定仲裁协议效力；申请破产；申请海事强制令、共同海损理算、设立海事赔偿责任限制基金、海事债权登记、船舶优先权催告；申请承认和执行外国法院判决、裁定和国外仲裁机构裁决时，应当交纳申请费。

证人、鉴定人、翻译人员、理算人员在人民法院指定日期出庭发生的交通费、住宿费、生活费和误工补贴，是应当由当事人在诉讼程序和非诉程序中实际支出的费用，此类费用法院仅是代为收取。

2. 诉讼费用的交纳与负担

诉讼费用的交纳和负担并非同一概念，诉讼费用的交纳是当事人向人民法院预交诉讼费用；诉讼费用负担则是人民法院在案件审理和执行终结时决定诉讼费用由谁实际负担和如何负担。

依据《诉讼费用交纳办法》第二十条、第二十二条、第二十三条的规定，案件受理费由原告、有独立请求权的第三人、上诉人预交。被告提起反诉需要交纳案件受理费的，由被告预交。追索劳动报酬的案件可以不预交案件受理费；除另行规定外，申请费一般由申请人预交；证人、鉴定人、翻译人员、理算人员在人民法院指定日期出庭发生的交通费、住宿费、生活费和误工补贴等其他费用，待实际发生后交纳。上诉案件的案件受理费由上诉人向人民法院提交上诉状时预交。双方当事人都提起上诉的，分别预交。依法需要交纳案件受理费的再审案件，由申请再审的当事人预交。双方当事人都申请再审的，分别预交。

依据《诉讼费用交纳办法》第二十九条的规定，诉讼费用由败诉方负担，胜诉方自愿承担的除外。部分胜诉、部分败诉的，人民法院根据案件的具体情况决定当事人各自负担的诉讼费用数额。共同诉讼当事人败诉的，人民法院根据其对诉讼标的的利害关系，决定当事人各自负担的诉讼费用数额。由于民事案件的发生，是由于败诉的当事人不履行义务、违反法律规定造成的，当然原则上应该由败诉的当事人负担诉讼费用。故上述诉讼费用的负担规则，符合世界各国诉讼费用负担原则的惯例。

3. 不预交诉讼费用的法律后果

交纳诉讼费用，是当事人参与诉讼活动的一项义务，不依法预交诉讼费用，将承担按撤诉处理的法律后果。《民诉法解释》第二百一十三条规定："原告应当预交而未预交案件受理费，人民法院应当通知其预交，通知后仍不预交或者申请减、缓、免未获批准而仍不预交的，裁定按撤诉处理。"

实例选取自湖北省高级人民法院对原告招商银行股份有限公司成都益州大道支行

与被告襄阳雅可商务区开发有限公司、上海星信捷投资有限公司、武汉星合投资有限公司、四川百汇投资管理有限公司、刘某某、谭某某金融借款合同纠纷一案民事裁定书。文书正文首部明确阐述案件原、被告基本情况,因一审案件的案件受理费由原告预交,故在文书裁判主文中交纳案件受理费的主体即为该案原告。因原告招商银行股份有限公司成都益州大道支行未预交案件受理费且在人民法院发出交纳诉讼费用通知后,仍未在规定时间内预交案件受理费,故人民法院作出按撤回起诉处理的裁定。实例符合相关法律规定和文书样式要求。正文裁判依据法条援引准确,裁判主文正确,该实例完全符合文书样式要求,要素齐全,结构完整。

【实例评注 2】

湖北省高级人民法院
民事裁定书①

(2016)鄂民初 42 号

原告:武汉延铭房地产开发有限公司。住所地:湖北省武汉市武昌区保安街特6号。

法定代表人:吴某某,该公司董事长。

委托代理人:魏某、曹某某,湖北晨丰律师事务所律师。

原告:厦门华天房地产投资股份有限公司。住所地:福建省厦门市思明区鹭江道268号远洋大厦7A。

法定代表人:李某,该公司董事长。

委托代理人:魏某、曹某某,湖北晨丰律师事务所律师。

被告:王某某,男,汉族,1966年10月26日出生,住湖北省武汉市武昌区。

原告武汉延铭房地产开发有限公司、厦门华天房地产投资股份有限公司与被告王某某合同纠纷一案,本院于2016年7月13日立案。原告武汉延铭房地产开发有限公司、厦门华天房地产投资股份有限公司在本院依法送达《缴费通知书》后,未在七日内预交案件受理费。

依照《中华人民共和国民事诉讼法》第一百一十八条、第一百五十四条第一款第十一项、《最高人民法院关于适用〈中华人民共和国民事诉讼法〉的解释》第二百一十三条规定,裁定如下:

---

① 来源:湖北省高级人民法院(2016)鄂民初42号案卷。

本案按原告武汉延铭房地产开发有限公司、厦门华天房地产投资股份有限公司撤回起诉处理。

审　判　长　严　浩

审　判　员　徐　艺

审　判　员　兰　飞

二〇一六年八月十九日

书　记　员　胡锦明

〔评注〕

1. 本案系原告武汉延铭房地产开发有限公司、厦门华天房地产投资股份有限公司与被告王某某合同纠纷一案，原告武汉延铭房地产开发有限公司、厦门华天房地产投资股份有限公司是该案一审案件受理费的交纳主体，但因两原告在收到交纳案件受理费通知后七日内并未交纳上述费用，故人民法院依法按撤诉处理。

2. 本实例中，人民法院向原告送达缴费通知书，告知原告应在七日内预交案件受理费，这是当前比较普遍的现象。实践中，也有部分人民法院将交纳诉讼费用的通知内容列入案件受理通知书或者应诉通知书内一并表述，客观上起到了告知义务，但从规范法律文书的角度，仍建议单独送达交纳诉讼费用通知书为宜。

3. 在文书结构方面，文书首部载明当事人基本信息，明确了两原告为案件受理费的交纳主体。正文事实部分写明案由、立案时间及原告未按期预交诉讼费用的事实，作为人民法院裁定按撤诉处理的关键事实。裁判依据部分援引了《民事诉讼法》及司法解释关于预交诉讼费用及未预交案件受理费的法律后果的法条，裁判主文作出按撤诉处理裁定。需要注意的是，文书首部的"委托代理人"应改为"委托诉讼代理人"。

2. 民事裁定书（未补交案件受理费按撤回起诉处理用）

××××人民法院

民事裁定书

（××××）……民初……号

原告：×××，……。

……

被告：×××，……。

……

（以上写明当事人和其他诉讼参加人的姓名或者名称等基本信息）

原告×××与被告×××……（写明案由）一案，本院于××××年××月××日立案，适用简易程序审理。后发现本案不宜适用简易程序，于××××年××月××日裁定转为普通程序，并于××××年××月××日向原告送达补交案件受理费通知。×××无正当理由未按期足额补交，应当按撤诉处理。

依照《中华人民共和国民事诉讼法》第一百一十八条、第一百五十四条第一款第十一项、《最高人民法院关于适用〈中华人民共和国民事诉讼法〉的解释》第一百九十九条规定，裁定如下：

本案按×××撤回起诉处理。

已经收取的案件受理费……元，减半收取计……元。

审　判　长　×××

审　判　员　×××

审　判　员　×××

××××年××月××日

（院印）

书　记　员　×××

【说明】

1. 本样式根据《中华人民共和国民事诉讼法》第一百一十八条以及《最高人民法院关于适用〈中华人民共和国民事诉讼法〉的解释》第一百九十九条制定，供第一审人民法院对适用简易程序审理的案件转为普通程序的原告应当补交而未补交案件受理费的，裁定按撤回起诉处理用。

2. 案号类型代字为"民初"。

3. 适用简易程序审理的案件转为普通程序的，原告自接到人民法院交纳诉讼费用通知之日起七日内补交案件受理费。原告无正当理由未按期足额补交的，按撤诉处理，已经收取的诉讼费用退还一半。

【实例评注1】

浙江省文成县人民法院
民事裁定书①

(2016)浙 0328 民初 346 号

原告：叶某某。

被告：赵某某。

原告叶某某诉被告赵某某民间借贷纠纷一案，本院于 2016 年 2 月 25 日立案受理后，适用简易程序进行审理，后因被告赵某某外出无详细地址，本院依法转换为普通程序。经本院通知原告补交案件受理费后，原告未补交，且未申请减交、缓交、免交。依照《最高人民法院关于适用〈中华人民共和国民事诉讼法〉的解释》第一百九十九条之规定，裁定如下：

本案按撤诉处理。

已收取案件受理费 4400 元(减半收取)，退还一半计 2200 元。

审　判　长　　刘志文
代理审判员　　项旭旸
人民陪审员　　陈越光

二〇一六年四月八日
书　记　员　　陈茂训

〔评注〕

诉讼费用，是当事人参加民事诉讼过程中依法应当向人民法院交纳的费用。本章单独将诉讼费用列出来，是基于诉讼费用作为一项诉讼制度与普通民事诉讼文书存在较大差距。征收诉讼费用是民事诉讼法的一项重要制度，也是国家司法制度的一个重要组成部分。交纳诉讼费用，是当事人参与诉讼活动的一项义务，不依法预交诉讼费用，将承担按撤诉处理的法律后果。作为单独一个文书样式，未补交案件受理费按撤回起诉处理与未预交案件受理费有着同样的法律后果②，但在适用规则上有其自身特点：

---

① 来源：中国裁判文书网。
② 可参照本章文书样式 1"民事裁定书（未预交案件受理费按撤回起诉处理用）"的评注内容。

1. 适用情形

与在案件受理后诉讼程序开始前预交案件受理费不同,补交案件受理费是指当案件从适用简易程序审理转为普通程序审理的,原告自接到人民法院交纳诉讼费用通知之日起七日内应当补交案件受理费。故本文书样式仅适用《民事诉讼法》第一百一十八条以及《民诉法解释》第一百九十九条规定的由简易程序审理的案件转为普通程序的情形。

2. 适用前提

可以认为,当诉讼程序从简易程序转为普遍程序后,当事人未在规定期限内补交案件受理费,即表明其放弃了诉讼权利。但因涉及当事人的诉讼权利,人民法院应尽到相应提醒义务,向当事人送达补交案件受理费通知,并明确告知补交期限,若当事人仍无正当理由超期未补交的,方可按撤诉处理结案。

3. 诉讼费用的负担

依据《民诉法解释》第一百九十九条及《诉讼费用交纳办法》第十六条的规定,原告无正当理由未按期足额补交的,按撤诉处理,已经收取的诉讼费用退还一半。即因未补交案件受理费按撤回起诉处理,且应退还已交纳的一半诉讼费用。

实例选取自浙江省文成县人民法院(2016)浙 0328 民初 346 号民事裁定书,就原告叶某某诉被告赵某某民间借贷纠纷一案,以简易程序立案后,因一方当事人无详细地址,人民法院决定转为普遍程序。对原告叶某某送达补交诉讼费通知后,其无正当理由未补交,故人民法院对该案裁定按撤诉处理,并将已收取的案件受理费退还一半。实例对案件从简易程序转化为普遍程序和向原告送达补交案件受理费通知的事实陈述上有所遗漏,且在正文裁判依据部分遗漏了适用裁定书的程序规定,即《民事诉讼法》第一百五十四条第一款第十一项,但鉴于该文书制作于新民事诉讼文书样式出台之前,结构上存在一定遗漏情有可原,总体上该实例要素齐全,繁简得当,符合文书制作规范。

【实例评注2】

广东省韶关市曲江区人民法院
民事裁定书①

(2016)粤 0205 民初 865 号

原告:邱某某。
被告:黄某某。

---

① 来源:中国裁判文书网。

本院在审理原告邱某某诉被告黄某某民间借贷纠纷一案中，原告邱某某无正当理由未按期足额补交受理费，依照《中华人民共和国民事诉讼法》第一百一十八条和《最高人民法院关于适用〈中华人民共和国民事诉讼法〉的解释》第一百九十九条、《诉讼费用交纳办法》第十三、第二十二条的规定，裁定如下：

本案按撤诉处理。

原告已向本院预交受理费404元，减半收取202元，由原告负担。

审　判　长　　廖新娇
审　判　员　　古应雄
审　判　员　　彭伟荣
二〇一六年九月二十七日
书　记　员　　吴世锋

〔评注〕

实例中，在原告邱某某诉被告黄某某民间借贷纠纷一案中，原告邱某某无正当理由未按期足额补交受理费，人民法院据此按撤诉处理。

在正文事实与理由部分，欠缺案件程序转化经过以及向原告送达补交案件受理费通知书的事实，故无法一目了然地判断该案是否系因由简易程序转为普通程序后原告未按期补交案件受理费的情形，且也无法判断人民法院是否做出了明确的补交提醒，存在适用前提不清、含糊交代的问题，应按照新民事诉讼文书样式予以完善。

3. 交纳诉讼费用通知书（通知当事人用）

××××人民法院
交纳诉讼费用通知书

（××××）……号

×××：

……（写明当事人及案由）一案，你向本院提起诉讼/反诉/上诉/申请。依照《中华人民共和国民事诉讼法》第一百一十八条、《诉讼费用交纳办法》规定，你应当交纳案件受理费……元、申请费……元、其他诉讼费……元，合计……元。限你于收到本通知书次日起七日内向本院预交。期满仍未预交的，按撤回起诉/反诉/上诉/申请处理。

本院诉讼费专户名称：××××人民法院（财政汇缴专户）；开户银行：……银行；账号：……。

特此通知。

××××年××月××日
（院印）

【说明】

1. 本样式根据《中华人民共和国民事诉讼法》第一百一十八条、《诉讼费用交纳办法》以及《最高人民法院关于适用〈中华人民共和国民事诉讼法〉的解释》"九、诉讼费用"制定，供人民法院在受理案件后，通知当事人交纳诉讼费用用。

2. 当事人应当向人民法院交纳的诉讼费用包括案件受理费、申请费和其他诉讼费用。案件受理费包括第一审案件受理费、第二审案件受理费、再审案件中需要交纳的案件受理费。

3. 当事人增加诉讼请求、支付令失效后转入诉讼程序、适用简易程序审理的案件转为普通程序的，人民法院应当通知当事人补交案件受理费。

【实例评注】

湖北省高级人民法院
交纳诉讼费用通知书[①]

（2016）鄂民初 54 号

中国建设银行股份有限公司赤壁支行：

我院已受理你单位诉被告赤壁陆水河航电开发有限公司、湖南恒丰投资管理有限公司、湖南亚亨航电资源投资开发有限公司、深圳市兖峰能源投资控股有限公司、刘某某、李某某、李某甲、欧某某、雷某某、刘某某、朱某某、李某乙、邹某某、廖某、王某、余某、罗某某金融借款合同纠纷一案，现根据《诉讼费用交纳办法》第二条、第六条、第七条、第十三条、第二十二条的规定，特通知你（单位）在收到本通知的次日起七日内向我院预交案件受理费 1 036 100 元（户名：湖北省财政厅非税收入财政专户；开户银行：中国农

---

① 来源：湖北省高级人民法院（2016）鄂民初 54 号案卷。

业银行武汉市东湖支行；账号：052××××××××××××）。该款待结案后，根据审理结果，确定实际承担数额。逾期不预交的，由你（单位）承担相应法律责任。

特此通知。

二〇一六年八月二十三日

〔评注〕

交纳诉讼费用通知书是人民法院用于告知当事人交纳诉讼费金额、时间及不依法交纳诉讼费用的法律后果的书面通知。通常情况下，人民法院受理民事案件后，将交纳诉讼费用通知书随案件受理通知书一并送达当事人，并填写送达回证，用于告知当事人立案情况及其交纳诉讼费用义务。

标题部分应统一规范，载明"交纳诉讼费用通知书"。实践中，很多人民法院简称为"缴费通知书""诉讼费通知书"或将诉讼费用交纳通知并入案件受理通知书一并告知，这些做法均应随着新文书样式的正式实施予以规范。

正文应包含当事人及案件基本情况、交纳诉讼费用法律依据、个案交纳诉讼费用的金额、交纳诉讼费用的期限以及未依法交纳诉讼费用的法律后果。实例中，依据《诉讼费用交纳办法》案件受理费计算规则，中国建设银行股份有限公司赤壁支行诉赤壁陆水河航电开发有限公司、湖南恒丰投资管理有限公司、湖南亚亨航电资源投资开发有限公司、深圳市兖峰能源投资控股有限公司、刘某某、李某某、李某甲、欧某某、雷某某、刘某某、朱某某、李某乙、邹某某、廖某、王某、余某、罗某某金融借款合同纠纷一案，原告应预交案件受理费1 036 100元，并明确告知原告必须在收到通知次日起七日内向本院预交。对未依法交纳诉讼费用的法律后果，应明确告知将按撤回起诉处理为宜。

正文尾部应告知人民法院本院诉讼费专户名称、开户银行及账号。实例这部分与文书样式有所不同。建议根据文书样式调整通知书格式，并在辖区内统一予以规范。

4. 退还诉讼费用通知书（通知当事人用）

××××人民法院
退还诉讼费用通知书

（××××）……号

×××：

……（写明当事人及案由）一案，已经结案。依照《诉讼费用交纳办法》规定，应当退还案件受理费……元、申请费……元、其他诉讼费……元，合计……元。限你于收到本通知书次日起七日内向本院领取。

特此通知。

×××年××月××日
（院印）

【说明】

1. 本样式根据《诉讼费用交纳办法》以及《最高人民法院关于适用〈中华人民共和国民事诉讼法〉的解释》第二百零七条制定，供人民法院在案件生效后，通知当事人退还诉讼费用。

2. 人民法院应当退还诉讼费用的情形包括不予受理、驳回起诉、减少诉讼请求、发现涉嫌刑事犯罪并将案件移送有关部门处理、发回重审等。

3. 判决生效后，胜诉方预交但不应负担的诉讼费用，人民法院应当退还，由败诉方向人民法院交纳，但胜诉方自愿承担或者同意败诉方直接向其支付的除外。

【实例评注】

湖北省人民法院诉讼费退费通知书[①]

（2013）NO00033637

填制单位：民二庭　　　　　　　　　　日期：2016 年 10 月 18 日

申请退费单位或个人全称		案号	（2016）鄂 01 民终 4824 号
范某某		退费原因	发回
退费金额(大写)：×仟×佰×拾×万伍仟伍佰陆拾零元零角零分 ¥5 560			
收款单位或个人全称		账　　号	
范仁昌		开户银行	
		汇入地点	
		领款人身份证号码	
案件承办人 （盖章）	业务庭审批人 （盖章）	法院财务部门审批 （盖章）	

---

① 来源：湖北省武汉市中级人民法院(2016)鄂 01 民终 4824 号案卷。

〔评注〕

诉讼费用的退还，是指人民法院依法将胜诉方预交但不应由其负担的诉讼费用退还给该方当事人。依据《民诉法解释》第二百零七条第一款以及《诉讼费用交纳办法》第二十一条第二项、第二十五条、第二十七条、第三十九条第三项规定，存在以下情形的，应退还相应诉讼费用：（1）判决生效后，胜诉方预交但不应负担的诉讼费用，人民法院应当退还，由败诉方向人民法院交纳，但胜诉方自愿承担或者同意败诉方直接向其支付的除外。（2）当事人在法庭调查终结前提出减少诉讼请求数额的，按照减少后的诉讼请求数额计算退还。（3）涉嫌刑事犯罪并将案件移送有关部门处理的，当事人交纳的案件受理费予以退还。但移送后民事案件需要继续审理的，当事人已交纳的案件受理费不予退还。（4）第二审人民法院决定将案件发回重审的，应当退还上诉人已交纳的第二审案件受理费。（5）第一审人民法院裁定不予受理或者驳回起诉的，应当退还当事人已交纳的案件受理费；当事人对第一审人民法院不予受理、驳回起诉的裁定提起上诉，第二审人民法院维持第一审人民法院作出的裁定的，第一审人民法院应当退还当事人已交纳的案件受理费。（6）海事案件诉讼中拍卖、变卖被扣押船舶、船载货物、船用燃油、船用物料发生的合理费用，由申请人预付，从拍卖、变卖价款中先行扣除，退还申请人。

依据《诉讼费用交纳办法》第五十三条的规定，案件审结后，人民法院应当将诉讼费用的详细清单和当事人应当负担的数额书面通知当事人，同时在判决书、裁定书或者调解书中写明当事人各方应当负担的数额。需要向当事人退还诉讼费用的，人民法院应当自法律文书生效之日起15日内退还有关当事人。可见，案件审结后，人民法院明确了诉讼费用负担标准和金额后，在存在前述应退还诉讼费用的情形时，应在裁判生效15日内退还当事人。

实践中，对退还诉讼费用通知书的格式仍未统一规范，较常见的形式即为实例中的退费单据。即由申请退还诉讼费用的当事人向承办法官核实退费金额后，由承办法官所在业务庭开具单据式的人民法院诉讼费退费通知书，最终由人民法院财务部门退费至当事人。

此通知书在形式和操作方法上均与新文书样式中退还诉讼费用通知书有较大区别：一是形式区别。单据式退费通知书，系收据式的，一式多份，供承办单位、财务及当事人留存。文书式退费通知书，系通知书式，是供人民法院送达当事人用的对外公文书。二是方式不同。单据式的退费通知书，由承办单位填写案件案号、当事人姓名、退费理由、退费金额等信息后，由承办人签章、庭领导审批后交财务签批，并退费至收款人账户。文书式退费通知书，主要功能系告知当事人退费金额及退费时间，通知其到人民法院办理退费手续。三是功能差异。单据式退费通知书旨在完成退费审批、放款流程，并入卷留存，具有一定票据功能。文书式退费通知仅用于告知当事人可到人民法院办理退费，而退费的后续仍需一定的退费单据辅助。

实例中的人民法院诉讼费退费通知书已沿用多年，起到了办理退费流程的重要凭据作用，即使在人民法院采取新文书样式启用退还诉讼费用通知书后，该退费通知书因能体现退费事项的具体信息及审批流程，仍有存在的必要，不可或缺，但需在名称上与正式的退还诉讼费用通知书相区分。

另外，与以前实践中当事人在裁判文书中了解诉讼费用负担金额后到人民法院申请退费不同，新民事诉讼文书样式中的退还诉讼费用通知书要求人民法院主动提醒当事人前来退费，更为便民和人性化，应予采用。

5. 准予缓交、减交、免交诉讼费用通知书（通知当事人用）

××××人民法院
准予缓交、减交、免交诉讼费用通知书

（××××）……号

×××：
　　……（写明当事人及案由）一案，你向本院提出缓交/减交/免交诉讼费用……元的申请，并提交了……（写明证据名称）证明材料。
　　本院认为，当事人交纳诉讼费用确有困难的，可以申请缓交、减交或者免交。依照《中华人民共和国民事诉讼法》第一百一十八条、《诉讼费用交纳办法》规定，准予你缓交/减交/免交诉讼费……元。
　　特此通知。

××××年××月××日
（院印）

【说明】

1. 本样式根据《中华人民共和国民事诉讼法》第一百一十八条以及《诉讼费用交纳办法》制定，供人民法院对于申请缓交、减交或者免交诉讼费用的当事人，通知准予缓交、减交或者免交诉讼费用用。

2. 当事人申请司法救助，符合下列情形之一的，人民法院应当准予缓交诉讼费用：(1)追索社会保险金、经济补偿金的；(2)海上事故、交通事故、医疗事故、工伤事故、产品质量事故或者其他人身伤害事故的受害人请求赔偿的;(3)正在接受有关部门法律援助的;(4)确实需要缓交的其他情形。

3. 当事人申请司法救助,符合下列情形之一的,人民法院应当准予减交诉讼费用:(1)因自然灾害等不可抗力造成生活困难,正在接受社会救济,或者家庭生产经营难以为继的;(2)属于国家规定的优抚、安置对象的;(3)社会福利机构和救助管理站;(4)确实需要减交的其他情形。人民法院准予减交诉讼费用的,减交比例不得低于30%。

4. 当事人申请司法救助,符合下列情形之一的,人民法院应当准予免交诉讼费用:(1)残疾人无固定生活来源的;(2)追索赡养费、扶养费、抚育费、抚恤金的;(3)最低生活保障对象、农村特困定期救济对象、农村五保供养对象或者领取失业保险金人员,无其他收入的;(4)因见义勇为或者为保护社会公共利益致使自身合法权益受到损害,本人或者其近亲属请求赔偿或者补偿的;(5)确实需要免交的其他情形。诉讼费用的免交只适用于自然人。

【实例评注】

湖北省高级人民法院诉讼费缓、减、免交审批表[①]　　No. 2016 - 007

案　由	租赁合同纠纷		
应缴诉讼费	120 189.30 元	申请事项	申请司法救助免交上诉案件受理费
申请人	涂某某		
申请理由及请求	申请人涂某某因与襄阳市樊城区牛首镇袁营村村民委员会租赁合同纠纷一案,不服襄阳中级人民法院(2015)鄂襄阳中民四初字第 00060 号民事判决上诉。涂某某在上诉期限内提起上诉,并以申请人涂某某系领取低保的农民,没有经济来源为由,申请免交上诉费。请予批准。		
审查意见	本案申请人在上诉期限内向我院提出司法救助申请,并提交有民政局发的农村低保对象的证明材料,证明其经济确属困难。申请人的司法救助申请并附当地有关部门提供其经济困难的证明材料,基本符合最高人民法院《关于对经济确有困难的当事人予以司法救助的规定》第三条、第四条规定的司法救助条件。审查人意见,建议在立案阶段批准其缓交上诉费的申请,缓交上诉案件受理费,缓交至二审宣判前,对于其免交请求,待审判庭开庭审理后再行定夺,请领导审核。 承办人(签名): 年　月　日		
审核意见	（庭长签批）		
备　注			

[①] 来源:湖北省高级人民法院(2016)鄂民终 930 号案卷。

〔评注〕

诉讼费用的缓、减、免，是指当事人因经济暂时困难无法按时交纳诉讼费用，或因经济确有困难无法全额或无力交纳诉讼费用的，经当事人申请，人民法院审查后决定缓交、减交、免交诉讼费用的制度。它是人民法院为符合案件受理条件但经济确有困难的当事人保障诉权的一种救济措施。它具有以下特点：

1. 适用情形

依据《民事诉讼法》第一百一十八条、《诉讼费用交纳办法》第四十四条以及《最高人民法院关于对经济确有困难的当事人予以司法救助的规定》第二条的规定，当事人交纳诉讼费用确有困难的，可以依法向人民法院申请缓交、减交或者免交诉讼费用的司法救助。

2. 适用范围

依据《民事诉讼法》第一百一十八条、《诉讼费用交纳办法》第四十五条至第四十七条的规定，对符合下列情形之一的，人民法院应当准予免交诉讼费用：（1）残疾人无固定生活来源的；（2）追索赡养费、扶养费、抚育费、抚恤金的；（3）最低生活保障对象、农村特困定期救济对象、农村五保供养对象或者领取失业保险金人员，无其他收入的；（4）因见义勇为或者为保护社会公共利益致使自身合法权益受到损害，本人或者其近亲属请求赔偿或者补偿的；（5）确实需要免交的其他情形。符合下列情形之一的，人民法院应当准予减交诉讼费用：（1）因自然灾害等不可抗力造成生活困难，正在接受社会救济，或者家庭生产经营难以为继的；（2）属于国家规定的优抚、安置对象的；（3）社会福利机构和救助管理站；（4）确实需要减交的其他情形。符合下列情形之一的，人民法院应当准予缓交诉讼费用：（1）追索社会保险金、经济补偿金的；（2）海上事故、交通事故、医疗事故、工伤事故、产品质量事故或者其他人身伤害事故的受害人请求赔偿的；（3）正在接受有关部门法律援助的；（4）确实需要缓交的其他情形。对上述法律规定的案件类型及情形，人民法院应准予缓、减、免交诉讼费用，换言之，若不符合上述确有困难的范围，当事人申请司法救助的申请，人民法院将不予准许。

3. 适用程序。依据《民事诉讼法》第一百一十八条以及《诉讼费用交纳办法》第四十八条、第四十九条的规定，当事人申请司法救助，应当在起诉或者上诉时提交书面申请，足以证明其确有经济困难的证明材料以及其他相关证明材料。因生活困难或者追索基本生活费用申请免交、减交诉讼费用的，还应当提供本人及其家庭经济状况符合当地民政、劳动保障等部门规定的公民经济困难标准的证明。人民法院批准司法救助，应当在决定立案之前作出准予缓交的决定。人民法院对当事人的司法救助申请不予批准的，应当向当事人书面说明理由。

司法实践中，在新民事诉讼文书样式实施之前，对准予或不准予缓交、减交、免交诉讼费用的通知形式各地人民法院尚未统一规范。人民法院对于准予缓交、减交、免交诉讼费用的通知较少用专门的准予缓交、减交、免交诉讼费用通知书，如实例。部分地区采用关于诉讼费用缓、减、免审批手续办理缓交、减交、免交诉讼费用审查工作，承办人对申请人提交的书面申请、足以证明其确有经济困难的证明材料以及其他相关证明材料是否符合缓交、减交、免交诉讼费用相关法律规定进行审查，并报请庭长审批，对审批通过的案件，立案交转承办部门，并口头告知当事人。此类做法在新文书样式实施前较为普遍，且程序简化便于操作。但随着公众对人民法院文书样式规范化、公开化要求的逐步提高，建议尽快按照新民事诉讼文书样式修改文书模板，规范所辖法院的文书格式。

6. 不准予缓交、减交、免交诉讼费用通知书（通知当事人用）

××××人民法院
不准予缓交、减交、免交诉讼费用通知书

（××××）……号

×××：
　　……（写明当事人及案由）一案，你向本院提出缓交/减交/免交诉讼费用……元的申请，并提交了……（写明证据名称）证明材料。
　　本院认为，……（写明不准予申请的理由）。依照《中华人民共和国民事诉讼法》第一百一十八条、《诉讼费用交纳办法》规定，不准予你缓交/减交/免交诉讼费。
　　特此通知。

××××年××月××日
（院印）

【说明】
　　1. 本样式根据《中华人民共和国民事诉讼法》第一百一十八条以及《诉讼费用交纳办法》制定，供人民法院对于申请缓交、减交或者免交诉讼费用的当事人，通知不准予缓交、减交或者免交诉讼费用用。
　　2. 人民法院对当事人的司法救助申请不予批准的，应当向当事人书面说明理由。

【实例评注】

湖北省高级人民法院

交纳案件受理费的再次通知书[①]

（2016）鄂立通字第 48 号

松滋市弘林镁材股份有限公司：

  你单位因与被上诉人中国建设银行股份有限公司宜昌伍家支行、原审被告宜昌弘林置业有限公司、宜昌市太平溪蛇纹石矿业有限公司、林某、汪某某、周某某融资借款合同纠纷一案，不服湖北省宜昌市中级人民法院作出的（2015）鄂宜昌中民三初字第00020 号民事判决，向本院提起上诉，并提出缓交、免交上诉案件受理费申请。本院经审查认为，你单位的申请不符合《最高人民法院关于对经济确有困难的当事人提供司法救助的规定》第三条和第四条的规定。根据国务院《诉讼费用交纳办法》第二十二条第四款的规定，限你单位于收到本通知之次日起七日内向我院预交案件受理费291 800 元。期满仍未预交的，按自动撤回上诉处理。

  特此通知

二〇一六年九月一日

  注：湖北省高级人民法院诉讼费专户名称：湖北省财政厅非税收入财政专户；开户银行：中国农业银行武汉市东湖支行；账号：052××××××××××××；采用银行转账、银行汇兑等方式缴款时，须在银行凭据用途栏内简要注明：湖北省高级人民法院交纳案件受理费。

  本通知一式二份，一份送达当事人；一份附卷。

〔评注〕

  诉讼费用的缓、减、免，是指当事人因经济暂时困难无法按时交纳诉讼费用，或因经济确有困难无法全额或无力交纳诉讼费用的，经当事人申请，人民法院审查后决定缓交、减交、免交诉讼费用的制度。它是人民法院为符合案件受理条件但经济确有困

[①] 来源：湖北省高级人民法院（2016）鄂立通字第 48 号案卷。

难的当事人保障诉权的一种救济措施。其程序特征在前一文书样式准予缓交、减交、民教诉讼费用通知书中已予详述，此处不再赘言。

针对不准予缓交、减交、免交诉讼费用通知书，有以下四点注意事项：

1. 依据《诉讼费用交纳办法》第四十四条第二款规定，诉讼费用的免交只适用于自然人。故实例中，法人申请免交诉讼费用不可能得到人民法院的支持。

2. 司法实践中，在新文书样式实施之前，对准予或不准予缓交、减交、免交诉讼费用的通知形式各地人民法院做法尚未完全规范。对于不准予缓交、减交、免交诉讼费用的通知罕见专门的不准予缓交、减交、免交诉讼费用通知书，部分地区采用再次交费通知书，既告知当事人不予准许缓交、减交、免交诉讼费用的理由，又再次催缴诉讼费用并告知不依法交纳诉讼费用的法律后果，其功能与不准予缓交、减交、免交诉讼费用通知书一致，形式略有不同。建议尽快按照新民事诉讼文书样式修改文书模板，规范所辖法院的文书格式。

3、关于实例引用的主要裁判依据是《最高人民法院关于对经济确有困难的当事人提供司法救助的规定》(2000年7月12日最高人民法院审判委员会第1124次会议通过)，尽管此规定未予废止，但由于国务院颁布的《诉讼费用交纳办法》(2007年4月1日施行)对免交、减交、缓交诉讼费用的适用情形有明确规定，故建议按照文书样式引用《民事诉讼法》及《诉讼费用交纳办法》作为裁判依据更为合适。

4.《诉讼费用交纳办法》第四十五条至第四十七条对适用于免交、减交、缓交诉讼费用的情形有明确规定，若不符合法律规定的情形，人民法院将不准予缓交、减交、免交诉讼费用。经查阅该案卷宗，实例中申请人松滋市弘林镁材股份有限公司系以该公司处于资金周转困难为由申请缓交、免交诉讼费用，显然不符合《诉讼费用交纳办法》关于缓交、免交诉讼费用的规定，故人民法院对其申请不予准许。

十、第一审普通程序

(一)民事判决书

1. 民事判决书(第一审普通程序用)

×××× 人民法院
民事判决书

(××××)……民初……号

原告：×××，男/女，××××年××月××日出生，×族，……(工作单位和职务或者职业)，住……。
法定代理人/指定代理人：×××，……。
委托诉讼代理人：×××，……。
被告：×××，住所地……。
法定代表人/主要负责人：×××，……。
委托诉讼代理人：×××，……。
第三人：×××，……。
法定代理人/指定代理人/法定代表人/主要负责人：×××，……。
委托诉讼代理人：×××，……。
(以上写明当事人和其他诉讼参加人的姓名或者名称等基本信息)
原告×××与被告×××、第三人×××……(写明案由)一案，本院于××××年××月××日立案后，依法适用普通程序，公开/因涉及……(写明不公开开庭的理由)不公开开庭进行了审理。原告×××、被告×××、第三人×××(写明当事人和其他诉讼参加人的诉讼地位和姓名或者名称)到庭参加诉讼。本案现已审理终结。
×××向本院提出诉讼请求：1.……；2.……(明确原告的诉讼请求)。事实和理由：……(概述原告主张的事实和理由)。
×××辩称，……(概述被告答辩意见)。
×××诉/述称，……(概述第三人陈述意见)。
当事人围绕诉讼请求依法提交了证据，本院组织当事人进行了证据交换和质证。对当事人无异议的证据，本院予以确认并在卷佐证。对有争议的证据和事实，本院认定如下：1.……；2.……(写明法院是否采信证据，事实认定的意见和理由)。

> 本院认为，……（写明争议焦点，根据认定的事实和相关法律，对当事人的诉讼请求作出分析评判，说明理由）。
>
> 综上所述，……（对当事人的诉讼请求是否支持进行总结评述）。依照《中华人民共和国……法》第×条、……（写明法律文件名称及其条款项序号）规定，判决如下：
>
> 一、……；
>
> 二、……。
>
> （以上分项写明判决结果）
>
> 如果未按本判决指定的期间履行给付金钱义务，应当依照《中华人民共和国民事诉讼法》第二百五十三条规定，加倍支付迟延履行期间的债务利息（没有给付金钱义务的，不写）。
>
> 案件受理费……元，由……负担（写明当事人姓名或者名称、负担金额）。
>
> 如不服本判决，可以在判决书送达之日起十五日内，向本院递交上诉状，并按照对方当事人或者代表人的人数提出副本，上诉于××××人民法院。
>
>
>
> 审　判　长　×××
>
> 审　判　员　×××
>
> 审　判　员　×××
>
> ××××年××月××日
>
> （院印）
>
> 书　记　员　×××
>
>

【说明】

一、依据

本样式根据《中华人民共和国民事诉讼法》第一百五十二条等制定，供人民法院适用第一审普通程序开庭审理民事案件终结后，根据已经查明的事实、证据和有关的法律规定，对案件的实体问题作出判决用。除有特别规定外，其他民事判决书可以参照本判决书样式和说明制作。

二、标题

标题由法院名称、文书名称、案号组成。

依照《中华人民共和国民事诉讼法》第一百五十三条规定就一部分事实先行判决的，第二份民事判决书开始可在案号后缀"之一""之二"……，以示区别。

三、首部

首部依次写明诉讼参加人基本情况、案件由来和审理经过。

(一)诉讼参加人基本情况

1. 诉讼参加人包括当事人、诉讼代理人。全部诉讼参加人均分行写明。

2. 当事人诉讼地位写明"原告""被告"。反诉的写明"原告(反诉被告)""被告(反诉原告)"。有独立请求权第三人或者无独立请求权第三人,均写明"第三人"。

当事人是自然人的,写明姓名、性别、出生年月日、民族、工作单位和职务或者职业、住所。外国人写明国籍,无国籍人写明"无国籍";港澳台地区的居民分别写明"香港特别行政区居民""澳门特别行政区居民""台湾地区居民"。

共同诉讼代表人参加诉讼的,按照当事人是自然人的基本信息内容写明。

当事人是法人或者其他组织的,写明名称、住所。另起一行写明法定代表人或者主要负责人及其姓名、职务。

当事人是无民事行为能力人或者限制民事行为能力人的,写明法定代理人或者指定代理人及其姓名、住所,并在姓名后括注与当事人的关系。

当事人及其法定代理人有委托诉讼代理人的,写明委托诉讼代理人的诉讼地位、姓名。委托诉讼代理人是当事人近亲属的,近亲属姓名后括注其与当事人的关系,写明住所;委托诉讼代理人是当事人本单位工作人员的,写明姓名、性别及其工作人员身份;委托诉讼代理人是律师的,写明姓名、律师事务所的名称及律师执业身份;委托诉讼代理人是基层法律服务工作者的,写明姓名、法律服务所名称及基层法律服务工作者执业身份;委托诉讼代理人是当事人所在社区、单位以及有关社会团体推荐的公民的,写明姓名、性别、住所及推荐的社区、单位或有关社会团体名称。

委托诉讼代理人排列顺序,近亲属或者本单位工作人员在前,律师、法律工作者、被推荐公民在后。

委托诉讼代理人为当事人共同委托的,可以合并写明。

(二)案件由来和审理经过

案件由来和审理经过,依次写明当事人诉讼地位和姓名或者名称、案由、立案日期、适用普通程序、开庭日期、开庭方式、到庭参加诉讼人员、未到庭或者中途退庭诉讼参加人、审理终结。

不公开审理的,写明不公开审理的理由,例:"因涉及国家秘密"或者"因涉及个人隐私"或者"因涉及商业秘密,×××申请"或者"因涉及离婚,×××申请"。

当事人及其诉讼代理人均到庭的,可以合并写明。例:"原告×××及其委托诉讼代理人×××、被告×××、第三人×××到庭参加诉讼。"

诉讼参加人均到庭参加诉讼的,可以合并写明,例:"本案当事人和委托诉讼代理人均到庭参加诉讼。"

当事人经合法传唤未到庭参加诉讼的,写明:"×××经传票传唤无正当理由拒不到庭参加诉讼。"或者"×××经公告送达开庭传票,未到庭参加诉讼。"

当事人未经法庭许可中途退庭的，写明："×××未经法庭许可中途退庭。"

诉讼过程中，如果存在指定管辖、移送管辖、程序转化、审判人员变更、中止诉讼等情形，应当同时写明。

四、事实

事实部分主要包括：原告起诉的诉讼请求、事实和理由，被告答辩的事实和理由，人民法院认定的证据和事实。

（一）当事人诉辩意见

诉辩意见包括原告诉称、被告辩称，有第三人的，还包括第三人诉（述）称。

1. 原告诉称包括原告诉讼请求、事实和理由

先写诉讼请求，后写事实和理由。诉讼请求两项以上的，用阿拉伯数字加点号分项写明。

诉讼过程中增加、变更、放弃诉讼请求的，应当连续写明。增加诉讼请求的，写明："诉讼过程中，×××增加诉讼请求：……。"变更诉讼请求的，写明："诉讼过程中，×××变更……诉讼请求为：……。"放弃诉讼请求的，写明："诉讼过程中，×××放弃……的诉讼请求。"

2. 被告辩称包括对诉讼请求的意见、事实和理由

被告承认原告主张的全部事实的，写明："×××承认×××主张的事实。"被告承认原告主张的部分事实的，先写明："×××承认×××主张的……事实。"后写明有争议的事实。

被告承认全部诉讼请求的，写明："×××承认×××的全部诉讼请求。"被告承认部分诉讼请求的，写明被告承认原告的部分诉讼请求的具体内容。

被告提出反诉的，写明："×××向本院提出反诉请求：1……；2……。"后接反诉的事实和理由。再另段写明："×××对×××的反诉辩称，……。"

被告未作答辩的，写明："×××未作答辩。"

3. 第三人诉（述）称包括第三人主张、事实和理由

有独立请求权的第三人，写明："×××向本院提出诉讼请求：……。"后接第三人请求的事实和理由。再另段写明原告、被告对第三人的诉讼请求的答辩意见："×××对×××的诉讼请求辩称，……。"

无独立请求权第三人，写明："×××述称，……。"第三人未作陈述的，写明："×××未作陈述。"

原告、被告或者第三人有多名，且意见一致的，可以合并写明；意见不同的，应当分别写明。

（二）证据和事实认定

对当事人提交的证据和人民法院调查收集的证据数量较多的，原则上不一一列举，

可以附证据目录清单。

对当事人没有争议的证据，写明："对当事人无异议的证据，本院予以确认并在卷佐证。"

对有争议的证据，应当写明争议证据的名称及法院对争议证据的认定意见和理由；对争议的事实，应当写明事实认定意见和理由。

争议的事实较多的，可以对争议事实分别认定；针对同一事实有较多争议证据的，可以对争议的证据分别认定。

对争议的证据和事实，可以一并叙明；也可以先单独对争议证据进行认定后，另段概括写明认定的案件基本事实，即"根据当事人陈述和经审查确认的证据，本院认定事实如下：……。"

对于人民法院调取的证据、鉴定意见，经庭审质证后，按照是否有争议分别写明。

召开庭前会议或者在庭审时归纳争议焦点的，应当写明争议焦点。争议焦点的摆放位置，可以根据争议的内容处理。争议焦点中有证据和事实内容的，可以在当事人诉辩意见之后写明。争议焦点主要是法律适用问题的，可以在本院认为部分，先写明争议焦点，再进行说理。

五、理由

理由应当围绕当事人的诉讼请求，根据认定的事实和相关法律，逐一评判并说明理由。

理由部分，有争议焦点的，先列争议焦点，再分别分析认定，后综合分析认定。

没有列争议焦点的，直接写明裁判理由。

被告承认原告全部诉讼请求，且不违反法律规定的，只写明："被告承认原告的诉讼请求，不违反法律规定。"

就一部分事实先行判决的，写明："本院对已经清楚的部分事实，先行判决。"

经审判委员会讨论决定的，在法律依据引用前写明："经本院审判委员会讨论决定，……。"

六、裁判依据

在说理之后，作出判决前，应当援引法律依据。

分项说理后，可以另起一段，综述对当事人诉讼请求是否支持的总结评价，后接法律依据，直接引出判决主文。说理部分已经完成，无需再对诉讼请求进行总结评价的，直接另段援引法律依据，写明判决主文。

援引法律依据，应当依照《最高人民法院关于裁判文书引用法律、法规等规范性法律文件的规定》处理。

法律文件引用顺序，先基本法律，后其他法律；先法律，后行政法规和司法解释；先实体法，后程序法。实体法的司法解释可以放在被解释的实体法之后。

七、判决主文

判决主文两项以上的，各项前依次使用汉字数字分段写明。

单项判决主文和末项判决主文句末用句号，其余判决主文句末用分号。如果一项判决主文句中有分号或者句号的，各项判决主文后均用句号。

判决主文中可以用括注，对判项予以说明。括注应当紧跟被注释的判决主文。例：(已给付……元，尚需给付……元)；(已给付……元，应返还……元)；(已履行)；(按双方订立的《××借款合同》约定的标准执行)；(内容须事先经本院审查)；(清单详见附件)等等。

判决主文中当事人姓名或者名称应当用全称，不得用简称。

金额，用阿拉伯数字。金额前不加"人民币"；人民币以外的其他种类货币的，金额前加货币种类。有两种以上货币的，金额前要加货币种类。

八、尾部

尾部包括迟延履行责任告知、诉讼费用负担、上诉权利告知。

1. 迟延履行责任告知

判决主文包括给付金钱义务的，在判决主文后另起一段写明："如果未按本判决指定的期间履行给付金钱义务，应当依照《中华人民共和国民事诉讼法》第二百五十三条规定，加倍支付迟延履行期间的债务利息。"

2. 诉讼费用负担根据《诉讼费用交纳办法》决定

案件受理费，写明："案件受理费……元"。

减免费用的，写明："减交……元"或者"免予收取"。

单方负担案件受理费的，写明："由×××负担"。

分别负担案件受理费的，写明："由×××负担……元，×××负担……元。"

3. 告知当事人上诉权利

当事人上诉期为十五日。在中华人民共和国领域内没有住所的当事人上诉期为三十日。同一案件既有当事人的上诉期为十五日又有当事人的上诉期为三十日的，写明："×××可以在判决书送达之日起十五日内，×××可以在判决书送达之日起三十日内，……。"

九、落款

落款包括合议庭署名、日期、书记员署名、院印。

合议庭的审判长，不论审判职务，均署名为"审判长"；合议庭成员有审判员的，署名为"审判员"；有助理审判员的，署名为"代理审判员"；有陪审员的，署名为"人民陪审员"。书记员，署名为"书记员"。

合议庭按照审判长、审判员、代理审判员、人民陪审员的顺序分行署名。

落款日期为作出判决的日期，即判决书的签发日期。当庭宣判的，应当写宣判的日期。

两名以上书记员的，分行署名。

落款应当在同一页上，不得分页。落款所在页无其他正文内容的，应当调整行距，不写"本页无正文"。

院印加盖在审判人员和日期上，要求骑年盖月、朱在墨上。

加盖"本件与原本核对无异"印戳。

十、附录

确有必要的，可以另页附录。

【实例评注】

湖北省高级人民法院
民事判决书①

（2016）鄂民初 25 号

原告：方正东亚信托有限责任公司。住所地：湖北省武汉市江汉区长江日报路77号投资大厦11－14层。

主要负责人：李某某，该公司董事长。

委托诉讼代理人：刘某某，江西求正沃德律师事务所律师。

被告：赣州菊隆高科技实业有限公司。住所地：江西省赣县茅店镇洋塘工业区。

法定代表人：谢某某，该公司经理。

委托诉讼代理人：王某某，赣州市章贡区解放法律服务所法律工作者。

被告：中航信托股份有限公司。住所地：江西省南昌市红谷滩新区赣江北大道1号中航广场24、25层。

法定代表人：姚某某。

委托诉讼代理人：罗某，该公司信托经理。

原告方正东亚信托有限责任公司（以下简称方正公司）与被告赣州菊隆高科技实业有限公司（以下简称菊隆公司）、中航信托股份有限公司（以下简称中航公司）金融借款合同纠纷一案，本院于2016年4月5日受理后，依法适用普通程序，公开开庭进行了审理。原告方正公司的委托诉讼代理人刘某某，被告菊隆公司的委托诉讼代理人王某某，被告中航公司的委托诉讼代理人罗某到庭参加诉讼。本案现已审理终结。

---

① 来源：湖北省高级人民法院档案室阅卷搜集。

方正公司向本院提出诉讼请求：1. 菊隆公司偿还方正公司借款本金8 000万元，利息37 999 320.7元（自2012年11月26日至2016年3月15日）；2. 中航公司在抽逃资金1.2亿元范围内就菊隆公司上述欠款本息合计117 999 320.7元向方正公司承担补充赔偿责任；3. 菊隆公司、中航公司承担本案诉讼费用。事实和理由：2012年11月22日，方正公司与菊隆公司签订编号为FBTC-2012-05-212-02号《信托贷款合同》，约定：方正公司向菊隆公司发放贷款8 000万元，借款期限24个月，自贷款划款凭证所载实际放款日起算，贷款利率每年10.6%。菊隆公司未按约还本，方正公司有权对逾期借款按借款利率上浮50%计收罚息；对应付未付利息，方正公司有权计收复利，复利利率同罚息利率。借款按日计息，利息分两部分结算：一部分为半年支付（具体时间分别为2012年12月20日、2013年6月20日、2013年12月20日、2014年6月20日及信托终止日），利率为0.6%；另一部分为年度支付（分别在信托存续满一年之日及信托终止日），利率为10%。2012年11月26日，方正公司向菊隆公司发放贷款本金8 000万元。菊隆公司未按期支付利息，借款期满后亦未偿还本金。截至2016年3月15日，菊隆公司尚欠方正公司借款本金8 000万元，利息（含罚息、复利）合计37 999 320.7元。原持有菊隆公司54.55%股份的控股股东江西江南信托股份有限公司（以下简称江南公司），曾于2012年6月29日在与菊隆公司之间不存在债权债务关系，也无任何交易情况下，从菊隆公司账户转款1.2亿元。该行为属于利用公司实际控制人地位损害公司债权人利益的抽逃出资行为，严重损害方正公司借款债权的实现。江南公司现已更名为中航公司。依据法律规定，中航公司应在抽逃出资范围内对菊隆公司不能清偿债务承担补充赔偿责任。

菊隆公司辩称，菊隆公司向方正公司借款8 000万元至今未还属实，菊隆公司暂无力偿还。方正公司并非金融机构，无权在加收罚息基础上再计收复利，方正公司的复利请求应予驳回。中航公司收回的1.2亿元系依据《增资扩股协议》及《股权收购协议》收回其信托融资本金，不是抽逃出资。

中航公司辩称，中航公司从菊隆公司收取1.2亿资金的行为实为股权融资行为。菊隆公司股东谢某某、孙某某依照《股权收购协议》回购中航公司持有的菊隆公司股份，并通过菊隆公司账户支付股权股权转让款，故中航公司收款不属于抽逃出资。由此形成谢某某、孙某某与菊隆公司之间的债权债务关系与中航公司无关。中航公司无需对方正公司债权承担任何责任。

方正公司围绕诉讼请求，依法提交了如下证据：

第一组证据：《信托贷款合同》、入账单、利息计算清单各一份。拟证明：方正公司与菊隆公司签订《信托贷款合同》，并依约放款及利息请求计算方法。

第二组证据：《增资扩股协议》《验资报告》《菊隆公司股东会决议》、公司章程及企业变更信息各一份。拟证明：江南公司曾依据《增资扩股协议》向菊隆公司增资1.2

亿元,并办理了相关变更登记手续。

第三组证据:电汇及记账凭证各两份。拟证明:2012年6月29日菊隆公司向中航公司转款1.2亿元,记账为还贷,系虚构债务。

第四组证据:菊隆公司2012年5~8月月度财务报表共四份。拟证明:菊隆公司财务报表中在此期间无该款项的应付债务记载,该款项并非代谢某某、孙某某支付的股权转让款。

第五组证据:企业变更信息。拟证明:江南公司于2010年12月20日更名为中航公司。

第六组证据:《股权转让协议》《股权转让的股东会决议》、章程修正案及企业变更信息各一份。拟证明:2013年8月4日,中航公司才与谢某某、孙某某签订《股权转让协议》,2012年6月29日的转款行为不是支付股权转让款。

菊隆公司围绕其答辩理由提交如下证据:

第一组证据:菊隆公司营业执照、组织机构代码证、法定代表人证明。拟证明:菊隆公司的诉讼主体资格。

第二组证据:汇款凭证共三份。拟证明:菊隆公司分三次支付利息514 666.67元。

中航公司围绕其答辩理由提交如下证据:

第一组证据:《资金信托合同》一份。拟证明:江南公司注入菊隆公司的1.2亿元系受中国建设银行股份有限公司委托设立的一个股权投资信托产品。

第二组证据:2010年6月29日《增资扩股协议》及2010年6月30日《股权收购协议》。拟证明:江南公司向菊隆公司增资同时已约定了持股期限和股权回购条款,该增资扩股实为股权融资。

菊隆公司对方正公司提交证据质证认为:除对第三组证据中记账凭证真实性有异议外,对其他证据真实性均无异议。但对于上述证据中证明可同时计收罚息及复利的约定有效,中航公司存在抽逃出资1.2亿的证明目的不予认可。中航公司对方正公司提交的证据质证认为:对第一、二、五组证据及第三组证据中电汇凭证的真实性无异议。对第二组证据的关联性有异议,中航公司退出菊隆公司系依据《增资扩股协议》约定,不构成抽逃出资。对第四、六组证据及第三组证据中记账凭证真实性、合法性、关联性均有异议,菊隆公司记账凭证及财务报表系该公司内部管理行为,记载科目有误不能证明菊隆公司向中航公司付款系抽逃出资,应理解为菊隆公司以其自有资金代谢某某、孙某某向中航公司支付股权转让款。中航公司与中国建设银行股份有限公司之间签订有《资金信托合同》,本案所涉对菊隆公司投资系中航公司受中国建设银行股份有限公司委托设立的一个信托产品。第六组证据系因事后股权变更登记需要而签订的备案合同,不能依据该合同否认股权转让行为完成的真实时间。方正公司、中航公司对菊隆公司提交两组证据均无异议。方正公司、菊隆公司对中航公司提交两组证据真实性均无异议。但方正公司认为《资金信托合同》并未实施,与本案无关联性;《股权收购协议》签订在前,已被签订在后的《股权转让协议》变更替代。菊隆公司认为回购行为在签订《股权转让协议》之前已实施完毕,只是为办理变更登记手续而补签。

本院认为:菊隆公司、中航公司虽对方正公司提交的部分证据真实性提出异议,但所述理由限于证明目的,而非真实性问题。各方当事人提交的其他证据,他方对其真实性均无异议,故本院对上述证据均予采信。

本院经审理查明:2010年6月29日,委托人中国建设银行股份有限公司(以下简称中国建行)与受托人江南公司签订一份《委托信托合同》,约定:中国建行将发行的"中国建设银行'乾元一日鑫月溢'按月开放型资产组合型人民币理财产品"所募集的部分资金信托给江南公司进行管理、运用、处分。投资方向包括将部分资金用于向菊隆公司进行股权投资。信托资金金额1.2亿元,该资金应于2010年6月30日交付至江南公司为本信托开立的信托财产专户。信托期限从2010年6月30日至2012年6月30日。本信托为指定型资金信托,指定方式为:由受托人按照委托人意见,以自己名义将信托资金以增资扩股方式向菊隆公司进行股权投资,受托人将按照投资项目所涉《增资扩股协议》及菊隆公司章程的相关约定享有相关权益。在信托期满,受托人应与股权收购方另行签订《股权收购协议》,出让全部股权实现信托利益。同日,甲方江南公司,乙方谢某某、孙某某及丙方菊隆公司签订《增资扩股协议》,约定:甲方以中国建行《资金信托合同》所涉信托资金对丙方增资扩股,增资金额1.2亿元,增资后,菊隆公司注册资本由1亿元增加至2.2亿元,股权比例进行相应调整,调整后甲方持有丙方54.55%股权。增资持股期间从2010年6月30日至2012年6月30日。2010年6月30日,甲方谢某某、孙某某,乙方江南公司及丙方赣县世瑞新材料有限公司签订一份《股权收购协议》,约定:甲方承诺在前述两协议所涉信托期限届满无条件溢价收购江南公司对菊隆公司进行增资所持有的菊隆公司股权,如甲方到期不履行收购义务,丙方履行甲方全部收购义务。同日,江西赣州君怡会计师事务所有限公司出具赣君会师验字(2010)第104号验资报告,载明菊隆公司已收到江南公司缴纳的新增注册资本1.2亿元。菊隆公司章程及工商登记信息亦于同日作相应变更。2010年12月30日,江南公司更名为中航公司。2012年6月29日,菊隆公司通过赣州银行金元支行分两笔8000万元、4000万元向中航公司在建设银行赣县支行账户转款合计金额1.2亿元。转款前后,菊隆公司的财务报表未对该转款科目作应收债权、应付债务、长期负债或资本公积金减少等事项记载。

2012年11月22日,方正公司与菊隆公司签订编号为FBTC-2012-05-212-02号《信托贷款合同》,约定:方正公司向菊隆公司发放贷款8000万元,借款期限24个月,自贷款划款凭证所载实际放款日起算,贷款利率每年10.6%。菊隆公司未按约还本,方正公司有权对逾期借款按借款利率上浮50%计收罚息;对应付未付利息,方正公司有权计收复利，对借款逾期或违约使用期间未按期支付的利息，按罚息利率计收复利。借款按日计息，日利率＝年利率/360 天。利息分两部分结算：一部分为半年支付（具体时间分别为 2012 年 12 月 20 日、2013 年 6 月 20 日、2013 年 12 月 20 日、2014 年 6 月 20 日及信托终止日），每期应付利息为借款本金利率 0.6% 部分所计得利息，计息公式为：每期应付利息＝借款本金×0.6%×当期实际存续天数/360 天；另一部分为年度付息，分别为信托存续满一年之日及信托终止日，每期应付利息为借款本金利率 10% 部分所计得利息，计息公式为：每期应付利息＝借款本金×10%×365/360 天。2012 年 11 月 26 日，方正公司向菊隆公司发放贷款本金 8 000 万元。菊隆公司未按期足额支付期内利息，以支付财务费用名义实际付息情况为：2012 年 8 月 20 日，付息 242 666.67 元；2012 年 12 月 30 日，付息 3.2 万元；2014 年 1 月 14 日，付息 24.4 万元，合计付息 514 666.67 元。方正公司计息表显示，方正公司已将菊隆公司上述付息金额用于抵偿和覆盖 2012 年 12 月 20 日及 2013 年 6 月 20 日两结息日菊隆公司应付利息及相应复利，因而上述所付利息已在欠付利息金额中实际扣除，且并就此再行计算复利。借款期满后菊隆公司亦未偿还本金。截至 2016 年 3 月 15 日，菊隆公司尚欠方正公司本金 8 000 万元，利息、罚息及复利合计金额 37 999 320.7 元。

2013 年 8 月 4 日，谢某某、孙某某与中航公司签订《股权转让协议》，约定谢某某、孙某某以 1.2 亿元价格受让中航公司持有的菊隆公司 54.55% 股权，该协议及相应《股东会决议》均备置于江西省工商行政管理局。同日，菊隆公司工商登记信息中投资人信息作相应变更，注册资本仍为现金出资 2.2 亿元。

本院认为：方正公司与菊隆公司签订的《信托贷款合同》系双方当事人真实意思表示，内容未违反法律、法规强制性规定，合法有效。方正公司已依约向菊隆公司发放贷款 8 000 万元。菊隆公司未能按约还本付息，依照《信托贷款合同》约定，方正公司有权要求菊隆公司偿还贷款本金，并支付利息、罚息及复利。故对方正公司的前述诉讼请求，均应予支持。菊隆公司关于方正公司无权同时主张罚息和复利的答辩意见与《信托贷款合同》约定不符，缺乏事实依据。同时，鉴于《信托贷款合同》已对方正公司就应付未付利息有权在借款逾期期间计收复利事项作出约定，故本院对方正公司提交的复利计算表中借款期限届满后对欠付利息继续计收复利的计算方式予以确认。菊隆公司已付利息 514 666.67 元已在该计算表中予以扣除，故不应再行扣除。综上，截至 2016 年 3 月 15 日，菊隆公司所欠借款本金 8 000 万元，利息、罚息及复利合计 37 999 320.7 元均应予偿还。方正公司未对此后借款罚息及复利提出诉讼请求，系处分自身诉权的合法行为，故本院不作审理。

公司法规制的股东抽逃出资行为在实践中通常表现为：(1)公司设立之后股东将现金出资抽回；(2)公司设立后将已办理产权转移的非货币财产取回；(3)虚构债权债务关系将出资转出或通过制作虚假财务报表虚增利润进行分配；(4)利用关联交易将出资

转出。本案中，中航公司在所签订《委托信托合同》《增资扩股协议》及《股权收购协议》约定的持股期届满后，收讫股权转让款，并在其后将所持股权过户至谢某某、孙某某名下，符合增资扩股行为发生时的事前约定。如因使用菊隆公司账户资金和谢某某、孙某某获取股权导致两主体之间实际产生其他法律关系，则与中航公司无关。中航公司在收讫1.2亿元资金后，已实际出让对应股份，表明中航公司获取资金并非无偿，支付了相应成本。本案现有证据不能证明中航公司利用菊隆公司实际控制人身份，未经其他股东同意，通过虚设债务或不付对价的方式抽回出资。故方正公司以中航公司抽逃出资为由请求中航公司对菊隆公司借款债务承担补充赔偿责任，缺乏事实依据。

综上所述，依照《中华人民共和国合同法》第一百九十六条、第二百零五条、第二百零七条，《中华人民共和国民事诉讼法》第一百四十二条规定，判决如下：

一、赣州菊隆高科技实业有限公司于本判决生效之日起十日内向方正东亚信托有限责任公司偿还贷款本金8 000万元，支付截至2016年3月15日欠付的利息、逾期罚息及复利合计37 999 320.7元，合计金额117 999 320.7元。

二、驳回方正东亚信托有限责任公司其他诉讼请求。

如果未按本判决指定的期间履行金钱给付义务，应当依照《中华人民共和国民事诉讼法》第二百五十三条之规定，加倍支付迟延履行期间的债务利息。

案件受理费631 800元，由赣州菊隆高科技实业有限公司负担。

如不服本判决，可在判决书送达之日起十五日内，向本院递交上诉状，并按对方当事人或者代表人的人数提交副本，上诉于中华人民共和国最高人民法院。上诉人应在提交上诉状时，根据不服本判决的上诉请求数额及《诉讼费用交纳办法》第十三条第一款的规定预交上诉案件受理费。中华人民共和国最高人民法院诉讼费专户名称：最高人民法院（中央财政汇缴专户）；开户行：中国农业银行股份有限公司北京前门支行；账号：11-200××××××××××。上诉人在上诉期满后七日内仍未预交诉讼费用的，按自动撤回上诉处理。

审　判　长　　王　　赫

审　判　员　　孙　　刚

审　判　员　　牛　　卓

二〇一六年九月二十一日

书　记　员　　华　　卉

〔评注〕

第一审普通程序的民事判决书是裁判文书中最为常见的一种，同时也是其他类型民事判决书的基础款，简易程序一审判决书、二审、再审以及诸如公益诉讼、第三人撤销之诉等种类庞杂的民事判决书均系第一审普通程序民事判决书的衍生类型。明确第一审普通民事判决书的写作要点也就显得尤为重要。通过与以往文书格式的纵向对比，最高人民法院新发布实施的民事诉讼文书样式中第一审民事判决书有不少亮点，但也有一些可商榷之处，一并予以说明：

1. 标题

民事判决书的标题由三部分组成：法院名称＋文书名称＋案号。实例中为"湖北省高级人民法院民事判决书(2016)鄂民初25号"。依据2016年1月1日起施行的最高人民法院《关于人民法院案件案号的若干规定》的规定，案号由收案年度＋法院代字＋类型代字＋案件编号＋"号"组成。关于案号，实务中须注意合并审理的情形，判决书以被并入的案件案号为准。

2. 正文

（1）首部及细节

与《最高人民法院关于试行法院诉讼文书样式的通知》（1992年6月20日，法发〔1992〕18号）公布的一审民事案件适用的民事判决书样式相比较，此次新颁布的第一审普通程序民事判决书样式有了很大的改进，这种改进体现在多处细节的处理。①为保护当事人隐私，当事人身份信息不再列当事人公民身份号码（因裁判文书公开本就会隐去公民身份号码，故此举更多是针对当事人之间的隐私保护）。②将"委托代理人"表述为"委托诉讼代理人"。从代理权限来源角度划分，代理分为三种：法定代理、指定代理和委托代理。其中，委托代理的代理权基础系委托合同关系，其权限来源于被代理人的单方授权行为，委托事项可有多种，委托进行诉讼仅系其中的一种，将"委托代理人"进一步明确为"委托诉讼代理人"更为准确和严谨。而法定代理人和指定代理人一般都与监护权相关联，监护权涵盖了代为进行诉讼的权限，本不必再行强调，但为了表述一致，宜统一表述为"法定诉讼代理人"和"指定诉讼代理人"。再者，在《民事诉讼法》规定诉讼参与人的第五章中，"诉讼代理人"系与"当事人"并列的表述方式，在委托代理人前分别冠以"委托""法定""指定"，既指明该代理人参与诉讼活动的代理权的来源，同时，统一在"诉讼代理人"这一"法定专门称谓"前加上一个形容词也显得文书表述更为工整对仗。③审理经过中不必再写明审判人员姓名及开庭日期，更为简洁。④新民事判决书样式还对诸如实务中大量存在的"住所同上""以下简称……"用法不规范、不统一的情况进行了列举，在今后的文书制作中，应予以杜绝。

（2）"事实"部分对证据与事实的处理

说理的基础是事实。民事判决书中的事实部分涵盖了多项内容：原告起诉的诉讼请求、事实和理由；被告答辩的事实和理由；法院认定的事实和据以定案的证据。换言之，民事判决书中的事实可大致分为"主观"陈述部分和"客观"证据部分，二者相辅相成又相互制约，如何将二者艺术性地融合为有机整体，同时又要极力避免各自为政抑或生硬掺杂，则是民事判决书写作的难点所在。这里的"主观"陈述部分并非是对当事人起诉状、答辩状、代理词的照搬，而是应当在全盘考虑当事人在庭审中表达的诉辩意见以及提供的证据进行综合表述，真正体现出"根据当事人陈述和经审查确认的证据，本院认定事实如下：……"需要指出的是，对证据原则上不需要——列举(如有需要可以附证据目录清单)。对当事人没有争议的证据，写明："对当事人无异议的证据，本院予以确认并在卷佐证。"对有争议的证据，应当写明争议证据的名称及法院对争议证据的认定意见和理由；对争议的事实，应当写明事实认定意见和理由。与说理部分相同，事实的认定也应围绕诉请的争议内容展开，不应作流水账式的平铺直叙。一份好的判决书应当就事论事、有的放矢，既体现在观点归纳和证据认定的精准分析上，也体现在高超的说理技巧上。

(3)规定强化说理的格式条款、公开裁判理由

凸显裁判文书的说理功能是此次旨在"努力制作当事人和社会公众可信服、可接受的裁判文书"的民事诉讼文书样式改革尤为突出的一个特点。对裁判文书的说理部分提出的总体要求是"论理透彻、逻辑严密、精炼易懂、用语准确"，如何做到这一点又提出了几点规范性意见：(1)明确文书说理应当围绕争议焦点展开、逐一论证、层次明确，争议焦点之外的部分则仅需对涉及当事人诉讼请求能否成立或者与本案裁判结果相关的问题进行说理论证。即对于民事判决书的说理的对象进行了必要性筛选，围绕当事人诉请而产生的争议问题予以鞭辟入里地辨法析理，对于其他事项要大胆予以舍弃，避免不分主次、眉毛胡子一把抓的长篇大论式裹脚布判决。(2)首次明确了当审理中的案件与最高人民法院颁布的指导性案例类似时，应当将指导性案例作为裁判理由引述(须注明案例的编号和裁判要点)，这一规定突破了民事判决书以往演绎论证法"三段论"的惯常说理格式，将类比的逻辑论证方式正式引入"本院认为"之中，丰富了说理方式、增强了说理技巧。

(4)规范标点符号的使用

民事判决书中"本院查明"与"本院认为"之后到底是用逗号还是冒号，实践中一直比较混乱，也让民事判决书的撰写者倍感疑惑。新的民事判决书样式对文中标点符号(尤其是句内点号)的使用统一予以了明确，解决了包括以上问题在内的一系列标点符号使用不规范的问题：在"被告辩称""第三人述称""本院认为"之后，因紧接着是观点的综合阐述，故应适用点号中的逗号，适用依据系"在较长的宾语之前适用逗号"；"原告向本院提出诉讼请求""本院认定如下"等提示语之后，则适用点号中的冒号。此外，原告、被告、第三人的当事人称谓语后也一律适用冒号。另外，还对判项中的标点符号的用法进行了特别说明(注意此处不得适用当事人简称)，即一般情形下，非末项判项之后适用分号，如某项中已出现分号或句号，则每项句末均适用句号。

3. 落款

署名处注意"助理审判员"应署为"代理审判员"，不得混淆。日期是裁判文书的

签发日期,但当庭宣判的,以宣判日期落款。

实例选取的湖北省高级人民法院(2016)鄂民初25号民事判决书整体上符合上述第一审普通程序民事判决书的制作规范、格式规范、证据分析简明扼要,本院认为紧紧围绕原告诉请逐项分析,层次清晰、言简意赅、精炼易懂。结合这篇文书实例,仍有一些问题需要指出:(1)关于法人的名称后、住所地前应为逗号还是句号,这一点值得商榷,第一审普通程序民事判决书样式中使用的逗号,但如果此处使用逗号,因接下来的住所地之后又一次出现冒号,则会导致逻辑混乱,故此处使用句号为宜。(2)被告中航公司委托诉讼代理人系该公司信托经理,应写明其姓名、性别和工作人员身份,实例中遗漏了性别项。(3)文书首部写明本案适用的程序(普通程序、简易程序、小额诉讼程序和非讼程序)即可,一般情况下无需列明审判组织成员,但如存在审判人员变更的情形,则需要在此处表述。此外,如有审限变动事由也须在本段交代。(4)关于事实部分的证据处理问题,虽然新的文书制作规范有详细规定,但实务中,每一起案件的情况千差万别,应根据案件具体情况对证据的罗列与否、质证内容、鉴定人员质询以及法院调取证据等情况灵活予以处理,而不应拘泥于固定格式。实例中对证据的处理方式是实务中最常用的一种分项罗列、逐一质证、综合分析的模式,这种模式在实务中比较适合证据较多、异议较大、事实认定复杂的案件。实例中当事人的争议焦点并非主要针对证据,本案如果按照新文书格式中的在诉辩意见后另起一段简要写明当事人举证、质证的一般情况的模式,然后再写法院对证据的综合认定情况,依此处理,实例的文书可能会显得更为简洁明了。此外,在证据的认定意见之前冠以"本院认为"作为开头,与下面论理部分的"本院认为"有重复之嫌,但此处的证据综合认定又无法与论理部分在整篇文书结构比重中相提并论,故此处更换一下开头语会更为妥当。

(二)民事裁定书

2. 民事裁定书(对起诉不予受理用)

××××人民法院
民事裁定书

(××××)……民初……号

起诉人:×××,……。
……
(以上写明起诉人及其代理人的姓名或者名称等基本信息)

××××年××月××日，本院收到×××的起诉状。起诉人×××向本院提出诉讼请求：1.……；2.……（明确原告的诉讼请求）。事实和理由：……（概述原告主张的事实和理由）。

　　本院经审查认为，……（写明对起诉不予受理的理由）。

　　依照《中华人民共和国民事诉讼法》第一百一十九条、第一百二十三条规定，裁定如下：

　　对×××的起诉，本院不予受理。

　　如不服本裁定，可以在裁定书送达之日起十日内，向本院递交上诉状，上诉于××××人民法院。

审　判　长　×××
审　判　员　×××
审　判　员　×××

××××年××月××日
（院印）
书　记　员　×××

【说明】

　　1. 本样式根据《中华人民共和国民事诉讼法》第一百一十九条、第一百二十三条制定，供第一审人民法院因起诉人的起诉不符合起诉条件裁定不予受理用。

　　2. 案号类型代字为"民初"。

　　3. 根据《最高人民法院关于在同一案件多个裁判文书上规范使用案号有关事项的通知》，对同一案件出现多个裁定书的，首份裁定书直接使用案号，第二份裁定书开始在案号后缀"之一""之二"等，以示区别。

　　4. 首部中不列被起诉人。

　　5. 具有相应情形的，法律依据可以同时引用《中华人民共和国民事诉讼法》第一百二十四条或者司法解释中的相应规定。

　　6. 起诉人在中华人民共和国领域内没有住所的，尾部中的上诉期改为三十日，即"可以在裁定书送达之日起三十日内"。

　　7. 本裁定书只送达起诉人一方。

　　8. 对第三人撤销之诉不予受理的，不适用本样式。

　　9. 制作简易程序、小额诉讼程序、公益诉讼、第三人撤销之诉、执行异议之诉等适用第一审程序的民事裁定书,准用第一审普通程序民事裁定书样式。但是,其他第一审程序民事裁定书已规定专门样式的除外;第三人撤销之诉的案号类型代字应当改为"民撤";简易程序、小额诉讼程序落款中的审判组织应当改为"审判员"或者"代理审判员"一人。

【实例评注】

湖北省武汉市江岸区人民法院
民事裁定书①

(2016)鄂 0102 民初 5244 号

起诉人刘某某,男,1951 年 3 月 11 日出生,汉族。

委托诉讼代理人张某某,湖北全成律师事务所律师。

2016 年 9 月 7 日,本院收到起诉人刘某某诉被起诉人胡某某、第三人武汉凯立达经贸有限公司一案的起诉材料,起诉人刘某某向本院提出诉讼请求:1. 确认起诉人刘某某对武汉市江岸区武冶新村×号房屋拥有居住权;2. 本案诉讼费用由被起诉人承担。

事实和理由:1988 年,起诉人被武汉冶炼厂安排获得了位于武汉市江岸区武冶新村×号 35.78 ㎡房屋的承租权并居住。2003 年,因武汉冶炼厂破产,该房屋无水电不适宜居住,故起诉人搬出该房屋后空置,且该房屋由武汉凯立达经贸有限公司管理。2016 年,起诉人到征收办去登记,发现该房屋已被被起诉人登记,并谎称起诉人与被起诉人之间就承租权进行过转让。起诉人为维护自身权益,请求法院确认起诉人刘某某对武汉市江岸区武冶新村×号房屋享有承租权、居住权。

经审查本院认为,本案的涉诉房屋武汉市江岸区武冶新村×号属于单位内部建房,起诉人刘某某仅享有该房屋的承租权,根据《最高人民法院关于房地产案件受理问题的通知》第三条之规定:"……因单位内部建房、分房等而引起的占房、腾房等房地产纠纷,均不属于人民法院主管工作的范围。当事人为此而提起的诉讼,人民法院应依法不予受理或驳回起诉。"故本案不属于民事诉讼的受案范围。据此,依据《中华人民共和国民事诉讼法》第一百一十九条、第一百五十四条之规定,裁定如下:

对起诉人刘某某诉被起诉人胡某某、第三人武汉凯立达经贸有限公司一案的起诉,本院不予受理。

如不服本裁定,可以在裁定书送达之日起十日内,向本院递交上诉状,上诉于湖

---

① 来源:湖北省武汉市江岸区人民法院档案室阅卷搜集。

北省武汉市中级人民法院。

审　判　长　　杨　松
审　判　员　　桂长春
人民陪审员　　刘建梅
二〇一六年九月八日
书　记　员　　郭　文

〔评注〕

不予受理的民事裁定书，与一般的民事裁定书样式相比较，文书样式有三点特殊性：

1. 因案件未进入实体审理，在起诉阶段经审查不符合起诉条件即就以程序原因被裁定不予受理，故当事人称谓为起诉人，而非原告，且文书中仅列起诉人，不列被起诉人。当然地，也就仅向起诉人一方送达。

2. 关于案号，已统一列为"民初"（之前为立字号）。

3. 民事裁定书的上诉期为十天，区别于民事判决书的十五天上诉期。如果起诉人在中华人民共和国领域内没有住所的，上诉期为三十天。

本案中因起诉人诉称事项系单位内部建房、分房等而引起的占房、腾房等房地产纠纷，不属于人民法院主管工作的范围，不符合《民事诉讼法》第一百一十九条人民法院受理民事案件四项要件之四，故裁定不予受理。值得注意的是，民事裁定书中诸如起诉人身份信息、委托诉讼代理人等写作要求均应遵照《人民法院民事裁判文书制作规范》的规定。因此，根据文书样式的要求，诉讼参加人的诉讼地位与姓名和名称之间用"："间隔，实例应补充冒号。按照《人民法院民事裁判文书制作规范》的要求，实例中"委托代理人"应表述为"委托诉讼代理人"。

3. 民事裁定书（对反诉不予受理用）

××××人民法院
民事裁定书

（××××）……民初……号

反诉人：×××，……。
……
（以上写明反诉人及其代理人的姓名或者名称等基本信息）

××××年××月××日，本院收到×××的反诉状。反诉人×××向本院提出反诉请求：1.……；2.……（明确原告的诉讼请求）。事实和理由：……（概述原告主张的事实和理由）。

　　本院经审查认为，……（写明对反诉不予受理的理由）。

　　依照《中华人民共和国民事诉讼法》第一百一十九条、第一百二十三条、《最高人民法院关于适用〈中华人民共和国民事诉讼法〉的解释》第二百三十三条规定，裁定如下：

　　对×××的反诉，本院不予受理。

审　判　长　×××

审　判　员　×××

审　判　员　×××

××××年××月××日

（院印）

书　记　员　×××

【说明】

1. 本样式根据《中华人民共和国民事诉讼法》第一百一十九条、第一百二十三条以及《最高人民法院关于适用〈中华人民共和国民事诉讼法〉的解释》第二百三十三条制定，供第一审人民法院对反诉人的反诉经审查认为不符合反诉条件的，裁定不予受理用。

2. 案号适用本诉案号。

3. 首部中不列被反诉人。

4. 反诉的当事人应当限于本诉的当事人的范围。反诉与本诉的诉讼请求基于相同法律关系、诉讼请求之间具有因果关系，或者反诉与本诉的诉讼请求基于相同事实的，人民法院应当合并审理。反诉应由其他人民法院专属管辖，或者与本诉的诉讼标的及诉讼请求所依据的事实、理由无关联的，裁定不予受理，告知另行起诉。

5. 本裁定书只送达反诉人一方。

【实例评注】

湖北省咸宁市咸安区人民法院
民事裁定书①

(2016)鄂 1202 民初 40-2 号

反诉人咸宁市伟光置业有限公司(以下简称伟光置业公司)。

法定代表人曾某某,该公司总经理。

委托代理人喻某某,男,1962 年 4 月 20 日出生,该公司股东,代理权限:特别授权。

反诉人喻某某,男,1962 年 4 月 20 日出生,汉族。

被反诉人向某某。

委托代理人佘某某,湖北佳成律师事务所律师,代理权限:特别授权。

本院在审理原告向某某诉被告伟光置业公司、喻某某股权转让纠纷一案期间,被告伟光置业公司、喻某某向本院提起反诉,认为被反诉人违反了《股权转让协议书》第二条、第三条的约定,并隐瞒了存在潜在的负债责任与义务,请求判令:1. 被反诉人收回原持有的伟光置业公司 30% 的股权;2. 被反诉人返还反诉人已支付的股权转让金;3. 被反诉人负担所有的诉讼费用。

本院认为,反诉是在已经开始的诉讼程序中,本诉的被告以本诉的原告为被告提出的目的在于抵消或吞并本诉原告的诉讼请求的一种独立的反请求。本案中,反诉人的主张违反了《股权转让协议书》第二条、第三条的约定并隐瞒了存在潜在的负债责任与义务的责任主体是原伟光置业公司的三个股东向某某、龚某某、冯某某,势必需要向某某、龚某某、冯某某作为被告参加诉讼,故从诉讼主体上,伟光置业公司、喻某某的反诉虽然是向向某某提出,但案件的审理必然牵涉到与本案处理存在利害关系的其他当事人参加诉讼,将导致其反诉请求涉及的反诉主体与本诉主体不具有完全的对立互换性以及特定性,反诉请求涉及的当事人超过本诉的诉讼主体。因此,伟光置业公司、喻某某提出的反诉虽然与向某某的本诉存在一定的牵连性,但其反诉不完全具备反诉主体的对立互换性和特定性,不符合反诉所需要的诉讼主体条件。故对伟光置业公司、喻某某的反诉不予受理,反诉人可另行主张权利。根据《中华人民共和国民事诉讼法》第一百五十四条之规定,裁定如下:

对伟光置业公司、喻某某的反诉本院不予受理。

---

① 来源:中国裁判文书网。

如不服本裁定，可在裁定书送达之日起十日内向本院递交上诉状，并按对方当事人的人数提出副本，上诉于湖北省咸宁市中级人民法院。

审　判　长　　朱立新
人民陪审员　　陈定树
人民陪审员　　徐松河
二〇一六年三月十六日
书　记　员　　屠慧刚

〔评注〕

对反诉不予受理的民事裁定书与对起诉不予受理的民事裁定书在形式上很相似，如文书首部只列一方当事人，也仅需向该当事人送达即可，两类文书也都不需要处理案件受理费。但二者仍有很多区别，为了有针对性地找出对反诉不予受理民事裁定书的特点，我们不妨与对起诉不予受理民事裁定书进行比照说明：

1. 对起诉不予受理一般意味着一个案件的终结，当事人不服，则可在规定期限内提出上诉；对反诉不予受理则是在本诉的审理过程中，对被告针对原告向法院提出的独立的请求进行审理，认为其不符合提起反诉的条件。反诉的特殊要件包括：(1) 须由本诉的被告向本诉的原告提出；(2) 须在本诉进行中提出；(3) 须向受理本诉的法院提出，且受诉法院对反诉有管辖权；(4) 须与本诉适用同一诉讼程序；(5) 须与本诉之间存在牵连关系，故作出不予受理民事裁定书，但本诉仍继续审理，案件并未终结。因这种依附性，故而对反诉不予受理民事裁定书的案号也沿用本诉案号。

2. 对起诉不予受理的审查依据是《民事诉讼法》第一百一十九条关于起诉要件的规定；对反诉是否受理的审查，则除了要符合起诉的一般要件，还要符合上述五项反诉的特殊要件。另外，因反诉未被受理，故不能称为反诉原告，只能称反诉人。理由与对起诉不予受理民事裁定书中起诉人的称谓相同。

选取的实例是以反诉不符合"须由本诉的被告向本诉的原告提出"的反诉主体的特定性为由对之不予受理，但同时也告知反诉人可另行主张权利。注意首部不必列被反诉人。

3. 根据文书样式的要求，诉讼参加人的诉讼地位与姓名和名称之间用"："间隔，实例应补充冒号。按照《人民法院民事裁判文书制作规范》的要求，实例中"委托代理人"应表述为"委托诉讼代理人"。

4. 民事裁定书（驳回起诉用）

×××× 人民法院
民事裁定书

（××××）……民初……号

原告：×××，……。
……
被告：×××，……。
……

（以上写明当事人和其他诉讼参加人的姓名或者名称等基本信息）

原告×××与被告×××……（写明案由）一案，本院于××××年××月××日立案后，依法进行审理。

×××向本院提出诉讼请求：1.……；2.……（明确原告的诉讼请求）。事实和理由：……（概述原告主张的事实和理由）。

本院经审查认为，……（写明驳回起诉的理由）。

依照《中华人民共和国民事诉讼法》第一百一十九条/第一百二十四条第×项、第一百五十四条第一款第三项、《最高人民法院关于适用〈中华人民共和国民事诉讼法〉的解释》第二百零八条第三款规定，裁定如下：

驳回×××的起诉。

如不服本裁定，可以在裁定书送达之日起十日内，向本院递交上诉状，并按照对方当事人或者代表人的人数提出副本，上诉于××××人民法院。

审　判　长　×××
审　判　员　×××
审　判　员　×××

××××年××月××日
（院印）
书　记　员　×××

【说明】

1. 本样式根据《中华人民共和国民事诉讼法》第一百一十九条、第一百二十四条、第一百五十四条第一款第三项以及《最高人民法院关于适用〈中华人民共和国民事诉讼法〉的解释》第二百零八条第三款制定,供第一审人民法院在立案后发现不符合起诉条件或者属于《中华人民共和国民事诉讼法》第一百二十四条规定情形的,裁定驳回起诉用。

2. 案号类型代字为"民初"。

3. 当事人在中华人民共和国领域内没有住所的,尾部上诉期改为三十日,即"可以在裁定书送达之日起三十日内"。

4. 小额诉讼程序裁定驳回起诉的,适用民事裁定书(小额诉讼程序驳回起诉用)。

【实例评注】

天津市高级人民法院
民事裁定书①

(2016)津民初11号

原告:天津南车投资租赁有限公司,住所地天津自贸区(东疆保税港区)东疆金融贸易服务中心B座5007室-18。

法定代表人:王某某,总经理。

委托代理人:祁某某,北京市兆源律师事务所律师。

委托代理人:杜某某,北京市兆源律师事务所律师。

被告:山西中鑫洋麻业有限公司,住所地山西省运城市空港新区南区港府大道东花园对面。

法定代表人:陈某某,总经理。

被告:陈某某。

原告天津南车投资租赁有限公司(以下简称南车公司)与被告山西中鑫洋麻业有限公司(以下简称中鑫公司)、陈某某融资租赁合同纠纷一案,本院于2016年2月22日立案后,依法进行了审理。

原告南车公司向本院提出诉讼请求:1. 判令提前终止履行原告与被告中鑫公司签

---

① 来源:中国裁判文书网。

订的《融资租赁合同》；2. 判令被告中鑫公司向原告支付截至2015年7月25日的到期应付未付租金44 769 545.08元及延迟利息4 650 433.89元（暂计算至2015年7月25日，此后逾期金额按每日万分之五计算至判决生效后实际支付之日止）；3. 判令被告中鑫公司向原告支付全部未到期租金89 539 091.16元；4. 判令被告陈某某以其夫妻共同财产对上述给付事项承担连带责任；5. 本案诉讼费等由被告中鑫公司承担。事实和理由：2014年4月17日，原告与中鑫公司签订了天津南车租赁（2014）ZL第005号《融资租赁合同》。约定：中鑫公司以天然洋麻纤维内饰件生产线（评估价值28 840.42万元）作为租赁物，采用售后回租方式向原告融资12 000万元；融资期限为3年，自2014年4月24日至2017年4月24日。同日，原告与被告陈某某签订了天津南车租赁（2014）ZL第005-3号《保证合同》，陈某某承诺以其夫妻共同财产为前述融资款项等提供连带保证担保，其配偶亦签字认可。此外，原告依约定与中鑫公司及案外人北京银行股份有限公司北辰路支行签订了《账户监管协议》，监督融资款项使用情况。上述合同签订后，原告如约向中鑫公司支付租赁物转让价款12 000万元并完成了租赁物移交。2014年8月第一期租金到期后，经原告多次催收，中鑫公司未支付任何租金及迟延利息，陈某某亦未承担连带还款责任。

  本院经审查认为，南车公司以其与中鑫公司之间存在融资租赁合同关系、陈某某为涉案合同提供了连带保证为由，提起本案诉讼。南车公司、中鑫公司于签订涉案《融资租赁合同》的当日，另行签订了天津南车租赁（2014）ZL第005-1号《土地使用权抵押合同》。约定：中鑫公司以其名下位于运城市空港新区南区××大道南、面积为335 002平方米的工业用地（评估价值为20 167万元）提供抵押担保。此后，中鑫公司向南车公司交付了《土地他项权利证明书》。因运城市国土资源局向南车公司书面说明，南车公司持有的运政他项（2014）第045号《土地他项权利证明书》非该局核发，中鑫公司向南车公司设定抵押的土地在2014年度并未办理过抵押登记，南车公司遂以中鑫公司涉嫌合同诈骗犯罪为由，向公安机关报案。天津港公安局就中鑫公司合同诈骗一案于2015年10月26日立案侦查，目前该案正在侦查过程中。根据《最高人民法院关于在审理经济纠纷案件中涉及经济犯罪嫌疑若干问题的规定》第十一条"人民法院作为经济纠纷受理的案件，经审理认为不属经济纠纷案件而有经济犯罪嫌疑的，应当裁定驳回起诉"，故南车公司可以先行通过已经启动的刑事案件进行追缴或者退赔。如果经过追缴或者退赔不能弥补损失，南车公司可以再行提起民事诉讼，依法主张权利。综上，依照《中华人民共和国民事诉讼法》第一百一十九条第四项、第一百五十四条第一款第三项，《最高人民法院关于适用〈中华人民共和国民事诉讼法〉的解释》第二百零八条第三款之规定，裁定如下：

  驳回原告天津南车投资租赁有限公司的起诉。

  案件受理费人民币736 595元，退还原告天津南车投资租赁有限公司。

如不服本裁定，可以在裁定书送达之日起十日内，向本院递交上诉状，并按对方当事人的人数提交副本，上诉于中华人民共和国最高人民法院。

审　判　长　　李　萍
代理审判员　　杨　波
代理审判员　　强兆彤
二〇一六年八月十六日
书　记　员　　徐红红

〔评注〕

1. 《民诉法解释》第二百零八条第三款规定："立案后发现不符合起诉条件或者属于民事诉讼法第一百二十四条规定情形的，裁定驳回起诉。"因而对起诉不予受理与驳回起诉的实质原因是一致的，只是所处的审判程序的阶段不同，在立案审查时发现的，则裁定不予受理，在立案后发现，则裁定驳回起诉。

2. 与不予受理一样，驳回起诉裁定可上诉（在国内没有住所的，上诉期为三十日），且不收取案件受理费（文书尾部不提及案件受理费，实务中直接将收取的案件受理费全部退还）。

3. 按照《人民法院民事裁判文书制作规范》的要求，实例中"委托代理人"应表述为"委托诉讼代理人"。

5. 民事裁定书（驳回追加共同诉讼当事人申请用）

××××人民法院

民事裁定书

（××××）……民初……号

申请人：×××，……。

……

（以上写明申请人及其代理人的姓名或者名称等基本信息）

原告×××与被告×××……（写明案由）一案，本院于××××年××月××日立案。

××××年××月××日，×××向本院申请追加×××为共同原告/被告，……（概述申请追加共同诉讼当事人的事实和理由）。

本院经审查认为,……(写明驳回追加共同诉讼当事人申请的理由)。

依照《中华人民共和国民事诉讼法》第一百五十四条第一款第十一项、《最高人民法院关于适用〈中华人民共和国民事诉讼法〉的解释》第七十三条规定,裁定如下:

驳回×××追加×××为共同原告/被告的申请。

审 判 长 ×××
审 判 员 ×××
审 判 员 ×××

×××年××月××日
(院印)
书 记 员 ×××

【说明】

1. 本样式根据《中华人民共和国民事诉讼法》第一百五十四条第一款第十一项、《最高人民法院关于适用〈中华人民共和国民事诉讼法〉的解释》第七十三条制定,供第一审人民法院对追加共同诉讼当事人的申请,经审查认为理由不成立裁定驳回申请用。

2. 案号类型代字为"民初"。

3. 申请理由不成立的,裁定驳回;申请理由成立的,书面通知被追加的当事人参加诉讼,不需要出具裁定书。

【实例评注】

甘肃省定西市安定区人民法院
民事裁定书①

(2015)安民二初字第 1188 号

原告王某某。

委托代理人张某某,甘肃通源律师事务所律师。特别代理。

---

① 来源:中国裁判文书网。

被告天安财产保险股份有限公司定西中心支公司。

负责人李某，系该公司经理。

委托代理人宋某某，该公司法务人员。

本院于2015年12月2日立案受理了原告王某某与被告天安财产保险股份有限公司定西中心支公司保险合同纠纷一案，由审判员赵利越适用简易程序独任审理。在审理中，被告于2015年12月30日向本院书面提出追加被告申请，申请追加魏某某、杨某某为本案被告。

本院认为，被告天安财产保险股份有限公司定西中心支公司追加的魏某某、杨某某不是本案必须共同进行诉讼的当事人，且在本案系不适格主体，申请理由不成立，故应裁定驳回追加申请。据此，依照《中华人民共和国民事诉讼法》第一百一十九条、第一百五十四条第一款第（十一）项，《最高人民法院关于适用〈中华人民共和国民事诉讼法〉的解释》第七十三条之规定，裁定如下：

驳回被告天安财产保险股份有限公司定西中心支公司的追加被告申请。

审　判　员　　赵利越
二〇一五年十二月三十日
书　记　员　　姚文婷

〔评注〕

《民诉法解释》第七十三条规定："必须共同进行诉讼的当事人没有参加诉讼的，人民法院应当依照民事诉讼法第一百三十二条的规定，通知其参加；当事人也可以向人民法院申请追加。人民法院对当事人提出的申请，应当进行审查，申请理由不成立的，裁定驳回；申请理由成立的，书面通知被追加的当事人参加诉讼。"也就是说对于追加申请的应允或驳回是不同的处理方式：申请追加理由成立的，直接通知被追加的当事人参与诉讼，无须再行制作裁定；申请理由不成立的，裁定驳回。因裁定可以用口头形式，对于这种审理过程中的程序性裁定，实务中很多都是口头裁定，记入笔录即可。

实例中裁判结果如表述为"驳回被告天安财产保险股份有限公司定西中心支公司追加魏某某、杨某某为共同被告的申请"，更为严谨。

根据文书样式的要求，诉讼参加人的诉讼地位与姓名和名称之间用"："间隔，实例应补充冒号。按照《人民法院民事裁判文书制作规范》的要求，实例中"委托代理人"应表述为"委托诉讼代理人"；引用法律条款中的项的，一律使用汉字不加括号，例如"第一项"，故实例中引用的"第一款第（十一）项"应去掉括号。

6. 民事裁定书（不参加诉讼按撤诉处理用）

××××人民法院
民事裁定书

（××××）……民初……号

原告：×××，……。
……
被告：×××，……。
……
（以上写明当事人和其他诉讼参加人的姓名或者名称等基本信息）
……（写明当事人及案由）一案，本院于××××年××月××日立案。××××年××月××日，×××经传票传唤，无正当理由拒不到庭/未经法庭许可中途退庭。
依照《中华人民共和国民事诉讼法》第一百四十三条、第一百五十四条第一款第十一项规定，裁定如下：
本案按×××撤诉处理。
案件受理费……元，减半收取计……元，由×××负担。

审　判　长　×××
审　判　员　×××
审　判　员　×××

××××年××月××日
（院印）
书　记　员　×××

【说明】

1. 本样式根据《中华人民共和国民事诉讼法》第一百四十三条、第一百五十四条第一款第十一项制定，供第一审人民法院对原告无正当理由拒不到庭或者未经法庭许可中途退庭的，裁定按撤回起诉处理用。
2. 案号类型代字为"民初"。
3. 原告法定代理人或者有独立请求权的第三人经传票传唤，无正当理由拒不到庭或者未经法庭许可中途退庭，比照《中华人民共和国民事诉讼法》第一百四十三条的规定按撤诉处理，分别另行引用《最高人民法院关于适用〈中华人民共和国民事诉讼法〉的解释》第二百三十五条或者第二百三十六条。

【实例评注】

湖北省武汉市江岸区人民法院
民事裁定书①

（2016）鄂 0102 民初 131 号

原告武汉市江岸区爱雅爱无季服饰店，住所地武汉市江岸区车站路75号。
负责人杨某某。
委托代理人何某某（特别授权代理），男，湖北省弘正法律服务所法律工作者。
被告刘某某，女，汉族。
委托代理人李某某（特别授权代理），湖北广众律师事务所律师。
本院在审理原告武汉市江岸区爱雅爱无季服饰店与被告刘某某劳动争议纠纷一案中，原告武汉市江岸区爱雅爱无季服饰店经传票传唤无正当理由拒不到庭，依照《中华人民共和国民事诉讼法》第一百四十三条、第一百五十四条第一款第十一项的规定，裁定如下：
本案按撤诉处理。
案件受理费10元应减半收取5元，由原告武汉市江岸区爱雅爱无季服饰店负担。

审　判　员　　程　春
二〇一六年二月二十三日
书　记　员　　曹洲敏

〔评注〕

1. 按撤诉处理的情形有两种：原告无正当理由拒不到庭以及未经法庭许可中途退庭。不参加诉讼按撤诉处理的裁定书内容简单，但由于此种情况下是依法推定撤诉，因此需要做好向原告送达传票以及其无正当理由拒不到庭和未经法庭许可中途退庭的相关记录。

2. 新民事诉讼文书样式中的按撤诉处理民事裁定书引用了《民事诉讼法》第一百

---

① 来源：湖北省武汉市江岸区人民法院档案室阅卷搜集。

五十四条关于民事裁定适用范围的法律条款,而准许撤诉、准许撤回反诉、不准许撤诉用的民事裁定书则未引用。为实现文书格式的规范统一,自愿撤诉(反诉)、按撤诉处理以及不准许撤诉的民事裁定书的文书样式宜在形式上一致。上述实例选取的是简易程序民事裁定书,普通程序需注意落款处的不同。

3. 根据文书样式的要求,诉讼参加人的诉讼地位与姓名和名称之间用":"间隔,实例应补充冒号。按照《人民法院民事裁判文书制作规范》的要求,实例中"委托代理人"应表述为"委托诉讼代理人"。

7. 民事裁定书(准许撤诉用)

××××人民法院
民事裁定书

(××××)……民初……号

原告:×××,……。
……
被告:×××,……。
……
(以上写明当事人和其他诉讼参加人的姓名或者名称等基本信息)
……(写明当事人及案由)一案,本院于××××年××月××日立案。原告×××于××××年××月××日向本院提出撤诉申请。
本院认为,……(写明准许撤诉的理由)。
依照《中华人民共和国民事诉讼法》第一百四十五条第一款规定,裁定如下:
准许×××撤诉。
案件受理费……元,减半收取计……元,由×××负担。

审 判 长 ×××
审 判 员 ×××
审 判 员 ×××

××××年××月××日
(院印)
书 记 员 ×××

【说明】

1. 本样式根据《中华人民共和国民事诉讼法》第一百四十五条第一款制定，供第一审人民法院对宣判前原告申请撤诉的，裁定准许原告撤诉用。
2. 案号类型代字为"民初"。
3. 准许撤诉的，案件受理费减半收取。

【实例评注】

湖北省武汉市江岸区人民法院
民事裁定书①

（2016）鄂 0102 民初 3588 号

原告兰某某，女，1989 年 10 月 27 日出生，汉族。

委托代理人吴某（特别授权代理），湖北我们律师事务所律师。

委托代理人邓某（特别授权代理），湖北我们律师事务所实习律师。

被告武汉艾克斯朗文化教育咨询有限公司，登记注册地武汉市江岸区汉口江滩二期 10 号，实际经营地武汉市江岸区三阳路融科天城 4 期 B 座 318。

法定代表人王某某，该公司执行董事。

委托代理人李某（一般授权代理），湖北般若律师事务所律师。

原告兰某某诉被告武汉艾克斯朗文化教育咨询有限公司劳动争议纠纷一案。本院于 2016 年 6 月 13 日立案受理，依法适用简易程序进行审理。案件审理过程中，原告兰某某于 2016 年 8 月 23 日向本院递交撤诉申请，请求撤回对被告武汉艾克斯朗文化教育咨询有限公司的起诉。

本院认为，原告兰某某的撤诉申请符合法律规定。依照《中华人民共和国民事诉讼法》第一百四十五条、第一百五十四条的规定，裁定如下：

准许原告兰某某撤回起诉。

案件受理费 10 元，减半收取 5 元，予以免收。

审　判　员　　程　春

二〇一六年八月二十三日

书　记　员　　曹洲敏

---

① 来源：湖北省武汉市江岸区人民法院档案室阅卷搜集。

〔评注〕

　　撤诉的民事裁定书，因提起诉讼的原告方当事人自愿申请撤回起诉，意味着案件的实体审理无论是否已经开始，均无必要在用于终止诉讼的民事裁定书中提及，故准许撤诉的民事裁定书内容简洁，适用的条款为《民事诉讼法》第一百四十五条第一款的规定"宣判前，原告申请撤诉的，是否准许，由人民法院裁定"。但原告撤诉同时受到《民诉法解释》第二百三十八条"当事人有违反法律的行为需要依法处理的"以及"法庭辩论终结后原告申请撤诉，被告不同意"规定的限制，故需写明"本院认为，原告的撤诉申请符合法律规定"。

　　根据文书样式的要求，诉讼参加人的诉讼地位与姓名和名称之间用"："间隔，实例应补充冒号。按照《人民法院民事裁判文书制作规范》的要求，实例中"委托代理人"应表述为"委托诉讼代理人"。

8. 民事裁定书（准许撤回反诉用）

××××人民法院

民事裁定书

（××××）……民初……号

反诉原告：×××，……。
……
反诉被告：×××，……。
……

（以上写明反诉当事人和其他诉讼参加人的姓名或者名称等基本信息）

　　……（写明当事人及案由）一案，本院于××××年××月××日立案。××××年××月××日，被告×××对原告×××提出反诉。××××年××月××日，反诉原告×××向本院提出撤回反诉申请。

　　本院认为，……（写明准许撤回反诉的理由）。

　　依照《中华人民共和国民事诉讼法》第一百四十五条第一款、《最高人民法院关于适用〈中华人民共和国民事诉讼法〉的解释》第二百三十九条规定，裁定如下：

　　准许×××撤回反诉。

　　反诉案件受理费……元，减半收取计……元，由……负担（写明当事人姓名或者名称、负担金额）。

审　判　长　××× 审　判　员　××× 审　判　员　××× ××××年××月××日 （院印） 书　记　员　×××

【说明】

1. 本样式根据《中华人民共和国民事诉讼法》第一百四十五条第一款以及《最高人民法院关于适用〈中华人民共和国民事诉讼法〉的解释》第二百三十九条制定，供第一审人民法院对宣判前反诉原告申请撤回反诉的，裁定准许反诉原告撤回反诉用。

2. 案号适用本诉案号。

3. 准许撤回反诉的，反诉案件受理费减半收取。

【实例评注】

北京市房山区人民法院
民事裁定书①

（2016）京 0111 民初 4986 号

原告（反诉被告）吴某某，男，1973 年 10 月 1 日出生。

原告（反诉被告）毛某某，女，1974 年 4 月 27 日出生。

被告（反诉原告）吴某甲，男，1943 年 8 月 3 日出生，汉族。

被告（反诉原告）马某某，女，1950 年 8 月 12 日出生，汉族。

二被告（反诉原告）之委托代理人高某，北京市中调律师事务所律师。

本院在审理原告（反诉被告）吴某某、毛某某与被告（反诉原告）吴某甲、马某某确认合同有效纠纷一案中，原告（反诉被告）吴某某、毛某某于 2016 年 7 月 4 日申请撤回本诉后，被告（反诉原告）吴某甲、马某某于 2016 年 9 月 8 日向本院申请撤回反诉。

本院认为：被告（反诉原告）吴某甲、马某某提出的撤回反诉申请，不违背有关法

---

① 来源：中国裁判文书网。

律规定，应准予。依照《中华人民共和国民事诉讼法》第一百四十五条之规定，裁定如下：

准予被告（反诉原告）吴某甲、马某某撤回反诉。

案件受理费三十五元，由被告（反诉原告）吴某甲、马某某负担（已交纳）。

审 判 长　李立国

人民陪审员　高润田

人民陪审员　胡宝利

二〇一六年九月八日

书 记 员　王亚莲

〔评注〕

1. 准许撤回反诉在本质上与准许撤回本诉是相同的，但需要注意的是本裁定书首部中当事人的罗列顺序：应将反诉原告即本诉被告列在反诉被告即本诉原告之前，原因是本裁定书审理的系反诉之原告提出的诉请。这也是实务中容易忽略的地方，实例中便是如此。

2. 《民诉法解释》第二百三十九条规定："人民法院准许本诉原告撤诉的，应当对反诉继续审理；被告申请撤回反诉的，人民法院应予准许。"那么，被告申请撤回反诉，是否可能不被准许？笔者认为此处的"应当准许"的前提有两个：一是本诉原告已撤诉，二是被告也申请提出反诉，此时对于撤回反诉申请，应当准许。但反诉与本诉在本质上系性质相同的两个独立之诉，适用于本诉的撤诉规定，理应适用反诉，关于不准许撤回起诉的两类法定情形，即《民诉法解释》第二百三十八条规定的"当事人申请撤诉或者依法可以按撤诉处理的案件，如果当事人有违反法律的行为需要依法处理的，人民法院可以不准许撤诉或者不按撤诉处理。法庭辩论终结后原告申请撤诉，被告不同意的，人民法院可以不予准许"。理论上，上述规定也应适用于反诉，只要不同时符合上述"应当准许撤回反诉"的情形，法院对于被告提出的撤回反诉，如果经过审查发现"如果当事人有违反法律的行为需要依法处理的"或法庭辩论终结后申请撤诉，对方不同意的，法院仍有权对撤回反诉不予准许。此种情形下的民事裁定书（不准许撤回反诉用）的文书格式应结合民事裁定书（不准许撤诉用）和民事裁定书（准许撤回反诉用）确定。

3. 《民事诉讼法》第一百五十四条规定了裁定的两种形式：裁定书应当写明裁定结果和作出该裁定的理由。裁定书由审判人员、书记员署名，加盖人民法院印章。口头裁定的，记入笔录。也正是因为如此，除非最终的结案裁定，其他在审理过程中需要裁定的内容，包括以上的对反诉不予受理、驳回追加共同诉讼当事人申请，更倾向于在笔录中告知，而非为此专门制作民事裁定书。

4. 关于案件受理费的问题，因反诉在立案时已经减半收取，故撤诉时不得再行减半。

5. 根据文书样式的要求，诉讼参加人的诉讼地位与姓名和名称之间用"："间隔，实例应补充冒号。

9. 民事裁定书（不准许撤诉用）

××××人民法院
民事裁定书

（××××）……民初……号

原告：×××，……。
……
被告：×××，……。
……

（以上写明当事人和其他诉讼参加人的姓名或者名称等基本信息）

……（写明当事人及案由）一案，本院于××××年××月××日立案。原告×××于××××年××月××日向本院提出撤诉申请。

本院经审查认为，……（写明不准许撤诉的理由）。

依照《中华人民共和国民事诉讼法》第一百四十五条第一款、《最高人民法院关于适用〈中华人民共和国民事诉讼法〉的解释》第二百三十八条第×款规定，裁定如下：

不准许×××撤诉。

审　判　长　×××
审　判　员　×××
审　判　员　×××

××××年××月××日
（院印）
书　记　员　×××

【说明】

1. 本样式根据《中华人民共和国民事诉讼法》第一百四十五条第一款以及《最高

人民法院关于适用〈中华人民共和国民事诉讼法〉的解释》第二百三十八条制定,供第一审人民法院对宣判前原告申请撤诉的,裁定不准许原告撤诉用。

2. 案号类型代字为"民初"。

3. 不准许撤诉的,在"本院认为"部分写明理由。有两种情形:一是根据《最高人民法院关于适用〈中华人民共和国民事诉讼法〉的解释》第二百三十八条第一款规定,当事人有违反法律的行为需要依法处理;二是根据《最高人民法院关于适用〈中华人民共和国民事诉讼法〉的解释》第二百三十八条第二款规定,法庭辩论终结后原告申请撤诉,被告不同意。

【实例评注】

四川省富顺县人民法院
民事裁定书[①]

(2016)川 0322 民初 311 号

原告罗某甲,男,汉族,务农,住四川省富顺县。
委托代理人舒某某,四川富邑律师事务所律师。
被告罗某乙,男,汉族,驾驶员,住四川省富顺县。
委托代理人胡某某(系被告之妻),务农,住四川省富顺县。

本院在审理原告罗某甲诉被告罗某乙排除妨碍纠纷一案中,原告罗某某在法庭辩论终结后于2016年3月29日书面向本院申请撤回起诉。本院于2016年3月29日征询被告罗某某意见,被告罗某某不同意原告撤回起诉。据此,依照《中华人民共和国民事诉讼法》第一百四十五条第一款、第一百五十四条第一款第(五)项,最高人民法院《关于适用〈中华人民共和国民事诉讼法〉的解释》第二百三十八条第二款的规定,裁定如下:

不准许原告罗某某撤回起诉,本案继续审理。

审　判　员　邹　宇
二〇一六年三月二十九日
书　记　员　塞　科

---

① 来源:中国裁判文书网。

〔评注〕

1. 此类民事裁定书在实务中较为少见。一方面因为在当前案件持续增长的背景下，调解和撤诉本就是承办人追求的案件了结方式，如遇当事人主动撤回起诉，若非当事人双方矛盾激化，一般情形下均会准许撤诉；此外，既然是不准许撤诉，案件就需继续审理，那么对于此种不准许撤诉的裁定内容，承办人可直接在笔录往往是开庭笔录中直接口头告知，无需再行制作裁定。

2. 《民诉法解释》第二百三十八条规定："当事人申请撤诉或者依法可以按撤诉处理的案件，如果当事人有违反法律的行为需要依法处理的，人民法院可以不准许撤诉或者不按撤诉处理。法庭辩论终结后原告申请撤诉，被告不同意的，人民法院可以不予准许。"虽然司法解释明确了不准许撤诉适用的两种情形，但均系"可以"不准许撤诉，并非"应当"不准许撤诉，也就是说在实务中，即使出现了上述两种情形，人民法院仍享有"准许"或"不准许"的主动权。一般情况下，人民法院都会选择准许撤诉以了结此案。但对于恶意诉讼，尤其是多次起诉浪费司法资源的情形，建议不准许其撤诉，应继续对实体进行审理，方能达到定纷止争的目的，同时也得以维护司法权威。

3. 实例中的民事裁定书将案件由来和本院观点综合为一段的写法更为简洁，裁判主文中表述为"不准许原告罗某甲撤回起诉，本案继续审理"则显累赘。

4. 根据文书样式的要求，诉讼参加人的诉讼地位与姓名和名称之间用"："间隔，实例应补充冒号。按照《人民法院民事裁判文书制作规范》的要求，实例中"委托代理人"应表述为"委托诉讼代理人"；引用法律条款中的项的，一律使用汉字不加括号，例如"第一项"，故实例中引用的"第一款第（五）项"应去掉括号；实例中的"最高人民法院《关于〈中华人民共和国民事诉讼法〉的解释》"应改为"《最高人民法院关于〈中华人民共和国民事诉讼法〉的解释》"。

10. 民事裁定书（合并审理用）

××××人民法院
民事裁定书

（××××）……民初……号

原告：×××，……。
……

被告：×××，……。
　　……

（以上写明当事人和其他诉讼参加人的姓名或者名称等基本信息）

……（写明当事人及案由）一案，本院于××××年××月××日立案。

本院经审查认为，……（写明合并审理的事实和理由）。

依照《中华人民共和国民事诉讼法》第五十二条第一款、第一百五十四条第一款第十一项、《最高人民法院关于适用〈中华人民共和国民事诉讼法〉的解释》第二百二十一条规定，裁定如下：

本案并入本院（××××）……民初……号案件审理。

审　判　长　×××
审　判　员　×××
审　判　员　×××

××××年××月××日
（院印）
书　记　员　×××

【说明】

1. 本样式根据《中华人民共和国民事诉讼法》第五十二条第一款、第一百五十四条第一款第十一项以及《最高人民法院关于适用〈中华人民共和国民事诉讼法〉的解释》第二百二十一条制定，供人民法院对于同一法院受理的可以合并审理的案件，裁定合并审理用。

2. 标题中的案号为被并入的案件案号。

3. 裁定合并审理的情形包括：当事人一方或者双方为二人以上，其诉讼标的是共同的，或者诉讼标的是同一种类、人民法院认为可以合并审理并经当事人同意的；基于同一事实发生的纠纷，当事人分别向同一人民法院起诉的。

4. 基于同一事实发生的纠纷，当事人分别向同一人民法院起诉，裁定合并审理的，同时引用《最高人民法院关于适用〈中华人民共和国民事诉讼法〉的解释》第二百二十一条。

【实例评注】

河北省冀州市人民法院
民事裁定书①

（2016）冀 1181 民初 1631 号

原告：祁某某。

被告：冀州市中复玻璃钢有限公司，住所：冀州市彭村工业区。

法定代表人：耿某某，经理。

原告祁某某诉被告冀州市中复玻璃钢有限公司劳动争议纠纷一案，本院于 2016 年 10 月 13 日立案。

本院认为，本院(2016)冀 1181 民初 1626 号案件与本案系基于同一事实发生的纠纷，当事人分别向本院起诉，两案件可以合并审理。

依照《中华人民共和国民事诉讼法》第五十二条第一款、第一百五十四条第一款第十一项、《最高人民法院关于适用〈中华人民共和国民事诉讼法〉的解释》第二百二十一条规定，裁定如下：

本案并入本院(2016)冀 1181 民初 1626 号案件审理。

审　判　员　赵　廉

二〇一六年十月十九日

书　记　员　李英娇

〔评注〕

1. 共同诉讼是指当事人一方或双方为两个或两个以上的诉讼，共同诉讼属于诉的合并，其意义在于简化诉讼程序、避免法院在同一事件处理上作出矛盾判决。共同诉讼分为必要共同诉讼和普通共同诉讼两种类型。必要共同诉讼的诉讼标的是同一的，法院必须合一审理并在裁判中对诉讼标的合一确定的共同诉讼。由此可知，本裁定适用的情形，无论是《民事诉讼法》第五十二条规定的"当事人一方或者双方为二人以上，其诉讼标的是共同的，或者诉讼标的是同一种类、人民法院认为可以合并审理并经当事人同意的"，还是《民诉法解释》第二百二十一条规定的"基于同一事实发生的纠纷，当事人分别向同一人民法院起诉的"，均是指普通共同诉讼。

2. 对于符合合并审理的情形，若要最终实现合并审理，既要人民法院同意，同时

---

① 来源：中国裁判文书网。

还需经当事人同意,二者缺一不可。实务中,由当事人提出要求合并审理的较少,一般是由人民法院提出,并征询当事人意见,但这种征询意见一般是通过做笔录的形式完成的,不一定专门为此作出裁定。但更为常见的做法则是对于符合合并审理情形的多案,审理的程序比照合并审理程序进行(即安排同一时间开庭,对部分庭审程序进行合并),但庭审笔录、最终的裁判文书及卷宗均每案分开。

3. 对于劳动争议案件中双方当事人不服同一仲裁书提出的起诉,法院应当依照相关司法解释的规定予以合并审理。应注意与此处的"可以合并审理"不同。

4. 实例中的写法简洁规范。

11. 民事裁定书(中止诉讼用)

××××人民法院
民事裁定书

(××××)……民初……号

原告:×××,……。
……

被告:×××,……。
……

(以上写明当事人和其他诉讼参加人的姓名或者名称等基本信息)

……(写明当事人及案由)一案,本院于××××年××月××日立案。

本案在审理过程中,……(写明中止诉讼的事实依据)。

本院经审查认为,……(写明中止诉讼的理由)。

依照《中华人民共和国民事诉讼法》第一百五十条第一款第×项、第一百五十四条第一款第六项规定,裁定如下:

本案中止诉讼。

审 判 长 ×××
审 判 员 ×××
审 判 员 ×××

××××年××月××日
(院印)
书 记 员 ×××

【说明】

1. 本样式根据《中华人民共和国民事诉讼法》第一百五十条、第一百五十四条第一款第六项制定，供第一审人民法院在出现中止诉讼的法定情形后，裁定中止诉讼用。

2. 案号类型代字为"民初"。

3. 有下列情形之一的，中止诉讼：（1）一方当事人死亡，需要等待继承人表明是否参加诉讼的；（2）一方当事人丧失诉讼行为能力，尚未确定法定代理人的；（3）作为一方当事人的法人或者其他组织终止，尚未确定权利义务承受人的；（4）一方当事人因不可抗拒的事由，不能参加诉讼的；（5）本案必须以另一案的审理结果为依据，而另一案尚未审结的；（6）其他应当中止诉讼的情形。

4. 中止诉讼的原因消除后，恢复诉讼。

【实例评注】

湖北省武汉市江岸区人民法院
民事裁定书①

（2016）鄂 0102 民初 3582 号

原告北京润百泰文化投资有限公司，住所地北京市海淀区青云里满庭芳园小区 1 号楼 3 层 307。

法定代表人熊某某，该公司经理。

委托代理人刘某（一般授权代理）。

被告刘某某，女。

原告北京润百泰文化投资有限公司诉被告刘某某劳动争议纠纷一案，本院于 2016 年 6 月 13 日立案受理后，依法适用简易程序进行审理。案件审理过程中，因武汉市东湖新技术开发区人民法院审理的关联案件一审宣判后，北京润百泰文化投资有限公司上诉至武汉市中级人民法院。该案尚在审理过程中，且该案的审理结果与本案的审理有利害关系。

据此，依照《中华人民共和国民事诉讼法》第一百五十条、第一百五十四条的规定，裁定如下：

---

① 来源：湖北省武汉市江岸区人民法院档案室阅卷搜集。

本案中止诉讼。

审　判　员　程　春

二〇一六年七月十四日

书　记　员　曹洲敏

〔评注〕

1. 中止审理是指人民法院在受理案件后，作出判决前，出现了某些使审判在一定期限内无法继续进行的情形而暂时停止案件审理，待上述情形消失后再行恢复审判活动。《民事诉讼法》第一百五十条对最常见的中止诉讼的五种情形进行了规定，同时约定了兜底条款。实务中容易混淆中止诉讼与不计入审限的法定事由。《民诉法解释》第二百四十三条规定："民事诉讼法第一百四十九条规定的审限，是指从立案之日起至裁判宣告、调解书送达之日止的期间，但公告期间、鉴定期间、双方当事人和解期间、审理当事人提出的管辖异议以及处理人民法院之间的管辖争议期间不应计算在内。"在审判管理中，中止诉讼裁定作出之日意味着审限也同时中止，中止诉讼的原因消除后，审限恢复；公告、鉴定、双方当事人申请和解、当事人提出的管辖异议以及人民法院之间的管辖争议的发生形式上也会导致审限暂停（或者审限扣除），但上述事由并非法定中止诉讼的情形。

2. 裁定中止诉讼的事由消除时，人民法院应当通知或准许当事人继续诉讼，恢复诉讼不需要再次作出裁定。

3. 根据文书样式的要求，诉讼参加人的诉讼地位与姓名和名称之间用"："间隔，实例应补充冒号。按照《人民法院民事裁判文书制作规范》的要求，实例中"委托代理人"应表述为"委托诉讼代理人"。

12. 民事裁定书（终结诉讼用）

××××人民法院

民事裁定书

（××××）……民初……号

原告：×××，……。
……

被告：×××，……。
……
（以上写明当事人和其他诉讼参加人的姓名或者名称等基本信息）
……（写明当事人及案由）一案，本院于××××年××月××日立案。
本案在审理过程中，……（写明终结诉讼的事实依据）。
本院经审查认为，……（写明终结诉讼的理由）。
依照《中华人民共和国民事诉讼法》第一百五十一条第×项、第一百五十四条第一款第六项规定，裁定如下：
本案终结诉讼。
×××已经预交的案件受理费……元，不予退还。

审　判　长　×××
审　判　员　×××
审　判　员　×××

××××年××月××日
（院印）
书　记　员　×××

【说明】

1. 本样式根据《中华人民共和国民事诉讼法》第一百五十一条、第一百五十四条第一款第六项制定，供第一审人民法院在出现终结诉讼的法定情形后，裁定终结诉讼用。

2. 案号类型代字为"民初"。

3. 有下列情形之一的，终结诉讼：（1）原告死亡，没有继承人，或者继承人放弃诉讼权利的；（2）被告死亡，没有遗产，也没有应当承担义务的人的；（3）离婚案件一方当事人死亡的；（4）追索赡养费、扶养费、抚育费以及解除收养关系案件的一方当事人死亡的。

4. 终结诉讼的案件，已经预交的案件受理费不予退还。

【实例评注】

湖北省武汉市江岸区人民法院
民事裁定书①

（2015）鄂江岸民初字第02522号

原告刘某某，男。
委托代理人范某某（一般授权代理），黄冈保险法律服务所法律工作者。
委托代理人赵某某（一般授权代理），湖北狮志律师事务所律师。
被告周某某，女。
委托代理人蒋某（一般授权代理），湖北忠三律师事务所律师。

本院于2015年8月26日受理原告刘某某诉被告周某某离婚纠纷一案。审理中，原告刘某某于2015年12月14日死亡，根据《中华人民共和国民事诉讼法》第一百五十一条第一款第三项规定"离婚案件一方当事人死亡的，应当终结诉讼"。据此，依照《中华人民共和国民事诉讼法》第一百五十四条第一款第六项之规定，裁定如下：

本案终结诉讼。

审　判　长　　王雪涛
人民陪审员　　刘　宇
人民陪审员　　王　强

二〇一五年十二月十八日
书　记　员　　宋琼韬

〔评注〕

1. 在《民事诉讼法》第一百五十条中止诉讼的情形之后紧接着第一百五十一条是终结诉讼的相关规定：（1）原告死亡，没有继承人，或者继承人放弃诉讼权利的；（2）被告死亡，没有遗产，也没有应当承担义务的人的；（3）离婚案件一方当事人死亡的；（4）追索赡养费、扶养费、抚育费以及解除收养关系案件的一方当事人死亡的。中止诉讼与终结诉讼的区别在于中止诉讼是暂停正在进行中的审理活动，待法定事由消失后，审判活动仍继续进行；终结诉讼则意味着本案诉讼的完结，即诉讼

---

① 来源：湖北省武汉市江岸区人民法院档案室阅卷搜集。

中止是休止符，而诉讼终结则是句号。

2. 中止诉讼和终结诉讼的区别体现在文书样式上的不同之处主要是中止诉讼因案件尚未审结，故不存在案件受理费的处理问题，而终结诉讼则须交代"已经预交的案件受理费，不予退还"。

3. 根据文书样式的要求，诉讼参加人的诉讼地位与姓名和名称之间用"："间隔，实例应补充冒号。按照《人民法院民事裁判文书制作规范》的要求，实例中"委托代理人"应表述为"委托诉讼代理人"。

13. 民事裁定书（补正法律文书中的笔误用）

×××× 人民法院
民事裁定书

（××××）……民初……号

本院于××××年××月××日对……（写明当事人及案由）一案作出的（××××）……民×……号……（写明被补正的法律文书名称）中，存在笔误，应予补正。

依照《中华人民共和国民事诉讼法》第一百五十四条第一款第七项、《最高人民法院关于适用〈中华人民共和国民事诉讼法〉的解释》第二百四十五条规定，裁定如下：

（××××）……民×……号……（写明被补正的法律文书名称）中"……"（写明法律文书误写、误算，诉讼费用漏写、误算和其他笔误）补正为"……"（写明补正后的内容）。

审　判　长　×××
审　判　员　×××
审　判　员　×××

××××年××月××日
（院印）
书　记　员　×××

【说明】

1. 本样式根据《中华人民共和国民事诉讼法》第一百五十四条第一款第七项以及《最高人民法院关于适用〈中华人民共和国民事诉讼法〉的解释》第二百四十五条制定，供人民法院在发现法律文书笔误后，裁定补正笔误用。

2. 案号与被补正的法律文书案号相同。

3. 不需要写明首部、事实、法律依据等内容。

4. 法律文书既包括判决书，也包括裁定书、调解书、决定书等其他法律文书。

5. 法律文书中的笔误是指法律文书误写、误算，诉讼费用漏写、误算和其他笔误。

【实例评注】

北京市西城区人民法院
民事裁定书①

（2016）京 0102 民初 7565 号

本院于 2016 年 4 月 13 日对原告中国建设银行股份有限公司北京市分行诉被告房某某信用卡纠纷一案作出的（2016）京 0102 民初 7565 号民事裁定书中存在笔误，应予补正，现依据《中华人民共和国民事诉讼法》第一百五十四条第一款第七项之规定，裁定如下：

裁定书第一页的"（2016）京 0102 民初 7539 号"补正为"（2016）京 0102 民初 7565 号"。

代理审判员　万人瑞

二〇一六年九月七日

书　记　员　王　洋

〔评注〕

1.《民事诉讼法》第一百五十四条第一款第七项规定裁定适用的范围之一是补正判决书中的笔误。《民诉法解释》第二百四十五条则对此进行了细化：笔误是指法律文书误写、误算，诉讼费用漏写、误算和其他笔误。对比两处规定，值得注意的有两点：《民事诉讼法》中补正裁定的适用范围是判决书，《民诉法解释》则使用的是"法律文书"的字眼。实务中，更正的对象最常见的是民事判决书和民事裁定书。笔误具体是指法律文书的误写、误算，诉讼费用漏写、误算以及其他笔误，虽然有"其他笔误"的兜底性规定，但在实务中一定要严格掌握补正裁定的适用范围，不得肆意扩大。简而

---

① 来源：中国裁判文书网。

言之，补正裁定解决的"粗心大意"的过失导致的错别字、忘写内容以及计算错误，这些错误是通过错误文书的其他内容可以判断出的。如果是审判人员认定的内容错误，如本应适用统筹地区上年度职工月均工资，却错误地适用了当事人实际月均收入作为计算基数，则属于认识错误，不得适用补正裁定。

2. 补正裁定在文书格式上与其他民事裁定书的明显不同之处是该文书在正文中不列当事人。

3. 补正裁定的特殊之处在于该文书往往在案件审理结束后作出，需要注意补正裁定书应及时附卷。此外，补正裁定的案号同被补正的文书案号。

4. 补正裁定的裁定内容宜写明"第×页第×行"。

（三）其他

14. 受理案件通知书（通知提起诉讼的当事人用）

××××人民法院
受理案件通知书

（××××）……民初……号

×××：

……（写明当事人及案由）一案，本院于××××年××月××日立案。本案案号为（××××）……民初……号。现将受理案件的有关事项通知如下：

一、在诉讼过程中，当事人必须依法行使诉讼权利，有权行使《中华人民共和国民事诉讼法》第四十九条、第五十条、第五十一条等规定的诉讼权利，同时也必须遵守诉讼秩序，履行诉讼义务。

二、自然人应当提交身份证或者通行证、护照复印件；法人或者其他组织应当提交营业执照或者事业单位法人代码证复印件、法定代表人或者主要负责人身份证明书。

三、当事人、法定代理人可以委托一至二人作为诉讼代理人。

委托他人代为诉讼，必须向人民法院提交由委托人签名或者盖章的授权委托书。授权委托书必须记明委托事项和权限。诉讼代理人代为承认、放弃、变更诉讼请求，进行和解，提起反诉或者上诉，必须有委托人的特别授权。

侨居在国外的中华人民共和国公民从国外寄交或者托交的授权委托书，必须经中华人民共和国驻该国的使领馆证明；没有使领馆的，由与中华人民共和国有外交关系的第三国驻该国的使领馆证明，再转由中华人民共和国驻该第三国使领馆证明，或者由当地的爱国华侨团体证明。

四、应在接到本通知书后七日内,向本院预交案件受理费/申请费……元。本院诉讼费开户名称:××××人民法院(财政汇缴专户);开户银行:……;账号:……。

　　五、根据《最高人民法院关于人民法院在互联网公布裁判文书的规定》,木院作出的生效裁判文书将在中国裁判文书网上公布。如果你认为案件涉及个人隐私或商业秘密,申请对裁判文书中的有关内容进行技术处理或者申请不予公布的,至迟应在裁判文书送达之日起三日内以书面形式提出并说明具体理由。经本院审查认为理由正当的,可以在公布裁判文书时隐去相关内容或不公布。

　　六、本案审判组织成员为审判长×××、审判员/代理审判员/人民陪审员×××、审判员/代理审判员/人民陪审员×××,书记员×××。

联 系 人:……(写明姓名、部门、职务)

联系电话:……

联系地址:……

　　特此通知。

××××年××月××日
(院印)

【说明】

　　本样式根据《中华人民共和国民事诉讼法》第一百二十六条制定,供第一审人民法院在立案受理后,通知提起民事诉讼的当事人受理案件用。

【实例评注】

湖北省武汉市江岸区人民法院
受理案件通知书[①]

(2016)鄂 0102 民初 5869 号

湖北长安建筑股份有限公司武汉分公司:

　　本院收到你诉李某某劳动争议纠纷一案的起诉状及证据材料。经审查,起诉符合法定受理条件,本院决定立案审理。现将有关事项通知如下:

　　一、当事人在诉讼进程中,有权行使法律规定的诉讼权利,同时必须遵守诉讼秩序,履行诉讼义务。

---

① 来源:湖北省武汉市江岸区人民法院档案室阅卷搜集。

二、自然人参加诉讼的，应当提交身份证明。法人或者其他组织参加诉讼的，应提交法人或其他组织资格证明以及法定代表人身份证明书或者负责人身份证明书。

三、如需委托代理人代为诉讼，应向本院递交由委托人签名或盖章的授权委托书。授权委托书应当载明委托事项和委托权限。

二〇一六年九月十九日

〔评注〕

按照《民事诉讼法》第一百二十三条的规定，人民法院应当保障当事人依照法律规定享有的起诉权利。对符合该法第一百一十九条的起诉，必须受理。符合起诉条件的，应当在七日内立案，并通知当事人；不符合起诉条件的，应当在七日内作出裁定书，不予受理；原告对裁定不服的，可以提起上诉。但在实务中，当事人递交的立案材料不一定符合要求，尤其是对于疑难复杂或初步判定不予受理的案件，常常需要当事人补充相关材料。《民诉法解释》第二百零八条规定："人民法院接到当事人提交的民事起诉状时，对符合民事诉讼法第一百一十九条的规定，且不属于第一百二十四条规定情形的，应当登记立案；对当场不能判定是否符合起诉条件的，应当接收起诉材料，并出具注明收到日期的书面凭证。需要补充必要相关材料的，人民法院应当及时告知当事人。在补齐相关材料后，应当在七日内决定是否立案。"在登记立案制实行后，人民法院立案的工作也一度面临压力，为完善立案工作，建议对上述规定中提及的向当事人开具收到立案材料的书面凭证以及告知其补充立案材料的通知书也予以格式化，列入文书样式。

实例选取的立案受理通知书内容较为简单。新文书样式中的受理案件通知书中关于裁判文书公开等事项应当在告知立案时列明，但关于案件受理费与审判组织告知事项，因各地各级人民法院立案的具体流程并不统一，有的要求其立案当日即缴纳案件受理费，有的在立案当日尚未分案故无法确定审判组织，上述内容均可通过以后的诉讼权利义务告知书、合议庭组成人员通知书等文书内容予以告知，因此，人民法院可根据具体情况对立案受理通知书、包括其他告知性质的文书的内容进行调整。

随着司法公开的进一步深入，法院的网络和自媒体平台也可在受理案件通知书中一并告知当事人，方便当事人查询案件进展情况。

15. 应诉通知书（通知对方当事人用）

×××× 人民法院
应诉通知书

（××××）……民初……号

×××：

……（写明当事人及案由）一案，本院于××××年××月××日立案。本案案号为（××××）……民初……号。现将应诉的有关事项通知如下：

一、在诉讼过程中，当事人必须依法行使诉讼权利，有权行使《中华人民共和国民事诉讼法》第四十九条、第五十条、第五十一条等规定的诉讼权利，同时也必须遵守诉讼秩序，履行诉讼义务。

二、在收到起诉状/答辩状/申请书副本后十五/三十日内向本院提交答辩状，并按对方当事人的人数提出副本。

三、自然人应当提交身份证或者通行证、护照复印件；法人或者其他组织应当提交营业执照或者事业单位法人代码证复印件、法定代表人或者主要负责人身份证明书。

四、当事人、法定代理人可以委托一至二人作为诉讼代理人。

委托他人代为诉讼，必须向人民法院提交由委托人签名或者盖章的授权委托书。授权委托书必须记明委托事项和权限。诉讼代理人代为承认、放弃、变更诉讼请求，进行和解，提起反诉或者上诉，必须有委托人的特别授权。

侨居在国外的中华人民共和国公民从国外寄交或者托交的授权委托书，必须经中华人民共和国驻该国的使领馆证明；没有使领馆的，由与中华人民共和国有外交关系的第三国驻该国的使领馆证明，再转由中华人民共和国驻该第三国使领馆证明，或者由当地的爱国华侨团体证明。

五、根据《最高人民法院关于人民法院在互联网公布裁判文书的规定》，本院作出的生效裁判文书将在中国裁判文书网上公布。如果你认为案件涉及个人隐私或商业秘密，申请对裁判文书中的有关内容进行技术处理或者申请不予公布的，至迟应在裁判文书送达之日起三日内以书面形式提出并说明具体理由。经本院审查认为理由正当的，可以在公布裁判文书时隐去相关内容或不予公布。

六、本案审判组织成员为审判长×××、审判员/代理审判员/人民陪审员×××、审判员/代理审判员/人民陪审员×××，书记员×××。

联系人：……（写明姓名、部门、职务）

联系电话：……

联系地址：……

特此通知。

×××× 年 ×× 月 ×× 日
（院印）

【说明】

1. 本样式根据《中华人民共和国民事诉讼法》第一百二十六条制定，供第一审人民法院立案受理后，通知提起民事诉讼当事人的对方当事人应诉用。

2. 提起诉讼当事人的相对方是指民事一审被告、二审被上诉人、非讼程序被申请人、再审被申请人等。

3. 对执行案件的被申请人，不发放应诉通知书，而发放执行通知书。

【实例评注】

湖北省武汉市江岸区人民法院
应诉通知书①

（2016）鄂 0102 民初 5869 号

李某某：

本院已经受理原告湖北长安建筑股份有限公司武汉分公司诉你劳动争议纠纷一案，现随文发送起诉状副本一份，并将有关应诉事项通知如下：

一、在诉讼进程中，当事人必须依法行使诉讼权利，有权行使民事诉讼法第四十九条、第五十条、第五十一条等规定的诉讼权利，同时也必须遵守诉讼秩序，履行诉讼义务。

二、在收到起诉状副本后十五天内提出答辩状（正本 1 份，副本 1 份），送交本院诉讼服务中心速裁组。如不按时提出答辩状，不影响本案的审理。

三、法人或者其他组织参加诉讼的，应当提交法人或其他组织资格证明以及法定代表人身份证明书或负责人身份证明书；自然人参加诉讼的，应当提交身份证明。

四、需要委托代理人代为诉讼的，应当提交由委托人签名或者盖章的授权委托书，授权委托书应当依照《中华人民共和国民事诉讼法》第五十九条的规定载明委托事项和权限。

二〇一六年九月二十三日

---

① 来源：湖北省武汉市江岸区人民法院档案室阅卷搜集。

〔评注〕

1. 应诉通知书与受理案件通知书是同一案件中分别通知双方当事人参与诉讼的法律文书，虽然诉讼地位称谓不同，但双方诉讼地位是平等的，这种平等体现在应诉通知书与受理案件通知书的内容上除了缴纳案件受理费、递交答辩状等事项，其他内容应尽可能保持对称。值得注意的一点是，因案件类型不同，需要告知被告的具体事项也不同，故实务中一般针对各个类型案件采取个性化的应诉通知书的设计，如在交通事故案件中需告知被告需要举证交强险、商业险保单、垫付费用的支付凭证等。

2. 因涉及答辩状的内容，故不适用执行程序中的被申请人。

16. 参加诉讼通知书（通知其他当事人用）

××××人民法院
参加诉讼通知书

（××××）……民初……号

×××：

……（写明当事人及案由）一案，本院于××××年××月××日立案。……（写明通知参加诉讼的原因），通知你作为原告/被告/共同原告/共同被告/有独立请求权的第三人/无独立请求权的第三人/法定代理人/共同诉讼代表人参加诉讼。现将参加诉讼的有关事项通知如下：

一、在诉讼过程中，当事人必须依法行使诉讼权利，有权行使《中华人民共和国民事诉讼法》第四十九条、第五十条、第五十一条等规定的诉讼权利，同时也必须遵守诉讼秩序，履行诉讼义务。

二、自然人应当提交身份证或者通行证、护照复印件；法人或者其他组织应当提交营业执照或者事业单位法人代码证复印件、法定代表人或者主要负责人身份证明书。

三、当事人、法定代理人可以委托一至二人作为诉讼代理人。

委托他人代为诉讼，必须向人民法院提交由委托人签名或者盖章的授权委托书。授权委托书必须记明委托事项和权限。诉讼代理人代为承认、放弃、变更诉讼请求，进行和解，提起反诉或者上诉，必须有委托人的特别授权。

侨居在国外的中华人民共和国公民从国外寄交或者托交的授权委托书，必须经中华人民共和国驻该国的使领馆证明；没有使领馆的，由与中华人民共和国有外交关系的第三国驻该国的使领馆证明，再转由中华人民共和国驻该第三国使领馆证明，或者由当地的爱国华侨团体证明。

四、根据《最高人民法院关于人民法院在互联网公布裁判文书的规定》，本院作出的生效裁判文书将在中国裁判文书网上公布。如果你认为案件涉及个人隐私或商业秘密，申请对裁判文书中的有关内容进行技术处理或者申请不予公布的，至迟应在裁判文书送达之日起三日内以书面形式提出并说明具体理由。经本院审查认为理由正当的，可以在公布裁判文书时隐去相关内容或不予公布。

　　五、本案审判组织成员为审判长×××、审判员/代理审判员/人民陪审员×××、审判员/代理审判员/人民陪审员×××，书记员×××。

联系　人：……（写明姓名、部门、职务）

联系电话：……

联系地址：……

　　特此通知。

××××年××月××日
（院印）

【说明】

　　1. 本样式根据《中华人民共和国民事诉讼法》第五十六条第二款、第五十七条、第一百三十二条以及《最高人民法院关于适用〈中华人民共和国民事诉讼法〉的解释》第五十五条、第六十三条、第六十四条、第七十三条、第七十四条、第七十七条、第八十一条、第八十三条等制定，供人民法院通知必须共同进行诉讼的当事人、有独立请求权的第三人、无独立请求权的第三人、当事人的继承人或者权利义务承受人、原审其他当事人等参加诉讼用。

　　2. 必须共同进行诉讼的当事人没有参加诉讼的，人民法院应当通知其参加诉讼。

　　3. 有独立请求权的第三人申请参加诉讼的，人民法院应当通知其参加诉讼。对当事人双方的诉讼标的虽然没有独立请求权，但案件处理结果同他有法律上的利害关系的人，可以依申请或者人民法院依职权通知其作为无独立请求权的第三人参加诉讼。

　　4. 当事人死亡的，人民法院应当通知其继承人参加诉讼。企业法人未依法清算即被注销的，人民法院应当通知该企业法人的股东、发起人或者出资人参加诉讼。

　　5. 无民事行为能力人或限制民事行为能力人事先没有确定监护人且有监护资格的人协商确定不成的，人民法院可以指定其中一人为诉讼中的法定代理人参加诉讼。当事人没有法律规定的监护人的，人民法院可以指定法律规定的有关组织担任诉讼中的法定代理人。

　　6. 当事人一方人数众多在起诉时不确定，当事人推选不出代表人且协商不成的，人民法院可以在起诉的当事人中指定代表人参加诉讼。

7. 对于民事二审案件的上诉人和被上诉人以外的原审其他当事人，民事审判监督案件再审申请人和被申请人以外的原审其他当事人，适用本样式。

【实例评注】

湖北省武汉市江岸区人民法院
参加诉讼通知书①

（2016）鄂 0102 民初 1454 号

刘某：

本院受理的原告武汉地产集团东方物业管理有限公司与被告郑某某物业服务合同纠纷一案，因你与本案有法律上的利害关系，本院现依照《中华人民共和国民事诉讼法》第一百三十二条之规定，追加你为本案的共同被告参加诉讼，特此通知。

二〇一六年五月四日

〔评注〕

1. 参加诉讼通知书与受理案件通知书、应诉通知书类似，但因通知对象不同（主要有必须共同进行诉讼的当事人、有独立请求权的第三人、无独立请求权的第三人、当事人的继承人或者权利义务承受人、原审其他当事人），内容也会有相应的调整。

2. 实例中，被追加的当事人系法院依职权追加的必要共同诉讼当事人，该实例采用的参加诉讼通知书文本格式更像是下文传唤其他诉讼参与人用的出庭通知书，而非上文通知当事人用的受理案件通知书和应诉通知书。但被追加的当事人会参与到接下来的诉讼程序中，理应在通知其参加诉讼时一并告知其相应的诉讼权利义务。告知方式则可以灵活多样，既可以采取上述新文书格式的模板，也可以采取实例中的通知书格式，同时再另外向其送达一份下文的诉讼权利义务告知书。

---

① 来源：湖北省武汉市江岸区人民法院档案室阅卷搜集。

17. 诉讼权利义务告知书（告知当事人用）

诉讼权利义务告知书

一、当事人的诉讼权利

1. 原告有向法院提起诉讼和放弃、变更诉讼请求的权利，有申请财产保全、证据保全的权利；

2. 被告针对原告的起诉，有应诉和答辩及提起反诉的权利；

3. 有委托诉讼代理人参加诉讼的权利；

4. 有使用本民族语言文字进行诉讼的权利；

5. 审判人员、书记员、翻译人员、鉴定人、勘验人有下列情形之一的，有申请回避的权利；

（1）是本案当事人或者当事人、诉讼代理人近亲属的；

（2）与本案有利害关系的；

（3）与本案当事人、诉讼代理人有其他关系，可能影响对案件公正审理的；

6. 有按规定申请延长举证期限或向法院申请调查、收集证据的权利；

7. 有进行辩论，请求调解、自行和解的权利；

8. 有查阅法庭笔录并要求补正的权利；

9. 有在法定期限内提起上诉的权利；

10. 有申请执行已经发生法律效力的判决、裁定、调解书的权利。

二、当事人的诉讼义务及责任

1. 依法行使诉讼权利的义务；

2. 按规定交纳诉讼费用的义务；

3. 向法院提供准确的送达地址和联系方式的义务；

4. 按规定期限向法院提供证据的义务；

5. 按时到庭参加诉讼的义务；

6. 服从法庭指挥，遵守诉讼秩序的义务；

7. 履行已经发生法律效力的判决、裁定、调解书的义务。

对于不履行诉讼义务妨害民事诉讼的行为，根据情节轻重，人民法院可以分别采取训诫、罚款、拘留等强制措施；构成犯罪的，依法追究刑事责任。

三、根据《最高人民法院关于人民法院在互联网公布裁判文书的规定》，本院作出的生效裁判文书将在中国裁判文书网上公布。如果认为案件涉及个人隐私或商业秘密，申请对裁判文书中的有关内容进行技术处理或者申请不予公布的，至迟应在裁判文书送达之日起三日内以书面形式提出并说明具体理由。经本院审查认为理由正当的，可以在公布裁判文书时隐去相关内容或不予公布。

【说明】

1. 本样式根据《中华人民共和国民事诉讼法》第一百二十六条制定,供人民法院在受理案件后,告知当事人诉讼权利义务用。

2. 在向当事人送达受理案件通知书、应诉通知书、参加诉讼通知书时,可以一并送达诉讼权利义务告知书。

【实例评注】

湖北省武汉市中级人民法院
诉讼权利义务告知书[①]

一、当事人的诉讼权利

1. 原告有向法院提起诉讼和放弃、变更诉讼请求的权利,有申请财产保全、证据保全的权利;

2. 被告针对原告的起诉,有应诉和答辩及提起反诉的权利;

3. 有委托诉讼代理人参加诉讼的权利;

4. 有使用本民族语言文字进行诉讼的权利;

5. 审判人员、书记员、翻译人员、鉴定人、勘验人有下列情形之一的,有申请回避的权利:

(1)是本案当事人或者当事人、诉讼代理人近亲属的;

(2)与本案有利害关系的;

(3)与本案当事人、诉讼代理人有其他关系,可能影响对案件公正审理的;

6. 有按规定申请延长举证期限或向法院申请调查、收集证据的权利;

7. 有进行辩论,请求调解、自行和解的权利;

8. 有查阅法庭笔录并要求补正的权利;

9. 有在法定期限内提起上诉的权利;

10. 有申请执行已经发生法律效力的判决、裁定、调解书的权利。

二、当事人的诉讼义务及责任

1. 依法行使诉讼权利的义务;

2. 按规定交纳诉讼费用的义务;

3. 向法院提供准确送达地址和联系方式的义务;

4. 按规定期限向法院提供证据的义务;

[①] 来源:湖北省武汉市中级人民法院立案庭搜集。

5. 按时到庭参加诉讼的义务；

6. 服从法庭指挥，遵守诉讼秩序的义务；

7. 履行已经发生法律效力的判决、裁定、调解书的义务。

对于不履行诉讼义务妨害民事诉讼的行为，根据情节轻重，人民法院可以分别采取训诫、罚款、拘留等强制措施；构成犯罪的，依法追究刑事责任。

三、根据《最高人民法院关于人民法院在互联网公布裁判文书的规定》，本院作出的生效裁判文书将在中国裁判文书网上公布。如果你认为案件涉及个人隐私或商业秘密，申请对裁判文书中的有关内容进行技术处理或者申请不予公布的，至迟应在裁判文书送达之日起三日内以书面形式提出并说明具体理由。经本院审查认为理由正当的，可以在公布裁判文书时隐去相关内容或不予公布。

〔评注〕

诉讼权利义务告知书并未像前文受理案件通知书、应诉通知书、参加诉讼通知书等文书一般指向明确，其作用在于告知当事人一般性的诉讼权利和诉讼义务，也可在普法宣传时使用。实务中，当受理案件通知书、应诉通知书、参加诉讼通知书中关于诉讼权利、诉讼义务的内容不尽完善时，可以随同上述文书一并发放给当事人。

18. 合议庭组成人员通知书（通知当事人用）

×××× 人民法院
合议庭组成人员通知书

（××××）……民初……号

×××：

本院受理……（写明当事人及案由）一案，决定由×××担任审判长，与审判员/代理审判员/人民陪审员×××、审判员/代理审判员/人民陪审员×××组成合议庭进行审理。

特此通知。

××××年××月××日
（院印）

【说明】

1. 本样式根据《中华人民共和国民事诉讼法》第一百二十八条制定，供人民法院在合议庭组成人员确定后，通知当事人用。

2. 确定合议庭组成人员后，可以用受理案件通知书、应诉通知书、参加诉讼通知书等其他方式通知。

【实例评注】

湖北省武汉市江岸区人民法院
合议庭组成人员通知书①

（2016）鄂 0102 民初 4468 号

张某某/武汉江北塑料有限公司：

本院受理原告张某某与被告武汉江北塑料有限公司劳动争议纠纷一案，决定由审判员程春担任审判长，与人民陪审员刘建梅、贵汉利组成合议庭进行审理。

特此通知。

二〇一六年八月二十五日

〔评注〕

《民事诉讼法》第一百二十八条规定："合议庭组成人员确定后，应当在三日内告知当事人。"但并未规定应当在开庭前多长时间告知当事人合议庭组成人员，但为保证当事人行使回避权，则至少应在开庭前三日内将合议庭组成人员告知当事人，这样既可以与传票、参加诉讼通知书、开庭公告等的期限规定统一，也方便人民法院将通知的相关事由一并告知。

19. 变更合议庭组成人员通知书（通知当事人用）

××××人民法院
变更合议庭组成人员通知书

（××××）……民初……号

×××：

本院受理……（写明当事人及案由）一案，因……（写明变更理由），需要变更本案合

---

① 来源：湖北省武汉市江岸区人民法院档案室阅卷搜集。

议庭组成人员，决定由×××担任审判长，与审判员/代理审判员/人民陪审员×××、审判员/代理审判员/人民陪审员×××组成合议庭进行审理。

　　特此通知。

×××× 年 ×× 月 ×× 日
（院印）

【说明】

1. 本样式根据《中华人民共和国民事诉讼法》第一百二十八条制定，供人民法院在合议庭组成人员变更后，通知当事人用。

2. 变更合议庭组成人员后，可以用笔录、传票等其他方式通知。

【实例评注】

湖北省武汉市江岸区人民法院
变更合议庭组成人员通知书[①]

（2016）鄂 0102 民初 4468 号

张某某/武汉江北塑料有限公司：

　　本院受理原告张某某诉被告武汉江北塑料有限公司劳动争议纠纷一案，因合议庭组成人员人民陪审员贵汉利工作变动，需要变更本案合议庭组成人员，决定由审判员程春担任审判长，与人民陪审员刘建梅、危玉霞组成合议庭进行审理。

　　特此通知。

二〇一六年九月五日

〔评注〕

　　变更合议庭组成人员通知书是在合议庭组成人员通知书的基础上对变更事由的告知，并非经常使用的文书，告知形式较为灵活。在实务中，若变更事由事发突然，来不及在开庭前提前告知当事人，也可当庭通知，当事人无异议的，可继续审理。但为方便

---

① 来源：湖北省武汉市江岸区人民法院档案室阅卷搜集。

当事人行使回避权，应允许其提出异议，将开庭日期延后。

20. 传票（传唤当事人用）

××××人民法院 传票（存根）	
案号	（××××）……号
案由	
被传唤人	
住所	
传唤事由	
应到时间	年 月 日 时 分
应到场所	
备考	

××××年××月××日
（院印）

本联存卷

××××人民法院 传票	
案号	（××××）……号
案由	
被传唤人	
住所	
传唤事由	
应到时间	年 月 日 时 分
应到场所	

注意事项：
1. 被传唤人必须准时到达应到处所；
2. 本传票由被传唤人携带来院报到；
3. 被传唤人收到传票后，应当在送达回证上签名或者盖章。

××××年××月××日
（院印）

本联送达被传唤人

【说明】

1. 本样式根据《中华人民共和国民事诉讼法》第一百三十六条、第二百四十九条等以及《最高人民法院关于适用〈中华人民共和国民事诉讼法〉的解释》第二百二十七条制定,供人民法院在审理或执行案件过程中,传唤当事人到庭或者到指定处所用。

2. 本传票应当在应到时间三日前送达当事人。当事人在外地的,应当留有必要的在途时间。

3. 如有其他事项,可以在注意事项栏内续号增写。

【实例评注】

湖北省武汉市江岸区人民法院
传票(存根)[①]

案　　号	(2016)鄂 0102 民初 5869 号
案　　由	劳动争议纠纷
被传唤人	湖北长安建筑股份有限公司武汉分公司
送达地址	××
传唤事由	开庭审理
应到时间	2016 年 10 月 21 日上午 8 时 45 分
应到场所	本院数字化法庭 2 号(诉讼服务中心三楼 302)
备考:	审判员　郭　芳 二〇一六年十月十日 书记员　薛　斌

湖北省武汉市江岸区人民法院
传　票

案　　号	(2016)鄂 0102 民初 5869 号
案　　由	劳动争议纠纷
被传唤人	湖北长安建筑股份有限公司武汉分公司

---

① 来源:湖北省武汉市江岸区人民法院档案室阅卷搜集。

（续表）

送达地址	××
传唤事由	开庭审理
应到时间	2016年10月21日上午8时45分
应到场所	本院数字化法庭2号（诉讼服务中心三楼302）

注意事项：
 1. 被传唤人必须准时到达应到场所。
 2. 原告收到本传票后无正当理由拒不到庭，人民法院可以按撤诉处理；被告收到本传票后无正当理由拒不到庭，人民法院可以根据原告的诉讼请求及双方已经提交给法庭的证据材料缺席判决。
 3. 适用简易程序审理的民事案件可以当庭宣判。当庭宣判的，人民法院可以当庭送达裁判文书；当庭不能送达的，人民法院将告知当事人领取裁判文书的时间和地点，逾期不来领取的，不影响上诉期间的计算。
 4. 开庭必须携带身份证明及证据原件。
 5. 承办法官电话：027-××××××××。

审判员　郭　芳
二〇一六年十月十日
书记员　薛　斌

〔评注〕

《民事诉讼法》规定人民法院的送达方式包括直接送达、留置送达、委托送达、邮寄送达、转交送达以及公告送达。传票的送达直接关系到案件诉讼程序的推进以及审判程序适用问题。送达难在实务中尤其是一审案件的诉讼流程中一直都是一个突出问题。最高人民法院为此于2017年7月19日专门出台了《关于进一步加强民事送达工作的若干意见》，其中对除裁判文书之外的文书送达形式进行了突破，对送达地址的有效确认的形式也进行了尝试性扩充，其努力突破送达难题的决心可见一斑。传票的内容应该至少包括法律规定应当告知当事人的事项：当事人姓名、案由、开庭时间、地点。除上述法定的必选项，还应告知当事人案件案号，这样既可避免当事人因多案诉讼可能造成的混淆、也有利于法院的卷宗管理。此外，还应将送达地址列入传票内容，送达地址与送达时间同为关键的送达要素，不宜省略。相比较而言，被传唤人的住所这一项则可省略。与传票对应的一种重要的文书是送达回证，现有的送达回证多是针对直接送达适用，与传票对应，一般应列明案号、案由、受送达的当事人、送达地址、受送达人签名，建议统一送达回证格式。但因留置送达涉及见证人签名、邮寄送达需要附邮件回执、公告送达则需将公告报纸或公告照片附卷，因此，建议将送达回证的送达方式选项列明，按照具体案件划钩选择，以上提到的案号、案由、受送达的当事人、送达地址、受送达人签名还有送达文书名称和件数分项列明，下方空白处留下备注栏，视送达方式进行处理：留置送达的则由见证人×××、×××签名(签日期)，转交送达的则由转交人签名(签日期)，公告送达、邮寄送达则将相关的邮寄回单、报纸、照片粘贴在备注栏中，若面积过大，则可粘贴在送达回证背面；如系电子邮箱、微信送达，则需要在送达地址一栏注明电子邮箱地址和微信号。下图仅供参照：

××××人民法院
送达回证

□直接送达　□邮寄送达　□公告送达　□留置送达　□转交送达　□其他

案号/案由	
送达文书及数量	
受送达人	
送达地址/方式	
送达签收	
备注	

填制人：　　　　　　　送达人：

21. 出庭通知书（传唤其他诉讼参与人用）

××××人民法院
出庭通知书

（××××）……民×……号

×××：

　　本院受理……(写明当事人及案由)一案，定于××××年××月××日××时××分在……(写明地址)本院第×法庭开庭审理。依照《中华人民共和国民事诉讼法》第一百三十六条、《最高人民法院关于适用〈中华人民共和国民事诉讼法〉的解释》第二百二十七条规定，你作为委托诉讼代理人/鉴定人/勘验人/翻译人员应准时出庭。

联 系 人：……（写明姓名、部门、职务）
联系电话：……
联系地址：……
特此通知。

××××年××月××日
（院印）

【说明】

1. 本样式根据《中华人民共和国民事诉讼法》第一百三十六条以及《最高人民法院关于适用〈中华人民共和国民事诉讼法〉的解释》第二百二十七条制定，供人民法院适用普通程序审理案件在开庭三日前，通知诉讼代理人、鉴定人、勘验人、翻译人员到庭用。

2. 诉讼参与人在外地的，应当留有必要的在途时间。

【实例评注】

湖北省武汉市江岸区人民法院
出庭通知书①

（2016）鄂 0102 民初 1802 号

方某：

本院受理原告刘某诉被告武汉市江岸区浅深休闲俱乐部劳动争议纠纷一案，定于 2016 年 4 月 14 日 9 时 00 分在本院第一数字法庭开庭审理。依照《中华人民共和国民事诉讼法》第一百三十六条、《最高人民法院关于适用〈中华人民共和国民事诉讼法〉的解释》第二百二十七条规定，你作为委托诉讼代理人应准时出庭。

联 系 人：湖北省武汉市江岸区人民法院速裁组审判员程春
联系电话：027 - ××××××××
联系地址：湖北省武汉市江岸区正义路 8 号
特此通知。

二〇一六年三月二十四日

---

① 来源：湖北省武汉市江岸区人民法院档案室阅卷搜集。

〔评注〕

《民诉法解释》第二百二十七条规定应当用出庭通知书通知到庭的人员有诉讼代理人、证人、鉴定人、勘验人、翻译人员，但实务中，一般在向当事人送达传票后，不再另行向其诉讼代理人送达出庭通知书。因为，如果是法定代理人或指定代理人代理当事人诉讼，则当事人的一应诉讼事务一般都会由其代理人代为诉讼，不用再对当事人另行通知；而如果当事人有委托诉讼代理人的，当事人和委托诉讼代理人之间一般情况下都会就案件进展相互沟通，尤其是当事人聘请了律师的，一般会由律师直接到庭领取传票等诉讼文书，没有必要再送达出庭通知书。向证人送达出庭通知书则有赖于申请证人出庭作证的一方当事人的配合，在实务中，证人出庭作证多是碍于人情，并不愿意三番两次到法院，要求其在出庭作证前先到庭领取一次通知书，可行性不大，且即使向其送达了出庭通知书，但证人临时决定不到庭作证，也并无相应的惩罚依据，反而有损司法权威。出庭通知书多见于针对鉴定人、勘验人、翻译人员的通知，而且很多情况下，往往是应上述人员的要求进行送达（作为向所在单位申请外出出庭报备、向当事人收取相关费用的依据等）。

22. 公告（通知共同诉讼权利人登记用）

××××人民法院
公告

（××××）……民×……号

本院受理……（写明当事人及案由）一案，原告×××向本院提出诉讼请求：1.……；2.……（明确原告的诉讼请求）。事实和理由：……（概述原告主张的事实和理由）。因与本案诉讼标的为同一种类的案件众多，故相关权利人应在公告之日起×天内向本院登记。

特此公告。

×××年××月××日
（院印）

【说明】

1. 本样式根据《中华人民共和国民事诉讼法》第五十四条以及《最高人民法院关于适用〈中华人民共和国民事诉讼法〉的解释》第七十九条制定，供第一审人民法院对于诉讼标的是同一种类，当事人一方人数众多在起诉时人数尚不确定的，通知权利人在一定期间内向人民法院登记用。

2. 公告期间根据案件的具体情况确定，但不得少于三十日。

【实例评注】

河南省南阳市卧龙区人民法院公告①

原告吕某与第一被告南阳四友房地产开发有限公司、第二被告南阳银基商贸有限公司、第三被告徐某某确认合同效力纠纷一案，本院已依法受理。原告吕某向本院提出诉讼请求为：(1)请求依法确认原告与第一被告之间的商品房买卖合同有效，并继续履行；(2)请求依法确认位于卧龙区文化路217号1幢3593号、4389号商业用房归原告所有；(3)责令第一被告限期办理不动产权属证书；(4)请求依法判令第二被告支付上述房产委托统一管理整体出租期间的租赁费175141.6元(截至2016年11月18日)并按照约定承担违约金；解除托管租赁合同；(5)依法判令被告徐某某与上述第一、二被告共同承担责任；(6)诉讼费由被告承担。

事实与理由：2012年7月24日，原告与第一被告签订商品房买卖合同，合同约定第一被告将位于卧龙区文化路217号1幢3593号、4389号商业用房出卖给原告。于2013年5月1日前交付房屋。合同签订后，原告按照协议约定交付了购房款。该房由第一被告的关联公司南阳银基商贸有限公司(第二被告)委托统一管理整体出租，由第二被告每月按购房款的11.5%向原告支付租赁费。第二被告在支付两年租金后停付。第三被告为第一、二被告的实际控制人。为维护原告合法权益，请求人民法院判如所请。因与本案诉讼标的为同一种类的案件众多，根据《中华人民共和国民事诉讼法》第五十四条、《最高人民法院关于适用〈中华人民共和国民事诉讼法〉的解释》第七十九条之规定，相关权利人应在公告之日起30日内向本院登记。逾期不再登记。

特此公告

2016年11月11日

〔评注〕

法院在处理《民事诉讼法》第五十四条规定的因人数众多在起诉时人数尚不确定的群体性案件时，使用该公告通知其他权利人参与诉讼。实务中常见的此类纠纷是因交房延期或房屋质量问题导致的房屋买卖合同纠纷以及物业合同纠纷。公告方式除通

---

① 来源：《南阳晚报》2016年11月11日，第W14版。

过报纸刊登、在法院公告栏张贴外，还可视具体案情在争议标的物处张贴。

23. 公告（公告开庭用）

```
                    ××××人民法院
                        公　告

                              （××××）……民×……号

    本院定于××××年××月××日……（具体时间）在……（写明开庭地点）公开开庭
审理……（写明当事人及案由）一案。
    特此公告。

                                    ××××年××月××日
                                         （院印）
```

【说明】

1. 本样式根据《中华人民共和国民事诉讼法》第一百三十六条制定，供人民法院公告开庭用。

2. 公开审理的，应当公告当事人姓名或名称、案由和开庭的时间、地点。

【实例评注】

湖北省武汉市江岸区人民法院
公告①

（2016）鄂 0102 民初 1802 号

本院定于 2016 年 4 月 14 日 9 时 00 分在本院第一数字法庭公开审理原告刘某诉被告武汉市江岸区浅深休闲俱乐部劳动争议纠纷一案。

特此公告。

二〇一六年三月二十四日

---

① 来源：湖北省武汉市江岸区人民法院档案室阅卷搜集。

〔评注〕

《民事诉讼法》第一百三十六条规定:"人民法院审理民事案件,应当在开庭三日前通知当事人和其他诉讼参与人。公开审理的,应当公告当事人姓名、案由和开庭的时间、地点。"一般是通过人民法院网站、门口公告栏、人民法院的对外宣传的电子屏等方式公告开庭信息。

为方便当事人准确掌握开庭的相关信息,可在受理通知书、应诉通知书等相关诉讼文书中告知法院的网址等查询开庭公告的途径。

24. 庭前会议笔录（召开庭前会议用）

庭前会议笔录

（××××）……民×……号

时间：××××年××月××日××时××分至××时××分

地点：……

审判人员：……（写明职务和姓名）

书记员：×××

记录如下：

……（写明记录内容）。

（以下无正文）

当事人和其他诉讼参加人（签名或者盖章）

审判人员（签名）

书记员（签名）

【说明】

1. 本样式根据《中华人民共和国民事诉讼法》第一百三十三条第四项以及《最高人民法院关于适用〈中华人民共和国民事诉讼法〉的解释》第二百二十四条、第二百二十五条制定,供人民法院在答辩期届满后,召开庭前会议记录用。

2. 庭前会议可以包括下列内容：(1)明确原告的诉讼请求和被告的答辩意见；(2)审查处理当事人增加、变更诉讼请求的申请和提出的反诉,以及第三人提出的与本案有关的诉讼请求；(3)根据当事人的申请决定调查收集证据,委托鉴定,要求当事人提供证据,进行勘验,进行证据保全；(4)组织交换证据；(5)归纳争议焦点；(6)进行调解。

【实例评注】

湖北省武汉市江岸区人民法院
庭前会议笔录①

案　　由：劳动争议纠纷

案　　号：（2016）鄂0102民初134、215号

开庭时间：2016年1月21日上午9时00分

开庭地点：本院数字化法庭（1）

审判员：程　春

书记员：曹洲敏

速录员：叶红梅

原告胡某某诉被告武汉信腾台北物业管理有限公司劳动争议纠纷及原告武汉信腾台北物业管理有限公司诉被告胡某某劳动争议纠纷二案。

记录如下：

案　　由：劳动争议纠纷

核对当事人及其诉讼代理人的身份

原告胡某某（以下简称原告）。

委托代理人杨某，湖北津廷律师事务所律师。

被告武汉信腾台北物业管理有限公司（以下简称被告）。

法定代表人：朱某某，总经理。

委托代理人林某（以下简称被代），湖北忠三律师事务所律师。

审：原告对对方出庭人员的身份有无异议？

原告：没有异议。

审：被告对对方出庭人员的身份有无异议？

被告：没有异议。

审：各方当事人及其诉讼代理人符合法律规定，可以参加本案诉讼。武汉市江岸区人民法院现在开庭，依照《中华人民共和国民事诉讼法》第一百三十三条第四项以及《民诉法解释》第二百二十四条、第二百二十五条之规定，本庭依法对原告胡某某诉被告武汉信腾台北物业管理有限公司劳动争议纠纷及原告武汉信腾台北物业管理有限公司诉被告胡某某劳动争议纠纷两案召开庭前会议。两案均系不服同一劳动争议仲裁裁决书提起的诉讼，本院将会对两案合并进行审理，合并审理后的原告为胡某某，被

---

① 来源：湖北省武汉市江岸区人民法院档案室阅卷搜集。

告为武汉信腾台北物业管理有限公司。

均答：知道了。

审：本院送达的当事人诉讼权利义务通知书，是否收到？

原告：收到了。

被告：收到了。

审：各方当事人收到了本院送达的当事人诉讼权利义务通知书，权利义务本院不再重复，听清楚了吗？

均答：听清楚了，不需要法院重复。

审：根据《中华人民共和国民事诉讼法》第三十九条的规定，庭前会议将由审判员程春主持，书记员是曹洲敏，由速录员叶红梅担任记录工作，听清楚了吗？

均答：听清楚了。

审：根据《中华人民共和国民事诉讼法》第四十五条、第四十六条的规定，如果双方当事人认为本案审判人员、书记员与本案有利害关系，可能影响本案公正审理的，可以提出事实和理由申请回避，双方当事人对本庭组成人员、书记员是否申请回避？

均答：不申请回避。

审：今天进行庭前会议，完成的任务包括：明确原被告的诉讼请求、原被告的辩称要点、原被告交换证据并对对方证据发表质证意见、明确争议焦点，并了解双方是否有初步的调解意向。

审：双方的诉讼请求有无变更？

原告：第一项诉请金额上有变化，起诉时计算的金额有误。

被告：没有变化。

审：原告明确第一项诉讼请求的金额如何计算。

原告：好的。（详见变更诉讼请求申请书并陈述事实理由略）

审：被告答辩并陈述诉请。

被代：（详见答辩状及起诉状）

原告：答辩意见同起诉状。

审：现在由原告进行举证。

原告：（宣读证据并出示证据略）

审：原告，你方提交的证据需提交相关的书面证据材料，是否清楚？

原告：清楚了。

审：原告将其提交的所有证据原件交由被告发表质证意见。

被告：（质证略）

审：现在由被告举证。

被告：两案的证据一致。（宣读并出示证据略）

审：被告提交的所有证据原件交由原告发表质证意见。

原告：（质证略）

审：双方是否举证完毕？

均答：完毕。

审：下面总结争议焦点。（略）双方有无异议？

均答：无异议。

审：请双方当事人围绕上述争议焦点积极准备开庭相关内容。

均答：好的。

审：双方是否愿意调解？

原告：愿意。

被代：我是代理人，原告可将初步意向告知我，由我回去转达公司领导。

原告：好的。

审：本次庭前会议到此结束，开庭时间另行通知，现在由双方当事人阅读以上笔录确认无误后签名或捺印。

〔评注〕

1. 《民事诉讼法》第一百三十三条第四项规定："人民法院对受理的案件，分别情形，予以处理：……（四）需要开庭审理的，通过要求当事人交换证据等方式，明确争议焦点。"《民诉法解释》第二百二十四条则提出了庭前会议的概念，之后又在第二百二十五条对庭前会议的内容专门进行了列举。但在实务中，一审案件很少召开庭前会议，相比较而言，更多的是通过庭前证据交换的形式完成上述目的，二者的区别形式大于实质。但因习惯使然，所以庭前证据交换笔录比起庭前会议笔录更为常见。

2. 从庭前会议的内容可以看出设置庭前会议的目的一方面在于在开庭前尽可能地将可能遇到的障碍，如申请鉴定、申请调取证据以及当事人诉请变动等情形予以排除或者处理完毕，另一方面则是组织当事人各方进行初步沟通（交换证据以及了解各方是否有调解意向），让承办人对案件的争议问题有初步了解，有针对性地做好开庭准备。

3. 庭前会议可以不公开进行。

25. 法庭笔录（开庭审理用）

法庭笔录

时间：××××年××月××日××时××分至××时××分

地点：×××人民法院第×法庭

案号：（××××）……民×……号

案由：……（写明案由）

审判人员：……（写明职务和姓名）

书记员：×××

（开庭审理前，书记员应当查明当事人和其他诉讼参与人是否到庭，落座后宣布法庭纪律，请审判人员入庭就座）

审判人员：（敲击法槌）现在开庭。首先核对当事人和其他诉讼参加人的基本信息。

原告：×××，……。

被告：×××，……。

第三人：×××，……。

（以上写明当事人和其他诉讼参加人的基本信息，未到庭的括注未到庭，委托诉讼代理人括注代理权限）

审判人员：原告对出庭人员有无异议？

原告：……。

审判人员：被告对出庭人员有无异议？

被告：……。

审判人员：第三人对出庭人员有无异议？

第三人：……。

审判人员：经核对，各方当事人和其他诉讼参加人均符合法律规定，可以参加本案诉讼活动。××××人民法院依照《中华人民共和国民事诉讼法》第一百三十四条规定，今天依法适用普通程序，公开/不公开开庭审理（××××）……民×……号……（写明当事人及案由）一案。本案由审判员×××、审判员/代理审判员/人民陪审员×××、审判员/代理审判员/人民陪审员×××组成合议庭，由审判员×××担任审判长，由书记员×××担任记录。

告知当事人有关的诉讼权利义务。

审判人员：当事人可以提出回避申请。原告是否申请回避？

原告：……。

审判人员：被告是否申请回避？

被告：……。

审判人员：第三人是否申请回避？

第三人：……。

审判人员：现在进行法庭调查。首先由原告陈述诉讼请求、事实和理由。

原告：诉讼请求：……。

事实与理由：……。

审判人员：现在由被告答辩。

被告：……。

审判人员：现在由第三人陈述。

第三人：……。

审判人员：根据各方当事人的诉讼请求、答辩意见以及证据交换情况，合议庭归纳本案庭审争议焦点如下：一、……；二、……；三、……。各方当事人对合议庭归纳的争议焦点是否有异议？

原告：……。

被告：……。

第三人：……。

审判人员：下面围绕本案争议焦点涉及的事实问题展开调查。

问题一：……。

原告：……。

被告：……。

第三人：……。

问题二：……。

原告：……。

被告：……。

第三人：……。

……。

审判人员：现在进行法庭辩论。法庭辩论阶段需要当事人发表法律意见的问题是：一、……；二、……；三、……。首先由原告发言。

原告：……。

审判人员：现在由被告答辩。

被告：……。

审判人员：现在由第三人发言/答辩。

第三人：……。

审判人员：现在由当事人互相辩论。首先由原告发表辩论意见。

原告：……。

审判人员：现在由被告发表辩论意见。

被告：……。

审判人员：现在由第三人发表辩论意见。

第三人：……。

审判人员：法庭辩论终结。现在由当事人最后陈述。首先由原告陈述。

原告：……

审判人员：现在由被告陈述。

被告：……

审判人员：现在由第三人陈述。

第三人：……

审判人员：征询各方当事人的调解意向。原告是否愿意调解？

原告：……。

审判人员：被告是否愿意调解？

被告：……。

审判人员：第三人是否愿意调解？

第三人：……。

审判人员：现在闭庭。（敲击法槌）

原告（签名或者盖章）

被告（签名或者盖章）

第三人（签名或者盖章）

审判人员（签名）

书记员（签名）

（如当庭宣判的，按下列格式:）

审判人员：现在休庭×分钟，由合议庭进行评议。（敲击法槌）

审判人员：（敲击法槌）现在继续开庭。

审判人员：……（写明当事人及案由）一案，合议庭经过审理，并进行了评议。现在当庭宣告裁判内容如下：（敲击法槌）

书记员：全体起立。

审判人员：……（宣告判决主文）。

如不服本判决，可以在判决书送达之日起十五日内，向本院递交上诉状，并按对方当事人或者代表人的人数提出副本，上诉于××××人民法院。

如当事人不当庭要求邮寄发送本裁判文书，应在××××年××月××日到××××处领取裁判文书，否则承担相应后果。

审：现在闭庭。（敲击法槌）

原告（签名或者盖章）

被告（签名或者盖章）

第三人（签名或者盖章）

审判人员（签名）

书记员（签名）

【说明】

1. 本样式根据《中华人民共和国民事诉讼法》第一百三十四条至第一百四十八条、

《最高人民法院关于适用〈中华人民共和国民事诉讼法〉的解释》第二百五十三条制定，供人民法院适用第一审普通程序开庭审理记录用。

2. 书记员应当将法庭审理的全部活动记入笔录。

3. 法庭笔录应当当庭宣读，也可以告知当事人和其他诉讼参与人当庭或者在五日内阅读。当事人和其他诉讼参与人认为对自己的陈述记录有遗漏或者差错的，有权申请补正。如果不予补正，应当将申请记录在案。

4. 法庭笔录由当事人和其他诉讼参与人签名或者盖章。拒绝签名盖章的，记明情况附卷。

5. 法庭笔录由审判人员和书记员签名。

6. 当庭调解达成协议的，使用法庭笔录记明，不另行制作调解笔录。

7. 当庭宣判的，使用法庭笔录记明，不另行制作宣判笔录。

【实例评注】

湖北省武汉市江岸区人民法院
开庭笔录①

（2016）鄂 0102 民初 1375 号

案由：劳动争议纠纷

开庭时间：2016 年 3 月 17 日 14 时 30 分

开庭地点：本院第一数字法庭

审判员：程　春

书记员：曹洲敏

速录员：叶红梅

书记员：原告雷某及其委托诉讼代理人蔡某是否到庭？

原：原告雷某及其委托代理人蔡某到庭。

书记员：被告湖北汤池温泉旅游有限责任公司的委托诉讼代理人左某是否到庭？

被：到庭。

书记员：下面宣布法庭纪律。

诉讼参与人应当遵守法庭规则，维护法庭秩序，不得喧哗、吵闹；发言、陈述和辩论，须经审判员许可。旁听人员应遵守法庭规则，在案件审判过程中应关闭手机等通

---

① 来源：湖北省武汉市江岸区人民法院档案室阅卷搜集。

讯工具；不得录音、录像和摄影；不得随意走动和进入审判区；不得发言、提问；不得鼓掌、喧哗、哄闹和实施其他妨害审判活动的行为；要爱护法庭设施，保持法庭卫生。旁听人员违反法庭规则的，审判员可以口头警告、训诫，也可以没收录音、录像和摄影器材，责令退出法庭或者经院长批准予以罚款、拘留；哄闹、冲击法庭，侮辱、诽谤、威胁、殴打审判人员等严重扰乱法庭秩序的，依法追究刑事责任。

书记员：全体起立，请审判员入庭。

（审判员入庭）

书记员：报告审判员，原告雷某及其委托诉讼代理人蔡某到庭，被告湖北汤池温泉旅游有限责任公司的委托诉讼代理人左某到庭，庭审准备工作就绪，请审判员开庭。

审：请全体坐下。（敲击法槌）湖北省武汉市江岸区人民法院现在开庭。下面核对当事人及其诉讼代理人的身份情况。请原告陈述姓名、性别、出生年月日、民族、职业、住址、公民身份号码及委托代理人身份情况、代理权限。

原告：雷某（以下简称原），男，汉族。

委托诉讼代理人：蔡某（特别授权代理），北京惠诚（武汉）律师事务所律师。

审：下面由被告的委托诉讼代理人陈述被告姓名、性别、出生年月日、民族、职业、住址、公民身份号码及委托代理人身份情况、代理权限。

被告：湖北汤池温泉旅游有限责任公司（以下简称被），住所地：湖北省应城市汤池镇温泉路121号。

法定代表人向某，董事长。

委托代理人左某（一般授权代理），湖北诚拓律师事务所律师。

审：原告对被告出庭人员有无异议？

原：无异议。

审：被告对原告出庭人员有无异议？

被：无异议。

审：当事人的身份情况经本庭核对无误，双方当事人及其诉讼代理人均符合法律规定，可以参加本案诉讼活动。武汉市江岸区人民法院依照《中华人民共和国民事诉讼法》第一百三十四条规定，今天依法适用普通程序，公开开庭审理（2016）鄂0102民初1375号原告雷某诉被告湖北汤池温泉旅游有限责任公司劳动争议纠纷一案。本案由审判员程春独任审判，书记员是曹洲敏，由速录员叶红梅担任法庭记录。

审：根据《中华人民共和国民事诉讼法》第四十九条、第五十条、第五十一条的规定，当事人在庭审中有如下的诉讼权利义务：有权提供证据，进行辩论，请求调解、自行和解，提起上诉，申请执行；原告可以放弃或者变更诉讼请求；被告可以承认或者反驳诉讼请求。各方当事人是否清楚？

原：清楚。

被：清楚。

审：根据《中华人民共和国民事诉讼法》第四十五条、第四十六条的规定，当事人有权申请回避。各方当事人对本案的审判人员及书记员是否申请回避？

原：不申请。

被：不申请。

审：被告是否收到起诉状副本？

被：收到。

审：法庭调查开始，首先由原告陈述请求事项及事实和理由。

原：尊敬的审判员，现向法院陈述请求事项及事实和理由。

诉讼请求：1. 判令被告支付申请加班费及加班补偿金57 681.63元；2. 判令被告支付解除劳动合同经济补偿金12 507.44元；3. 判令被告支付违法克扣的社会保险费用及经济补偿金5 330.98元；4. 判令被告支付失业救济金7 560元；5. 判令被告退还原告押金300元。以上共计83 380.05元。

事实与理由：略。

审：下面由被告针对原告的诉讼请求及事实和理由进行答辩。

被：答辩理由如下：略。

审：双方针对事实部分有无补充？

原：没有。

被：没有。

审：下面进入法院举证、质证阶段。首先由原告提交相关证据材料。

原：证据一、员工考勤原始记录表（2013年8月、9月、2014年3月、4月、5月、11月），拟证明原告实际工作地点是在被告的武汉办事处及考勤情况。

被：因为证据为复印件，对证据的真实性不予认可。我公司是电子卡考勤机记考勤，不是手写考勤。

审：被告能否提供原告的电子考勤记录？

被：因原告离职已经一年多了，时间过久，一年多前的打卡内容已经被其他记录覆盖了。

审：被告在武汉的办公地点有几个？

被：一个。地点在三阳路。

审：被告于庭审后五个工作日内向本院提交现在在武汉办事处员工的考勤记录，听清楚没有？

被：听清楚了。

原：证据二、养老保险在职个人账户，拟证明原告与被告劳动关系及社会保险费用缴纳情况，截至2015年被告共计为原告缴纳养老保险32个月，共计3 535.52元。

被：对证据无异议。

审：原告的养老保险在何处缴纳的？

原：在应城交的。

原：证据三、被迫解除劳动关系通知书及邮寄快递单，拟证明劳动关系解除情况，原告是在被告没有缴纳养老保险的情况下被迫解除劳动关系。原告分别向武汉办事处及被告注册地邮寄了被迫解除劳动关系通知书，邮寄武汉办事处的通知书当庭查询邮件是2015年3月9日被拒收退回。关于圆通这份邮给被告注册地的快件经查询并无该快递号。两份邮件都是2015年2月16日交寄快递公司的。

被：对证据的真实性、关联性及合法性均有异议，邮件无签收人签名。被告没有收到被迫解除劳动关系通知书。

审：经当庭核实，原告是于2015年2月16日分别向武汉办事处及被告注册地邮寄解除劳动关系通知书，但仲裁委员会出具的不予受理通知书上称，其于2016年2月17日收到原告的仲裁申请书，原告主张自己没有超过一年诉讼时效，需对此进行举证。原告听清楚没有？

原：听清楚了，暂无证据。

原：证据四、工资卡账户银行流水，拟证明原告2014年度工资收入情况。

被：对证据的真实性无异议，经核算原告离职前一年月平工资为2 766元/月。

原：对被告计算的月均工资予以认可，但在实发工资基础上每月还有几百元的补贴。故我方主张的月平工资为3 126.86元/月。

原：证据五、押金收据，拟证明被克扣押金金额及项目。

被：对证据的真实性无异议，但对其证明目的有异议，被告不是克扣的押金而是收取，是从工资里扣除的300元，用来做制服用。

审：依照相关法律规定，是不允许用人单位收取押金的，请被告对此表明态度。

被：原告拿押金条来，被告愿意办理退还押金手续。

原：证据六、企业官网信息，拟证明被告武汉营销中心地址。

被：对证据无异议。

原：证据七、不予受理通知书，拟证明本案经过仲裁前置程序。

被：对证据的真实性无异议。证据已经显示原告是在一年后申请的仲裁，已超过仲裁时效，法院不应支持其诉请。

审：原告还有无其他证据提交？

原：举证完毕。

审：下面由被告举证。

被：证据一、营业执照，拟证明被告主体资格。

原：对证据无异议。

被：证据二、劳动合同二份（2011年10月14日至2014年10月14日、2014年10月14日至2016年10月14日），拟证明原、被告劳动关系，劳动合同是2011年10月至2016年10月终止，原告于2015年2月10日单方离职。

原：对证据无异议。

被：证据三、原告自动离职报告单，拟证明原告于2015年2月10日离职，原告本人自愿主动离职。

原：对证据的真实性有异议，证据上面既无原告本人签名又无被告公章。我方发出的解除劳动关系通知是在2015年2月16日。

被：报告单是公司员工代为填写，我公司接到武汉办事处的通知是2015年2月10日原告就离职了，故离职报告单上没有原告签名。

原：原告离职的时间需向其本人询问，庭后告知法院。

审：被告还有无其他证据提交？

被：举证完毕。

审：以上证据原件由当事人自行保存，复印件留存法院。

原：听清楚了。

被：听清楚了。

审：根据庭审举证质证情况，本庭就本案向原被告双方询问相关问题。

审：原告第三项诉讼请求有无证据支持？

原：没有证据提交。工资条可以证明。

审：被告于庭审后五个工作日内向本院提交原告的每月工资条。听清楚没有？

被：好的，听清楚了。

审：被告有无安排原告年休假及加班？

被：我公司没有安排原告加班。

审：被告于庭后五个工作日内向本院提交原告上班期间的考勤记录，如没有原告的本人的考勤记录，则向本院提交现在武汉办事处工作人员的考勤记录，并提交原告离职前一年的原始工资凭证，如逾期未提交，本院将依法认定原告的主张，听清楚没有？

被：听清楚了。

审：就原告诉讼时效问题原告应当于庭审后五个工作日内向本院提交书面证据。逾期将视为举证不能，听清楚没有？

原：听清楚了。

审：原被告双方有无问题询问对方？

原：没有。

被：没有

审：下面进行法庭辩论，请双方当事人针对本案争议焦点发表辩论意见，本案争议焦点：1. 原告申请仲裁是否超过一年时效以及有无时效中断中止情形；2. 关于原告加班情况的举证责任以及主张的加班费应否得到支持；3. 双方劳动合同关系解除原因；4. 原告工作期间，被告有无扣除原告的社保费用。首先由原告发表辩论意见。

原：发表辩论意见如下：略。

审：下面由被告方发表辩论意见。

被：略。

审：双方当事人对辩论意见有无补充？

原：没有。

被：没有。

审：双方辩论观点均已阐明，法庭辩论终结，如果未尽事宜可写在代理词中，请于庭后三日内提交。根据《中华人民共和国民事诉讼法》第一百四十一条第二款的规定，当事人在法庭辩论终结后，还有最后陈述的权利。请双方当事人进行最后陈述。

原：坚持诉讼请求。

被：坚持答辩意见。

审：根据《中华人民共和国民事诉讼法》第一百四十二条的规定，法院可以组织双方当事人进行调解，本庭希望此起劳动争议纠纷，双方能在尊重事实，互谅互让的基础上进行调解，以解决双方的纠纷。但调解要尊重双方自愿，双方是否同意在本庭的主持下进行调解。

原：同意调解。

被：同意调解。

审：本庭另行组织双方当事人进行调解。今天开庭到此，现在闭庭，请双方当事人在查阅完庭审笔录后签字。（敲击法槌）

〔评注〕

1. 庭审是整个审判工作的中心环节，"有证举在庭上、有理讲在庭上"，正是通过庭审，才给了当事人程序公正的直观感受，让当事人感觉"赢得堂堂正正，输得明明白白"，达到"辨法析理，胜败皆明"的效果。记录庭审全过程的意义和作用在于用书面形式将案件事实和证据固定下来，为一审案件最终的处理提供依据；同时，也为上诉审法院提供审理依据。法庭笔录的制作既要求如实全面，同时又必须简明扼要。因此，掌握相关的制作技巧则显得尤为重要。

《民事诉讼法》第一百四十七条第一款规定："书记员应当将法庭审理的全部活动记入笔录，由审判人员和书记员签名。"即法庭笔录应如实、全面记录庭审活动，所记录的包括但不限于以下内容：(1)记录审判长、合议庭成员或独任审判员在庭审的各个不同阶段先后向当事人所宣布、告知、询问的内容，以及当事人及其诉讼代理人回答、陈述、质证、辩解、辩论的内容；（2）记录当庭出示物证、书证、视听资料、鉴定结论、现场勘验笔录等各项证据以及当事人对各项证据证明效力所表示的意见；（3）记录证人出庭作证或当庭宣读证人证言的情况及当事人对证人证言表示的意见；（4）记录民商事案件当庭调解的情况；（5）记录合议庭休庭评议的情况；（6）记录审判长或独任审判员当庭宣判或裁定的要点及当事人表示的内容。事实上法庭笔录不仅包括各方当事人的观点、审判人员的流程引导和法律释明，还应包括庭审过程发生的其他有法律意义的行为，如当事人及其他诉讼参与人出现的妨害民事诉讼的禁止性行为以及审判组织对当事人以及其他诉讼参与人予以训诫、责令退出法庭的情况；此外，对于当事人在诉讼过程中明显前后不一致的表述也应如实记录，并要求其说明原因，不宜直接更改。

庭审笔录是即时记录，当事人的语言表达能力、观点归纳能力参差不齐，尤其是无诉讼代理人参与的情况下，当事人可能出现重复表述以及表达模糊等情况，对此，审判人员宜待其充分陈述意见后，总结其观点，并经当事人认可后由书记员记录在案；对于重复的内容应向当事人释明上述内容已记录在案，不必复述。以保证庭审记录的简洁性，避免繁冗拖沓以及当事人的观点模棱两可。

2. 另外，关于一些法庭笔录的细节问题值得注意。（1）正确区别休庭与闭庭。闭庭是指庭审程序的结束，而休庭是指因故中止案件审理，是法庭审理程序的暂停，比如庭审人员休息或进行合议等。实务中，对此却有不同观点和做法，有的认为每次庭审结束都是闭庭，即单次的庭审结束；有的认为闭庭是指一个案件所有程序的完结。但实务中，很多案件庭审结束后最终是以撤诉或调解结案的，如果按照第二种观点，每一次庭审结束后都以休庭结束，那么案件的诉讼流程就缺乏一个"闭庭"的句号（没有实质庭审专门进行一次闭庭庭审又毫无意义），故每次庭审结束后（包括法庭调查、法庭辩论的所有庭审程序均已结束）应以"闭庭"而非"休庭"作为结束，在庭审过程中发生中断，如遇到妨害庭审的情况、合议庭需要合议或案件复杂一次庭审尚无法完结所有庭审环节等情况，则以"休庭"结束。（2）法槌的使用。依照《人民法院法槌使用规定（试行）》的规定，宣布开庭、继续开庭时，应先敲法槌；宣布休庭、闭庭时，后敲法槌。（3）关于法庭笔录的名称。实例中称的"开庭笔录"，以及"庭审笔录"均是实务中的习惯性叫法。《民事诉讼法》第一百四十七条将法庭审理的笔录表述为法庭笔录；《民诉法解释》第一百七十七条则规定将法庭庭审中的笔录表述为"庭审笔录"。法庭笔录实际上是包括庭审笔录、宣判笔录等在内的法庭审理活动的多种形式的笔录，因可能存在当庭宣判的情形，故相比较开庭笔录、庭审笔录，一律将开庭审理用的笔录称法庭笔录更为严谨。

26. 合议庭评议笔录（合议庭评议案件用）

合议庭评议笔录

（××××）……民×……号

时间：××××年××月××日××时××分至××时××分
地点：……
合议庭成员：审判长×××、审判员/代理审判员/人民陪审员×××、审判员/代理审判员/人民陪审员×××
书记员：×××
评议（××××）……民×……号……（写明当事人及案由）一案
记录如下：
……（记明合议庭评议内容）
合议庭评议结论：
……。
（以下无正文）

审判人员（签名）
书记员（签名）

【说明】

1. 本样式根据《中华人民共和国民事诉讼法》第四十二条制定，供人民法院合议庭审理后评议案件记录用。

2. 合议庭评议案件，实行少数服从多数的原则。评议应当制作笔录，由合议庭成员签名。评议中的不同意见，必须如实记入笔录。

【实例评注】

湖北省武汉市江岸区人民法院
合议庭评议笔录[①]

（2016）鄂 0102 民初 143 号

时间：2016 年 6 月 15 日

[①] 来源：湖北省武汉市江岸区人民法院档案室阅卷搜集。

地点：本院

审　判　长：程　春

人民陪审员：刘建梅、刘刚平

书　记　员：曹洲敏

程春：今天合议原告徐某某诉被告武汉医药（集团）股份有限公司劳动争议纠纷一案，下面首先由我来汇报一下案情。（略）

刘建梅：……

刘刚平：……

程春：……

合议庭决议：（略）

〔评注〕

合议庭评议笔录与下面的审判委员会讨论案件笔录一样，都属于副卷不予公开的内容，应该说其内容大于形式，但其文书样式仍需要遵照一定的格式。合议庭评议笔录主要目的是为了对案件的处理进行讨论合议，其笔录需如实全面记录每一个合议庭成员发表的意见，以及相互讨论的经过，并最终写明每一名成员经讨论之后的最后表态。

27. 审判委员会讨论案件笔录（审判委员会讨论案件用）

审判委员会讨论案件笔录

（第×次会议）

时间：××××年××月××日××时××分至××时××分

地点：……

会议主持人：×××

出席委员：……

列席人员：……

案件汇报人：×××

讨论××××人民法院(××××)……民×……号……(写明当事人及案由)一案

记录如下：

……(记明审判委员会讨论内容)。

审判委员会讨论结论：

……。

（以下无正文）

审判委员会委员（签名）
记录人（签名）

【说明】

1. 本样式根据《中华人民共和国人民法院组织法》第十条制定，供人民法院审判委员会讨论重大的或者疑难的民事案件记录用。

2. 提交审判委员会讨论案件，应当有书面报告。审判委员会讨论案件，实行少数服从多数的原则。讨论应当制作笔录，由出席委员签名。评议中的不同意见，必须如实记入笔录。

3. 列席人员，应写明姓名、单位和职务。

【实例评注】

湖北省武汉市江岸区人民法院
审判委员会（2016）第 1 次会议记录①

会议时间：2016 年 01 月 27 日下午 14:30

会议主持人：陈力

参　加　人：审判委员会全体成员

办　案　人：侯立平

汇　报　人：侯立平

记　录　人：林慧娟

送 案 单 位：武汉市江岸区人民法院民一庭

案　　　号：(2015)鄂江岸民重字第 00012 号

案　　　由：民间借贷纠纷

主要案件事实
承办人介绍案情（略）
合议庭第一种意见（略）
合议庭第二种意见（略）

---

① 来源：湖北省武汉市江岸区人民法院档案室阅卷搜集。

审判委员会讨论意见
因内容较多，讨论案件笔录附后
审判委员会决定（由主持人填写）
略

〔评注〕

审判委员会讨论案件，实行少数服从多数的原则。讨论应当制作笔录，由出席委员签名。审判委员会讨论案件笔录的特点是：(1)全面如实记录。对全体参会成员发表的讨论意见，尤其是评议中的不同意见，必须如实记入笔录。(2)最后的决议意见应单独写明，并注明每名参会成员的最后表态。(3)一般需对汇报人(一般是承办人)的书面案件汇报材料留存备案。

28. 宣判笔录（定期宣告判决用）

宣判笔录

时间：××××年××月××日××时××分至××时××分

地点：××××人民法院第×法庭

旁听人数：×人

审判人员：……（写明职务和姓名）

书记员：×××

到庭的当事人和其他诉讼参加人：

……（写明诉讼地位和姓名）

书记员：全体起立。

审判人员：（××××）……民×……号……（写明当事人及案由）一案，宣告判决如下：

……（写明判决结果）。

如不服本判决，可以在判决书送达之日起十五日内，向本院递交上诉状，并按对方当事人或者代表人的人数提出副本，上诉于××××人民法院。

（判决准予离婚的，写明：）当事人在判决发生法律效力前不得另行结婚。

（以下无正文）

原告（签名或者盖章）
被告（签名或者盖章）
第三人（签名或者盖章）
审判人员（签名）
书记员（签名）

【说明】

1. 本样式根据《中华人民共和国民事诉讼法》第一百四十七条、第一百四十八条制定，供人民法院定期宣告判决记录用。

2. 宣判笔录应当写明判决结果。

3. 宣告判决时，必须告知当事人上诉权利、上诉期限和上诉的法院。

4. 宣告离婚判决，必须告知当事人在判决发生法律效力前不得另行结婚。

5. 宣判笔录由到庭的当事人和其他诉讼参与人签名或者盖章。拒绝签名盖章的，应记明情况。

6. 参加宣判的审判人员和书记员应在宣判笔录上签名。

7. 定期宣判的，宣判后立即发给判决书

【实例评注】

湖北省武汉市江岸区人民法院
宣判笔录①

案由：劳动争议纠纷

开庭时间：2016年10月10日

地点：本院数字第1号法庭

审判员：程　春

---

① 来源：湖北省武汉市江岸区人民法院档案室阅卷搜集。

书记员：曹洲敏

速录员：叶红梅

到庭的当事人和其他诉讼参加人：

原告：赵某

被告：太平财产保险有限公司湖北分公司

书记员：全体起立。

审：今天开庭宣判原告赵某诉被告太平财产保险有限公司湖北分公司劳动争议纠纷一案。下面由审判员程春宣读（2016）鄂 0102 民初 4100 号民事判决书。（略）

审：对判决书有无意见？是否上诉？

原：是否上诉回去考虑后再决定。

被：不上诉。

审：如不服本判决，可在判决书送达之日起十五日内向本院递交上诉状，并按对方当事人的人数提出副本，上诉于湖北省武汉市中级人民法院。

原：知道了。

被：知道了。

审：当事人对民事判决书中有关认定事实或适用法律问题有无疑问？

原：没有。

被：没有。

告：今天宣判到此，闭庭。请当事人查阅宣判笔录后签字确认。

〔评注〕

宣判笔录是法庭笔录中的一种，其发生在案件审理流程中的最后一环，有四点值得注意的地方：

（1）宣判笔录中需要告知事项有：上诉权利、上诉期限以及上诉的法院；一审终审的要予以明示。

（2）公开审理或不公开审理的案件，宣判时都应公开进行。

（3）宣判分为当庭宣判和定期宣判，当庭宣判的，宣判笔录的内容直接记录在法庭笔录之后，无须另行制作宣判笔录，只需在法庭笔录后直接记录宣判内容。

（4）判决离婚必须告知当事人在判决发生法律效力前不得另行结婚，实务中这一点容易忽略。

此处选取的宣判笔录除具备了宣判笔录需要告知的事项外，还有关于审判人员判后答疑的相关环节，判后答疑虽非法定义务，但对双方当事人服判息诉、避免矛盾激化均起到了积极的作用。

29. 证明书（证明裁判文书生效用）

```
                    ××××人民法院
                        证明书

                                    （××××）……民×……号

    本院于××××年××月××日作出的(××××)……民×……号……(写明当事人
及案由)民事判决/民事裁定/民事调解书已于××××年××月××日生效。
        特此证明。


                                         ××××年××月××日
                                                （院印）
```

【说明】

1. 本样式根据《中华人民共和国民事诉讼法》第一百五十五条以及《最高人民法院关于适用〈中华人民共和国民事诉讼法〉的解释》第五百五十条制定，供作出生效判决书、裁定书、调解书的人民法院根据当事人申请或者外国法院要求，证明判决书、裁定书、调解书的法律效力用。

2. 案号为诉讼案件案号。

3. 出具证明书的情形包括：超过上诉期没有上诉的；当事人在中华人民共和国领域外使用中华人民共和国法院的判决书、裁定书，要求中华人民共和国法院证明其法律效力的；外国法院要求中华人民共和国法院证明判决书、裁定书的法律效力的。

【实例评注】

湖北省武汉市江岸区人民法院
生效证明[①]

（2016）鄂 0102 民初 2623 号

---

① 来源：湖北省武汉市江岸区人民法院档案室阅卷搜集。

本院于 2016 年 8 月 1 日作出的(2016)鄂 0102 民初 2623 号原告吴某某诉被告武汉翼达建设服务股份有限公司劳动争议纠纷民事判决书已于 2016 年 8 月 1 日向双方当事人宣判，双方在上诉期内均未上诉。该判决书于 2016 年 8 月 17 日生效。

特此证明。

二〇一六年九月二日

〔评注〕

证明书在实务最常见的用途是当事人用来申请执行，《民事诉讼法》第二百三十九条对申请执行的期限(二年)以及不同情况下的起算点进行了规定：从法律文书规定的履行期间的最后一日起计算；法律文书规定分期履行的，从规定的每次履行期间的最后一日起计算；法律文书未规定履行期间的，从法律文书生效之日起计算。实务中，一般将证明书称为生效证明。为方便执行，生效证明应写明生效法律文书的生效日期。实务中，对于生效证明到底应当注明文书的生效日期还是注明已经超过自动履行期可以进行申请执行的日期，不同的法院存在不同的做法。笔者认为生效证明应统一注明文书的生效日期，理由是每一个案件的法律文书有且只有一个生效日期，而不一定有确定的、唯一的自动履行期限。此外，生效证明并非只有用于申请法院强制执行这唯一用途，还有可能用作另案诉讼中证明本判决为生效判决。

30. 司法建议书（提出书面建议用）

×××× 人民法院
司法建议书

×××：

本院在审理/执行……（写明当事人及案由）中，发现……（写明发现有关单位或者人员存在的重要问题和提出建议的理由）。为此，特建议：

……（写明建议的具体事项，内容多的可以分项书写）。

以上建议请研究处理，并将处理结果或者反馈意见于×××年××月××日前函告本院。

联 系 人：……（写明姓名、部门、职务）

联系电话：……

联系地址：……

> 附：相关判决书或裁定书×份及其他材料
>
> ××××年××月××日
> （院印）

【说明】

1. 本样式根据《中华人民共和国民事诉讼法》第一百一十四条制定，供人民法院在审理和执行过程中发现有关单位或者人员存在重要问题，向该单位或其上级领导机关提出解决问题和改进工作的书面建议用。

2. "存在的问题"要书写清楚，"提出建议的理由"要有法律依据，建议的具体事项要明确，切实可行。

3. 司法建议书应当附相关的法律文书。

【实例评注】

湖北省武汉市江岸区人民法院
司法建议书①

（2009）岸民商初字862号

武汉市工商行政管理局江岸分局：

　　我院受理原告高某某诉被告涂某某合同纠纷一案中查明：2007年6月15日高某某与涂某某签订承包经营合同1份，约定将位于江岸区江汉路30号的门面（建筑面积240平方米）及个体工商户营业执照交由涂某某经营使用。其中，登记的营业执照原为武汉市江岸区男人街服装店，现为武汉市江岸区一泓奶品饮料店。该行为违反了《城乡个体工商户管理暂行条例实施细则》第十四条的规定，"营业执照及其副本或临时营业执照不得转借、出卖、出租、涂改、伪造。对个体工商户转借、出卖、出租、涂改营业执照及其副本和临时营业执照的，没收非法所得，可以并处5 000元以下罚款，情节严重的，应吊销其营业执照及其副本或临时营业执照"。现向贵局发出司法建议书，请贵局依法对我院在审理中查明高某某将个体工商户营业执照转给他人使用的事实进行核实及查处。

　　特此建议。

---

① 来源：湖北省武汉市江岸区人民法院档案室阅卷搜集。

湖北省武汉市江岸区人民法院

二〇〇九年十二月二十一日

〔评注〕

《民事诉讼法》第一百一十四条有关司法建议的规定为，有义务协助调查、执行的单位有下列行为之一的，人民法院除责令其履行协助义务外，并可以予以罚款：……人民法院对有前款规定的行为之一的单位，可以对其主要负责人或者直接责任人员予以罚款；对仍不履行协助义务的，可以予以拘留；并可以向监察机关或者有关机关提出予以纪律处分的司法建议。上述司法建议的适用范围仅限定在协助调查取证以及协助执行两种情形。但实务中，人民法院往往对在民事案件审理过程中发现的违法、违规行为向相关责任、监管部门发出司法建议书，同时，该建议书也仅仅是一种柔性的司法建议，并不具有强制性，一般也不会要求对方必须给出处理结果和书面反馈意见。

31. 委托函（委托送达用）

```
                ××××人民法院
                    委托函


                              （××××）……号

××××人民法院(写明受委托人民法院名称)：
    我院受理……(写明当事人及案由)一案，现委托你院送达有关诉讼文书。随函寄去××
书×份、送达回证×份，请在收到后十日内代为向×××送达，并将送达回证尽快寄回我院。
    联 系 人：……(写明姓名、部门、职务)
    联系电话：……
    联系地址：……

                              ××××年××月××日
                                      （院印）
```

【说明】

1. 本样式根据《中华人民共和国民事诉讼法》第八十八条以及《最高人民法院关于适用〈中华人民共和国民事诉讼法〉的解释》第一百三十四条制定，供人民法院直接送达诉讼文书有困难的，委托其他人民法院代为送达用。

2. 委托其他人民法院代为送达的，委托法院应当出具委托函，并附需要送达的诉讼文书和送达回证，以受送达人在送达回证上签收的日期为送达日期。委托送达的，受委托人民法院应当自收到委托函及相关诉讼文书之日起十日内代为送达。

【实例评注】

湖北省武汉市江岸区人民法院
委托函①

（2015）鄂江岸民初第02787号

河南省汝州市人民法院：

原告潘某某诉被告张某某、武汉开元名都商贸有限公司、中国太平洋财产保险股份有限公司湖北分公司、中国人民财产保险股份有限公司武汉市汉口支公司、林某、倪某某、中国人民财产保险股份有限公司武汉市车商营销服务部机动车交通事故责任纠纷一案，由于路途遥远，特委托贵院协助对被告张某某送达起诉状副本、开庭传票等诉讼文书，并将送达回执邮寄我院，请给予配合，谢谢。

湖北省武汉市江岸区人民法院

二○一六年一月六日

附：

1. 起诉状副本、开庭传票、举证通知书、应诉通知书、授权委托书、廉政监督卡、证据副本各一份。

2. 送达回执邮寄地址：武汉市江岸区正义路8号江岸区人民法院民一庭

收件人：侯立平

邮编：430010

联系电话：027-××××××××

〔评注〕

《民事诉讼法》第八十八条规定直接送达文书有困难的，可以委托其他人民法院代为送达，或者邮寄送达，《民诉法解释》第一百三十四条还就对外委托送达应出具的材料进行了说明，同时规定了受委托人民法院应当在收到委托函和相关诉讼文书之日起

---

① 来源：湖北省武汉市江岸区人民法院档案室阅卷搜集。

十日内代为送达。但现实中人民法院之间委托送达有很大的随意性，并没有相应的约束机制。实例中的委托送达结果是被受委托人民法院拒收。2017年7月19日，最高人民法院印发《关于进一步加强民事送达工作的若干意见》，号召树立全国法院一盘棋意识，对于其他法院委托送达的诉讼文书，要认真、及时进行送达。鼓励法院之间建立委托送达协作机制，节约送达成本，提高送达效率。

另外，为了与下文中的委托宣判函进行直观地区分，本样式宜称委托送达函。

32. 委托宣判函（委托宣判用）

```
                ××××人民法院
                 委托宣判函

                            （××××）……民×……号

××××人民法院(写明受委托人民法院名称)：
    我院受理……(写明当事人及案由)一案，现已审理终结。随函寄去本院(××××)
……民×……号……书×份、送达回证×份，请于收到后十日内代为宣判和送达，并将宣
判笔录和送达回证尽快寄回我院。因故不能完成的，请在上述期限内函告我院。
    联 系 人：……（写明姓名、部门、职务）
    联系电话：……
    联系地址：……

                                      ×××年××月××日
                                          （院印）
```

【说明】

1. 本样式根据《中华人民共和国民事诉讼法》第八十八条以及《最高人民法院关于适用〈中华人民共和国民事诉讼法〉的解释》第一百三十四条制定，供人民法院在必要时，委托其他人民法院宣判用。

2. 委托其他人民法院代为宣判的，委托法院应当出具委托函，并附需要送达的裁判文书、宣判笔录和送达回证，以受送达人在送达回证上签收的日期为送达日期。委托宣判的，受委托人民法院应当自收到委托函及相关诉讼文书之日起十日内代为宣判。

【实例评注】

湖北省武汉市江岸区人民法院
委托宣判函[1]

(2016)鄂 0102 民初 3774 号

湖北省黄石市下陆区人民法院：

  原告武汉万达号隆贸易有限公司诉被告湖北中材重工科技发展有限公司买卖合同纠纷一案，本院已审理终结。2016 年 8 月 30 日，本院向原告武汉万达号隆贸易有限公司送达了(2016)鄂 0102 民初 3774 号民事判决书。因被告湖北中材重工科技发展有限公司住所地位于湖北省黄石市下陆区，特委托你院代为送达民事判决书，并将送达情况及时复函我院。

  附：民事判决书、宣判笔录、送达回证各壹份。

湖北省武汉市江岸区人民法院
二〇一六年九月十八日

〔评注〕

  因宣判的法律文书涉及当事人的切身利益，尤其是上诉权的相关内容，理应向当事人进行释明，以保障当事人的诉讼权利，相比较其他诉讼文书的送达，最终裁判结果的送达更需谨慎。对于委托宣判，实务中是比照委托送达的相关规定进行的。委托宣判实际上包含了委托送达和委托宣判两部分内容，因此，除了委托送达需要准备的材料（送达的裁判文书、送达回证），还需要准备宣判笔录。

33. 代办事毕复函（答复委托人民法院用）

××××人民法院
代办事毕复函

(××××)……民他……号

××××人民法院(写明委托人民法院名称)：

---

[1] 来源：湖北省武汉市江岸区人民法院档案室阅卷搜集。

> 你院××××年××月××日（××××）……号及附件收悉。现将你院委托事项的办理情况和结果，函复如下：
> ……（写明办理委托事项的有关情况和结果）。
> 联 系 人：……（写明姓名、部门、职务）
> 联系电话：……
> 联系地址：……
>
> 附件：……
>
> ××××年××月××日
（院印）

【说明】

1. 本样式根据《中华人民共和国民事诉讼法》第一百三十一条第三款制定，供受委托人民法院在代办委托送达、委托调查、委托宣判等代办事毕后，函告委托人民法院用。

2. 受委托人民法院收到委托书后，应当在法定期限内完成代办事项。因故不能完成的，应当在法定期限内函告委托人民法院。

【实例评注】

（暂无实例）

〔评注〕

代办事毕复函一般是受委托法院在收到委托后，对委托事项办理情况告知委托法院的文书。实务中最常见的委托事项是委托送达和委托宣判，但因上述两项委托事项都有固定的送达回执（送达回证、宣判笔录），故一旦委托事项结束，受委托法院会将上述回执直接寄回委托法院，而不会为此再以复函的形式回复；如果委托事项因故无法办理，则会通过电话联系等形式与委托法院取得联系，沟通后将相关的文书寄回，一般情况下也不会出具书面的复函。因此，代办事毕复函在实务中很少见。

34. 调卷函（向其他人民法院调阅案卷用）

×××× **人民法院**
调卷函

（××××）……号

××××人民法院(写明其他人民法院名称)：

你院(××××)……民×……号……(写明当事人及案由)一案，现因……(写明调阅案卷原因)，请将该案的全部案卷材料检送我院。

联 系 人：……(写明姓名、部门、职务)

联系电话：……

联系地址：……

附：需调取卷宗的案件案号：××××人民法院(××××)……民×……号

×××年××月××日
（院印）

【说明】

1. 本样式根据《人民法院诉讼档案管理办法》第十三条、第十四条制定，供人民法院向其他人民法院调阅案卷材料用。

2. 应当写明需要调取卷宗的案件案号。

【实例评注】

湖北省高级人民法院
调卷函[①]

（2016）鄂立调字第866号

---

① 来源：湖北省武汉市江岸区人民法院立案庭搜集。

武汉市江岸区人民法院：

你院审判的(2014)鄂江岸民初字第380号杨某某、胡某甲、胡某乙、胡某丙、胡某丁遗嘱继承纠纷一案，现因本院再审复查，请你院检齐本案全部卷宗报送我院。

调卷人：张婷
二〇一六年八月三十一日

（备注：寄、送卷时请注明省院调卷函号及卷宗数）

〔评注〕

调卷函是法院之间调阅案卷材料使用的函件。为方便事后沟通，调卷函应注明联系人和联系方式。为慎重起见，应将要调取的卷宗案号在文后列明，如此一来，亦可与下文的送卷函、退卷函的文书格式保持一致。

35. 送卷函（向调卷人民法院移送案卷用）

××××人民法院

送卷函

（××××）……号

××××人民法院(写明其他人民法院名称)：

你院(××××)……号调卷函收到，现检送我院(××××)……民×……号……(写明当事人及案由)一案的全部案卷材料，请查收。

联　系　人：……(写明姓名、部门、职务)

联系电话：……

联系地址：……

附：卷宗合计×册

1. ××××人民法院(××××)……民×……号案件卷宗正卷×册
2. ××××人民法院(××××)……民×……号案件卷宗副卷×册

××××年××月××日
（院印）

【说明】

1. 本样式根据《人民法院诉讼档案管理办法》第十三条、第十四条制定,供人民法院在收到调卷函后,向调卷人民法院移送案卷用。

2. 附件应当写明卷宗的案号和册数。

【实例评注】

湖北省鄂州市中级人民法院
送卷函①

湖北省高级人民法院:

你院 2016 年 6 月 22 日(2016)鄂立调字第 660/661 号调卷函已收到。现检送徐某某建设工程施工合同纠纷一案的全部卷宗材料。请查收。

附件:案卷肆宗
(2014)鄂鄂州中民二终字第 02043 号正、副各壹册。
(2013)鄂鄂州中民二终字第 01528 号正、副各壹册。

二〇一六年七月二十一日

〔评注〕

除了与调卷函一样需注明联系人、联系方式以及卷宗案号,送卷函还应详细列明卷宗正卷、副卷各卷的册数,以备清点,同时也方便在退卷时予以核对。

实例中送卷函存在的问题同时也是实务中易犯的错误,应予以注意:(1)针对调卷函作出的送卷函,应一案一回复,即一个送卷函对应一个调卷函,不宜在一份送卷函中统一回复多份调卷函,即使调卷部门一样;(2)应注明送卷人的姓名和联系方式,方便今后退卷。

---

① 来源:湖北省高级人民法院档案室阅卷搜集。

36. 退卷函（向送卷人民法院退还案卷用）

××××人民法院
退卷函

（××××）……号

××××人民法院（写明送卷人民法院名称）：
　　现将你院（××××）……民×……号……（写明当事人及案由）一案的全部案卷材料退还，请查收。
　　联 系 人：……（写明姓名、部门、职务）
　　联系电话：……
　　联系地址：……

　　附：卷宗合计×册
　　1. ×××人民法院（××××）……民×……号案件卷宗正卷×册
　　2. ×××人民法院（××××）……民×……号案件卷宗副卷×册

××××年××月××日
（院印）

【说明】

　　1. 本样式根据《人民法院诉讼档案管理办法》第十七条制定，供调卷人民法院向送卷人民法院退还案卷材料用。

　　2. 附件应当写明卷宗的案号和册数。

【实例评注】

湖北省武汉市中级人民法院
退卷函[①]

（2016）鄂 01 民终 3755 号

湖北省武汉市江岸区人民法院：

---

① 来源：湖北省武汉市江岸区人民法院档案室阅卷搜集。

现将你院审理的(2016)鄂0102民初1777号一案的全部材料退还,请查收。

附:卷贰宗
二审民事调解书叁份。

二〇一六年八月一日
经办人:张缤

〔评注〕

　　退卷函应当逐一写明卷宗的案号和册数,方便与送卷单位核对。除了退回的卷宗,如果调卷之后对该案做出了相关处理,则应将调卷之后的新的处理文书一并退还,尽可能地保持卷宗材料的完整性。此外,如前文调卷函、送卷函一样,退卷函也应写明退卷人姓名及联系方式。

十一、简易程序

1. 民事判决书（当事人对案件事实有争议的用）

×××× 人民法院

民事判决书

（××××）……民初……号

原告：×××，男/女，××××年×月×日出生，×族，……（工作单位和职务或者职业），住……。
法定代理人/指定代理人/法定代表人/主要负责人：×××，……。
委托诉讼代理人：×××，……。
被告：×××，……。
法定代理人/指定代理人/法定代表人/主要负责人：×××，……。
委托诉讼代理人：×××，……。
（以上写明当事人和其他诉讼参加人的姓名或者名称等基本信息）
原告×××与被告×××……（写明案由）一案，本院于××××年××月××日立案后，依法适用简易程序，公开/因涉及……（写明不公开开庭的理由）不公开开庭进行了审理。原告×××、被告×××（写明当事人和其他诉讼参加人的诉讼地位和姓名或者名称）到庭参加诉讼。本案现已审理终结。
×××向本院提出诉讼请求：1.……；2.……（明确原告的诉讼请求）。事实和理由：……（概述原告主张的事实和理由）。
×××辩称，……（概述被告答辩意见）。
本院经审理认定事实如下：对于当事人双方没有争议的事实，本院予以确认。……（概述当事人有争议的事实的质证和认定情况）。
本院认为，被告承认原告的诉讼请求部分，不违反法律规定，本院予以支持。……（对当事人诉讼请求进行简要评判）。
综上所述，……（写明对当事人的诉讼请求是否支持进行评述）。依照《中华人民共和国……法》第×条、……（写明法律文件名称及其条款项序号）规定，判决如下：
……（写明判决结果）。
如果未按本判决指定的期间履行给付金钱义务，应当依照《中华人民共和国民事诉讼法》第二百五十三条规定，加倍支付迟延履行期间的债务利息（没有给付金钱义务的，不写）。

案件受理费……元，由……负担(写明当事人姓名或者名称、负担金额)。

如不服本判决，可以在判决书送达之日起十五日内，向本院递交上诉状，并按对方当事人的人数提出副本，上诉于××××人民法院。

审　判　员　×××

×××年××月××日

（院印）

书　记　员　×××

【说明】

1. 本样式根据《中华人民共和国民事诉讼法》第一百五十二条、第一百五十七条、第一百六十条制定，供基层人民法院适用简易程序开庭审理民事案件终结后，对于当事人对案件事实争议较大的作出判决用。

2. 案号类型代字为"民初"。

3. 不公开审理的，写明不公开审理的理由，例："因涉及国家秘密"或者"因涉及个人隐私"或者"因涉及商业秘密，×××申请"或者"因涉及离婚，×××申请"。

诉讼参加人均到庭参加诉讼的，可以合并写明，例："本案当事人和委托诉讼代理人均到庭参加诉讼。"

4. 单方负担案件受理费的，写明："案件受理费……元，减半收取计……元，由×××负担。"分别负担案件受理费的，写明："案件受理费……元，减半收取计……元，由×××负担……元，×××负担……元。"

5. 落款中的署名为"审判员"或者"代理审判员"。

【实例评注】

湖北省武汉市江岸区人民法院
民事判决书[①]

（2016）鄂 0102 民初 4475 号

[①] 来源：湖北省武汉市江岸区人民法院档案室阅卷搜集。

原告：武汉嘉源忠兆物业管理有限公司。

法定代表人：方某某，该公司总经理。

委托诉讼代理人：张某，湖北安格律师事务所律师。

委托诉讼代理人：郭某，湖北安格律师事务所律师。

被告：李某某，男，汉族。

委托诉讼代理人：曾某某，湖北省千年法律服务所法律服务工作者。

原告武汉嘉源忠兆物业管理有限公司（以下简称嘉源忠兆公司）诉被告李某某劳动争议纠纷一案，本院于2016年8月9日立案后，依法适用简易程序，公开开庭进行了审理，原告嘉源忠兆公司的委托诉讼代理人郭某、被告李某某及其委托诉讼代理人曾某某到庭参加诉讼。本案现已审理终结。

原告嘉源忠兆公司向本院提出诉讼请求：1. 嘉源忠兆公司与李某某之间不存在劳动关系，嘉源忠兆公司不予承担双倍工资差额15 174.19元及2016年1月1日至25日的工资2 580.60元；2. 李某某承担本案诉讼费用。事实和理由：嘉源忠兆公司从未与李某某发生任何劳动关系，嘉源忠兆公司从未在同安家园小区进行物业管理工作，也未与该小区的物业管理公司有过任何合作关系，不可能向该小区派驻员工。嘉源忠兆公司的法定代表人方某某确有向李某某支付款项的情形，但该款项不是工资，方某某与李某某之间系合作关系，李某某向方某某提供信息资源，此行为系方某某的个人行为，与嘉源忠兆公司无关。嘉源忠兆公司不服仲裁裁决，提起诉讼。

被告李某某辩称，李某某于2015年8月经人介绍入职嘉源忠兆公司，该公司法定代表人向李某某发放工资。2015年8月9日至2016年1月25日，李某某与嘉源忠兆公司存在劳动关系。请求驳回嘉源忠兆公司的诉讼请求，按仲裁裁决结果主张权利。

本院经审理认定事实如下：嘉源忠兆公司否认与李某某存在劳动关系，李某某为证明双方存在劳动关系向本院提交了嘉源忠兆公司法定代表人方某某于2015年9月至2016年1月间每月支付款项的银行交易明细、印有嘉源忠兆公司抬头的客户意见反馈表、考勤表、嘉源忠兆公司及方某某向考勤表载明的部分人员按月支付款项的银行交易明细，嘉源忠兆公司对李某某提交的证据均不认可，但未按本院要求对方某某按月向李某某支付款项作出合理说明，鉴于李某某提交的证据能相互印证，故上述证据，本院予以采信，对双方存在劳动关系的时间及工作情况，本院采纳李某某的陈述。

李某某于2015年8月9日入职嘉源忠兆公司，经该公司安排在同安家园小区从事物业管理工作，于2016年1月25日离开工作岗位，此后未继续工作。嘉源忠兆公司未给李某某办理社会保险，双方未签订劳动合同。嘉源忠兆公司已向李某某支付了2015年8月至12月的工资，2015年9月至12月的工资为13 304元，月均工资为3 326元。2015年9月，李某某的工资为3 392元。

2016年5月16日，李某某向武汉市江岸区劳动人事争议仲裁委员会提出书面仲裁申请，请求裁决嘉源忠兆公司支付：1. 2016年1月工资3 200元；2. 未签订劳动合同二倍工资差额；3. 法定节假日加班费。武汉市江岸区劳动人事争议仲裁委员会于2016年7月作出仲裁裁决，由嘉源忠兆公司向李某某支付未签订劳动合同二倍工资差额15 174.19元、2016年1月1日至25日工资2 580.60元，驳回李某某的其他仲裁请求。

本院认为，李某某于2015年8月9日入职嘉源忠兆公司，双方建立劳动关系，2016年1月25日，李某某离开嘉源忠兆公司，双方劳动关系解除。嘉源忠兆公司未支付给李某某2016年1月的工资，应予支付，该款应为2 682.26元(3 326元×25/31天)，李某某仅要求嘉源忠兆公司支付2016年1月1日至25日工资2 580.60元的请求，本院予以支持。

因双方未签订劳动合同，李某某要求嘉源忠兆公司支付未签订劳动合同的双倍工资差额的请求，符合法律规定，本院予以支持，此款的计算期间为2015年9月8日至2016年1月25日，此款应为15 194.79元(13 304元－3 392元＋3 392元/月×23/30天＋2 682.26元)。李某某仅要求嘉源忠兆公司支付双倍工资差额15 174.19元的请求，本院予以支持。

综上所述，对嘉源忠兆公司提出的全部诉讼请求，本院不予支持。依照《中华人民共和国劳动合同法》第三十条、第八十二条第一款、《中华人民共和国民事诉讼法》第一百四十二条之规定，判决如下：

一、原告武汉嘉源忠兆物业管理有限公司于本判决生效之日起十日内支付给被告李某某未签订劳动合同双倍工资差额15 174.19元；

二、原告武汉嘉源忠兆物业管理有限公司于本判决生效之日起十日内支付给被告李某某2016年1月1日至25日工资2 580.60元；

三、驳回原告武汉嘉源忠兆物业管理有限公司的全部诉讼请求。

如果未按本判决指定的期间履行给付金钱义务，应当依照《中华人民共和国民事诉讼法》第二百五十三条之规定，加倍支付迟延履行期间的债务利息。

案件受理费10元，应减半收取5元，由原告武汉嘉源忠兆物业管理有限公司负担。

如不服本判决，可在判决书送达之日起十五日内，向本院递交上诉状，并按对方当事人的人数提出副本，上诉于湖北省武汉市中级人民法院。

审 判 员　郭　芳

二〇一六年九月二十六日

书 记 员　曹洲敏

〔评注〕

简易程序与第一审普通程序是基层人民法院审理民事案件时最常见的两种程序，二者在适用范围、审判组织等诸多方面存在不同，将简易程序民事判决书、民事裁定书予以单独列出，可更直观地分析简易程序案件体现在法律文书上的特点（以最为常见的当事人对案件事实有争议的情形下的简易程序民事判决书为例）：

1. 法律规定民事诉讼中的简易程序仅适用基层人民法院和它的派出法庭审理事实清楚、权利义务关系明确、争议不大的简单民事案件。但事实上，除《民诉法解释》第二百五十七条明确规定的不得适用简易程序的案件外，基层人民法院和它的派出法庭审理其他民事案件时，均可由双方当事人约定是否适用简易程序，也就是说简易程序的适用范围非常广泛。因简易程序不需要组成合议庭，且举证期限的相关规定也更为灵活，故在基层人民法院案件数量持续增长的态势下，简易程序更受基层法院法官的青睐。简易程序民事判决书的写作范式尤其是文书制作的细节性规范均可参考第一审普通程序民事判决书，故相同之处不再赘述，详见第十章民事判决书（第一审普通程序用）。此处仅针对简易程序民事判决书的特点，结合实务中出现的问题，谈一下制作简易程序民事判决书需要注意的三点：

(1) 简易程序民事判决书样式中事实部分的内容为："本院经审理认定事实如下：对于当事人双方没有争议的事实，本院予以确认。……（概述当事人有争议的事实的质证和认定情况）。"该范式明确要求对当事人有争议的事实的质证和认定情况进行概述。那么，对于当事人双方没有争议的事实，到底要不要在判决书中表述呢？有的法官认为，不需要陈述，仅以"本院予以确认"一语带过即可。理由是对于双方无争议的事实，在原告诉称以及被告辩称内容中已有所体现，既然无争议，双方对这部分事实所述情况必然一致，前后对照，一目了然，不必在经审理查明部分再重复一遍。有的法官则认为，即便双方对某些事实无争议，但为慎重起见，仍应在经审理查明部分统一表述。理由是一方面当事人的诉称、辩称内容很多是口头语，表达不规范，且带有较强的主观色彩；另一方面，不管双方当事人如何陈述，必须通过"本院经审理查明"予以确认，当事人所述的主观事实方能上升为"法律事实"。况且在实务中，双方无争议的事实内容可能会影响到当事人诉讼之外的权益，如机动车交通事故责任纠纷中，双方可能均对事故经过、责任划分、医药费的保险理赔范围没有争议，但该部分的事实可能涉及当事人向社保部门报销相关费用、向工伤部门申请工伤认定的问题，如不能在民事判决书中予以明确表述，则可能给当事人带来不便甚至造成新的诉累。综上，笔者认为对于当事人无争议的事实仍应作简要表述。

(2) 案件选择简易程序一般是由人民法院在立案后经初步筛选自行决定的，故在案件的审理流程中自然有可能出现程序转化的问题，如人民法院发现案件复杂不宜适用简易程序审理，或当事人提出不适用简易程序的合法事由，无论何种原因，若转为普通程序审理，应在判决书案件由来部分予以说明。

(3) 其他不同于第一审普通程序民事判决书的地方应注意区别：案件由来部分程序交代、诉讼费用负担（按照《国务院关于诉讼费用收取办法规定》适用简易程序减半收取案件受理费)、落款处注意不得出现"审判长"字样。

2. 实例选取的简易程序民事判决书无论是格式上还是文书的实体内容均契合了上述文书样式的要求。格式问题不再一一说明，需要注意的是文书内容的写作：在事实查明部分很好地将证据质证及认定内容糅合到了庭审查明的事实部分中，而且仅对有争议的证据予以说明，对当事人无争议的证据直接略去不谈。这样使整个文书更为紧凑简洁、切中肯綮。

2. 民事判决书（当事人对案件事实没有争议的用）

××××人民法院

民事判决书

(××××)……民初……号

原告：×××，……。
……

被告：×××，……。
……

(以上写明当事人和其他诉讼参加人的姓名或者名称等基本信息)

原告×××与被告×××……(写明案由)一案，本院于××××年××月××日立案后，依法适用简易程序，公开/因涉及……(写明不公开开庭的理由)不公开开庭进行了审理。原告×××、被告×××(写明当事人和其他诉讼参加人的诉讼地位和姓名或者名称)到庭参加诉讼。本案现已审理终结。

×××向本院提出诉讼请求：1.……；2.……(明确原告的诉讼请求)。事实和理由：……(概述原告主张的事实和理由)。

×××承认原告在本案中所主张的事实，但认为，……(概述被告对法律适用、责任承担的意见)。

本院认为，×××承认×××在本案中主张的事实，故对×××主张的事实予以确认。……(对当事人诉讼请求进行简要评判)。

依照《中华人民共和国……法》第×条、……(写明法律文件名称及其条款项序号)规定，判决如下：

……(写明判决结果)。

如果未按本判决指定的期间履行给付金钱义务，应当依照《中华人民共和国民事诉讼法》第二百五十三条规定，加倍支付迟延履行期间的债务利息(没有给付金钱义务的，不写)。

案件受理费……元，减半收取计……元，由……负担(写明当事人姓名或者名称、负担金额)。

如不服本判决，可以在判决书送达之日起十五日内，向本院递交上诉状，并按对方当事人的人数提出副本，上诉于××××人民法院。

审 判 员 ×××

××××年××月××日
（院印）
书 记 员 ×××

【说明】

1. 本样式根据《中华人民共和国民事诉讼法》第一百五十二条、第一百五十七条、第一百六十条以及《最高人民法院关于适用〈中华人民共和国民事诉讼法〉的解释》第二百七十条制定，供基层人民法院适用简易程序开庭审理民事案件终结后，对于当事人对案件事实没有争议的作出判决用。

2. 适用简易程序审理的案件，有下列情形之一的，判决书对认定事实或者裁判理由部分可以适当简化：一方当事人明确表示承认对方全部或者部分诉讼请求的；涉及商业秘密、个人隐私的案件，当事人一方要求简化裁判文书中的相关内容，人民法院认为理由正当的；当事人双方同意简化的。

3. 单方负担案件受理费的，写明："案件受理费……元，减半收取计……元，由×××负担。"分别负担案件受理费的，写明："案件受理费……元，减半收取计……元，由×××负担……元，×××负担……元。"

【实例评注】

河北省遵化市人民法院
民事判决书[①]

（2016）冀 0281 民初 4094 号

原告：吕某某。

被告：遵化市人力资源和社会保障局，住所地，遵化市。

法定代表人：刘某某，该局局长。

---

① 来源：中国裁判文书网。

委托诉讼代理人：王某某。

委托诉讼代理人：苏某某。

原告吕某某与被告遵化市人力资源和社会保障局买卖合同纠纷一案，本院于2016年8月10日立案后，依法适用简易程序，公开开庭进行了审理。原告吕某某、被告遵化市人力资源和社会保障局委托诉讼代理人王某某、苏某某到庭参加诉讼。本案现已审理终结。

原告吕某某向本院提出诉讼请求：1. 要求被告给付原告货款256 040元；2. 诉讼费用由被告负担。事实和理由：原告原为经营烟酒茶行的个体工商户，与被告有烟酒买卖的业务往来，自2014年—2015年11月26日期间，被告从原告处赊购烟酒合款256 040元（其中泸州老窖特曲85件×2 940元/件=249 900元；泸州大曲酒1件×1 500元/件=1 500元；玉溪烟13条×200元/条=2 600元；软中华烟3条×680元/条=2 040元）。对货物的数量和价款分别由被告单位职工韩某某、王某某、高某等人签字的记账单予以确认，此款经原告多次催要，被告一直未付。

被告遵化市人力资源和社会保障局承认原告在本案中所主张的事实，但认为，本单位法定代表人有变更，该笔货款是原法定代表人任职时所欠，虽对事实没有争议，但要求法院依法认定并判决。

本院认为，被告遵化市人力资源和社会保障局从原告吕某某处购买烟酒拖欠货款256 040元这一事实，有被告单位职工签字的记账单予以证实，遵化市人力资源和社会保障局亦认可吕某某在本案中所主张的事实及欠款数额，虽然欠款期间被告法定代表人有变更，但根据《中华人民共和国合同法》第七十六条"合同生效后，当事人不得因姓名、名称的变更或者法定代表人、负责人、承办人的变动而不履行合同义务"之规定，该变动并不影响买卖合同的效力。故对原告吕某某主张的事实予以确认，对原告吕某某要求被告遵化市人力资源和社会保障局支付256 040元烟酒款的诉讼请求，本院予以支持。为维护当事人的合法权益，依据《中华人民共和国合同法》第十条、第六十条、第七十六条、第一百零七条、第一百三十条之规定，判决如下：

被告遵化市人力资源和社会保障局于本判决生效之日起十日内给付原告吕某某货款人民币256 040元。

如果未按本判决指定的期间履行给付金钱义务，应当按照《中华人民共和国民事诉讼法》第二百五十三条之规定，加倍支付迟延履行期间的债务利息。

本案案件受理费5 141元，减半收取2 570.5元，由被告遵化市人力资源和社会保障局负担。

如不服本判决，可以在判决书送达之日起十五日内，向本院递交上诉状，并按对方当事人或者代表人的人数提出副本，上诉于河北省唐山市中级人民法院。

审 判 员　赵英坤

二〇一六年九月八日

书 记 员　王 超

〔评注〕

1. 当事人对案件事实没有争议的简易程序民事判决书，较之当事人对事实有争议的简易程序民事判决书，可直接略去"本院经审理认定事实如下"的部分，仅在"本院认为"部分简单表述一下案件关键事实即可，重点是对原告诉请进行评判。此外，该类案件，被告虽对原告诉称的事实予以认可，但往往对其诉请有所抗辩，故应注意在"本院认为"部分对其抗辩内容予以简单评判。

2. 上述【说明】中称可适用《民诉法解释》第二百七十条的规定对该类文书认定事实或者裁判理由部分简化，该依据是否成立，有待商榷。《民诉法解释》第二百七十条规定："适用简易程序审理的案件，有下列情形之一的，人民法院在制作判决书、裁定书、调解书时，对认定事实或者裁判理由部分可以适当简化：（一）当事人达成调解协议并需要制作民事调解书的；（二）一方当事人明确表示承认对方全部或者部分诉讼请求的；（三）涉及商业秘密、个人隐私的案件，当事人一方要求简化裁判文书中的相关内容，人民法院认为理由正当的；（四）当事人双方同意简化的。"而当事人对案件事实没有争议并不等同于承认对方的诉讼请求，恰恰相反，实务中，一个案件审理过程中，被告认可相关事实却调解未成往往是因为被告对案件的法律适用、责任承担有不同意见，对原告的诉讼请求有异议。在这种情况下，笔者认为应当对案件关键事实仍作简要的正面表述，不宜以"被告承认原告主张的事实，故对原告主张的事实予以确认"对案件事实一语带过，因为这些认定的事实往往就是本院认为部分论述原告诉讼请求是否应当得到支持以及被告抗辩是否有据的论述基础。

3. 民事判决书（被告承认原告全部诉讼请求的用）

××××人民法院

民事判决书

（××××）……民初……号

原告：×××，……。
……

被告：×××，……。

……

（以上写明当事人和其他诉讼参加人的姓名或者名称等基本信息）

原告×××与被告×××……（写明案由）一案，本院于××××年××月××日立案后，依法适用简易程序，公开/因涉及……（写明不公开开庭的理由）不公开开庭进行了审理。原告×××、被告×××（写明当事人和其他诉讼参加人的诉讼地位和姓名或者名称）到庭参加诉讼。本案现已审理终结。

×××向本院提出诉讼请求：1.……；2.……（明确原告的诉讼请求）。事实和理由：……（概述原告主张的事实和理由）。

×××承认×××提出的全部诉讼请求。

本院认为，当事人有权在法律规定的范围内处分自己的民事权利和诉讼权利。被告承认原告的诉讼请求，不违反法律规定。

依照《中华人民共和国民事诉讼法》第十三条第二款规定，判决如下：

……（写明判决结果）。

如果未按本判决指定的期间履行给付金钱义务，应当依照《中华人民共和国民事诉讼法》第二百五十三条规定，加倍支付迟延履行期间的债务利息（没有给付金钱义务的，不写）。

案件受理费……元，减半收取计……元，由……负担（写明当事人姓名或者名称、负担金额）。

如不服本判决，可以在判决书送达之日起十五日内，向本院递交上诉状，并按对方当事人的人数提出副本，上诉于××××人民法院。

审　判　员　×××

××××年××月××日

（院印）

书　记　员　×××

【说明】

1. 本样式根据《中华人民共和国民事诉讼法》第一百五十二条、第一百五十七条、第一百六十条以及《最高人民法院关于适用〈中华人民共和国民事诉讼法〉的解释》第二百七十条制定，供基层人民法院适用简易程序开庭审理民事案件终结后，对于被告承认原告全部诉讼请求的作出判决用。

2. 适用简易程序审理的案件，有下列情形之一的，判决书对认定事实或者裁判理由部分可以适当简化：一方当事人明确表示承认对方全部或者部分诉讼请求的；涉及商业秘密、个人隐私的案件，当事人一方要求简化裁判文书中的相关内容，人民法院认为理由正当的;当事人双方同意简化的。

【实例评注】

上海市金山区人民法院
民事判决书①

(2016)沪 0116 民初 6993 号

原告宋某某。

被告上海市金山区张堰镇农业技术推广服务站。

第三人上海金帼花卉园艺场。

原告宋某某诉被告上海市金山区张堰镇农业技术推广服务站、第三人上海金帼花卉园艺场企业出售合同纠纷一案,本院于 2016 年 7 月 8 日受理后,依法适用简易程序于 2016 年 8 月 1 日公开开庭进行了审理。原告宋某某,被告委托代理人沈某某,第三人委托代理人顾某某到庭参加诉讼。本案现已审理终结。

原告宋某某诉称:1999 年 11 月 23 日,金山区张堰镇林业站(甲方)与原告(乙方)签订资产转让合同,约定甲方将所属集体企业即第三人的部分资产,经清理核实确认后作价转让给乙方,资产转让标的为全部花卉、苗木和桑塔纳 2000 型轿车一辆,二项合计 411 201.75 元。合同签订后,原告于 2000 年 12 月 31 日前付清了 411 201.75 元,但在工商部门办理相关手续时只将第三人的法定代表人变更为原告,企业性质仍为集体所有制,资产也仍为集体所有。2016 年 6 月 13 日,被告出具证明确认了上述事实,并同意将第三人的集体所有制性质变更为私营有限公司。2016 年 7 月 4 日,上海市金山区张堰镇人民政府出具证明确认金山县张堰乡林业工作站未经工商注册登记,是属于被告的一个职能部门,该部门的权利义务由被告承担。原告为维护自己的合法权益,诉至本院,请求判令:确认第三人的资产归原告所有,被告协助办理企业经济性质变更登记手续。

被告上海市金山区张堰镇农业技术推广服务站对原告主张的诉讼请求和事实无异议。

第三人上海金帼花卉园艺场对原告主张的诉讼请求和事实无异议。

本院认为,本案三方当事人对事实没有争议,被告、第三人对原告的诉讼请求予以认可,于法无悖,本院予以确认。据此,依照《最高人民法院关于适用〈中华人民

---

① 来源:中国裁判文书网。

共和国公司法〉若干问题的规定(三)》第二十二条、《中华人民共和国民事诉讼法》第一百四十二条之规定,判决如下:

一、第三人上海金帼花卉园艺场的资产归原告宋某某所有;

二、被告上海市金山区张堰镇农业技术推广服务站应于本判决生效之日起十日内协助原告宋某某办理工商登记变更手续。

案件受理费人民币 7 314 元,减半收取 3 657 元,由第三人上海金帼花卉园艺场负担。

如不服本判决,可在判决书送达之日起十五日内,向本院递交上诉状,并按对方当事人的人数提出副本,上诉于上海市第一中级人民法院。

审 判 员　申 智

二〇一六年八月八日

书 记 员　张绵爽

附:相关法律条文

1.《最高人民法院关于适用〈中华人民共和国公司法〉若干问题的规定(三)》第二十二条:

当事人之间对股权归属发生争议,一方请求人民法院确认其享有股权的,应当证明以下事实之一:

(一)已经依法向公司出资或者认缴出资,且不违反法律法规强制性规定;

(二)已经受让或者以其他形式继受公司股权,且不违反法律法规强制性规定。

2.《中华人民共和国民事诉讼法》第一百四十二条:

法庭辩论终结,应当依法作出判决。判决前能够调解的,还可以进行调解,调解不成的,应当及时判决。

〔评注〕

被告承认原告的全部诉讼请求的简易程序民事判决书,因对认定事实和裁判理由部分均可简化处理,故文书相对较为简单。但值得注意的是,实务中,若被告承认原告的全部诉讼请求,但双方不愿调解而是执意要求法院出具民事判决书时,要防范双方恶意串通进行虚假诉讼情况的发生,需对案件的事实以及双方诉讼意图进行了解。

需要注意的是,实例中是"原告宋某某"等,根据文书样式,诉讼参加人的诉讼地位与姓名和名称之间用":"间隔。

4. 民事裁定书（简易程序转为普通程序用）

×××× 人民法院
民事裁定书

（××××）……民初……号

原告：×××，……。
……
被告：×××，……。
……

（以上写明当事人和其他诉讼参加人的姓名或者名称等基本信息）

原告×××与被告×××……(写明案由)一案，本院于××××年××月××日立案后，依法适用简易程序。

××××年××月××日，×××提出异议认为，……（概述不宜适用简易程序的事实和理由），本案不适用简易程序。（法院依职权发现不宜适用简易程序的，不写）

本院经审查认为，……（写明不宜适用简易程序的情形），本案不宜适用简易程序。依照《中华人民共和国民事诉讼法》第一百六十三条规定，裁定如下：

本案转为普通程序。

审　判　长　×××
审　判　员　×××
审　判　员　×××

××××年××月××日
（院印）
书　记　员　×××

【说明】

1. 本样式根据《中华人民共和国民事诉讼法》第一百六十三条以及《最高人民法院关于适用〈中华人民共和国民事诉讼法〉的解释》第二百五十七条、第二百五十八条、第二百六十九条制定，供基层人民法院在适用简易程序审理过程中发现案件不宜适用简易程序后，裁定转为普通程序用。

2. 下列案件，不适用简易程序：（1）起诉时被告下落不明的；（2）发回重审的；

(3)当事人一方人数众多的;(4)适用审判监督程序的;(5)涉及国家利益、社会公共利益的;(6)第三人起诉请求改变或者撤销生效判决、裁定、调解书的;(7)其他不宜适用简易程序的案件。

3. 人民法院发现案情复杂,依职权转为普通程序的,可以同时引用《最高人民法院关于适用〈中华人民共和国民事诉讼法〉的解释》第二百五十七条、第二百五十八条;当事人就案件适用简易程序提出异议,人民法院经审查异议成立转为普通程序的,可以同时引用《最高人民法院关于适用〈中华人民共和国民事诉讼法〉的解释》第二百五十七条、第二百六十九条。

4. 人民法院发现案情复杂,需要转为普通程序审理的,应当在审理期限届满前作出裁定。

5. 落款中的审判组织为转为普通程序后的合议庭组成人员。送达本裁定书后,不需要向当事人另行送达确定合议庭组成人员通知书或者变更合议庭组成人员通知书。

6. 简易程序中的小额诉讼程序转为普通程序的,适用本样式。

【实例评注】

湖北省武汉市江岸区人民法院
民事裁定书①

(2016)鄂 0102 民初 211 号

原告武汉市江岸区全能皇宫婚纱摄影店,住所地武汉市江岸区中山大道 908 号。
经营者:官某。
委托代理人尹某(特别授权代理),湖北天明(汉南)律师事务所律师。
委托代理人王某(特别授权代理),湖北天明(汉南)律师事务所律师。
被告胡某某,女,汉族。
委托代理人张某(特别授权代理),男,湖北省正平法律服务所法律工作者。
委托代理人何某某(特别授权代理),男,湖北省弘正法律服务所法律工作者。

原告武汉市江岸区全能皇宫婚纱摄影店诉被告胡某某劳动争议纠纷一案。本院在审理过程中,发现本案案情复杂,双方当事人争议较大,且本案需追加第三人重新开庭审理,故不宜适用简易程序审理。根据《中华人民共和国民事诉讼法》第一百六十三条之规定,裁定如下:

---

① 来源:湖北省武汉市江岸区人民法院档案室阅卷搜集。

本案转为普通程序审理。

审　判　长　　程　春
人民陪审员　　刘建梅
人民陪审员　　危玉霞
二〇一六年三月十八日
书　记　员　　曹洲敏

〔评注〕

简易程序转普通程序的裁定，最容易忽略的一个地方是落款处：应由转为普通程序组成的合议庭组成人员落款，而非简易程序的独任审判人员。此外，落款日期应在简易程序的审限之内。

实例中的民事裁定书的裁判主文为"本案转为普通程序审理"，审理两字显得累赘，可直接表述为"本案转为普通程序"即可。此外，关于法条的引用也有疏漏，应在《民事诉讼法》第一百六十三条之后引用《民诉法解释》第二百五十八条第二款。

需要注意的是，根据文书样式，诉讼参加人的诉讼地位与姓名和名称之间用"："间隔。

十二、简易程序中的小额诉讼

1. 民事判决书（小额诉讼程序令状式判决用）

××××人民法院
民事判决书

（××××）……民初……号

原告：×××，男/女，××××年××月××日出生，×族，……（工作单位和职务或者职业），住……。

法定代理人/指定代理人/法定代表人/主要负责人：×××，……。

委托诉讼代理人：×××，……。

被告：×××，……。

法定代理人/指定代理人/法定代表人/主要负责人：×××，……。

委托诉讼代理人：×××，……。

（以上写明当事人和其他诉讼参加人的姓名或者名称等基本信息）

……（写明当事人及案由）一案，本院于××××年××月××日立案后，依法适用简易程序，公开/因涉及……（写明不公开开庭的理由）不公开开庭进行了审理。原告×××、被告×××（写明当事人和其他诉讼参加人的诉讼地位和姓名或者名称）到庭参加诉讼。本案现已审理终结。

×××向本院提出诉讼请求：1.……；2.……（明确原告的诉讼请求）。事实和理由：……（概述原告主张的事实和理由，可以非常简略）。

×××辩称，……（概述被告答辩意见，可以非常简略）。

本院认为，……（结合查明的案件事实，对诉讼请求作出评判）。

依照《中华人民共和国……法》第×条、……（写明法律文件名称及其条款项序号）、《中华人民共和国民事诉讼法》第一百六十二条规定，判决如下：

……（写明判决结果）。

如果未按本判决指定的期间履行给付金钱义务，应当依照《中华人民共和国民事诉讼法》第二百五十三条规定，加倍支付迟延履行期间的债务利息（没有给付金钱义务的，不写）。

案件受理费……元，由……负担（写明当事人姓名或者名称、负担金额）。

本判决为终审判决。

审　判　员　×××

××××年××月××日 （院印） 书　记　员　×××

【说明】

　　1. 本样式根据《中华人民共和国民事诉讼法》第一百六十二条以及《最高人民法院关于适用〈中华人民共和国民事诉讼法〉的解释》第二百八十二条制定，供基层人民法院适用简易程序中的小额诉讼程序开庭审理民事案件终结后，采用令状式判决用。

　　2. 令状式判决可以简化，主要记载当事人基本信息、诉讼请求、判决主文等内容。

　　3. 适用小额诉讼程序审理的民事案件实行一审终审。

【实例评注】

湖北省武汉市汉阳区人民法院
民事判决书[①]

（2016）鄂 0105 民初 1250 号

　　原告：武汉津联电气设备有限公司
　　法定代表人：朱某某，该公司董事长。
　　委托代理人：姜某，湖北楚润律师事务所律师。
　　被告：光正集团股份有限公司。
　　法定代表人：周某某。

　　原告武汉津联电气设备有限公司（以下简称津联电气公司）诉被告光正集团股份有限公司（以下简称光正集团公司）买卖合同纠纷一案。原告津联电气公司诉请：1. 判令被告向原告退还质保金 3 090 元，并按照银行同期贷款利率支付逾期利息直至清偿时止；2. 本案诉讼费由被告承担。本院受理后，依法由审判员黄玮适用小额诉讼程序公开开庭进行了审理。原告津联电气公司的委托代理人姜某到庭参加诉讼，被告光正集团公司经本院传票传唤，无正当理由拒不到庭参加诉讼。本案现已审理终结。

　　本院基于庭审查明的事实（查明事实部分详见庭审笔录），被告未退还原告质保金 3 090 元属实，按照合同约定和法律规定，被告应承担向原告退还质保金并支付逾期利

[①] 来源：湖北省武汉市汉阳区人民法院档案室查阅搜集。

息的民事责任。被告经本院传票传唤，无正当理由拒不到庭参加诉讼，视为放弃答辩、举证、质证以及辩论等诉讼权利，依法应承担不利后果。依照《中华人民共和国合同法》第一百零七条、《中华人民共和国民事诉讼法》第一百四十四条、第一百六十二条的规定，缺席判决如下：

一、被告光正集团股份有限公司退还原告武汉津联电气设备有限公司质保金3 090元，此款于本判决发生法律效力之日起五日内支付；

二、被告光正集团股份有限公司以3 090元为标的，按照中国人民银行同期贷款利率向原告武汉津联电气设备有限公司支付逾期利息，自2015年5月21日起至本判决发生法律效力之日止，此款于本判决发生法律效力之日起五日内支付；

三、驳回原告武汉津联电气设备有限公司的其他诉讼请求。

如果未按本判决指定的期间履行给付金钱义务，应当依照《中华人民共和国民事诉讼法》第二百五十三条之规定，加倍支付迟延履行期间的债务利息。

本案案件受理费减半收取25元，由被告光正集团股份有限公司负担。此款原告武汉津联电气设备有限公司已预交，被告光正集团股份有限公司应将此款于本判决发生法律效力之日起五日内直接付给原告武汉津联电气设备有限公司。

本判决为终审判决。

审　判　员　黄　玮

二〇一六年六月十三日

书　记　员　许　泽

〔评注〕

简易程序中的小额诉讼程序是2012年修改《民事诉讼法》时力推的案件繁简分流的举措之一，该程序适用的文书样式特点是由小额诉讼程序本身的特点决定的：

1. 小额诉讼程序归根到底是归属于简易程序项下的特殊程序，适用小额诉讼程序的案件必须首先符合简易程序的适用要求。但同时需要指出的是，对于符合条件的案件，小额诉讼程序是强制适用的，不得由人民法院选择适用，即如果案件符合《民事诉讼法》第一百六十二条的规定，则必须适用小额诉讼程序，不得作为一般的简易程序案件审理。

2. 小额诉讼程序因其对效率的特殊要求，故判决书也有多种形式，小额诉讼程序令状式判决书是最为接近常规民事判决书形式的一种，但结合小额诉讼程序的特点，仍有不少区别：(1)因小额诉讼程序实行一审终审，故与简易程序以及第一审普通程序民事判决书相区别，其判决书尾部不会出现上诉权利告知的内容，而是明确告知"本判决为终审判决"。(2)概述原告主张的事实和理由、被告答辩意见，可以非常简略。

本院查明事实部分和本院认为的说理部分也可以合并进行。这是因为本身适用简易程序的案件就是"事实清楚、权利义务关系明确、争议不大的简单民事案件",其中的小额诉讼程序又要求案件"标的额为各省、自治区、直辖市上年度就业人员年平均工资百分之三十以下",故而适用小额诉讼程序的案件文书可以不拘泥于常规民事判决书的惯用模板,在一定程度上予以简化,略去一些非关键性内容。

3. 小额诉讼程序仍属简易程序,案件受理费应减半收取。

4. 值得注意的是实例中的小额诉讼令状式民事判决系缺席审理,虽无法律明确禁止缺席审理的案件适用小额诉讼程序,但因小额诉讼程序适用的大前提是事实清楚、权利义务关系明确、争议不大的简单民事案件,若被告经合法传唤无正当理由拒不到庭,则很难通过庭审查明事实,且小额诉讼程序是一审终审,被告无法通过上诉来推翻缺席审理的判决,故除非已通过庭前调查或者原告的证据足以证实其主张的事实,否则不宜对缺席的案件适用小额诉讼程序。

2. 民事判决书(被告对原告所主张的事实和诉讼请求无异议的小额诉讼程序表格式判决用)

××××人民法院

民事判决书

(××××)……民初……号

原告	写明当事人基本信息
被告	写明当事人基本信息
案由	……纠纷
诉讼请求	1.……; 2.……

本院于××××年××月××日对本案适用小额诉讼程序公开/不公开开庭(写明不公开开庭的理由)进行了审理。本案现已审理终结。

依照《中华人民共和国……法》第×条、……(写明法律文件名称及其项序号)、《中华人民共和国民事诉讼法》第一百六十二条规定,判决如下:

……(写明判决结果)。

（续表）
如果未按本判决指定的期间履行给付金钱义务，应当依照《中华人民共和国民事诉讼法》第二百五十三条规定，加倍支付迟延履行期间的债务利息（没有给付金钱义务的，不写）。 　　案件受理费……元，由……负担（写明当事人姓名或者名称、负担金额）。 　　本判决为终审判决。
审　判　员　××× 　　　　　　　　　　　　　　　　　　　×××年××月××日 　　　　　　　　　　　　　　　　　　　　　（院印） 　　　　　　　　　　　　　　　　　　　书　记　员　×××

【说明】

　　1. 本样式根据《中华人民共和国民事诉讼法》第一百六十二条以及《最高人民法院关于适用〈中华人民共和国民事诉讼法〉的解释》第二百八十二条制定，供基层人民法院适用简易程序中的小额诉讼程序开庭审理民事案件终结后，采用表格式判决用。

　　2. 表格式判决主要记载当事人基本信息、诉讼请求、判决主文等内容。

　　3. 适用小额诉讼程序审理的民事案件实行一审终审。

【实例评注】

<div align="center">**安徽省宿松县人民法院** **民事判决书**① （2016）皖 0826 民初 1918 号</div>	
原告	安庆大桥开发区速跑汽车服务部，住所地安庆市宜秀区同庆南苑 20-2 栋 19 号。

---

① 来源：中国裁判文书网。

2. 民事判决书（被告对原告所主张的事实和诉讼请求无异议的小额诉讼程序表格式判决用）

（续表）

原告	经营者：张某某，女，1975年9月26日出生，汉族，住安徽省安庆市潜山县。 委托诉讼代理人：余某某，潜山县王河镇法律服务所法律工作者。
被告	杨某，男，1989年12月28日出生。
案由	买卖合同纠纷
诉讼请求	1. 判令杨某立即支付货款5 500元；2. 杨某承担本案诉讼费用。

本院于2016年8月9日对本案适用小额诉讼程序公开开庭进行了审理。本案现已审理终结。

依照《中华人民共和国合同法》第一百零七条、第一百五十九条、第一百六十一条，《中华人民共和国民事诉讼法》第一百六十二条、第二百五十三条规定，判决如下：

被告杨某于本判决生效之日起十五日内支付原告安庆大桥开发区速跑汽车服务部货款5 500元。

如果未按本判决指定的期间履行给付金钱义务，应当依照《中华人民共和国民事诉讼法》第二百五十三条规定，加倍支付迟延履行期间的债务利息。

案件受理费50元，减半收取25元，由被告杨某负担。

本判决为终审判决。

代理审判员　　陈施见
二〇一六年八月十九日
书　记　员　　马淑娟

〔评注〕

表格式民事判决书在形式上突破了传统平铺直叙的判决书样式，其直观性的表达可令当事人对自己关注的内容一目了然。表格式民事判决书仅记录当事人基本信息、诉讼请求和裁判主文三个主要部分，主要适用于被告对原告所主张的事实和诉讼请求无异议的案件。在这种情况下，令状式民事判决书中着墨最多、占用篇幅最大的部分即原被告的诉称、辩称、证据举证质证以及认定、事实查明部分均可简略，正因如此，也才能为短小精悍的表格式民事判决书的适用提供可能。实际上，表格式民事判决书的适用并不仅仅限于小额诉讼案件，其他简易程序的案件，只要符合上述要求，均可适用。

3. 民事判决书（简易程序和小额诉讼程序要素式判决用，以劳动争议为例）

××××人民法院
民事判决书

（××××）……民初……号

原告：×××，……。
……
被告：×××，……。
……
（以上写明当事人和其他诉讼参加人的姓名或者名称等基本信息）
……（写明当事人及案由）一案，本院于××××年××月××日立案后，依法适用小额诉讼程序，公开/因涉及……（写明不公开开庭的理由）不公开开庭进行了审理。原告×××、被告×××（写明当事人和其他诉讼参加人的诉讼地位和姓名或者名称）到庭参加诉讼。本案现已审理终结。本案查明的事实如下：

一、入职时间：____年____月____日。
二、签订书面劳动合同时间：____年____月____日（未签的写"未签订"，如有签订多份的，请逐份载明）。
三、合同期满时间：____年____月____日。
四、劳动者工作岗位：_____（如合同约定与实际工作岗位不一致的，分别列出合同约定岗位和实际工作岗位）。
五、合同约定的工时制度、每月工资数及工资构成：_____。
原告主张及证据：_____。
被告抗辩意见及证据：_____。
法院认定及理由：_____。
六、劳动者实际实行的工时制度、领取的每月工资数及工资构成：_____。
七、参加社会保险的时间和险种：_____；申请社会保险待遇：_____。
八、发生工伤时间：____年____月____日；死亡时间：____年____月____日；工伤认定情况：_____。
九、住院起止时间：____年____月____日至____年____月____日。
十、工伤各项费用：医疗费数额：____；假肢安装费数额：____；伙食补助费数额：____；交通费数额：____；丧葬费：____（可视实际情况增加）。
十一、伤残等级鉴定时间：____年____月____日；鉴定结果：_____。

十二、受伤后至劳动能力鉴定前工资发放情况：＿＿。

十三、×××上年度职工月平均工资：＿＿＿；同期最低工资标准：＿＿＿＿。

十四、用人单位需支付的保险待遇种类及金额：＿＿。

十五、加班时间：正常工作日加班时间＿＿小时、法定休息日加班时间＿＿小时、法定节假日加班时间＿＿小时。

十六、加班工资计算基数：＿＿。

十七、应发工资金额：＿＿，计算期间：＿＿，工资构成：＿＿，加班工资的计算方法：＿＿。

十八、实发工资金额：＿＿，计算期间：＿＿，工资构成：＿＿，加班工资的计算方法：＿＿。

十九、欠发工资及加班工资数额：＿＿。

二十、解除或终止劳动关系前十二个月劳动者的月平均工资数额：＿＿。

二十一、劳动者的工作年限：＿＿。

二十二、解除或终止劳动关系的原因：＿＿。

二十三、解除或终止劳动关系的时间：＿＿年＿＿月＿＿日。

二十四、解除或终止劳动关系经济补偿金或赔偿金数额：＿＿。

二十五、应休年休假：＿＿日，实休年休假：＿＿日。

二十六、扣除加班工资后的本人工资数额：＿＿。

二十七、未休年休假工资：＿＿。

二十八、未签订书面劳动合同的二倍工资：＿＿。

二十九、双方发生劳动争议的时间：＿＿年＿＿月＿＿日。

三十、申请仲裁时间：＿＿年＿＿月＿＿日。

三十一、仲裁请求：＿＿。

三十二、仲裁结果：＿＿。

三十三、需要说明的其他事项：＿＿＿＿＿＿＿＿（包括先予执行、诉讼保全、鉴定等需要说明的问题）。

三十四、原告的诉讼请求：＿＿＿＿＿＿＿。

以上事项中，双方有争议的事项为第×项、第×项，其他事项双方无争议。

依照《中华人民共和国……法》第×条、……（写明法律文件名称及其条款项序号）、《中华人民共和国民事诉讼法》第一百六十二条规定，判决如下：

……（写明判决结果）。

如果未按本判决指定的期间履行给付金钱义务，应当依照《中华人民共和国民事诉讼法》第二百五十三条规定，加倍支付迟延履行期间的债务利息（没有给付金钱义务的，不写）。

案件受理费……元，由……负担（写明当事人姓名或者名称、负担金额）。

本判决为终审判决。

审　判　员　×××

×××× 年 ×× 月 ×× 日
（院印）
书　记　员　×××

劳动争议案件劳动者要素表

（××××）……民初……号

重要声明

1. 为了使您更好地参加诉讼，保护您的合法权利，特发本表。
2. 本表所列各项内容都是法院查明案件事实所需要了解的，请您务必认真阅读，如实填写。
3. 由于本表的设计是针对普通劳动争议案件，其中有些项目可能与您的案件无关，对于您认为与您案件无关的项目可以填"无"或不填。对于本表中有遗漏的项目，您可以在本表中另行填写。
4. 您在本表中所填写内容属于您依法向法院陈述的重要内容，您填写的要素表副本，本院将会依法送达给其他诉讼参与人。

请填写与案件相关的以下内容：

一、入职时间：＿＿＿年＿＿＿月＿＿＿日。

二、签订书面劳动合同时间：＿＿＿年＿＿＿月＿＿＿日（未签订书面劳动合同的写明"未签"，如有签订多份的，请逐份载明）。

三、合同期满时间：＿＿＿年＿＿＿月＿＿＿日。

四、劳动者工作岗位：＿＿＿＿＿＿＿＿＿＿（如合同约定与实际工作岗位不一致的，分别列出合同约定岗位和实际工作岗位）。

五、合同约定的工时制度、每月工资数及工资构成：＿＿＿＿＿＿＿＿。

六、劳动者实际实行的工时制度、领取的每月工资数及工资构成：＿＿＿＿＿＿。

七、办理社会保险的时间和险种：＿＿＿＿＿＿＿＿（未办的写明未办理社会保险）；申请社会保险待遇：＿＿＿＿＿＿＿＿。

八、发生工伤时间：＿＿＿年＿＿＿月＿＿＿日；死亡时间：＿＿＿年＿＿＿月＿＿＿日；工伤认定情况：＿＿＿＿＿＿＿＿。

九、住院起止时间：＿＿＿年＿＿＿月＿＿＿日至＿＿＿年＿＿＿月＿＿＿日。

十、工伤各项费用：医疗费数额：＿＿＿；假肢安装费数额：＿＿＿；伙食补助费数额：＿＿＿；交通费数额：＿＿＿；丧葬费：＿＿＿（可视实际情况增加）。

十一、伤残等级鉴定时间：＿＿＿年＿＿＿月＿＿＿日；鉴定结果：＿＿＿＿＿＿＿＿。

十二、受伤后至劳动能力鉴定前工资发放数额：＿＿＿＿＿＿＿。

十三、加班时间：正常工作日加班时间＿＿＿小时、法定休息日加班时间＿＿＿小时、法定节假日加班时间＿＿＿小时。

十四、加班工资计算基数：＿＿＿＿＿＿＿。

十五、应发工资金额：＿＿＿，计算期间：＿＿＿，工资构成：＿＿＿，加班工资的计算方法：＿＿＿。

十六、实发工资金额：＿＿＿，计算期间：＿＿＿，工资构成：＿＿＿，加班工资的计算方法：＿＿＿。

十七、双方解除或终止劳动关系前十二个月劳动者的月平均工资数额：＿＿＿＿＿。

十八、双方发生劳动争议的时间：＿＿＿年＿＿＿月＿＿＿日。

十九、双方解除或终止劳动关系的原因：＿＿＿＿＿＿＿。

二十、解除或终止劳动关系的时间：＿＿＿年＿＿＿月＿＿＿日。

二十一、劳动者的工作年限：＿＿＿＿＿＿＿。

二十二、应休年休假：＿＿＿日；实休年休假：＿＿＿日。

二十三、申请仲裁时间：＿＿＿年＿＿＿月＿＿＿日。

二十四、需要说明的其他事项：＿＿＿＿＿＿＿。

请对上述内容重新核对，确认后签名。

劳动者（签名）

××××年××月××日

劳动争议案件用人单位要素表

（××××）……民初……号

重要声明
1. 为了使您更好地参加诉讼，保护您的合法权利，特发本表。
2. 本表所列各项内容都是法院查明案件事实所需要了解的，请您务必认真阅读，如实填写。
3. 由于本表的设计是针对普通劳动争议案件，其中有些项目可能与您的案件无关，对于您认为与您案件无关的项目可以填"无"或不填。对于本表中有遗漏的项目，您可以在本表中另行填写。
4. 您在本表中所填写内容属于您依法向法院陈述的重要内容，您填写的要素表副本，本院将会依法送达给其他诉讼参与人。

请填写与案件相关的以下内容：

一、入职时间：____年____月____日。

二、签订书面劳动合同时间：____年____月____日（未签订书面劳动合同的写明"未签"，如有签订多份的，请逐份载明）。

三、合同期满时间：____年____月____日。

四、劳动者工作岗位：_____（如合同约定与实际工作岗位不一致的，分别列出合同约定岗位和实际工作岗位）。

五、合同约定的工时制度、每月工资数及工资构成：_____。

六、劳动者实际实行的工时制度、领取的每月工资数及工资构成：_____。

七、办理社会保险的时间和险种：_____（未办的写明未办理社会保险）；申请社会保险待遇：_____。

八、发生工伤时间：____年____月____日；死亡时间：____年____月____日；工伤认定情况：_____。

九、住院起止时间：____年____月____日至____年____月____日。

十、工伤各项费用：医疗费数额：____；假肢安装费数额：____；伙食补助费数额：____；交通费数额：____；丧葬费：____（可视实际情况增加）。

十一、伤残等级鉴定时间：____年____月____日；鉴定结果：_____。

十二、受伤后至劳动能力鉴定前工资发放数额：_____。

十三、加班时间：正常工作日加班时间____小时、法定休息日加班时间____小时、法定节假日加班时间____小时。

十四、加班工资计算基数：_____。

十五、应发工资金额：____，计算期间：____，工资构成：____，加班工资的计算方法：____。

十六、实发工资金额：____，计算期间：____，工资构成：____，加班工资的计算方法：____。

十七、双方解除或终止劳动关系前十二个月劳动者的月平均工资数额：_____。

十八、双方发生劳动争议的时间：____年____月____日。

十九、双方解除或终止劳动关系的原因：_____。

二十、解除或终止劳动关系的时间：____年____月____日。

二十一、劳动者的工作年限：_____。

二十二、应休年休假：____日；实休年休假：____日。

二十三、申请仲裁时间：____年____月____日。

二十四、需要说明的其他事项：_____。

请对上述内容重新核对，确认后盖章。

用人单位（盖章）

×××年××月××日

【说明】

1. 本样式根据《中华人民共和国民事诉讼法》第一百六十二条以及《最高人民法院关于适用〈中华人民共和国民事诉讼法〉的解释》第二百八十二条制定，供基层人民法院适用简易程序中的小额诉讼程序开庭审理民事案件终结后，采用要素式判决用。

2. 要素式民事裁判文书是指对于能够概括出固定要素的案件，在撰写裁判文书时不再分开陈述当事人诉辩意见、本院查明、本院认为部分，而是围绕着争议的特定要素，陈述当事人诉辩意见、相关证据以及法院认定的理由和依据的法律文书。

3. 要素式裁判文书要与要素表、要素式庭审结合。要素式文书要求当事人庭前填写要素表。要素表既是对当事人的诉讼指引和服务，也是对法官的一种指引和约束。

对于基层法院选择适用要素式文书的案件，立案部门在立案时应向原告送达原告诉讼要素表，并指导原告填写。在向被告、第三人送达起诉状副本时一并送达原告诉讼要素表副本，并要求被告和第三人填写被告（第三人）应诉要素表，于答辩期满前提交。法院不得以当事人未填写案件的要素表为由不予立案。

当事人在开庭前未填写要素表的，法院在审理时可以要素表的基本要素为线索，逐项当庭征求双方当事人意见，对双方无争议的要素予以确认并记入法庭笔录；对于双方有争议的要素应重点审查。对于无争议要素的证据可以不用质证，证据的展示和质证只需围绕着争议要素展开。

4. 要素式裁判文书要求庭审时围绕要素进行调查和辩论，不再单独分开传统裁判文书所对应的法庭调查和法庭辩论两个环节。

5. 要素式文书对于无争议要素（事实）用一句话概括，不再分开陈述原告、被告和法院三方意见。在具体写作方法上，要素式文书采用"夹叙夹议"的写作方法。

6. 其他要素式裁判文书可以参照本文书样式进行撰写，各基层人民法院在审判实践中也可以根据案件具体情况作出适当调整。

7. 简易程序也可适用本要素式裁判文书，结尾部分写明："如不服本判决，可以在判决书送达之日起十五日内，向本院递交上诉状，并按对方当事人或者代表人的人数提出副本，上诉于××××人民法院。"

【实例评注】

湖北省武汉市汉阳区人民法院
民事判决书[①]

（2016）鄂 0105 民初 2385 号

---

① 来源：湖北省武汉市汉阳区人民法院档案室查阅搜集。

原告：天津安驾商务咨询服务有限公司武汉分公司。
代表人：林某某，该公司总经理。
委托代理人：沈某、白某，该公司员工。
被告：张某某，男，汉族。

原告天津安驾商务咨询服务有限公司武汉分公司（以下简称天津安驾公司武汉分公司）诉被告张某某劳动争议纠纷一案，本院受理后，依法进行审理，本案现已审理终结。

本案相关情况

双方有争议的事项为第七项，其他事项双方无争议。

一、入职时间和签订书面劳动合同时间：2014年11月25日。

二、合同期满时间：2017年11月30日。

三、合同约定的员工工作岗位：驾驶员岗位。

四、合同（含附件）的相关约定：月工资由基本工资、勤奋奖、加班补贴等组成，基本工资金额为2 100元；《薪酬管理办法》第七项关于违规处罚的规定：制造虚假订单的行为一经发现，立即解聘。

五、双方解除或终止劳动关系前的月平均工资数额：3 615.52元。

六、员工的工作年限：已满2年不足3年。

七、双方解除或终止劳动关系的原因：天津安驾公司武汉分公司以张某某"工作期间产生大量违章、在无任何书面请假单的情况下拒不到岗上班旷工多日，且多次书面催工仍不到岗，严重违反公司管理规定"为由，作出解除劳动合同通知书；张某某则认为系天津安驾公司武汉分公司口头通知因营运业绩排名在后2%而解除劳动合同。

八、解除或终止劳动关系的时间：2016年3月21日。

九、申请仲裁时间：2016年4月14日。

十、仲裁请求：1. 支付3个月解除劳动关系经济补偿金；2. 返还押金10 000元；3. 退还报销费用、多收的托收款760元。

十一、仲裁结果：1. 天津安驾公司武汉分公司支付张某某解除劳动关系经济补偿金5 423.28元；2. 天津安驾公司武汉分公司支付张某某重复收取的托收款500元；3. 天津安驾公司武汉分公司返还张某某押金10 000元。

十二、诉讼请求：判令天津安驾公司武汉分公司不支付解除劳动关系经济补偿金5 423.28元。

判决结果

本院认为：关于第七项的争议，即解除劳动合同的理由是什么，根据原告提供的解除劳动合同通知书，原告是以"工作期间产生大量违章、在无任何书面请假单的情况下拒不到岗上班旷工多日，且多次书面催工仍不到岗，严重违反公司管理规定"为由，作出解除劳动合同的决定。原告并提供了被告在工作期间的营运记录，拟证实被告存在制造虚假订单的严重违反公司管理规定的行为。被告承认制造部分虚假订单，但坚持认为系天津安驾公司武汉分公司口头通知因营运业绩排名在后2%而解除劳动合同。本院综合双方当事人提供的证据和陈述进行分析，被告确有制造虚假订单的行为，且原告以书面通知的形式告知了被告解除劳动合同的理由，被告虽称系业绩未达标而解除合同，但未能提供相应证据证实，故本院认定原告解除劳动合同的理由系被告严重违反公司管理规定。关于原告要求不支付被告解除劳动关系经济补偿金的诉讼请求，根据《中华人民共和国劳动合同法》第三十九条第二项"劳动者有下列情形之一的，用人单位可以解除劳动合同：……（二）严重违反用人单位的规章制度的"的规定，因被告存在制造虚假订单的严重违反公司管理规定的行为，故原告解除劳动合同的行为属合法解除，无需向劳动者支付解除劳动合同补偿金。原告的诉讼请求，有事实和法律依据，本院予以支持。依照《中华人民共和国劳动合同法》第三十九条第二款、《中华人民共和国民事诉讼法》第一百四十二条、第一百六十二条的规定，判决如下：

原告天津安驾商务咨询服务有限公司武汉分公司不支付被告张某某解除劳动合同补偿金5 423.28元。

本案案件受理费10元，减半收取5元，由被告张某某负担。

本判决为终审判决。

审　判　员　黄　玮

二〇一六年九月二十日

书　记　员　卢少达

〔评注〕

要素式民事判决书适用于案情模式化较强、庭审查明的事实内容较一致的案件，比如机动车道路交通事故责任纠纷、劳动争议纠纷、物业纠纷，等等。此类案件在实务中往往能够形成庭审模板，判决内容也有固定的内容格式。要素式民事判决书为该类案件的审理提供了事实查明的样板，可大大提升庭审效率。

需要注意的是，按照《人民法院民事裁判文书制作规范》的要求，本实例中"委托代理人"应表述为"委托诉讼代理人"。

4. 民事裁定书（小额诉讼程序驳回起诉用）

××××人民法院
民事裁定书

（××××）……民初……号

原告：×××，……。
……
被告：×××，……。
……
（以上写明当事人和其他诉讼参加人的姓名或者名称等基本信息）

……（写明当事人及案由）一案，本院于××××年××月××日立案后，依法适用小额诉讼程序进行了审理。本案现已审理终结。

×××向本院提出诉讼请求：1.……；2.……（明确原告的诉讼请求）。事实和理由：……（概述原告主张的事实和理由）。

本院认为，……（写明驳回起诉的理由）。

依照《中华人民共和国民事诉讼法》第一百一十九条、第一百五十四条第一款第三项、《最高人民法院关于适用〈中华人民共和国民事诉讼法〉的解释》第二百七十九条规定，裁定如下：

驳回×××的起诉。

本裁定一经作出即生效。

审　判　员　×××

××××年××月××日
（院印）
书　记　员　×××

【说明】

1. 本样式根据《中华人民共和国民事诉讼法》第一百一十九条、第一百五十四条第一款第三项以及《最高人民法院关于适用〈中华人民共和国民事诉讼法〉的解释》第二百七十九条制定，供基层人民法院在立案受理小额诉讼案件后，发现起诉不符合《中华人民共和国民事诉讼法》第一百一十九条规定的起诉条件的，裁定驳回起诉用。

2. 本裁定一经作出即生效。

【实例评注】

湖北省武汉市江岸区人民法院
民事裁定书①

(2016) 鄂 0102 民初 981 号

原告武汉市锦城物业管理有限公司,住所地武汉市江汉区锦城工业园招商楼 1-1 栋。

法定代表人张某某,总经理。

委托代理人万某某(特别授权代理)。

被告胡某,男,汉族。

原告武汉市锦城物业管理有限公司与被告胡某物业服务合同纠纷一案,本院于 2016 年 1 月 26 日立案受理后,依法适用小额诉讼程序,由审判员江文独任审判。首次开庭前,被告胡某以其与原告之间的物业管理服务协议中订有仲裁条款为由,对本院受理此案提出异议。经审查,原、被告双方签订的《武汉市前期物业管理服务协议》中第十五条载明,该协议在履行中如发生争议,双方协商解决或向物业管理行政主管部门申请调解,协商或调解无效的,向武汉仲裁委员会申请仲裁。

本院认为,本案双方当事人在书面的物业服务合同中订有仲裁条款,该条款符合仲裁法第十六条规定且不具有仲裁法第十七条规定的情形,故对原告的起诉,应予驳回。据此,依照《中华人民共和国民事诉讼法》第一百五十四条第一款第三项、《最高人民法院关于适用〈中华人民共和国民事诉讼法〉的解释》第二百一十六条之规定,裁定如下:

驳回原告武汉市锦城物业管理有限公司的起诉。

案件受理费 25 元,依据《诉讼费用交纳办法》第八条第二项规定免于收取,邮寄费 20 元,由原告武汉市锦城物业管理有限公司自行承担。

本裁定为终审裁定。

审　判　员　　江　文

二〇一六年一月二十八日

书　记　员　　舒　龙

---

① 来源:湖北省武汉市江岸区人民法院档案室查阅搜集。

〔评注〕

1. 驳回起诉是经法院审查发现原告的起诉不符合起诉条件，因程序原因驳回起诉，应适用裁定而非判决，这一点与普通程序、简易程序并无区别。

2. 小额诉讼程序的裁定，与判决一样，均是一审终审，不得上诉。这一规定必须在文书中予以交代。

3. 关于诉讼费用的处理问题。因驳回起诉并未进行实体审理，案件受理费也就免于收取。但因驳回起诉发生在立案之后，此时，原告往往已经交纳了案件受理费和其他诉讼费用（最常见的如实例中的邮寄费），即便不应收取案件受理费，但邮寄费等其他诉讼费用的分担还是应在裁定中一并处理。在这种情况下，驳回起诉裁定书中对包括案件受理费在内的诉讼费用如何处理，做法不一。实例中关于诉讼费用的表述代表了实务中的一种做法，即案件受理费免予收取，其他诉讼费用由×××承担。《诉讼费用交纳办法》第八条规定："下列案件不交纳案件受理费：（一）依照民事诉讼法规定的特别程序审理的案件；（二）裁定不予受理、驳回起诉、驳回上诉的案件；（三）对不予受理、驳回起诉和管辖权异议裁定不服，提起上诉的案件；（四）行政赔偿案件。"即裁定驳回起诉案件是依法不交纳案件受理费的情形，并非免交案件受理费的情形（免交案件受理费情形详见该规定第四十五条）。因此实例中的免予收取的表述不准确。理论上，不应交纳是指自始不应交纳，免予交纳是指本应交纳因相关规定而免掉了交纳的义务。综上，驳回起诉裁定书中不应对案件受理费进行处理，仅需对产生的其他诉讼费用予以处理。这一点也应与民事裁定书（驳回起诉用）的文书样式保持一致。至于由此带来的实务中可能发生的案件受理费的退还手续问题，则应通过与司法行政部门沟通解决。

需要注意的是，根据文书样式，诉讼参加人的诉讼地位与姓名和名称之间应用"："间隔。

5. 小额诉讼程序告知书（告知当事人小额诉讼程序用）

小额诉讼程序告知书

一、小额诉讼程序审理的构成要件
（一）事实清楚、权利义务关系明确、争议不大的简单民事案件；
（二）标的额为各省、自治区、直辖市上年度就业人员年平均工资百分之三十以下。
二、小额诉讼程序审理的案件类型
（一）买卖合同、借款合同、租赁合同纠纷；
（二）身份关系清楚，仅在给付的数额、时间、方式上存在争议的赡养费、抚育费、扶养费纠纷；

（三）责任明确，仅在给付的数额、时间、方式上存在争议的交通事故损害赔偿和其他人身损害赔偿纠纷；

（四）供用水、电、气、热力合同纠纷；

（五）银行卡纠纷；

（六）劳动关系清楚，仅在劳动报酬、工伤医疗费、经济补偿金或者赔偿金给付数额、时间、方式上存在争议的劳动合同纠纷；

（七）劳务关系清楚，仅在劳务报酬给付数额、时间、方式上存在争议的劳务合同纠纷；

（八）物业、电信等服务合同纠纷；

（九）其他金钱给付纠纷。

三、不适用小额诉讼程序审理的案件类型

（一）人身关系、财产确权纠纷；

（二）涉外民事纠纷；

（三）知识产权纠纷；

（四）需要评估、鉴定或者对诉前评估、鉴定结果有异议的纠纷；

（五）其他不宜适用一审终审的纠纷。

四、小额诉讼程序审理适用简易程序的一般规定

（一）原告可以口头起诉。当事人双方可以同时到基层人民法院或者它派出的法庭，请求解决纠纷。法院可以当即审理，也可以另定日期审理。

（二）可以用简便方式传唤当事人和证人、送达诉讼文书、审理案件，但应当保障当事人陈述意见的权利。

（三）由审判员一人独任审理，并不受《中华人民共和国民事诉讼法》第一百三十六条、第一百三十八条、第一百四十一条规定的限制。

（四）应当在立案之日起三个月内审结。

五、小额诉讼程序审理的特殊规定

（一）举证期限由人民法院确定，也可以由当事人协商一致并经人民法院准许，但一般不超过七日。被告要求书面答辩的，人民法院可以在征得其同意的基础上合理确定答辩期间，但最长不得超过十五日。当事人到庭后表示不需要举证期限和答辩期间的，人民法院可立即开庭审理。

（二）当事人对小额诉讼案件提出管辖异议的，人民法院应当作出裁定。裁定一经作出即生效。

（三）人民法院受理小额诉讼案件后，发现起诉不符合《中华人民共和国民事诉讼法》第一百一十九条规定的起诉条件的，裁定驳回起诉。裁定一经作出即生效。

> （四）因当事人申请增加或者变更诉讼请求、提出反诉、追加当事人等，致使案件不符合小额诉讼程序条件的，应当适用简易程序的其他规定审理或者裁定转为普通程序。适用简易程序的其他规定或者普通程序审理前，双方当事人已确认的事实，可以不再进行举证、质证。
>
> （五）当事人对按照小额诉讼案件审理有异议的，应当在开庭前提出。人民法院经审查，异议成立的，适用简易程序的其他规定审理；异议不成立的，告知当事人，并记入笔录。
>
> （六）小额诉讼案件的裁判文书可以简化，主要记载当事人基本信息、诉讼请求、裁判主文等内容。
>
> （七）小额诉讼案件实行一审终审。
>
> （八）对小额诉讼案件的判决、裁定，当事人以《中华人民共和国民事诉讼法》第二百条规定的事由向原审人民法院申请再审的，人民法院应当受理。申请再审事由成立的，应当裁定再审，组成合议庭进行审理。作出的再审判决、裁定，当事人不得上诉。当事人以不应按小额诉讼案件审理为由向原审人民法院申请再审的，人民法院应当受理。理由成立的，应当裁定再审，组成合议庭审理。作出的再审判决、裁定，当事人可以上诉。

【说明】

1. 本样式根据《中华人民共和国民事诉讼法》第一百五十七条至第一百六十三条以及《最高人民法院关于适用〈中华人民共和国民事诉讼法〉的解释》第二百七十一条至第二百八十三条、第四百二十六条制定，供基层人民法院受理案件后决定适用小额诉讼程序的，告知当事人小额诉讼程序用。

2. 人民法院受理小额诉讼案件，应当向当事人告知该类案件的审判组织、一审终审、审理期限等相关事项。

【实例评注】

小额诉讼须知[①]

原告＿＿＿＿＿＿ 诉被告＿＿＿＿＿＿ ＿＿＿＿＿＿纠纷一案，根据《中华人民共和国民事诉讼法》及其司法解释的相关规定，本院依法适用小额诉讼程序审理，现将小额诉讼程序当事人的权利义务告知如下：

一、基层人民法院和它派出的法庭审理事实清楚、权利义务关系明确、争议不

---

① 来源：武汉市江岸区人民法院诉讼服务中心速裁组。

大的简单的民事案件，标的额为各省、自治区、直辖市上年度就业人员年平均工资百分之三十以下的，应当作为小额诉讼案件审理，实行一审终审。

二、湖北省上年度就业人员年平均工资，是指已经公布的各省、自治区、直辖市上一年度就业人员年平均工资。在上一年度就业人员年平均工资公布前，以已经公布的最近年度就业人员年平均工资为准。

三、小额诉讼案件由审判员独任审判。**小额诉讼案件实行一审终审，判决书送达双方当事人之日起即生效。**

四、小额诉讼案件的举证期限由人民法院确定，也可以由当事人协商一致并经人民法院准许，但一般不超过七日。

被告要求书面答辩的，人民法院可以在征得其同意的基础上合理确定答辩期间，但最长不得超过十五日。

当事人到庭后表示不需要举证期限和答辩期间的，人民法院可立即开庭审理。

五、当事人对小额诉讼案件提出管辖异议的，人民法院应当作出裁定。裁定一经作出即生效。

六、当事人对按照小额诉讼案件审理有异议的，应当在开庭前提出。人民法院经审查，异议成立的，适用简易程序的其他规定审理；异议不成立的，告知当事人，并记入笔录。

七、小额诉讼案件的裁判文书可以简化，主要记载当事人基本信息、诉讼请求、裁判主文等内容。

湖北省武汉市江岸区人民法院
（院印）

〔评注〕

实例中对小额诉讼程序最关键的一点"小额诉讼案件实行一审终审，判决书送达双方当事人之日起即生效"在当事人须知上的文字部分以黑体的形式向当事人予以强调说明，避免因当事人未仔细阅读而导致相应权利的丧失。此外，对适用小额诉讼程序审理的案件，在审判员口头向当事人宣布庭审适用程序时，就需要将当事人应知晓的小额诉讼程序的关键内容口头告知当事人，以保障当事人的诉讼权利。

6. 适用简易程序其他规定审理通知书（小额诉讼转换通知当事人用）

>
> ××××人民法院
> 适用简易程序其他规定审理通知书
>
> （××××）……民初……号
>
> ×××：
> ……（写明当事人及案由）一案，本院在适用小额诉讼程序审理过程中，发现案件不符合小额诉讼条件。依照《中华人民共和国民事诉讼法》第一百五十七条、《最高人民法院关于适用〈中华人民共和国民事诉讼法〉的解释》第二百八十条/第二百八十一条规定，决定本案适用简易程序的其他规定审理。
> 特此通知。
>
> ××××年××月××日
> （院印）

【说明】

1. 本样式根据《中华人民共和国民事诉讼法》第一百五十七条以及《最高人民法院关于适用〈中华人民共和国民事诉讼法〉的解释》第二百八十条、第二百八十一条制定，供人民法院在适用小额诉讼程序审理过程中，发现案件不符合小额诉讼条件，通知当事人适用简易程序的其他规定审理用。

2. 人民法院依职权适用简易程序的其他规定审理的，引用《最高人民法院关于适用〈中华人民共和国民事诉讼法〉的解释》第二百八十条；依申请适用简易程序的其他规定审理的，引用《最高人民法院关于适用〈中华人民共和国民事诉讼法〉的解释》第二百八十一条。

3. 当事人对按照小额诉讼案件审理有异议的，应当在开庭前提出。人民法院经审查，异议成立的，适用简易程序的其他规定审理；异议不成立的，告知当事人，并记入笔录。

【实例评注】

湖北省武汉市江岸区人民法院
适用简易程序其他规定审理通知书①

(2017)鄂 0102 民初 3847 号

武汉红帛物业管理有限公司：

  关于你公司诉被告张某某物业服务合同纠纷一案，本院在适用小额诉讼程序审理过程中，因当事人对适用小额诉讼程序提出异议，经本院审查，认为异议成立，本案不符合小额诉讼条件。依照《中华人民共和国民事诉讼法》第一百五十七条、《最高人民法院关于适用〈中华人民共和国民事诉讼法〉的司法解释》第二百八十一条规定，决定本案适用简易程序的其他规定审理。

  特此通知。

2017 年 5 月 23 日

〔评注〕

  因小额诉讼程序本身就属于简易程序，在案件因各种情形不再适用小额诉讼程序时，可直接适用简易程序其他规定继续进行审理，无需像简易程序转为普通程序一样以民事裁定的形式作出。实务中，往往也不会专门为此制作通知书，而是在笔录中口头告知。

---

① 来源：湖北省武汉市江岸区人民法院档案室阅卷搜集。

十三、公益诉讼

1. 民事判决书（环境污染或者生态破坏公益诉讼用）

××××人民法院
民事判决书

（××××）……民初……号

原告：×××，住所地……。
法定代表人/主要负责人：×××，……（职务）。
委托诉讼代理人：×××，……。
被告：×××，……。
法定代理人/指定代理人/法定代表人/主要负责人：×××，……。
委托诉讼代理人：×××，……。
（以上写明当事人和其他诉讼参加人的姓名或者名称等基本信息）

原告×××与被告×××……公益诉讼（写明案由）一案，本院于××××年××月××日立案后，依法适用普通程序，于××××年××月××日公告了案件受理情况。×××于××××年××月××日申请参加诉讼，经本院准许列为共同原告。本院于××××年××月××日公开开庭进行了审理，原告×××、被告×××、第三人×××（写明当事人和其他诉讼参加人的诉讼地位和姓名或者名称）到庭参加诉讼。×××向本院提交书面意见，协助原告调查取证，支持提起公益诉讼，指派×××参加庭审。本案现已审理终结。

×××向本院提出诉讼请求：1.……；2.……（明确原告的诉讼请求）。事实和理由：……（概述原告主张的事实和理由）。

××××支持起诉称，……（概述支持起诉意见）。

×××辩称，……（概述被告答辩意见）。

具有专门知识的人×××发表以下意见：……。

当事人围绕诉讼请求依法提交了证据，本院组织当事人进行了证据交换和质证。对当事人无异议的证据，本院予以确认并在卷佐证。对有争议的证据和事实，本院认定如下：1.……；2.……（写明法院是否采信证据，事实认定的意见和理由）。

本院认为，……（围绕争议焦点，根据认定的事实和相关法律，对当事人的诉讼请求进行分析评判，说明理由）。

综上所述，……（对当事人的诉讼请求是否支持进行总结评述）。依照《中华人民共和国……法》第×条、……（写明法律文件名称及其条款项序号）规定，判决如下：

一、……；
　　二、……。
（以上分项写明判决结果）

　　如果未按本判决指定的期间履行给付金钱义务，应当依照《中华人民共和国民事诉讼法》第二百五十三条规定，加倍支付迟延履行期间的债务利息（没有给付金钱义务的，不写）。

　　案件受理费……元，由……负担（写明当事人姓名或者名称、负担金额）。

　　如不服本判决，可以在判决书送达之日起十五日内，向本院递交上诉状，并按对方当事人或者代表人的人数提出副本，上诉于××××人民法院。

审　判　长　×××
审　判　员　×××
审　判　员　×××

××××年××月××日
（院印）
书　记　员　×××

【说明】

1. 本样式根据《中华人民共和国民事诉讼法》第五十五条、第十五条，《中华人民共和国环境保护法》第五十八条以及《最高人民法院关于适用〈中华人民共和国民事诉讼法〉的解释》"十三、公益诉讼"、《最高人民法院关于审理环境民事公益诉讼案件适用法律若干问题的解释》制定，供人民法院适用第一审普通程序审理环境污染或者生态破坏公益诉讼案，作出实体判决用。

2. 依法在设区的市级以上人民政府民政部门登记、专门从事环境保护公益活动连续五年以上且无违法记录的社会组织，可以作为原告提起环境污染或者生态破坏公益诉讼。

3. 检察机关提起民事公益诉讼的，表述为："公益诉讼人××××人民检察院"。其他机关和社会组织参加检察机关提起的民事公益诉讼的，仍表述为："原告×××"。

4. 人民法院受理公益诉讼案件后，依法可以提起诉讼的其他机关和有关组织，可以在一审开庭前向人民法院申请参加诉讼。人民法院准许参加诉讼的，列为共同原告。在案件的由来和审理经过中写明："×××于××××年××月××日申请参加诉讼，经本院准许列为共同原告。"

5. 检察机关、负有环境保护监督管理职责的部门及其他机关、社会组织、企业事业单位支持原告起诉，提交相关书面意见、代为调查收集证据等，在首部作出相应表述。如派员出庭，则表述出庭人员的身份和姓名；未派员出庭，则仅表述支持起诉的方式。在当事人诉辩意见部分，原告意见之后，概述支持起诉单位的意见。如支持起诉的单位提交了相关证据，应作为原告的证据在庭审中予以质证、认证，并在法院认定的事实部分作出表述。

6. 当事人申请具有专门知识的人出庭的，表述为："具有专门知识的人×××发表以下意见：……。"概述具有专门知识的人就案件所涉专门知识等问题提出的专家意见。

7. 如原告在其起诉状中明确请求被告承担本案所涉检验、鉴定费用、合理的律师费用及为诉讼支出的其他合理费用的，应在判项中一一列明。如原告败诉，其所需承担的调查取证、专家咨询、检验、鉴定等必要费用，可以依据《最高人民法院关于审理环境民事公益诉讼案件适用法律若干问题的解释》第二十四条的规定酌情支付，且应在判项中列明。

【实例评注1】

江苏省徐州市中级人民法院
民事判决书①

(2015)徐环公民初字第6号

公益诉讼人江苏省徐州市人民检察院，住所地徐州市西安南路128号。
法定代表人韩某某，该院检察长。
委托代理人陈某某，该院检察员
委托代理人朱某，该院助理检察员。
被告徐州市鸿顺造纸有限公司，住所地江苏省徐州市铜山区柳新镇赵庄村。
法定代表人尚某某，该公司经理。
委托代理人周某某，该公司职员。
委托代理人孟某，江苏淮海正大律师事务所律师。
公益诉讼人江苏省徐州市人民检察院(以下简称徐州市人民检察院)与被告徐州市鸿顺造纸有限公司(以下简称鸿顺公司)环境污染公益诉讼一案，本院于2015年12月28日受理后，于2015年12月31日公告案件受理情况。在公告期届满后，并未收到其他机关或社会组织参加诉讼的申请。本院依法由审判员蔡可勇担任审判长，与审判员

---

① 来源：江苏省徐州市中级人民法院(2015)徐环公民初字第6号案卷。

李娟、人民陪审员陈虎、徐树启、周晓云组成合议庭,法官助理吴一冉协助办案,书记员张文娟、杜心舒担任案件记录,分别于2016年3月2日、3月24日、3月30日组织证据交换,于2016年3月24日组织庭前会议听取各方当事人意见,并于2016年4月11日公开开庭审理了本案。公益诉讼人徐州市人民检察院副检察长祁某某、委托代理人陈某某、朱某,被告鸿顺公司的委托代理人周某某、孟某到庭参加诉讼。本案现已审理终结。

公益诉讼人诉称,2013年4月27日,环保部门经现场监察发现,被告使用暗排口直接将废水排入砖厂废坑及周围沟渠,且污水处理设施不能正常运转等问题,向被告发出环境监察建议书。2014年4月5日至6日,被告因私设暗排管将未经处理的生产废水600吨排入苏北堤河,被环保部门处以罚款5万元。2015年2月24日至25日被告再次将未经处理的2 000吨生产废水排入苏北堤河,被环保部门处以罚款10万元,其经理王某某被行政拘留10日。从2013年、2014年、2015年连续三年违法偷排的事实来看,被告未严格按照环保验收工作报告中所明确的在污水排口安装污水流量计、COD在线监测仪从而实现对废水排放总量和COD的连续监测,存在持续逃避监管排放污染物的严重违法情况。环保专家评估认为被告于2014年4月、2015年2月两次违法排放2 600吨废水所造成的生态环境损害数额共计为26.91万元。

公益诉讼人主张,被告连续三年违法排污且每次都加大污水排放量,有理由推定在2013年至2015年期间被告的防治污染设备未能有效运行。根据《中华人民共和国侵权责任法》第六十五条的规定,被告应当承担恢复原状的责任;根据《最高人民法院关于审理环境民事公益诉讼案件适用法律若干问题的解释》第二十一条的规定,被告还应当赔偿生态环境受到损害至恢复原状期间服务功能的损失。检察机关发现被告违法行为后,向徐州市符合提起环境民事公益诉讼条件的三家社会组织发出督促起诉意见书,建议其向人民法院提起诉讼,该三家社会组织复函称目前尚不具备开展公益诉讼的能力。公益诉讼人根据《中华人民共和国民事诉讼法》第五十五条、《全国人民代表大会常务委员会关于授权最高人民检察院在部分地区开展公益诉讼试点工作的决定》规定,提起本案诉讼。因此,根据《最高人民法院关于审理环境民事公益诉讼案件适用法律若干问题的解释》第二十一条、第二十二条、第二十三条规定,如被告无法修复因其污染行为而受损的环境,则应综合考虑以上各方面确定被告的赔偿责任。请求人民法院判令被告:1.将其污染损害的苏北堤河环境恢复原状,并赔偿生态环境受到损害至恢复原状期间的服务功能损失,如被告无法恢复原状,请求判令其以环境污染损害咨询意见所确定的人民币26.91万元为基准的三倍至五倍承担赔偿责任;2.承担本案专家辅助人咨询费用3 000元。被告所赔偿的环境损害费用应支付至徐州市环境保护公益金专项资金账户,用于修复生态环境。

被告答辩称,被告是民政福利企业,且属于废旧物资再利用型企业。违法排污及处罚事件之后,加大环保治理工作,将注册资金由 780 万元增加至 6 000 万元,新增资金绝大部分用于污水治理改造,增加设备投入,确保防污设施正常运行、达标排放。被告虽愿意对生态环境损害进行赔偿,但认为:(一)被告不应承担恢复原状的责任,由于被告周边企业较多,所有工业废水均排放至苏北堤河,环境治理工作需要多家企业共同完成,且经过环保设施改进,被告现在没有污水排放,苏北堤河应当已经达到 V 类水质标准;(二)被告以前违法排放的废水污染物成分以有机物、木质物、纤维素为主,重金属等有毒有害物质极少,生态环境受到的损害较小,恢复较容易,公益诉讼人认为排放 2 600 吨废水相应的生态环境修复费用数额为 26.91 万元,计算过高;(三)公益诉讼人要求被告以 26.91 万元为基数计算三至五倍赔偿,不能成立;(四)被告已在两次行政处罚中缴纳共计 15 万元罚款,该款项应当用于环境治理,应从赔偿数额中扣除。综上,被告愿意倡导环保、努力改善环境,支付相应赔偿数额,请求法院综合本案相关事实以及被告企业发展状况,合理确定被告所应承担的责任。

经审理查明,2013 年 4 月 27 日,徐州市铜山区环境保护局柳新环境监察中队经现场监察发现,鸿顺公司年产 6 万吨高强瓦楞纸项目存在"厂区南侧有暗排口,直接排入砖厂废坑及周围沟渠,有废水排放的现象。污水处理设施不能正常运转,生产厂区环境混乱"等问题,并向鸿顺公司发出环境监察建议书,建议该公司立即停止违法排放行为、停产整改。2013 年 5 月 10 日,徐州市铜山区环境保护局再次现场监察,记录显示:该公司未生产,污水处理厂部分运行,暗管已封堵,无漏水现象。现场环境监察意见为:恢复生产时告知环保部门,加强管理,严禁超标污水进入苏北堤河。

2014 年 4 月 5 日至 6 日,鸿顺公司私设暗排管违法排放未经处理的生产废水 600 吨,污水汇入苏北堤河。徐州市铜山区环境保护局 2014 年 4 月 18 日作出铜环责改字[2014] 21 号责令改正环境违法行为决定书,责令该公司立即拆除暗管。2014 年 5 月 12 日,徐州市铜山区环境保护局向鸿顺公司发出铜环罚字[2014] 25 号行政处罚决定书,对鸿顺公司处以人民币 5 万元的罚款。2014 年 8 月 14 日,鸿顺公司缴纳 5 万元罚款。2014 年 8 月 18 日,徐州市铜山区环境保护局进行环境行政执法后督察现场检查,记录显示:该公司已停止年产 6 万吨高强瓦楞纸技改项目的生产行为,暗管已拆除,罚款已缴清。

2015 年 2 月 24 日至 25 日,鸿顺公司临时设置直径 20 厘米铁质排放管,将未经处理的生产废水经该公司污水处理厂南侧排入苏北堤河,排放量 2 000 吨,污染周边环境。徐州市铜山区环境监测站于 2015 年 2 月 25 日对该公司外排废水进行采水样监测,数据显示"化学需氧量为 1 180mg/L、氨氮为 28.2mg/L、总磷为 1.60mg/L",比《纸浆造纸工业水污染物排放标准》(GB3544-2008)表 2 标准分别超标 12.1 倍、2.5 倍、1 倍。2015 年 3 月 12 日,徐州市铜山区环境保护局作出铜环罚字[2015] 6 号行政处罚决定书,对鸿顺公司处以人民币 10 万元的罚款。2015 年 3 月 12 日,徐州市铜山区环保护局作出涉嫌环境违法适用行政拘留处罚移送书,将案件移送公安机关。2015年3月25日至4月4日,鸿顺公司经理王某某被公安机关行政拘留10日。2015年4月27日,鸿顺公司缴纳罚款10万元。

另查明,公益诉讼人为调查取证,支付专家咨询费用3 000元。

上述事实有公益诉讼人提交的徐州市铜山区环境保护局2013年4月27日作出的环境监察建议书及现场环境监察记录;2014年4月18日作出的责令改正环境违法行为决定书、现场检查(勘验)笔录、调查询问笔录、违法排放现场照片;2014年5月12日作出的行政处罚决定书;2015年3月作出的行政处罚决定书、责令改正环境违法行为决定书、调查询问笔录、违法排放现场照片、涉嫌环境违法适用行政拘留处罚案件移送书、徐州市铜山区拘留所行政拘留回执,徐州市铜山区环境监测站监测报告,专家咨询费领取单等证据证实,双方当事人均无异议,本院予以确认。

针对本案诉前程序,公益诉讼人提交检察机关向徐州市三家社会组织发出的督促起诉意见书以及三家社会组织对督促起诉意见书的回函,证明本案诉前程序合法,对此被告不持异议,本院予以确认。

经公益诉讼人及被告当庭确认,本案的争议焦点是:(一)被告应否承担恢复原状的法律责任;(二)公益诉讼人主张被告2014年、2015年两次排放的共计2 600吨生产废水,相应的生态环境修复费用为26.91万元,能否成立;(三)公益诉讼人主张如被告不能将其污染的环境恢复原状,则应赔偿生态环境修复费用及生态环境受到损害至恢复原状期间的服务功能损失,其数额以26.91万元为基数计算三至五倍,是否具有事实和法律依据;(四)被告已缴纳的行政罚款15万元应否在本案的赔偿中予以抵扣。

一、关于被告应否承担恢复原状民事责任的问题

公益诉讼人主张,恢复原状是环境损害应承担的基本责任,被告未提供证据证实苏北堤河目前已达Ⅴ类水质标准,被告认为损害较小缺乏事实依据,被告亦不能举证证明其具有法定免责情形,被告以水体有自净能力以及苏北堤河附近还有其他污染企业作为不承担责任的理由不能成立。

被告主张,从2015年2月25日环保部门的监测数据看,虽从其公司南墙外水样监测结果看,超标程度较高,但在苏北堤河取样监测超标程度不高,其公司排放的污染物对灌溉影响不大,环境有自我净化过程,由于客观现实情况的复杂性,被告并不具备将生态环境恢复原状的条件和能力,故从客观条件和必要性上讲被告都不需承担恢复原状的责任。

本院认为,被告违反《中华人民共和国水污染防治法》等法律规定,先后在2013年、2014年、2015年连续三次违法排放废水,且2014年、2015年排放的废水直接汇入苏北堤河,造成环境污染,依据损害担责原则,应依法承担相应的法律责任。

从监测记录来看,虽然监测过程是分别取距离污染源远近不同的五个监测点进行

监测后评价，但监测结论仍应以被告外排废水为准，外排废水经流后稀释、淡化是必然结果，不能以此认为未对环境造成损害或损害程度较小。被告认为环保部门监测数据显示苏北堤河水样超标程度不高，进而认为污染程度很轻，该主张不能成立。

污染源必然因河水流动而向下游扩散，倾倒处的水质即便好转也不意味着地区水生态环境已修复或好转。对于地区生态环境而言，依然有修复的必要。无论客观上被告是否有能力将生态环境恢复原状或是否能够提出修复方案，都不能对抗其承担责任的事实和法律依据，不能成为其不承担恢复原状责任的理由。即使现在苏北堤河水质已达标准不需修复，依然需要用替代修复方案对地区生态环境进行修复，被告依然需要承担替代修复责任。本案中，鉴于被告已明确表示没有能力将环境恢复原状亦不能提出修复方案，为确保生态环境修复的实现，依据《最高人民法院关于审理环境民事公益诉讼案件适用法律若干问题的解释》第二十条规定，本案中可以直接确定被告所应承担的生态环境修复费用来替代恢复原状的责任。

二、关于非法排放 2 600 吨废水产生的生态环境修复费用计算问题

为证明 2 600 吨废水的生态环境修复费用为 26.91 万元，公益诉讼人提供了以下证据：

1. 徐州市铜山区人民检察院 2015 年 3 月 30 日对鸿顺公司经理王某某所作的询问笔录，证明鸿顺公司所排放生产废水每吨处理成本为 50 元。同时提供徐州市向阳纸业有限公司、江苏欣欣集团公司出具的两份说明，证明与鸿顺公司属于同地区的该两家造纸企业每吨废水处理费用分别为 45.37 元、70~80 元，以印证鸿顺公司所排放废水处理成本为 50 元/吨。

2. 2015 年 9 月 23 日徐州市铜山区人民检察院委托三名专家辅助人张某某、林某、肖某某出具的环境污染损害咨询意见及"环境污染损害评估虚拟成本法倍数打分表"，证明按照"虚拟治理成本法"计算，三位专家分别打分后"生态环境损害数额建议倍数"的平均值为 2.07，据此计算 2015 年鸿顺公司违法排放废水 2 000 吨造成生态环境损害数额为 $2\ 000 \times 50 \times 2.07 = 207\ 000$（元）。

3. 2016 年 3 月 14 日公益诉讼人聘请的三名专家辅助人张某某、林某、张某某出具的环境污染损害咨询意见，证明按照"虚拟治理成本法"计算，2014 年 4 月鸿顺公司违法排放废水 600 吨造成生态环境损害数额为 $600 \times 50 \times 2.07 = 62\ 100$ 元。

4. 专家辅助人的资质证明，包括中国矿业大学教师职务证明、高级工程师资格证、徐州市检察机关公益诉讼专家库名册等，证明四名专家身份分别为：张某某系中国矿业大学教授、张某某系中国矿业大学副教授、林某系徐州市环境科学学会研究员级高级工程师、肖某某系徐州市环境监测站高级工程师，均具有环境科学专业领域技术专长。

公益诉讼人并申请上述四名技术专家出庭就本案所涉生态环境修复费用等问题提出意见。

被告对公益诉讼人提交证据的真实性不持异议，经本院依法释明，被告表示不申请对本案所涉专业技术问题进行鉴定，但申请环保技术专家中国矿业大学教授刘某某、副教授何某某出庭，针对本案所涉专门性问题提出意见。

根据双方申请的技术专家的当庭陈述，技术专家均认可对于本案生态环境修复费用可按照国家环保部《关于开展环境污染损害鉴定评估工作的若干意见》（环发[2011] 60号)和《环境损害鉴定评估推荐方法》（第Ⅱ版）(以下简称"推荐办法")，采用"虚拟治理成本法"确定。根据"推荐办法"，所谓虚拟治理成本是指工业企业或污水处理厂治理等量的排放到环境中的污染物应该花费的成本，即污染物排放量与单位污染物虚拟治理成本的乘积。单位污染物虚拟治理成本是指突发环境事件发生地的工业企业或污水处理厂单位污染物治理平均成本。在量化生态环境损害时，可以根据受污染影响区域的环境敏感程度分别乘以一定的倍数作为环境损害数额的上下限值。

双方申请的技术专家均认为苏北堤河水质应执行《地表水环境质量标准》（GB3838-2002)灌溉功能要求的Ⅴ类水质标准，生态环境损害数额倍数取值范围为1.5~3倍。同时，双方技术专家对鸿顺公司2014年及2015年两次违法排放共计2 600吨污水、所排放生产污水每吨治理单价为50元亦无分歧。分歧仅在于倍数的确定，即：公益诉讼人申请的技术专家提出2 600吨均按2.07确定倍数，被告申请的技术专家提出2015年2 000吨按2.0确定、2014年600吨按1.9确定。公益诉讼人申请的技术专家认为被告2014年生产工艺与2015年相同，排放的污染物及对环境造成的损害应该也是相同的，故应取相同的倍数。被告申请的技术专家认为2014年排放的600吨废水，缺乏对水质的分析，又由于时间较为久远，不确定因素较多，考虑物价变化等情况，建议倍数取值略低。

公益诉讼人主张，根据被告排污情况及对地表环境的影响，其申请出庭的三位技术专家采用加权平均法计算的倍数2.07，具有客观性、科学性，同时因被告未能举证证明2014年排放600吨污水的主要污染物浓度等信息，应推定该次排污情况与2015年相同，生态环境修复费用计算倍数亦应当取值2.07。被告认可本案生态环境修复费用按照"虚拟治理成本法"确定，亦认为可在虚拟治理成本的1.5~3倍间取值计算，但提出其两次排污都存在排放时间短、有毒有害物质少的情况，所排放废水对环境造成的损害程度低，故主张应当以1.5作为计算倍数。

本院认为，被告2014年及2015年两次违法排放2 600吨污水，所排放生产污水每吨治理单价为50元，有相应证据予以证实，双方均无异议，可以确认。根据双方意见，结合本案实际情况，本案可采用"推荐办法"中的"虚拟治理成本法"确定生态环境修复费用。

对于2015年排放的2 000吨废水计算倍数的确定，双方申请出庭的技术专家意见并不存在较大差距，但被告提出取Ⅴ类地表水的下限值1.5倍缺乏合理性。考虑本次污染物主要是有机废水且以耗氧物为主,其修复需要一定周期、具有一定难度,经流沟渠汇入苏北堤河对周边环境造成一定程度的破坏,本院认为综合考虑本次污染行为的污染物成分、被破坏的生态环境状况等因素,可以取双方申请的技术专家意见关于倍数取值的平均值,即2.035倍作为本次生态环境损害数额的倍数取值。

至于2014年被告违法排放生产污水600吨所造成的生态环境损害数额,环保部门在查处时未进行水质监测,被告亦称不能提供相应证据证实该次排放污染物的具体情况,鉴于被告生产工艺、受污染环境情况与2015年基本相同,虽被告申请的技术专家提出不同意见,但在被告没有其他相反证据证明的情况下,倍数取值应与2015年的一致,即2.035。

因此,本院确认被告2014年及2015年两次共计违法排放2 600吨污水,按照"虚拟治理成本法"计算生态环境修复费用为 $2\,600 \times 50 \times 2.035 = 264\,550$(元)。

三、关于全案损害赔偿数额认定问题

公益诉讼人主张被告应当在26.91万元的三至五倍之间承担环境污染损害赔偿责任,并提供徐州市环境保护局《关于对铜山县鸿顺造纸厂年产6万吨高强瓦楞纸技改项目环境影响报告的批复》(铜山县鸿顺造纸厂即被告前身)及项目环保竣工验收材料、江苏省排放污染物许可证(副本)(编号320312 - 2014 - 000071)、公益诉讼人对被告技改项目环保竣工验收组成员李某某所作调查笔录、铜山区水利局出具的苏北堤河概况说明、被告自行向税务部门申报的应缴税款报表及资产负债表,以证明被告可能存在较大的排污量及具有一定的生产规模。公益诉讼人主张,被告实施污染行为主观过错明显,其污水设备不能正常运转,为了降低生产成本,多次私设暗管偷排生产废水,仅2014年、2015年被查处的四天就偷排2 600吨废水,有理由认为被告违法排放量远超2 600吨,且有较大的非法获利,造成了生态环境损害及服务功能损失,故应当以26.91万元为基数在三至五倍之间酌定其应当承担的赔偿责任。

被告主张公益诉讼人提出的赔偿方案缺乏依据,并提供被告的工商查询单、污水处理项目设计及厌氧处理部分设备合同、社会福利企业证书、残疾职工社会保险缴纳名单、工资发放表、职工花名册、残疾证,证明被告是社会福利企业,于2015年9月新增股东,扩充资金,加大环保设备投入。另提供污水处理工艺说明及相关照片,证明被告日常生产时对污水是采用处理后回用的方式,并无对外排放。被告主张,其排放污水时间短、排放量小,对生态环境破坏程度轻,不应承担较大的损害赔偿责任,且公益诉讼人提出的服务功能损失并无确切证据证实,不应得到支持。同时主张应考虑被告企业状况确定较低的赔偿数额。

被告对公益诉讼人针对本争议焦点所提供证据的真实性均无异议,但对证明目的不予认可,主张不能据此认定被告应当以26.91万的三至五倍进行赔偿;公益诉讼人对被告提供证据的真实性亦不持异议,但不认可证明目的,提出仅凭供货合同不能证明设备已经投入运行且即使设备投入也不能排除非法偷排行为。另外，公益诉讼人提出社会福利企业与本案责任认定没有必然关系。

为查明案件事实，本院于2016年3月21日依法组织公益诉讼人、被告进行现场查看，确认被告2013年4月、2014年4月、2015年2月三次违法排污地点、外环境情况、被告目前的污水处理设备运行情况，并制作现场查看视频及现场示意图，公益诉讼人及被告对上述视频及示意图予以确认。

根据双方当事人针对本争议焦点的举证及质证意见，双方当事人对证据的真实性均无异议，可以作为认定案件事实的依据。结合当事人陈述及本院现场查看情况，本院另查明与本争议焦点有关的以下事实：

鸿顺公司年产6万吨高强瓦楞纸技改项目环境影响报告于2008年8月20日经徐州市环境保护局徐环项[2008]75号文件批复，各类污染物年排放总量初步核定为：废水量≤195 030吨/年，COD≤33.54吨/年，SS≤33.54吨/年。2009年9月，徐州市环境保护局委托铜山县（即现铜山区）环境保护局对上述技改项目进行环保设施竣工验收。2009年9月，鸿顺公司污染物排放监测计量装置已与铜山县（即现铜山区）环境保护局监控中心联网，实现对废水排放总量和COD的连续监测，做到了数据实时传输。江苏省环境保护厅2014年12月给被告颁发的排放污染物许可证规定，执行《纸浆造纸工业水污染物排放标准》（GB3544-2008）表2中"制浆和造纸联合生产企业"排放标准，废水排放总量限值19.5万吨/年。根据环评要求，被告生产废水不能排放到地面水体，只能用于回用或者灌溉。

苏北堤河主要沿35米等高线，自沛县龙固向南，到铜山区张谷山入顺堤河后进入京杭运河不牢河段。苏北堤河铜山段，河道位于徐沛运河与顺堤河之间，全长23.56公里，是徐州市铜山区湖西地区的灌溉排涝的主要河道之一。苏北堤河柳新（江苏省徐州市铜山区柳新镇）段，全长5.1公里，沿线有多条中沟与桃园河相通，是柳新镇魏庄大沟以南桃园河以北地区的一条排涝并结合农田灌溉的河道。

鸿顺公司位于徐州市铜山区柳新镇，成立于1990年，现注册资本6 000万元，2010年至2012年间该公司曾被民政部门登记为社会福利企业，至2015年12月，仍有部分××人职工。2013年至2015年间，鸿顺公司运行上述年产6万吨高强瓦楞纸技改项目，正常生产经营。

本院认为：

（一）根据本案事实，在确定被告所应承担的生态环境修复费用时，应不限于2 600吨污水排放行为所造成的环境损害数额，而应酌情考虑相关因素，予以合理确定。《最高人民法院关于审理环境民事公益诉讼案件适用法律若干问题的解释》第二十三条规定，生态环境修复费用难以确定或者确定具体数额所需鉴定费用明显过高的，人民法院可以结合污染环境、破坏生态的范围和程度、生态环境的稀缺性、生态环境恢复的难易程度、防治污染设备的运行成本、被告因侵害行为所获得的利益以及过错程度等因素，并可以参考负有环境保护监督管理职责的部门的意见、专家意见等，予以合理确定。本案中，被告2014年4月及2015年2月两次被行政查处，其违法排放生产废水分别为600吨、2 000吨，但2013年4月被告违法排放生产废水的数量并不确定。从被告年产6万吨高强瓦楞纸技改项目环境影响报告、建设项目竣工环境保护验收申请表等证据看，被告运行生产设备每天废水排放量最高可达960吨，按照排污许可证最多每年也可有19.5万吨的污水排放量。经本院依法释明，被告亦不能提供近年的产量、污水产生量、防治污染物设施建设和运行情况等相关证据证明其违法排污量仅限于2 600吨。根据《最高人民法院关于适用〈中华人民共和国民事诉讼法〉的解释》第一百零八条规定，本院确信被告实际排污量远大于2 600吨的事实具有高度可能性。

从公益诉讼人提供的被告税务报表等证据看，被告在2013年至2015年间处于正常生产经营状态，被告自认高强瓦楞纸市场价在每吨2 000元~2 100元左右，以年产6万吨的生产规模看，被告具有相对较大的生产规模，亦可能获得较高的经营利益。每吨50元的防治污染设备运行成本，意味着违法偷排能获取较高的非法利益。从行政机关查处的被告连续三年、三次违法排污情况看，被告都是故意违法，且采用偷埋、私设暗管等方式实施违法行为。被告为追求利益最大化，多次故意实施违法排污行为，在环保部门给予环境监察建议、处以罚款后，仍加大违法排污量，实施环境污染行为。可见，被告的主观过错较为明显。

环境侵权行为及后果的复杂性、长久性、隐蔽性、迁移性等特点导致其危害性强、损害范围广且难以及时固定证据。根据本院确认的事实，不能仅就2 600吨的排污事实确定被告的赔偿责任。鉴于被告的实际排污量及对生态环境实际造成的损害大小难以准确确定，本案应根据上述司法解释的规定，综合考虑案件事实及相关因素，酌情合理确定生态环境修复费用。

（二）在确定被告所应承担的赔偿数额时，应将生态环境受到损害至恢复原状期间服务功能损失作为酌定因素。《最高人民法院关于审理环境民事公益诉讼案件适用法律若干问题的解释》第二十一条规定，原告请求被告赔偿生态环境受到损害至恢复原状期间服务功能损失的，人民法院可以依法予以支持。所谓生态环境受到损害至恢复原状期间服务功能损失即期间损失，"推荐办法"中将其定义为生态环境损害发生至生态环境恢复到基线状态期间，生态环境因其物理、化学或生物特性改变而导致向公众或其他生态系统提供服务的丧失或减少，即受损生态环境从损害发生到其恢复至基线状态期间提供生态系统服务的损失量。

恢复原状或赔偿生态环境修复费用只考虑了生态环境交换价值的恢复，没有考虑生态环境使用价值的损失。本案中，仅就遭受损害的苏北堤河而言，在生态环境受到损害至恢复原状期间，其所承担的沿线灌溉和排涝等功能，必然受到影响。公益诉讼人申请出庭的技术专家提出：高浓度水排入后会存在灌溉时引的水不能符合灌溉需要，河流功能就受影响，排涝过程中苏北堤河和京杭运河是相通的，就会影响京杭运河的水质，同时也会影响京杭运河的功能。双方申请出庭的技术专家均认为：本案的期间损失客观存在，但是难以准确计算。对此，本院认为，鉴于本案受污染环境的复杂性、功能的多样性，按照"推荐办法"，服务功能损失在本案中也是难以准确计算的。鉴于此项损失客观存在，在确定被告所应承担的赔偿费用时，应予以酌情考虑。

四、关于被告接受行政处罚已缴纳的15万元罚款应否在本案赔偿数额中予以抵扣的问题

公益诉讼人主张，根据侵权责任法相关规定，侵权人因同一行为应当承担行政责任或刑事责任的，不影响依法承担侵权责任，15万元罚款不应抵扣。被告主张，15万元行政罚款的依据是水污染防治法，其目的是防治水污染，改善环境，应用于环境治理，且被告已经因为违法事实付出成本，故应当在本案中予以抵扣。

本院认为，被告因行政违法而被行政机关处以行政处罚，并不影响其民事责任的承担。被告主张直接抵扣赔偿数额没有法律依据，但在确定本案中被告所应承担的环境污染责任时，因被行政机关处罚的情况也是一个酌定因素，故对被告已缴纳15万元行政罚款的事实可予以酌情综合评判。

综上所述，本院认为，公益诉讼人主张被告应以2 600吨废水造成的生态环境损害数额为基数在三至五倍区间承担最终赔偿数额，具有事实和法律依据，亦具有合理性。综合考虑已查明的具体污染环境情节、被告违法程度及主观过错程度、防治污染设备的运行成本、被告生产经营情况及因侵害行为所获得的利益、污染环境的范围和程度、生态环境恢复的难易程度、生态环境的服务功能等因素，本院酌情确定被告所应当承担的生态环境修复费用及生态环境受到损害至恢复原状期间服务功能损失共计为105.82万元，并应承担公益诉讼人为本案支付的专家费用3 000元。

依照《中华人民共和国侵权责任法》第十五条第（五）项、第（六）项、第六十五条，《最高人民法院关于审理环境民事公益诉讼案件适用法律若干问题的解释》第十三条、第十五条、第二十条、第二十一条、第二十二条、第二十三条，《人民法院审理人民检察院提起公益诉讼案件试点工作实施办法》第二条、第三条、第四条，《最高人民法院关于适用〈中华人民共和国民事诉讼法〉的解释》第一百零八条之规定，判决如下：

一、被告徐州市鸿顺造纸有限公司于本判决生效后三十日内赔偿生态环境修复费用及生态环境受到损害至恢复原状期间服务功能损失共计人民币105.82万元，支付至徐州市环境保护公益金专项资金账户。

二、被告徐州市鸿顺造纸有限公司于本判决生效后十日内支付公益诉讼人为本案支付的合理费用人民币3 000元。

案件受理费14 324元，由被告徐州市鸿顺造纸有限公司负担。

如果未按判决指定的期间履行给付金钱义务，应当依照《中华人民共和国民事诉讼法》第二百五十三条之规定，加倍支付迟延履行期间的债务利息。

如不服本判决，可在判决书送达之日起十五日内，向本院递交上诉状，并按对方当事人的人数递交上诉状副本，上诉于江苏省高级人民法院。

审　判　长　蔡可勇
审　判　员　李　娟
人民陪审员　陈　虎
人民陪审员　徐树启
人民陪审员　周晓云

二〇一六年四月二十一日

书　记　员　张文娟
书　记　员　杜心舒

〔评注〕

1. 第十三章公益诉讼与普通程序案件裁判文书相比所呈现的特殊要素

本章将民事公益诉讼的裁判文书样式单列出来，是基于民事公益诉讼除了包含普通程序中的裁判要素，还有如下特殊要素：

（1）起诉主体

《民事诉讼法》第五十五条规定"法律规定的机关和有关组织"可以向人民法院提起公益诉讼。环境公益诉讼的起诉主体，包括法律规定的机关和有关组织。

①"有关机关"是指法律明确规定有权提起公益诉讼的国家机关。行政机关和检察机关成为公益诉讼主体时必须有法律的明确规定。如果法律规定两者可以同时提起公益诉讼，两者可以协商；协商不成的，也可以作共同原告。检察机关提起公益诉讼的被称为"公益诉讼人××××人民检察院"，其他则仍为原告。

②"有关组织"作为公益诉讼的原告主体，《民诉法解释》对受理公益诉讼案件的原告范围作了规定，即必须符合《中华人民共和国环境保护法》《中华人民共和国消费者权益保护法》等相关法律的规定。虽然《中华人民共和国环境保护法》《中华人民共和国水污染防治法》《中华人民共和国大气污染防治法》等实体法都明确规定公民对于污染和破坏环境的单位和个人有检举和控告的权利，但法律没有赋予公民和其他组织、法人单位独立诉权。因此，公民和其他组织法人单位不能提起公益诉讼。①

---

① 参见沈德咏主编：《最高人民法院民事诉讼司法解释理解与适用》（下），人民法院出版社2015年版，第755页。

(2) 其他诉讼参加人

根据《民事诉讼法》第十五条的规定，机关、社会团体、企业事业单位对损害国家、集体或者个人民事权益的行为，可以支持受损害的单位或者个人向人民法院起诉。

(3) 特殊起诉条件

根据《民诉法解释》第二百八十四条的规定，提起公益诉讼除了具备一般案件的起诉条件，即有明确的被告、有具体的诉讼请求、属于受诉法院管辖和人民法院主管之外，还需具备特殊起诉要件，即有社会公共利益受到损害的初步证据。

(4) 诉讼管辖

根据《民诉法解释》第二百八十五条的规定，公益诉讼案件由侵权行为地或被告住所地管辖，但法律、司法解释另有规定的除外。因污染海洋环境提起的公益诉讼，由污染发生地、损害结果地或者采取污染措施地海事法院管辖。对同一侵权行为分别向两个以上人民法院提起公益诉讼的，由最先立案的人民法院管辖，必要时由它们的共同上级法院指定管辖。

另外，《最高人民法院关于审理环境民事公益诉讼案件适用法律若干问题的解释》（以下评注中简称《环境公益诉讼解释》）规定：中级人民法院认为确有必要的，可以在报请高级人民法院批准后，裁定将本院管辖的第一审环境民事公益诉讼案件交由基层人民法院管辖。经最高人民法院批准，高级人民法院可以根据本辖区环境和生态保护的实际情况，在辖区内确定部分中级人民法院受理第一审环境民事公益诉讼案件，并确定各中级法院的辖区。

(5) 责任范围及费用承担范围

除了案件受理费之外，公益诉讼案件可以对为了诉讼支付的其他合理费用予以支持。

《环境公益诉讼解释》第二十二条规定："原告请求被告承担检验、鉴定费用，合理的律师费以及为诉讼支出的其他合理费用的，人民法院可以依法予以支持。"第二十四条规定："人民法院判决被告承担的生态环境修复费用、生态环境受到损害至恢复原状期间服务功能损失等款项，应当用于修复被损害的生态环境。其他环境民事公益诉讼中败诉原告所需承担的调查取证、专家咨询、检验、鉴定等必要费用，可以酌情从上述款项中支付。"

《最高人民法院关于审理消费民事公益诉讼案件适用法律若干问题的解释》（以下评注中简称《消费公益诉讼解释》）第十八条规定："原告及其诉讼代理人对侵权行为进行调查、取证的合理费用、鉴定费用、合理的律师代理费用，人民法院可根据实际情况予以相应支持。"

(6) 当事人的诉讼权利与实体权利的特殊性

①原告的诉讼权利与实体权利相分离，即公益诉讼的原告虽然享有提起诉讼的权

利,但却不享有诉讼所获得实体利益的权利。②原告的请求权与处分权不对等,即虽然原告享有请求权,但是却不享有任意处分权,在公共利益的损害未填补或威胁未消除时,不得撤回起诉或放弃诉讼请求事项。

2. 结合实例分析本样式的写作要点

本样式适用于一审普通程序环境污染或生态破坏公益诉讼案件作出判决用。本样式中与一审普通程序判决书写作要点共同之处参见第十章文书样式1民事判决书(第一审普通程序用)。

(1)标题

标题组成:法院名称+文书名称即"民事判决书"+案号。按照2016年开始实施的《关于人民法院案件案号的若干规定》,案号应当由收案年度、法院代字、类型代字、案件编号所组成,公益诉讼一审案件的类型代号为"民初",案号为"(××××)……民初……号"。实例案号为"(2015)徐环公民初字第6号"与以上要求不同,是因该案发生在2015年,从案号可以看出本案为公益诉讼程序。

(2)正文

①当事人的基本情况

实例中起诉人为检察机关,其称谓为"公益诉讼人",如果是由其他公益组织提起诉讼则仍为"原告"。

关于环境公益诉讼的起诉主体,包括法律规定的机关和有关组织。其中,法律规定的机关,是指提起公益诉讼的机关要有明确的法律依据。对于提起环境公益诉讼的"有关组织",根据2014年修改后的环境保护法以及《环境公益诉讼解释》的规定,应当符合下列条件:

a. 依法在设区的市级以上人民政府民政部门登记的社会团体、民办非企业单位以及基金会等。

b. 专门从事环境保护公益活动连续五年以上且无违法记录。社会组织章程确定的宗旨和主要业务范围是维护社会公共利益,且从事环境保护公益活动的,可以认定为"专门从事环境保护公益活动"。需要注意的是,社会组织提起的诉讼所涉及的社会公共利益,应与其宗旨和业务范围具有关联性。

c. 社会组织在提起诉讼前五年内未因从事业务活动违反法律、法规的规定受过行政、刑事处罚的,可以认定为"无违法记录"。

d. 社会组织与起诉事项具有关联性的判断标准,即其业务范围关联性的判断标准。为充分发挥环境民事公益诉讼的功能,扩大具有原告资格的社会组织的范围,目前司法实践中对业务范围关联性的要求不宜过于严格,而应对此作较为宽泛的解释。具体而言,社会组织提起的诉讼所涉及的社会公共利益,与其宗旨和业务范围之间并不需要达到一一严格对应的程度,而是只要具有一定的联系即可。

e. 社会组织提起环境民事公益诉讼不应受其活动区域的限制。①

②案件由来和审理经过

按照样式要求此处应当写明案件的案由、立案时间、适用了普通程序审理、案件开庭时间及诉讼参与人参加诉讼的情况。

另外，此处还有载明环境民事公益诉讼案件所应当具备特殊要素：

a. 案由：样式要求在案由后冠以"公益诉讼"，实例中采用的"环境污染公益诉讼"为《民事案件案由规定》的第三级案由，而按照《民事案件案由规定》，本案应当首先选择第四级案由，即"水污染责任"公益诉讼。

b. 公告：开庭之前的公告是公益诉讼案件开庭审理的法定前置程序。如果公告之后有符合条件的主体申请参加诉讼为共同原告的，应当载明提出申请的时间。随后载明开庭审理时间及诉讼参加人参加诉讼的情况。

c. 审前程序：实例在开庭审理前，组织了三次证据交换，并召开了一次庭前会议。庭前的证据交换和庭前会议为保障复杂案件的庭审顺利完成作了铺垫。

d. 支持起诉人：如果有支持起诉人的，应载明其提交的书面意见、协助原告取证、派员出庭支持公益诉讼的情况。《环境公益诉讼解释》第十一条规定："检察机关、负有环境保护监督管理职责的部门及其他机关、社会组织、企业事业单位依据民事诉讼法第十五条的规定，可以通过提供法律咨询、提交书面意见、协助调查取证等方式支持社会组织依法提起环境民事公益诉讼。"

e. 审判组织：实例中除了由一名审判员担任审判长，与另一名审判员及三名陪审员组成合议庭之外，还有"法官助理吴一冉协助办案"，另有两名书记员担任案件记录工作。关于法官助理在审判中的地位，文书样式和《人民法院民事裁判文书制作规范》均没有载明。不仅审理经过部分对此没有要求，相对应的在文书落款署名部分对此亦无要求。根据最高人民法院在新民事裁判文书样式新闻发布会上的相关精神"法官助理是否在裁判文书上署名，允许各级法院进行探索"。②在现实当中法官助理实际承担了大量而且重要的司法事务，设置法官助理制度有利于审前准备程序的完善。③本案中在开庭审理之前的审前程序中历经三次证据交换和一次庭前会议，这其中都离不开法官助理的参与。

笔者认为，法官助理和书记员职业制度改革成功与否的关键所在，就是在遵循司法规律和审判辅助职业规律的基础上进行专业化和职业化建设的制度改革。给审判辅助职业同样的职业尊荣，与劳动付出对等的优厚待遇和未来成长的空间，才能构筑起

---

① 参见最高人民法院环境资源审判庭编著：《最高人民法院关于环境民事公益诉讼司法解释理解与适用》，人民法院出版社2015年版，第72—85页。

② 《最高人民法院发布新诉讼文书样式及制作规范》，载《人民法院报》2016年7月6日，第01版。

③ 参见杨凯：《法官助理和书记员职业技能教育培训指南》，北京大学出版社2016年版，第50页。

坚实的法律职业共同体。因此，在法律和司法解释对法官助理在裁判文书中的署名作出具体规定之前，部分地方法院的就该问题制定了地方性司法文件的予以统一规范。例如：湖北省高级人民法院于2017年9月18日公布的鄂高法〔2017〕224号《关于在裁判文书中统一规范法官助理署名的通知》中规定了关于法官助理在裁判文书中的署名问题（该通知具体内容详见附录）。为了体现法官助理在审判过程中的作用，在审判组织和署名落款部分亦应有所体现。

f. 简称的使用：为了表述方便，在写作裁判文书时如果当事人名称过长可以允许采用简称，但值得注意的是，在当事人身份情况部分必须使用全称，在案件由来和审理经过之后经过说明才可以使用简称。例如实例中在案由名称中载明公益诉讼人江苏省徐州市人民检察院（以下简称徐州市人民检察院）、被告徐州市鸿顺造纸有限公司（以下简称鸿顺公司）。

③案件事实

a. 诉称与辩称部分：样式要求对于诉称意见先陈述诉讼请求，再展开起诉的事实和理由，如果有支持起诉人参加诉讼，支持起诉意见写在诉称意见之后，辩称意见之前。实例中诉称部分是先描述了诉称的事实及理由，再陈述诉讼请求，这是按照旧文书样式的写法。以下结合实例来评述这类案件在诉辩意见中与普通一审裁判文书的不同之处：

一是起诉人诉讼资格的描述，实例在诉称的事实与理由部分介绍了公益诉讼人提起本次诉讼的相关事实依据和法律依据，检察机关在公益诉讼中并非一概当然享有公益诉讼人的资格，其提起诉讼须有一定的前置程序和条件，即发现违法行为后应当先向有资格的组织单位发出督促起诉意见书，在确无适格主体情况下才能够以公益诉讼人的名义起诉。如果在辖区内有其他的相应组织具备起诉资格，则检察机关只能作为支持起诉人参加诉讼。实例中在后面的事实认定部分描述了检察机关起诉前履行的诉前程序，以与此处的诉称意见相呼应。

二是原告请求事项范围的扩展性与限制性，环境公益诉讼的请求事项，在一定程度会突破"有明确的诉讼请求"这一诉讼要件，在起诉阶段，最终确定的标的金额往往难以明确。同时，该类案件原告所享有请求权与处分权不对等，原告在诉讼中的处分权受到明显的限制。《环境公益诉讼解释》第九条规定："人民法院认为原告提出的诉讼请求不足以保护社会公共利益的，可以向其释明变更或者停止侵害、恢复原状等诉讼请求。"同时根据第二十六条的规定，其撤诉也受到限制，对此将在本章文书样式4、样式5的撤回裁定部分具体展开。

三是被告反诉的禁止，《环境公益诉讼解释》第十七条规定："环境民事公益诉讼案件审理过程中，被告以反诉方式提出诉讼请求的，人民法院不予受理。"

b. 专家辅助人的意见：根据样式要求，如果有具有专门知识的人出庭的，应在辩诉意见之后表述专门知识的人发表的意见。实例中，虽然当事人申请了技术专家陈述意见，但是专家辅助人的意见没有独立表述，而是将公益诉讼人申请出庭的四名技术专家陈述意见放在了公益诉讼人举证的内容中，将双方当事人分别申请的技术专家陈述的意见放在了原、被告举证内容之后。

④证据及事实的认定

a. 证据：样式中要求是对于证据双方无争议的证据可以合并到一段中简要评判，双方有争议的证据得逐一详细列举。实例中被告没有举证，公益诉讼人举证的过程没有单独列举，而是在查明事实中一并列举并评判上述证据双方无异议，本院予以确认。

b. 事实：在事实认定部分特别交代了本案诉前程序合法性的相应证据的认定理由说明。在以往裁判文书写作的传统观念中，案件事实着重于公开案件形成事实经过的描述，而忽略了对案件程序公正的公开展示，而此段关于案件程序的描述正体现了裁判文书写作观念的改革与转型的方向。裁判文书的说理不仅包括事实认定说理和裁判论证说理，还应对审理过程和裁判形成过程进行必要的说明。

⑤案件争议焦点：实例在事实认定的最后一部分概括了本案的四个争议焦点，即被告应否承担恢复原状的法律责任、公益诉讼人所主张的相应修复费用是否成立、赔偿数额计算的事实及法律依据、被告已缴纳的罚款是否应当抵扣，便于接下来围绕争议焦点阐述裁判理由。规定裁判文书事实部分增加争议焦点也是本次新裁判文书样式中新增加的要求。①《人民法院民事裁判文书制作规范》根据《民事诉讼法》第一百三十三条第四项的规定，明确要求裁判文书事实部分增加争议焦点的内容。争议焦点是法官归纳并经过当事人认可的关于证据、事实和法律适用争议的关键问题，既是庭审的主要内容，也是制作裁判文书的主线。但是《人民法院民事裁判文书制作规范》对于争议焦点具体的写作设置位置并未具体明确，人民法院在文书写作过程中可以根据实际案情在一定限度内予以发挥，例如有的裁判文书并未将争议焦点设置于事实认定的最后，即本院认为之前，而是设置在举证、认证之前，便于围绕争议焦点展开认证意见。

⑥法律依据：样式中没有确定应援引的具体法律条文，但在说明中介绍了本样式根据《民事诉讼法》第五十五条、第十五条，《中华人民共和国环境保护法》第五十八条以及《民诉法解释》"十三、公益诉讼"、《环境公益诉讼解释》的规定制定。此外，在实体法方面也可以援引《中华人民共和国侵权责任法》及《中华人民共和国环境保护法》的相关规定。

法律依据的引用应严格适用《最高人民法院关于裁判文书引用法律、法规等规范性法律文件的规定》，引用多个法律文件的，顺序如下：法律及法律解释、行政法规、地方

---

① 参见《最高人民法院发布新诉讼文书样式及制作规范》，载《人民法院报》2016年7月6日，第01版。

性法规、自治条例或单行条例、司法解释；同时引用两部以上法律的，应当先引用基本法律，后引用其他法律；同时引用实体法和程序法的，先引用实体法，后引用程序法。

实例引用的法律依据为《中华人民共和国侵权责任法》第十五条第五项、第六项、第六十五条，《环境公益诉讼的解释》第十三条、第十五条、第二十条、第二十一条、第二十二条、第二十三条，《人民法院审理人民检察院提起公益诉讼案件试点工作实施办法》第二条、第三条、第四条，《民诉法解释》第一百零八条。基本遵循了先实体后程序的顺序，但是在同为司法解释时《民诉讼解释》作为基本规范应当置于《人民法院审理人民检察院提起公益诉讼案件试点工作实施办法》之前。

⑦判决主文：在公益诉讼的裁判文书中，沿着诉讼请求事项直到判决主文事项这一路径，可以清晰看出公益诉讼的原告其请求权与处分权不对等，诉讼权利享有与实体权利归属相分离的特征。实例判决主文第一项不仅确认了被告应支付的费用金额，还确认支付方式为"支付至徐州市环境保护公益金专项资金账户"，这是此类案件中的特殊履行方式，款项支付的对象并非本案的公益诉讼人。第二项确认了被告应当支付的合理费用3 000元，在普通民事案件受理往往只处理案件受理费、公告费、鉴定费等诉讼费用，但是在公益诉讼中，鉴于公益诉讼案件的复杂性，往往费用支出较大，且起诉人也并不最终享有诉讼的实体利益，故根据《环境公益诉讼解释》第二十二条的规定，除了以上费用之外，案件中发生的检验、鉴定费用，合理的律师费以及其他为诉讼支出的合理费用人民法院可以支持，结合前面本院认为部分的描述此处的合理费用即为本案中技术专家费用3 000元，属于应当支持的合理费用范畴。

⑧尾部事项：尾部应当写明诉讼费用的负担及告知事项，但是如果主文中存在金钱给付义务的，应当在所有判项之后另起一行告知《民事诉讼法》第二百五十三条规定的加倍支付迟延履行期间的债务利息的规定。实例将上述第二百五十三条之规定置于诉讼费用之后是不正确的，在实践中经常有承办人将诉讼费一并视为了"金钱给付义务"，但诉讼费用并非属于诉讼争议事项，不应列入裁判主文，也不应纳入迟延履行加倍罚息的计算依据，因此第二百五十三条之规定应置于裁判主文事项之后，以及诉讼费用之前。

(3) 落款

由于公益诉讼案件均为合议庭审理，文书落款处应当由参加审理的合议庭组成人员及书记员署名，注明日期并加盖院印。而关于法官助理是否应当署名，留待今后实践中进一步探索，实例中，虽然前面在案件的审理经过中中出现了法官助理，但在落款署名处却没有出现法官助理，使得前后两部分内容首尾呼应的效果稍有欠缺。笔者认为，提倡法官助理署名，以实现法官助理的权责一致，同时在实践中如果法官助理不署名，那么在裁判文书中应当保持上下文处理标准一致。

实例中的原、被告以及委托代理人、法定代理人的诉讼地位和其名称或者姓名之间没有用":"间隔,而根据《人民法院民事裁判文书制作规范》的要求,诉讼参加人的诉讼地位与其姓名或者名称之间应当用":"间隔。另外,根据《人民法院民事裁判文书制作规范》的规定,有委托诉讼代理人的写明"委托诉讼代理人";引用法律条款中的项时,一律使用汉字不加括号,例如"第一项"。

附录:

鄂高法〔2017〕224号

湖北省高级人民法院
关于在裁判文书中统一规范法官助理
署名的通知

全省各级人民法院、武汉海事法院、武汉铁路运输中、基层法院:

为贯彻落实司法体制改革要求,体现法官助理在审判活动中的地位,突出法官助理在审判活动中的责任,现要求全省各级法院在制作有法官助理协助参与案件审判的裁判文书时,落款署名部分应当增加法官助理署名。具体署名格式要求为,法官助理署名应当在裁判文书落款日期之下,书记员署名之上,两端应当与合议庭成员署名和书记员署名对齐(详见附件)。

本通知自下发之日起施行,请全省各级法院遵照执行。

附件:《法官助理署名样式》

湖北省高级人民法院
2017年9月18日

附件:

法官助理署名样式

(一)法官助理在合议制案件中署名样式为:

审 判 长　×××
审 判 员　×××

审 判 员 ×××

××××年×月×日
（院印）

法官助理 ×××

书 记 员 ×××

（二）法官助理在独任制案件中署名样式为：

审 判 员 ×××

××××年×月×日
（院印）

法官助理 ×××

书 记 员 ×××

【实例评注2】

江苏省徐州市中级人民法院
民事判决书①

(2015)徐环公民初字第4号

原告中国生物多样性保护与绿色发展基金会，住所地北京市崇文区永定门外西革新里98号。

法定代表人胡某某，理事长。

委托代理人李某某，江苏青创律师事务所律师。

委托代理人陈某某，江苏青创律师事务所律师。

支持起诉机关江苏省徐州市人民检察院，住所地江苏省徐州市西安南路128号。

出庭人员王某，江苏省徐州市人民检察院检察员。

出庭人员韩某，江苏省徐州市人民检察院助理检察员。

被告卜某某。

被告卜某甲。

被告卜某乙（曾用名卜某丙）。

以上三被告共同委托代理人李某，江苏汉地律师事务所律师。

---

① 来源：中国裁判文书网。

原告中国生物多样性保护与绿色发展基金会（以下简称中国绿发会）诉被告卜某某、卜某甲、卜某乙环境污染公益诉讼一案，本院于2015年12月18日受理后，依法向被告送达起诉状副本，同时公告案件受理情况。在公告期届满后并未收到其他机关或社会组织参加诉讼的申请。本院依法由审判员李娟、代理审判员杜林、人民陪审员陈虎组成合议庭，法官助理贾瑞莹协助办案，书记员毕晓雯担任案件记录，于2016年3月22日公开开庭审理了本案。原告中国绿发会的委托代理人李某某、陈某某，被告卜某某及其与被告卜某甲、卜某乙的共同委托代理人李某到庭参加诉讼，支持起诉机关徐州市人民检察院指派王某、韩某出庭支持起诉。本案现已审理终结。

原告中国绿发会诉称，1. 中国绿发会是本案的适格原告。中国绿发会是国务院批准设立、在民政部注册、中国科学技术协会主管的非营利社会组织，其主要职责之一就是推动绿色发展事业，维护环境公共利益。中国绿发会已成立5年以上，无违法记录，在全国范围提起了多起环境污染公益诉讼，符合环境保护法及民事诉讼法对环境污染公益诉讼原告资格的规定。2. 被告存在污染环境、破坏生态的行为。2014年7月至2015年4月，被告卜某某、卜某甲、卜某乙在江苏省丰县常店镇卜老家村从事酸洗、电镀加工，将产生的废水130余吨（其中，卜某甲排放90余吨，卜某某排放40余吨）直接排放至院外集水坑内。根据丰县环境保护监测站的监测结果，该废水的PH值为7.1，六价铬含量为210mg/L，致环境严重污染。被告因涉嫌环境污染罪，已被追究刑事责任。3. 被告应承担相应的法律责任。被告污染环境的行为，违反了环境保护法、侵权责任法等法律法规的规定，应当承担停止侵害、消除危险、恢复原状、赔偿损失、赔礼道歉等民事责任。综上，请求法院判令被告卜某某、卜某甲、卜某乙：1. 停止侵害、消除危险，即停止污染环境的生产、排放等行为，消除环境污染风险；2. 将受损环境恢复原状，或承担生态环境修复费用176 800元（其中，卜某某承担54 400元，卜某甲承担122 400元；卜某乙分别与卜某某、卜某甲承担连带责任）；3. 在徐州市市级媒体上公开赔礼道歉；4. 共同承担原告因本案诉讼支出的律师费等合理费用合计1万元。案件受理费由被告卜某某、卜某甲、卜某乙共同承担。

支持起诉机关徐州市人民检察院认为：2014年7月至2015年4月，被告卜某某、卜某甲、卜某乙在江苏省丰县常店镇卜老家村从事酸洗电镀加工，将产生的废水130余吨直接排放至院外集水坑内。根据丰县环境保护监测站的监测结果，该废水的PH值为7.1，六价铬含量为210mg/L。卜某某、卜某甲、卜某乙无视国家规定，未采取任何处理措施直接向水体排放、倾倒危险废物，对环境造成严重污染，损害社会公共利益。根据《中华人民共和国侵权责任法》第六十五条、《中华人民共和国环境保护法》第五十八条的规定，卜某某、卜某甲、卜某乙应当承担环境污染损害赔偿责任。中国绿发会是国务院批准设立、在民政部登记注册的非营利公益性社会组织，具备提起环境污染公益诉讼的资格。综上，徐州市人民检察院依据《中华人民共和国民事诉讼法》第十五条的规定,支持中国绿发会对被告卜某某、卜某甲、卜某乙提起本案诉讼。

被告卜某某、卜某甲、卜某乙答辩称:1. 原告要求卜某某、卜某甲分别承担责任,卜某乙分别与卜某某、卜某甲承担连带责任,故本案应分别审理。2. 原告要求卜某乙承担连带责任的理由不能成立。卜某乙是卜某某、卜某甲的雇工,依照侵权责任法的规定,应由雇主卜某某、卜某甲承担赔偿责任。3. 被告均是农民,文化水平较低,对有毒有害物质了解较少,不懂得如何处置废水,为维持基本生活从事电镀经营,其主观恶性较小。被告已受刑事处罚,其中卜某甲、卜某某仍在服刑,其民事责任应相对减轻。4. 案发后被告主动停止电镀生产,将设备拆除、租赁场地返还,原生产场所已转为仓库。这说明被告在诉前已停止生产、排污,消除了环境污染风险。原告关于停止侵害、消除危险的诉请已无必要。5. 原告主张生态环境修复费用176 800元的证据不足。首先,工业污水处理费用价格鉴证结论书认定涉案污水每吨处理费为120元、运输费为50元,缺乏依据,其对涉案污水在何处处理、处理方式、运输方式及距离均未明确。其次,原告专家咨询意见中卜某甲排污数量为90吨,无事实根据。丰县环保局监测报告、省环保厅数据认可函均未记载卜某甲排污数量,而刑事案件中卜某甲认可的排污量为9万斤(45吨)。再次,虚拟治理成本法倍数取8倍过高,原告技术专家未现场调查、走访。最后,被告在刑事案件中预赔偿的生态环境修复费用,原告未予扣除。6. 原告主张的律师费等合理费用应结合本案其他事实综合认定。请求法院依法裁判。

经原、被告当庭确认,本案的争议焦点是:1. 被告卜某某、卜某甲、卜某乙应否承担环境污染民事责任;2. 原告主张本案的生态环境修复费用为176 800元,能否成立;3. 原告主张的律师费等合理费用如何确定;4. 原告关于被告"停止侵害、消除危险"的诉请,能否成立。

原告中国绿发会为支持其诉讼主张,提供如下证据:

第一组证据:1. 法人登记证书;2. 组织机构代码证;3. 法定代表人身份证明书;4. 基金会章程;5. 2010年到2014年共5年的年度工作报告;6. 5年内无违法记录证明;7. 最高人民法院(2016)最高法民再48号民事裁定书。证明原告为在民政部注册登记的社团法人,业务主管部门为中国科学技术协会,主要职能是从事环境保护公益活动,维护环保公共利益(参见基金会章程第二条、第七条),已经连续运营5年以上且无违法记录,具备环境保护法等规定的环境公益诉讼原告资格,该事实已经最高人民法院生效文书确认。

第二组证据:1. 监测委托书、丰县环境保护监测站监测报告、江苏省环保厅对环境监测数据的认可函,证明被告存在污染环境、破坏生态行为,其所排废水的PH值为7.1,六价铬浓度为210mg/L,国家污水综合排放标准(GB8978 – 1996)、国家电镀污染物排放标准(GB21900 – 2008)的规定,六价铬最高允许排放浓度为0.5mg/L,证明被告违法排放的污水六价铬严重超标,直接排放集水坑中严重污染环境。2. (2015)沛环刑初字第 70 号刑事判决书及被告卜某某、卜某甲、卜某乙在该案中的部分讯问笔录。2015 年 4 月 28 日，卜某甲接受公安机关讯问时述称，一天总共产生 600 斤废水，实际经营了 5 个月，总共排放了 9 万斤废水；2015 年 9 月 10 日述称，一个月产生 18 吨废水，实际经营 5 个月，共排放 90 吨废水。卜某乙 2015 年 9 月 30 日、2015 年 10 月 1 日均述称，生产中一天产生 0.7 吨废水。证明被告对其污染环境行为予以认可并承担刑事责任，结合被告供述可确定卜某甲违法生产的排污数量为 90 吨、卜某某为 40 吨，卜某乙一直为操作工参与生产。

第三组证据：1. 丰县价格认证中心丰价证鉴【2015】299 号鉴证结论书，证明正常处理涉案污水的单价为 170 元/吨（其中，处理费用 120 元、运输费用 50 元）。2. 技术专家咨询意见，证明依照环保部《环境损害鉴定评估推荐办法》中推荐的"虚拟治理成本法"计算，涉案污水每吨的生态环境修复费用为正常处理费用的 8 倍，按照每吨治理单价 170 元，130 吨计 176 800 元。其中，卜某甲排污 90 吨，相应修复费用为 122 400 元，卜某某排污 40 吨，相应修复费用为 54 400 元。

第四组证据：1. 律师代理合同、收费发票，江苏省物价局、司法厅"关于调整律师收费标准的通知"及苏价费【2013】421 号文件；2. 专家费发放表。证明原告为本次诉讼支出律师费 1 万元，原告本次起诉的五个案件的专家咨询费用为 7 500 元，每案分担 1 500 元。

第五组证据：1. 丰县价格认证中心就本案价格鉴证书的说明；2. 丰县华山镇晨宇金属制品厂公司情况出具的说明；3. 丰县华山镇晨宇金属制品厂营业执照的副本。进一步证明涉案的价格鉴证结论是根据涉案污水客观情况，经过咨询当地有能力处理含重金属污水的企业后作出的。

经原告申请，本院依法通知丰县价格认证中心价格鉴证师阚某某、茌某某，丰县价格认证中心主任封某某出庭接受询问，就价格认证的依据和程序予以说明，进一步证明丰县价格认证中心是依据委托方提供的环保监测部门对涉案污水监测的情况进行的价格认证，相关内容是正确的，结论亦是客观真实的。

被告卜某某、卜某甲、卜某乙对原告提供的证据及价格鉴证人员出庭陈述的质证意见为：对第一组证据的真实性、合法性、关联性无异议。对第二组证据的真实性无异议，但对其证明目的有异议，卜某甲排污不足 90 吨，其在刑事侦查环节的供述仅是约数，应扣除法定节假日及因其他原因不能生产的时间。对第三组证据的真实性无异议，但丰县价格认证中心未明确污水处理方式、运输距离；原告专家咨询意见中虚拟治理成本法倍数取 8 倍缺乏合理性，专家未现场勘验、走访。对第四组证据的真实性无异议。对第五组证据及价格鉴证师的出庭陈述认为，丰县价格认证中心对本案价格鉴证书的说明及丰县华山镇晨宇金属制品厂的说明超过举证期限；对晨宇金属制品厂营业执照副本的真实性无异议，但不能证明该厂具备污水处理能力且污水如何运输并不清楚。价格鉴定中心向晨宇金属制品厂询价时未告知其价格鉴证基准日是2015年4月15日。因此，价格鉴证师未查看污水处理过程，未查验设备、账册，仅依据丰县华山镇晨宇金属制品厂的工作人员陈述作出的鉴证结论，缺乏事实根据。

被告卜某某、卜某甲、卜某乙为支持其答辩观点，提供如下证据：1. 沛县法院的收据，证明被告案发后主动预缴部分生态环境修复费用；2. 案发时现场照片，证明案发时现场状况；3. 2016年2月12日现场照片。证明被告在案发后拆除了生产设施，原生产地点改作他用。

原告中国绿发会对被告提供的证据的质证意见为：对收据的真实性、关联性无异议。对案发时现场照片的真实性无异议，可证明案发时的现场情况。对案发后现场照片无异议，但其不能证明被告已完全停止侵害环境的行为，因本案涉及公益，即使被告拆除了生产设备，判决书仍应对相关事实作出认定，以防再次发生污染事故。

本院认证认为：被告对原告第一组证据的真实性、关联性、合法性不持异议，可以作为认定案件事实的依据。原告第二组、第四组证据的来源合法，与本案事实具有关联性，被告对其真实性不持异议。虽然被告就公安机关讯问笔录提出"应扣除法定节假日及因其他原因不能生产的时间"的意见，但并未提交相关证据证明存在停工时间，对于被告排放污水的总量，应综合本案相关证据依法予以认定。原告提供的第二组、第四组证据被告不持异议，可以作为认定案件事实的依据。原告提供的第三组、第五组证据及价格鉴证人员的出庭陈述，可以相互印证，证明丰县价格认证中心采用市场法走访案发当地生产同类、类似产品的企业得出处理涉案污水的费用单价，被告虽对价格鉴证结论提出异议，但经本院释明被告既不申请重新鉴定，也不能提供计算治理成本的其他方案及证据，因此，上述价格鉴证结论可以作为认定涉案污水治理成本的依据。被告提供的证据来源合法，与本案事实具有关联性，原告对其真实性不持异议，可以作为认定案件事实的依据。

根据以上证据及当事人陈述，本院查明：

2014年7月至2014年底，被告卜某甲在未取得营业执照、未经环保部门审批的情况下，在江苏省丰县常店镇卜老家村雇佣被告卜某乙从事酸洗电镀加工，且未配备污水处理设施设备，在酸洗电镀作业中直接将产生的废水90余吨排放到集水坑里。2015年1月份以来，被告卜某某在上述地点，租用上述设备雇佣被告卜某乙按照同样的工艺从事酸洗电镀加工，直接将产生的40余吨废水排放到集水坑里，2015年4月14日被公安机关查获，并由江苏省丰县环境保护局环境监测站提取该加工点集水坑废水水样。经该环境保护监测站监测并经江苏省环保厅认可，该水样中六价铬的含量达210mg/L。国家污水综合排放标准及国家电镀污染物排放标准规定，六价铬最高允许排放浓度为0.5mg/L。沛县法院2015年12月20日作出的（2015）沛环刑初字第0070号刑事判决，认定卜某某、卜某甲、卜某乙违法排放污染物，严重污染环境，构成污染环境罪，判处卜某甲有期徒刑八个月，并处罚金人民币二万元，判处卜某某有期徒刑六个月，并处罚金人民币一万元，判处卜某乙拘役四个月，缓刑一年，并处罚金人民币五千元。

原告中国绿发会提起本案诉讼，徐州市人民检察院支持起诉，并指派丰县人民检察院委托丰县价格认证中心对涉案污水的每吨处理费用进行鉴定，丰县价格认证中心走访丰县华山镇晨宇金属制品厂后，出具【2015】299号"关于工业污水处理费用的价格鉴证结论"，认定涉案污水每吨处理费用为170元(含运输费用50元)。

另查明：卜某某在本案所涉刑事案件判决前表示自愿对其造成的环境污染承担责任，并已预赔偿2万元作为生态环境修复费用，卜某甲、卜某乙分别预赔偿生态环境修复费用5千元，暂存放于沛县人民法院。原告为本案诉讼支出专家咨询费用1 500元、律师费1万元。

再查明，中国生物多样性保护与绿色发展基金会是1985年在中华人民共和国民政部注册、由中国科学技术协会主管的全国性公募基金会。该基金会章程第三条载明，其宗旨是广泛动员全社会关心和支持生物多样性保护与绿色发展事业，维护公众环境权益和社会公共利益，协助政府保护国家战略资源，促进生态文明建设和人与自然和谐，构建人类美好家园。

本院认为：

一、关于原告的主体资格问题

根据《中华人民共和国民事诉讼法》第五十五条的规定："对污染环境、侵害众多消费者合法权益等损害社会公共利益的行为，法律规定的机关和有关组织可以向人民法院提起诉讼。"新修订的《中华人民共和国环境保护法》第五十八条规定："对污染环境、破坏生态，损害社会公共利益的行为，符合下列条件的社会组织可以向人民法院提起诉讼：(一)依法在设区的市级以上人民政府民政部门登记；(二)专门从事环境保护公益活动连续五年以上且无违法记录。符合前款规定的社会组织向人民法院提起诉讼，人民法院应当依法受理。"本案中，原告中国绿发会是在中华人民共和国民政部注册的基金会法人，其章程确定的宗旨包括"广泛动员全社会关心和支持生物多样性保护与绿色发展事业，维护公众环境权益和社会公共利益，促进生态文明建设和人与自然和谐"等，应认定为"专门从事环境保护公益活动"的社会组织，其提起本案诉讼是为维护污染事故发生地公众的环境权益，与其宗旨和业务范围具有关联性。中国绿发会提交的起诉前连续5年的年度工作报告书，证明其连续5年从事生物多样性保护等生态环境保护公益活动，其亦依照相关司法解释的规定提交了社会组织登记证书、由其法定代表人签章的5年内无违法记录的声明等证据，上述证据能够证明中国绿发会符合法律及司法解释对环境污染公益诉讼原告的主体资格要求。对中国绿发会的原告资格本院予以确认。

二、关于原告要求判令被告"停止侵害、消除危险"的诉请能否成立的问题

环境污染民事诉讼中,"停止侵害"的诉讼请求针对的是已经开始且处于持续状态的生产、排污行为,而"消除危险"的诉讼请求针对的是生产、排污行为将来可能发生新的生态环境损害,如原告是为了防止生态环境损害的继续发生和扩大而提出此项诉讼请求,法院应依法予以支持。依现有证据,涉案污染环境行为的损害后果已实际发生,案发后卜某甲、卜某某因犯污染环境罪被判处刑罚并被羁押,其客观上已经无法继续生产,停止了污染环境行为,原告亦认可被告已经停止生产,被告目前在客观上也不能对生态环境损害造成新的威胁。原告该项诉讼请求虽有法律依据,但与案件事实不符,鉴于被告客观上已经停止生产,在本案中已经没有判决被告"停止侵害、消除危险"的必要。

三、关于被告卜某某、卜某甲、卜某乙应否承担环境污染民事责任的问题

《中华人民共和国侵权责任法》第八条规定:"二人以上共同实施侵权行为,造成他人损害的,应当承担连带责任。"本案中,被告卜某甲、卜某某前后接续雇佣被告卜某乙利用同一设备在同一场所进行生产、排污,卜某甲、卜某某分别在各自生产期间内与卜某乙共同实施侵权行为。因卜某某、卜某甲、卜某乙的侵权行为相互衔接、交织,原告将被告一并起诉、法院一并予以审理,更利于查明事实、明确责任,被告要求分案审理并无充分的理由和依据,亦无分案审理之必要。《中华人民共和国侵权责任法》第三十五条规定,"个人之间形成劳务关系,提供劳务一方因劳务造成他人损害的,由接受劳务一方承担侵权责任"。卜某甲、卜某某作为雇主,应就雇员卜某乙提供劳务时造成的损害,对外承担侵权赔偿责任,即由卜某甲、卜某某按其各自排污数量及损害后果,对外承担侵权责任,卜某乙对外不承担侵权责任。本院对卜某某的相关抗辩予以采纳。但被告以其不知危害后果且已以受刑罚处罚为由要求减轻民事责任,不能成立。另外,被告在刑事案件审理期间缴纳的"预赔偿费用"仅为暂存放于法院、表明其赔偿态度的费用,并非已履行的赔偿款,在执行环节可以划扣履行。本案确定的是被告应承担责任的大小,与将来的履行方式无关,故不存在"扣除"一说。

四、关于原告主张本案的生态环境修复费用为 176 800 元能否成立的问题

根据《最高人民法院关于审理环境民事公益诉讼案件适用法律若干问题的解释》第十八条规定,对污染环境、破坏生态,已经损害社会公共利益或者具有损害社会公共利益重大风险的行为,原告可以请求被告承担恢复原状等民事责任。因卜某某、卜某甲明确表示其无自行修复生态环境的能力亦未能提出修复方案,为确保生态环境修复的实现,依据《最高人民法院关于审理环境民事公益诉讼案件适用法律若干问题的解释》第二十条规定,本案可直接确定被告所应承担的生态环境修复费用,来替代恢复原状的责任。

关于本案生态环境修复费用的具体计算。经原告委托,中国矿业大学教授张某某、

徐州市环境科学学会研究员级高级工程师林某、徐州市环境监测中心站高级工程师肖某某对本案污染行为相应的生态环境修复费用出具咨询意见，原告并申请上述专家到庭说明。经本院释明，被告卜某某、卜某甲、卜某乙不申请对本案的生态环境修复费用进行鉴定，但申请环境领域技术专家、中国矿业大学刘某某教授出庭就本案的环境修复费用问题进行说明。双方申请出庭的技术专家，均认为本案生态环境修复费用可按照国家环保部《关于开展环境污染损害鉴定评估工作的若干意见》（环发［2011］60号）和《环境损害鉴定评估推荐方法》（第Ⅱ版）（以下简称"推荐办法"），采用"虚拟治理成本法"确定。根据"推荐办法"，所谓虚拟治理成本，是指工业企业或污水处理厂治理等量的排放到环境中的污染物应该花费的成本，即污染物排放量与单位污染物虚拟治理成本的乘积。单位污染物虚拟治理成本是指突发环境事件发生地的工业企业或污水处理厂单位污染物治理平均成本。在量化生态环境损害时，可以根据受污染影响区域的环境敏感程度分别乘以一定的倍数作为环境损害数额的上下限值。

第一，关于被告排放污染物的治理成本。双方当事人对污染物种类、浓度无争议，但被告对原告提供的丰县价格认证中心价格鉴证结论书认定的单位污染物虚拟治理成本170元/吨不予认可。对此本院认为，丰县价格认证中心走访当地生产同类、类似产品的企业得出的单位污染物治理成本，具有一定的客观性、合理性，被告虽提出异议，但经本院释明后既不申请重新鉴定，亦不能提供相反证据，亦未对其抗辩进行合理性或逻辑性方面的说明，故对被告抗辩本院不予采纳，对原告主张予以支持，可以确认涉案污水的治理成为170元/吨。

第二，关于违法排污数量的认定。被告卜某某对原告主张其共计排污40吨予以认可。被告卜某甲认为原告主张其排污90吨过高。对此本院认为，卜某甲在刑事侦查环节接受公安机关讯问时认可其生产时间为5个月，其作为雇主并未全程进行具体生产操作，而一直在负责生产工作的卜某乙对每天的污水排放量为0.7吨的供述较为稳定，依此计算5个月可产生约100吨废水，这与卜某甲2015年9月10日"共排放90吨废水"的供述相印证。且卜某甲未提供其他证据证明其排放污染物总量。在此情况下，原告主张卜某甲违法排放污水共计90吨，可以成立。

第三，关于虚拟治理成本倍数的确定。原告申请出庭的技术专家认为，根据本案案情和污染监测结果及污染特征，按照国家环保部《关于开展环境污染损害鉴定评估工作的若干意见》（环发［2011］60号）和《环境损害鉴定评估推荐方法》（第Ⅱ版）"虚拟治理成本法"，计算本案地下水环境受污水污染的生态环境损害数额(即生态环境修复费用)为：$130 \times 170 \times 8 = 176\,800$(元)。被告申请出庭的技术专家认可上述技术专家关于污染损害客观存在的意见，但认为本案直接污染的是上层地下水，丰县居民饮用的主要是下层地下水，污染水层和饮用水层有间隔，且污染事故发生地距离丰县县城4公里，建议虚拟治理成本倍数取7倍。

原告主张技术专家刘某某仅从侵权行为地距丰县县城的距离及事发地的地理构造出发认为本案的虚拟治理成本倍数应取7倍，未考虑侵权行为发生地周边居民利益。故倍数应采纳原告申请出庭的技术专家的意见，取值为8倍。被告卜某某、卜某甲、卜某乙认可原告申请的技术专家关于涉案污染环境行为造成一定危害的意见，但认为本案中污染的是上层地下水，污染地居民饮用的是中下层地下水，故本案的虚拟治理成本倍数应取7倍。

对此本院认为，原告申请出庭的技术专家将本案污水排放地的地下水认定为Ⅲ类地下水，"推荐办法"中对应的虚拟治理成本倍数取值范围是6~8倍。鉴于被告所排污水中六价铬含量达210mg/L，远超国家标准，而重金属六价铬进入环境、生物圈后很难自然降解，其危害具有持久性。被告关于本案虚拟治理成本倍数应取7倍的主张仅考虑地下水的饮用功能，而忽视了地下水亦承担着滋养植被、灌溉等功能，六价铬等重金属通过地下水被植物吸收后进入生物圈循环，其危害同样较大。故本院认为应将本案虚拟治理成本倍数确定为8倍，才能与涉案排污行为的危害程度及受损害环境治理难度相符。

综上，原告主张本案的生态环境修复费用计算为176 800元（计算方法为：130×170×8），具有事实和法律依据，本院予以采纳，其中卜某某承担54 400元，卜某甲承担122 400元。

五、关于被告所应承担的其他责任

原告请求被告承担公开赔礼道歉的责任，对于赔礼道歉的方式，庭审中，原告明确要求被告在市级报纸（徐州日报、彭城晚报、都市晨报三者任选其一）就其污染环境行为向社会公众刊登致歉声明，对此，卜某某、卜某甲不持异议，表示愿在原告要求的徐州日报、彭城晚报、都市晨报范围内的一家报纸上就其污染环境行为向社会公众刊登致歉声明。根据《最高人民法院关于审理环境民事公益诉讼案件适用法律若干问题的解释》第十八条的规定，对污染环境、破坏生态，已经损害社会公共利益或者具有损害社会公共利益重大风险的行为，原告可以请求被告承担停止侵害、排除妨碍、消除危险、恢复原状、赔偿损失、赔礼道歉等民事责任。涉案的污染环境行为导致损害发生后到恢复原状前生态环境服务功能的损失，影响社会公众享有美好生态环境的精神利益，被告卜某某、卜某甲应在徐州市市级媒体上向公众公开书面致歉。故对原告该项诉请具有事实和法律依据，本院予以支持。

本院对原告主张的其因本案诉讼支出的专家咨询费、律师费，在1万元范围内予以支持。《最高人民法院关于审理环境民事公益诉讼案件适用法律若干问题的解释》第二十二条规定："原告请求被告承担检验、鉴定费用，合理的律师费以及为诉讼支出的其他合理费用的，人民法院可以依法予以支持。"本案中，原告提供相关付款凭证、发票证明其为调查取证支出专家咨询费1 500元、委托律师代理本案诉讼并支付律师费1万元，被告对此无异议。因原告在本案中仅主张1万元合理费用，故本院对其该项诉请予以支持。

综上，依照《中华人民共和国环境保护法》第五十八条、《中华人民共和国侵权责任法》第十五条第一款第(五)项、第(六)项、第(七)项、第六十五条，《最高人民法院关于审理环境民事公益诉讼案件适用法律若干问题的解释》第一条、第二条、第三条、第四条、第五条、第八条、第十一条、第十五条、第十八条、第二十条、第二十二条，《中华人民共和国民事诉讼法》五十五条，《最高人民法院关于适用〈中华人民共和国民事诉讼法〉的解释》第一百零八条之规定，判决如下：

一、被告卜某某于本判决生效后十日内赔偿生态环境修复费用人民币54 400元(支付至徐州市环境保护公益金专项资金账户)。

二、被告卜某甲于本判决生效后十日内赔偿生态环境修复费用人民币122 400元(支付至徐州市环境保护公益金专项资金账户)。

三、被告卜某某、卜某甲于本判决生效后十日内支付原告为本案支付的合理费用人民币1万元。

四、被告卜某某、卜某甲于本判决生效后三十日内，在本市市级报纸(《徐州日报》《彭城晚报》《都市晨报》三者任选其一)上就其污染环境行为向社会公众刊登致歉声明(内容须经本院审核)。

五、驳回原告中国生物多样性保护与绿色发展基金会的其他诉讼请求。

案件受理费4 036元，由被告卜某某负担1 285元，由被告卜某甲负担2 751元。

如果未按本判决指定的期间履行给付金钱义务，应当依照《中华人民共和国民事诉讼法》第二百五十三条之规定，加倍支付迟延履行期间的债务利息。

如不服本判决，可在判决书送达之日起十五日内，向本院递交上诉状，并按对方当事人的人数递交上诉状副本，上诉于江苏省高级人民法院，同时向该院预交上诉案件受理费。(江苏省高级人民法院开户行：中国农业银行南京市分行山西路分理处，账号：03×××75)

审 判 长　李　娟
审 判 员　杜　林
人民陪审员　陈　虎
二〇一六年六月二日
书 记 员　毕晓雯

〔评注〕

1. 本案原告是中国生物多样性保护与绿色发展基金会，该社会组织符合《民事诉讼法》第五十五条、《中华人民共和国环境保护法》(以下评注中简称《环境保护法》)第五十八条关于公益诉讼的主体资格要求。对原告身份的审查与核对，在人民法院的立案、审判、执行工作中是必要的，但这主要是法院内部工作流程，没有必要在"本院认为"部分针对原告的主体资格问题展开论述。如果被告在审理阶段对原告的主体资格问题提出异议，形成案件的争议焦点，可以在"本院认为"部分对此进行分析、评判。例如，最高人民法院发布的2015年十大环境侵权典型案例之一的北京市朝阳区自然之友环境研究所、福建省绿家园环境友好中心诉谢某某等四人破坏林地民事公益诉讼案，作为新环境保护法实施后全国首例环境民事公益诉讼，福建省南平市中级人民法院、福建省高级人民法院在一、二审判决中均对该案争议的主要焦点问题之一，即"原告的主体资格问题"进行了分析和评价，依照《环境保护法》第五十八条和《环境公益诉讼解释》的规定，确认北京市朝阳区自然之友环境研究所、福建省绿家园环境友好中心作为公益诉讼原告的主体资格[1]，该判决具有很好的评价、指引和示范作用。

2. 在本案中，检察机关支持起诉，表述为："支持起诉机关江苏省徐州市人民检察院"。检察机关派员出庭，在首部的案件由来和审理经过中作出相应表述，表述为："支持起诉机关江苏省徐州市人民检察院指派检察员王某、助理检察员韩某出庭支持起诉"；如未派员出庭，则仅表述支持起诉的方式。其他机关和社会组织支持起诉民事公益诉讼的，表述为："支持起诉单位×××"，并列明相关住所地、法定代表人/主要负责人、委托诉讼代理人等基本情况。

根据起诉与支持起诉的逻辑关系，支持起诉机关列于原告及其法定代表人、委托诉讼代理人身份情况之后。检察机关提起民事公益诉讼，表述为："公益诉讼人××××人民检察院"；其他机关和社会组织参加检察机关提起的民事公益诉讼的，仍表述为："原告××××"，并列明相关住所地、法定代表人/主要负责人、委托诉讼代理人等基本情况，列于公益诉讼人之后。

3. 正文事实部分的原告诉请、被告答辩等基本情况，分别表述为："中国绿发会向本院提出诉讼请求：1.……；2.……（明确原告的诉讼请求）。事实和理由：……（概述原告主张的事实和理由）"；"江苏省徐州市人民检察院支持起诉称，……（概述支持起诉意见）"；"卜某某、卜某甲、卜某乙辩称，……（概述被告答辩意见）"。

在本案中，原、被告均申请专家出庭，表述为："具有专门知识的人张某某、肖某某发表以下意见：……""具有专门知识的人刘某某发表以下意见：……"概述具有专门知识的人就案件所涉专门知识等问题提出的专家意见。

关于证据的罗列、举证、质证部分，裁判文书制作规范倡导："可以简要写明证据质证、认证的一般情况""对经过当事人质证、没有争议的证据，在判决书中可以灵活简略处理"[2]，如本案原告提供的第一组证据，证明其环境公益诉讼原告的主体资格，

---

[1] （案例）详见福建省南平市中级人民法院(2015)南民初字第38号民事判决书、福建省高级人民法院(2015)闽民终字第2060号民事判决书，来源：中国裁判文书网。

[2] 参见沈德咏主编：《民事诉讼文书样式》（上册），人民法院出版社2016年版，出版说明第5页。

该组证据交人民法院用于审查、核对其身份，与案件争议事实无关，且被告未提出异议，可以简略处理。

4. 原告在起诉状中明确请求被告承担本案所涉专家咨询费、律师费等合理费用，应在判项中一一列明。因本案中原告仅请求被告承担1万元合理费用，在判项中概括表述也可以。

5. "案件受理费4 036元……"一段应置于"如果未按本判决指定的期间履行给付金钱义务……"一段之后。

6. 实例中的原、被告以及委托代理人、法定代理人的诉讼地位和其名称或者姓名之间没有用"："间隔，而根据《人民法院民事裁判文书制作规范》的要求，诉讼参加人的诉讼地位与其姓名或者名称之间应当用"："间隔。另外，根据《人民法院民事裁判文书制作规范》"六、理由""6"的规定，引用法律条款中的项时，一律使用汉字不加括号，例如"第一项"。

2. 民事判决书（侵害消费者权益公益诉讼用）

××××人民法院
民事判决书

（××××）……民初……号

原告：×××，住所地……。
……
被告：×××，……。
（以上写明当事人和其他诉讼参加人的姓名或者名称等基本信息）

原告×××与被告×××侵害消费者权益公益诉讼一案，本院于××××年××月××日立案后，依法适用普通程序，于××××年××月××日公告了案件受理情况。×××于××××年××月××日申请参加诉讼，经本院准许列为共同原告。本院于××××年××月××日公开开庭进行了审理，原告×××、被告×××（写明当事人和其他诉讼参加人的诉讼地位和姓名或者名称）到庭参加诉讼。本案现已审理终结。

×××诉称，……（概述原告的诉讼请求、事实和理由）。

×××辩称，……（概述被告答辩意见）。

当事人围绕诉讼请求依法提交了证据，本院组织当事人进行了证据交换和质证。对当事人无异议的证据，本院予以确认并在卷佐证。对有争议的证据和事实，本院认定如下：1.……；2.（写明法院是否采信证据，事实认定的意见和理由）。

本院认为，……（围绕争议焦点，根据认定的事实和相关法律，对当事人的诉讼请求进行分析评判，说明理由）。

　　综上所述，……（对当事人的诉讼请求是否支持进行总结评述）。依照《中华人民共和国……法》第×条、……（写明法律文件名称及其条款项序号）规定，判决如下：

　　一、……；

　　二、……。

　　（以上分项写明判决结果）

　　如果未按本判决指定的期间履行给付金钱义务，应当依照《中华人民共和国民事诉讼法》第二百五十三条规定，加倍支付迟延履行期间的债务利息（没有给付金钱义务的，不写）。

　　案件受理费……元，由……负担（写明当事人姓名或者名称、负担金额）。

　　如不服本判决，可以在判决书送达之日起十五日内，向本院递交上诉状，上诉于××××人民法院。

　　　　　　　　　　　　　　　　　　　审　判　长　×××
　　　　　　　　　　　　　　　　　　　审　判　员　×××
　　　　　　　　　　　　　　　　　　　审　判　员　×××

　　　　　　　　　　　　　　　　　　　××××年××月××日
　　　　　　　　　　　　　　　　　　　　　（院印）
　　　　　　　　　　　　　　　　　　　书　记　员　×××

【说明】

1. 本样式根据《中华人民共和国民事诉讼法》第五十五条、第十五条、《中华人民共和国消费者权益保护法》第四十七条以及《最高人民法院关于适用〈中华人民共和国民事诉讼法〉的解释》"十三、公益诉讼"、《最高人民法院关于审理消费民事公益诉讼案件适用法律若干问题的解释》制定，供人民法院适用第一审普通程序审理侵害消费者权益公益诉讼案，作出实体判决用。

2. 中国消费者协会以及在省、自治区、直辖市设立的消费者协会、法律规定或者全国人大及其常委会授权的机关或社会组织，可以作为原告提起侵害消费者权益公益诉讼。人民法院受理公益诉讼案件后，依法可以提起诉讼的其他机关和有关组织，可以在一审开庭前向人民法院申请参加诉讼。人民法院准许参加诉讼的，列为共同原告。在案件的由来和审理过程中写明："×××于××××年××月××日申请参加诉讼，经本院准许参加诉讼，列为共同原告。"

3. 检察机关提起民事公益诉讼的,表述为:"公益诉讼人××××人民检察院"。其他机关和社会组织参加检察机关提起的民事公益诉讼的,仍表述为:"原告×××"。

【实例评注】

吉林省长春市中级人民法院
民事判决书①

(2016)吉01民初819号

原告:吉林省消费者协会。住所:吉林省长春市南关区南湖大路599号。
法定代表人:张某某,秘书长。
委托代理人:刘某某,该单位投诉与法律事务部主任。
委托代理人:索某某,北京大成(长春)律师事务所律师。
被告:光复路龙昌调料行。住所:吉林省长春市宽城区东七条街13号。
经营者:韩某,男,汉族,1965年10月8日生,住吉林省长春市宽城区亚。
被告:韩某某,男,汉族,1989年6月25日生,住吉林省长春市宽城区。现羁押于吉林省梅河监狱。
被告:王某某,女,汉族,1985年10月15日生,住吉林省长春市宽城区。
以上三被告共同的委托代理人:巩某某,吉林常春律师事务所律师。

原告吉林省消费者协会因与被告光复路龙昌调料行、韩某某、王某某侵害消费者权益公益诉讼一案,向本院提起诉讼。本院于2016年8月30日受理后,依法组成合议庭,于2016年11月1日公开开庭审理了本案。原告吉林省消费者协会的委托代理人刘某某、索某某,被告光复路龙昌调料行的经营者韩某、被告王某某及三被告共同的委托代理人巩某某到庭参加诉讼。本案现已审理终结。

原告吉林省消费者协会诉称:被告光复路龙昌调料行的登记经营者为韩某,实际经营者为韩某、韩某某和王某某三人。在2014年8月至11月期间,被告多次向不特定的消费者,包括其他调料行、食品加工厂等销售假冒食用盐9.45吨,另外尚有9.7吨假冒食用盐未实际销售,目前已被公安机关查获。对于上述的假冒食用盐,吉林省盐务管理局检测中心出具了《检测报告》(2014检字第1号),结论为:"该样品按GB/T5462-2003《工业盐》检测标准,符合工业盐标准,合格。该样品无碘,不符合GB5641-2000《食用盐》标准,不能流入食用盐市场。"吉林出入境检验检疫局检验检

---

① 来源:吉林省长春市中级人民法院(2016)吉01民初819号案件案卷。

疫技术中心出具《检测报告》，未检出碘。吉林省地方病第二防治研究所出具《食用加碘盐的说明》称，使用非加碘盐的，"易引起食源性疾病"。吉林省卫生和计划生育委员会出具《关于销售不合格碘盐、非碘盐危害认定的函》称销售非碘盐的行为应认定为"足以造成严重食物中毒事故或者其他严重食源性疾病"的犯罪行为。被告销售的假冒食用盐存在严重的质量缺陷，危及广大消费者的人身安全，且被告对此未向消费者作出说明，其行为侵害了不特定消费者的合法权益。《中华人民共和国消费者权益保护法》第四十八条规定："经营者提供商品或者服务有下列情形之一的，除本法另有规定外，应当依照其他有关法律、法规的规定，承担民事责任：（一）商品或者服务存在缺陷的；（二）不具备商品应当具备的使用性能而出售时未作说明的……"第四十七条规定："对侵害众多消费者合法权益的行为，中国消费者协会以及在省、自治区、直辖市设立的消费者协会，可以向人民法院提起诉讼。"《最高人民法院关于审理消费民事公益诉讼案件适用法律若干问题的解释》第二条规定："经营者提供的商品或者服务具有下列情形之一的，适用消费者权益保护法第四十七条规定：（一）提供的商品或者服务存在缺陷，侵害众多不特定消费者合法权益的；（二）提供的商品或者服务可能危及消费者人身、财产安全，未作出真实的说明和明确的警示……"原告认为被告的行为违反了上述法律的相关规定，根据《中华人民共和国民事诉讼法》第五十五条的相关规定，特向人民法院提起诉讼，请求人民法院判令被告在省级以上新闻媒体公开道歉，以维护广大消费者的合法权益不受侵害。

被告光复路龙昌调料行（经营者韩某）、韩某某、王某某辩称：1. 原告诉请不明确。原告虽在诉请中要求被告在省级以上媒体公开赔礼道歉，但并未说明在我国领域内哪一省份，哪一类新闻媒体上公开赔礼道歉。2. 原告的诉讼请求无法得到消费者权益保护法的支持，本案中被告的不法行为并未侵害任何消费者的人格尊严、人身自由、个人信息保护，根据消费者权益保护法第五十条规定，只有消费者人格权受到侵害，才可主张赔礼道歉。本案被告未侵害任何消费者人格尊严、人身自由，因此原告诉讼请求于法无据。3. 本案支持起诉机关为长春市人民检察院，根据人民检察院提起公益诉讼试点办法规定，本案起诉前因被告销售不符合标准的食品安全行为，三被告已经通过刑事判决受到处罚并予以执行，其损害社会公共利益的情形已经消除，所以检察院应当终结对本案的审查，而不是提起公益诉讼的检察建议。4. 关于案件定性问题。韩某三人基于销售不符合安全标准食品行为已被起诉并被判决定罪。原告基于此行为提起诉讼，属于刑事附带民事案件。原告诉讼请求并不在刑事附带民事案件的审理范围。原告诉讼请求于法无据。综上，请人民法院驳回原告诉讼请求。

结合当事人陈述及相关证据，本院认定以下案件事实：

被告光复路龙昌调料行（工商登记经营者为韩某）、韩某某、王某某于2014年8月至11月期间，在长春市宽城区光复路龙昌调料行内多次销售不符合食用盐标准的盐进入食用盐市场，累计 9.45 吨；2014 年 11 月 28 日公安机关民警在其仓库内查获同批未销售的假冒食用盐 9.7 吨。经吉林省产品质量监督检验院检验，认定从被告处查获的盐碘含量为 0，该批产品按 GB5461-2000、GB26878-2011、GB2721-2003 标准检验为不合格，不能流入食用盐市场。

另查明，2016 年 5 月 11 日，长春市宽城区人民法院以韩某某犯销售不符合安全标准的食品罪，判处有期徒刑一年，并处罚金人民币二万五千元。以王某某犯销售不符合安全标准的食品罪，判处有期徒刑六个月，缓刑一年，并处罚金人民币一万元。以韩某犯销售不符合安全标准的食品罪，判处有期徒刑六个月，缓刑一年，并处罚金人民币一万元。以上刑事判决已经发生法律效力。

再查明，2016 年 5 月 6 日长春市人民检察院向原告吉林省消费者协会发出长检民公建【2016】1 号《检察建议书》认为三被告经营的龙昌调料行将工业盐假冒食用盐向社会销售，侵犯了不特定多数消费者的合法权益。依据《中华人民共和国消费者权益保护法》第三十六条、第三十七条以及《最高人民法院关于审理消费民事公益诉讼案件适用法律若干问题的解释》第一条、第二条的规定，原告吉林省消费者协会负有保护消费者合法权益的职责，系授权提起公益诉讼的主体，建议原告吉林省消费者协会对三被告销售不符合安全标准的食品一案依法提起民事公益诉讼。原告吉林省消费者协会接到长春市人民检察院的检察建议书后，回复同意提起民事公益诉讼。2016 年 8 月，原告吉林省消费者协会向本院提起民事公益诉讼，请求判令被告在省级以上新闻媒体公开道歉。

上述事实有长春市检察院长检民公建［2016］1 号《检察建议书》，吉林省消费者协会吉消协函字［2016］21 号回复函，长春市宽城区人民法院(2016)吉 0103 刑初 234 号刑事判决书，韩某、韩某某、王某某在公安机关的讯问笔录，魏某某、薛某某、左某某、曲某某、陈某某在公安机关的询问笔录在卷为凭。

本院认为：一、依据《中华人民共和国民事诉讼法》第五十五条"对污染环境、侵害众多消费者合法权益等损害社会公共利益的行为，法律规定的机关和有关组织可以向人民法院提起诉讼"、《中华人民共和国消费者权益保护法》第四十七条"对侵害众多消费者合法权益的行为，中国消费者协会以及在省、自治区、直辖市设立的消费者协会，可以向人民法院提起诉讼"、《最高人民法院关于适用〈中华人民共和国民事诉讼法〉的解释》第二百八十四条"环境保护法、消费者权益保护法等法律规定的机关和有关组织对污染环境、侵害众多消费者合法权益等损害社会公共利益的行为，根据民事诉讼法第五十五条规定提起公益诉讼，符合下列条件的，人民法院应当受理：(一)有明确的被告；(二)有具体的诉讼请求；(三)有社会公共利益受到损害的初步证据；(四)属于人民法院受理民事诉讼的范围和受诉人民法院管辖"的规定，本案系原告主张三被告销售不符合食用盐标准的盐进入食用盐市场，侵犯了众多消费者的合法权益，依据法律规定，向人民法院提起的公益诉讼，符合法律关于提起公益诉讼的规定，本院应该受理此起公益诉讼案件。二、依据《中华人民共和国消费者权益保护法》第四十八条第一款的规定："经营者提供商品或者服务有下列情形之一的，除本法另有规定外，应当依照其他有关法律、法规的规定，承担民事责任：（一）商品或者服务存在缺陷的；（二）不具备商品应当具备的使用性能而出售时未作说明的；（三）不符合在商品或者其包装上注明采用的商品标准的；（四）不符合商品说明、实物样品等方式表明的质量状况的；（五）生产国家明令淘汰的商品或者销售失效、变质的商品的；（六）销售的商品数量不足的；（七）服务的内容和费用违反约定的；（八）对消费者提出的修理、重作、更换、退货、补足商品数量、退还货款和服务费用或者赔偿损失的要求，故意拖延或者无理拒绝的；（九）法律、法规规定的其他损害消费者权益的情形。"被告光复路龙昌调料行（工商登记经营者为韩某）、韩某某、王某某于2014年8月至11月期间，在长春市宽城区光复路龙昌调料行内多次销售不符合食用盐标准的盐进入食用盐市场，经吉林省产品质量监督检验院检验三被告销售的假冒食用盐不合格，不能流入食用盐市场。根据韩某、韩某某、王某某在公安机关的讯问笔录记载，韩某、韩某某、王某某明知其销售的盐系工业盐、不符合食用盐标准、不能流入食用盐市场而进行销售，该行为违反了《中华人民共和国消费者权益保护法》第四十八条的规定，三被告应承担相应的民事责任。三、依据《最高人民法院关于审理消费民事公益诉讼案件适用法律若干问题的解释》第十三条"原告在消费民事公益诉讼案件中，请求被告承担停止侵害、排除妨碍、消除危险、赔礼道歉等民事责任的，人民法院可予支持"的规定，本案中根据韩某、韩某某、王某某在公安机关的讯问笔录及魏某某、薛某某、左某某、曲某某、陈某某在公安机关的询问笔录记载，三被告多次将盐销售给其他的商业经营者，其销售对象系众多不特定的消费者。原告吉林省消费者协会依据以上事实及法律规定向人民法院提起侵害消费者权益公益诉讼，请求三被告在省级以上新闻媒体赔礼道歉存在充分的事实及法律依据，依法应予支持。综上，依据《中华人民共和国消费者权益保护法》第四十七条、第四十八条、《中华人民共和国民事诉讼法》第五十五条、《最高人民法院关于适用〈中华人民共和国民事诉讼法〉的解释》第二百八十四条、《最高人民法院关于审理消费民事公益诉讼案件适用法律若干问题的解释》第二条、第十三条之规定，判决如下：

被告光复路龙昌调料行（经营者韩某）、韩某某、王某某在本判决生效后十日内在吉林省省级以上（含省级）新闻媒体赔礼道歉。

案件受理费100元，由被告光复路龙昌调料行（经营者韩某）、韩某某、王某某负担。

如不服本判决，可在判决书送达之日起十五日内向本院递交上诉状，并按对方当事人的人数提出副本，上诉于吉林省高级人民法院。

审　判　长	梁　伟
代理审判员	郭　宇
代理审判员	李蓬勃

二〇一六年十一月一日

| 书　记　员 | 李　月 |
| | 许琳璟 |

〔评注〕

本样式选取的实例是我国《消费公益诉讼解释》于2016年5月1日实施后宣判的第一例民事判决书。

1. 消费民事公益诉讼与环境公益诉讼判决书的区别

同为公益诉讼的两大类型，消费者权益公益诉讼判决书与环境污染和生态破坏公益诉讼判决书相比，仍有如下的区别：

(1)起诉主体不同，环境公益案件的起诉主体是专门从事公益活动的环保组织。消费者权益公益案件的起诉主体是中国消费者协会以及在省、自治区、直辖市设立的消费者协会。

(2)关于支持起诉的规定不同，根据《环境公益诉讼解释》第十一条的规定，检察机关、负有环境保护监督管理职责的部门及其他机关、社会组织、企业事业单位依据《民事诉讼法》第十五条的规定，可以通过提供法律咨询、提交书面意见、协助调查取证等方式支持社会组织依法提起环境民事公益诉讼。但在《消费公益诉讼解释》中却无此规定。故此，在环境民事公益诉讼的判决书样式中有对于支持起诉人的交代，而在消费者权益公益诉讼判决书样式中则无此项要求。

2. 结合实例分析样式的写作要点及注意事项

(1)标题

判决书首部应当由法院名称＋文书名称即"民事判决书"＋案号构成。如果为基层或中级人民法院前面应冠以省、自治区的名称。案号中的案件类型代号为"民初"，与普通一审民事案件一样。

(2)正文

①当事人及其他诉讼参与人的基本情况：根据《消费公益诉讼解释》第一条的规定，中国消费者协会以及在省、自治区、直辖市设立的消费者协会，及法律规定或者全国人大及其常委会授权的机关和社会组织享有原告资格，实例中的原告吉林省消费者协会符合上述条件，是本案适格原告。实例中的被告有三个，其中第一被告光复路龙昌调料行，其性质属于个体工商户，经营者为韩某，实例中写明了韩某的个人基本信息，是基于《人民法院民事裁判文书制作规定》的要求：当事人是个体工商户的，写明经

营者的姓名、性别、出生年月日、民族、住所；起有字号的，以营业执照登记的字号为当事人，并写明该字号经营者的基本信息。实例中原告的"委托代理人"、被告的"共同委托代理人"根据《人民法院民事裁判文书制作规定》的要求应为"委托诉讼代理人""共同委托诉讼代理人"。

与环境公益诉讼不同的是，此类案件不存在支持起诉人，虽然本案中检察机关曾经向原告吉林省消费者协会发出过检察建议，但因《消费公益诉讼解释》中对此类案件的支持起诉人没有作出规定，故本案的审理经过中未写支持起诉人。

②案件由来及审理经过：本样式与普通程序案件判决书的区别在于本样式中明确了公益诉讼案件文书中特殊要素。除了和一般普通程序案件判决书一样，需要写明案件的案由、立案日期及适用程序为普通程序之外，特别需要注意的是要写明"公告案件受理情况"的具体日期。

实例中没有写明案件是否有对受理情况进行过公告。根据《消费公益诉讼解释》第六条的规定，人民法院受理消费民事公益诉讼案件后，应当公告案件受理情况，并在立案之日起十日内书面告知相关行政主管部门。因此此类案件审理经过中应当交代发出公告以及告知相关行政主管部门的日期。

③原告诉称与被告辩称意见：实例中的写法为"原告×××诉称：（陈述案件事实经过）。请求判令……""被告×××辩称：（具体分为三大点意见反驳原告的观点）综上，请人民法院驳回原告诉讼请求。"

另外，根据《消费公益诉讼解释》第十一条的规定，此类案件不受理被告提出的反诉。

④证据与事实的认定：按照样式的要求，以及通常的逻辑顺序，对于事实的认定是建立在举证、质证及认证的基础之上的，案件事实是证据的证明目的。一般应当先写关于当事人举证及质证的经过，以及法院对证据的评判，再写认定的案件事实。实例中与此顺序相反，先写综合当事人陈述及证据认定的案件的事实，在查明案件事实之后再简要列举相应的证据材料，并未详细描述举证和质证经过。但其列举的证据都是在本案受理之前的刑事案件中已经予以认定的证据材料及生效刑事判决书，故对于举证、质证的经过，笔者认为可以适当简化。

⑤裁判理由：实例中"本院认为"后用的是冒号，按照样式要求"本院认为"后应当使用逗号。关于裁判文书的说理，在查明案件事实及本院认为部分，新文书样式提出对于案件争议焦点明确地进行归纳，然后围绕焦点问题展开描述。而在实例中无论是查明事实部分，还是裁判理由部分均没有就争议焦点开宗明义地阐述，导致说理部分观点不够鲜明。对于被告对本案是否应当承担相应的侵权责任的论述中，实例引用了《中华人民共和国消费者权益保护法》（以下评注中简称《消费者权益保护法》）第四十八条第一款，该条款中共计列举了九种属于侵犯消费者权益的情形，而结合本案

的案情被告销售不符合食用盐标准的食用盐，进入食用盐市场，可能属于其中的第二、三项的情形，但与其他项的情况无关，将所有情形一并列举，反而不利于说明被告在本案中究竟因何原因承担侵权责任。

⑥**法律依据**：样式本身并未明确引用的法律依据，在样式说明中载明了根据《民事诉讼法》第五十五条、第十五条、《消费者权益保护法》第四十七条以及《民诉法解释》"十三、公益诉讼"、《消费公益诉讼解释》制定。

实例引用的法律依据为《消费者权益保护法》第四十七条、第四十八条、《民事诉讼法》第五十五条、《民诉法解释》第二百八十四条、《消费公益诉讼解释》第二条、第十三条。根据《最高人民法院关于裁判文书引用法律、法规等规范性法律文件的规定》，引用多个法律文件的，顺序如下：法律及法律解释、行政法规、地方性法规、自治条例或单行条例、司法解释；同时引用两部以上法律的，应当先引用基本法律，后引用其他法律；同时引用实体法和程序法的，先引用实体法，后引用程序法。《消费公益诉讼解释》作为实体法规范的解释应当置于《消费者权益保护法》之后，以及《民事诉讼法》之前。

⑦**裁判主文**：根据《消费公益诉讼解释》第十三条第一款的规定，原告在消费民事公益案件中，请求被告承担停止侵害、排除妨碍、消除危险、赔礼道歉等民事责任的，人民法院可予以支持。实例的判决主文为："被告光复路龙昌调料行（经营者韩某）、韩某某、王某某在本判决生效后十日内在吉林省省级以上（含省级）新闻媒体赔礼道歉。"从实体内容上符合上述规定的责任承担方式，从形式规范上承担义务的主体即履行义务的方式具体明确，具有可执行性。

(3) 落款

由于公益诉讼案件必须组成合议庭审理，故也必须由合议庭成员在判决书尾部署名，实例中由一名审判员及两名代理审判员组成合议庭，符合程序要求，但代理审判员实际上为"助理审判员"，助理审判员经审判委员会通过可以代行审判员的职务。这里的"助理审判员"既不同于法官助理，也不完全等同于初任法官，随着司法改革成果的进一步稳固和深化，"代理审判员"这一名词也将逐渐在司法实践中淡出历史舞台。实例中书记员落款处有两人，在一个案件的审理中，有时会出现两名书记员，对于两名书记员的署名方式，实例中用的"书记员×××、（另起一行右对齐）×××"，而实践有的文书还将此写为"书记员×××、（另起一行右对齐）书记员×××"，对于这种情况究竟以哪种形式为宜，还有待实践中进一步探索。

3. 民事裁定书（对同一侵权行为另行提起公益诉讼不予受理用）

××××人民法院
民事裁定书

（××××）……民初……号

起诉人：×××，……。
……
（以上写明起诉人及其代理人的姓名或者名称等基本信息）

××××年××月××日，本院收到×××的起诉状。×××提起……公益诉讼（写明案由）称，……（概述起诉的诉讼请求、事实和理由）。

本院经审查认为，××××人民法院（××××）……民……号原告×××与被告×××……公益诉讼（写明案由）一案已经发生法律效力。起诉人×××提起的……公益诉讼（写明案由）与该案系就同一侵权行为另行提起的公益诉讼，依法应当不予受理。

依照《中华人民共和国民事诉讼法》第五十五条、第一百五十四条第一款第一项，《最高人民法院关于适用〈中华人民共和国民事诉讼法〉的解释》第二百九十一条规定，裁定如下：

对×××提起的……公益诉讼（写明案由），本院不予受理。

如不服本裁定，可以在裁定书送达之日起十日内，向本院递交上诉状，并按对方当事人的人数提出副本，上诉于××××人民法院。

审　判　长　×××
审　判　员　×××
审　判　员　×××

××××年××月××日
（院印）
书　记　员　×××

【说明】

1. 本样式根据《中华人民共和国民事诉讼法》第五十五条、第一百五十四条第一款第一项以及《最高人民法院关于适用〈中华人民共和国民事诉讼法〉的解释》第二百九十一条，《最高人民法院关于审理环境民事公益诉讼案件适用法律若干问题的解释》第二十六条、第二十八条、《最高人民法院关于审理消费民事公益诉讼案件适用法律若干问题的解释》第十五条制定，供人民法院对其他依法具有原告资格的机关和有关组织在同一侵权行为的公益诉讼案件裁判发生法律效力后又提起公益诉讼的，裁定不予受理用。

2. 检察机关提起民事公益诉讼的，表述为："公益诉讼人××××人民检察院"。

3. 首部中不列被起诉人。

4. 本裁定书只送达起诉人一方。

【实例评注】

（暂缺实例）

〔评注〕

1. 本样式适用的范围

本样式是专用于因同一侵权行为，前次的公益诉讼判决已经发生效力，再次提起公益诉讼不予受理的情况。根据《民诉法解释》第二百九十一条的规定，公益诉讼案件的裁判发生法律效力后，其他依法具有原告资格的有关组织就同一侵权行为另行提起公益诉讼的，人民法院裁定不予受理，但法律、司法解释另有规定的除外。

这里主要涉及的是公益诉讼的重复起诉问题，以及公益诉讼判决书的既判力客观范围问题。诉的单复数和既判力范围这两大问题是民事诉讼制度的两大基石。这两个问题在公益案件中，呈现出更为复杂的情况。一般情况下，重复起诉的，人民法院裁定不予受理，但如果存在前案审理时未发现的损害，仍然得准许起诉。

2. 本样式与一般不予受理裁定书写作要点的区别

（1）当事人的诉讼地位表述不同

一般案件不予受理裁定提起诉讼的一方列为"起诉人"，不写被起诉人。如果检察机关作为起诉人提起诉讼，则其不再为"起诉人"，而是"公益诉讼人"。

（2）案件事实描述的重点不同

查明事实部分必须载明前一公益诉讼案件的判决已经发生法律效力，后一公益诉讼与前案系基于同一侵权行为。根据《民诉法解释》第二百九十一条的规定，公益诉讼案件的裁判发生法律效力后，其他依法具有原告资格的机关和其他组织就同一侵权行为另行提起公益诉讼的，人民法院裁定不予受理，但法律、司法解释另有规定的除外。

（3）裁判理由特定化

普通案件裁定不予受理的理由主要是案件不符合起诉要件，例如主体不适格，被告不明确，所诉的事项不属于人民法院主管范围或者不属于民事法律关系。在本样式的适用中，裁定不予受理的主要理由是特定化的，其实质性理由是"不得提起重复诉讼"，或是"一事不再理"。

(4) 法律依据引用的具体化

按照样式的要求，除了引用《民事诉讼法》第一百五十四条第一款第一项关于裁判不予受理的一般程序性规定之外，还要再加上《民事诉讼法》第五十五条及《民诉法解释》第二百九十一条的规定。

4. 民事裁定书（环境污染或者生态破坏公益诉讼准许撤回起诉用）

××××人民法院
民事裁定书

（××××）……民初……号

原告：×××，……。
……
被告：×××，……。
……

（以上写明当事人和其他诉讼参加人的姓名或者名称等基本信息）

本院在审理原告×××与被告×××……公益诉讼（写明案由）一案中，×××于××××年××月××日以……为由，向本院申请撤回起诉。

本院认为，……（写明准许撤诉的理由），×××的撤诉申请符合法律规定，应予准许。

依照《中华人民共和国民事诉讼法》第一百四十五条第一款，《最高人民法院关于审理环境民事公益诉讼案件适用法律若干问题的解释》第二十六条规定，裁定如下：

准许×××撤回起诉。

案件受理费……元，由……负担。

审　判　长　×××
审　判　员　×××
审　判　员　×××

××××年××月××日
（院印）
书　记　员　×××

【说明】

1. 本样式根据《中华人民共和国民事诉讼法》第一百四十五条第一款以及《最高人民法院关于审理环境民事公益诉讼案件适用法律若干问题的解释》第二十六条制定，供第一审人民法院在审理环境污染或者生态破坏公益诉讼过程中，原告申请撤回起诉的，裁定准许用。

2. 检察机关提起民事公益诉讼的，表述为："公益诉讼人××××人民检察院"。

3. 负有环境保护监督管理职责的部门依法履行监管职责而使原告诉讼请求全部实现，原告申请撤回起诉的，人民法院应予准许。但应写明负有环境保护监督管理职责的部门依法履行监管职责的具体内容；被告对受到损害的生态环境已经进行了有效的治理和修复的情况或者已经制定修复方案并采取多种措施予以保障实施的情形；原告提出的所有诉讼请求必须均得到实现，包含诉讼费用、律师费、检验、鉴定费用的负担等。

【实例评注】

江苏省泰州市中级人民法院
民事裁定书[①]

（2015）泰中环公民初字第00002号

原告北京市朝阳区自然之友环境研究所，住所地北京市朝阳区裕民路12号C号楼406。

法定代表人张某某，该所副总干事。

委托代理人葛某，该所工作人员。

委托代理人刘某，上海金钻律师事务所律师。

被告泰兴市橡胶化工厂，泰兴市滨江镇通江南路1号。

法定代表人钱某某，厂长。

被告李某某。

两被告共同委托代理人季某，江苏星月城律师事务所律师。

原告北京市朝阳区自然之友环境研究所（以下简称自然之友）与被告泰兴市橡胶化工厂、李某某环境污染损害赔偿纠纷一案，本院于2015年10月13日立案。原告自然之友于2016年8月10日向本院提出撤诉申请。

---

① 来源：江苏省泰州市中级人民法院（2015）泰中环公民初字第00002号案卷。

本院认为：李某某租赁泰兴市橡胶化工厂的闲置厂房生产经营硫酸铜产品，产生硫酸亚铁水。本院向环保行政机关征询意见，其认为铁离子和硫酸根离子均是自然界广泛存在的物质，硫酸亚铁水不能归为危险废物，亦谈不上治理。故原告自然之友的撤诉申请不侵犯社会公共利益，符合法律规定。依照《中华人民共和国民事诉讼法》第一百四十五条第一款的规定，裁定如下：

准许原告北京市朝阳区自然之友环境研究所撤诉。

本案诉讼费免交。

审　判　长　　叶志军
代理审判员　　蔡　鹏
人民陪审员　　陈　雯

二〇一六年九月二十一日

书　记　员　　王　蕊

〔评注〕

1. 环境民事公益诉讼案件与普通民事案件撤诉裁定书样式的区别

（1）法律依据不同

普通一审程序作出撤诉裁定的法律依据是《民事诉讼法》第一百四十五条第一款的规定，而环境民事公益诉讼案件作出撤诉裁定的还要另外加上《环境公益诉讼解释》第二十六条。

（2）裁定理由不同

环境民事公益诉讼案件还必须载明在环保监管部门的督促下，被告对受损的生态环境进行了修复，原告的所有请求均已得到实现。

2. 结合实例予以具体分析

（1）标题

样式要求文书的标题为：法院名称＋文书名称即"民事判决书"＋案号。另外，根据2016年开始实施的《关于人民法院案件案号的若干规定》，案号各基本要素的编排规格应当为："（"＋收案年度＋"）"＋法院代字＋类型代字＋案件编号＋"号"。实例中的案号为(2015)泰中环公民初字第00002号，表明了其审理程序为环境公益案件。

（2）正文

①当事人的基本情况：实例中的原、被告以及委托代理人、法定代理人的诉讼地位和其名称或者姓名之间没有用"："间隔，而根据《人民法院民事裁判文书制作规范》的要求，诉讼参加人的诉讼地位与其姓名或者名称之间应当用"："间隔。另外，因本实例出现在2015年，按照当时旧的文书样式将代理写为了"委托代理人"，而按照

《人民法院民事裁判文书制作规范》的要求此处应当写为"委托诉讼代理人"。原告北京市朝阳区自然之友环境研究所为专门从事环境保护公益活动的组织。被告"泰兴市橡胶化工厂"与"泰兴市滨江镇通江南路1号"之间漏掉了"住所地"。

②案件由来及审理经过：实例拟定案由为"环境污染损害赔偿纠纷"，而在《民事案件案由规定》第三级案由中应为"环境污染责任纠纷"，三级案由之下有七个四级案由，原则上能适用四级案由不应直接适用三级案由。另外，案件审理的经过过于简略，虽然普通程序的撤诉案件审理经过可以略写，但是在公益案件中，原告在法庭辩论终结后申请撤诉时人民法院不应准许，故此处应当交代有无经过庭审以及是否辩论终结。根据《民诉法解释》第二百九十九条的规定，在法庭辩论终结之后，案件事实已经查明，具备判决条件时，不应允许原告随意撤诉，否则不利于维护公共利益，也不利于维护被告的程序利益。

③裁判理由：实例中准许撤诉的理由是，"向环行政机关征询意见，其被告生产中产生的铁离子和硫酸根离子均是自然界广泛存在的物质，硫酸亚铁水不能归为危险废物，故原告自然之友的撤诉申请不侵犯社会公共利益"。此处的理由没有充分予以论述，依照《环境公益诉讼解释》第二十六条的规定，负有监管职责的部门依法履行职责使得原告的诉讼请求全部实现的，原告撤诉才得以准许。因为，公益诉讼的原告对诉讼利益不具有任意处分权，须经过审查后被告对公共利益的侵权行为已经停止或对损害的现状已经恢复时，才得以准许撤诉；仅仅介绍法院曾向环保机关征询意见，既没有具体的部门名称，也没有经相关部门在现场检测等手段就得出结论，法院的做法十分草率。但是此案的审理过程长达10个月之久，中间的具体审理环节均没有反映。

另外，在本文书样式中没有将案件的事实单列一段予以表述，而是在关于案件由来和审理经过之后另起一段直接写"本院认为"，该段落主要用来描述裁定的理由。笔者认为在表述裁定理由时如果涉及当事人提出了与作出裁定理由相关的争议事实，则与是否准许撤诉相关的案件事实也应当在文书中表述清楚。

④法律依据：文书样式要求裁定的法律依据应当引用《民事诉讼法》第一百四十五条第一款，《环境公益诉讼解释》第二十六条规定。实例中，仅引用了《民事诉讼法》第一百四十五条第一款之规定（这是关于是否准许原告撤诉的一般性规定），而漏写了《环境公益诉讼解释》第二十六条的规定（这是关于环境民事公益诉讼是否准许撤诉的特殊性规定），该条文规定："负有环境保护监督管理职能的部门依法履行监管职责而使原告诉讼请求全部实现，原告申请撤诉的，人民法院应予准许。"根据该条文，原告的诉讼请求是否已全部实现是此类案件能否准许撤诉的实质性审查要件。

⑤裁定主文：表述为"准许×××撤回起诉"，此外应写明当事人名称的全称。

⑥尾部：样式要求应当载明"案件受理费……元，由……负担"。但是根据《环境公益诉讼解释》第二十六条的规定，并结合本样式说明的第3条可以看出，包括诉讼费在内的全部费用已经得到全部实现是准许撤诉的实质性条件。如果在尾部写明诉讼

费由原告负担的话，那么在前面案件事实中应当表述被告是否已经向原告支付过原告预交的诉讼费，如果被告未支付此费用，则裁定尾部应表述诉讼费由被告负担。否则，将不符合准许撤诉的条件。

（3）落款

文书最后落款由承办案件合议庭成员及书记员署名并注明日期，加盖院印。

5. 民事裁定书（公益诉讼不准许撤回起诉用）

×××× 人民法院
民事裁定书

（××××）……民初……号

原告：×××，……。
……
被告：×××，……。
……

（以上写明当事人和其他诉讼参加人的姓名或者名称等基本信息）

本院在审理原告×××与被告×××……公益诉讼（写明案由）一案中，×××于××××年××月××日以……为由，向本院申请撤回起诉。

本院认为，……（写明不准许撤回起诉的理由）。

依照《中华人民共和国民事诉讼法》第一百四十五条第一款，《最高人民法院关于适用〈中华人民共和国民事诉讼法〉的解释》第二百九十条规定，裁定如下：

不准许×××撤回起诉。

审　判　长　×××
审　判　员　×××
审　判　员　×××

××××年××月××日
（院印）

书　记　员　×××

【说明】

1. 本样式根据《中华人民共和国民事诉讼法》第一百四十五条第一款以及《最高人民法院关于适用〈中华人民共和国民事诉讼法〉的解释》第二百九十条制定，供第一审人民法院对于公益诉讼原告申请撤回起诉的，裁定不准许用。

2. 检察机关提起民事公益诉讼的，表述为："公益诉讼人××××人民检察院"。

3. 公益诉讼案件的原告在法庭辩论终结后申请撤诉的，不予准许。但是，根据《最高人民法院关于审理环境民事公益诉讼案件适用法律若干问题的解释》第二十六条规定，负有环境保护监督管理职责的部门依法履行监管职责而使原告诉讼请求全部实现，原告申请撤诉的，人民法院应于准许。

【实例评注】

（暂缺实例）

〔评注〕

1. 关于本样式的适用范围与一般不准许撤诉裁定的不同

（1）适用范围

本样式适用于第一审民事公益诉讼案件原告申请撤回，法院不准许的情况。

（2）特殊之处

①准许撤诉的阶段不同：公益诉讼根据《民诉法解释》第二百九十条"公益诉讼案件的原告在法庭辩论终结后申请撤诉的，人民法院不予准许"的规定，公益诉讼案件的原告最晚应在法庭辩论终结前申请撤诉；而一般案件在判决之前均可以撤回起诉。

②准许撤回起诉的实质性审查要件高于一般案件：根据《环境公益诉讼解释》第二十六条的规定，环境公益诉讼案件中必须经过环境监管部门认定原告的全部诉讼请求已经得以实现，才能准许撤回起诉。

2. 公益诉讼不准许撤回起诉用民事裁定书的写作要点

（1）标题

由法院名称＋文书名称即"民事裁定书"＋案号构成。如果为基层或中级人民法院前面应冠以省、自治区、直辖市的名称。案号中的案件类型代号为"民初"表示为一审民事案件。

（2）正文

①如果起诉人为检察机关则表述为"公益诉讼人××××人民检察院"。

②案件由来中具体案由后应冠以"公益诉讼"。

③查明事实部分，由于公益诉讼案件的撤诉具有更大的限制性。在环境公益诉讼案件中，根据《环境公益诉讼解释》第二十六条的规定，负有环境保护监管职责的部门依法履行监管职责而使原告的诉讼请求全部实现，原告申请撤诉，人民法院应予准许。故这类撤诉裁定书中必须载明具有监管职能的部门已经履行监管义务，被告其造成到损害的生态环境已经予以修复的情况或者措施。另外，在《民诉法解释》中还规定了，公益诉讼案件的原告在法庭辩论终结后申请撤诉的，人民法院不予准许。

④裁判理由的论述中，要注意的公益诉讼案件撤诉的限制。

第一，原告对诉讼利益不具有任意处分权，须经过审查后对公共利益的侵权行为已经停止或对损害的现状已经恢复，才得准许撤诉。

第二，法庭辩论终结之后，案件事实已经查明，具备判决条件的，不应允许原告随意撤诉，否则不利于维护公共利益，也不利于维护被告的程序利益。因此，如果经审查认为相关侵害公共利益的行为没有停止，或者所造成的损害没有修复，法庭辩论已经终结，案件事实已经查明的情况下，原告不享有对诉讼利益的任意处分权，对于原告的撤诉申请不予支持。

⑤援引的法律依据，与普通案件不准许撤回起诉的裁定相比较，除了要引用《民事诉讼法》第一百四十五条第一款之外，还要增加引用《民诉法解释》第二百九十条的规定。

(3) 落款

落款由承办案件的合议庭成员及书记员署名并注明日期，并加盖院印。

6. 受理公益诉讼告知书（告知相关行政主管部门用）

×××× 人民法院
受理公益诉讼告知书

（××××）……民初……号

×××：

本院于××××年××月××日立案受理原告×××与被告×××、第三人×××……公益诉讼（写明案由）一案。依照《最高人民法院关于〈中华人民共和国民事诉讼法〉的解释》第二百八十六条规定，现将该案受理情况告知你单位。

联 系 人：……（写明姓名、部门、职务）
联系电话：……
联系地址：……
特此告知

附：民事起诉状

××××年××月××日
（院印）

【说明】

1. 本样式根据《最高人民法院关于适用〈中华人民共和国民事诉讼法〉的解释》第二百八十六条制定，供人民法院受理环境污染、生态破坏或者侵害消费者权益等公益诉讼案件后，在十日内书面告知相关行政部门用。

2. 根据《最高人民法院关于审理环境民事公益诉讼案件适用法律若干问题的解释》第十二条的规定，在环境污染、生态破坏公益诉讼中相关行政部门为对被告行为负有环境保护监督管理职责的部门。

3. 检察机关提起民事公益诉讼的，表述为："公益诉讼人××××人民检察院"。

【实例评注】

山东省德州市中级人民法院
关于受理中华联合会诉德州晶华集团振
华有限公司大气污染责任纠纷一案的通知①

德州市环保局：

本院于 2015 年 3 月 19 日收到了中华联合会诉德州晶华集团振华有限公司的诉状。原告中华环保联合会诉称：被告德州晶华集团振华有限公司主要产品为浮法玻璃，原有浮法玻璃生产线三条，1#线已于 2011 年全面停产，2#、3#线一直继续生产。虽然被告已投入资金建设了两条生产线脱硫除尘设施，但 2#、3#线的脱硫设施至今未建设，2#线污染治理设施建成未投运。在大气污染防治设施未符合要求的情况下，被告德州晶华集团振华有限公司即进行投产之时，2#、3#线两个烟囱向大气长期超标外排污染物，造成了严重的大气污染，严重影响了周围居民生活。2014 年 11 月，山东省环保厅对包括被告德州晶华集团振华有限公司在内的 11 家企业的严重违法问题进行立案处罚。被告由于超标排污被处罚 10 万元，其中一条生产线进行停产治理。但被处罚后被告仍未进行整改，继续超标向大气排放污染物，性质极其恶劣，后果极其严重。原告认为被告的行为不仅对生态环境造成了严重的污染，还对周围居民的生命健康权产生巨大危害，要求：1. 被告立即停止超标向大气排放污染物，增设大气污染防治设施，经环境保护行政主管部门验收合格并投入使用后方可进行生产经营活动；2. 判令被告赔偿因超标排放污染物造成的损失 20400000 元（按照被告大气污染防治设备投入及运营的成本计算得出）；3. 判令被告赔偿因拒不改正超标排放污染物行为造成的损失 7800000 元（以 10 万元为基数，自 2015 年 1 月 1 日开始暂计算至 2015 年 3 月 19 日）；4. 判令被告在省级以上媒体向社会公开赔礼道歉；5. 本案诉讼、检验、鉴定、专家证人、律师及诉讼

---

① 来源：山东省德州市中级人民法院（2015）德环公民初字第 1 号案卷。

支出的费用由被告承担；6. 请求将第二项、第三项诉讼请求中的赔偿款项支付至地方政府财政专户，用于德州市大气污染的治理。经审查，本院认为中华环保联合会的起诉符合《中华人民共和国民事诉讼法》《中华人民共和国环境保护法》规定的起诉条件。2015年3月24日，本院决定立案受理，并向原告中华环保联合会送达了《案件受理通知书》。3月26日，依法向被告德州晶华集团振华有限公司送达了起诉书副本、《应诉通知书》等相关诉讼材料。现依据《最高人民法院关于审理环境民事公益诉讼案件适用法律若干问题的解释》第十二条之规定，特向你局告知。

德州市中级人民法院
2015年3月26日

〔评注〕

1. 样式的适用范围和法律依据

(1) 本样式适用于人民法院在受理公益诉讼案件之后，在十日内书面告知相关行政主管部门时用。在环境公益案件中为环境保护行政管理部门。

(2) 本样式的法律依据是《民诉法解释》第二百八十六条。该条规定："人民法院受理公益诉讼案件后，应当在十日内书面告知相关行政机关主管部门。"这是一项关于公益诉讼程序与社会公共利益的行政保护程序相衔接的规定。本条规定是一项强制性的要求，书面通知应当记载公益诉讼的基本情况，并附公益诉讼的起诉状及必要的相关材料。在环境公益诉讼案件中书面通知的对象主要是环境保护、林业、海洋、国土资源等相关行政管理部门，在消费者权益案件中书面通知的对象主要是工商管理职能部门。因为，无论是环境保护还是消费者权益保护的公益诉讼，法律和司法解释都规定了相应的司法救济程序。但是同时，环境保护和消费者权益保护中的行政救济途径本身应当是一种比司法程序更加具有主动性、预防性、高效性的救济程序，如果不充分发挥行政救济的功能，单独靠司法途径予以救济有时难以收到最佳的纠纷化解效果。

2. 样式的写作要点

(1) 标题

法院名称+文书名称即"受理公益诉讼告知书"+案号。实例中由于该案件受理于2015年，当时未发布统一的本告知书样式，实例的标题写为"关于受理中华环保联合会诉德州晶华集团振华有限公司大气污染责任纠纷一案的通知"，将案件当事人的名称及案由都纳入其中，显得标题过长。另外，实例中的标题没有写明案号。

(2) 正文

①抬头写明受文单位，即相应的对被告的行为负有环境保护监管职能的部门。实例中，德州市环保局即是对本案的大气污染行为负有监管职能的行政管理部门，故受文单位为德州市环保局，但"环保局"这一名称不属于该部门的全称，在法律文书的

抬头处应当使用全称，应写为"德州市环境保护局"。

②样式要求写明案件的立案受理时间、当事人名称即案件的案由。但是案件的事实经过和当事人的诉讼请求不要求在正文部分详细描述，而是另外在附项中附上起诉状。实例的做法与此相反，没有将起诉状作为附项内容，而是直接在正文部分详细描述了原告起诉的事实、理由及诉讼请求，并且在上述内容之后另起一段表述了对于原告起诉的符合条件的判断性意见。笔者认为，这种写作模式更接近于法院汇报的审理报告，而不太适合于在案件受理后向相关单位发出受理案件通知书，因为在案件受理之初，原告诉称的意见未经过庭审辩论，且在诉讼中诉讼请求还有可能进行变更，因此此类文书宜按照样式要求，内容简明扼要，将起诉状作为附项一起送达给相关部门。

③样式中引用的法律依据为《民诉法解释》第二百八十六条。实例中引用的是《环境公益诉讼解释》第十二条，该条文为环境公益诉讼案件的特别规范，与《民诉法解释》第二百八十六条的基本规范并不冲突。根据《人民法院民事裁判文书制作规范》的要求，如果需要在文书中引用多个法律规范依据，则应当先引用基本规范，再引用其他规范。④尾部载明联系方式及附项，附项主要内容为民事起诉状。

（3）落款

由审理该案件的人民法院注明发出的日期并加盖院印，样式中并没有要求注明法院名称。实例中在日期上写明了法院名称，但此处写为"德州市中级人民法院"与其所盖院印（前面冠以"山东省"）并不一致。

7. 公告（环境污染或者生态破坏公益诉讼公告受理用）

×××× **人民法院**

公告

（××××）……民初……号

本院于×××年××月××日立案受理原告×××与被告×××……公益诉讼（写明案由）一案。依照《最高人民法院关于审理环境民事公益诉讼案件适用法律若干问题的解释》第十条规定，依法有权提起诉讼的其他机关和社会组织可以在公告之日起三十日内，向本院申请参加诉讼。经审查符合法定条件的，列为共同原告；逾期申请的，不予准许。

联 系 人：……（写明姓名、部门、职务）
联系电话：……
联系地址：……
特此公告。

附：民事起诉状

×××年××月××日
（院印）

【说明】

1. 本样式根据《最高人民法院关于审理环境民事公益诉讼案件适用法律若干问题的解释》第十条制定，供人民法院公告环境污染或者生态破坏公益诉讼受理用。
2. 检察机关提起民事公益诉讼的，表述为："公益诉讼人××××人民检察院"。

【实例评注】

北京市第四中级人民法院
公告[①]

（2016）京 04 民初 89 号

本院于 2016 年 7 月 11 日受理了（2016）京 04 民初 89 号原告中国生物多样性保护与绿色发展基金会诉被告凯比（北京）制动系统有限公司、北京金隅红树林环保技术有限责任公司土壤污染责任纠纷一案。原告起诉认为由于被告凯比（北京）制动系统有限公司在 2009 年初至 2011 年 9 月期间非法倾倒危险废物及被告北京金隅红树林环保技术有限责任公司未依法运输、贮存、处置危险废物的行为，致使密云县西田各庄镇大辛庄村西农地土壤被污染，并存在土壤污染扩散、地下水被污染的重大风险，严重损害了社会公共利益，故请求二被告：一、清除北京市密云县西田各庄镇大辛庄村西牤牛河东岸被污染土地上的超标重金属，消除被污染土地周边土壤地表和河流、水库及地下水被污染风险，使土地恢复到被污染前的土地功能或承担上述费用，包括制定、实施修复方案的费用和监测、监管等费用；二、赔偿生态环境受到损害至恢复原状期间服务功能的损失；三、在国家级媒体上向社会公开道歉；四、承担原告支出的差旅、调查费用以及案件受理费和律师代理费等一切必要的费用。依照《中华人民共和国民事诉讼法》第五十五条、《最高人民法院关于适用〈中华人民共和国民事诉讼法〉的解释》第二百八十四条、《最高人民法院关于审理环境民事公益诉讼案件适用法律若干问题的解释》第十条的规定，为保障其他具有诉讼主体资格的机关和社会组织的诉权，现将本案受理情况进行公告。有权提起诉讼的其他机关和社会组织在公告之日起三十日内可向本院提

[①] 来源：《人民法院报》2016 年 7 月 16 日，第 07 版。

出申请参加诉讼；逾期申请的，不予准许。特此公告。

2016 年 7 月 16 日

〔评注〕

1. 样式的适用范围及法律依据

本样式适用于人民法院受理环境民事公益诉讼案件后发出公告以便于其他符合条件主体申请参加诉讼用。

无论是环境污染公益诉讼，还是消费者权益公益诉讼，所涉及的侵权行为造成的影响往往可能会很大，虽然公益案件的起诉主体有一定要求，但是仍然有可能出现不同的主体针对同一侵权行为提出诉讼的情况，这样容易造成重复诉讼和各地裁判标准不一的情况。因此对公益诉讼案件实行集中管辖，即便先后两个有管辖权的法院均受理起诉，后受理的法院也必须将案件移送给先受理的法院。《民诉法解释》第二百八十七条规定："人民法院受理公益诉讼后，依法可以提起诉讼的其他机关和有关组织，可以在开庭前向人民法院申请参加诉讼。人民法院准许参加诉讼的，列为共同原告。"《环境公益诉讼解释》第十条前两款规定："人民法院受理环境民事公益诉讼后，应在立案之日起五日内将起诉状副本发送被告，并公告案件受理情况。有权提起诉讼的其他机关和社会组织在公告之日起三十日内申请参加诉讼，经审查符合法定条件的，人民法院应当将其列为共同原告；逾期申请的，不予准许。"

2. 样式的写作要点

(1) 标题：为法院名称＋文书名称即"公告"＋案号。

(2) 正文开头载明案件受理时间、当事人名称及案由。

(3) 载明发出公告的法律依据，即《环境公益诉讼解释》第十条。

(4) 公告所告知的主要内容为申请参与诉讼的主体资格条件，以及提出申请的期限。具体写为："依法有权提起诉讼的其他机关和社会组织可以在公告之日起三十日内，向本院申请参加诉讼。经审查符合法定条件的，列为共同原告；逾期申请的，不予准许。"

(5) 尾部载明联系地址和联系人及联系方式。

(6) 关于附项的内容，文书样式要求公告附上附项的内容即民事起诉状。和一般案件公告不同的是，公益诉讼案件的公告针对的对象不是具体的双方当事人之一，而是不特定的社会公众，同时还必须一并将起诉状的主要内容和诉求公之于众，让公众知晓。

此处选取的公告是从人民法院报网站获得，由于登报时起诉状不便于全文登载，因此这篇公告中将起诉状中的主要侵权事实和请求事项详细地在公告正文中予以说明，并告知了相关公益组织三十日内参加申请参加诉讼等事项，较好地实现了公告的目的。

实践中公告主要刊登在《人民法院报》，附项的内容不便于登载。实例中根据此种情况对于公告的内容进行了适当调整，将起诉状的主要请求事项归纳到了公告的正文当中，以便于登载。笔者认为，实例的方式在实践中是值得借鉴的。

(7) 落款处仅要求载明日期并加盖院印。

8. 公告（侵害消费者权益公益诉讼公告受理用）

××××人民法院
公告

（××××）……民初……号

本院于××××年××月××日立案受理原告×××与被告×××侵害消费者权益公益诉讼一案。依照《最高人民法院关于审理消费民事公益诉讼案件适用法律若干问题的解释》第七条规定，依法可以提起诉讼的其他机关或者社会组织，可以在一审开庭前向本院申请参加诉讼。准许参加诉讼的，列为共同原告；逾期申请的，不予准许。

联 系 人：……(写明姓名、部门、职务)
联系电话：……
联系地址：……
特此公告

附：民事起诉状

××××年××月××日
（院印）

【说明】

1. 本样式根据《最高人民法院关于适用〈中华人民共和国民事诉讼法〉的解释》第二百八十七条，《最高人民法院关于审理消费民事公益诉讼案件适用法律若干问题的解释》第七条制定，供人民法院公告侵害消费者权益公益诉讼受理用。

2. 检察机关提起民事公益诉讼的，表述为："公益诉讼人××××人民检察院"。

【实例评注】

北京市第四中级人民法院
公告①

(2016)京 04 民初××号

本院于 2016 年 7 月 25 日立案受理原告中国消费者协会与被告雷沃重工股份有限公司、雷沃重工股份有限公司诸城车辆厂、雷沃重工股份有限公司诸城销售分公司、北京天华旭自行车商店消费者权益公益诉讼一案。原告起诉认为被告存在侵害众多不特定消费者合法权益，损害社会公共利益的事实，包括第一：被告雷沃重工股份有限公司生产和销售的部分正三轮摩托车的型号是已经被工信部公告撤销并禁止生产、销售的型号，其违法生产、销售的行为，侵害了众多不特定消费者的合法权益；第二：被告生产、销售部分正三轮摩托车，不符合强制性国家标准要求，侵犯了众多不特定消费者的合法权益；第三：被告雷沃重工股份有限公司生产和销售的不符合强制性国家标准要求的正三轮摩托车损害了众多不特定消费者合法权益和社会公共利益，有关部门接到消费者投诉后，对被告进行了查处；第四：被告雷沃重工股份有限公司生产和销售的不符合强制性国家标准的产品数量大、范围广，对社会危害大。故诉讼请求：一、判令被告立即停止生产、销售已被工信部《道路机动车辆生产企业及产品公告》撤销的所有型号产品；二、判令被告立即停止生产、销售不符合强制性国家标准的所有型号产品；三、判令被告消除其违法、违规生产和销售的所有型号产品的安全风险；四、确认被告违法、违规生产和销售的行为对众多不特定消费者构成了《中华人民共和国消费者权益保护法》第五十五条规定的"欺诈行为"；五、判令被告赔偿原告为公益诉讼支付的费用（包括但不限于：调查取证的费用、鉴定费用、公证费用、采取诉讼保全措施的申请费和实际支出费用、律师代理费用、交通、住宿等其他合理费用等）；六、判令本案诉讼费用由被告承担。依照《最高人民法院关于审理消费民事公益诉讼案件适用法律若干问题的解释》第七条规定，依法可以提起诉讼的其他机关或者社会组织，可以在一审开庭前向本院申请参加诉讼。准许参加诉讼的，列为共同原告；逾期申请的，不予准许。

2016 年 7 月 27 日

---

① 来源：《人民法院报》2016 年 7 月 27 日，第 02 版。

〔评注〕

1. 样式的适用范围、法律依据和特点

(1) 适用范围：本样式适用于消费者权益公益诉讼案件受理后发出公告以便于其他符合条件主体申请参加诉讼用。

(2) 法律依据：由于无论是环境污染公益诉讼，还是消费者权益公益诉讼所涉及的侵权行为造成的影响往往可能会很大，虽然公益案件的起诉主体有一定要求，但是仍然有可能出现不同的主体针对同一侵权行为提出诉讼的情况，这样容易造成重复诉讼和各地裁判标准不一的情况。因此对公益诉讼案件实行集中管辖，即便先后两个有管辖权的法院均受理起诉，后受理的法院也必须将案件移送给先受理的法院。《民诉法解释》第二百八十七条规定："人民法院受理公益诉讼后，依法可以提起诉讼的其他机关和有关组织，可以在开庭前向人民法院申请参加诉讼。人民法院准许参加诉讼的，列为共同原告。"《消费公益诉讼解释》第六条规定："人民法院受理消费民事公益诉讼案件后，应当公告案件受理情况，并在立案之日起十日内书面告知相关行政主管部门。"第七条规定："人民法院受理消费民事公益诉讼案件后，依法可以提起诉讼的其他机关或者社会组织，可以在一审开庭前向人民法院申请参加诉讼。"

(3) 和环境公益案件不同的是，由于《消费公益诉讼解释》没有规定公告之日起三十日内参加诉讼的要求，因此此公告样式上对于公告期限没有具体的要求，而在环境公益案件文书样式中则载明了三十日内申请参加诉讼。

2. 样式的写作要点

(1) 标题

法院名称+文书名称即"公告"+案号。

(2) 正文

①开头载明案件受理时间、当事人名称及案由。

②载明发出公告的主要法律依据，即《消费公益诉讼解释》第七条。

③公告所告知的主要内容为申请参与诉讼的主体资格条件，以及提出申请的期限。具体写为："依法可以提起诉讼的其他机关或者社会组织，可以在一审开庭前向本院申请参加诉讼。准许参加诉讼的，列为共同原告；逾期申请的，不予准许。"

④载明联系地址和联系人及联系方式。

⑤关于附项的内容，文书样式要求公告附上附项的内容即民事起诉状。和一般案件公告不同的是，公益诉讼案件的公告针对的对象不是具体的双方当事人之一，而是不特定的社会公众，同时还必须一并将起诉状的主要内容和诉求公之于众，让公众知晓。

此处选取的公告是从人民法院报网站获得，由于登报时起诉状不便于全文登载，因此这篇公告中将起诉状中的主要侵权事实和请求事项详细地在公告正文中予以说明，较好地实现了公告的目的。

实践中公告主要刊登在《人民法院报》，附项的内容不便于登载。实例中根据此种情况对于公告的内容进行了适当调整，将起诉状的主要请求事项归纳到了公告的正文当中，以便于登载。笔者认为，实例的方式在实践中是值得借鉴的。

（3）落款

仅要求载明日期并加盖院印。

9. 公告（公益诉讼公告和解或者调解协议用）

××××人民法院
公告

（××××）……民初……号

本院于××××年××月××日立案受理原告×××与被告×××……公益诉讼（写明案由）一案。诉讼过程中，当事人达成和解／调解协议。依照《最高人民法院关于适用〈中华人民共和国民事诉讼法〉的解释》第二百八十九条规定，现予以公告。公告期间为××××年××月××日至××××年××月××日。

联系人：……（写明姓名、部门、职务）

联系电话：……

联系地址：……

特此公告

附：1. 民事起诉状
　　2. 调解/和解协议

××××年××月××日
（院印）

【说明】

1. 本样式根据《最高人民法院关于适用〈中华人民共和国民事诉讼法〉的解释》第二百八十九条制定，供公益诉讼达成和解或者调解协议后，人民法院公告用。

2. 公告期间不得少于三十日。

3. 公告应当附民事起诉状、调解或者和解协议。环境污染、生态破坏公益诉讼如有技术处理方案或者整改方案，应当作为公告附件。

4. 公告期满后，人民法院审查认为调解协议或者和解协议的内容不损害社会公共利益的，应当出具调解书。环境污染、生态破坏公益诉讼中当事人以达成和解协议为由申请撤诉的，不予准许。

5. 检察机关提起民事公益诉讼的，表述为："公益诉讼人×××人民检察院"。

6. 本公告应当在本院公告栏、人民法院报、当地媒体同时发布。

【实例评注1】

湖南省株洲市中级人民法院
公告①

（2016）××××民初××号

本院受理原告湘潭环境保护协会与被告株洲金利亚环保科技公司环境民事公益诉讼一案，经法院组织，双方达成和解协议，现根据最高人民法院《关于审理环境民事公益诉讼案件适用法律若干问题的解释》第二十五条的规定，将和解协议公告如下：一、原告认可被告已投入1 000余万元对污水处理设施进行升级改造，并通过了环保部门的验收，其停止侵害、排除妨碍的诉求已经实现；二、由被告承担生态环境损失费用人民币1 313 802.04元，该款于本协议公告期满之日支付至株洲市中级人民法院执行专用账户，待湖南省环保公益基金成立，法院将该款项转付至该公益基金，如被告未按期支付，则承担违约金300 000元；三、原告因本案发生的差旅费、律师费、检测费、专家论证费以及为诉讼支出的其他合理费用共计252 874元由被告负担，该款于签订本协议之日支付至原告账户；四、本案诉讼费550元，由被告负担。五、本协议经双方签字生效。上述和解协议公告期为30日，公告期满后，本院将依法对上述和解协议进行审查。

2016年5月25日

〔评注〕

1. 关于样式中的注意事项及个别问题

公益诉讼公告和解或者调解协议用公告的样式标题、案号与一般案件公告样式

---

① 来源：人民法院报2016年5月25日，第G70版。

没有区别，主要区别在于正文部分：

（1）案由表述须在"公益诉讼"之前结合《民事案件案由规定》确定具体案由。

（2）法律依据为《民诉法解释》第二百八十九条规定："对公益诉讼案件，当事人可以和解，人民法院可以调解。当事人达成和解或者调解协议后，人民法院应当将和解或者调解协议进行公告。公告期间不得少于三十日。公告期满后，人民法院经审查，和解或者调解协议不违反社会公共利益的，应当出具调解书；和解或者调解协议违反社会公共利益的，不予出具调解书，继续对案件进行审理并依法作出裁判。"

（3）尾部须载明起诉状、调解/和解协议，这是必须记载的事项。另外根据文书样式的说明，技术方案、整改方案是可以载明的事项。

（4）样式要求载明："公告期间为××××年××月××日至××××年××月××日。"实践当中各地法院发布公告最为常用的方式是在《人民法院报》刊登，由于在各地法院发出公告稿件时无法确定具体登报日期，故在2016年8月之后《人民法院报》发布的公告中有一部分采取了变通做法，采用"自公告刊登之日起××日"予以替换。

2. 关于实例的不足及可取之处

实例是选取自《人民法院报》的一则环境公益诉讼案件调解协议公告，该公告与样式要求相比，既有不足也有突破。

（1）案由部分不足之处是仅载明"环境民事公益诉讼"，没有根据案件类型按照《民事案件案由规定》写明具体的案由。

（2）在法律依据部分，不足之处是漏写了《民诉法解释》第二百八十九条，可取之处的是结合案件性质增加了《环境公益诉讼解释》第二十五条的规定，便于公众根据上述条文知晓该类案件协议中应包含的具体事项。

（3）根据样式要求，应当将起诉状和协议内容作为附件放在尾部。实例不足之处是没有将诉状和协议内容作为附件公布。可取之处是由于在《人民法院报》刊登公告往往会受到版式和篇幅限制，刊登附件的内容是不方便的，因此实例在正文部分载明了和解协议的具体内容，便于公众知晓，主要包含了：①已经现实履行的恢复生态环境的措施；②后期需要支付的修复环境的费用金额、支付期限和方式；③原告为诉讼支出的必要合理费用，除了诉讼费之外，还包括差旅费、律师费、检测费、专家论证费以及其他合理费用均由被告承担（在普通程序案件中达成调解或者和解协议诉讼费用既可以由原告负担，也可以被告负担，或者由法院酌情处理）；④公告期30日。

（4）文书样式存在的问题是，没有充分考虑实践中公告的实际使用方式。实践中在《人民法院报》刊登公告是主流的公告形式，为了便于公众知晓案情，建议在登报时一并将原告的诉讼请求及双方诉讼中达成的协议条款一并写在公告正文中,这样兼顾了社会公众的知情权及报纸刊登的便利。

(5)尾部的不足之处是没有告知联系人及联系方式,不便于公众在知晓协议内容之后向人民法院提出异议。

【实例评注2】

江苏省镇江市中级人民法院
关于镇江市生态环境公益保护协会诉郭某某环境污染公益纠纷一案调解协议的公告[①]

(2015)镇民公初字第1号

镇江市生态环境公益保护协会诉郭某某环境污染公益纠纷一案,在审理过程中双方当事人自愿达成调解协议,依据《最高人民法院关于审理环境民事公益诉讼案件适用法律若干问题的解释》第二十五条之规定,现予公告。如有异议,请于三十日内向本院提出。

特此公告。

联系人:陈小娟

联系电话:853×××××

镇江市中级人民法院
二〇一五年四月二十四日

附件:
调解协议

原告镇江市生态环境公有保护协会,住所地:镇江市京口区解放路20号。
法定代表人卢某某,该协会会长。
委托代理人张某某,该协会会员。
被告郭某某,男,汉族,1976年1月19日出生,居民身份证号码321×××××××
×××××××,住江苏省扬中市三茅镇。
关于原告镇江市生态环境公益保护协会诉被告郭某某环境污染公益诉讼一案的基

---

① 来源:江苏省镇江市中级人民法院(2015)镇民公初字第1号案卷。

本事实，2010年至2014年6月，被告人郭某某在其位于扬中市三茅镇裕星村123号的家中从事铜排电镀加工，电镀过程中所产生的废水未经任何处理直接经下水道排向后院土壤中，经扬中市环境监测站检测及江苏省环境保护厅认可，废水中总铜含量超过《电镀污染物排放标准》三倍以上，严重污染环境，经镇江市中级人民法院主持调解，双方当事人达成如下协议：

一、被告郭某某支付环境污染清理费用42 950元，用于环境污染物治理（已支付）。

二、扬中市环保局承诺在合理期限内以该费用委托专业机构对被告造成的环境污染进行清理并监督，清理完毕后一个月内将结果报镇江市中级人民法院备案。

三、本协议自公告期满之日起生效。

案件受理费874元，减半收取437元，由被告郭某某负担。

〔评注〕

1. 标题

标题根据样式要求应写为：法院名称+文书名称即"公告"+案号。由于实例2发生于2015年，故其标题写成了"关于镇江市生态环境公益保护协会诉郭某某环境污染公益纠纷一案调解协议的公告"，与样式的要求不符。

2. 正文

（1）样式要求写明案件的立案受理时间和案件名称，实例2没有写明案件的立案受理时间，案件名称中漏写了"原告"和"被告"。

（2）样式的附项中要求附上民事起诉状、调解/和解协议，实例2的附项没有附上民事起诉状，无法让公众知晓其起诉请求的范围。

（3）调解协议存在三个方面的问题：①在公告及其所附的调解协议内容中均没有交代扬中市环保局在本案中的具体诉讼地位，无法判断扬中市环保局参与该调解协议签订的依据。②在扬中市环保局委托专业机构清理中，协议第一项被告所支付的费用是否足以负担，从上下文内容也无法得出结论，因此仅仅通过该协议无法判断被告是否全面履行了环境修复费用及必要合理的诉讼支出费用。③没有载明被告是否已经停止其污染环境的侵权行为。

3. 落款

落款载明日期并加盖院印。

十四、第三人撤销之诉

1. 民事判决书（第三人撤销之诉用）

××××人民法院
民事判决书

（××××）……民撤……号

原告：×××，……。
法定代理人/指定代理人/法定代表人/主要负责人：×××，……。
委托诉讼代理人：×××，……。
被告（原审原告）：×××，……。
法定代理人/指定代理人/法定代表人/主要负责人：×××，……。
委托诉讼代理人：×××，……。
被告（原审被告）：×××，……。
法定代理人/指定代理人/法定代表人/主要负责人：×××，……。
委托诉讼代理人：×××，……。
第三人：×××。
法定代理人/指定代理人/法定代表人/主要负责人：×××，……。
委托诉讼代理人：×××，……。
（以上写明当事人和其他诉讼参加人的姓名或者名称等基本信息）

原告×××因×××与×××……（写明原审案由）一案，不服本院（××××）……民×……号生效判决/裁定/调解书，向本院提起第三人撤销之诉，本院于××××年××月××日立案后，依法适用普通程序，公开/因涉及……（写明不公开开庭的理由）不公开开庭进行了审理。原告×××、被告×××、第三人×××（写明当事人和其他诉讼参加人的诉讼地位和姓名或名称）到庭参加诉讼。本案现已审理终结。

×××向本院提出诉讼请求：1.……；2.……（明确原告的诉讼请求）。事实和理由：……（概述原告主张的事实和理由）。

×××辩称，……（概述被告答辩意见）。

×××述称，……（概述第三人陈述意见）。

……（概述原案认定的基本事实，写明裁判结果）。

本案当事人围绕诉讼请求依法提交了证据，本院组织当事人进行了证据交换和质证。对当事人无异议的证据，本院予以确认并在卷佐证。对有争议的证据和事实，本院认定如下：1.……，2.……（写明法院是否采信证据，事实认定的意见和理由）。

本院认为，……（围绕争议焦点，根据本院认定的事实和相关法律，对当事人的诉讼请求作出分析评判，说明理由）。

综上所述，……（对当事人的诉讼请求是否支持进行总结评述）。依照《中华人民共和国……法》第×条、……（写明法律文件名称及其条款项序号）规定，判决如下：

一、……；

二、……。

（以上分项写明判决结果）

如果未按本判决指定的期间履行给付金钱义务，应当依照《中华人民共和国民事诉讼法》第二百五十三条规定，加倍支付迟延履行期间的债务利息（没有给付金钱义务的，不写）。

案件受理费……元，由……负担（写明当事人姓名或者名称、负担金额）。

如不服本判决，可以在判决书送达之日起十五日内，向本院递交上诉状，并按对方当事人或者代表人的人数提出副本，上诉于××××人民法院。

审　判　长　×××
审　判　员　×××
审　判　员　×××

××××年××月××日
（院印）
书　记　员　×××

【说明】

1. 本样式根据《中华人民共和国民事诉讼法》第五十六条第三款以及《最高人民法院关于适用〈中华人民共和国民事诉讼法〉的解释》第二百九十四条、第二百九十五条、第二百九十六条、第二百九十八条、第三百条制定，供人民法院适用第一审普通程序审理第三人撤销之诉案件，作实体判决用。

2. 案号类型代字为"民撤"。

3. 第三人撤销之诉，应当将提起诉讼的第三人列为案件的原告，原生效判决、裁定、调解书的当事人列为共同被告，生效判决、裁定、调解书中没有承担责任的无独立请求权的第三人列为第三人。

4. 第三人撤销之诉案件，应当适用普通程序，组成合议庭开庭审理。

5. 在当事人诉辩意见之后,应当写明:第三人起诉撤销的裁判文书案件认定的基本事实和裁判结果。

6. 对第三人撤销或者部分撤销发生法律效力的判决、裁定、调解书内容的请求,人民法院经审理,按下列情形分别处理:(1)请求成立且确认其民事权利的主张全部或部分成立的,改变原判决、裁定、调解书内容的错误部分;(2)请求成立,但确认其全部或部分民事权利的主张不成立,或者未提出确认其民事权利请求的,撤销原判决、裁定、调解书内容的错误部分;(3)请求不成立的,驳回诉讼请求。原判决、裁定、调解书的内容未改变或者未撤销的部分继续有效。

7. 全部撤销的,写明:"撤销本院(××××)……民×……号民事判决/调解书。"全部驳回的,写明:"驳回×××的诉讼请求。"部分撤销判决的,写明:"撤销本院(××××)……民×……号民事判决第×项,即……。"改变判决的,写明:"变更本院(××××)……民×……号民事判决第×项为:……(写明变更后的具体内容)。"

8. 人民法院改变原判决、裁定、调解结果的,应当在判决书中对原审诉讼费用的负担一并作出处理。

【实例评注】

<h3 style="text-align:center">浙江省温州市瓯海区人民法院
民事判决书①</h3>

(2016)浙 0304 民撤 1 号

原告:张某某。
委托诉讼代理人:金某某,浙江标杆律师事务所律师。
委托诉讼代理人:余某某,浙江标杆律师事务所律师。
被告(原审原告):应某。
被告(原审原告):胡某某。
上列两被告的委托诉讼代理人:洪某某,浙江联英律师事务所律师。
被告(原审被告):林某某。
被告(原审被告):江某某。
被告(原审被告):江某甲。
原告张某某因原审原告应某、胡某某与原审被告江某某、林某某、江某甲民间借

---

① 来源:中国裁判文书网。

贷纠纷一案，不服本院(2014)温瓯商初字第1241号生效调解书，向本院提起第三人撤销之诉，本院于2016年2月23日立案后，依法适用普通程序，于2016年4月6日、4月7日公开开庭进行了审理。原告张某某及其委托诉讼代理人金某某、余某某，被告应某、胡某某及其委托诉讼代理人洪某某，被告江某甲、林某某、江某某均到庭参加诉讼。本案经本院审判委员会讨论决定，现已审理终结。

原告张某某向本院提出诉讼请求：撤销温州市瓯海区人民法院(2014)温瓯商初字第1241号民事调解书。事实与理由：被告林某某、江某某对原告负有到期债务210万元及利息未履行，原告已向温州市鹿城区人民法院(以下简称鹿城法院)申请强制执行。执行过程中，温州市瓯海区人民法院于2014年11月11日作出(2014)温瓯商初字第1241号民事调解书，确认："一、被告江某甲应于2014年11月20日前偿付原告应某、胡某某借款370万元及其利息(从2012年1月5日起按月利率2%计算至实际履行之日止)；二、被告林某某、江某某对上述第一项款项的清偿承担连带责任……"原告认为原审可能存在虚假诉讼并损害原告的合法权益，遂向温州市瓯海区人民检察院申请监督。该院调查后认为：2014年，江某某、林某某利用江某甲曾向应某、胡某某借款370万元的事实，在江某甲于2011年3月17日出具的三张借款借据的"经济担保人"一栏添加江某某、林某某签字和指印，虚构其二人为借款提供担保的事实，而后由应某、胡某某提起诉讼，企图骗取法院民事调解书后参与江某某、林某某被执行财产的分配，以达到稀释债权逃避法院执行的目的。原告认为，原审民事调解书的担保条款，系基于当事人事后变造的借款借据错误作出，明显减损了原告对被告江某某、林某某被执行财产的分配数额，该调解书与原告具有法律上的利害关系，遂提起第三人撤销之诉。

被告应某、胡某某辩称，一、借款借据上"经济担保人"栏的"林某某、江某某"签名是林某某于借款借据出具时签署，签名上的指印是林某某、江某某应胡某某的要求，于其起诉之前补捺。原告提供的证据不能证明林某某、江某某事后在落款时间为2011年3月17日的三份借款借据上"经济担保人"栏签名，提供虚假担保，原告起诉缺乏事实依据。因此，原审民事调解书并不存在损害原告民事权益的情形，原告不具备提起第三人撤销之诉的实体要件。二、借款借据的出具符合常理，各被告不存在恶意串通的行为。胡某某与林某某是表姐妹关系，林某某和江某某是夫妻关系，江某甲和江某某是兄弟关系。本案借款由林某某居中促成，林某某作为借款介绍人，和江某某一起为借款提供担保是符合常理的，债权人在起诉前要求已签字的担保人补按指印也是符合常理的。原审借款及担保的事实符合民间习惯、生活经验和常理常情。三、从法律上分析，民事调解书确定的内容也是正确的。1. 如果担保人签字发生在2011年，指印于2014年补捺，担保有效。2. 即使借款借据经济担保人栏的签字和指印均形成于2014年，那也是林某某履行事先的承诺，亦合法有效。四、原告提起第三人撤销之诉已过六个月的除斥期间。原告于2015年5月18日向瓯海区人民检察院提交要求追究各被告刑事责任的控告状，原告提起第三人撤销之诉的除斥期间应从该时间起算。原告于 2016 年 1 月 24 日才提起诉讼，已超过六个月期间，请求法庭驳回原告的起诉。

被告江某甲答辩称：本案借款担保事实均真实。其借款时不知道有担保事实的存在，不表示担保就是虚假的。原告怀疑担保虚假，但没有证据证明。

被告林某某答辩称：借款、担保均属实，借款由其介绍促成，当事人之间不存在串通。"经济担保人"栏"林某某、江某某"的签字都是由本人于借款借据出具的当天签的，本人和江某某的指印是 2014 年应某、胡某某起诉前让其二人分别捺的。

被告江某某答辩称：借款、担保均属实。

2014 年 11 月 7 日，原审原告应某、胡某某向本院起诉称，2011 年 3 月 17 日，江某甲向应某、胡某某借款 370 万元，约定利息按月利率 2% 计付，并由林某某、江某某提供连带责任保证。借款后，江某甲向应某、胡某某支付了 8 个月借款利息计 592 000 元，借款本金及其余利息一直未予偿付。故起诉请求判令：一、江某甲立即归还应某、胡某某借款 370 万元及利息（从 2012 年 1 月 5 日起按月利率 2% 计算至履行完毕之日止）；二、林某某、江某某对上述借款本息承担连带保证责任。原审原告应某、胡某某在原审中提供金额分别为 200 万元、100 万元、70 万元的借款借据 3 份，借款及利息的支付凭证若干。原审被告江某甲、林某某、江某某对原告诉称的事实及诉讼请求均无异议。原审在审理过程中，经本院主持调解，双方当事人自愿达成如下协议：一、江某甲于 2014 年 11 月 20 日前偿付应某、胡某某借款 370 万元及其利息（从 2012 年 1 月 5 日起按月利率 2% 计算至实际履行之日止）；二、林某某、江某某对上述第一项款项的清偿承担连带责任；三、受理费 55 312 元，减半收取 27 656 元，由江某甲、林某某、江某某负担。四、双方当事人一致同意本调解协议自双方在调解协议笔录上签名或捺印后即具有法律效力。本院据此作出（2014）温瓯商初字第 1241 号民事调解书。2014 年 11 月 21 日，应某、胡某某持该生效调解书向本院申请强制执行。

本案当事人围绕诉讼请求依法提交了证据，本院组织当事人进行了质证。对当事人无异议的证据，本院予以确认并在卷佐证。对有争议的证据和事实，本院认定如下：

原告张某某为证明三份借款借据上"经济担保人"栏的签名和指印系事后添附，向本院提供下列证据：

1. 温州市瓯海区人民检察院检察建议书 1 份，检察院在检察建议中认为原案民事调解书认定事实的主要证据系伪造，本案系虚假调解，损害了其他债权人的合法权益。

2. 温州市瓯海区人民检察院办案人员于 2015 年 11 月 19 日对江某某做的询问笔录 1 份。江某某陈述，几年前，我弟弟江某甲办厂需要钱，通过我老婆林某某介绍，胡某某把三百多万元借给了江某甲。胡某某借钱给江某甲的时候，没有叫我们担保。她是在一年多前，也就是向瓯海法院起诉前不久，要求我和林某某在借款借据的经济担保人栏签字，我们考虑是亲戚关系，只好作为担保人签字。我的名字由我老婆林某某代签，指印由我自己按。胡某某起诉前，我们已经被鹿城法院强制执行了，申请执行人是张某某。我们想，反正被别人告了，房子也要被拍卖了，钱给你也是给，给他也是给，不如给自己亲戚，所以同意在经济担保人栏签字，并让胡某某起诉。"

3. 温州市瓯海区人民检察院办案人员于 2015 年 11 月 18 日对江某甲做的询问笔录 1 份。江某甲陈述，2011 年，我通过我嫂子林某某的介绍，向胡某某借款 370 万元。胡某某把钱打入我的银行账户后，我就到马鞍池我哥哥江某某的家里给胡某某打了 3 份借款借据。借钱时确实没有提到让江某某、林某某做担保人。当时借款借据左下方的经济担保人栏是空白的。胡某某于 2014 年 11 月起诉我时，我到法院看了材料，才知道 3 份借款借据的左下角"经济担保人"签字栏上多了林某某和江某某的签字指印，才知道他们担保的事。借款后，胡某某和应某以及她婆婆都有到我的厂里催讨过借款，他们催讨的时候也从未说起林某某、江某某担保的事。林某某和江某某也曾帮忙催讨，他们都只是说胡某某家里困难，从没有提到担保的事。

4. 温州市瓯海区人民检察院委托鉴定函、南京东南司法鉴定中心司法鉴定意见书和补充鉴定意见各 1 份，鉴定结论为送检三张借款借据上手写文字、红色指印的形成时间基本一致且不是 2011 年形成，其实际形成时间与落款时间为 2014 年 10 月 29 日的民事起诉状上各自对应手写字、红色指印的形成时间较接近。该组证据拟证明原审民事调解书确认的有关"被告林某某、江某某承担连带还款责任"的内容，是基于当事人事后变造的借款借据作出，内容错误。

对原告张某某提供的上述证据，被告应某、胡某某质证如下：证据 1 中人民检察院对案件事实和证据存在错误的认识，其认定的事实不能作为认定本案事实的依据。对证据 2，通过观看同步录音录像，检察人员并没有询问江某某是否亲眼看到林某某签名，因此仅凭江某某的陈述不能证实签字的形成时间。询问笔录记载江某某提供担保时的心理状态是"钱给你也是给，给他也是给，不如给自己亲戚，所以也就让胡某某告了。所以当胡某某叫我们签字当担保人的时候，我们也就同意了"，该内容并非江某某亲口所述，而是检察人员询问江某某提供担保时是否为这样的心理状态，江某某曾明确表示反对，请求法院不予采纳。对证据 3 江某甲的询问笔录没有异议，江某甲的陈述可以证明 3 份借款借据形成于 2011 年、林某某曾为胡某某催讨借款、利息通过林某某的账户支付，故能够印证林某某是借款担保人。证据 4，委托鉴定函的委托事项为"三张借款借据的形成时间及经济担保人栏签名的形成时间"，与司法鉴定意见书上所记载的鉴定要求"送检三张借款借据的形成时间"不一致，司法鉴定意见书的鉴定结论不符合客观实际，不能作为认定案件事实的证据，理由如下：1. 没有提取江某甲的签字，而是直接提取了其他人的指印和签名，因此对整张借款借据的形成时间的鉴定不具有科学性。2. 提取的检材不规范，鉴定机构在经济担保人上面提取检材字迹，该份字迹其中已经涵盖了部分 2014 年所按的指印，影响鉴定结果。3. 鉴定机构以 2014 年民事起诉状上手写文字及指印作为样本,并将样本与检材进行对比而作出鉴定意见,样本单一,结论缺乏科学性和客观性。4. 提取样本字迹未经双方当事人到场确认,程序不当。被告申请重新鉴定。

被告林某某、江某某、江某甲的质证意见与被告应某、胡某某的质证意见一致。

被告应某、胡某某为证明经济担保人栏签名形成于2011年,向本院提供下列证据:

5. 借款借据复印件3份,该组复印件上经济担保人栏已有"林某某、江某某"的签字字样,但签名上未按指印,胡某某主张该复印件于2013年复印形成的,以证明前案借款借据上经济担保人栏签名形成于2011年。

6. 债权人为"江某某"的借款借据1份,以证明林某某、江某某曾为江某甲的其他借款提供担保,借款借据的形式与前案一致,以印证前案担保属实。

对被告应某、胡某某提供的证据,原告质证认为:证据5系复印件,真实性无法确定。证据6与本案不具关联性。其他被告质证后无异议。

被告江某甲没有向本院提供证据。

对上述证据,本院分析认定如下:1. 检察建议书能反映温州市瓯海区人民检察院根据张某某的申请对原审民事调解书进行了审查,其记载的内容系该院对本案的认识,不能作为定案依据,本案的事实须根据在案证据综合认定。2. 江某某的询问笔录,经观看同步录音录像,询问场所为该院一楼询问室,检察机关办案人员态度平和,办案程序合法;江某某在陈述时未受胁迫或威逼,应认定为其陈述的内容是其真实意思表示。检察机关办案人员在向江某某求证其提供担保时的心理状态时,经一再询问,江某某对检察机关办案人员的说法予以认可。根据江某某的确认,能够认定江某某、林某某为借款提供担保是为了让胡某某起诉后参与分配江某某、林某某的被执行财产。3. 江某甲的询问笔录,江某甲本人未提出异议,本院对其真实性予以认定。4. 关于南京东南司法鉴定中心作出的司法鉴定结论,虽然鉴定结论上记载的鉴定意见是针对"送检标称日期均为2011年3月17日的三张《借款借据》上的手写文字、红色指印的形成时间"作出,与检察机关委托鉴定函上要求鉴定的事项"《借款借据》的形成时间和《借款借据》上'经济担保人'栏的签名形成时间"不完全一致,但经鉴定部门书面补充说明,鉴定部门是对"经济担保人"栏的签名字迹部分进行了取样检验,其他手写字迹的取样检验仅作参考,因此该鉴定意见关于文字形成时间的鉴定应确认为针对"经济担保人"栏签名作出,该结论与检察机关的鉴定目的是相符的。该鉴定结论,与江某某、江某甲在检察机关的陈述能够相互印证,本院综合全案事实,对鉴定结论予以认定。江某某在庭审中作出相反的陈述,但未能提供相反的证据予以证明,违背了"禁反言"规则,其庭审中的陈述本院不予采信。应某、胡某某提供的证据5系复印件,真实性和形成时间均无法确定,本院不予采信;证据6与本案不具关联性,本院亦不予采信。

根据原审证据和江某甲在检察机关的陈述，江某甲是江某某的弟弟，江某某和林某某是夫妻关系，原审借款是由林某某居中促成，利息是由江某甲付至林某某账户后由林某某转交给胡某某。根据日常交易习惯和常理分析，本案也不能完全排除林某某、江某某实际上曾作出为借款提供担保的意思表示的可能性。根据《担保法》第十三条的规定，保证合同是要式合同，即使林某某、江某某曾作出保证的意思表示，也因未签订书面合同而不能产生法律效力。另外，从设立担保的目的分析，担保人通常是在判断借款人有履行能力的情况下，基于出借人的要求提供担保，借款人作为受益方通常不可能对担保事项不知情。如借款人已经取得借款，担保人就没有必要提供担保，除非出借人在出借款项后，认为借款人存在到期履行不能的风险等情形，要求借款人追加担保。本案中，江某甲是在收到借款后出具借款借据，直至应某、胡某某向法院起诉之前均不知担保事实的存在，可以判断应某、胡某某在向江某甲出借370万元时，直至起诉前，均没有要求债务人江某甲提供担保。林某某在庭审中称在江某甲不知情的情况下，于江某甲出具借款借据的当日提供担保，该主张不符合交易习惯和常理常情，与本院其他在案证据明显矛盾，本院不予采信。

综上，原告提供的证据具有证据优势，本院据以认定以下事实：2011年3月17日，江某甲经林某某的介绍向应某、胡某某借款370万元，约定月利率2%，并在取得借款后向应某、胡某某出具金额分别为200万元、100万元、70万元的借款借据3份。借款后，江某甲向应某、胡某某支付了8个月借款利息计592 000元，借款本金及其余利息经催讨一直未付。2014年，江某某、林某某因不能履行欠张某某等人的到期债务，被鹿城法院强制执行，其财产不足以清偿全部债务。胡某某、江某某、林某某为了参与鹿城法院江某某、林某某被执行财产的分配，协商一致由江某某、林某某在上述三份借款借据上的经济担保人栏添附签名和指印后，由应某、胡某某向本院提起原审诉讼。经本院主持调解，原审当事人达成调解协议。应某、胡某某在取得生效民事调解书后向本院申请强制执行，参与鹿城法院财产分配。期间，张某某对原审债务提出异议。

本院认为，根据第三人撤销之诉的立法原意和最高人民法院《关于适用〈中华人民共和国民事诉讼法〉的解释》第一百九十条、第三百零一条规定精神，案外人认为合法权益受虚假诉讼侵害的，可以提起第三人撤销之诉。原告张某某符合提起第三人撤销之诉的主体资格条件。

民事诉讼法及司法解释规定，当事人提起第三人撤销之诉的期间为自知道或者应当知道民事权益受到损害之日起六个月内，起诉时需提供证明法律文书存在错误并损害其民事权益的证据。原告向检察机关申请监督时尚无证据证明原审民事调解书存在错误，彼时起诉尚不符合提起第三人撤销之诉的条件，因此原告提起第三人撤销之诉的期间不宜开始起算。检察机关根据原告的申请对原审启动了监督程序，并委托鉴定部门作出鉴定结论后，原告才取得证明原审当事人可能进行虚假诉讼的初步证据。因此，原告提起第三人撤销之诉的期间最早只能从鉴定结论出具之日 2015 年 8 月 15 日起算，其于 2016 年 1 月起诉未超过 6 个月的除斥期间。被告应某、胡某某认为原告起诉已超过 6 个月的除斥期间的主张，本院不予支持。

本案事实是通过优势证据规则认定，故不能完全排除江某某、林某某于借款发生时已在借款借据上签字捺印担保的可能性。但即使借款与担保同时发生，保证人江某某、林某某也已免除保证责任。《担保法》第二十六条规定"连带责任保证的保证人与债权人未约定保证期间的，债权人有权自主债务履行期届满之日起六个月内要求保证人承担保证责任。在合同约定的保证期间和前款规定的保证期间，债权人未要求保证人承担保证责任的，保证人免除保证责任"。庭审中，债务人江某甲确认 2012 年底经债权人应某、胡某某催讨，其应偿还借款本息，故可以认定借款期限已于 2012 年年底到期。债权人胡某某在庭审中确认，借款到期后至原审起诉前，未向担保人林某某、江某某催讨过。根据上述法律规定，保证人已免除保证责任，林某某、江某某在原审中自愿承担连带保证责任，属于重新为借款提供担保。从原审中各方当事人互相配合进行调解的事实来分析，林某某、江某某的重新担保行为，也是在明知江某甲已无履行能力，林某某和江某某在鹿城法院被强制执行过程中可供执行的财产不足以清偿债务的情形下，与胡某某合意后作出，该情形与本案所认定的事实具有相同的法律后果，在下文中详述。原审中，林某某、江某某、胡某某是在明知江某甲已无履行能力，林某某和江某某在鹿城法院被强制执行过程中可供执行的财产不足以清偿债务的情形下，合意由林某某、江某某为江某甲欠应某、胡某某的 370 万元借款本息提供担保，并通过诉讼取得生效调解书参与林某某和江某某被执行财产的分配。该行为将直接导致包括张某某在内的其他债权人可分得的被执行财产份额减少，损害林某某和江某某的其他债权人的利益，因此原审民事调解书第二项的担保条款应予撤销，相应的诉讼费负担条款应予调整。综上，本案经本院审判委员会讨论决定，依照《中华人民共和国民事诉讼法》第五十六条第三款、第一百一十二条和最高人民法院《关于适用〈中华人民共和国民事诉讼法〉的解释》第一百九十条、第二百九十二条的规定，判决如下：

一、撤销本院于 2014 年 11 月 11 日作出的(2014)温瓯商初字第 1241 号民事调解书第二项"被告林某某、江某某对上述第一项款项的清偿承担连带责任"的内容。

二、上述民事调解书第三项内容变更为：本案受理费 55 312 元，减半收取 27 656 元，由被告江某甲负担。

三、驳回原告张某某的其他诉讼请求。

本案受理费 80 元，由被告应某、胡某某、林某某、江某某负担。

如不服本判决，可在判决书送达之日起十五日内，向本院递交上诉状，并按照对方当事人的人数提出副本，上诉于浙江省温州市中级人民法院。

审　判　长　　陆　红
审　判　员　　周回回
人民陪审员　　潘洪銮
二〇一六年八月二十二日
书　记　员　　徐佳佳

〔评注〕

本章单独将第三人撤销之诉的裁判文书列出来，是因为第三人撤销之诉是2012年《民事诉讼法》确立的一项制度。在2012年之后，虽然各地陆续受理了一些第三人撤销之诉案件，由于具体操作规定不明，从程序、审判组织到当事人称谓，裁判文书都呈现出不一致的现象。直到2015年《民诉法解释》中对其具体程序予以了明确，才结束上述现象。另外，本文书样式仅供第三人撤销之诉第一审案件使用。

1. 第三人撤销之诉的程序特征

（1）审理程序：第三人撤销之诉是赋予案外人对错误生效裁判救济的程序，相对于再审而言，再审是对原案件的审理，而第三人撤销诉讼是一个新的诉讼，其诉讼主张和事实依据都是与原审范围既有关联性，又并不相同。在民事诉讼法中，第三人撤销之诉是按照第一审程序审理的，适用普通诉讼程序的规定，必须组成合议庭审理，表明了其与再审程序不同的制度功能，其在本质上是对新的诉讼标的进行审理。

（2）诉讼主体：第三人撤销之诉，应当将提起诉讼的第三人列为案件的原告，原生效判决、裁定、调解书的当事人列为共同被告，生效判决、裁定、调解书中没有承担责任的无独立请求权的第三人列为第三人。

原告资格认定的要求：①原告应当是原审案件的案外第三人，且必须为原审案件未必要共同诉讼的第三人，若为原审案件当事人及原审必要共同诉讼第三人，则属于原审应追加而未追加的当事人之列，应当提起再审。②第三人因不能归责于自身的原因未参加诉讼。③应当自知道民事权益受到损害之日起六个月之内提起。

（3）管辖法院：不适用级别管辖的规定，由作出原生效裁判的法院管辖。

（4）撤销的内容：是指生效的判决、裁定和调解书的错误内容可以通过提起诉讼的方式予以撤销或改变。其撤销的对象是生效判决、裁定的主文，和生效调解书的处理当事人权利义务的结果，而不针对事实认定和裁判理由，裁判主文部分包括费用的负担。虽然《民事诉讼法》规定裁定可以作为撤销的对象，但事实上我国的裁定全部种类都可以通过其他途径纠正错误与恢复损害，没有必要通过第三人撤销诉讼，故实务中往往难以出现因裁定提起的第三人撤销之诉。

(5) 案号类型代字为"民撤"。

2. 实例采用的格式与内容

(1) 标题

标题应为法院名称+文书名称+案号。实例案号为"（2016）浙0304民撤1号"，符合其程序特征，与一般普通程序一审上诉案件相区别。

(2) 正文

①当事人和诉讼参加人的基本情况：原告张某某为原审民间借贷关系的无独立请求权第三人，被告应某、胡某某是原审原告，而被告林某某、江某某、江某甲则是原审被告，虽然五被告在第三人撤销之诉中的诉讼地位均为被告，但其在原审中的诉讼地位是不同的，故其原审诉讼地位在首部也应当予以列明。

②案件由来和审判经过：在案件由来中交代了本案撤销的对象，即（2014）温瓯商初字第1241号生效调解书。

审理经过中介绍了本案适用的普通程序及合议庭成员。值得注意的，《民诉法解释》并未明确要求组成合议庭必须排除原审合议庭成员，因此原审合议庭成员是允许参与第三人撤销之诉审理的。主要的考虑是，第三人撤销之诉本质上与原审具有不同的诉讼标的（在我国诉讼标的通说为本案审理的法律关系），故与再审不同的是，第三人撤销之诉并不当然意味着原审案件合议庭在案件程序及实体处理上必然有错误或瑕疵，因此不是必须回避原审合议庭人员。另外，此处本案还交代了经审判委员会讨论作出决定。

③案件事实：诉辩主张中，原告诉称意见反映了其得知原审生效调解书损害其民事权益的时间和经过，即原告依据在先生效的判决申请强制执行中发现被告之间恶意串通取得法院的调解书，以稀释债权、逃避执行。同时，原告为支持其诉讼主张提交了相应证据，其中包括检察机关对涉案人员的调查笔录及鉴定意见书，用以证明本案主张撤销的调解书所依据的债权债务关系系原告主张其债权之后，债务人林某某、江某某与其他被告伪造的。

④裁判理由：判决理由是判决书论理的核心部分，包括以下内容：

a. 评析本案事实的法律性质：本案结合第三人撤销之诉的立法原意和司法解释的精神，评析了案外人认为合法权益受虚假诉讼侵害的，可以提起第三人撤销之诉。原告张某某符起诉主体资格条件。同时，由于第三人撤销之诉有严格的起诉期限的限制，且该期间为除斥期间，故此处实例依据原告在检察机关取得相应证据时才确信其民事权益受到损害，作为判断本案起诉期限是否已经经过了时间节点，并说明其理由。

b. 评价诉辩主张是否成立：本案结合优势证据规则，综合相关证据和事实分析认为，在原告的债务人林某某、江某某为他人债务提供担保时应明知自己已经负债，并且所担保债务的债务人已经无偿付能力而仍为之债务担保，属故意减损自身偿付能力的行为。因此，原告的主张成立。

⑤判决的法律依据：本案作出判决的法律依据是《民事诉讼法》第五十六条第三款、第一百一十二条和《民诉法解释》第一百九十条、第二百九十二条之规定。

另外，实例中的"最高人民法院《关于适用〈中华人民共和国民事诉讼法〉的解释》第一百九十条"按照《人民法院民事裁判文书制作规范》的规定，应该改为"《最高人民法院关于适用〈中华人民共和国民事诉讼法〉的解释》第一百九十条"。

⑥判决结果：根据《民诉法解释》第三百条的规定，对第三人撤销或者部分撤销发生法律效力的判决、裁定、调解书内容的请求，人民法院经审理，应该分别处理。

a. 请求成立且确认其民事权利的主张全部或部分成立的，改变原判决、裁定、调解书内容的错误部分；

b. 请求成立，但确认其全部或部分民事权利的主张不成立，或者未提出确认其民事权利请求的，撤销原判决、裁定、调解书内容的错误部分；

c. 请求不成立的，驳回诉讼请求。原判决、裁定、调解书的内容未改变或者未撤销的部分继续有效。这说明仅仅对侵害第三人权益的部分加以纠正，而没有改变的部分依然生效且具有执行力。

另外，我国学者王亚新认为，如果是一审法院对原生效裁判可以撤销并且变更原裁判内容，如果是二审法院不宜直接变更原生效裁判，只能撤销。笔者认为，如果是二审裁判，应视一审裁判的具体情况，如果一审判决已经明确变更的部分二审可以维持其变更内容，但不得因改判超过原一审的变更范围，如果一审仅仅撤销没有变更或者一审不予撤销原审裁判，二审改判也只能撤销原审裁判，不能径行改判变更。这主要是为了保障不减损当事人对于法院二审裁判变更事项部分的上诉权。

本案中，原生效调解协议第一项，"一、被告江某甲应于2014年11月20日前偿付原告应某、胡某某借款370万元及其利息（从2012年1月5日起按月利率2%计算至实际履行之日止）"，一方面无充分证据证实江某甲与应某、胡某某价款为虚假，另一方面，该债权债务关系并不影响本案原告的利益，故未予以撤销。第二项，"林某某、江某某对上述第一项款项的清偿承担连带责任"对原告的利益造成了实际影响，该行为将直接导致包括张某某在内的其他债权人可分得的被执行财产份额减少，损害林某某和江某某等其他债权人的利益，因此原审民事调解书第二项的担保条款应予撤销，相应的诉讼费负担条款应予调整。

2. 民事裁定书（对第三人撤销之诉不予受理用）

×××× 人民法院
民事裁定书

（××××）……民撤……号

起诉人：×××，……。
……
（以上写明起诉人及其代理人的姓名或者名称等基本信息）

××××年××月××日，本院收到×××的起诉状。起诉人×××对×××、×××提起第三人撤销之诉称，……（概述起诉的诉讼请求、事实和理由）。

本院经审查认为，……（写明对第三人撤销之诉不予受理的理由）。

依照《中华人民共和国民事诉讼法》第五十六条、第一百一十九条、第一百五十四条第一款第一项、《最高人民法院关于适用〈中华人民共和国民事诉讼法〉的解释》第二百九十三条规定，裁定如下：

对×××提起的第三人撤销之诉，本院不予受理。

如不服本裁定，可以在裁定书送达之日起十日内，向本院递交上诉状，上诉于××××人民法院。

审　判　长　×××
审　判　员　×××
审　判　员　×××

××××年××月××日
（院印）
书　记　员　×××

【说明】

1. 本样式根据《中华人民共和国民事诉讼法》第五十六条、第一百一十九条、第一百五十四条第一款第一项以及《最高人民法院关于适用〈中华人民共和国民事诉讼法〉的解释》第二百九十三条、第二百九十七条、第三百零三条第二款制定，供第一审人民法院对起诉人提起的第三人撤销之诉，裁定不予受理用。

2. 案号类型代字为"民撤"。

3. 首部中不列被起诉人。

4. 对下列情形提起第三人撤销之诉的，人民法院不予受理：(1)适用特别程序、督促程序、公示催告程序、破产程序等非讼程序处理的案件；(2)婚姻无效、撤销或者解除婚姻关系等判决、裁定、调解书中涉及身份关系的内容；(3)《中华人民共和国民事诉讼法》第五十四条规定的未参加登记的权利人对代表人诉讼案件的生效裁判；(4)《中华人民共和国民事诉讼法》第五十五条规定的损害社会公共利益行为的受害人对公益诉讼案件的生效裁判。法律依据同时引用《最高人民法院关于适用〈中华人民共和国民事诉讼法〉的解释》第二百九十七条。

5. 案外人对人民法院驳回其执行异议裁定不服，认为原判决、裁定、调解书内容错误损害其合法权益的，可以根据《中华人民共和国民事诉讼法》第二百二十七条规定申请再审，对其提起第三人撤销之诉的，人民法院不予受理。于此情形，法律依据同时引用《最高人民法院关于适用〈中华人民共和国民事诉讼法〉的解释》第三百零三条第二款。

6. 经审查，第三人撤销之诉不符合起诉条件的，应当在收到起诉状之日起三十日裁定不予受理。

7. 起诉人在中华人民共和国领域内没有住所的，尾部上诉期改为三十日，即"可以在裁定书送达之日起三十日内"。

8. 本裁定书只送达起诉人一方。

【实例评注1】

湖南省张家界市中级人民法院
民事裁定书①

(2016)湘08民撤1号

起诉人：湖南省慈利县建筑工程总公司，住所地湖南省慈利县零阳镇。
委托诉讼代理人：卢某某，湖南风云律师事务所律师。
起诉人：张家界天煌建筑工程有限公司，住所地湖南省张家界市永定区。
委托诉讼代理人：卢某某，湖南风云律师事务所律师。
起诉人：吴某，男，1964年8月18日出生，住湖南省张家界市永定区。
委托诉讼代理人：卢某某，湖南风云律师事务所律师。
2016年8月2日，本院收到湖南省慈利县建筑工程总公司、张家界天煌建筑工

---

① 来源：中国裁判文书网。

有限公司、吴某的起诉状。起诉人湖南省慈利县建筑工程总公司、张家界天煌建筑工程有限公司、吴某（以下简称"三起诉人"）对吴某某、胡某某、杨某、胡某甲提起第三人撤销之诉称，吴某某与张家界观音洞景区旅游开发中心、胡某某、胡某甲民间借贷纠纷一案，湖南省张家界市永定区人民法院于二〇〇九年十月十日作出（2009）张定法民二初字第80号民事判决，张家界观音洞景区旅游开发中心偿还吴某某借款295万元及利息，吴某某不服一审判决，向湖南省张家界市中级人民法院提起上诉，二〇一〇年五月十九日，该院作出（2010）张中民一终字第143号民事判决，驳回上诉，维持原判。吴某某不服二审判决，向该院申请再审，二〇一三年七月十八日，该院作出（2011）张中民一再终字第13号民事调解，债权人王某某、陈某某等6人认为该调解书达成的调解协议损害了全体债权人的利益，据此对本案申请再审，二〇一四年三月二十八日，该院作出（2013）张中民监字第38号民事裁定，对本案进行再审，二〇一六年六月二十四日，该院作出（2014）张中民一再终字第3号民事判决，撤销（2011）张中民一再终字第13号民事调解；维持（2010）张中民一终字第143号民事判决。三起诉人认为吴某某、胡某某、杨某、胡某甲之间互相串通、恶意诉讼，损害了三起诉人作为张家界观音洞景区旅游开发中心债权人的合法权益。请求人民法院依法撤销（2014）张中民一再终字第3号民事判决，确认吴某某、胡某某、杨某、胡某甲的借款为123万元。

  本院经审查认为，根据《中华人民共和国民事诉讼法》第五十六条"对当事人双方的诉讼标的，第三人认为有独立请求权的，有权提起诉讼。对当事人双方的诉讼标的，第三人虽然没有独立请求权，但案件处理结果同他有法律上的利害关系的，可以申请参加诉讼，或者由人民法院通知他参加诉讼。人民法院判决承担民事责任的第三人，有当事人的诉讼权利义务。前两款规定的第三人，因不能归责于本人的事由未参加诉讼，但有证据证明发生法律效力的判决、裁定、调解书的部分或者全部内容错误，损害其民事权益的，可以自知道或者应当知道其民事权益受到损害之日起六个月内，向作出该判决、裁定、解调书的人民法院提起诉讼。人民法院经审理，诉讼请求成立的，应当改变或者撤销原判决、裁定、调解书；诉讼请求不成立的，驳回诉讼请求"的规定，只有对当事人双方的诉讼标的有独立请求权的第三人或者虽然没有独立请求权，但案件处理结果同他有法律上利害关系的第三人，因不可归责于本人的事由未参加诉讼的，才具备提起第三人撤销之诉的主体资格。本院（2014）张中民一再终字第3号案（以下简称"该案"）审理的是吴某某与胡某某、杨某、胡某甲民间借贷纠纷，判决结果是胡某某、杨某、胡某甲向吴某某偿还借款，而起诉人湖南省慈利县建筑工程总公司系本院（2008）张中民三初字第36号张家界观音洞伏波旅游开发中心清算组、张家界观音洞景区旅游开发中心建设工程施工合同纠纷案的原告，起诉人张家界天煌建筑工程有限公司系张家界市武陵源人民法院（2010）张武民二初字第224号张家界观音洞景区旅游开发中心建设工程施工合同纠纷案的原告，起诉人吴某系本院（2013）张中民二再终字第13号张家界观音洞景区旅游开发中心借款合同纠纷案的原审原告，三起诉人只是张家界观音洞景区旅游开发中心的债权人，既与该案的诉讼标的无关，也与该案的处理结果没有法律上的利害关系，故三起诉人在(2014)张中民一再终字第3号民事案件中不具有第三人的诉讼地位，三起诉人亦无权提起第三人撤销之诉。三起诉人要求撤销(2014)张中民一再终字第3号民事判决，主体资格不适格。

综上所述，依照《中华人民共和国民事诉讼法》第五十六条、第一百一十九条、第一百五十四条第一款第一项，《最高人民法院关于适用〈中华人民共和国民事诉讼法〉的解释》第二百九十三条第三款规定，裁定如下：

对湖南省慈利县建筑工程总公司、张家界天煌建筑工程有限公司、吴某提起的第三人撤销之诉，本院不予受理。

如不服本裁定，可以在裁定书送达之日起十日内，向本院递交上诉状，上诉于湖南省高级人民法院。

审　判　长　　尹　立
审　判　员　　汪云辉
审　判　员　　王艳欣
二〇一六年八月二十二日
书　记　员　　刘艺睛

〔评注〕

1. 与本文书样式及实例相关的制度特征

第三人撤销之诉不予受理裁定的样式主要反映了关于此类案件起诉立案标准的判断，除了《民事诉讼法》第一百一十九条所规定的起诉条件外，此类案件一旦受理势必形成对生效裁判文书既判力的冲击，故须具备更高的起诉审查标准。该类案件的特殊审查标准有：

(1) 客观方面

起诉人须具备以下其中之一：①对原审的诉讼标的，有独立的请求权。②虽然对原审诉讼标的没有独立请求权，但同案件处理结果有法律上的利害关系。

(2) 主观方面

需因不能归责于本人事由未参加原审的诉讼，且自知道或应当知道其民事权益受到生效裁判损害之日起六个月内。

(3) 排外事项

下列案件不能提起第三人撤销之诉：①适用特别程序、督促程序、公示催告程序、破产程序等非讼程序处理的案件；②婚姻无效、撤销或者解除婚姻关系等判决、裁定、调解书中涉及身份关系的内容(涉及财产关系的内容不在禁止之列)；③《民事诉讼法》

第五十四条规定的未参加登记的权利人对代表人诉讼案件的生效裁判；④《民事诉讼法》第五十五条规定的损害社会公共利益行为的受害人对公益诉讼案件的生效裁判；⑤案外人对人民法院驳回其执行异议裁定不服，认为原判决、裁定、调解书内容错误损害其合法权益的，应当根据《民事诉讼法》第二百二十七条之规定申请再审的(这里特别需要注意的是，这种情况往往是案外人本应对原生效裁判提起第三人撤销之诉，而错误地提起了执行异议，由于这一程序选择是不可逆的，故此种情况下值得允许案外人通过申请再审来对于生效裁判予以纠正，属于再审案件中的一种特殊形态)。

(4) 立案审查程序

法院收到起诉状后在五日内须送达对方当事人，对方十日内提出答辩状，整个立案审查期限长达三十日，而一般案件立案审查期限为十日。

2. 实例反映的文书样式的特点

(1) 标题中的案号类型代字为"民撤"。

(2) 正文首部中原告为起诉人，不列被起诉人。

(3) 正文中的审理经过表明本院于2016年8月2日收到起诉材料，于2016年8月22日才签发裁定，本案的起诉受理审查期限可以长达三十日。理由部分，本案不予受理的原因是三起诉人并非与原审当事人直接发生了债权债务关系，起诉人持有的债权是与其他主体之间的债权债务关系，因此起诉人与(2014)张中民一再终字第3号民事判决没有法律上利害关系，故裁定不予受理。裁判主文与首部是对应，也仅是载明起诉人，而无被起诉人。

3. 正文中出现的"二〇〇九年十月十日""二〇一〇年五月十九日""二〇一三年七月十八日""二〇一四年三月二十八日""二〇一六年六月二十四日"这几处时间的使用的是中文时间的表述方式，根据《人民法院民事裁判文书制作规范》"五、数字用法""(二)"的规定，仅要求文书落款时间使用中文数字表达方式，在正文中的时间表述仅仅是对案件事实经过的描述，为了保持前后表述一致，宜统一改为阿拉伯数字表示时间。

另外，由于不予受理的案件本身不应交纳诉讼费用，因此不存在诉讼费的处理。

【实例评注2】

湖南省常德市中级人民法院
民事裁定书①

(2016) 湘07民撤3号

---

① 来源：中国裁判文书网。

起诉人：刘某，男，1968年5月28日出生，汉族，居民，住湖南省澧县。

委托代理人：陈某，湖南联合创业律师事务所律师。

2016年7月13日，本院收到刘某的起诉状，起诉人针对本院(2014)常民一初字第4号判决对龚某某、常德市凌云城建综合开发有限公司(下称凌云公司)提起第三人撤销之诉。其诉讼请求为：1. 请求撤销常德市中级人民法院(2014)常民一初字第4号民事判决主文第一项内容。2. 判令二被告承担本案全部诉讼费用。所持理由为：1. 原告与凌云公司于2010年9月30日签订了商品房买卖合同，并在澧县房管局备案。(2014)常民一初字第4号判决在已知该107号商铺权属存在争议情况下，未通知原告参加诉讼而将房产判归龚某某，损害了原告的民事权益。2. (2014)常民一撤字第14号裁定书，已明确认定凌云公司与龚某某之间并没有商品房买卖而签订《商品房买卖合同》，而(2014)常民一初字第4号判决凌云公司继续履行合同并承担违约责任，则与之前的裁定自相矛盾。3. 原告不知龚某某何时向凌云公司提起诉讼，且法庭未通知其参加诉讼。直到2016年5月17日，接到澧县法院执行通知后，才知(2014)常民一初字第4号判决的存在。刘某在起诉时提交了以下证据材料：1. 一份商品房买卖合同；2. 一份(2014)常民一初字第4号民事判决书；3. 一份(2016)湘民终378号民事裁定书；4. 一份(2013)常民一撤字第14号裁定书；5. 一份房管局备案登记证明。

本院经审查认为，刘某提交的证据材料既不能证明(2014)常民一初字第4号民事判决的全部或者部分错误，也不能证明(2014)常民一初字第4号民事判决内容损害其民事权益，其所提起的诉讼不符合第三人撤销之诉起诉条件，依法应不予受理。

依照《中华人民共和国民事诉讼法》第五十六条、第一百一十九条、第一百五十四条第一款第一项、《最高人民法院关于适用〈中华人民共和国民事诉讼法〉的解释》第二百九十三条规定，裁定如下：

对刘某提起的第三人撤销之诉，本院不予受理。

如不服本裁定，可在裁定书送达之日起十日内，向本院递交上诉状，上诉于湖南省高级人民法院。

（本页无正文）

审　判　长　　詹险峰
审　判　员　　郭　洪
代理审判员　　周新建

二〇一六年八月十二日
书　记　员　　黄　政

〔评注〕

本实例与实例 1 不同之处在于说理部分不予受理的理由不同，实例 1 认定起诉人与被撤销裁判文书没有法律上的利害关系，实际是基于被起诉人不是直接与起诉人发生债权债务关系的第三人，同时是对被起诉人的身份予以了认定。本实例则是因为起诉人未提供充分证据证实(2014)常民一初字第 4 号民事判决的全部或者部分错误，也不能证明(2014)常民一初字第 4 号民事判决内容损害其民事权益，在立案时需提交证据证实关键事实是第三人撤销之诉的一大特点，但在实际操作中也存在疑点。

第三人撤销之诉的起诉条件，分为程序性条件和实体性条件，主体资格、起诉期限等是程序性条件，而撤销对象是已生效的裁判，有证据证明该裁判部分或者全部内容错误，且影响起诉人民事权益则是实体性条件。起诉条件一般被视为程序性事项，但程序事项之中往往可能会出现实体问题的判断。"程序法内部的实体与程序规范的二元分化堪称现代程序法发展的里程碑。"①但是如果在立案时对这些关键的核心证据予以审查后，案件还有继续审理的必要吗？因而此时对这些证据的审查标准势必会低于判决时的标准，有的观点认为起诉时提交的相应材料不需要进行质证，也不需要达到审查属实的程度②，也就是立案时无须审查证据裁量本身的真实性，但证据表明信息还是依然要反映原审案件确有问题，因此该立案审查标准的要求还是相当高的。

3. 民事裁定书（第三人撤销之诉并入再审程序用）

××××人民法院
民事裁定书

（××××）……民撤……号

原告：×××，……。
……
被告：×××，……。
……
被告：×××，……。
……

---

① 陈瑞华：《法律人的思维方法》，法律出版社 2011 年版，第 83 页。
② 参见沈德咏主编：《最高人民法院民事诉讼法司法解释理解与适用》（下册），人民法院出版社 2015 年版，第 557 页。

第三人：×××，……。
……
（以上写明当事人和其他诉讼参加人的姓名或者名称等基本信息）

原告×××与被告×××、被告×××、第三人×××第三人撤销之诉一案，本院于××××年××月××日立案，尚未审结。

××××人民法院（××××）……民……号……（写明当事人及案由）一案，于××××年××月××日，由本院/××××人民法院（××××）……民监/申/抗……号裁定再审，再审案号为（××××）……民再……号。

本院经审查认为，×××与×××、……（写明当事人）第三人撤销之诉审理期间，对原告起诉撤销的生效判决/裁定/调解书人民法院已经裁定再审，第三人撤销之诉案件依法应当并入再审程序审理。

依照《中华人民共和国民事诉讼法》第五十六条第三款、第一百五十四条第一款第十一项、《最高人民法院关于适用〈中华人民共和国民事诉讼法〉的解释》第三百零一条规定，裁定如下：

本案×××的诉讼请求并入××××人民法院（××××）……民再……号……（写明当事人及案由）一案审理。

审　判　长　×××
审　判　员　×××
审　判　员　×××

××××年××月××日
（院印）
书　记　员　×××

【说明】

1. 本样式根据《中华人民共和国民事诉讼法》第五十六条第三款以及《最高人民法院关于适用〈中华人民共和国民事诉讼法〉的解释》第三百零一条制定，供受理第三人撤销之诉的人民法院在被提起第三人撤销之诉的原生效判决、裁定、调解书裁定再审后，裁定将第三人即本案原告的诉讼请求并入再审程序用。

2. 案号类型代字为"民撤"。

3. 有证据证明原审当事人之间恶意串通损害第三人合法权益的，人民法院应当先行审理第三人撤销之诉案件，裁定中止再审诉讼。

【实例评注】

中华人民共和国
广东省广州市中级人民法院
民事裁定书①

(2015)穗中法民五撤初字第2号

原告：贝某某，住广东省广州市越秀区。
委托代理人：陈某某，广东博浩律师事务所律师。
委托代理人：徐某某，广东博浩律师事务所实习律师。
被告：黎某某，住广东省江门市蓬江区，经常居住地广东省广州市。
被告：马某某，住广东省广州市越秀区。
被告：马某，住广东省广州市越秀区，系马某某之子，兼马某某委托代理人。
第三人：兴业银行股份有限公司广州东山支行，住所地广东省广州市越秀区。
负责人：朱某，职务：行长。
委托代理人：李某某，广东东方昆仑律师事务所律师。
委托代理人：李某甲，广东东方昆仑(杭州)律师事务所律师。
第三人：王某某(英文名：P)，美国国籍。
委托代理人：张某某，广东正大方略律师事务所律师。
委托代理人：黎某某，广东正大方略律师事务所实习律师。

原告贝某某与被告黎某某、马某、马某某、第三人兴业银行股份有限公司广州东山支行、王某某第三人撤销之诉纠纷一案，原告贝某某起诉请求：1. 撤销本院(2014)穗中法民五终字第1498号民事判决；2. 确认广州市番禺区市桥街银平路2巷28号E栋三至七层的房屋归原告贝某某所有。本院受理后，依法进行了审理。

本案审理过程中，因马某、王某某与黎某某、马某某、第三人兴业银行股份有限公司广州东山支行房屋买卖合同纠纷一案，不服本院(2014)穗中法民五终字第1498号民事判决，向广东省高级人民法院申请再审。广东省高级人民法院于2016年5月20日作出(2015)粤高法民一申字第196号民事裁定，指令本院再审该案。本院于2016年8月23日再审立案，案号为(2016)粤01民再133号。

本院认为，鉴于本案无证据证明原审当事人之间存在恶意串通损害贝某某合法权益的情形，故依照最高人民法院《关于适用〈中华人民共和国民事诉讼法〉的解释》

---

① 来源：中国裁判文书网。

第三百零一条之规定，裁定如下：

本案并入本院(2016)粤01民再133号案合并审理。

审　判　长　　蔡培娟
审　判　员　　黄　嵩
人民陪审员　　姚冬湖
二〇一六年八月二十五日
书　记　员　　杨银桃

〔评注〕

根据《民事诉讼法》第五十六条第三款以及《民诉法解释》第三百零一条的规定，第三人撤销之诉案件审理期间，人民法院对生效判决、裁定、调解书裁定再审的，受理第三人撤销之诉的人民法院应当裁定将第三人的诉讼请求并入再审程序。但有证据证明原审当事人之间恶意串通损害第三人合法权益的，应当先行审理第三人撤销之诉案件，裁定中止再审诉讼。再审与第三人撤销之诉并行时，一般采取再审吸收第三人撤销之诉的原则。因为无论采取哪种程序，最终的目的都是纠正错误裁判，第三人撤销之诉的诉讼目的并入再审之中可以一并解决。再审案件按照一审程序审理的，对第三人的诉请一并审理后，判决可以上诉，不影响第三人上诉权。若再审案件本应按照第二审程序审理，人民法院可以先行调解，调解不成应裁定撤销原审裁判，发回一审法院重审，重审中应当列明第三人，这是为了保障在并案审理时也不剥夺第三人的上诉权。

下面结合实例分析：

1. 关于首部：并入再审的裁定书虽然与判决书一样须列明原告、被告及第三人，但与判决书不同的是无须载明被告在原审案件中的诉讼地位。本实例中对于两名被告在原审中分别为原告还是被告就没有载明。这是因为，在判决书中需要根据原审案情来予以认定双方的责任，但在并入再审裁定中不需要对原审案件的案情进行认定，只需要交代再审与第三人撤销之诉案件之间的程序关系即可。

2. 关于主文：首先交代了第三人撤销之诉请求撤销的对象，即(2014)穗中法民五终字第1498号民事判决，然后交代了广东省高级人民法院于2016年5月20日作出(2015)粤高法民一申字第196号民事裁定，指令对原(2014)穗中法民五终字第1498号案件进行再审，并且再审案件已经于2016年8月23日立案。故第三人撤销之诉案件与再审案件均已经立案受理符合并入再审的程序性条件。

另外，还交代了本案无证据证明原审当事人之间存在恶意串通损害贝某某合法权益的情形，符合并入再审审理的实质性条件。考察启动再审案件的原审当事人是否存在恶意串通损害第三人权益的原因是，第三人撤销之诉的制度目的之一就是为了防止双方当事人恶意串通，损害案外人合法权益。如果原审当事人再次恶意串通启动再审程序，将再次妨害第三人权益的实现。反之，假如此时有证据证明原审当事人存在恶意串通，则应当中止再审案件的审理，优先审理第三人撤销之诉案件。

最后，这类裁判没有交代上诉的权利义务，属于不可上诉的裁定。

4. 民事裁定书（中止再审程序用）

××××人民法院
民事裁定书

（××××）……民再……号

再审申请人（一、二审诉讼地位）：×××，……。
……

被申请人（一、二审诉讼地位）：×××，……。
……

原审其他当事人：×××，……。
……

（以上写明当事人和其他诉讼参加人的姓名或者名称等基本信息）

××××年××月××日，本院/××××人民法院受理（××××）……民×……号民事裁定，本案由本院再审。本院依法组成合议庭，正在审理本案。

××××年××月××日，××××人民法院受理（××××）……民撤……号……（写明当事人及案由）第三人撤销之诉一案。该案正在审理中。

本院认为，……（写明中止再审诉讼的理由）。

依照《中华人民共和国民事诉讼法》第一百五十四条第一款第六项、《最高人民法院关于适用〈中华人民共和国民事诉讼法〉的解释》第三百零一条规定，裁定如下：

一、本案中止诉讼。

二、本院××××人民法院先行审理（××××）……民撤……号……（写明当事人及案由）一案。

审　判　长　×××
审　判　员　×××
审　判　员　×××

××××年××月××日
（院印）
书　记　员　×××

【说明】

本样式根据《中华人民共和国民事诉讼法》第一百五十四条第一款第六项及《最高人民法院关于适用〈中华人民共和国民事诉讼法〉的解释》第三百零一条规定制定,供人民法院在审理再审案件期间,对原生效裁判人民法院受理了第三人撤销之诉,有证据证明原审当事人之间恶意串通损害第三人合法权益、裁定中止再审诉讼用。

【实例评注】

浙江省温州市瓯海区人民法院
民事裁定书[①]

(2015)温瓯民再字第1号

抗诉机关:浙江省温州市人民检察院。

原审原告:陈某某。

原审被告:潘某某。

原审原告陈某某与原审被告潘某某民间借贷纠纷一案,本院于2014年8月12日作出(2014)温瓯商初字第763号民事调解书,发生法律效力后,浙江省温州市人民检察院于2015年6月10日作出温检民(行)监[2015]33030000064号民事抗诉书,以该案涉嫌虚假诉讼,调解书损害国家利益、社会公共利益为由向浙江省温州市中级人民法院提出抗诉。浙江省温州市中级人民法院于2015年7月6日作出(2015)浙温民抗字第3号民事裁定,指令本院再审。

经查:案外人谢某某就本院(2014)温瓯商初字第763号民事调解书,于2015年5月29日对陈某某、潘某某向本院提起第三人撤销之诉。本院受理后,经审理于2015年7月8日作出(2015)温瓯民初字第774号民事判决,认定潘某某与陈某某恶意串通,虚构借款事实,进行虚假诉讼,损害其他债权人利益,依法撤销(2014)温瓯商初字第763号民事调解书。该判决现已发生法律效力。

本院认为:根据最高人民法院《关于适用〈中华人民共和国民事诉讼法〉的解释》第三百零一条的规定,再审程序和第三人撤销之诉程序并行时,有证据证明原审当事人之间恶意串通损害第三人合法权益的,人民法院应当先行审理第三人撤销之诉。现第三人撤销之诉已审理终结,据以再审的(2014)温瓯商初字第763号民事调解书已被撤

[①] 来源:中国裁判文书网。

销，故应终结本案再审程序。依照《中华人民共和国民事诉讼法》第一百五十四条第一款第(六)项的规定，裁定如下：

本案终结诉讼。

本裁定送达后立即生效。

审　判　长　陆　红
审　判　员　周回回
审　判　员　蔡新星
二〇一五年七月三十一日
书　记　员　王天跃

〔评注〕

1. 由于截止到目前，尚未发现因原审当事人恶意串通中止再审的裁定书实例，此处选取的是因同样事由，但由于第三人撤销之诉已经审理终结，没有中止再审的必要，故而再审作出裁定终结的裁定书，虽然主文表述与中止裁定有所不同，但说理部分与中止再审裁定一致。

2. 根据《民事诉讼法》第五十六条第三款以及《民诉法解释》第三百零一条的规定，第三人撤销之诉案件审理期间，法院对生效判决、裁定、调解书裁定再审的，受理第三人撤销之诉的人民法院应当裁定将第三人的诉讼请求并入再审程序。但有证据证明原审当事人之间恶意串通损害第三人合法权益的，应当先行审理第三人撤销之诉案件，裁定中止再审诉讼。再审与第三人撤销之诉并行时，一般采取再审吸收第三人撤销之诉的原则。因为无论采取哪种程序，最终的目的都是纠正错误裁判，第三人撤销之诉的诉讼目的并入再审之中可以一并解决。再审案件按照一审程序审理的，对第三人的诉请一并审理后，判决可以上诉，不影响第三人上诉权。若再审案件本应按照第二审程序审理，人民法院可以先行调解，调解不成应裁定撤销原审裁判，发回一审法院重审，重审中应当列明第三人，这是为了保障在并案审理时也不剥夺第三人的上诉权。

3. 就中止审理再审，先行审理第三人撤销之诉的裁定而言，文书样式说理应重点围绕原审案件原被告是否存在恶意串通损害第三人权益展开，认定了存在恶意串通进而裁定中止再审程序，并明确第三人撤销之诉案件先行审理，避免因两个程序的冲突导致进一步增加第三人的诉讼成本。

4. 该案件提起再审的检察机关，仅列明抗诉人，无须载明住所地和法定代表人。其他当事人分别列为原审原被告。

5. 案件由来与经过，表述了案外人谢某某就本院(2014)温瓯商初字第763号民事调解书，于2015年5月29日对陈某某、潘某某向本院提起第三人撤销之诉。本院受理后，经审理于2015年7月8日作出(2015)温瓯民初字第774号民事判决书。而抗诉人于

2015年6月10日向温州市中级人民法院提出的抗诉,温州市中级人民于2015年6月7日指令温州市瓯海区人民法院再审。但是由于启动再审程序之前,第三人撤销之诉案件已经审理终结,且判决撤销了原审调解书,故再审案件已无继续审理的对象,应终结诉讼。

6. 关于起诉证据审查在裁定书中予以评判的感想:第三人撤销之诉的特别起诉要件是,起诉时要有证据证明原审当事人双方存在恶意串通,影响原告合法权益的行为。这一点一般是起诉要件,其和判决要件之间的区别是,起诉时提交的证据不一定审查核实其真实性,也就是起诉要件和判决要件之间区别仅仅在于证据是否经质证认证为真实。那么,如果起诉时证据不足以证明,没有证据,或者证据显然有问题的,一般裁定不予受理,那么受理后不管证据是否充分还是证据为虚假,都应该一并裁定驳回起诉,但是对一般案件审理中经过庭审不采信证据的真实性的处理,应当是判决驳回原告的诉讼请求,而不是裁定。

由此,是不是说第三人撤销之诉赋予了证据审查制度特殊的制度地位和作用?在第三人撤销之诉中,如果证据表面不足以达到证明目的,则裁定不予受理或者驳回起诉,如果证据为虚假则作为实体审查要件判决驳回诉讼请求。这些划分在实践中亦是不可行的,实际操作中,立案审查环节即使赋予了被告答辩的机会,但是毕竟不经过开庭审理质证,不光是证据是否真实无法评判,证据是否足以证明相关事实,或者证据虽有不足但能否通过庭审质证和发问并结合相关查明的事实予以补强,这都不是程序审查能解决的问题,因此证据的真实性与其充分性本质上应是一样的,一般都应在实体审理时作出裁断,而不应在程序审查中以裁定的方式予以评判。

7. 实例的本院认为部分的"根据最高人民法院《关于适用〈中华人民共和国民事诉讼法〉的解释》第三百零一条的规定"根据《人民法院民事裁判文书制作规范》的规定,应该改为"《最高人民法院关于适用〈中华人民共和国民事诉讼法〉的解释》"。根据《人民法院民事裁判文书制作规范》的规定,引用法律条款中的项时,一律使用汉字不加括号,故实例应将引用法条的"第(六)项"改为"第六项"。

5. 通知书(通知对方当事人提出书面意见用)

```
            ××××人民法院
                 通知书

                        (××××)……民撤……号

×××:
    ××××年××月××日,×××不服本院(××××)……民×……号民事判决/民
```

事裁定/民事调解书,向本院提交起诉状,请求撤销该生效民事判决/民事裁定/民事调解书(依起诉状的诉讼请求写)。现将×××提交的起诉状副本和相关证据材料一并送交。对×××的起诉,请你/你单位自收到本通知之日起十日内提出书面意见。

特此通知。

附:起诉状副本和相关证据材料

××××年××月××日
（院印）

【说明】

1. 本样式根据《最高人民法院关于适用〈中华人民共和国民事诉讼法〉的解释》第二百九十三条制定,供通知提起第三人撤销之诉的对方当事人提出书面意见用。

2. 人民法院应当在收到起诉状和证据材料之日起五日内送交对方当事人。

【实例评注】

湖北省武汉市硚口区人民法院
通知书[①]

(2016)鄂 0104 民撤 1 号

武汉农村商业银行股份有限公司:

2016年1月25日,鲁某某、鲁某甲不服本院(2014)鄂硚口民二初字第00335号民事判决书,向本院提交起诉状,请求撤销该生效民事判决。现将鲁某某、鲁某甲提交的起诉状副本和相关证据材料一并送交。对鲁某某、鲁某甲的起诉,请你单位自收到本通知之日起十日内提出书面意见。

特此通知。

附:起诉状副本和相关证据材料

2016 年 1 月 26 日

---

① 来源:湖北省武汉市硚口区人民法院(2016)鄂 0104 民撤 1 号案卷。

〔评注〕

根据《民诉法解释》第二百九十三条第一款的规定，人民法院应当在收到起诉状和证据材料之日起五日内送交对方当事人，对方当事人可以自收到诉状之日起十日内提出书面意见。对于一般案件在审查起诉中是无须向对方送交起诉材料的，但是第三人撤销之诉要求人民法院审查起诉时先向被告送达起诉材料，并给予答辩期，听取双方意见后，再决定是否受理。

实例中发出通知的对象应当是本案的被告，主文部分要载明提起第三人撤销之诉所针对的文书对象，以及答辩的期限。之所以要在立案审查阶段让被告答辩，主要是基于第三人撤销之诉的立案审查并不仅仅是程序性审查，其立案标准采纳的是实质性标准。而实质性审查通常是在诉讼过程中通过双方举证质证和辩论过程来实现的。此处将送达被告起诉材料以及提出答辩意见前置到了立案审查环节。

十五、执行异议之诉

1. 民事判决书（案外人执行异议之诉用）

××××人民法院
民事判决书

（××××）……民初……号

原告（执行案外人）：×××，……。
法定代理人/指定代理人/法定代表人/主要负责人：×××，……。
委托诉讼代理人：×××，……。
被告（申请执行人）：×××，……。
法定代理人/指定代理人/法定代表人/主要负责人：×××，……。
委托诉讼代理人：×××，……。
被告/第三人（被执行人）：×××，……。
法定代理人/指定代理人/法定代表人/主要负责人：×××，……。
委托诉讼代理人：×××，……。
（以上写明当事人和其他诉讼参加人的姓名或者名称等基本信息）

原告×××与被告×××、被告/第三人×××案外人执行异议之诉一案，本院于××××年××月××日立案后，依法适用普通程序，公开/因涉及……（写明不公开开庭的理由）不公开开庭进行了审理。原告×××、被告×××、被告/第三人×××（写明当事人和其他诉讼参加人的诉讼地位和姓名或者名称）到庭参加诉讼。本案现已审理终结。

×××向本院提出诉讼请求：1. ……；2. ……（明确原告的诉讼请求）。事实和理由：……（概述原告主张的事实和理由）。

×××辩称，……（概述被告答辩意见）。

×××诉/述称，……（概述第三人陈述意见）。

当事人围绕诉讼请求依法提交了证据，本院组织当事人进行了证据交换和质证。对当事人无异议的证据，本院予以确认并在卷佐证。对有争议的证据和事实，本院认定如下：1. ……；2. ……（写明法院是否采信证据，事实认定的意见和理由）。

本院认为，……（围绕争议焦点，根据本院认定的事实和相关法律，对当事人的排除对执行标的执行的请求或确权请求进行分析评判，说明理由）。

综上所述，……（对当事人的诉讼请求是否支持进行总结评述）。依照《中华人民共和国……法》第×条、……（写明法律文件名称及其条款项序号）、《中华人民共和国民事诉讼法》第二百二十七条、《最高人民法院关于适用〈中华人民共和国民事诉讼法〉的解释》第三百一十二条规定，判决如下：

一、……。

二、……。

（以上分项写明判决结果）

案件受理费……元，由……负担（写明当事人姓名或者名称、负担金额）。

如不服本判决，可以在本判决书送达之日起十五日内，向本院递交上诉状，并按对方当事人或者代表人的人数提出副本，上诉于××××人民法院。

（判决不得对执行标的执行的，写明：）本院（××××）……执异……号执行异议裁定于本判决生效时自动失效。

审　判　长　×××
审　判　员　×××
审　判　员　×××

××××年××月××日
（院印）
书　记　员　×××

【说明】

1. 本样式根据《中华人民共和国民事诉讼法》第二百二十七条以及《最高人民法院关于适用〈中华人民共和国民事诉讼法〉的解释》第三百零四条、第三百零五条、第三百零七条、第三百一十条、第三百一十一条、第三百一十二条、第三百一十四条第一款制定，供执行法院适用第一审普通程序审理案外人执行异议之诉作出判决用。

2. 案号类型代字为"民初"。

3. 案外人提起执行异议之诉，除符合《中华人民共和国民事诉讼法》第一百一十九条规定外，还应当具备下列条件：(1)案外人的执行异议申请已经被人民法院裁定驳回；(2)有明确的排除对执行标的执行的诉讼请求，且诉讼请求与原判决、裁定无关；(3)自执行异议裁定送达之日起十五日内提起。

4. 案外人执行异议之诉，案外人列为原告，申请执行人列为被告。被执行人反对案外人异议的，被执行人列为共同被告；被执行人不反对案外人异议的，可以列被执行人为第三人。在当事人诉讼地位后括注执行异议程序中的诉讼地位。

5. 人民法院审理执行异议之诉案件，适用普通程序，组成合议庭开庭审理。

6. 案外人执行异议之诉的判决范围，根据案外人的诉讼请求，除对执行标的的执行是否排除外，还可以包括确认案外人对执行标的权利内容。判决主文具体分为三种：案外人就执行标的享有足以排除强制执行的民事权益的，写明："不得执行……（写明执行标的）。"案外人提出的确认其权利的诉讼请求一并得到法院支持的，写明："确认×××……。"案外人就执行标的不享有足以排除强制执行的民事权益的，写明："驳回×××……的诉讼请求。"

7. 对案外人执行异议之诉，人民法院判决不得对执行标的执行的，执行异议裁定自动失效。

【实例评注】

河北省唐山市古冶区人民法院
民事判决书①

（2016）冀 0204 民初第 1044 号

原告（执行案外人）：唐山市筑石混凝土有限公司，统一社会信用代码911××××××××××××××。住所地唐山市曹妃甸五农场。

法定代表人：邓某某，该公司董事长。

委托诉讼代理人：刘某某，该公司办公室主任。

委托诉讼代理人：许某某，河北实同律师事务所律师。

被告（申请执行人）：薄某某。

委托诉讼代理人：付某某，古冶区国税局干部。

第三人（被执行人）：贾某某，无职业。

原告唐山市筑石混凝土有限公司与被告薄某某、第三人贾某某案外人执行异议之诉一案，本院于 2016 年 5 月 25 日立案后，依法适用普通程序，公开开庭进行了审理。原告唐山市筑石混凝土有限公司委托诉讼代理人刘某某、许某某、被告薄某某及委托诉讼代理人付某某、第三人贾某某到庭参加诉讼。本案现已审理终结。

原告筑石混凝土有限公司向本院提出诉讼请求：1. 判决立即停止执行河北省唐山市古冶区人民法院 2015 古执字第 211-2、3、4 号裁定书；2. 确认第三人贾某某对原告享有的到期债权为 14 万元；3. 要求被告承担本案全部诉讼费用。事实与理由：2016 年 4 月 6 日，河北省唐山市古冶区人民法院向原告送达了（2016）冀 0204 执异 1 号《执行

---

① 来源：中国裁判文书网。

裁定书》，裁定驳回案外人（本案原告）的异议。原告认为贵院驳回原告提出的执行异议的裁定事项，缺乏事实与法律依据。一、原告与第三人贾某某之间存在债权债务，第三人贾某某对原告享有到期债权为14万元。2015年9月18日，第三人在执行局的《谈话笔录》中陈述"我在唐山市筑石混凝土有限公司有债权，数额多于我对本案申请执行人所欠债务，我同意用这债权偿还给申请执行人，具体数额以对账为准"。原告收到唐山市古冶区人民法院(2015)古执字第211-1号《履行到期债务通知书》和《谈话笔录》后，立即与第三人贾某某进行了对账。经原告与第三人确认，原告尚欠第三人砂石料款140 000元。原告为第三人贾某某出具了《对账单》，第三人贾某某已经将《对账单》交付执行人员。第三人贾某某在执行异议开庭时当庭陈述，原告尚欠第三人砂石料款140 000元。综上所述，原告与第三人贾某某之间债权债务已经明确，原告尚欠第三人砂石料款140 000元。被告在没有任何证据的情况下，申请执行第三人贾某某在原告的到期债权603 140元，明显错误。二、执行裁定书在事实认定及适用法律上均有错误。1. 在执行异议的听证会中，当场出示了原告为第三人贾某某出具的《对账单》，原告及第三人贾某某均没有异议。被告提出异议，但未提交异议的证据。在执行异议裁定书中，本院查明的事实，对原告与第三人贾某某之间的到期债权数额只字不提。执行裁定书在事实认定上明显错误。2. 本案争议的焦点，是第三人贾某某在原告的到期债权数额是多少。第三人贾某某在执行局的《谈话笔录》中明确，具体数额以对账为准。经原告与第三人贾某某对账确认，原告尚欠第三人贾某某砂石料款140 000元。在原告与第三人贾某某之间到期债权已经明确为140 000元后，法院继续执行原告603 140元，明显错误。综上所述，执行裁定书在事实认定及适用法律上均有错误。第三人贾某某对原告享有的到期债权为14万元，原告也愿意向被告履行该14万元。被告申请执行第三人贾某某在原告的到期债权603 140元明显错误，严重侵害了原告的合法权益。

被告薄某某辩称：一、被答辩人唐山市筑石混凝土有限公司与第三人贾某某的债务数额在古冶区人民法院(2015)古执字第211-1号《履行到期债务通知书》送达给被答辩人前远远超过答辩人申请执行贾某某的债务数额。经贾某某向答辩人提供2012年1月20日被答辩人唐山市筑石混凝土有限公司与贾某某抵账协议证实截止到2012年1月20日被答辩人唐山市筑石混凝土有限公司同意以位于唐山市路北区"唐宁城联合楼"500平方米商铺抵顶被答辩人欠贾某某水泥款，到目前抵账商铺未建成，该抵账协议双方并未履行，仍属于贾某某债权范围。由此可以证实被答辩人唐山市筑石混凝土有限公司欠贾某某水泥款不少于3~4百万元。到2014年7月4日被答辩人唐山市筑石混凝土有限公司又与贾某某订立2 500吨水泥买卖合同价款812 500元。此外，贾某某给答辩人提供的水泥《对账单》进一步证实被答辩人唐山市筑石混凝土有限公司现还欠贾某某水泥款。现被答辩人唐山市筑石混凝土有限公司以欠贾某某140 000元水泥款掩盖其他欠款事实不能成立。如果被答辩人唐山市筑石混凝土有限公司在古冶区人民法院

(2015)古执字第211-1号《履行到期债务通知书》送达前其与贾某某的欠款数额达不到603 140元时应依法在收到上述通知书之日起15日内向古冶区人民法院提出异议,到期未提出异议依法应视为同意通知书确定的义务,被答辩人唐山市筑石混凝土有限公司与贾某某仅就水泥对账是二者故意串通故意帮助贾某某逃避责任,是不受法律保护的行为。二、对于被答辩方唐山市筑石混凝土有限公司及第三人贾某某对账后欠贾某某货款140 000元的一事,答辩方坚决不接受、不认可。答辩方要求被答辩方唐山市筑石混凝土有限公司和第三人贾某某提供真实的和令人信服的依据说服答辩方,提供到底如何对的账,被答辩方唐山市筑石混凝土有限公司共计欠贾某某货款多少? 给贾某某付款的明细? 有无银行付款、收款的明细? 仅凭被答辩方唐山市筑石混凝土有限公司提供的140 000元的一个证明,明显侵犯了答辩方的合法权益。既然是异议之诉,那么被答辩方唐山市筑石混凝土有限公司就要出示详细的双方往来账目,来证实仅欠140 000元这个凭证,如果被答辩方唐山市筑石混凝土有限公司拒绝提供与第三人贾某某详细的往来账目,答辩方请求法院依法驳回被答辩方唐山市筑石混凝土有限公司的诉讼请求。

第三人贾某某陈述称:原告就是欠我14万元,至于被告说的沙石料之类的,我根本没给原告送过沙石料,筑石欠我的就是水泥款,对完账后就是欠的14万元。

本案在审理过程中,围绕着唐山市筑石混凝土有限公司对执行标的是否享有足以排除强制执行的民事权益的焦点问题,进行了举证质证。

原告唐山市筑石混凝土有限公司为证明自己的主张,提交如下证据:

1. 提交证据一、2015年9月18日在古冶法院执行局所作的谈话笔录一份。

被告薄某某:对原告提交的证据一无异议。

第三人贾某某:对原告提交的证据一无异议。

2. 提交证据二,我公司给第三人出具的对账单,证明截止到2016年1月26日,我公司共欠第三人水泥款14万元整,有贾某某的签字。

被告薄某某:对原告提交的证据二有异议。

第三人贾某某:对原告提交的证据二无异议。

3. 提交证据三,冀B×××××轿车、冀B×××××轿车、冀B×××××货车、冀B×××××轿车、冀B×××××轿车、冀B×××××轿车、冀B×××××轿车的行驶证复印件,证明上述七辆车被查封。

被告薄某某:对原告提交的证据三无异议。

第三人贾某某:对原告提交的证据三无异议。

本院对原告提交的上述证据的认证意见:

被告、第三人对证据一、三无异议,本院予以确认。

第三人对证据二无异议、被告对证据二有异议,但未提出反驳理由和依据且此证据是原告与第三人之间的债权、债务，双方认可，本院予以认定。

被告薄某某为反驳原告的主张，提交如下证据：

提交证据一、提交 2014 年 7 月 4 日工矿产品购销合同一份，抵账协议一份。

原告唐山市筑石混凝土有限公司：对被告提交的证据一中的工矿产品购物合同真实性无异议，证明目的有异议；合同虽签订的是供水泥 2 500 吨，但是只供水泥 1 000 吨，合同只履行了一部分，但是在对账时合同的价款已经进行了结算。抵账协议真实性无异议，但是是 2012 年 1 月 20 日以前双方有账，双方的账已经处理完了。抵账协议上所述的楼根本就没盖。

第三人贾某某：被告提交的证据一中的工矿产品购销合同真实性无异议，但只供了一半的货，账也已经算清了。抵账协议已经作废了，没有履行。

本院对被告薄某某提交的证据一的认证意见：

原告、第三人对此证据的真实性均无异议，本院予以确认。

第三人贾某某未向法庭提交证据。

第三人贾某某、被告薄某某对本院调取的关于薄某某在本院执行局提交的 2014 年 9 月 8 日唐山市筑石混凝土有限公司唐港分公司原材料对账单复印件、2016 年 6 月 27 日在审监庭对贾某某的谈话笔录的质证意见：

第三人贾某某：认可谈话笔录。笔录中所说的票据原件我没有。

被告薄某某：我也没有原件。

本院对 2016 年 6 月 27 日在审监庭对贾某某的谈话笔录予以确认，对上述对账单复印件的真实性不予确认。

经审理查明：原告薄某某与被告贾某某民间借贷纠纷一案，本院于 2015 年 3 月 20 日作出了(2015)古民初字第 6 号民事调解书：一、被告贾某某于 2015 年 2 月 26 日前一次性偿还原告薄某某借款本金及利息共计人民币 577 000 元；二、其他无纠纷。案件受理费减半收取 4 794.5 元由被告贾某某负担。调解书签收后，被告未履行法律文书确定的义务。原告薄某某 2015 年 4 月 24 日向本院申请执行。本院于 2015 年 7 月 30 日作出 (2015)古执字第 211－1 号履行到期债务通知书，通知如下：一、收到本通知十五日内直接向申请执行人薄某某履行你单位对被执行人贾某某所负的到期债务 603 140 元，并不得向被执行人清偿。二、如有异议，应当自收到本通知之日起十五日内向本院提出；若擅自向被执行人贾某某履行造成财产不能追回的，除在已履行的财产范围内与被执行人承担连带清偿责任外，本院将依法追究你单位妨碍依法执行的法律责任。逾期不履行又不提出异议的，本院将依法强制执行。本院于 2015 年 9 月 30 日将履行债务通知书送达给唐山市筑石混凝土有限公司。唐山市筑石混凝土有限公司自接到(2015)古执字第 211－1 号履行到期债务通知书 15 日内既没有向本院提出异议，也没有向薄某某履行到期债务。本院于 2015 年 10 月 26 日作出(2015)古执字第 211－2 号执行裁定书，裁定对被执行人贾某某在第三人唐山市筑石混凝土有限公司到期债权中的603 140元予以强制执行，并于2015年11月4日将(2015)古执字第211-2号执行裁定书送达给第三人唐山市筑石混凝土有限公司。其后，本院又作出了(2015)古执字第211-3号、(2015)古执字第211-4号两份裁定书，分别查封冻结了第三人唐山市筑石混凝土有限公司的银行账户、车辆。2016年3月21日，异议人(案外人)唐山市筑石混凝土有限公司向本院提出执行异议，请求本院重新作出裁定。2016年4月1日，本院作出(2016)冀0204执异1号执行裁定书，裁定：驳回案外人唐山市筑石混凝土有限公司的异议。该公司在收到裁定书十五日内诉至本院。第三人贾某某与唐山市筑石混凝土有限公司均认可存在债权140 000元。被查封的车辆冀B×××××、冀B×××××、冀B×××××、冀B×××××、冀B×××××、冀B×××××、冀B×××××系唐山市筑石混凝土有限公司所有。

本院认为，原告唐山市筑石混凝土有限公司对被查封的车辆享有足以排除强制执行的民事权益，原告与第三人双方虽认可存在到期债权14万元，但被告没有证据证明，原告与第三人存在到期债权603 140元，本次执行冻结银行存款，扣押车辆属超标的执行、冻结、查封、扣押，应予纠正。原告合理合法诉求应予支持。本院依照《中华人民共和国物权法》第二十三条、《中华人民共和国民事诉讼法》第二百二十七条、《最高人民法院关于适用〈中华人民共和国民事诉讼法〉的解释》第三百一十二条、《最高人民法院关于人民法院民事执行中查封、扣押、冻结财产的规定》第二十一条之规定，判决如下：

撤销(2015)古执字第211-2号、(2015)古执字第211-3号、(2015)古执字第211-4号、(2015)古执字第211-5号执行裁定书，解除对唐山市筑石混凝土有限公司银行存款603 140元冻结，解除对唐山市筑石混凝土有限公司所有的冀B×××××、冀B×××××、冀B×××××、冀B×××××、冀B×××××、冀B×××××、冀B×××××车辆的查封、扣押，不得执行上述该执行标的。

案件受理费80元，由被告薄某某负担。

如不服本判决，可以在本判决书送达之日起十五日内，向本院递交上诉状，并按对方当事人的人数提出副本，上诉于河北省唐山市中级人民法院。

本院(2016)冀0204执异1号执行异议裁定于本判决生效时自动失效。

审　判　长　　王　勇
审　判　员　　王胡一
人民陪审员　　李静华

二〇一六年九月十九日
书　记　员　　王　杨

〔评注〕

执行异议之诉包括案外人执行异议之诉和当事人执行异议之诉。案外人执行异议之诉，是指案外人就执行标的享有足以排除强制执行之权利，请求法院不许对该标的实施执行之诉讼。

1. 案外人执行异议之诉的制度特征

(1)管辖方面：执行异议之诉由执行法院管辖。

(2)起诉条件：①案外人的执行异议申请已经被人民法院裁定驳回(如果异议获得支持可以单独提起新诉)；②有明确的排除对执行标的执行的诉讼请求，且诉讼请求与原判决、裁定无关；③自执行异议裁定送达之日起十五日内提起。

(3)诉讼主体：原告为执行依据产生执行力所及的主体之外的人，执行力所及主体即包括原审当事人，也包括对原审当事人权利义务继续承受的人(例如：继承人等)。

被告：申请执行人应为被告，而被执行人则具体根据其立场确定。如果被执行人对案外人针对执行标的的权属主张无异议，则不一定为被告，可以列为第三人。如果被执行人对案外人的权属主张有异议，则为被告。

(4)适用程序：适用普通程序，并且无论标的额是否符合小额诉讼要求都不得一审终审。

(5)证明责任：案外人必须证明其对执行标的享有足以排除强制执行的民事权益才能排除强制执行。

(6)判决对象：①应对是否执行特定执行标的作出判决。案外人执行异议之诉的目的是为了排除对特定执行标的的执行，这一项诉讼请求是原告必须提出的，而不是可选择的。故首先法院也应对该项作出判断。②案外人同时提出确认其权利的诉讼请求的，可一并作出裁判。

2. 实例对样式及制度特征关联性的展现

(1)实例为(2016)冀0204民初第1044号，从案号就可以看出执行异议之诉与第三人撤销之诉的区别，第三人撤销之诉的案号是(××××)……民撤……号，第三人撤销之诉是针对生效裁判的撤销。执行异议之诉不影响生效判决的既判力，其针对的对象是执行程序中对执行标的物的处置和判断，该项争议产生与执行中，与原诉讼无关，是一个全新的诉。

(2)原、被告同时要注明其与执行案件的关系。原告(执行案外人)，是唐山市筑石混凝土有限公司，其非原执行案件当事人，且提出了确认贾某某享有对140 000元到期债权的独立主张。被告薄某某在原执行案中为申请执行人，故其表述为被告(申请执行人)，贾某某为被执行人，由于贾某某对案外人主张的双方债务金额140 000元予以认可，故其不列为被告而是第三人。

另外，实例中原告的身份信息中载明了社会信用代码号，但是《人民法院民事裁判文书制作规范》并未要求当事人为法人时必须载明社会信用代码。

(3) 审理经过要反映程序要求。实例中的审理经过交代了本案按照普通程序组成合议庭审理。

(4) 辩诉主张要反映争议焦点。通过双方的诉辩主张，可以看出原告主张的权利与一般案外人执行异议之诉中的直接针对执行标的物本身的权利确认不同，本案原告主张的权利是确认其与被执行人债务仅仅只有 140 000 元。被告申请执行后对原告的财产查封 603 140 元，并据此执行了被执行人的债务人的财产，现在作为被执行人的债务人实际上是希望确认其债务不超过 140 000 元。分析原告的诉讼请求的法律性质，首先这是一种债权关系的主张，并非物权主张，并且是一种"消极确认之诉"，其目的在于主张其债务不超过 140 000 元，或者超过 140 000 元部分的债务是不存在的。消极确认之诉作为确认之诉的一个组成部分，是诉的一种存在形态，是指义务人作为原告提起的请求法院确认与被告民事法律关系不存在或者否定某种存在状态的诉讼。如：确认债权债务不存在、确认不侵权等。消极确认之诉与积极确认之诉都是原告在其权利陷入某种不安定状态提起的诉，它需要法院的确认来救济原告的某种利益。而执行异议之诉案外人必须就其对执行标的享有足以排除强制执行的民事权益才能排除强制执行。所以在许多这类案件中，案外人针对诉讼标的物主张的是一种物权性质的权利。

但是此处笔者选择的实例，特殊性在于从原告的请求出发，本案审理的是诉讼标的债务关系，而最后其享有排他性权利的理由又是其对执行标的享有物权。这里容易在理解上产生错位的感觉，主要是在我国的法律规范中，长期以来没有将"诉讼标的"与"诉讼标的物"明确区分，常常混用。本案的争议焦点是，原告是否不应承担超出 140 000 元债务部分的偿还责任，进而被告超过原告应承担债务的金额申请查封、冻结原告财产侵害了原告针对执行标的物的财产权利。因此，案外人执行异议之诉特殊之处在于：诉请执行的法律关系和其最终的诉讼目的在形式上不完全一致。

撰写这类裁判文书的描述方式不能遵循传统的思维路径：即从请求权基础关系的性质出发，主张债权性权利—证明债权是否受损—作出判断为债权受损；主张物权性权利—证明物权受损—作出判断为物权受损，这样一条直线型道路。

通过此案，可以发现本案的路线是：主张债权性权利—证明债务受侵害，且因错误债的履行同时导致物权受损—作出判断结果是物权受损。因此，原告的请求权基础关系是从债权关系还是物权关系出发并不是问题的关键，最终能否判断原告对执行标的物的物权受损才是关键。

(5) 证据认定、事实认定、裁判理由均围绕争议焦点展开。实例在举证部分的开头开宗明义地阐明了双方围绕原告是否享有足以排除强制执行的民事权益的主张进行了举证、质证。在事实认定和本院认为部分，也围绕着原告的债务是否超过 140 000 元，其对执行标的是否享有排他性权利展开论述。最后由于没有证据证明原告的债务应当超过140 000元，且其享有被查封车辆的物权，故对于原告的请求予以支持。

（6）判决主文既要裁断争议又要防止新的争议产生。实例主文的判决项目，虽然写成了一项，但实际上包括了两项内容：一是撤销原执行裁定书，二是对原告享有的存款及车辆解除查封、冻结措施。这是防止仅仅撤销裁定，不处理后续事项会造成新的诉讼的提起，因此这类案件的裁判内容不光包括撤销执行裁定，还包括确认新的法律关系和恢复享有的财产权利状态。与之相比，再审案件的裁判只能针对原审判决范围作出判断，对于超出部分只能另行起诉，这也是执行异议之诉及第三人撤销之诉这两个新制度与再审制度相比较的优越之处。

（7）尾部需要注意的特殊事项，即在交代上诉权利义务之后，要同时宣告原执行异议裁判于本判决生效时自动失效，这一项也是本次新文书样式增加的内容之一。

另外，就该实例而言，在统一性、规范性方面，首部自行增加了原告社会信用代码号，规范性稍有欠缺。但是，本书此节选取该实例的考虑在于其文书正文从证据认定、事实认定、裁判理由都贯彻了详略得当、突出争议焦点并围绕焦点展开说理的特征，并最终从案外人执行异议之诉的最关键要件破题作出判断，因此说理充分且详略得当是该份文书的闪光点。同时，该判决书从举证环节开始就已经阐明了本案的争议焦点，这也是透过裁判文书展现了承办法官对案件的庭前准备工作、庭审驾驭能力和庭审节奏把握的功底。

2. 民事判决书（申请执行人执行异议之诉用）

××××人民法院

民事判决书

（××××）……民初……号

原告(申请执行人)：×××，……。
……

被告(案外人)：×××，……。
……

被告/第三人(被执行人)：×××，……。
……

（以上写明当事人和其他诉讼参加人的姓名或者名称等基本信息）

原告×××与被告×××、被告/第三人×××申请执行人执行异议之诉一案，本院于××××年××月××日立案后，依法适用普通程序，公开/因涉及……（写明不公开开庭的理由）不公开开庭进行了审理。原告×××、被告×××、被告/第三人×××（写明当事人和其他诉讼参加人的诉讼地位和姓名或者名称）到庭参加诉讼。本案现已审理终结。

×××向本院提出诉讼请求：准许执行……（××××）……号……（写明制作单位、案号、文书名称和具体执行标的）。事实和理由：……（概述原告主张的事实和理由）。

×××辩称，……（概述被告答辩意见）。

×××诉/述称，……（概述第三人陈述意见）。

当事人围绕诉讼请求依法提交了证据，本院组织当事人进行了证据交换和质证。对当事人无异议的证据，本院予以确认并在卷佐证。对有争议的……证据和事实，本院认定如下：……（写明法院是否采信证据，事实认定的意见和理由）。

本院认为，……（围绕争议焦点，根据认定的事实和相关法律，对是否准许对执行标的执行进行分析评判，说明理由）。

综上所述，……（对申请执行人执行异议之诉是否应予支持总结评述）。依照……（写明法律文件名称及其条款项序号）、《中华人民共和国民事诉讼法》第二百二十七条、《最高人民法院关于适用〈中华人民共和国民事诉讼法〉的解释》第三百一十三条规定，判决如下：

（案外人就执行标的不享有足以排除强制执行的民事权益的，写明：）准许执行……（××××）……号……（写明制作单位、案号、文书名称和执行标的）。

（案外人就执行标的享有足以排除强制执行的民事权益的，写明：）驳回×××的诉讼请求。

案件受理费……元，由……负担（写明当事人姓名或者名称、负担金额）。

如不服本判决，可以在判决书送达之日起十五日内，向本院递交上诉状，并按对方当事人或者代表人的人数提出副本，上诉于××××人民法院。

（准许执行的，写明：）本院（××××）……执异……号执行异议裁定于本判决生效时自动失效。

审　判　长　×××
审　判　员　×××
审　判　员　×××

××××年××月××日
（院印）
书　记　员　×××

【说明】

1. 本样式根据《中华人民共和国民事诉讼法》第二百二十七条以及《最高人民法院关于适用〈中华人民共和国民事诉讼法〉的解释》第三百零四条、第三百零六条、第三百零八条、第三百一十条、第三百一十一条、第三百一十三条、第三百一十四条第二款制定,供执行法院适用第一审普通程序审理申请执行人执行异议之诉案件作出判决用。

2. 案号类型代字为"民初"。

3. 申请执行人提起执行异议之诉,除符合《中华人民共和国民事诉讼法》第一百一十九条规定外,还应当具备下列条件:(1)依案外人执行异议申请,人民法院裁定中止执行;(2)有明确的对执行标的继续执行的诉讼请求,且诉讼请求与原判决、裁定无关;(3)自执行异议裁定送达之日起十五日内提起。

4. 申请执行人执行异议之诉,申请执行人列为原告,案外人列为被告。被执行人反对申请执行人主张的,以案外人和被执行人列为共同被告;被执行人不反对申请执行人主张的,可以列被执行人为第三人。在当事人诉讼地位后括注执行异议程序中的诉讼地位。

5. 人民法院审理执行异议之诉案件,适用普通程序,组成合议庭开庭审理。

6. 申请执行人执行异议之诉的判决主文分为两种:案外人就执行标的不享有足以排除强制执行的民事权益的,判决准许执行该执行标的;案外人就执行标的享有足以排除强制执行的民事权益的,判决驳回诉讼请求。

7. 对申请执行人执行异议之诉,人民法院判决准许对该执行标的执行的,执行异议裁定自动失效,执行法院可以根据申请执行人的申请或者依职权恢复执行。

【实例评注】

浙江省绍兴市中级人民法院
民事判决书[①]

(2016)浙 06 民初 1 号

原告(申请执行人):招商银行股份有限公司绍兴分行,住所地绍兴市胜利东路 357 号。

法定代表人:金某某,该行行长。

委托代理人:郭某,浙江中圣律师事务所律师。

[①] 来源:中国裁判文书网。

委托代理人：孙某，浙江中圣律师事务所律师。

被告(案外人)：绍兴鹰翔染整有限公司，住所地绍兴市柯桥区兰亭镇阮港村。

法定代表人：殷某某，该公司总经理。

委托代理人：汪某某，浙江纳森律师事务所律师。

第三人(被执行人)：绍兴市弥达纺织有限公司，住所地绍兴市绍兴袍江三江路北侧、规划支路东侧2幢。

法定代表人：殷某甲，该公司负责人。

第三人(被执行人)：绍兴山一机械制造有限公司。住所地绍兴市绍兴袍江工业区越王路。

法定代表人：邵某某，该公司负责人。

第三人(被执行人)：浙江巨星控股集团有限公司，住所地绍兴市解放大道669号巨星大厦15–21号。

法定代表人：张某某，该公司负责人。

委托代理人：陈某某，该公司员工。

第三人(被执行人)：殷某甲，男，1983年6月5日出生，汉族，绍兴市弥达纺织有限公司法定代表人，住绍兴市柯桥区。

第三人(被执行人)：沈某某。

原告招商银行股份有限公司绍兴分行(以下简称招商银行绍兴分行)与被告绍兴鹰翔染整有限公司(以下简称鹰翔公司)、第三人绍兴山一机械制造有限公司(以下简称山一公司)、第三人绍兴市弥达纺织有限公司(以下简称弥达公司)、第三人浙江巨星控股集团有限公司(以下简称巨星公司)、第三人殷某甲、第三人沈某某申请执行人执行异议之诉一案，本院于2016年1月4日立案受理后，依法适用普通程序，于同年5月30日公开开庭进行了审理。原告招商银行绍兴分行的委托代理人郭某、被告鹰翔公司的委托代理人汪某某及第三人巨星公司的委托代理人陈某某到庭参加诉讼，第三人山一公司、第三人弥达公司、第三人殷某甲、第三人沈某某经公告送达开庭传票，未到庭参加诉讼。本案现已审理终结。

原告招商银行绍兴分行诉称：原告诉第三人弥达公司等金融借款合同纠纷执行一案由本院依法受理并进入执行程序，后因本案被告鹰翔公司以对被执行财产享有租赁权为由向本院提起执行异议，本院审查后作出(2015)浙绍执异字第34号执行裁定书，裁定对被执行人山一公司名下位于绍兴袍江三江路北侧、规划支路东侧的2幢厂房(以下简称本案讼争厂房)进行处分时，应保护案外人鹰翔公司所享有的租赁权。原告认为弥达公司向原告申请借款所提交的山一公司将其名下的本案讼争厂房出租给绍兴县耀发纺织有限公司(2014年3月13日变更登记为绍兴市弥达纺织有限公司，以下统一简称为弥达公司)的《租房合同》符合合同的构成要件，系山一公司和弥达公司的真实意思表示，并结合弥达公司提交的《抵押物状况确认书》《承租人承诺书》看，山一公司和弥达公司之间就抵押物的租赁情况是真实有效的。作为出借人的原告有足够理由相信弥达公司提交的《租房合同》的真实性、合法性。再从租赁合同的实际履行情况看，被告鹰翔公司始终没有占有使用租赁物，弥达公司却实际占有并使用租赁物。因此原告认为弥达公司提供的《租房合同》系真实的，也是已经按照合同内容履行的，故应当认定该份合同以及合同项下厂房土地租赁情况的真实性。山一公司和弥达公司系关联企业，所以山一公司将本案讼争厂房出租给弥达公司使用符合实际情况，被告关于从山一公司租赁了本案讼争厂房后再转租给弥达公司的说法显然不符合事实与逻辑。首先，被告与弥达公司之间并未签订租赁合同。其次，被告也从未实际使用本案讼争厂房，只是辩称转租给弥达公司。再次，在执行异议审查时，被告也未出示其代山一公司支付欠款的凭证，说明租金也未实际支付，故被告与山一公司签订的《厂房租赁合同》并非以实际占有使用为租赁目的，系为了故意逃避执行、以合法形式掩盖非法目的的行为，应认定该份合同无效。综上，原告认为被告鹰翔公司的租赁权不应受到保护，请求法院依法判令：一、继续执行本案讼争厂房，并不保留被告在该执行标的上享有的租赁权。二、本案诉讼费用由被告承担。

被告鹰翔公司未在法定期限内提交书面答辩意见，其在庭审中口头答辩称：一、原告在程序上提起本案诉讼不符合法律规定，因与本案有关的执行案件并未停止执行，故原告不具有诉讼主体资格，应当驳回其起诉。二、从实体上说被告在执行过程中已经向法院提交了足够的证据以证明被告与第三人山一公司之间存在实际已经履行的租赁合同关系，也有本院作出的(2015)浙绍执异字第34号执行裁定予以确认。因此，本案原告第一项诉讼请求所要求的"请求不保留被告在该执行标的上享有的租赁权"没有任何事实和法律依据，应当予以驳回。

第三人山一公司、弥达公司、殷某甲、沈某某未作答辩。

第三人巨星公司答辩称：租赁合同应当符合经济规律，被告与山一公司签订的租赁合同显然不符合经济规律，故支持原告的诉请。

原告为证明其诉讼请求，提供以下证据：

1. 被告提交的《执行异议》申请书复印件一份和本院作出的(2015)浙绍执异字第34号执行裁定书复印件一份，证明被告提出执行异议，并被认定为异议成立。

2. 弥达公司与山一公司签订的《租房合同》一份、由时任山一公司法定代表人殷某甲签字确认的《抵押物状况确认书》复印件一份和由弥达公司法定代表人殷某甲签字确认的《承租人承诺书》复印件一份，共同证明本案讼争厂房在办理抵押时未出租给其他人，只出租给弥达公司的事实，进一步证明被告和山一公司签订的租赁合同是虚假的，属于无效的合同。

3. 山一公司与弥达公司的工商登记资料各一份，以及弥达公司的工商更变登记资料中所附的房屋租赁合同一份，共同证明：(1)殷某甲曾担任山一公司与弥达公司的法定代表人；(2)山一公司与弥达公司曾经签订过一份租赁协议，如果被告与山一公司就本案讼争厂房已经达成租赁协议的话，山一公司不可能再租赁给他人，可以证明被告与山一公司签订的租赁合同的虚假性。

被告质证认为，对证据1的三性无异议，对证据3不发表质证意见。对证据2中的《租房合同》的真实性有异议，对《抵押物状况确认书》和《确认书》的真实性和合法性无异议，但对其内容有异议。从该《租房合同》的内容来看，租金的标准是18万元一年，而当时本案讼争厂房实际租赁价格应该在3倍以上，且租赁合同中显示弥达公司的租赁时间是从2012年6月1日起，而事实上弥达公司在2012年3月已经搬入本案讼争厂房，与《租房合同》的起租时间相违背。《承租人承诺书》中第二条注明"我方租赁至2013年6月30日，我方延长租赁期限或转租将事先征得贵行的书面同意"，而弥达公司从2013年6月30日开始至今一直在使用本案讼争厂房，却并未说明有经原告同意的相关书面资料。综上，可以看出无论从合同约定的租赁期限还是承诺的条件看，弥达公司和山一公司签订的租赁合同只是第三人弥达公司为取得银行贷款而提交的形式上的文本而已，不能否定被告与山一公司之间租赁合同的生效和履行。

第三人巨星公司对上述证据的三性均无异议。

本院认证认为，证据1被告及第三人巨星公司均无异议，本院予以确认。证据3系山一公司、弥达公司的工商登记资料，本院对其真实性予以确认，该证据可以证实：(1)殷某甲自2010年5月1日至2013年7月25日担任山一公司法定代表人，自2013年7月26日至2014年5月22日担任山一公司总经理；(2)殷某甲自2011年1月24日至2013年7月26日及2013年8月8日至2014年3月13日担任弥达公司法定代表人；(3)弥达公司在办理工商信息变更登记时提交过一份山一公司与弥达公司的租赁协议书，租赁物为本案讼争厂房的其中250方平米厂房，租赁期限为2014年2月1日至2024年1月31日。对证据2的真实性予以确认，对于其证明目的，本院将结合其他证据在裁判理由中予以阐述。

被告为证明其主张，向本院提交下列证据：

4. 被告与山一公司签订的落款时间为2012年3月1日的《厂房租赁合同》复印件一份，证明山一公司在2012年3月将本案讼争厂房出租给被告使用，租赁期限为15年，自2013年3月1日起至2027年2月28日止。

5. 2012年度租金支付依据一组，包括山一公司与被告签订的《2012年度租金支付协议》复印件一份、山一公司出具的《收条》复印件一份、被告与笑眯眯公司签订的《抵销协议》复印件一份、笑眯眯公司开具给被告的增值税发票复印件两份，以证明山一公司与被告达成协商由被告采用部分支付现金、部分承担债务的方式支付租金，被告已按约付清了2012年度的租金。

6. 山一公司与被告签订的关于2013—2017年度租金支付方式的《协议书》复印件

一份，证明在合同约定的 2013 年度租金支付日期届满前，山一公司与被告协商确认被告一次性支付 5 年租金，并对租金的金额及支付方式进行了约定。

7. 2013—2017 年度租金支付依据一组，包括山一公司出具的载明收到被告租金 189 081 元的《收条》复印件一份和被告、笑眯眯公司、弥达公司三方签订的《支付协议》复印件一份，共同证明被告已经按约支付了 2013—2017 年度的租金。

8. 弥达公司出具的尚欠被告两年租金的《承诺书》复印件一份，证明被告在 2012 年 3 月至 2014 年 3 月将本案讼争厂房转租给弥达公司使用的事实。

9. 应收账款质押登记文件复印件一组，证明山一公司存在将本案讼争厂房出租给被告，山一公司同意以其出租所享有的债权质押给被告的事实。

10. 山一公司的社会保险费缴纳申报表、纳税申报表复印件一组、本案讼争厂房电费发票复印件一组、山一公司出具的《情况说明》一份，载明山一公司自设立以来未开展过生产经营，本案讼争厂房出租给被告后，由被告转租给弥达公司占有使用并缴纳水电费，上述证据共同证明以下事实：(1)山一公司自 2012 年 3 月以来一直未开展经营活动，无任何收入，也无员工，不可能存在生产性用电的情况；(2)本案讼争厂房自 2012 年 4 月开始至 2013 年年底一直存在生产性用电的情况；(3)证明山一公司在 2012 年 3 月将本案讼争厂房出租给被告的事实；(4)证明弥达公司自 2012 年 3 月以来就向被告转租了本案讼争厂房并开始用于生产经营；(5)证明山一公司实际上不存在于 2012 年 6 月将厂房再次出租给弥达公司的事实。

原告对上述证据质证认为，对证据 4 的真实性无法确认，弥达公司向原告申请贷款时并未提供该合同，且当时确定本案讼争厂房未出租给其他的公司或者个人使用。证据 5—7 无法证明被告所称的租赁合同的真实履行情况。根据该组证据显示，被告未以现金方式支付租金，而是以其他方式履行租金支付义务，不符合常理，且没有证据支持所谓的租金支付义务是否实际履行。对证据 8 的真实性有异议，弥达公司系本案讼争厂房的实际占有使用人，而弥达公司与山一公司的法定代表人均为殷某甲，所以弥达公司与山一公司实际为关联公司，故弥达公司不直接向山一公司租赁厂房，而向鹰翔公司以更高价转租厂房不符合常理。并且弥达公司向原告申请贷款时已经明确出示了其向山一公司租赁厂房的相关协议，山一公司在提供本案讼争厂房办理抵押时也没有申明抵押物已经租赁给除弥达公司以外的公司，故该承诺书完全是虚假的。证据 9、10 无法证实被告所称的租赁合同实际履行情况。弥达公司实际并未向被告租赁土地厂房，而是向山一公司租赁本案讼争厂房，故被告所谓的租赁合同根本没有实际履行或是租赁协议本身就是虚假的。

第三人巨星公司对上述证据同意原告的质证意见。

本院对上述证据认证认为，对证据 4—9 本院不予确认，具体理由将在裁判理由中予以阐述；对证据 10 中的社会保险费缴纳申报表及纳税申报表一组、电费发票一组的真实性予以认可。但对弥达公司出具的《情况说明》不予认可，具体理由亦在裁判理由中予以阐述。

本案中，本院依职权向绍兴市越城区人民法院调取以下证据：

11. 绍兴市越城区人民法院作出的(2015)绍越袍商初字第192号民事判决书及在该案审理中提交的绍兴市笑眯眯贸易有限公司(以下简称笑眯眯公司)的企业信用信息资料，证明殷某甲在2014年7月15日起担任笑眯眯公司的法定代表人。

12. 绍兴市越城区人民法院作出的(2014)绍越袍商初字第28号、(2015)绍越商初字第3448号、(2015)绍越袍商初字第31号民事判决，证明弥达公司、殷某甲多次为笑眯眯公司进行担保。

原告对上述证据质证认为，对上述证据的真实性和合法性没有异议。对证据11，根据工商资料登记显示弥达公司的法定代表人为殷某甲，而且殷某甲亦是该公司的股东，说明笑眯眯公司实际与本案的被告、山一公司、弥达公司等均系关联企业。从证据12可以看出弥达公司及其前身耀发公司均为笑眯眯公司提供了巨额的担保，说明作为被告在执行异议中所提出的以租金代付应付款的事实与上述判决所指向的内容不一致，因为弥达公司以及殷某甲本人均为笑眯眯提供的巨额担保的情况下，当时不可能还存在向笑眯眯公司欠款的事实，所以代付应付款作为支付租金这个事实是虚假的。

被告对上述证据质证认为，对四份民事判决书的真实性、合法性没有异议，但对与被证明事实的关联性有异议。本案争议的是山一公司与原告、被告之间的执行异议纠纷，与上述民事判决没有相关的法律关系。对于笑眯眯公司的企业信用信息资料的真实性没有异议，但是该公司的工商登记情况与本案没有关联性。从原告提交的证据可以看出山一公司是中外合资企业，并没有证明弥达公司、笑眯眯公司与山一公司系关联企业的直接证据，仅是法定代表人重合。

第三人巨星公司对上述证据的三性均无异议。

本院对上述证据认证认为，从笑眯眯公司的企业信用信息资料可以看出殷某甲担任过该公司的法定代表人，而其又同时担任山一公司和弥达公司的法定代表人。从弥达公司为笑眯眯进行银行借款担保的三份判决来看，弥达公司与笑眯眯存在密切的利益关系，结合两个公司又有法定代表人重合的关系，可以认为弥达公司与笑眯眯公司之间具有一定的关联关系。

根据法庭质证、认证的证据及各方当事人的陈述，本院认定事实如下：

2012年12月19日，弥达公司与原告签订《授信协议》约定原告向弥达公司提供2 000万元的可循环授信额度，并约定担保方式为山一公司名下的本案讼争厂房提供抵押担保和巨星公司、殷某甲、沈某某提供最高额连带责任保证担保。同日，山一公司与原告签订《最高额抵押合同》两份，约定山一公司提供本案讼争厂房为弥达公司在《授信协议》下发生的贷款提供最高额抵押担保，并于2012年12月20日办理了房产抵押登记。弥达公司分别于2013年9月23日、9月25日与原告签订《借款合同》各一份,并向原告提交了《抵押物状况确认书》《承租人承诺书》,确认抵押房产只存在弥达公司为承租人,租赁期间为2012年6月1日至2013年6月30日的租赁合同,合同到期后弥达公司如需续租或转租需取得原告的书面同意。后原告依约向弥达公司发放了2 000万元贷款。该贷款到期后因弥达公司未依约履行还款义务,原告向本院起诉要求判令弥达公司承担违约责任,山一公司、巨星公司、殷某甲、沈某某承担担保责任。本院作出(2014)浙绍商外初字第75号民事判决。该民事判决发生法律效力后,因各被告未自觉履行上述法律文书确定的义务,原告遂向本院申请强制执行,本院拟对本案讼争厂房进行拍卖、变卖。在执行过程中,被告向本院提出执行异议,以"其与山一公司已于2012年3月1日签署房屋租赁合同,其实际承租本案讼争房产"为由,要求确认其租赁权。本院于2015年11月30日作出(2015)浙绍执异字第34号执行裁定书,裁定被告的执行异议成立。原告不服该执行裁定,遂向本院提起申请执行人执行异议之诉。

本院另查明,弥达公司自2012年3月开始搬入本案讼争厂房进行办公,于2014年3月13日变更工商登记资料信息将公司名称由绍兴县耀发纺织有限公司变更为绍兴市弥达纺织有限公司,同时将住所地变更到本案讼争厂房处。殷某甲自2010年5月1日至2013年7月25日担任山一公司法定代表人,自2013年7月26日至2014年5月22日担任山一公司总经理。殷某甲自2011年1月24日至2013年7月26日及2013年8月8日至2014年3月13日担任弥达公司法定代表人。殷某甲自2014年7月15日起担任笑眯眯公司法定代表人。

还查明,殷某甲系被告鹰翔公司法定代表人殷某某的侄子。

本院认为,本案的争议焦点为被告是否对本案讼争房屋享有需在执行中予以保护的租赁权,即被告是否在本案讼争厂房办理抵押前形成租赁权。人民法院在执行被执行人的非住宅房屋时,案外人以其在涉案房屋设定抵押或者被人民法院查封之前已与被执行人签订租赁合同且租赁期未满为由,主张拍卖不破租赁,如果租赁合同真实,合同签订于涉案房屋抵押、查封前,且案外人在抵押、查封前已依据租赁合同合法占有涉案房屋至今,执行中应当保护案外人的租赁权。本案中,被告主张其与山一公司在2012年3月1日签订了租赁合同,其对本案讼争厂房享有租赁权,对此其需提供充分的证据证明其符合"租赁合同真实、合同签订于涉案房屋抵押查封之前、已依据合同合法占有涉案房屋至今"的情形。被告在本案中虽提交了其与山一公司签订的租赁合同文本,并主张其在承租本案讼争厂房后又转租给弥达公司,但在案证据尚不能证实其上述主张。具体理由如下:

一、被告提交的《厂房租赁合同》与弥达公司和山一公司之间签订的《租房合同》、山一公司出具的《抵押物状况确认书》和弥达公司出具《承租人承诺书》所载明的内容相矛盾。《抵押物状况确认书》及《承租人承诺书》均载明本案讼争厂房系山一公司出租给弥达公司使用,且租赁期是从2012年6月1日至2013年6月30日,显然与被告所主张的租赁事实相互冲突。

二、被告关于其在向山一公司承租本案讼争厂房后又转租弥达公司的主张无论是从租赁合同的形式和还是从承租人的租赁需求来看均有违常理。首先,根据被告的主张,其与弥达公司之间形成的转租关系租赁时间较长,且金额较大。但被告和弥达公司之间却没有签订书面的租赁合同,仅凭弥达公司事后出具的欠付被告租金的《承诺书》及山一公司出具的《情况说明》尚无法证明转租事实。其次,本案租赁关系发生时,山一公司和弥达公司的法定代表人均为殷某甲,殷某甲应当清楚弥达公司对办公场所的使用需求,弥达公司在可以直接向山一公司租赁厂房的情况下,却以更高价格向被告转租,不符合经济效益的原则。被告关于其在租赁了本案讼争厂房后,因弥达公司急需办公场所,殷某甲又系被告法定代表人殷某某的侄子,故将本案讼争厂房让与弥达公司使用的辩称意见,缺乏依据,不能成立。

三、从支付租金的情况来看,被告未有直接向山一公司支付租金的证据。1. 被告所提交的关于支付2012年度租金的证据有山一公司和被告签订的《2012年度租金支付协议》、山一公司出具的载明收到现金43 418元的《收条》、被告与笑眯眯公司签订的《抵销协议》和笑眯眯公司开具给被告的增值税专用发票两张。但上述证据仅是关于租金支付事项达成的合意,缺乏实际履行的客观证据与之印证。关于租金支付协议中约定的债务抵销部分,除了《抵销协议》,并没有提供财务账目核销明细或是银行对账单来证明双方已经实际进行了债务抵扣。关于租金支付协议中约定的以现金形式支付的部分,既不符合企业的财务制度,也没有被告提取现金的财务记录和银行凭证。笑眯眯公司开具给被告的增值税发票亦不能直接证明被告已经向山一公司实际支付了租金。2. 被告所提交证明已经支付2013—2017年度租金的证据有山一公司与被告签订的《协议书》,山一公司出具收到现金189 081元的《收条》,被告、笑眯眯公司和弥达公司三方签订的确定被告将对弥达公司的债权转让给笑眯眯公司的《支付协议》,弥达公司出具的欠付被告两年租金的《承诺书》。上述证据所呈现的支付租金的主要方式依然是由被告代付山一公司的到期应付账款,并没有鹰翔公司或笑眯眯公司关于债权转让的客观财务凭证,故不能认定被告已经通过代偿债务的形式支付了2 525 918.21元租金。以现金形式支付部分,除了山一公司出具的《收条》,未有鹰翔公司的现金取款、财务支付凭证或是银行转账凭证等客观证据,且公司之间直接交付189 081元现金有违日常交易习惯,也不符合企业财务制度。而对于支付给殷某甲的欠款,被告更是没有提交任何证据进行证明。故被告提交的上述证据均不能证明其已经实际支付了2012年–2017年度的租金。3. 本案中,山一公司的法定代表人与被告鹰翔公司的法定代表人之间有亲属关系,加之山一公司、笑眯眯公司、弥达公司之间有一定的关联关系,虽各方之间存在一系列的租金支付协议，抵销协议等证据材料，但缺乏实际履行的客观依据，被告所主张的租赁事实真实性存疑。

四、山一公司与被告于2014年7月25日签订的《应收账款质押合同》和《应收账款质押登记协议》，虽然在中国人民银行征信中心办理了动产权属统一登记，在形式上具有一定真实性，但该质押合同签订时间晚于本案讼争厂房的抵押时间，且租赁合同在租赁物抵押前没有实际履行，故该质押合同也不能达到被告在本案讼争厂房办理抵押前已取得租赁权的证明目的。

五、被告没有直接占有本案讼争厂房的依据。山一公司与被告签订租赁合同后，未直接向被告交付过本案讼争厂房，而是交由弥达公司实际占有使用。本案租赁关系发生时，弥达公司与山一公司的法定代表人均为殷某甲，本案讼争厂房又系新建厂房，故弥达公司实际占有使用讼争厂房的时间早于租赁合同签订的时间也具有现实可能性，从弥达公司的占有时间上并不能推翻山一公司将讼争厂房出租给弥达公司的事实，或是证明鹰翔公司先于弥达公司承租本案讼争厂房的事实。弥达公司对本案讼争厂房占有使用情况，与其办理抵押时所提交《抵押物状况确认书》所载明的内容相符合。故被告辩称其通过转租给弥达公司而对租赁物进行间接占有的依据不足。

关于被告提出因与本案有关的执行案件并未停止执行，原告不具有执行异议之诉诉讼主体资格，应当驳回原告起诉的辩称意见，本院认为，本院作出的(2015)浙绍执异字第34号执行异议裁定中认为案外人所提异议成立，在执行过程中应保护案外人的租赁权，这使得执行标的物占有、使用权受到限制，影响到执行标的物的实体权利，从而使得申请执行人的实体权利受损。故申请执行人不服执行异议裁定，向本院提起申请执行人执行异议之诉，要求消除执行标的物上的租赁权符合《中华人民共和国民事诉讼法》第二百二十七条的规定。被告提出该项答辩意见，本院不予采纳。

综上，被告要求在执行中保护其对执行标的租赁权的主张，缺乏事实和法律依据，本院不予支持。原告的诉讼请求，理由正当，本院予以支持。依照《中华人民共和国民事诉讼法》第六十四条第一款、第二百二十七条、《最高人民法院关于民事诉讼证据的若干规定》第二条、《最高人民法院关于适用〈中华人民共和国民事诉讼法〉的解释》第二百四十条、第三百一十一条、第三百一十三条第一款第(一)项之规定，判决如下：

准许对第三人绍兴山一机械制造有限公司名下位于绍兴袍江三江路北侧、规划支路东侧的2幢厂房继续执行。

案件受理费111 800元(原告已预交)，由被告绍兴鹰翔染整有限公司负担，该款于本判决生效之日起七日内向本院交纳。

如不服本判决，可在判决书送达之日起十五日内，向本院提交上诉状，并按对方当事人的人数提出副本，上诉于浙江省高级人民法院［上诉案件受理费111 800元(具体金额由浙江省高级人民法院确定，多余部分以后退还)，应在递交上诉状时预交，款汇至浙江省财政厅非税收入结算分户，账号：190××××××××××××××××开户行：农行杭州市西湖支行。上诉期届满后七日内仍未缴纳的，按自动撤回上诉处理]。

审　判　长　　赵启龙
代理审判员　　陈卓佳
代理审判员　　张　明
二〇一六年八月八日
书　记　员　　范艳艳

〔评注〕

1. 申请执行人异议之诉与案外人异议之诉的区别

申请人执行异议之诉与案外人执行异议之诉除了相同的特质外，还有如下区别：

(1)诉讼主体不同：案外人执行异议之诉的原告是原审裁判执行力涉及范围的案外人，申请执行人异议之诉的原告是申请执行人。申请人执行异议之诉以案外人为被告，被执行人则具体根据其立场确定。如果被执行人对案外人针对执行标的的权属主张无异议，则为被告；如果被执行人对案外人的权属主张有异议，则可以为第三人。

(2)诉讼目的不同：案外人执行异议之诉目的是为了排除对执行标的的执行，而申请人执行异议之诉是为了恢复对执行标的的执行。

(3)裁判范围不同：案外人执行异议之诉除了对执行异议裁定予以重新评判之外，还可以一并附带处理案外人提出的民事争议；申请人执行异议之诉最终仅能对执行裁定范围事情予以处理，其结果只有准许执行或者驳回原告诉讼请求，并不能附带处理涉及执行标的等其他争议。

2. 结合实例分析样式的写作要点

(1)标题

样式要求文书的标题为法院名称＋文书名称即"民事判决书"＋案号。另外，根据2016年开始实施的《关于人民法院案件案号的若干规定》，案号各基本要素的编排规格应当为："("＋收案年度＋")"＋法院代字＋类型代字＋案件编号＋"号"。

(2)正文

①关于当事人的诉讼地位，样式中要求将申请执行人执行异议之诉中的原告写为"原告(执行案外人)"，被告写为"被告(案外人)"，括号中没有"执行"二字。被执行人如果反对原告的主张的列为被告(被执行人)，被执行人如果对原、被告的主张均不持异议，则列为第三人(被执行人)。实例中招商银行股份有限公司绍兴分行列为原告(申请执行人)，绍兴鹰翔染整有限公司为被告(案外人)。

②实例中的"委托代理人"根据《人民法院民事裁判文书制作规范》的规定，应当写为"委托诉讼代理人"。

③在审理经过中表明了因部分被告未到庭而采取公告送达的方式，并缺席开庭审理。

④到庭的当事人诉辩意见以及举证质证均是围绕被告与第三人之间的租赁关系展开。另外，法院还调取了与本案相关联的其他案件的材料。从辩诉意见、举证、质证及认证的内容来看，该文书展现的内容虽然详细，但有些失之过详，令人一时难以找准重点。

⑤裁判理由部分，准确地归纳了本案争议焦点：被告是否对本案诉争房屋享有需在执行中予以保护的租赁权，即被告是否在本案诉争厂房办理抵押前形成租赁权。这一焦点正与申请人执行异议之诉的核心问题契合。随后，从五个方面进行了分析说理，理由阐述较为详尽，但不足的是，说理部分过多展现的是对事实认定的分析推理，而对于法律关系的辨析说明显得相对不够突出。

⑥关于法律依据的引用，实例中引用的"《最高人民法院关于适用〈中华人民共和国民事诉讼法〉的解释》第二百四十条、第三百一十一条、第三百一十三条第一款第（一）项"，根据《人民法院民事裁判文书制作规范》的规定，引用法律条款中的项时，一律使用汉字不加括号，故此处应当改为"第一项"。

⑦关于主文，实例中的判决主文在"准许"之前遗漏了权利义务的主体即"原告招商银行股份有限公司绍兴分行"。另外，根据《人民法院民事裁判文书制作规范》的规定，裁判主文中当事人名称应当使用全称。

⑧关于尾部，根据样式的要求，准许执行的，应当写明："本院（××××）……执异……号执行异议裁定于本判决生效时自动失效。"故本案在尾部应当写明："本院（2015）浙绍执异字第34号执行异议裁定于本判决生效时自动失效。"而实例中对该事项有所遗漏，将使得上述裁定的效力处理争议状态。《民诉法解释》第三百一十四条规定："对案外人执行异议之诉，人民法院判决不得对执行标的执行的，执行异议裁定失效。对申请执行人执行异议之诉，人民法院判决准许对该执行标的执行的，执行异议裁定失效，执行法院可以根据申请执行人的申请或者依职权恢复执行。"因此，当人民法院对执行异议之诉作出判决之时，须对之前的执行异议裁定一并处理。但是，在样式中，对之前执行异议的裁定失效的宣告并非在判决主文部分，而是放在判决书尾部的上诉权利义务之后另起一段，这是因为此时执行异议裁定无效是直接基于司法解释的规定，无须另外作出判断，而判决主文是需要经过审理后在判决主文中作出判断的内容。

（3）落款

由承办案件的合议庭成员及书记员署名并注明日期，加盖院印。

十六、第二审程序

1. 民事判决书（驳回上诉，维持原判用）

×××× 人民法院
民事判决书

（××××）……民终……号

上诉人(原审诉讼地位)：×××，……。
法定代理人/指定代理人/法定代表人/主要负责人：×××，……。
委托诉讼代理人：×××，……。
被上诉人(原审诉讼地位)：×××，……。
法定代理人/指定代理人/法定代表人/主要负责人：×××，……。
委托诉讼代理人：×××，……。
原审原告/被告/第三人：×××，……。
法定代理人/指定代理人/法定代表人/主要负责人：×××，……。
委托诉讼代理人：×××，……。
（以上写明当事人和其他诉讼参加人的姓名或者名称等基本信息）
上诉人×××因与被上诉人×××/上诉人×××及原审原告/被告/第三人×××……(写明案由)一案，不服××××人民法院（××××）……民初……号民事判决，向本院提起上诉。本院于××××年××月××日立案后，依法组成合议庭，开庭/因涉及……(写明不开庭的理由)不开庭进行了审理。上诉人×××、被上诉人×××、原审原告/被告/第三人×××(写明当事人和其他诉讼参加人的诉讼地位和姓名或者名称)到庭参加诉讼。本案现已审理终结。
×××上诉请求：……(写明上诉请求)。事实和理由：……(概述上诉人主张的事实和理由)。
×××辩称，……(概述被上诉人答辩意见)。
×××述称，……(概述原审原告/被告/第三人陈述意见)。
×××向一审法院起诉请求：……(写明原告/反诉原告/有独立请求权的第三人的诉讼请求)。
一审法院认定事实：……(概述一审认定的事实)。一审法院认为，……(概述一审裁判理由)。判决：……(写明一审判决主文)。

本院二审期间，当事人围绕上诉请求依法提交了证据。本院组织当事人进行了证据交换和质证(当事人没有提交新证据的，写明：二审中，当事人没有提交新证据)。对当事人二审争议的事实，本院认定如下：……(写明二审法院采信证据、认定事实的意见和理由，对一审查明相关事实的评判)。

　　本院认为，……(根据二审认定的案件事实和相关法律规定，对当事人的上诉请求进行分析评判，说明理由)。

　　综上所述，×××的上诉请求不能成立，应予驳回；一审判决认定事实清楚，适用法律正确，应予维持。依照《中华人民共和国民事诉讼法》第一百七十条第一款第一项规定，判决如下：

　　驳回上诉，维持原判。

　　二审案件受理费……元，由……负担(写明当事人姓名或者名称、负担金额)。

　　本判决为终审判决。

审　判　长　×××
审　判　员　×××
审　判　员　×××

××××年××月××日
(院印)
书　记　员　×××

【说明】

　　1. 本样式根据《中华人民共和国民事诉讼法》第一百七十条等制定，供二审人民法院对当事人不服一审判决提起上诉的民事案件，按照第二审程序审理终结，就案件的实体问题依法维持原判用。

　　2. 上诉人在一审诉讼地位有两个的，按照本诉、反诉的顺序列明，中间以顿号分割。例如上诉人(原审被告、反诉原告)。

　　3. 有多个上诉人或者被上诉人的，相同身份的当事人之间，以顿号分割。双方当事人提起上诉的，均列为上诉人。写明：上诉人×××、×××因与上诉人×××(列在最后的上诉人写明上诉人的身份，用"因与"与前列当事人连接)。原审其他当事人按照一审判决列明的顺序写明，用顿号分割。

　　4. 多个当事人上诉的，按照上诉请求、针对该上诉请求的答辩的顺序，分别写明。如当事人未答辩的，也要写明。

　　5. 一审认定事实清楚、当事人对一审认定事实问题没有争议的，写明：本院对一审查明的事实予以确认。一审查明事实有遗漏或者错误的，应当写明相应的评判。

6. 判决结果分不同情形写明

情形一：一审判决认定事实清楚，适用法律正确，维持原判的，写明：

综上所述，×××的上诉请求不能成立，一审判决认定事实清楚，适用法律正确。本院依照《中华人民共和国民事诉讼法》第一百七十条第一款第一项规定，判决如下：

驳回上诉，维持原判。

情形二：一审判决认定事实或者适用法律虽有瑕疵，但裁判结果正确，维持原判的，写明：

综上，一审判决认定事实……（对一审认定事实作出概括评价，如存在瑕疵应指出）、适用法律……（对一审适用法律作出概括评价，如存在瑕疵应指出），但裁判结果正确，故对×××的上诉请求不予支持。依照《中华人民共和国×××法》第×条（适用法律有瑕疵的，应当引用实体法）、《中华人民共和国民事诉讼法》第一百七十条第一款第一项、《最高人民法院关于适用〈中华人民共和国民事诉讼法〉的解释》第三百三十四条规定，判决如下：

驳回上诉，维持原判。

7. 维持原判，对一审诉讼费用负担问题不需调整的，不必重复一审诉讼费负担。如一审诉讼费负担错误需要调整的，应当予以纠正。

8. 按本样式制作判决书时，可以参考第一审适用普通程序民事判决书样式的说明。

【实例评注1】

福建省福州市中级人民法院
民事判决书①

(2016) 闽 01 民终 3387 号

上诉人（原审原告）：林某某，男，1971 年 7 月 11 日出生，汉族，住福建省永泰县。

上诉人（原审原告）：林某甲，女，1973 年 11 月 13 日出生，汉族，住福建省永泰县。

两上诉人共同委托诉讼代理人：蔡某某，北京中银（福州）律师事务所律师。

两上诉人共同委托诉讼代理人：林某乙，北京中银（福州）律师事务所律师。

被上诉人（原审被告）：福建云山房地产开发有限公司，住所地福建省永泰县。

---

① 来源：中国裁判文书网。

法定代表人：陈某某，总经理。

委托诉讼代理人：陈某丙，福建天恩律师事务所律师。

委托诉讼代理人：王某某，福建天恩律师事务所律师。

上诉人林某某、林某甲因与被上诉人福建云山房地产开发有限公司（以下简称云山公司）商品房销售合同纠纷一案，不服永泰县人民法院（2015）樟民初字第1841号民事判决，向本院提起上诉，本院受理后，依法组成合议庭进行审理。现已审理终结。

上诉人林某某、林某甲上诉请求：1.依法撤销一审判决，改判支持上诉人的原审诉讼请求。2.由被上诉人承担本案的一、二审诉讼费用。事实和理由：1.一审法院认定讼争房屋符合交付条件不是事实。上诉人在一审阶段提交的证据表明，诉争房屋存在多处擅自设计变更，消防未经验收，并且诉争房屋在交付时不符合合同约定的交付条件，一审法院认为购房者只有在房屋存在严重质量瑕疵时才能拒收是错误的。上诉人在一审时未主张解除合同，也不能以此推定诉争房屋符合交付条件。2.云山公司应当按照《商品房买卖合同》第九条的约定承担逾期交房的违约责任。买卖合同第八条约定的是交付条件和交付期限，第九条约定的是逾期交房违约责任，除合同第八条规定的特殊情况外，云山公司如未按合同约定的期限将商品房交付给上诉人，均应承担逾期违约责任。

被上诉人云山公司辩称，1.一审认定事实清楚，适用法律正确。本案诉争的房屋虽然存在某些质量问题，但不影响上诉人使用，仅仅需要整改维修。上诉人拒收没有法律依据。2.合同第八条约定，本案诉争房屋不符合交付使用条件，上诉人同意接收，被上诉人仅需支付1 000元。3. 2015年6月30日，本案诉争房屋已经符合交付条件。本案诉争房屋通过竣工、消防验收，且云山公司在合同约定的时间内通知上诉人来办理交接手续。3.关于变更只是外墙某些方面进行装修，不影响上诉人的居住使用，且经上诉人向有关方面反映后，也已经停止。即使不符合合同约定条件，按合同第八条约定被上诉人也仅需支付1 000元。综上所述，本案诉争房屋已经符合交付的条件。一审法院判决云山公司支付上诉人5 000元是公正合理的。请求驳回上诉，维持原判。

林某某、林某甲向一审法院起诉请求：1.判令被告向二原告支付逾期交房违约金人民币30 733元（违约金从2015年7月1日起按日万分之三计算至实际交房之日止，暂计至起诉时为30 733元，602 623元0.03%170天=30 733元）；2.由被告承担本案全部诉讼费用。

一审法院认定事实：林某某与林某甲系夫妻关系。2013年9月22日，林某甲与云山公司签订了《商品房买卖合同》《补充协议》及相关附件，约定林某某、林某甲向云山公司购买坐落于永泰县城峰镇马洋工业区山顶道路南侧的云山蓝郡（云山一号）第5幢12单元1207号的房屋，建筑面积为89.17平方米。其中，套内建筑面积70.93平方米，公共部位共有分摊建筑面积18.24平方米，每平方米6 758.14元，总价为人民币

602 623元。签约当日林某某、林某甲支付人民币182 623元作为首期购房款，余款420 000元向银行办理按揭贷款。《商品房买卖合同》第八条约定："出卖人应当在2015年6月30日前，依照国家和地方人民政府的有关规定，将同时符合下列各项约定条件的商品房交付买受人使用：1. 该商品房经建设单位依法组织勘察、设计、施工、监理等单位竣工验收合格和消防验收合格；2. 该商品房所在建筑物生活给排水、用电、电信、有线电视、消防、邮政信报箱等设施达到设计要求条件；3. 小区内部道路、绿化、室外照明、消防环卫及其他商业、社区服务和管理等公共配套建筑、基础设施按规划设计要求建设完成。分期建设的，该商品房所在分期建设部分应按规划设计要求全部完成，并与在建工程之间设置有效的隔离设施和施工安全设施；如果在规定日期内未达到上述条件，双方同意按以下第2种方式处理：1. 买受人有权拒绝交接，按逾期交房由出卖人承担违约责任；2. 买受人同意接收，出卖人支付买受人（人民币）壹仟元违约金。……"合同第九条约定："除本合同第八条规定的特殊情况外，出卖人如未按本合同规定的期限将该商品房交付买受人使用，按下列第1种方式处理：1. 按逾期时间，分别处理（不作累加）：（1）逾期不超过30日，自本合同第八条规定的最后交付期限的第二天起至实际交付之日止，出卖人按日向买受人支付已付款万分之二的违约金，合同继续履行；（2）逾期超过30日后，买受人有权解除合同。买受人解除合同的，出卖人应当自买受人解除合同书面通知到达之日起60天内退还全部已付款，并按买受人已付款的1%向买受人支付违约金。买受人要求继续履行合同的，合同继续履行，自本合同第八条规定的最后交付期限的第二天起至实际交付之日止，出卖人按日向买受人支付已付款万分之三的违约金。"合同第十条约定："下列经规划部门批准的规划变更、设计单位同意的设计变更导致影响到买受人所购商品房质量或使用功能的，出卖人应当在有关部门批准同意之日起10日内，书面通知买受人：（1）变更该商品房结构形式、户型、空间尺寸及形状、朝向；（2）变更小区总体规划设计和基础设施、公共配套设备设施；（3）变更房屋节能措施及指标……"合同第十一条约定："商品房达到交付使用条件后，出卖人应当书面通知买受人办理交付手续。双方进行验收交接时，出卖人应当出示本合同第八条规定条件已达到的有关证明文件原件，并签署房屋交接单。所购商品房为住宅的，出卖人还需提供《住宅质量保证书》和《住宅使用说明书》。出卖人不出示证明文件或出示证明文件不齐全，或要求收取本合同约定范围以外的费用，买受人有权拒绝交接，由此产生的延期交房责任由出卖人承担……"双方另在附件三就建筑节能措施、指标和室内分隔、装饰装修、设备标准等事项做了书面约定，其中外墙约定为石材、真石漆；在附件六还就《商品房买卖合同》进行补充协议，其中第四条对《商品房买卖合同》第八条进行补充："1. 该条所述的交付期限的起算，应以买受人已按《商品房买卖合同》及本协议的约定，如期支付了全部应付款项，且不存在其他违约情形为前提，否则出卖人支付商品房的期限起算日期予以顺延。2. 出卖人与买受人经协商同意将《商品房买卖合同》第八条约定的交房标准修改为：（1）该商品房经建设单位依法组织勘察、设计、施工、监理等单位竣工验收合格；（2）该商品房所在建筑物生活给排水、用电交房时达到使用条件；（3）小区内部道路交房时完成道路垫层，绿化、室外照明、消防、环卫于办理产权证前完成。其他商业、社区服务和管理等公共配套、基础设施于项目整体交付使用时完成。"合同签订后，林某某、林某甲依约全部交付了购房款。2013年3月12日福州精业建筑工程设计咨询有限公司应甲方（云山公司）要求作出《设计变更通知函》，将原来的干挂石材线脚修改为EPS线脚；将原建施外墙面层（商业部分除外）为花岗岩面层现修改为多彩漆面层。云山公司在变更后未履行告知的情况下，依照变更后的设计进行施工。2014年12月12日，云山公司组织勘察、设计、施工、监理等单位进行竣工验收，并已通过房屋建筑工程竣工验收。竣工验收结论：该工程项目由福建福阳建筑工程有限公司承接施工任务，已按合同承包范围的设计图纸及有关文件完成，工程质量符合《建筑工程施工及验收规范》要求，质量控制资料和安全功能检验资料齐全，符合要求，单位工程质量核定为合格，同意交付使用。2015年4月24日，永泰县公安消防大队以验备查（2015）0001号《建设工程竣工验收消防备案单》对云山蓝郡建设工程进行消防验收：该建设工程已被确定为抽查对象，按照建设工程消防验收评定标准，抽查合格。2015年5月29日，云山公司作为建设单位，福建福阳建筑工程有限公司作为施工单位及勘察、设计、监理等参与对土坡支护、3#楼挡墙、室外管网、小区道路、景光（观）绿化、围墙、商业店面、门口人行道、付（附）属配套工程等进行验收，并作出《工程竣工验收证书》，验收意见：经核查该工程项目已按合同约定及设计图纸要求和有关文件完成工程项目施工，工程质量合格，技术档案和施工管理资料收集齐全，符合有关规定要求，同意验收。同年6月2日，云山公司通过快递发出《交房通知》，通知林某某、林某甲于同年6月11日至20日进行交房。此后，云山公司所建的云山蓝郡部分业主向相关部门反映房屋质量缺陷及未按图纸施工等。2015年8月17日，永泰县住房和城乡建设局以樟建（2015）279号《关于云山一号业主反映问题的整改通知》要求云山公司整改：1. 原设计一至三层的外墙装饰干挂石材改多彩漆部分必须从即日起两个月内整改到位，恢复到原设计状态。2. 售楼部底层的通道必须保持通畅，24小时保安值班并拆除沙盘。3. 其他业主反映的质量问题必须在两个月内整改到位。后云山公司按重新设计的图纸及施工方案对一至三层的外墙装饰进行石材干挂。现林某某、林某甲以云山公司仍未将符合合同约定的质量标准及设计要求的房屋交付，要求判令云山公司支付逾期交房违约金。

一审法院认为：林某某、林某甲与云山公司签订的《商品房买卖合同》及合同附件是双方的意思表示，内容不违反法律法规的禁止性规定，属有效合同，双方应按合同约定履行各自的权利、义务。双方在合同及合同附件中已就交付条件与期限、出卖人逾期交房的违约责任、规划设计变更、交接等进行了约定，房屋交付时间为2015年6月

30日前，交付条件是该商品房经验收合格。林某某、林某甲所购买的房屋及土坡支护、3#楼挡墙、室外管网、小区道路、景观绿化、围墙、商业店面、门口人行道、附属配套工程等于2014年12月12日、2015年5月29日，经建设单位组织勘察、设计、施工、监理等单位竣工验收合格以及2015年4月24日建设工程竣工验收消防备案，抽查合格，故该房屋具备了约定的交付条件。该商品房达到交付使用条件后，云山公司在约定的交付期限内向林某某、林某甲发出交房通知书，履行了书面通知买受人办理交付手续的义务。在交接过程中，林某某、林某甲则以房屋质量缺陷及未按图纸施工等为由拒绝接收该房，致使双方未能完成交接。根据《最高人民法院关于审理商品房买卖合同纠纷案件适用法律若干问题的解释》第十三条的规定，因房屋质量问题严重影响正常居住使用，买受人请求解除合同和赔偿损失的，应予支持。交付使用的房屋存在质量问题，在保修期内，出卖人应当承担修复责任；出卖人拒绝修复或者在合理期限内拖延修复的，买受人可以自行或者委托他人修复。修复费用及修复期间造成的其他损失由出卖人承担。"严重影响正常居住使用"是指购房者所购买的房屋出现严重质量问题，且该质量问题通过修复等亦无法保证购房者人身、财产安全及正常居住使用的情形。由此可见，购房者只有在所购房屋质量存在严重瑕疵，足以影响合同目的时，才可拒收。林某某、林某甲在未经具备资质的相关部门确认的情况下主张房屋质量缺陷问题缺乏证明力，没有证据证明该房屋存在的质量问题是否达到了严重影响房屋正常居住使用的程度，且林某某、林某甲在诉讼中亦未申请鉴定，依据《最高人民法院关于民事诉讼证据的若干规定》第二条"当事人对自己提出的诉讼请求所依据的事实或者反驳对方诉讼请求所依据的事实有责任提供证据加以证明。没有证据或者证据不足以证明当事人的事实主张的，由负有举证责任的当事人承担不利后果"的规定，林某某、林某甲应承担举证不能的法律后果，故可认定讼争房屋在2015年6月30日前已符合合同约定的交付使用条件，林某某、林某甲不同意收楼缺乏事实和法律依据。本案云山公司在施工过程中，虽经原设计单位作出设计变更，将原建施外墙面层（商业部分除外）为花岗岩面层修改为多彩漆面层，并依照变更后的设计进行施工。云山公司在之后的售楼时，与林某某、林某甲签订合同附件三约定外墙为石材、真石漆，未将变更方案予以明示，对此云山公司存有过失，应承担相应的违约责任，但鉴于云山公司在通知林某某、林某甲交房之后已按相关部门的整改通知重新进行外墙挂石，可以减轻云山公司的违约责任。根据《中华人民共和国合同法》第一百零七条"当事人一方不履行合同义务或者履行合同义务不符合约定的，应当承担继续履行、采取补救措施或者赔偿损失等违约责任"及第一百一十三条第一款"当事人一方不履行合同义务或者履行合同义务不符合约定，给对方造成损失的，损失赔偿额应当相当于因违约所造成的损失，包括合同履行后可以获得的利益，但不得超过违反合同一方订立合同时预见到或者应当预见到的因违反合同可能造成的损失"的规定，云山公司的行为属于履行合同义务不符合约定,给对方造成损失的,损失赔偿额应当相当于因违约所造成的损失,但林某某、林某甲提供的证据不足以证明外墙装饰变更期间给其造成了实际损失,故一审法院酌定云山公司应支付林某某、林某甲违约金5 000元。一审法院对林某某、林某甲诉请按《商品房买卖合同》第九条第一款第一项的约定计付逾期交房违约金缺乏事实和法律依据,不予支持。对林某某、林某甲提供的相关媒体报道因真实性、客观性无法确定,不能作为本案的证据使用。为保护当事人的合法权益,一审法院依照《中华人民共和国合同法》第八条、第六十条、第一百零七条、第一百一十三条及最高人民法院《关于审理商品房买卖合同纠纷案件适用法律若干问题的解释》第十三条的规定,判决:

被告福建云山房地产开发有限公司于本判决生效之日起十日内向原告林某某、林某甲支付违约金人民币5 000元;二、驳回原告林某某、林某甲的其他诉讼请求。如果被告未按本判决指定的期间履行给付金钱义务,应当依照《中华人民共和国民事诉讼法》第二百五十三条之规定,加倍支付迟延履行期间的债务利息。本案案件受理费948元,由原告负担844元,被告负担104元。

上诉人与被上诉人双方在一审提交的全部证据均已随案移送本院,二审中双方均未提交新的证据。

本院经审理查明,一审法院查明的事实基本属实。

本院认为,上诉人与被上诉人云山公司签订的《商品房买卖合同》及其附件的约定系双方真实的意思表示,内容合法有效,双方均应依约履行。本案上诉人以云山公司所交付的房屋不符合合同约定的交付条件为由,要求云山公司承担逾期交房的违约责任。本院认为,云山公司交付的房屋是否符合约定的交付条件,应当根据《商品房买卖合同》第八条及该合同的附件六《补充协议》第四条的约定进行审查。按照《补充协议》第四条的约定,双方对《商品房买卖合同》第八条所约定的交房标准进行了变更,变更后的交房标准为:(1)该商品房经建设单位依法组织勘察、设计、施工、监理等单位竣工验收合格;(2)该商品房所在建筑物生活给排水、用电交房时达到使用条件。该补充约定的交房标准不低于最低标准,属有效约定。根据本案查明的事实,诉争房屋在云山公司通知的交付时间之前已经通过了竣工验收,且生活排水、用电等亦符合使用条件,故云山公司所交付的房屋符合双方约定的房屋交付条件。上诉人在一审中主张的外墙设计、绿化、小区道路、配套设施等不符合设计方案等情由,均不属于房屋交付条件,在上诉人未主张解除合同的前提下,可以根据双方约定的房屋保修条款、合同瑕疵履行责任等条款予以解决。因此本案上诉人主张以逾期交房之标准计算云山公司的违约赔偿金缺乏事实和法律依据,本院不予支持。云山公司在履行《商品房买卖合同》过程中,确实存在瑕疵,未按照合同约定的条款全面履行,给上诉人造成一定的损失,一审法院考虑违约行为的具体情节,酌定云山公司向上诉人赔偿损失5 000元,并无不当。

综上所述，一审法院审判程序合法，认定事实清楚，适用法律正确，上诉人的上诉请求理据不足，本院不予支持。据此，依照《中华人民共和国民事诉讼法》第一百七十条第一款第一项之规定，判决如下：

驳回上诉，维持原判。

本案一审案件受理费按照一审判决执行。本案二审案件受理费948元，由上诉人林某某、林某甲负担。

本判决为终审判决。

审　判　长　　李瑞钦
审　判　员　　潘　筝
代理审判员　　刘启鸣

二○一六年九月二十九日

书　记　员　　李振云

〔评注〕

1. 本判决是由福建省福州市中级人民法院制作的一份二审民事判决书。此类判决在一审判决事实清楚、适用法律正确时使用，目的在于维持一审判决结果，法律依据是《民事诉讼法》第一百七十条第一款第一项。

2. 二审程序的特点。无论是实行二审终审制，还是实行三审终审制度，二审作为上诉审都是一个重要的审级。二审程序与一审程序主要区别在于：(1)程序的功能、任务不同。一审程序的任务主要是查明案件的全部事实，正确适用法律，确认当事人之间的民事权利义务关系；二审程序的任务则是审查一审裁判是否正确，程序是否合法。一审程序的主要功能是救济功能；而二审程序的主要功能是监督功能，其次才是救济功能。(2)审理的对象与范围不同。一审程序以当事人之间争议的民事权利义务关系为审理对象，以当事人争讼的全部内容为其审判范围，包括事实问题与法律问题。二审法院并非都要进行全案审理，只要对当事人不服的部分进行审理即可。因此，二审程序的审理范围仅限于当事人上诉请求的内容。(3)审理的方式和具体程序不同。一审程序审理以对抗辩论的开庭审理方式进行，以直接言词为基本原则。二审程序主要审理的对象是一审法院作出的裁判，无需采取对抗辩论的方式审理，也并非都要遵循直接言词原则。另外，一审程序与二审程序在审判组织形式、审理期限等方面也有区别。(4)裁判的效力不同。一审裁判在上诉期内是未生效的裁判，可以上诉；二审裁判一经宣告和送达，即发生法律效力，不允许上诉。

3. 二审民事判决书的特点。裁判文书是诉讼活动的重要载体，反映着案件审理的客观情况。由于二审程序是一审程序的继续和发展，正文部分应当反映一审的审理情况，同时二审裁判文书也应该反映二审程序的特点。例如：关于当事人主体地位，不仅要列明他们在二审中的地位，同时也要列明他们在一审中的地位；关于事实部分，要特别叙明一审认定的事实、一审判决的结果及理由；关于裁判主文，必须要对一审判决结果进行评判。我国实行二审终审制，还要明确二审判决为终审判决。

4. 关于案号。2016年1月1日实施的最高人民法院《关于人民法院案件案号的若干规定》规定，案号各基本要素的编排规格为："（" + 收案年度 + "）" + 法院代字 + 类型代字 + 案件编号 + "号"。其中，收案年度是收案的公历自然年，用阿拉伯数字表示；法院代字是案件承办法院的简化标识，用中文汉字、阿拉伯数字表示；类型代字是案件类型的简称，用中文汉字表示；案件编号是收案的次序号，用阿拉伯数字表示。本实例的案号"（2016）闽01民终3387号"采用了最新的案号编排方式。2016表示收案年度，闽01表示法院代字，民终表示案件类型为二审民事案件，3387表示案件编号。

5. 关于当事人。上诉人就是提起上诉的人，被上诉人就是与上诉人有权利义务分担分歧的人。列明上诉人和被上诉人时要用括号注明原审的诉讼地位，如原审原告、原审被告等，不能写成一审原告、一审被告。一审中的当事人和诉讼参加人如果与上诉人没有权利义务分担分歧，就不是被上诉人，在上诉状中按照原审地位列明。《民诉法解释》第三百一十九条规定了必要共同诉讼人上诉时，主体地位的确定方法："必要共同诉讼人的一人或者部分人提起上诉的，按下列情形分别处理：（一）上诉仅对与对方当事人之间权利义务分担有意见，不涉及其他共同诉讼人利益的，对方当事人为被上诉人，未上诉的同一方当事人依原审诉讼地位列明；（二）上诉仅对共同诉讼人之间权利义务分担有意见，不涉及对方当事人利益的，未上诉的同一方当事人为被上诉人，对方当事人依原审诉讼地位列明；（三）上诉对双方当事人之间以及共同诉讼人之间权利义务承担有意见的，未提起上诉的其他当事人均为被上诉人。"此外，新民事诉讼文书样式使用了"委托诉讼代理人"，而旧民事诉讼文书样式通常使用"委托代理人"。这是因为委托代理既有民事领域的委托代理，也有诉讼领域的委托代理，新民事诉讼文书样式的用法更为准确规范。

6. 关于案件由来和审理经过。案件由来包括案件名称、案由和案件来源；审理经过包括立案日期和开庭情况，例如是否公开开庭审理、开庭审理的当事人的出庭情况。从本实例的表述看，其应当是没有采取开庭审理的方式，而是采取了书面审理的方式，因此开庭情况可以不写。但本实例存在两个问题：一是遗漏了二审立案的时间；二是应写明不开庭审理的理由。是否不开庭审理的理由合议庭根据《民事诉讼法》一百六十九条确定。需要指出的，新民事诉讼文书样式一审民事判决书样式要求写明"公开开庭进行了审理"，而二审民事判决书样式却只要求写明"开庭进行了审理"，表述方式并不统一。笔者认为应统一采用"公开开庭进行了审理"，因为这种表述更为严谨。

7. 关于本判决书的事实部分。（1）二审是一审的延续，二审判决书应包含一审审理情况。旧民事诉讼文书样式对一审审理情况的写法没有明确规定，实践中的写法各异，较为常见的写法是先写一审法院查明、一审法院认为、一审法院判决，再写二审情况。这种写法遵照诉讼发生的时间顺序，较为平铺直叙，不能充分反映二审程序的特点。新民事诉讼文书样式将事实写作顺序明确为先写上诉人提起上诉的请求和事实理由、被上诉人的答辩、第三人的意见，再写一审原告的诉讼请求、一审认定的事实和判决结果。这种写法开宗明义写明上诉人与被上诉人的主要诉求，使读者首先了解矛盾纠纷的主要焦点，再通过交代一审事实使读者了解案情的来龙去脉后作出基本判断，在与二审法院的认定比较基础上，理解判决结果的逻辑推理和法律依据。因此，后一种写法既反映了二审程序的特点，也较为符合认识事物的逻辑过程。(2)归纳当事人的诉辩意见时，不应局限于上诉状、答辩状中的内容，应当结合当事人庭审中发表的诉辩意见综合确定。(3)新民事诉讼文书样式要求"概述一审认定的事实"。因此对一审判决确认的事实二审判决引述应详略得当。一般而言，作为基础法律关系的事实应首先叙述，其后事实的引述可分为四种情况：一是原判决认定的事实清楚，上诉人又无异议的，可以简叙；二是原判决认定的主要事实或者部分事实有错误的，对改变认定的事实要详叙；三是原判决认定的事实有遗漏的，应补充叙述；四是原判决认定的事实没有错误，但上诉人提出异议的，应把有异议的部分叙述清楚，并有针对性地列举相关的证据进行分析，论证异议不能成立。实践中较为流行的做法是原样照搬一审认定事实和判决理由部分，但这种做法与精简民事诉讼文书内容的改革趋势不符，应予摒弃。(4)对当事人提交新证据的，新民事诉讼文书样式的要求写法是："本院二审期间，当事人围绕上诉请求依法提交了证据。本院组织当事人进行了证据交换和质证。对当事人二审争议的事实，本院认定如下：……（写明二审法院采信证据、认定事实的意见和理由，对一审查明相关事实的评判）。"似乎不再要求写当事人质证意见，直接写法院的认证意见。笔者认为，当事人的质证意见是法院认证的重要依据。判决书在阐述当事人的质证意见后，有针对性地进行分析认证，可以更好地阐明认证证据的依据和理由，增强判决书的说理性。

8. 关于理由。理由应围绕争议焦点展开，因此归纳争议焦点是前提。争议焦点主要根据当事人之间的诉辩意见归纳，开庭审理的，可根据庭审中归纳的争议焦点来确定。本实例中，上诉人上诉称，一审法院适用法律错误，被上诉人销售的房屋不符合交付提交，应当承担逾期交房违约责任。被上诉人辩称，虽房屋有瑕疵，但房屋符合交房条件，仅需承担1 000元房屋瑕疵的违约责任，一审判决5 000元也属正确。判决书就是根据当事人的诉辩意见将争议焦点归纳为房屋是否符合交付条件及是否应承担违约责任，争议焦点的归纳准确规范。

9. 关于诉讼费用。对于二审维持判决，一审的诉讼费没有调整的必要，因此不用再交代一审诉讼费用负担，二审诉讼费用通常由上诉人负担。

10. 本实例基本符合新民事诉讼文书样式的要求，但也存在以下不规范之处：(1)一审判决判项不用单独另起一段。(2)当事人没有提交新证据的，判决书中可以不写。实例中"上诉人与被上诉人双方在一审提交的全部证据均已随案移送本院，二审中双方均未提交新的证据。"这句话可以不写。(3)"本案一审案件受理费按照一审判决执行"这句话可以不写。

【实例评注2】

福建省高级人民法院
民事判决书①

(2013)闽民终字第870号

上诉人(原审原告)：福建海峡银行股份有限公司福州五一支行，住所地福建省福州市五一中路115号。

负责人：吴某某，行长。

委托代理人：蔡某、董某某，北京大成(福州)律师事务所律师。

上诉人(原审被告)：长乐亚新污水处理有限公司，住所地福建省长乐市航城街道霞洲村。

法定代表人：高某某，董事长。

委托代理人：陈某某，男，汉族，1980年1月26日出生，公司职员，住福建省福州市台江区。

委托代理人：林某，福建福民律师事务所律师。

被上诉人(原审被告)：福州市政工程有限公司，住所地福建省福州市鼓楼区河东路沙帽井3号省邮电公寓4层。

法定代表人：高某某，董事长。

委托代理人：刘某某，女，汉族，1971年3月24日出生，公司职员，住福建省福州市鼓楼区。

委托代理人：林某，福建福民律师事务所律师。

上诉人福建海峡银行股份有限公司福州五一支行(下称海峡银行五一支行)因与上诉人长乐亚新污水处理有限公司(下称长乐亚新公司)、被上诉人福州市政工程有限公司(下称福州市政公司)借款合同纠纷一案，不服福州市中级人民法院(2012)榕民初字

---

① 来源：中国裁判文书网。

第 661 号民事判决,向本院提起上诉。本院受理后,依法组成合议庭,于 2013 年 7 月 25 日公开开庭进行了审理。上诉人海峡银行五一支行的委托代理人蔡某、董某某,上诉人长乐亚新公司的委托代理人陈某某,被上诉人福州市政公司的委托代理人刘某某,上诉人长乐亚新公司与被上诉人福州市政公司的共同委托代理人林某到庭参加诉讼。本案现已审理终结。

　　原审查明,2003 年,长乐市建设局为让与方、福州市政公司为受让方、长乐市财政局为见证方,三方签订《长乐市城区污水处理厂特许建设经营合同》,合同约定:长乐市建设局授予福州市政公司负责投资、建设、运营和维护长乐市城区污水处理厂项目及其附属设施的特许权;项目的建设及试运行期为 2003 年 1 月 1 日至 2005 年 4 月 30 日;项目的运营期(运营、维护项目的年限)从 2005 年 5 月 1 日至 2030 年 4 月 30 日;福州市政公司可将本合同授予的特许经营权作为本项目的融资抵押或担保,但不得转让他方;福州市政公司不得将建成后本项目的固定资产作为融资抵押和担保;福州市政公司全权负责项目的运营和维护,可由其组建的项目公司,也可由其委托专业的运营公司负责本项目的运营和维护;福州市政公司的收益来源于长乐市建设局支付的污水处理费;合同到期后,福州市政公司应将项目全部资产完好地、无偿地按时移交给长乐市建设局。合同还就项目特许权、双方的责任、项目建设标准、项目设计和建设、项目的融资、项目运营和维护、项目的计量计费及调价、项目的移交等其他的有关重要事项作出约定。

　　2004 年 10 月 22 日,长乐亚新公司成立。其系福州市政公司为履行《长乐市城区污水处理厂特许建设经营合同》而设立的项目公司。福州市政公司持有长乐亚新公司 99.23% 的股份。

　　2005 年 3 月 24 日,福州市商业银行五一支行与长乐亚新公司签订《单位借款合同》(编号:300030002005001),合同约定:长乐亚新公司向福州市商业银行五一支行借款人民币 3 000 万元;借款用途为长乐市城区污水处理厂 BOT 项目;借款期限为 13 年,自 2005 年 3 月 25 日至 2018 年 3 月 25 日;合同项下的借款按月结息,结息日为每月的第 20 日,还息日为结息日的次日,长乐亚新公司应在还息日支付到期利息;按分期还本方式偿还借款本金(共分十二期);长乐亚新公司未履行本合同的,应承担由此引起的福州市商业银行五一支行为实现债权(含担保债权)的费用(包括但不限于诉讼费、财产保全费、律师费、差旅费、执行费、评估费、拍卖费等);长乐亚新公司违约的,福州市商业银行五一支行有权停止发放未发放的借款,视为所有已发放的借款提前到期,要求长乐亚新公司立即偿还本合同项下所有借款本金和利息;对长乐亚新公司未按合同约定的期限清偿借款本金(包括提前到期的借款本金)的,就其到期应付而未付借款本金自逾期之日(含当日)起按合同借款利率上浮 30%(称为"逾期罚息利率"),以按月结息的方式计收利息;对于长乐亚新公司未按合同约定的期限清偿借款利息的,就其到期应付而未付借款利息自逾期之日(含当日)起按逾期罚息利率按月结息的方式计收复利。

同日,福州市商业银行五一支行与福州市政公司签订了《保证合同》,福州市政公司为长乐亚新公司的上述借款承担连带责任保证,合同约定保证担保的范围为主合同项下债务人的债务本金、利息(含复利)、违约金、损害赔偿金以及实现债权(含担保权)的费用(包括但不限于诉讼费、财产保全费、律师费、差旅费、执行费、评估费、拍卖费等)。

福州市商业银行五一支行与长乐亚新公司、福州市政公司、长乐市建设局亦于同日共同签订《特许经营权质押担保协议》,协议约定:福州市政公司以《长乐市城区污水处理厂特许建设经营协议》授予的特许经营权为长乐亚新公司向福州市商业银行五一支行的借款提供质押担保,长乐市建设局同意该担保;福州市政公司同意将特许经营权收益优先用于清偿借款合同项下的长乐亚新公司的债务,长乐市建设局和福州市政公司同意将污水处理费优先用于清偿借款合同项下的长乐亚新公司的债务;为加强对项目资金和收益的监控,长乐亚新公司同意在福州市商业银行五一支行设立融资控制账户;项目资金的支出和收入必须通过融资控制账户结算,福州市商业银行五一支行有权对项目资金的支出进行审查和监控;特许协议项下由长乐市建设局支付给福州市政公司的污水处理服务费以及福州市政公司从长乐市建设局获得的其他款项均由长乐市建设局直接划入融资控制账户;未经福州市商业银行五一支行和长乐市建设局一致书面同意,前述污水处理服务费等款项不得划入其他账户,若长乐市建设局违反上述约定应承担赔偿责任;福州市商业银行五一支行未受清偿的,有权依法通过拍卖等方式处分质押权利等;福州市商业银行五一支行处分质押权利时,同意与其他方友好协商,在同等条件下优先考虑将质押权利转让给长乐市建设局推荐的第三人;长乐市建设局同意为福州市商业银行五一支行和福州市政公司办理质押权利出质登记手续,质押权利担保的债务得以清偿后,福州市商业银行五一支行和福州市政公司应及时到长乐市建设局办理出质登记注销手续。

上述合同签订后,福州市商业银行五一支行于2005年3月25日向长乐亚新公司发放贷款2 500万元,于同月30日发放200万元,于同年4月28日发放300万元,共计发放3 000万元。长乐亚新公司于2007年10月21日起未依约按期足额还本付息,海峡银行五一支行曾多次向长乐亚新公司、福州市政公司催收借款本金及利息。截止至2012年8月21日,长乐亚新公司尚欠海峡银行五一支行借款本金人民币28 714 764.43元以及利息(包括借款利息、逾期罚息和复利)人民币2 142 597.6元,其中逾期贷款本金为8 618 098.43元。

原审另查明,福州市商业银行五一支行于2007年4月28日名称变更为福州市商业银行股份有限公司五一支行;2009年12月1日其名称再次变更为海峡银行五一支行。

海峡银行五一支行为提起本案诉讼支出律师代理费 123 640 元。

原审法院归纳本案一审争议焦点为：1. 长乐亚新公司和福州市政公司所应承担的责任；2. 长乐市城区污水处理厂特许经营权能否质押；3. 质权如何实现。对上述焦点问题，原审法院分析如下：

一、关于长乐亚新公司和福州市政公司所应承担的责任问题

原审法院认为，讼争《单位借款合同》《保证合同》系当事人真实的意思表示，未违反法律、行政法规的强制性规定，合法有效。海峡银行五一支行依约向长乐亚新公司发放贷款人民币 3 000 万元，长乐亚新公司自 2007 年 10 月 21 日起未依约按期偿还借款本金及利息，已构成违约。在长乐亚新公司违约情况下，根据《单位借款合同》第十一条第二款的约定，海峡银行五一支行有权要求长乐亚新公司提前偿还其借款本金人民币 28 714 764.43 元及利息（包含借款期限内利息、逾期罚息和复利，截止至 2012 年 8 月 21 日的利息为人民币 2 142 597.6 元，此后利息按《单位借款合同》约定计付）。海峡银行五一支行为提起本案诉讼支出律师代理费 123 640 元，并未超过律师收费标准，属海峡银行五一支行实现债权的合理费用，依照《单位借款合同》第九条第十四款的约定，长乐亚新公司应向海峡银行五一支行支付该费用。福州市政公司自愿为上述债务提供连带责任保证，故应对上述借款本金、利息及实现债权的费用承担连带清偿责任。

二、长乐市城区污水处理厂特许经营权质押问题

原审法院认为，特许经营权是对污水处理厂进行运营和维护，并获得收益的权利。污水处理厂的运营和维护，属于经营权人的义务；而污水处理厂的收益权，则属于经营权人所享有的权利。由于对污水处理厂的运营和维护，并不属于可转让的权利，因此讼争的特许经营权的出质，实质上系指收益权的出质。

对于污水处理的收益权，我国法律并未将其列为独立的财产权利，但《中华人民共和国物权法》（以下简称《物权法》）第二百二十三条第一款第（六）项规定了"应收账款"属于可出质的权利。中国人民银行《应收账款质押登记办法》第四条亦规定："本办法所称的应收账款是指权利人因提供一定的货物、服务或设施而获得的要求义务人付款的权利，包括现有的和未来的金钱债权及其产生的收益，但不包括因票据或其他有价证券而产生的付款请求权。本办法所称的应收账款包括下列权利：（一）销售产生的债权，包括销售货物，供应水、电、气、暖，知识产权的许可使用等；（二）出租产生的债权，包括出租动产或不动产；（三）提供服务产生的债权；（四）公路、桥梁、隧道、渡口等不动产收费权；（五）提供贷款或其他信用产生的债权。"由于污水处理的收益权系基于提供污水处理服务而产生的债权，故属于应收账款。但本案讼争的污水处理厂特许经营权质押担保协议签订于 2005 年，当时《物权法》尚未颁布，因此应适用当时法律之规定，即应适用《中华人民共和国担保法》（以下简称《担保法》）关于

权利质押之规定。

《担保法》第七十五条规定："下列权利可以质押：（一）汇票、支票、本票、债券、存款单、仓单、提单；（二）依法可以转让的股份、股票；（三）依法可以转让的商标专用权，专利权、著作权中的财产权；（四）依法可以质押的其他权利。"《最高人民法院关于适用〈中华人民共和国担保法〉若干问题的解释》第九十七条规定："以公路桥梁、公路隧道或者公路渡口等不动产收益权出质的，按照担保法第七十五条第（四）项的规定处理。"上述规定并未涉及污水处理厂等环保设施的收益权质押问题。但污水处理厂的收益权与公路收益权同属于债权，且两者性质上相类似，因为公路收益权属于依法可质押的其他权利，则污水处理收益权亦应允许出质。并且，2001年9月29日，国务院办公厅转发《国务院西部开发办〈关于西部大开放若干政策措施的实施意见〉》（国办发［2001］73号）第五部分"加大金融信贷支持"第（十三）项关于"对具有一定还贷能力的水利开发项目和城市环保项目（如城市污水处理和垃圾处理等），探索逐步开办以项目收益权或收费权为质押发放贷款的业务"的规定，首次明确可试行将污水处理项目的收益权进行质押。因此，在《物权法》实施之前，本案讼争特许经营的收益权亦属于可出质的权利。

污水处理的收益权，性质上属于债权，对于债权质押，系以特定债权担保其他债权，故出质的债权应具备确定性的特征。若出质的债权不确定，以其质押贷款，则出质的债权因不确定而具有无法实现的风险，从而影响其担保功能的发挥，极易引发金融信贷风险；出质人若可将其不特定债权进行质押，出质人的其他债权人对出质人履行债务的能力将难以预见，亦将损害出质人的其他债权人的利益。因此，可作为出质标的物的债权应当是确定的债权。而债权除已确定产生之现有债权外，还包括将来债权。对于将来债权，因存在基础关系而确定其将来会产生。并且，债权不限于单一之债权，还包括在一定期间内连续产生之集合债权。污水处理项目的收益权，经营权人系基于提供污水处理项目的经营服务而持续产生向付款义务方请求支付污水处理服务费的权利，故该债权属于集合性的将来债权。该收益权因存在特许经营的基础关系，而在一定期限内所产生，且债权金额亦可根据污水处理服务费的价格、提供服务的范围和对象等因素而得以预见，故从其产生原因、期间、债权金额三方面可判断其具备债权的确定性的特征，可成为质押标的物。本案讼争的特许经营收益权系因提供长乐市城区的污水处理服务而产生，其运营期至2030年4月30日，且收益金额亦可预期，故其属于确定之债权，可作为担保其他债权的质权标的物。

此外，将污水处理项目收益权出质，还应当具备担保物权成立的形式要件，即出质人和质权人应通过订立书面合同的方式达成设立质权的意思表示，并对质权进行公示。我国《物权法》第二百二十八条第一款规定："以应收账款出质的，当事人应当订立书面合同。质权自信贷征信机构办理出质登记时设立。"为此，应收账款质权的设立,双方应订立书面合同,并应在中国人民银行征信中心的应收账款质押登记公示系统进行出质登记,质权才依法成立。《物权法》于2007年10月1日开始施行,由于公路收益权、污水处理收益权等收益权均属《物权法》规定的应收账款,故其于2007年10月1日之后出质的,均应依法在征信中心的应收账款质押登记公示系统上予以登记公示。但在《物权法》施行前,对于污水处理项目收益权质押,并未有统一的登记公示的规定,故参照当时公路收费权质押登记的规定,由其主管部门进行备案登记,有关利害关系人可通过其主管部门了解该收益权是否存在质押之情况,该权利即具备物权公示的效果。

本案中,出质人福州市政公司已与质权人达成书面协议,对于污水处理特许经营收益权的质押公示问题,由于该质押担保协议签订于2005年,在《物权法》施行之前,故不适用《物权法》关于应收账款的统一登记制度。讼争的质权在主管部门登记备案,质权即依法成立并生效。本案讼争的长乐市城区污水处理项目的主管部门系特许权的转让方长乐市建设局,由于长乐市建设局在《特许经营权质押担保协议》上盖章,且协议第七条明确约定"长乐市建设局同意为福州市商业银行五一支行和福州市政公司办理质押登记出质登记手续",故可认定讼争污水处理项目的主管部门已知晓并认可该权利质押情况,有关利害关系人亦可通过长乐市建设局查询了解讼争污水处理厂的有关权利质押的情况。因此,本案讼争的权利质押已具备公示之要件,长乐市城区污水处理厂特许经营收益权的权利质权已成立并生效。

三、污水处理厂特许经营收益权质权的实现问题

原审法院认为,长乐亚新公司未偿还借款,海峡银行五一支行依法有权行使质权。我国《担保法》和《物权法》均未具体规定权利质权的具体实现方法,仅就质权的实现作一般性的规定,即《担保法》七十一条第二款"债务履行期届满质权人未受清偿的,可以与出质人协议以质物折价,也可以依法拍卖、变卖质物"的规定,以及《物权法》第二百一十九条第二款"债务人不履行到期债务或者发生当事人约定的实现质权的情形,质权人可以与出质人协议以质押财产折价,也可以就拍卖、变卖质押财产所得的价款优先受偿"的规定。根据上述规定,质权人在行使质权时,可通过协商将质押财产折价或拍卖、变卖质押财产方式取得相应价款的优先受偿权。由于可质押的财产(包括动产和权利)通常并非直接体现为金钱价款,需通过转让的方式才可获得对价款,故我国法律规定了变价受偿的质权实现的一般方法。但收益权属于将来获得的金钱债权,其可通过直接向第三债务人收取金钱的方式实现质权,故无需采取折价或拍卖、变卖之方式。并且,收益权均附有一定之负担,其经营主体的特定性及经营过程中经营主体所应承担之义务,均非可转让的财产权利,依其性质均非可以折价或拍卖、变卖的对象。本案长乐市城区污水处理厂特许经营权的经营主体为福州市政公司及其成立的项目公司长乐亚新公司,由于福州市政公司及长乐亚新公司投资建设污水处理厂,

其在经营期间对相关不动产、设备享有所有权，其亦雇佣人员具体负责污水处理厂的运营管理，故在实现质权时，该收益权依其性质不能采取拍卖、变卖的方式予以处置。因此，海峡银行五一支行请求将《特许经营权质押担保协议》项下的质物予以拍卖、变卖并行使优先受偿权，不予支持。

根据《特许经营权质押担保协议》第三条第二款关于"根据特许协议的有关规定，为确保项目运营期届满前长乐亚新公司能够清偿借款合同项下的债务，长乐市建设局和福州市政公司同意将特许协议项下长乐市建设局支付给福州市政公司的污水处理服务费优先清偿借款合同项下的债务"的约定，海峡银行五一支行有权直接向长乐市建设局收取污水处理服务费，并对所收取的污水处理服务费行使优先受偿权。由于长乐亚新公司仍应依约对污水处理厂进行正常运营和维护，若无法正常运营，则将影响到长乐市城区污水的处理，亦将影响海峡银行五一支行对污水处理费的收取，故海峡银行五一支行在向长乐市建设局收取污水处理服务费时，应当合理行使权利，为长乐亚新公司预留经营污水处理厂的必要合理之费用。至于福州市政公司和长乐亚新公司已收取的污水处理服务费，因未设立融资控制账户，已无法特定，故其已转化为福州市政公司和长乐亚新公司的一般财产，海峡银行五一支行已不具备对长乐亚新公司已收取部分污水处理服务费行使优先受偿权之条件。综上，原审法院依照《中华人民共和国合同法》第六十条第一款、第一百零七条、第二百零七条，《中华人民共和国担保法》第十八条、第七十五条的规定，判决：一、长乐亚新公司应于判决生效之日起十日内向海峡银行五一支行偿还借款本金人民币 28 714 764.43 元及利息（包括借款期限内的利息、逾期罚息、复利，暂计至 2012 年 8 月 21 日为人民币 2 142 597.6 元，此后利息按 300030002005001 号《单位借款合同》的约定计至借款本息还清之日止）；二、长乐亚新公司应于判决生效之日起十日内向海峡银行五一支行支付律师代理费人民币 123 640 元；三、海峡银行五一支行于判决生效之日起有权直接向长乐市建设局收取应由长乐市建设局支付给长乐亚新公司、福州市政公司的污水处理服务费，并对该污水处理服务费就判决第一、二项所确定的债务行使优先受偿权；四、福州市政公司对判决第一、二项确定的债务承担连带清偿责任；五、驳回海峡银行五一支行的其他诉讼请求。如果未按判决确定的期限履行给付金钱义务，应当依照《中华人民共和国民事诉讼法》第二百五十三条之规定，加倍支付迟延履行期间的债务利息。一审案件受理费 196 705 元、财产保全费 5 000 元，由长乐亚新公司、福州市政公司负担。

一审宣判后，海峡银行五一支行、长乐亚新公司均不服，向本院提起上诉。海峡银行五一支行上诉称，一、原判决将《特许经营权质押担保协议》项下质物"污水处理经营权"的内涵界定为"污水处理费收益权"，这项判断没有明文法律规定支持。二、原判决首先确认海峡银行五一支行享有质权，但是却未支持海峡银行五一支行拍卖、变卖质物的请求，与现行担保法规定不符。请求：1. 撤销一审判决第五项；2. 改判确认海峡银行五一支行与长乐亚新公司、福州市政公司以及长乐市建设局签订的《特许经营权质押担保协议》合法有效，判令拍卖、变卖《特许经营权质押担保协议》项下的质物，同时海峡银行五一支行有权以上述质物变现所得优先受偿；3. 本案诉讼费用由长乐亚新公司、福州市政公司负担。

长乐亚新公司答辩称，一审法院对本案质物"污水处理经营权"所作的学理解释是符合法律规定也是符合情理的。但客观地说，本案污水处理特许经营权的质押存在瑕疵。首先，污水处理特许经营权的质押确实没有明文的法律规定，其次，特许经营权的质押按法律规定应进行登记、备案并公示，而本案特许经营权的质押并没有履行上述手续。目前污水处理厂经营状况良好，偿债能力逐年提高，一审判决海峡银行五一支行从长乐市建设局支付给长乐亚新公司的污水处理费中优先受偿完全可以保证其债权的实现。而且诉讼过程中，福州市政府曾组织讼争各方进行协商并形成和解精神，即本案纠纷不宜通过诉讼方式解决，宜和解解决，要求海峡银行五一支行给予长乐亚新公司2年的还贷宽限期。对此，海峡银行五一支行是清楚的。本案如果支持海峡银行五一支行的诉讼请求，判决长乐亚新公司立即提前全部还贷，将造成严重的社会影响。因此，一审法院判决驳回海峡银行五一支行关于拍卖、变卖污水处理特许经营权是正确的。

长乐亚新公司上诉称，一、本案诉讼的前因是长乐市建设局延误两年半之久才向长乐亚新公司支付污水处理费，造成长乐亚新公司未能按期还贷，一审未依职权追加长乐市建设局为诉讼参与人，不利于本案的调解或和解解决。二、福州市人民政府就本案诉讼问题召集各方协调，会议达成海峡银行五一支行再给予2年还贷宽限期的和解精神，一审判决长乐亚新公司立即提前全部还贷，与会议各方达成一致的和解精神不符。三、一审未依申请向长乐亚新公司和福州市政公司的法人代表调查核实本案的主要证据，影响本案事实的认定。四、海峡银行五一支行支付的律师费123 640元，不是法定或合同约定的其实现债权的金额费用，显属不必要、不合理的高额费用，长乐亚新公司和福州市政公司对此不予认可，该费用应由海峡银行五一支行自行承担。请求依法撤销原审判决第一、二、三、四项，改判驳回海峡银行五一支行的诉讼请求，本案诉讼费用由海峡银行五一支行承担。

海峡银行五一支行答辩称，一、长乐市建设局并非讼争合同的相对方，本案的判决结果与长乐市建设局也没有法律上的利害关系，因此，长乐市建设局无须作为本案的诉讼参与人，原审法院未追加其作为本案当事人程序并无违法。二、福州市政府召集各方开协调会，与会各方并未达成和解，协调过程中形成的会议纪要对各方均无约束力，海峡银行五一支行并没有承诺要给予长乐亚新公司2年的还贷宽限期。而且，诉讼过程中，福州市政府针对本案双方的纠纷又有了新的意见，即由福州市水务集团受让污水处理特许经营权，这样既可以保障污水处理不中断，也能够保证海峡银行五一支行债权的实现，由此可见，协调会精神及会议纪要内容是不断变化的，海峡银行五一支行要求长乐亚新公司提前还贷及拍卖、变卖质物的诉请和福州市人民政府对本案的协调精神并不违背。三、长乐亚新公司拖欠借款本金和利息的违约行为始于2007年，根据《单位借款合同》第十一条第一款和第二款约定，若长乐亚新公司在合同履行期间存在未按合同约定的期限清偿借款本金或利息，海峡银行五一支行有权视为所有已发放的借款提前到期，并要求长乐亚新公司立即偿还合同项下的所有借款本金和利息，行使担保权利。长乐亚新公司清偿全部借款本息后，双方债权债务结清，合同自然终止。四、海峡银行五一支行有权要求拍卖、变卖《特许经营权质押担保协议》项下的质物，并以拍卖、变卖质物所得价款优先受偿。首先，本案中的"污水处理经营权"具备作为质押物的基本特征，即财产性和可让与性。其次，本案中污水处理经营权出质，具备了担保物权成立的形式要件，即出质人和质权人订立了书面合同，并对质权进行了公示。因此，该质权已成立并生效，海峡银行五一支行依法有权通过拍卖、变卖方式行使质权。五、海峡银行五一支行为本案诉讼支出律师代理费123 640元是有合同明确约定支付的，具体金额计算合理，不存在过高情形，长乐亚新公司应依约向海峡银行五一支行支付该费用。

福州市政公司的答辩意见与长乐亚新公司的答辩意见基本一致，认为根据福州市人民政府的协调会精神，本案不宜通过诉讼方式解决，希望各方能够和解解决本案纠纷。

二审审理过程中，各方当事人对一审查明事实均无异议，本院予以确认。

本案二审争议焦点是：一、本案是否应追加长乐市建设局作为本案的当事人；二、《特许经营权质押担保协议》的效力；三、海峡银行五一支行是否有权要求拍卖、变卖《特许经营权质押担保协议》项下的质物，并从质物变现所得中优先受偿；四、长乐亚新公司是否应当负担海峡银行五一支行为本案支出的律师代理费。双方当事人对争议焦点的意见如前所述，本院不再赘述。本院对争议焦点分析、认定如下：

一、关于本案是否应追加长乐市建设局作为本案当事人的问题

本院认为，本案系海峡银行五一支行与长乐亚新公司、福州市政公司在履行《单位借款合同》《保证合同》《特许经营权质押担保协议》过程中，因长乐亚新公司未能按期偿还贷款本息引发的借款合同纠纷。贷款人海峡银行五一支行、借款人长乐亚新公司、担保人福州市政公司是讼争借款担保法律关系的三方主体。长乐市建设局在本案中仅是污水处理特许经营权的让与人，并非讼争法律关系的一方当事人。长乐亚新公司主张本案纠纷的起因是长乐市建设局拖延支付污水处理费，导致其未能及时偿付贷款本息，是该公司与长乐市建设局之间的法律关系。长乐亚新公司以此要求追加长乐市建设局参加本案诉讼，缺乏法律依据，本院不予支持。

二、关于《特许经营权质押担保协议》的效力问题

本院认为，本案《特许经营权质押担保协议》项下福州市政公司提供的质押权利

是长乐市建设局授予该公司的污水处理特许经营权。根据长乐市建设局和福州市政公司签订的《长乐市城区污水处理厂特许建设经营合同》的约定，该污水处理特许经营权包括对污水处理厂进行投资、建设、运营、维护，并获得收益的权利。而从《特许经营权质押担保协议》第二条"为确保项目运营期届满前乙方（长乐亚新公司）能够清偿借款合同项下的债务，丁方（长乐市建设局）和丙方（福州市政公司）同意将特许协议项下丁方（长乐市建设局）支付给丙方（福州市政公司）的污水处理服务费优先用于清偿借款合同项下的乙方（长乐亚新公司）债务"的约定，可以进一步明确，福州市政公司为长乐亚新公司借款提供质押担保的主要是该特许经营权中的污水处理收益权。尽管海峡银行五一支行主张用于质押的特许经营权不应仅指污水处理收益权，还应当包括对污水处理厂所有设施，包括建筑物、构筑物、设备、工具、车辆以及其他设施，还有特许经营期内可能形成的知识产权的所有权和使用权，但根据长乐市建设局和福州市政公司《特许建设经营合同》的约定，这些不动产、设施、设备在特许经营权期限内是不得转让的，并且特许经营权期限届满，有关不动产以及权利均要移交给出让方。由此可见，福州市政公司对这些不动产设施的使用和有关权利的行使都是基于污水处理项目运营之需要，该公司对这些设备、权利并不拥有处分权，其无权将这些设备或权利用于质押担保，因此，本案讼争《特许经营权质押担保协议》项下的质物应该主要指特许经营权中的污水处理收益权。

尽管《担保法》未明确规定污水处理收益权可以作为质押的权利，但《最高人民法院在关于适用〈中华人民共和国担保法〉若干问题的解释》中对公路桥梁、隧道、渡口等不动产收益权的质押有作相关规定，根据该《解释》第九十七条的规定，前述公路桥梁、隧道、渡口等不动产收益权属于《担保法》第七十五条第（四）项规定的依法可以质押的其他权利。本案中，福州市政公司享有的污水处理收益权，与前述的公路桥梁、隧道、渡口的不动产收益权性质相类似，都是政府授予企业在一定时间和范围内基于对特定项目的投资、建设、运营、维护而享有的获取收益的权利，因此，参照该司法解释的规定，污水处理收益权属于依法可以质押的权利。福州市政公司将其享有的污水处理收益权作为长乐亚新公司借款的质押担保，并不违反法律规定。

根据《担保法》的规定，质押权的设定除了质物应符合法律规定，出质人与质权人应当签订书面合同之外，还必须进行必要的公示。有些权利质押合同的生效以权利凭证的交付为要件，有些则必须到有关部门办理出质登记。尽管《担保法》对污水处理收益权质押权的取得要件并未作出明确规定，但各方当事人在《特许经营权质押担保协议》第七条中有约定，由长乐市建设局为质权人海峡银行五一支行和出质人福州市政公司办理出质登记手续。考虑到长乐市建设局不仅是污水处理特许经营权的出让方，也是长乐市城区污水处理项目的主管部门，而法律并未对该权利出质登记的具体形式作出特别规定，原审法院参照公路收费权质押登记的规定，将污水处理项目的主管部门长乐市建设局作为该污水处理收益权的质押登记部门,以长乐市建设局在《特许经营权质押担保协议》上盖章,同意为海峡银行五一支行和福州市政公司办理质押权利出质登记手续,有关利害关系人可通过长乐市建设局查询了解讼争污水处理厂有关权利质押情况为由,认定该污水处理收益权的质押已具备公示之要件,质押权利成立并生效,并无不当,本院予以维持。

三、关于海峡银行五一支行是否有权要求拍卖、变卖《特许经营权质押担保协议》项下的质物,并从质物变现所得中优先受偿的问题

本院认为,本案中长乐亚新公司未能依约偿还贷款本息,构成违约,海峡银行五一支行有权按照合同约定要求长乐亚新公司立即偿还所有借款本金和利息,并依法行使质权。根据《担保法》第七十一条第二款的规定,债务履行期限届满质权人未受清偿的,可以与出质人协议以质物折价,也可以依法拍卖、变卖质物。从上述规定可以看出,质权人实现质权的方式通常是,与出质人协议将质物折价或者将质物拍卖、变卖并从所得价款中优先受偿。上述规定是《担保法》对质权实现方式的一般性规定。本案中,出质人福州市政公司与质权人海峡银行五一支行约定的质权实现方式是,福州市政公司承诺将长乐市建设局支付给该公司的污水处理服务费优先用于清偿借款合同项下长乐亚新公司的债务。尽管上述约定也是通过从质权变现所得价款中优先受偿的方式来保证质权人质权的实现,但由于该种污水处理收益权实质上是一种可期待的将来之债权,是福州市政公司根据其每月提供的污水处理服务分期获得的收益,因此,双方约定的该种质权实现方式实际上又有别于一般的通过拍卖、变卖质物,从所得价款中一次性优先受偿的质权实现方式。海峡银行五一支行在《特许经营权质押担保协议》上签字,应视为其同意通过分期优先受偿的方式实现质权。更为重要的是,污水处理收益权作为污水处理特许经营权的一项权能,与企业对污水处理项目的投资、运营和维护是密不可分的,并非可以单独行使。该收益权的获得不仅是对企业先期投入的一种回报,更有赖于企业对污水处理项目的持续运营和维护,而这些更多地体现为一种负担和义务,对经营主体的资质、能力有着较为严格的要求。因此,不论是从维护社会公共利益角度考虑,还是从公平、公正角度考虑,本案的污水处理收益权都不宜通过拍卖、变卖的方式予以处置。鉴于目前长乐亚新公司负责的污水处理项目已经能够正常运作,福州市政公司每月获得的污水处理费收益稳定,海峡银行五一支行的债权完全可以通过从福州市政公司每月取得的污水处理费中优先受偿的方式保证其债权的最终实现,因此,本院对海峡银行五一支行要求将《特许经营权质押担保协议》项下质物拍卖,并从质物变现所得价款中优先受偿的主张不予支持。

四、关于长乐亚新公司是否应当负担海峡银行五一支行为本案支出的律师代理费的问题

本院认为,本案中长乐亚新公司未按合同约定偿付贷款本息,构成违约。海峡银

行五一支行为提起本案诉讼支出律师代理费123 640元,并未超过律师收费标准。该费用属于海峡银行五一支行为实现债权而支出的合理费用。根据《单位借款合同》第十四条"甲方(长乐亚新公司)未按合同约定履行义务,应承担乙方(海峡银行五一支行)为实现债权(含担保债权)的费用(包括但不限于诉讼费、财产保全费、律师费、差旅费、执行费、评估费、拍卖费等)"的约定,长乐亚新公司应当承担海峡银行五一支行该笔律师费。长乐亚新公司关于该笔律师费不是法定或合同约定的实现债权的费用,属不必要、不合理的高额费用,应由海峡银行五一支行自行承担的主张,缺乏事实和法律依据,本院不予支持。

综上所述,本院认为,讼争的《单位借款合同》《保证合同》《特许经营权质押担保协议》均系各方当事人的真实意思表示,其内容不违反法律、行政法规的强制性规定,应认定合法有效。长乐亚新公司未按约定偿付贷款本息,构成违约,应依法承担相应的违约责任。根据《单位借款合同》第十一条、第十二条"甲方(长乐亚新公司)未按本合同约定的期限清偿借款本金或利息……乙方(海峡银行五一支行)有权视为所有已发放的借款提前到期,要求甲方(长乐亚新公司)立即偿还本合同项下所有借款本金和利息"的约定,海峡银行五一支行有权要求长乐亚新公司立即提前偿还其尚欠的借款本金和利息,并承担海峡银行五一支行为提起本案诉讼支出的律师代理费。福州市政公司在提供连带责任保证的同时,自愿将长乐市建设局授予该公司的特许经营权为长乐亚新公司的借款提供质押担保,承诺将特许协议项下长乐市建设局支付给该公司的污水处理服务费优先用于清偿长乐亚新公司的借款,现长乐亚新公司逾期偿付贷款本息,海峡银行五一支行有权依法依约行使质权,从福州市政公司每月获得的污水处理费中优先受偿。综上,原审认定事实清楚,适用法律正确,程序合法,应予维持。海峡银行五一支行、长乐亚新公司的上诉理由均不能成立,其请求不予支持。依照《中华人民共和国民事诉讼法》第一百七十条第一款第(一)项规定,判决如下:

驳回上诉,维持原判。

本案二审案件受理费196 705元,由海峡银行五一支行负担39 341元,长乐亚新公司负担157 364元。一审案件受理费按一审判决执行。

本判决为终审判决。

审 判 长　何　忠
代理审判员　詹强华
代理审判员　朱宏海

二〇一三年九月十七日

书　记　员　蔡素洁

〔评注〕

1. 本实例是福建省高级人民法院按照旧民事诉讼文书样式制作的一份二审民事判决书。本实例的格式基本符合旧民事诉讼文书样式的要求，如果按照新民事诉讼文书样式的要求写作，其应作如下调整：(1)当事人部分中，"委托代理人"改为"委托诉讼代理人"，陈某某、刘某某等自然人的民族应写在出生年月日后。(2)案件由来和审理过程中，应写明立案日期，不用写开庭日期。(3)正文部分的写作顺序应该调整，依次写明上诉请求、被上诉人的辩称、原审当事人或诉讼参与人的述称、原审原告向一审法院起诉请求、一审法院认定事实、一审法院认为、一审判决、二审本院认为及判决结果。由于本实例中当事人二审期间没有提交新证据，可以不写对新事实的认定，只需要写对原审事实的确认。(4)"依照《中华人民共和国民事诉讼法》第一百七十条第一款第(一)项规定"中"第(一)项"的括号应当去除。(5)"一审案件受理费按一审判决执行"这句话可以不写。

2. 本实例中出现了原审原被告均上诉的情况，判决书写作中，应当遵从"主动在前、被动在后"的原则，即上诉人在前，被上诉人在后，未上诉或者未被上诉的原审原告或者被告在后的顺序。

3. 本实例争议焦点归纳清晰准确。争议焦点的归纳以上诉人与被上诉人的诉辩为前提，本实例对上诉人和被上诉人的诉辩情况进行了全面的阐述，因此在后面的论理部分没有再写他们的主张，径直写了法院的认定。海峡银行五一支行上诉称，原审法院对质物"污水处理经营权"范围认定过窄。长乐亚新公司答辩称，"污水处理经营权"不能作为质物。长乐亚新公司上诉称，一审未追加长乐市建设局程序违法，相关会议已就偿还债务达成协议，且律师费不应作为实现债权的费用。海峡银行五一支行答辩称，长乐市建设局与本案无利害关系，无需成为本案的诉讼参与人；相关会议并未就偿还债务达成一致；"污水处理经营权"可以作为质物；律师费应当作为实现债权的费用。根据上述诉辩意见，判决书将争议焦点归纳为：是否应追加长乐市建设局作为本案的当事人；《特许经营权质押担保协议》的效力；海峡银行五一支行是否有权要求拍卖、变卖《特许经营权质押担保协议》项下的质物，并从质物变现所得中优先受偿；长乐亚新公司是否应当负担海峡银行五一支行为本案支出的律师代理费。争议焦点的归纳既反映了当事人之间的主要分歧，也符合质押法律关于质押合同效力、质权成立等的要求，为后续的论理奠定了良好的基础。

4. 本实例说理部分逻辑严谨、论证充分。本案的核心在于"污水处理经营权"是否可以作为质物，如果能够作为质物，质物的具体范围及实现方式是什么。由于相关法律没有明确规定，就需要法院通过法律适用方法进行自由裁量。首先，本实例通过对"污水处理经营权"与"公路桥梁、隧道、渡口的不动产收益权性质"的类比，确认"污水处理经营权"可以作为质物。其次，本实例又通过类比方式，确认污水处理项目的主管部门长乐市建设局可以作为质押登记的主管部门。再次，本实例又通过对"污水处理经营权"性质的分析以及当事人对质权实现方式的约定，明确污水处理收益不易通过拍卖、变卖的方式予以处置。文书说理要紧扣请求权成立的实体法律依据，本实例就紧扣质押法律关系成立、有效及实现这一主线，充分阐述了法理。

2. 民事判决书（二审改判用）

×××× 人民法院
民事判决书

（××××）……民终……号

上诉人（原审诉讼地位）：×××，……。
……
被上诉人（原审诉讼地位）：×××，……。
……
原审原告/被告/第三人：×××，……。
……
（以上写明当事人和其他诉讼参加人的姓名或者名称等基本信息）

上诉人×××因与被上诉人×××/上诉人×××及原审原告/被告/第三人×××……（写明案由）一案，不服××××人民法院（××××）……民初……号民事判决，向本院提起上诉。本院于××××年××月××日立案后，依法组成合议庭，开庭/因涉及……（写明不开庭的理由）不开庭进行了审理。上诉人×××、被上诉人×××、原审原告/被告/第三人×××（写明当事人和其他诉讼参加人的诉讼地位和姓名或者名称）到庭参加诉讼。本案现已审理终结。

×××上诉请求：……（写明上诉请求）。事实和理由：……（概述上诉人主张的事实和理由）。

×××辩称，……（概述被上诉人答辩意见）。

×××述称，……（概述原审原告/被告/第三人陈述意见）。

×××向一审法院起诉请求：……（写明原告/反诉原告/有独立请求权的第三人的诉讼请求）。

一审法院认定事实：……（概述一审认定的事实）。一审法院认为，……（概述一审裁判理由）。判决：……（写明一审判决主文）。

本院二审期间，当事人围绕上诉请求依法提交了证据。本院组织当事人进行了证据交换和质证(当事人没有提交新证据的，写明：二审中，当事人没有提交新证据)。对当事人二审争议的事实，本院认定如下：……(写明二审法院是否采信证据、认定事实的意见和理由，对一审查明相关事实的评判)。

　　本院认为，……(根据二审认定的案件事实和相关法律规定，对当事人的上诉请求进行分析评判，说明理由)。

　　综上所述，×××的上诉请求成立，予以支持。依照《中华人民共和国×××法》第×条(适用法律错误的，应当引用实体法)、《中华人民共和国民事诉讼法》第一百七十条第一款第×项规定，判决如下：

　　一、撤销××××人民法院(××××)……民初……号民事判决；
　　二、……(写明改判内容)。
　　二审案件受理费……元，由……负担(写明当事人姓名或者名称、负担金额)。
　　本判决为终审判决。

审　判　长　×××
审　判　员　×××
审　判　员　×××

×××年××月××日
（院印）
书　记　员　×××

【说明】

　　1. 本样式根据《中华人民共和国民事诉讼法》第一百七十条等制定，供二审人民法院对当事人不服一审判决提起上诉的民事案件，按照第二审程序审理终结，就案件的实体问题依法改判用。

　　2. 二审判决主文按照撤销、改判的顺序写明。

　　一审判决主文有给付内容，但未明确履行期限的，二审判决应当予以纠正。

　　判决承担利息，当事人提出具体请求数额的，二审法院可以根据当事人请求的数额作出相应判决；当事人没有提出具体请求数额的，可以表述为"按……利率，自×××年××月××日起计算至××××年××月××日止"。

　　3. 二审对一审判决进行改判的，应当对一审判决中驳回其他诉讼请求的判项一并进行处理，如果驳回其他诉讼请求的内容和范围发生变化的，应撤销原判中驳回其他诉讼请求的判项，重新作出驳回其他诉讼请求的判项。

　　4. 因为出现新的证据导致事实认定发生变化而改判的，需要加以说明。人民法院依法在上诉请求范围之外改判的,也应加以说明。

5. 按本样式制作二审民事判决书时,可以参考驳回上诉,维持原判用二审民事判决书样式的说明。

【实例评注】

北京市第二中级人民法院
民事判决书①

(2016)京 02 民终 6278 号

上诉人(原审被告):北京辰博伦物业管理有限公司,住所地北京市西城区广安门外大街 305 号八区 11 号楼 0106 号。

法定代表人:刘某,总经理。

委托诉讼代理人:王某某,男,北京辰博伦物业管理有限公司工作人员。

委托诉讼代理人:张某某,女,北京辰博伦物业管理有限公司工作人员。

被上诉人(原审原告):吕某,男,1985 年 7 月 12 日出生。

上诉人北京辰博伦物业管理有限公司(以下简称辰博伦公司)因与被上诉人吕某物业服务合同纠纷一案,不服北京市西城区人民法院(2016)京 0102 民初 2708 号民事判决,向本院提起上诉。本院于 2016 年 7 月 13 日立案后,依法组成合议庭,开庭进行了审理。上诉人辰博伦公司的委托诉讼代理人王某某、张某某,被上诉人吕某到庭参加诉讼。本案现已审理终结。

辰博伦公司上诉请求:1. 撤销一审判决,依法改判;2. 吕某承担本案一、二审全部诉讼费用。事实和理由:1. 本案一审判决适用法律不当。本案一审法院曾就本案作出(2015)西民初字第 10544 号民事判决,辰博伦公司就该判决向二审法院提起上诉,二审法院作出(2015)二中民(商)终字第 00826 号民事裁定,认定"一审法院据此认定吕某与物业服务企业之间形成保管合同法律关系,依据不足",发回一审法院重审。本案(2016)京 0102 民初 2708 号民事判决无视二审法院发回裁定,认定吕某与辰博伦公司之间形成保管合同法律关系,缺乏依据。根据《中华人民共和国合同法》的规定,保管合同是保管人保管寄存人交付的保管物,并返还该物的合同。本案事实与保管合同的法律规定不符:(1)吕某未向辰博伦公司移交保管物,根本不具备形成保管合同关系的前提。事实情况是吕某自行驾驶涉案车辆驶入小区,并将涉案车辆停放在其居住的小

---

① 来源:中国裁判文书网。

区楼下。辰博伦公司既不具备保管该物的可能性,也不具备向吕某返还该物的可能性,根本不具备形成保管合同关系的前提。(2)辰博伦公司与吕某不存在保管合同法律关系,而是场地租赁关系。吕某的车辆随时可进出辰博伦公司所管理的北京荣丰嘉园小区停车场,辰博伦公司为吕某提供的只是停车服务,辰博伦公司对吕某收取的也只是场地租赁费用而已,形成的是场地租赁关系。吕某可以认为辰博伦公司未实际提供场地租赁,要求辰博伦公司退还场地租赁费用,但无理由认为与辰博伦公司形成保管合同关系,也就无理由要求辰博伦公司因未尽到看管义务,承担对吕某损失的赔偿责任。2. 本案一审判决对责任的划分严重不公。(1)吕某并未将涉案车辆停放在辰博伦公司进行停车管理所指定的停车范围内,却将车辆停靠在小区路旁的人行区域,阻碍了行人出行,还未在车辆上留有联系方式。吕某作为车辆驾驶、使用人,并具有完全行为能力,有明显过错,对此可能导致出现的不利后果,应负主要责任。对此一审判决已经认定吕某在保管合同履行过程中有一定的过错,应当对损失承担相应的责任,却只判决吕某承担一点责任,完全忽视或免除了吕某应当承担的停车入位等相关义务及应承担的主要责任。(2)辰博伦公司与吕某仅系场地租赁关系,仅向吕某收取了停车的场地租赁费用八十余元,却要辰博伦公司承担与收取的场地租赁费用严重不相称的责任,即绝大部分的修理费用12 000元。车辆损坏由吕某不当停车引起,北京荣丰嘉园小区本身有自己的物业管理单位,吕某未停在指定停车位上,而停在其他位置,辰博伦公司不具备知晓其停车位置的能力,吕某也未告知辰博伦公司其联系方式,辰博伦公司更没有吕某车辆的钥匙,辰博伦公司根本不具备采取措施将吕某车辆挪至小区停车区域内或告知吕某驶离小区的能力。而吕某具备告知辰博伦公司其实际未停在指定停车位上的能力,但未告知辰博伦公司,相应后果就应由吕某自行承担。3. 本案一审判决认定事实不清,证据不足。(1)吕某在一审中提供的证据不能证明车辆的损坏发生在辰博伦公司管理的区域和时间内,即吕某未提供证据证明其车辆所遭受的损毁与辰博伦公司之间存在因果关系。(2)即便吕某能够证明其车辆毁损的事实发生在辰博伦公司服务的小区内,也无法证明其车辆毁损的真实原因。(3)吕某于2015年3月6日报警,警方所提供的受案回执中已明确其车辆系被故意损坏,显然与辰博伦公司无关。(4)吕某车辆前风挡和引擎盖部分被划伤,并未说明雨量传感器和前挡贴膜是否受损,吕某更换雨量传感器和前挡贴膜与本案无关,不得主张该部分费用。

吕某辩称,1. 辰博伦公司称吕某未将涉案车辆停在指定管理的范围,与事实不符。辰博伦公司向吕某收取费用,就有管理义务。2. 辰博伦公司称报警受案回执载明车辆是故意损坏,与辰博伦公司无关。辰博伦公司没有安装摄像头,导致吕某未能找到实际刮伤车辆的人,否则吕某不会起诉辰博伦公司。3. 辰博伦公司称车辆前风挡、引擎盖划伤与吕某更换雨量传感器、贴膜等部件无关。涉案车辆本身的特点决定了前风挡受损,其雨量传感器就必须更换,而且辰博伦公司在一审中对贴膜问题并没有提出异议。4. 辰博伦公司在一审中称车辆损坏不是发生在其管理区域,辰博伦公司对此应举证证明。辰博伦公司称消防通道不让停车,但其未采取措施阻止车辆在消防通道停车,未尽管理义务。辰博伦公司备案的1 300余个停车位的规划用途是绿化,辰博伦公司却将其作为停车场。5.(2016)京02民终2235判决书已判决非常空间物业公司撤出北京荣丰嘉园小区,进而影响非常空间物业公司与辰博伦公司之间承包合同的效力。

吕某向一审法院起诉请求:判令辰博伦公司赔偿车辆修理费14 770元。

一审法院认定事实:吕某居住在北京市西城区荣丰2008小区,辰博伦公司系管理该小区机动车停放服务的公司。2015年3月5日晚,吕某驾驶车牌号为×××宝马小轿车驶入该小区,并停靠在17号楼下路旁的人行区域。次日,吕某发现该车辆前风挡和引擎盖等部位被划伤。随即,吕某找到辰博伦公司的公司负责人并报警,北京市公安局西城分局天宁寺派出所为吕某出具受案回执。3月9日上午10时40分许,吕某驾驶车辆离开该小区并支付了停车费。3月18日,吕某自行将车辆送往秦皇岛宝德汽车维修服务有限公司进行修理,其支付零件费及工费共计14 770元。

一审法院另查一,该小区停车场为计时收费停车场,车辆进入小区大门后开始计费,车辆驶出小区时须交费后抬杆,车辆才能驶出。

一审法院另查二,吕某提供光盘及照片,证明车辆受损后,其与辰博伦公司进行了沟通和车辆当时停放的位置、受损部位、交费情况。辰博伦公司对光盘的真实性认可,不认可证明目的,认为吕某不能证明车辆何时进出该小区,吕某没有将车辆停放在停车场,而停放在消防通道内。吕某提供修车发票及维修单,证明车辆修理情况。辰博伦公司认可真实性,不认可证明目的,认为吕某更换雨量传感器和前挡贴膜与本案无关。

一审法院另查三,辰博伦公司提供照片,证明停车场的位置、消防通道禁止停车的标示及管理员巡视情况。吕某对照片的真实性认可,不认可证明目的,认为照片拍摄的时间均发生在事故发生之后,晚上照的照片显示停车场的车辆已停满车辆,辰博伦公司还在放行;中午照的照片车辆较少,小区的业主在上班时间;巡视员巡视也是在白天,不能证明夜间巡视情况;且消防通道禁止停车的标示在事件发生时没有张贴,吕某提供的录像中有体现。辰博伦公司提供车场地库工作记录,证明每天的巡视情况。吕某不认可真实性,认为辰博伦公司在开庭当天没有提供,庭后提供不排除随便找人签字情况。

一审法院另查四,辰博伦公司提交一份与北京荣丰房地产开发有限公司签订的《荣丰嘉园小区停车服务合同》用以证明辰博伦公司的服务范围为指定地点。吕某认为该合同欠缺金额、范围等内容,不认可其真实性。

一审法院认为，依法成立的合同，对当事人具有法律约束力。当事人应当按照约定履行自己的义务。保管合同是保管人保管寄存人交付的保管物，并返还该物的合同。保管期间，因保管人保管不善造成保管物毁损、灭失的，保管人应当承担损害赔偿责任。当事人对自己提出的主张，有责任提供证据。本案中，辰博伦公司系管理该小区机动车停放服务的公司，能够控制小区内车辆进出及小区内停车位的使用，应当清楚自己提供停车服务的能力，在与吕某订立合同的过程中具有一定的优势地位。辰博伦公司应当清楚进入小区的车辆是否停在了指定停车位上。基于诚实信用原则，如果辰博伦公司认为吕某的车辆未停在指定停车位上、保管合同不成立，就应当告知并要求吕某驶离小区。现没有证据证明辰博伦公司采取了相应的处理措施。且在吕某驶出小区时，辰博伦公司收取了停车费用。综上可以认定，吕某已将车辆交予辰博伦公司保管，辰博伦公司已经实际履行保管合同并最终收取了保管费用。因此，吕某、辰博伦公司之间形成了有偿保管合同关系。辰博伦公司提交的《荣丰嘉园小区停车服务合同》，只约束辰博伦公司与北京荣丰房地产开发有限公司之间的权利义务关系，与本案保管合同的订立、履行没有直接的法律关系，不能以此证明吕某、辰博伦公司间不成立保管合同法律关系。另外，对于辰博伦公司所持吕某主体不适格的抗辩意见，一审法院认为，保管合同的成立，并不要求当事人是保管物的所有权人，故辰博伦公司的抗辩意见一审法院不予支持。

辰博伦公司作为有偿保管合同的保管人，应当对涉案车辆尽到妥善保管义务。吕某停放车辆的位置无监控设备辰博伦公司是明知的，其应对停放在无监控设备区域的车辆定时巡视，从辰博伦公司提供的车场地库工作记录未显示其对小区停放的全部车辆按时巡视，辰博伦公司未能及时发现吕某停放的车辆受损情况，未尽到妥善保管义务。另，通过吕某自述及吕某提交的照片可以认定，吕某将车辆停放在了小区路旁的人行区域。作为车辆驾驶、使用人，应当清楚人行区域内不能停车。故吕某在保管合同履行过程中有一定的过错，应当对损失承担相应的责任。

对于损失的数额，吕某要求辰博伦公司赔偿车辆修理费的主张，有维修发票等证据加以证明。辰博伦公司称吕某车辆更换雨量传感器和前挡贴膜与本案无关，未提供证据证明，一审法院不予采信。对于吕某因自身过错应当承担的部分，没有具体的计算依据，吕某、辰博伦公司双方亦不能达成一致意见，一审法院将依案情酌情予以判定。

综上，依照《中华人民共和国合同法》第八条、第三百六十五条、第三百六十九条、第三百七十四条，《中华人民共和国民事诉讼法》第六十四条之规定，判决：一、北京辰博仑物业管理有限公司于判决生效之日起七日内赔偿吕某汽车修理费一万二千元。二、驳回吕某的其他诉讼请求。如果北京辰博仑物业管理有限公司未按判决指定的期间履行给付金钱义务，应当依据《中华人民共和国民事诉讼法》第二百五十三条之规定，加倍支付迟延履行期间的债务利息。

二审中,当事人没有提交新证据。一审诉讼中,辰博伦公司提交了其与北京荣丰房地产开发有限公司签订的《荣丰嘉园小区停车服务合同》,该合同约定北京荣丰房地产开发有限公司委托辰博伦公司对北京荣丰嘉园小区内指定的地面停车场、地库停车场进行管理,合同期限自2015年1月26日至2035年1月25日。虽然吕某不认可该份合同的真实性,但其陈述辰博伦公司为北京荣丰嘉园小区提供机动车停放服务,且其未能提供其他证据否定该份合同的真实性,故本院对该份合同的真实性予以确认,并对一审查明的事实予以确认。

本院认为,《中华人民共和国合同法》第三百六十五条规定:"保管合同是保管人保管寄存人交付的保管物,并返还该物的合同。"本案根据查明的事实,辰博伦公司依据其与北京荣丰房地产开发有限公司签订的《荣丰嘉园小区停车服务合同》,对北京荣丰嘉园小区内指定的停车场的车位进行管理。《物业管理条例》(2016年修订)第二条规定:"本条例所称物业管理,是指业主通过选聘物业服务企业,由业主和物业服务企业按照物业服务合同约定,对房屋及配套的设施设备和相关场地进行维修、养护、管理,维护物业管理区域内的环境卫生和相关秩序的活动。"根据吕某的陈述,吕某居住在北京荣丰嘉园小区。虽然吕某未与辰博伦公司签订物业服务合同,但辰博伦公司为北京荣丰嘉园小区指定的停车场提供服务,吕某与辰博伦公司之间形成事实上的物业服务关系,一审法院认定吕某与辰博伦公司之间存在保管合同法律关系,适用法律错误,本院予以纠正。

《荣丰嘉园小区停车服务合同》约定辰博伦公司的服务范围为北京荣丰嘉园小区内指定的地面停车场、地库停车场,据此,辰博伦公司仅对指定的地面停车场、地库停车场范围内的相关秩序负有维护和管理责任,而该小区内其他区域的相关物业服务工作,应由其他有关物业服务企业负责。本案中,吕某的车辆被划伤时停靠在17号楼下路旁的人行区域,该区域并不在辰博伦公司所服务的地面停车场和地库停车场范围内,该区域内的相关秩序和财产安全并非由辰博伦公司维护和保障,故而吕某因车辆在该区域内被划伤要求辰博伦公司承担赔偿责任,缺乏依据,本院不予支持。

综上所述,辰博伦公司的上诉请求成立,予以支持。依照《中华人民共和国合同法》第三百六十五条、《物业管理条例》(2016年修订)第二条、《中华人民共和国民事诉讼法》第一百七十条第一款第二项之规定,判决如下:

一、撤销北京市西城区人民法院(2016)京0102民初2708号民事判决;

二、驳回吕某的诉讼请求。

一审案件受理费170元,由吕某负担。

二审案件受理费100元,由吕某负担。

本判决为终审判决。

审　判　长　　闫　飞
代理审判员　　陈　洋
代理审判员　　杜彦博
二〇一六年九月二十九日
书　记　员　　吕小彤

〔评注〕

1. 本判决书是由北京市第二中级人民法院按照新民事诉讼文书样式制作的一份二审民事判决书。此类判决书在一审判决认定事实不清、适用法律错误时使用，目的在于对一审判决结果全部改判，法律依据是《民事诉讼法》第一百七十条第一款第二项。本类判决的基本写法可以参照维持原判民事判决书的写法。

2. 从本实例案件的审理经过来看，北京市西城区人民法院曾就本案作出(2015)西民初字第10544号民事判决，其后当事人提出上诉，北京市第二中级人民法院作出(2015)二中民(商)终字第00826号民事裁定发回重审，北京市西城区人民法院又作出(2016)京0102民初2708号民事判决，辰博伦公司不服此判决，提出上诉，北京市第二中级人民法院作出了(2016)京02民终6278号民事判决。新民事诉讼文书样式对于案件由来只要求写明一审判决法院和案号。本判决在案件审理经过部分未予以全部交代。笔者认为，新民事诉讼文书样式关于案件由来部分的写法并不是一成不变，对一些发回重审的案件为了更好呈现案件的由来，可以在此部分写明案件全部的审理经过。

3. 本实例中一审事实的叙述方式较具特点，使用了大量的另查明方式。判决书中事实部分最为常见的写法就是依时间顺序展现案情发展的脉络。但如果某些事实不能合并叙述，就必须利用另查明的方式予以叙述，表明这些事实是相互并列的关系。

4. 本类判决如果是因为适用法律错误进行改判的，应当引用实体法作为改判的依据。本案中，一审法院将本案合同性质错误的认定为保管合同，适用了保管合同的法律规定进行判决。二审法院认定当事人之间的法律关系应为"事实上的物业服务关系"，进而责任认定发生变化。因此，法律依据中应当增加实体法依据。应当指出的是，此处引用实体法仅针对适用法律错误的情形。如果一审判决存在事实认定错误，但适用法律正确的，二审判决只需要在认定事实部分予以纠正，裁判依据中不需要再引用实体法条文。

5. 二审判决对一审判决结果予以全部改判，意味着上诉人的上诉成立，一审诉讼费的负担通常会发生改变，因此二审判决书应当写明一审诉讼费如何调整，调整的原则就是诉讼费由败诉方承担。按照这一原则，本实例将一审诉讼费调整为由吕某负担，二审诉讼费也由吕某负担。

3. 民事判决书（部分改判用）

×××× 人民法院
民事判决书

（××××）……民终……号

上诉人（原审诉讼地位）：×××，……。
……
被上诉人（原审诉讼地位）：×××，……。
……
原审原告/被告/第三人：×××，……。
……

（以上写明当事人和其他诉讼参加人的姓名或者名称等基本信息）

上诉人×××因与被上诉人×××/上诉人×××及原审原告/被告/第三人×××……（写明案由）一案，不服××××人民法院（××××）……民初……号民事判决，向本院提起上诉。本院于××××年××月××日立案后，依法组成合议庭，开庭/因涉及……（写明不开庭的理由）不开庭进行了审理。上诉人×××、被上诉人×××、原审原告/被告/第三人×××（写明当事人和其他诉讼参加人的诉讼地位和姓名或者名称）到庭参加诉讼。本案现已审理终结。

×××上诉请求：……（写明上诉请求）。事实和理由：……（概述上诉人主张的事实和理由）。

×××辩称，……（概述被上诉人答辩意见）。

×××述称，……（概述原审原告/被告/第三人陈述意见）。

×××向一审法院起诉请求：……（写明原告/反诉原告/有独立请求权的第三人的诉讼请求）。

一审法院认定事实：……（概述一审认定的事实）。一审法院认为，……（概述一审裁判理由）。判决：……（写明一审判决主文）。

本院二审期间，当事人围绕上诉请求依法提交了证据。本院组织当事人进行了证据交换和质证（当事人没有提交新证据的，写明：二审中，当事人没有提交新证据）。对当事人二审争议的事实，本院认定如下：……（写明二审法院是否采信证据、认定事实的意见和理由，对一审查明相关事实的评判）。

本院认为，……（根据二审认定的案件事实和相关法律规定，对当事人的上诉请求进行分析评判，说明理由）。

综上所述，×××的上诉请求部分成立。本院依照《中华人民共和国×××法》第×条(适用法律错误的，应当引用实体法)、《中华人民共和国民事诉讼法》第一百七十条第一款第×项规定，判决如下：

一、维持××××人民法院(××××)……民初……号民事判决第×项(对一审维持判项，逐一写明)；

二、撤销××××人民法院(××××)……民初……号民事判决第×项(将一审判决错误判项逐一撤销)；

三、变更××××人民法院(××××)……民初……号民事判决第×项为……；

四、……(写明新增判项)。

一审案件受理费……元，由……负担(写明当事人姓名或者名称、负担金额)。二审案件受理费……元，由……负担(写明当事人姓名或者名称、负担金额)。

本判决为终审判决。

审　判　长　×××
审　判　员　×××
审　判　员　×××

×××年××月××日
(院印)
书　记　员　×××

【说明】

1. 本样式供二审人民法院对当事人不服一审判决提起上诉的民事案件，按照第二审程序审理终结，就案件的实体问题依法作出部分改判用。

2. 二审判决主文按照维持、撤销、变更、增判的顺序写明。

3. 二审对一审判决进行改判的，应当对一审判决中驳回其他诉讼请求的判项一并进行处理，如果驳回其他诉讼请求的内容和范围发生变化的，应撤销原判中驳回其他诉讼请求的判项，重新作出驳回其他诉讼请求的判项。

4. 按本样式制作二审民事判决书时，可以参考驳回上诉，维持原判用及二审改判用二审民事判决书样式的说明。

【实例评注】

湖南省郴州市中级人民法院
民事判决书[①]

(2016)湘 10 民终 1386 号

上诉人(原审被告):湖南中格建设集团有限公司郴州分公司。
主要负责人:张某某,分公司总经理。
委托诉讼代理人:黄某某,郴州市蓝剑法律服务所法律工作者。
被上诉人(原审原告):赵某某,男。
被上诉人(原审被告):郴州小埠投资开发集团有限公司。
法定代表人:邓某某,该公司总经理。
委托诉讼代理人:彭某,女。
被上诉人(原审被告):湖南中格建设集团有限公司。
法定代表人:刘某某,该公司总经理。

上诉人湖南中格建设集团有限公司郴州分公司(以下简称中格公司郴州分公司)因与被上诉人赵某某、郴州小埠投资开发集团有限公司(以下简称小埠公司)、湖南中格建设集团有限公司(以下简称中格公司)承揽合同纠纷一案,不服湖南省郴州市北湖区人民法院(2016)湘 1002 民初 296 号民事判决,向本院提起上诉。本院于 2016 年 8 月 1 日立案后,依法组成合议庭,开庭进行了审理。上诉人中格公司郴州分公司的委托诉讼代理人黄某某,被上诉人赵某某,被上诉人小埠公司的委托诉讼代理人彭某到庭参加诉讼,被上诉人中格公司经本院传票传唤,无正当理由未到庭。本案现已审理终结。

中格公司郴州分公司上诉请求:一、撤销郴州市北湖区人民法院(2016)湘 1002 民初 296 号民事判决,改判由小埠公司支付赵中维工程款;二、本案诉讼费由小埠公司负担。事实和理由:一、2012 年 6 月 13 日、9 月 12 日、9 月 29 日、10 月 7 日中格公司郴州分公司与赵某某就郴州市小埠南岭生态城建设项目分别签订了《CRC 制作安装工程合同》及 6 份《防盗门合同》,合同约定小埠公司可以就该项目工程款及质保金对赵某某进行代扣代付。原审法院查明的事实与三方约定的实际情况不符。二、赵某某在本案起诉时主张违约金 5 000 元,而一审判决中格公司郴州分公司支付赵某某违约金 9 227.16 元,故,一审判决超出了赵某某的诉讼请求范围,损害了中格公司郴州分公司的利益。

[①] 来源:中国裁判文书网。

赵某某辩称，小埠公司应该负责支付工程款和违约金。

小埠公司辩称，中格公司郴州分公司与赵某某签订的合同中，小埠公司不是合同的相对人，不应由小埠公司承担付款责任和违约责任。小埠公司已经将应付款，包括代扣代付的款项支付给了赵某某，不存在还未支付的情况，小埠公司不存在代扣代付的义务。

中格公司未作陈述，未到庭参加诉讼。

赵某某向一审法院起诉请求：一、判令小埠公司、中格公司郴州分公司支付赵某某拖欠的工程款30 757.2元；二、判令小埠公司、中格公司郴州分公司支付赵某某违约金5 000元，以上共计35 757.2元；三、诉讼费用由小埠公司、中格公司郴州分公司负担。

一审法院认定事实：2012年6月13日，赵某某与中格公司郴州分公司就郴州市小埠南岭生态城鹿鸣溪谷B、C区别墅住宅项目40栋的门套、窗套、外墙腰线的GRC制作安装工程等事宜签订《GRC制作安装工程合同》，约定：合同经双方签订后，中格公司郴州分公司10天内应按工程总款预付20%给赵某某；中格公司郴州分公司在拆钢管脚手架时，10天内（按每拆一栋脚手架）支付足90%的工程款给赵某某；待工程竣工验收合格后，中格公司郴州分公司应一次性付清97%的余款给赵某某，预留3%作为质保金，质保金为期一年，到期后支付给赵某某；合同签订并收到预付款后，生产周期为一个月；若一方违约，违约方将承担总工程款30%的违约金。2012年9月12日、9月29日、10月7日，赵某某与中格公司郴州分公司就上述40栋别墅的防盗门签订了6份《防盗门合同》，6份合同约定赵某某向中格公司郴州分公司提供约18道门及价值人民币17.8万元左右的防盗门等货物（到工地价格，包含施工、安装、调试，不包括税）；该6份合同分别约定合同签订之日20天或30天内中格公司郴州分公司向赵某某支付20%或30%的定金，赵某某自合同签订之日经30天或45天左右交货；每安装一栋屋门，中格公司郴州分公司3天或5天内应支付该栋工程总款的90%给赵某某，经验收合格，余下货款中格公司郴州分公司一个月内一次性付清给赵某某，按总金额3%扣除质保金，为期一年，到期后一次性付清给赵某某，质保金也可以由小埠公司代扣代付；如有违约，违约方向对方支付总价30%的违约金。2012年10月2日、10月27日、11月2日，赵某某与中格公司郴州分公司就上述别墅中的27栋别墅的车库门签订了5份《翻板车库门合同》，约定赵某某向中格公司郴州分公司提供价值14.93万元左右的货物（到工地价格，包含施工、安装、调试，不含税）；合同签订之日10天内中格公司郴州分公司向赵某某支付30%的定金，赵某某自合同签订之日起30天左右交货；每安装一栋屋的车库门，中格公司郴州分公司2天内应支付该栋工程总款的97%给赵某某，余下货款3%是质保金，为期一年，经验收合格，到期后一次性支付给赵某某，质保金也可以由小埠公司代扣代付；如有违约，违约方向对方支付总价30%的违约金。上述合同签订后，赵某某按照合同约定履行了义务。经赵某某与中格公司郴州分公司对赵某某完成的工程量、工程款结算，合同总价款为940 618.55元；2013年6月底，赵某某与中格公司郴州分公司对赵某某完成的工程情况进行了验收，赵某某交付了车库门的钥匙。2013年6月30日，中格公司郴州分公司出具委托书，要求小埠公司将本案中的工程款及质保工程款共计30 757.2元支付给赵某某，但小埠公司未按该委托书予以支付，赵某某为此诉至法院。

一审法院认为，本案应为承揽合同纠纷。赵某某与中格公司郴州分公司签订上述合同，约定由赵某某按照中格公司郴州分公司的要求，提供GRC材料、防盗门、车库门，并进行安装、调试，由中格公司郴州分公司支付赵某某相应款项，双方的约定并未违反法律、行政法规的强制性规定，双方之间已形成合法有效的承揽合同关系，双方均应按合同约定履行各自的义务。赵某某已按约定履行其义务，但中格公司郴州分公司至今未按约定付清款项，故赵某某诉请中格公司郴州分公司支付工程款30 757.2元，予以支持。虽然中格公司郴州分公司曾委托小埠公司代其履行付款义务，但小埠公司并未代其付款，根据《中华人民共和国合同法》第六十五条"当事人约定由第三人向债权人履行债务的，第三人不履行债务或者履行债务不符合约定，债务人应当向债权人承担违约责任"的规定，小埠公司没有代为支付上述工程款，依法应由中格公司郴州分公司向赵某某承担违约责任。此外，中格公司郴州分公司与小埠公司主张之所以未付款是因为赵某某完成的工程有质量问题，但中格公司郴州分公司与小埠公司均未提交证据证明，根据现有证据不能确定赵某某完成的工程有质量问题。综上，中格公司郴州分公司主张其不应承担违约金，不予支持。赵某某与中格公司郴州分公司在上述合同中约定违约方应向对方支付总价款30%的违约金，但因中格公司郴州分公司已依约支付了大部分款项，因此，应按未付款项的30%支付违约金较为公平，中格公司郴州分公司应支付赵某某违约金为9 227.16元（即30 757.2元×30%）。因中格公司郴州分公司不具企业法人资格，其民事责任由设立分公司的中格公司承担。赵某某与中格公司签订的上述合同对小埠公司不具有约束力，小埠公司未履行代为付款的义务，中格公司郴州分公司与小埠公司之间对此如何承担责任应另行解决，小埠公司在本案中不承担责任，故赵某某诉请小埠公司支付拖欠的工程款30 757.2元及承担违约金，不予支持。一审法院依照《中华人民共和国合同法》第六十条、第六十五条、第一百零七条、第一百一十四条、第二百五十一条、第二百六十三条，《中华人民共和国公司法》第十四条第一款，《中华人民共和国民事诉讼法》第一百四十二条、第一百四十四条、第二百五十三条的规定，判决："一、被告湖南省中格建设集团有限公司、湖南中格建设集团有限公司郴州分公司支付原告赵某某工程款30 757.2元，限本判决生效之日起十日内履行完毕；二、被告湖南省中格建设集团有限公司、湖南中格建设集团有限公司郴州分公司支付原告赵某某违约金9 227.16元，限本判决生效之日起十日内履行完毕；三、驳回原告赵某某的其他诉讼请求。如果被告湖南中格建设集团有限公司、湖南中格建设集团有限公司郴州分公司未按本判决在指定的期间履行给付金钱义务，应当依照《中华人民共和国民事诉讼法》第二百五十三条之规定，加倍支付迟延履行期间的债务利息。案件受理费 694 元，由原告赵某某负担 114 元，被告湖南中格建设集团有限公司、湖南中格建设集团有限公司郴州分公司负担 580 元。"

本院二审中，当事人没有提交新证据。二审查明的事实与一审法院查明的事实一致，对一审法院查明的事实予以确认。

本院认为，本案被上诉人赵某某与上诉人中格公司郴州分公司签订的合同，约定由赵某某按照中格公司郴州分公司的要求，提供 GRC 材料、防盗门、车库门，并进行安装、调试，因此本案案由依据本案的合同类型及内容确定，应定为承揽合同纠纷。本案二审争议的焦点是：一、小埠公司是否应支付赵某某的工程款；二、一审判决的违约金是否超过赵某某的诉讼请求。

关于焦点一。本案中格公司郴州分公司与赵某某签订的《GRC 制作安装工程合同》《防盗门合同》《翻板车库门合同》均约定由赵某某提供材料并进行安装，中格公司郴州分公司向赵某某支付相应款项。其中，《防盗门合同》《翻板车库门合同》还约定预留 3% 的质保金，质保期为一年，质保金也可以由小埠公司代扣代付。合同签订后，赵某某依约履行了合同，小埠公司作为郴州市小埠南岭生态城鹿鸣溪谷 B、C 区别墅住宅项目的开发商，在《GRC 制作安装工程合同》《防盗门合同》《翻板车库门合同》履行过程中，经中格公司郴州分公司委托代付了部分工程款项。上述合同经验收结算，尚欠工程款 30 757.2 元未付。以上事实清楚，证据充分，且中格公司郴州分公司、赵某某当庭予以确认。现在中格公司郴州分公司请求判令小埠公司支付工程余款给赵某某，因小埠公司并未在中格公司郴州分公司与赵某某承揽合同中签字，不是合同的当事人，小埠公司没有必须代付的义务，中格公司郴州分公司的上诉请求，于法无据，本院不予支持。

关于焦点二。本案中格公司郴州分公司在赵某某履行完合同义务后，没有按照双方的合同约定支付款项，依法应由中格公司郴州分公司向赵某某承担违约责任。中格公司郴州分公司与赵某某在承揽合同中约定违约方应向对方支付总价款 30% 的违约金，双方的合同总价款为 940 618.55 元，因赵某某一审起诉请求违约金为 5 000 元，低于双方合同约定的违约金数额，本院予以支持。一审判决违约金 9 227.16 元，超过赵某某一审起诉请求的违约金数额不当，本院予以纠正。

因被上诉人中格公司郴州分公司不具有企业法人资格，其民事责任由设立分公司的总公司中格公司承担。

综上所述，中格公司郴州分公司的部分上诉请求成立。依照《中华人民共和国民事诉讼法》第一百四十四条、第一百七十条第一款第二项、第一百七十四条规定，判决如下：

一、维持湖南省郴州市北湖区人民法院 (2016) 湘 1002 民初 296 号民事判决第一项、第三项即维持"被告湖南省中格建设集团有限公司、湖南中格建设集团有限公司郴州分公司支付原告赵某某工程款30 757.2元,限本判决生效之日起十日内履行完毕""驳回原告赵某某的其他诉讼请求";

二、变更湖南省郴州市北湖区人民法院(2016)湘1002民初296号民事判决第二项为被上诉人湖南省中格建设集团有限公司、上诉人湖南中格建设集团有限公司郴州分公司支付被上诉人赵某某违约金5 000元,限本判决生效之日起十日内履行完毕。

如果未按本判决指定的期间履行给付金钱义务,应当依照《中华人民共和国民事诉讼法》第二百五十三条之规定,加倍支付迟延履行期间的债务利息。

一审案件受理费694元,二审案件受理费800元,由被上诉人湖南中格建设集团有限公司、上诉人湖南中格建设集团有限公司郴州分公司负担1 200元,被上诉人赵某某负担294元。

本判决为终审判决。

审　判　长　　陈新德
审　判　员　　王梅英
代理审判员　　董　安
二〇一六年九月二十九日
书　记　员　　魏小兰

〔评注〕

1. 本判决书是由湖南省郴州市中级人民法院按照新民事诉讼文书样式制作的一份二审民事判决书。此类判决书在一审判决认定事实不清、适用法律确有错误时使用,目的在于对一审判决结果部分改判,法律依据是《民事诉讼法》第一百七十条第一款第二项。其基本写法可以参照维持原判民事判决书的写法。

2. 对照新民事诉讼文书样式的要求,本实例的格式基本正确,但仍有以下不足:(1)"本院二审中,当事人没有提交新证据。二审查明的事实与一审法院查明的事实一致,对一审法院查明的事实予以确认。"这句话不需要对没有提交新证据予以强调,直接写"二审查明的事实与一审法院查明的事实一致,本院对一审法院查明的事实予以确认"即可。(2)对一审判决结果的引用,本实例的写法是,判决:"一、被告湖南省中格建设集团有限公司、湖南中格建设集团有限公司郴州分公司支付原告赵某某工程款30 757.2元,限本判决生效之日起十日内履行完毕;二、被告湖南省中格建设集团有限公司、湖南中格建设集团有限公司郴州分公司支付原告赵某某违约金9 227.16元,限本判决生效之日起十日内履行完毕;三、驳回原告赵某某的其他诉讼请求。如果被告湖南中格建设集团有限公司、湖南中格建设集团有限公司郴州分公司未按本判决指定的期间履行给付金钱义务,应当依照《中华人民共和国民事诉讼法》第二百五十三条之规定,加倍支付迟延履行期间的债务利息。案件受理费 694 元,由原告赵某某负担 114 元,被告湖南中格建设集团有限公司、湖南中格建设集团有限公司郴州分公司负担 580 元。"笔者认为,此处不需要加引号,也不需要再写明原告、被告等表明当事人在一审中的主体地位的词语。另外,当事人的名称应当写全称,不应当写简称。

3. 关于诉讼费的负担。此类判决书对一审判决部分改判后常常会涉及诉讼费负担的改变。对有金钱给付内容的上诉请求,上诉时立案庭已根据请求数额预收了诉讼费。如果上诉请求部分成立,成立的这部分请求的诉讼费按照败诉方承担原则,由被上诉人承担。未成立的上诉请求部分的诉讼费仍由上诉人承担。

4. 民事裁定书(二审发回重审用)

××××人民法院
民事裁定书

(××××)……民终……号

上诉人(原审诉讼地位):×××,……。
……

被上诉人(原审诉讼地位):×××,……。
……

原审原告/被告/第三人:×××,……。
……

(以上写明当事人和其他诉讼参加人的姓名或者名称等基本信息)

上诉人×××因与被上诉人×××/上诉人×××及原审原告/被告/第三人×××……(写明案由)一案,不服××××人民法院(××××)……民初……号民事判决,向本院提起上诉。本院依法组成合议庭对本案进行了审理。

本院认为,……(写明原判决认定基本事实不清或者严重违反法定程序的问题)。依照《中华人民共和国民事诉讼法》第一百七十条第一款第×项规定,裁定如下:

一、撤销××××人民法院(××××)……民初……号民事判决;

二、本案发回××××人民法院重审。

上诉人×××预交的二审案件受理费……元予以退回。

审　判　长　×××
审　判　员　×××
审　判　员　×××

×××年××月××日
（院印）
书　记　员　×××

【说明】

1. 本样式供上一级人民法院在对民事二审案件进行审理时，发现一审判决存在认定基本事实不清，或者严重违反法定程序的情形，发回一审法院重审用。如果一审判决认定基本事实不清被发回重审的，引用《中华人民共和国民事诉讼法》第一百七十条第一款第三项；如一审判决严重违反法定程序被发回重审的，引用《中华人民共和国民事诉讼法》第一百七十条第一款第四项。

2. 本裁定书不写当事人起诉情况以及二审认定事实情况，应全面阐述发回重审的理由，不再另附函。

【实例评注】

中华人民共和国最高人民法院
民事裁定书[①]

（2016）最高法民终220号

上诉人（原审原告）：王某某。
委托代理人：梁某某，北京市尚格律师事务所律师。
委托代理人：张某某，北京市尚格律师事务所律师。
被上诉人（原审被告）：海南博海投资咨询有限公司。住所地：海南省澄迈县金江镇华成路46号。
法定代表人：郭某，该公司董事长。
委托代理人：陈某某，海南昌宇律师事务所律师。
委托代理人：张某甲，海南昌宇律师事务所律师。
原审第三人：郭某，男，1968年4月25日出生，汉族，住山西省大同市城区北馨南园。

上诉人王某某因与被上诉人海南博海投资咨询有限公司（以下简称博海公司）、原

[①] 来源：中国裁判文书网。

审第三人郭某借款合同纠纷一案,不服海南省高级人民法院作出的(2014)琼民一初字第5号民事判决,向本院提起上诉。本院依法组成由第一巡回法庭主审法官孙祥壮担任审判长,主审法官黄金龙、李伟参加评议的合议庭进行审理,法官助理陶峰军协助办案,书记员黄琪担任记录。2016年4月20日,本院公开开庭审理了本案。上诉人王某某的委托代理人梁某某、张某某,被上诉人博海公司的委托代理人陈某某,原审第三人郭某到庭参加诉讼。本案现已审理终结。

本院认为,原判决认定基本事实不清,适用法律错误。本院依照《中华人民共和国民事诉讼法》第一百七十条第一款第三项的规定,裁定如下:

一、撤销海南省高级人民法院(2014)琼民一初字第5号民事判决;

二、本案发回海南省高级人民法院重审。

上诉人王某某预交的二审案件受理费315 981.3元予以退回。

审　判　长　孙祥壮
审　判　员　黄金龙
审　判　员　李　伟
二〇一六年六月十六日
法官助理　陶峰军
书　记　员　黄　琪

〔评注〕

1. 本裁定书是由最高人民法院按照旧民事诉讼文书样式制作的一份二审民事裁定书。此类裁定书在一审判决存在认定基本事实不清,或者严重违反法律程序时使用,目的在于将案件发回重审,既体现了二审对一审的监督职能,又有利于发挥一审查明事实的审级职能。

2. 本裁定书的首部和尾部遵循了二审裁判文书的基本写法,特殊之处在于:一是正文部分省略了一审审理情况;二是要重点写明发回重审的原因;三是要写明退回诉讼费。其中,之所以不写一审审理情况是因为发回重审后原一审审理程序全部无效,审理查明的事实和一审法院的认定对其后的程序没有法律效力。从简化文书形式出发,本裁定没有必要再写一审审理情况。

3. 关于发回重审的原因。2012年修订的《民事诉讼法》第一百七十条第一款第三项和第四项规定:"(三)原判决认定基本事实不清的,裁定撤销原判决,发回原审人民法院重审,或者查清事实后改判;(四)原判决遗漏当事人或者违法缺席判决等严重违反法定程序的,裁定撤销原判决,发回原审人民法院重审。"这与2007年修订的《民事诉讼法》第一百五十三条第一款第三项和第四项规定的"(三)原判决认定事实错误,或者原判决认定事实不清，证据不足，裁定撤销原判决，发回原审人民法院重审，或者查清事实后改判；（四）原判决违反法定程序，可能影响案件正确判决的，裁定撤销原判决，发回原审人民法院重审"明显不同。从修订内容来看，发回重审制度的立法方向是严格限定适用范围，价值取向在于体现诉讼经济原则，减轻当事人诉累，提高审判效率。基本事实不清是指案件的核心事实或者直接关系案件最终裁判结果的事实。因为基本事实不清时，二审法院可以查清事实后改判，因此从维护发回重审制度价值角度出发，只有在二审法院无法查清基本事实时方可发回重审。严重违反法律程序，除上述两种情形外，相关司法解释还规定了三种：（1）当事人在一审中已经提出的诉讼请求，原审人民法院未作审理、判决的，二审法院可以进行调解，调解不成的；（2）必须参加诉讼的当事人在一审中未参加诉讼，二审法院可以调解，调解不成的；（3）一审法院不准离婚的案件，上诉后，二审法院认为应当判决离婚的，可以与子女抚养、财产等问题一并调解，调解不成的。

4. 关于发回重审的具体写法。按照新民事诉讼文书样式的要求，裁定应具体写明发回重审的理由，不再另行附函。本裁定书将发回重审的原因表述为"原判决认定基本事实不清，适用法律错误"，表述之所以这么简单，可能就是采取附函方式向原审法院具体说明了发回重审的理由。发回重审时采取附函方式的弊端较为明显：一是违背了裁判文书要强化说理的改革方向；二是违反了审判公开原则，给人以"暗箱操作"感觉；三是不利于增强审判人员的责任心，导致发回重审制度的滥用。新民事诉讼文书样式摒弃这种做法，要求裁定具体写明发回重审的理由，有利于强化裁判文书的说理，保障当事人的知情权，同时，也增强了审判人员的责任心，维护了司法公正。写发回重审理由时应以指出原审判决存在的具体错误为限，不能对原审错误认定的事实重新直接认定，从而为原审法院重新审理留下空间。

5. 按照新民事诉讼文书样式的写法，本裁定书的当事人及案件由来和审理经过部分可作相应调整。一是委托代理人修改为委托诉讼代理人；二是不写合议庭组成成员和开庭时间，而写二审立案时间。

6. 依据《诉讼费交纳办法》第二十七条"第二审人民法院决定将案件发回重审的，应当退还上诉人已交纳的第二审案件受理费"的规定，此类裁定书应当写明退还上诉人已交纳的第二审案件受理费。本裁定书对此表述为"上诉人王某某预交的二审案件受理费 315 981.3 元予以退回"，与新民事诉讼文书样式相符。

7. 本裁定书的署名中出现了"法官助理陶峰军"的表述，其位置位于日期之后，书记员之前。在我国，法官助理制度虽为司法实践认可，但一直未被《中华人民共和国法官法》等法律明文规定。在 2014 年启动的新一轮司法体制改革中，中央明确提出要建立法官助理制度，并将法官助理作为法院工作人员的重要种类。《最高人民法院关于完善人民法院司法责任制的若干意见》（法发〔2015〕13 号）

第19条规定："法官助理在法官的指导下履行以下职责：（1）审查诉讼材料，协助法官组织庭前证据交换；（2）协助法官组织庭前调解，草拟调解文书；（3）受法官委托或者协助法官依法办理财产保全和证据保全措施等；（4）受法官指派，办理委托鉴定、评估等工作；（5）根据法官的要求，准备与案件审理相关的参考资料，研究案件涉及的相关法律问题；（6）在法官的指导下草拟裁判文书；（7）完成法官交办的其他审判辅助性工作。"可见，法官助理的职责非常广泛，其在案件审理中的地位也日益重要。对裁判文书中法官助理是否署名，最高人民法院的态度是允许各级法院进行探索。笔者认为，法官助理在文书中署名，有利于增强法官助理的工作责任心，同时，也肯定了法官助理在案件审理中的辛勤付出，有利于提升他们的职业尊荣感，是一种值得肯定的做法。

5. 民事裁定书（二审准许撤回上诉用）

×××× 人民法院

民事裁定书

（××××）……民终……号

上诉人（原审诉讼地位）：×××，……。
……

被上诉人（原审诉讼地位）：×××，……。
……

原审原告/被告/第三人：×××，……。
……

（以上写明当事人和其他诉讼参加人的姓名或者名称等基本信息）

上诉人×××因与被上诉人×××/上诉人×××及原审原告/被告/第三人××××……（写明案由）一案，不服××××人民法院（××××）……民初……号民事判决/裁定，向本院提起上诉。本院依法组成合议庭对本案进行了审理。

本院审理过程中，……（简要写明上诉人提出撤回其上诉的情况，包括时间和理由）。

本院认为，×××在本案审理期间提出撤回上诉的请求，不违反法律规定，本院予以准许。依照《中华人民共和国民事诉讼法》第一百七十三条规定，裁定如下：

准许×××撤回上诉。一审判决/裁定自本裁定书送达之日起发生法律效力。

二审案件受理费……元，减半收取……元，由上诉人×××负担（如一审为裁定案件，则无需写诉讼费用负担情况）。

本裁定为终审裁定。

审　判　长　×××
审　判　员　×××
审　判　员　×××

××××年××月××日
（院印）
书　记　员　×××

【说明】

1. 本样式供上一级人民法院在审理上诉案件过程中，当事人提出撤回上诉申请的，人民法院准许用。

2. 本裁定书应写明准许撤回上诉的理由。

【实例评注】

中华人民共和国最高人民法院
民事裁定书①

(2016)最高法民终401号

上诉人（原审被告）：淄博春申房地产开发有限公司，住所地山东省淄博市张店区昌国路西首。

法定代表人：蔡某甲，该公司总经理。

被上诉人（原审原告）：周某某，男，汉族，1986年11月9日出生，住广东省深圳市福田区。

原审被告：蔡某甲，男，汉族，1965年2月19日出生，住上海市闵行区。

原审被告：蔡某乙，女，汉族，1969年2月5日出生，住上海市闵行区。

原审被告：淄博春申陶瓷科技城集团有限公司，住所地山东省淄博市张店区昌国路西首。

---

① 来源：中国裁判文书网。

法定代表人：蔡某甲，该公司总经理。

上诉人淄博春申房地产开发有限公司（以下简称春申公司）因与被上诉人周某某及原审被告蔡某甲、蔡某乙、淄博春申陶瓷科技城集团有限公司民间借贷纠纷一案，不服山东省高级人民法院(2015)鲁商初字第69号民事判决，向本院提起上诉。本院依法组成合议庭对本案进行了审理。

本院审理过程中，春申公司以与周某某达成和解协议为由，于2016年7月27日向本院申请撤回上诉。

本院认为，春申公司在本案审理期间提出撤回上诉的请求，不违反法律规定，本院予以准许。依照《中华人民共和国民事诉讼法》第一百七十三条规定，裁定如下：

准许淄博春申房地产开发有限公司撤回上诉。一审判决自本裁定书送达之日起发生法律效力。

二审案件受理费27 288.03元，减半收取13 644元，由淄博春申房地产开发有限公司负担。

本裁定为终审裁定。

审　判　长　　韩　玫
代理审判员　　司　伟
代理审判员　　沈丹丹
二〇一六年八月二日
书　记　员　　韦　大

〔评注〕

1. 本裁定书是由最高人民法院按照旧民事诉讼文书样式制作的一份二审民事裁定书。此类裁定书在上诉人申请撤回上诉时使用，目的在于充分尊重当事人的处分权，准许上诉人撤回上诉，从而使诉讼程序完结。

2. 对于上诉人撤回上诉，裁定书应写明撤回上诉的时间和理由。实践中，上诉人通常以提交申请书的方式撤回上诉。人民法院应以申请书收到之日作为上诉人撤回上诉的日期，且这一日期应在法院判决宣告前。裁定书中撤回上诉的理由通常应与申请书中载明的撤回上诉理由一致。常见的理由有进行诉讼没有必要、进行诉讼已无实质意义等。本裁定书中的"达成和解协议"也是一种常见的理由。如果上诉人在申请书中没有写明撤回上诉的理由，裁定书中也可以不写，直接表述为："本院审理过程中，×××于×年×月×日向本院申请撤回上诉。"

3. 对于准许撤回上诉，新民事诉讼文书样式将理由固定表述为："本院认为，×××在本案审理期间提出撤回上诉的请求，不违反法律规定，本院予以准许。"实践中，许多裁定书将此表述为"……系当事人对其诉讼权利的自由处分，不违反法律和行政法规的禁止性规定，亦不损害国家和社会公共利益及他人的合法权益"，这种表述方式从正反两方面论述了准许撤诉的理由，明确了撤回上诉行为的性质，阐明了行为背后的法理，更具合理性。

4. 完整的撤回上诉由上诉人的申请行为和人民法院的批准行为两部分组成，二审裁定书送达上诉人的时间点就是撤回上诉行为完成的时间点。撤回上诉完成后，一审判决或裁定当然发生法律效力。因此，本裁定书中应当写明"一审判决/裁定自本裁定书送达之日起发生法律效力"。

5. 根据《诉讼费用交纳办法》第十五条"以调解方式结案或者当事人申请撤诉的，减半交纳案件受理费"的规定，二审案件受理费应当减半收取，由上诉人负担。本裁定对此表述为"二审案件受理费27 288.03元，减半收取13 644元，由淄博春申房地产开发有限公司负担"，与新民事诉讼文书样式相符。

6. 民事裁定书（二审不准许撤回上诉用）

××××人民法院

民事裁定书

（××××）……民终……号

上诉人（原审诉讼地位）：×××，……。

……

被上诉人（原审诉讼地位）：×××，……。

……

原审原告/被告/第三人：×××，……。

……

（以上写明当事人和其他诉讼参加人的姓名或者名称等基本信息）

上诉人×××因与被上诉人×××/上诉人×××及原审原告/被告/第三人×××……（写明案由）一案，不服××××人民法院（××××）……民初……号民事判决，向本院提起上诉。本院依法组成合议庭对本案进行了审理。

本院审理过程中，……（简要写明上诉人提出撤回其上诉的情况，包括时间和理由）。

本院认为，×××虽在本案审理期间提出撤回上诉的请求，但经审查，……（写明不准许撤回上诉的理由）。

依照《中华人民共和国民事诉讼法》第一百七十三条、《最高人民法院关于适用〈中华人民共和国民事诉讼法〉的解释》第三百三十七条规定，裁定如下：

> 不准许×××(写明上诉人的姓名或名称)撤回上诉。
>
> 审　判　长　×××
> 审　判　员　×××
> 审　判　员　×××
>
> ××××年××月××日
> （院印）
> 书　记　员　×××

【说明】

1. 本样式供上一级人民法院在审理上诉案件过程中，当事人提出撤回上诉申请的，人民法院不准许撤回上诉用。

2. 本裁定书应写明不准许撤回上诉的理由。

【实例评注】

辽宁省沈阳市中级人民法院
民事裁定书[①]

(2015)沈中民三终字第702号

上诉人(原审被告)：恒盛阳光鑫地(辽宁)置业有限公司，住所地：沈阳市于洪区。
法定代表人：严某某，系该公司经理。
委托代理人：卜某某，女，汉族，系该公司法务主管，住址：沈阳市东陵区。
被上诉人(原审原告)：阎某某，男，汉族，无业，住址：沈阳市大东区。
委托代理人：高某某，系辽宁同方律师事务所律师。
被上诉人(原审第三人)：辽宁国际建设工程集团有限公司，住所地：沈阳市沈河区。
法定代表人：侯某某，系该公司经理。
委托代理人：李某，女，汉族，系该公司职员，住址：沈阳市皇姑区。
委托代理人：徐某某，男，汉族，系该公司职员，住址：沈阳市和平区。

[①] 来源：中国裁判文书网。

上诉人恒盛阳光鑫地(辽宁)置业有限公司(以下简称"恒盛置业")因与被上诉人阎某某、辽宁国际建设工程集团有限公司(以下简称"辽国建")债权转让合同纠纷一案,不服沈阳市于洪区人民法院(2015)于民三初字第580号民事判决,向本院提起上诉。本院于2015年5月23日受理后,依法由审判员宋宁担任审判长(并任主审),与审判员原宏斌、鞠安成共同组成合议庭,于2015年7月3日、8月7日公开开庭进行了审理,恒盛置业公司的委托代理人卜某某、阎某某的委托代理人高某某、辽国建公司的委托代理人李某、徐某某到庭参加了诉讼。

阎某某在原审诉称:2008年4月1日恒盛置业公司与辽国建公司签订《建设工程施工合同》。合同约定:恒盛置业公司位于沈阳市于洪区大韩屯的"阳光尚城居住区三期工程"由辽国建公司承包。合同附件3《房屋建筑工程质量保修书》中约定保修期:"1.屋面防水工程、有防水要求的卫生间、房间和外墙面的防渗漏为5年;2.装修工程为2年;3.电气管线、给排水管道、设备安装工程为1年;4.供热与供冷系统为1年采暖期、供冷期。"2008年5月25日恒盛置业公司与辽国建公司签订《建筑安装施工合同补充协议》,该协议第五条第二款约定:"住宅工程、地下车库,预留结算总价的5%保修费在竣工后按规定保修期满后两个月内支付。"在合同实际履行中,辽国建公司于2010年7月29日对其承建的"阳光尚城居住区三期工程"2#、3#、5#、8#、11#、15#、6#、9#、12#、16#楼及地下车库向恒盛置业公司申报建筑工程项目竣工验收。恒盛置业公司于2010年7月30日对上述项目的土建、安装、装修工程进行竣工验收。2012年12月21日至2013年2月5日恒盛置业公司、辽国建公司及审核单位辽宁正大工程造价咨询事务所有限责任公司、中国建设银行股份有限公司辽宁省分行共同对预(结)算审查定案,确认工程造价为74 274 667元。恒盛置业公司于2013年7月2日向辽国建公司致函,确认"截至2013年7月1日待扣质保金372万元"。上述建设工程项目除防水工程质保期至2015年7月30日以外。其余建设工程项目保修期已经全部到期。辽国建公司因欠阎某某借款未能给付,所以将到期质保金债权转让给阎某某,于2015年1月23日签订《债权转让书》,并将《债权转让通知书》递交恒盛置业公司,履行了告知义务。综上所述,原告已合法取得转让债权,为维护原告的合法权利,请求法院依法判令:1.被告给付原告债权转让金3 720 000元及利息(从2013年7月1日起至2015年1月31日止按中国人民银行同期贷款利率支付利息353 400元,从2015年2月1日起至全部给付之日止,按中国人民银行同期贷款利率支付利息);2.诉讼费由被告承担。

被告恒盛置业公司辩称:我公司应付第三人质保金数额不是372万元,应扣除2015年1月6日向第三人支付的工程款214 409.99元,还应扣除因第三人待履行维修业务给业主的赔偿款28 000元。建设工程项目5年保修期的尚未建完,应在保修范围内,根据双方签订的合同约定:除防水工程外还包括外墙面防渗漏,该两部分质保金不应返还。

沈阳市沈河区人民法院2013年3月在本案第三人与另案他人的债权债务纠纷中，向我单位下达了裁定，根据该裁定，我公司应付的工程款在沈河法院执行范围内，包括本案的质保金。因此，不同意原告的诉讼请求。

辽国建公司在原审陈述：我方与原告签订的债权转让协议书系合法有效，并且我方已将该债权转让协议书送到恒盛置业公司履行了告知义务，故原告取得该债权符合法律规定，应依法予以保护，我方同意原告的诉讼请求。

原审法院认定：2015年1月23日，被告向第三人出具《债权转让通知书》，载明：恒盛置业公司：贵公司开发建设的阳光尚城三期项目，由辽国建公司承建。贵公司尚有质保金372 000元未返还。辽国建公司欠闫某某款项一直未能给付，为此，将该部分款项转让给闫某某。特此通知。通知人：辽国建公司。

2008年4月1日，被告与第三人签订了《建设工程施工合同》，该合同附件3载明："二、质量保修期……2. 屋面防水工程、有防水要求的卫生间、房间和外墙面的防渗漏为5年；3. 装修工程为2年；4. 电器管线、给排水管道、设备安装工程为1年；5. 供热与供冷系统为1个采暖期、供冷期；……"

2008年5月25日，被告与第三人签订了《建筑安装施工合同补充协议》，载明："第五条、工程款支付与竣工结算：……预留结算总价的5%保修费在竣工后按政府部门规定保修期满后两个月内支付。……预留结算总价的5%保修费在竣工后按政府部门规定保修期满后两个月内支付。"

2010年7月29日，被告与第三人进行了竣工验收，双方在《2010年建筑工程项目竣工验收申报表》上盖章确认。

2012年12月21日、2012年12月26日、2013年2月5日被告与第三人分别对阳光尚城三期工程2号楼、3号楼、5号楼、6号楼、8号楼、9号楼、11号楼、12号楼、15号楼、16号楼、地库签证工程预算造价进行审核，最终确定工程造价总金额为74 274 667.58元人民币。其中防水工程总造价为991 424.46元（计算过程详见阳光尚城防水保修费用中直接费用+取费），质量保证金应为49 571元（991 424元×5%），到期日应为2015年7月30日。地基基础工程和主体结构工程、装修工程、电气管线、给排水管道、设备安装、供热与供冷系统主体工程总造价金额为73 283 243元（74 274 667元－991 424元），质保金应为3 664 162元（73 283 243元×5%），该笔质保金到期日应为2012年7月30日。2015年1月6日，被告向第三人支付工程款214 409.99元人民币。截止2015年4月21日前，被告为阳光尚城三期业主维修房屋花费共计28 000元人民币（15 000元+13 000元）。

另查明：2013年3月25日，沈阳市沈河区人民法院下发(2013)沈河执字第1144、1145、1146、1147、1148号执行裁定书，载明：对被执行人辽宁国际建设工程集团有限公司在第三人恒盛阳光鑫地（辽宁）置业有限公司到期债权中的7 984 758.00元予以强制执行。

2015年5月13日，沈阳市沈河区人民法院下发(2013)执字第114-1148-9号协助执行通知书，载明：解除对2013年3月25日本院作出的(2013)执字第1144-1148号执行裁定书对辽宁国际建设工程集团有限公司在恒盛阳光鑫地(辽宁)置业有限公司到期债权中的三百柒拾贰万元整强制执行(￥3 720 000.00元系工程质量保证金)。

原审法院认为：根据《合同法》第七十九条规定，"债权人可以将合同的权利全部或者部分转让给第三人，但有下列情形之一的除外：(一)根据合同性质不得转让；(二)按照当事人约定不得转让；(三)依照法律规定不得转让。"该规定是对债权转让的阐述。所谓债权转让是指在不改变债的内容的前提下，由出让人与受让人签订合同从而将债权转移与受让人的行为。转让合同权利应在转让人与受让人之间达成协议，在转让合同权利的情况下，实际上已将合同权利作为转让的标的。本案中，第三人向被告出具了一份债权转让通知书，且庭审中被告表示已经收到该债权通知书，亦未对转让行为表示异议，转让的标的为工程质量保证金，该债权属可转让的范围，故该转让行为合法有效。

关于转让合同数额的确定。根据被告与第三人签订的建设工程施工合同、建筑安装施工合同补充协议及第三人向被告出具的债权转让通知书，可以确定第三人留存于被告处的质保金应为372万元。其中2012年7月30日到期的地基基础工程和主体结构工程、装修工程、电气管线、给排水管道、设备安装、供热与供冷系统主体工程质保金3 664 162元，被告应按照合同约定支付给原告，但2015年7月30日防水部分的质保金，鉴于尚未到期，故原告请求被告支付的诉请，本院不予支持。

另，该质保金是用于保证工程质量的，如果出现工程质量需要维修的，维修费用应从该质保金中予以扣除。庭审中，经被告与第三人的确认，需要用于维修的费用为28 000元人民币。

再，被告已经代替第三人向案外人支付工程款214 409.99元。综上被告应支付第三人转让给原告的质保金共计约3 421 752元(3 664 162元-28 000元-214 409.99元)。

关于利息的计算问题。根据《最高人民法院关于审理建设工程施工合同纠纷案件适用法律问题的解释》相关规定：当事人对欠付工程价款利息给付没有约定的，按照中国人民银行发布的同期同类贷款利率计算，利息从当事人约定的应付工程价款之日计算。本案中，其中3 664 162元质保金的到期日应为2012年7月30日，但被告并未支付给第三人，故该利息应从2012年7月31日开始计算利息，该利息按照中国人民银行同期贷款利率予以计算。

关于被告提出的372万质保金已经被沈河区法院列为执行范围的问题。鉴于2015年5月13日，沈阳市沈河区人民法院下发(2013)执字第114-1148-9号协助执行通知书，载明：解除对2013年3月25日本院作出的(2013)执字第1144-1148号执行裁定书对辽国建公司在恒盛置业公司到期债权中372万元整的强制执行(￥3 720 000元系工程质量保证金），故被告的辩论意见，本庭不予采纳。

综上，依据《中华人民共和国合同法》第七十九条，《最高人民法院关于审理建设工程施工合同纠纷案件适用法律问题的解释》第十七条、第十八条，《最高人民法院关于民事诉讼证据的若干规定》第二条之规定，判决如下：一、被告恒盛阳光鑫地（辽宁）置业有限公司于本判决生效之日起一次性支付原告质保金 3 421 752 元及利息（从 2013 年 7 月 31 日开始至实际给付之日止，按中国人民银行同期贷款利率予以计算）；二、驳回原告闫某某其他诉讼请求。如果被告恒盛阳光鑫地（辽宁）置业有限公司未按本判决指定的期间履行给付金钱义务，应当依照《中华人民共和国民事诉讼法》第二百五十三条之规定，加倍支付迟延履行期间的债务利息。案件受理费 39 387.2 元，由第三人辽宁国际建设工程集团有限公司承担。

宣判后，恒盛置业不服，向本院提起上诉，请求撤销一审判决的第一项，依法改判，本案诉讼费，由被上诉人负担。其上诉理由如下：一审法院对外墙防渗漏质保金的认定事实不清，认定预留防水保修金的数额为防水总造价的 5% 也没有任何合同依据和法律依据，判决由我方自 2013 年 7 月 1 日起承担利息属于认定事实错误。

被上诉人闫某某辩称：1. 一审法院认定事实清楚。外墙防渗漏统称为防水工程，一审判决中已将涉及与防水有关的质保金部分全部扣除，所以，一审判决第一项判决返 342 万中，已不包含防水工程的质保金。2. 沈河区法院 2015 年 5 月 13 日已经解除对该质保金的冻结查封，上诉人就应该返还我方质保金。请求维持一审判决。

被上诉人辽国建答辩认为：一审法院认定事实清楚，适用法律正确，上诉人主张的外墙防渗漏问题，与我方无关，而且，双方工程结算的工程造价不包含该部分工程价款。一审法院在审理中，已将未过质保期的、涉及防水有关的保修质保金，在总的质保金中予以扣除。我方将该债权转让给闫某某，合法有效，且将债权转让协议书送到上诉人处，履行了告知义务。故一审法院判决将质保金给付闫某某，符合法律依据，应依法予以保护。

在本院审理中，恒盛置业向本院提供了沈阳市于洪区质量监督站于 2015 年 7 月 17 日向其发出的工程质量投诉处理通知书，上面写明：因阳光尚城三期工程存在房屋屋面、外墙渗漏、大白发霉等问题，要求恒盛置业在 15 日内将处理方案或与用户协商结果报告该站。

本院审理中，负责阳光尚城三期物业管理的沈阳市阳光鑫地物业管理有限公司阳光尚城三期项目经理在接受本院的询问时，也证明：在 2015 年 7 月 29 日之前，由辽国建承建的阳光尚城三期工程中，除有二十几户顶楼业主反映顶楼漏雨的现象外，还有些业主反映窗口漏水、窗口长毛，导致墙皮脱落现象，但没有详细统计准确户数。

在本院审理中，恒盛置业先后于 2015 年 8 月 18 日、8 月 26 日以"已与闫某某达成和解协议"为由，两次向本院申请撤回上诉。

本院认为：恒盛置业与辽国建签订的《建设工程施工合同》附件 3《房屋建筑工

程质量保修书》明确载明："屋面防水工程、有防水要求的卫生间、房间和外墙面的防渗漏为 5 年；3. 装修工程为 2 年"。双方签订的《建筑安装施工合同补充协议》第五条工程款支付与竣工结算中明确写明："住宅工程预留结算总价的 5% 保修费，在竣工后按政府部门规定保修期满后两个月内支付。……预留结算总价的 5% 保修费在竣工后按政府部门规定保修期满后两个月内支付。"现各方当事人均承认辽国建承建的阳光尚城三期是在 2010 年 7 月 29 日竣工验收的，因此，涉案工程中的有关防水工程的质保期应至 2015 年 7 月 29 日。而且恒盛置业与辽国建还约定预留结算总价的 5% 保修费，在竣工后按政府部门规定保修期满后两个月内支付，因此，原审法院在 2015 年 5 月 20 日即判决恒盛置业返还质保金，属认定事实、适用法律错误。

此外，在本院审理中，不但恒盛置业向本院提供了沈阳市于洪区质量监督站向其发出的工程质量投诉处理通知书，要求其对阳光尚城三期工程存在的房屋屋面、外墙渗漏、大白发霉等问题予以解决，而且负责阳光尚城三期物业管理的物业公司也向法院介绍了该项目在质保期内存在顶楼漏雨、窗口漏水、窗口长毛，导致墙皮脱落等现象，因此，在上述房屋质量问题未得到解决，所需要的维修资金数额未确定之前，该质保金可以返还的数额是不确定的。而且，辽国建就其承建的涉案工程向沈阳市于洪区质量监督站交纳的质保金的数额远远低于国家规定的标准，很难保证对涉案工程在质保期内已发现的质量问题的维修，有可能损害案外人，即房屋存在质量问题的业主的利益，因此，根据《中华人民共和国民事诉讼法》第一百七十三条"第二审人民法院判决宣告前，上诉人申请撤回上诉的，是否准许，由第二审人民法院裁定"的规定，本院对恒盛置业申请撤回上诉的请求不能准许。

综上，恒盛置业提出撤回上诉的申请，有可能损害案外人的利益，本院不予准许。原审认定事实、适用法律错误，应予发回重审。依照《中华人民共和国民事诉讼法》第一百七十三条、《中华人民共和国民事诉讼法》第一百七十条第一款第三项之规定，裁定如下：

一、不准许上诉人恒盛置业撤回上诉，本案继续审理；
二、撤销沈阳市于洪区人民法院(2015)于民三初字第 580 号民事判决；
三、发回沈阳市于洪区人民法院重审。
二审案件受理费 39 387.2 元，予以退还。

审　判　长　宋　宁
审　判　员　原宏斌
审　判　员　鞠安成

二〇一五年八月二十六日

书　记　员　唐　娜

〔评注〕

1. 此类裁定书在上诉人申请撤回上诉，法院不准许时使用，目的在于继续对案件进行审理，发挥二审程序监督职能，法律依据是《民事诉讼法》第一百七十三条。

2. 关于不许撤回上诉的原因。《民诉法解释》第三百三十七条规定的原因为"一审判决确有错误"或"当事人之间恶意串通损害国家利益、社会公共利益、他人合法权益的"。实践中对于上诉人撤回上诉是由于被上诉人或其他人胁迫的，也不准许撤回上诉。

3. 本实例属于非典型的不许撤回上诉裁定书样式，其将不准许撤回上诉裁定和发回重审裁定合并成一个裁定书。笔者认为这种做法值得商榷。裁定书主要针对程序性事项，撤回上诉和发回重审是两个性质完全不同的程序性事项，应当分别下达裁定书。

4. 实例中的"委托代理人"，按照新民事诉讼文书样式的要求应采用"委托诉讼代理人"。

7. 民事裁定书（未交二审案件受理费按撤回上诉处理用）

×××人民法院

民事裁定书

（××××）……民终……号

上诉人（原审诉讼地位）：×××，……。

……

被上诉人（原审诉讼地位）：×××，……。

……

原审原告/被告/第三人：×××，……。

……

（以上写明当事人和其他诉讼参加人的姓名或者名称等基本信息）

上诉人×××因与被上诉人×××/上诉人×××及原审原告/被告/第三人×××……（写明案由）一案，不服××××人民法院（××××）……民初……号民事判决/裁定，向本院提起上诉。本院依法组成合议庭对本案进行了审理。

本院审理过程中，……（简要写明上诉人收到法院催缴案件受理费的通知后仍不予缴纳，或申请减缓免未获准的情况）。依照《中华人民共和国民事诉讼法》第一百五十四条第一款第十一项、《最高人民法院关于适用〈中华人民共和国民事诉讼法〉的解释》第三百二十条规定，裁定如下：

本案按上诉人×××自动撤回上诉处理。一审判决/裁定自本裁定书送达之日起发生法律效力。

本裁定为终审裁定。

审　判　长　×××
审　判　员　×××
审　判　员　×××

××××年××月××日
（院印）
书　记　员　×××

【说明】

本样式供上一级人民法院在审理上诉案件过程中，上诉人收到法院催缴案件受理费的通知后仍不予缴纳或申请减缓免未获准，人民法院按其自动撤回上诉处理用。

【实例评注】

湖南省高级人民法院
民事裁定书[①]

（2016）湘民终 242 号

上诉人（一审原告、反诉被告）：戴某某。

上诉人（一审被告、反诉原告）：中铁隧道集团三处有限公司，住所地广东省深圳市南山区建工村 33 号。

法定代表人：李某某，系该公司董事长。

戴某某与中铁隧道集团三处有限公司租赁合同纠纷一案，怀化市中级人民法院于 2013 年 7 月 28 日作出（2012）怀中民二初字第 17 号民事判决，戴某某与中铁隧道集团三处有限公司均不服，向本院提出上诉。经审查，两上诉人未在法院指定期限内交纳上诉费，也未提出减、免、缓交诉讼费申请。依照《中华人民共和国民事诉讼法》第一百

[①] 来源：中国裁判文书网。

一十八条、国务院《诉讼费用交纳办法》第二十二条第四款和《最高人民法院关于适用〈诉讼费用交纳办法〉的通知》第二条之规定，裁定如下：

本案按撤回上诉处理，原审判决即发生法律效力。

本裁定为终审裁定。

审 判 长　蒋　敏
代理审判员　易　上
代理审判员　李晗希

二〇一六年四月八日
书　记　员　付　阳

〔评注〕

1. 本裁定书是由湖南省高级人民法院按照旧民事诉讼文书样式制作的一份二审民事裁定书。此类裁定书在上诉人未交纳上诉费，也未提出减、免、缓交诉讼费申请时使用，目的在于将上诉人的上诉作为自动撤回上诉处理。

2. 按照的新民事诉讼文书样式的要求，本裁定书的案件由来和审理经过部分应作相应调整，作为独立一段。

3. 本裁定书将上诉人未交纳上诉费表述为："未在法院指定期限内交纳上诉费，也未提出减、免、缓交诉讼费申请。"这与新民事诉讼文书样式要求的"简要写明上诉人收到法院催缴案件受理费的通知后仍不予缴纳"有细微的差别。新民事诉讼文书样式作此要求的法律依据是《诉讼费用交纳办法》第二十二条第二款规定。该条规定："上诉案件的案件受理费由上诉人向人民法院提交上诉状时预交。双方当事人都提起上诉的，分别预交。上诉人在上诉期内未预交诉讼费用的，人民法院应当通知其在7日内预交。"依据该条，上诉人在上诉期内未预交诉讼费用的，人民法院应履行通知义务，要求上诉人在7日内预交。但实践做法与该条的规定存在出入。例如，湖北省各中级法院的一审判决中通常都会有"上诉人在上诉期届满后七日内仍未预交诉讼费用的，按自动撤回上诉处理"的表述。这意味着，上诉人未交纳上诉费的，二审法院可以直接下达按自动撤回上诉处理的裁定。因此，为准确反映人民法院履行了催缴义务，笔者认为裁定书的表示方式可以调整为："本院审理过程中，×××在接到上诉费催缴通知后，未在指定期限内交纳上诉费，也未提出减、免、缓交诉讼费申请。"

4. 关于裁判依据。本裁定书的法律依据为："《中华人民共和国民事诉讼法》第一百一十八条、国务院《诉讼费用交纳办法》第二十二条第四款和《最高人民法院关于适用〈诉讼费用交纳办法〉的通知》第二条之规定。"依据《最高人民法院关于裁判文书引用法律、法规等规范性法律文件的规定》第四条"民事裁判文书应当引用法律、法律解释或者司法解释。对于应当适用的行政法规、地方性法规或者自治条例和单行条例，可以直接引用"和《最高人民法院关于司法解释工作的规定》第六条"司法解释的形式分为'解释''规定''批复'和'决定'四种"的规定，《最高人民法院关于适用〈诉讼费用交纳办法〉的通知》不属于司法解释，不能作为民事裁判文书裁判的法律依据，本裁定将其作为法律依据是错误的。此外，《诉讼费用交纳办法》之前不用写国务院，因为《诉讼费用交纳办法》即为这一法律文件的全称。

8. 民事裁定书（不参加二审诉讼按撤回上诉处理用）

×××人民法院
民事裁定书

（××××）……民终……号

上诉人（原审诉讼地位）：×××，……。
……

被上诉人（原审诉讼地位）：×××，……。
……

原审原告/被告/第三人：×××，……。
……

（以上写明当事人和其他诉讼参加人的姓名或者名称等基本信息）

上诉人×××因与被上诉人×××/上诉人×××及原审原告/被告/第三人×××……（写明案由）一案，不服×××人民法院（××××）……民初……号民事判决/裁定，向本院提起上诉。本院依法组成合议庭对本案进行了审理。

本院审理过程中，……（简要写明上诉人经传票传唤无正当理由拒不出庭的事实）。依照《中华人民共和国民事诉讼法》第一百四十三条、第一百五十四条第一款第十一项、第一百七十四条规定，裁定如下：

本案按上诉人×××撤回上诉处理。一审判决/裁定自本裁定书送达之日起发生法律效力。

二审案件受理费……元，减半收取……元，由上诉人×××负担。

本裁定为终审裁定。

审　判　长　×××
审　判　员　×××
审　判　员　×××

××××年××月××日
（院印）
书　记　员　×××

【说明】

本样式供上一级人民法院在审理上诉案件过程中，上诉人经传票传唤无正当理由拒不出庭，人民法院按其撤回上诉处理

【实例评注】

安徽省高级人民法院
民事裁定书①

（2016）皖民终 516 号

上诉人（原审被告）：安徽驰宇仪表电缆集团有限公司，住所地安徽省天长市石梁镇天康大道 888 号，组织机构代码 754××××－×。

法定代表人：华某甲，该公司总经理。

被上诉人（原审原告）：华夏银行股份有限公司合肥分行，住所地安徽省合肥市濉溪路 278 号财富广场 C 座，组织机构代码 559××××－×。

负责人：孙某某，该分行行长。

委托代理人：郭某，安徽今点律师事务所律师。

委托代理人：黎某某，安徽今点律师事务所律师。

原审被告：天长市驰宇房地产开发有限公司，住所地安徽省天长市新河南路 112 号。

法定代表人：华某乙，该公司总经理。

原审被告：华某甲，男，1980 年 2 月 1 日出生，汉族，住安徽省天长市。

原审被告：华某丙，男，1966 年 5 月 29 日出生，汉族，住安徽省天长市。

原审被告：华某乙，男，1955 年 8 月 15 日出生，汉族，住安徽省天长市。

原审被告：冯某某，女，1968 年 11 月 12 日出生，汉族，住安徽省天长市。

原审被告：丁某某，女，1984 年 9 月 4 日出生，汉族，住安徽省天长市。

上诉人安徽驰宇仪表电缆集团有限公司为与被上诉人华夏银行股份有限公司合肥分行、原审被告天长市驰宇房地产开发有限公司、华某甲、华某丙、华某乙、冯某某、丁某某金融借款合同纠纷一案，不服安徽省合肥市中级人民法院（2015）合民二初字第 00372 号民事判决，向本院提起上诉。本院 2016 年 5 月 11 日受理后，依法组成合议庭，定于 2016 年 6 月 30 日公开开庭审理本案。上诉人安徽驰宇仪表电缆集团有限公司经本院传票传唤，无正当理由拒不到庭参加诉讼。依照《中华人民共和国民事诉讼法》第

---

① 来源：中国裁判文书网。

一百四十三条、第一百七十四条、第一百七十五条之规定，裁定如下：

本案按安徽驰宇仪表电缆集团有限公司自动撤回上诉处理。

二审案件受理费1 300元，减半收取650元，由安徽驰宇仪表电缆集团有限公司负担。

本裁定为终审裁定。

审　判　长　　余听波
代理审判员　　方　慧
代理审判员　　夏　敏
二〇一六年六月三十日
书　记　员　　姚　璐

〔评注〕

1. 本裁定书是由安徽省高级人民法院按照旧民事诉讼文书格式制作的一份二审裁定书。目的在于当上诉人不参与诉讼时，结束诉讼，从而督促上诉人积极参与案件审理，促进纠纷的解决。

2. 关于本类裁定的法律依据。《民事诉讼法》第一百四十三条规定："原告经传票传唤，无正当理由拒不到庭的，或者未经法庭许可中途退庭的，可以按撤诉处理；被告反诉的，可以缺席判决。"从法律规定看，本裁定书在两种情况下使用，一种是"上诉人经传票传唤无正当理由拒不出庭的事实"，另一种是"上诉人未经法庭许可中途退庭"。但新民事诉讼文书样式只规定了前一种情形。与之矛盾的是新民事诉讼文书样式不参加诉讼按撤诉处理用的一审民事裁定书却规定了"上诉人未经法庭许可中途退庭"。笔者认为，这属于文书样式制定时的疏漏，"上诉人未经法庭许可中途退庭"应当是本类裁定书适用的情形之一。

3. "上诉人经传票传唤无正当理由拒不出庭的事实"和"上诉人未经法庭许可中途退庭的事实"实践中被固定表述为"上诉人×××经传票传唤无正当理由拒不出庭"和"上诉人×××未经法庭许可中途退庭"，不需要具体写明上诉人不出庭或中途退庭的理由，也不需要对上诉人不出庭或中途退庭为什么不正当进行阐述。

4. 对照新民事诉讼文书样式的要求，本裁定需要作如下调整：一是委托代理人调整为委托诉讼代理人。二是案件由来和审理情况单独作为一段。三是裁定将《民事诉讼法》第一百七十五条作为裁判依据值得商榷。该条规定："第二审人民法院的判决、裁定，是终审的判决、裁定。"裁定结果的主文中没有裁定为终审裁定的意思，本裁定将其作为法律依据不当。

9. 民事裁定书（二审准许或不准许撤回起诉用）

××××人民法院
民事裁定书

（××××）……民终……号

上诉人(原审诉讼地位)：×××，……。
……
被上诉人(原审诉讼地位)：×××，……。
……
原审原告/被告/第三人：×××，……。
……
（以上写明当事人和其他诉讼参加人的姓名或者名称等基本信息）

上诉人×××因与被上诉人×××/上诉人×××及原审原告/被告/第三人×××……(写明案由)一案，不服××××人民法院（××××）……民初……号民事判决/裁定，向本院提起上诉。本院依法组成合议庭对本案进行了审理。

本院审理过程中，……(简要写明一审原告提出撤回其起诉的情况，包括时间、理由等内容)。

本院认为，上诉人×××在本案审理期间提出撤回起诉的请求，已经其他当事人同意，且不损害国家利益、社会公共利益、他人合法权益，本院予以准许。（如果审查后不准许撤回起诉的，则写明不准许撤回起诉的理由）。依照《中华人民共和国民事诉讼法》第一百五十四条第一款第五项、《最高人民法院关于适用〈中华人民共和国民事诉讼法〉的解释》第三百三十八条规定，裁定如下：

（准许撤回起诉的，写明:)
一、撤销××××人民法院（××××）……民初……号民事判决/裁定；
二、准许×××(写明原审原告的姓名或名称)撤回起诉。

一审案件受理费……元，减半收取……元，由×××(写明原审原告的姓名或名称)负担。二审案件受理费……元，减半收取……元，由×××(写明原审原告的姓名或名称)负担。

本裁定为终审裁定。

（不准许撤回起诉的，写明:)
不准许×××(写明原审原告的姓名或名称)撤回起诉。

审　判　长　×××
审　判　员　×××

```
                              审 判 员  ×××

                              ××××年××月××日
                                    (院印)
                              书 记 员  ×××
```

【说明】

1. 本样式供上一级人民法院在审理上诉案件过程中,原审原告提出撤回起诉申请的,人民法院准许或者不准许用。

2. 本裁定书应写明准许或者不准许撤回起诉的理由。

【实例评注】

安徽省马鞍山市中级人民法院
民事裁定书[①]

(2016)皖 05 民终 645 号

上诉人(原审原告):朱某某。

委托诉讼代理人:曹某乙,安徽恒维律师事务所律师。

被上诉人(原审被告):曹某甲。

委托诉讼代理人:许某某,安徽林彬律师事务所律师。

被上诉人(原审第三人):陶某。

上诉人朱某某与被上诉人曹某甲、陶某合伙协议纠纷一案,不服安徽省马鞍山市博望区人民法院(2016)皖 0506 民初 217 号民事判决,向本院提起上诉。本院依法组成合议庭对本案进行了审理。

本院审理过程中,朱某某于 2016 年 9 月 29 日自愿向本院申请撤回上诉、撤回一审起诉。

本院认为,上诉人朱某某在本案审理期间提出撤回上诉、撤回一审起诉请求,不违反法律规定,本院予以准许。依照《中华人民共和国民事诉讼法》第一百七十三条之规定,裁定如下:

[①] 来源:中国裁判文书网。

一、准许朱某某撤回上诉、撤回起诉；

二、撤销安徽省马鞍山市博望区人民法院（2016）皖0506民初217号民事判决。

一审案件受理费的负担按一审判决执行；二审案件受理费3 320元，减半收取1 660元，由上诉人朱某某负担。

本裁定为终审裁定。

审 判 长　汪振兴
代理审判员　韦少兵
代理审判员　彭　立
二〇一六年九月二十九日
书 记 员　纪　震

〔评注〕

1. 本裁定书是由安徽省马鞍山市中级人民法院制作的一份二审民事裁定书。此类裁定书在二审程序中原审原告申请撤回起诉时使用，目的在于准许或不准许原审原告撤回起诉，法律依据是《民事诉讼法》第一百五十四条第一款第五项、《民诉法解释》第三百三十八条。

2. 本裁定书中同时使用了撤回上诉和撤回起诉。笔者认为，起诉是原告要求法院启动诉讼程序，审理裁判自己诉讼请求的诉讼行为。上诉人的上诉行为是以起诉为前提和基础的，撤回起诉必然导致撤回上诉，因此上诉人撤回起诉时可不必另行撤回上诉，裁定书中也没有必要一并写明撤回上诉。

3. 本裁定书主文中将"准许朱某某撤回上诉、撤回起诉"置于撤销原判决之前是错误的。正确的顺序应当是先撤销原审判决，再准许撤回起诉。

4. 根据《诉讼费用交纳办法》第十五条"以调解方式结案或者当事人申请撤诉的，减半交纳案件受理费"的规定，本案一、二审案件受理费应当减半收取。同时，依据该法第三十四条"民事案件的原告或者上诉人申请撤诉，人民法院裁定准许的，案件受理费由原告或者上诉人负担"的规定，本案一、二审案件受理费应当由朱某某负担。本裁定要求"一审案件受理费的负担按一审判决执行"是错误的。

10. 民事裁定书（二审维持不予受理裁定用）

×××× 人民法院
民事裁定书

（××××）……民终……号

上诉人（一审起诉人）：×××，……。

……

（以上写明上诉人及其诉讼代理人的姓名或者名称等基本信息）

上诉人×××因……（写明案由）一案，不服××××人民法院（××××）……民初……号民事裁定，向本院提起上诉。本院依法组成合议庭对本案进行了审理。

×××上诉请求：……（写明上诉请求）。事实和理由：……（概述上诉人主张的事实和理由）。

本院认为：……（对上诉人的上诉请求及相关事由和理由进行分析评判，阐明一审裁定不予受理正确，上诉请求应予驳回的理由）。

综上，×××的上诉请求不能成立，一审裁定认定事实清楚、适用法律正确，本院依照《中华人民共和国民事诉讼法》第一百七十条第一款第一项、第一百七十一条规定，裁定如下：

驳回上诉，维持原裁定。

本裁定为终审裁定。

审　判　长　×××
审　判　员　×××
审　判　员　×××

××××年××月××日
（院印）
书　记　员　×××

【说明】

本样式供上一级人民法院在对当事人不服第一审人民法院作出的不予受理裁定案件审理后，认为上诉人的上诉请求不能成立，维持原裁定用。

【实例评注】

中华人民共和国最高人民法院
民事裁定书①

(2016)最高法民终第178号

上诉人(一审起诉人):丁某某。

上诉人丁某某不服江苏省高级人民法院于2015年5月18日作出的(2015)苏民诉初字第00003号民事裁定,向本院提出上诉。本院依法组成合议庭对本案进行了审理。现已审理终结。

2015年5月12日,丁某某向江苏省高级人民法院提起诉讼称:1992年底,丁某某从苏州市中级人民法院调离至苏州市第七律师事务所,1994年通过律师资格考试,1995年正式从事律师法律服务工作。2006年年底起,丁某某到苏州市中级人民法院进行律师执业,代理当事人的诉讼业务时,被苏州市中级人民法院有关审判人员告知自2006年11月起不能在该院执业。为此,丁某某向苏州市中级人民法院及其上级有关部门进行多次交涉,始终未得到解决,因此蒙受巨大的经济损失和精神创伤。为维护正当执业权和其他权利,特提起本案诉讼,请求判令:一、苏州市中级人民法院立即停止阻碍丁某某正当律师执业;二、苏州市中级人民法院赔偿丁某某经济损失100万元;三、苏州市中级人民法院给付丁某某精神抚慰金50万元;四、由苏州市中级人民法院承担本案全部诉讼费用。

一审法院在立案登记过程中发现,丁某某1979年10月由部队转业至苏州市中级人民法院工作,至1992年12月调至苏州市第七律师事务所工作,期间历任苏州市中级人民法院书记员、助理审判员、审判员、教育科副科长等职务。

一审认为:《中华人民共和国法官法》第十七条第二款规定,法官从人民法院离任后,不得担任原任职法院办理案件的诉讼代理人或者辩护人。丁某某作为具有审判职称的法官,从苏州市中级人民法院离职后,应当自觉遵守上述法律规定,不得担任苏州市中级人民法院受理案件的诉讼代理人或者辩护人。丁某某诉称的苏州市中级人民法院阻碍其在该院正常执业的行为,是人民法院依据《中华人民共和国法官法》第十七条的规定,依法履行职权的行为。丁某某对该行为的起诉不属于人民法院受理民事诉讼的范围,本案诉讼不符合《中华人民共和国民事诉讼法》第一百一十九条第四项规定的起诉条件。根据《中华人民共和国民事诉讼法》第一百二十三条的规定,裁定不

---

① 来源:中国裁判文书网。

予受理丁某某的起诉。

丁某某不服一审裁定,提出上诉称:一审法院认定苏州市中级人民法院阻碍丁某某律师执业权系履职行为不当,裁定不予受理起诉违反法律规定,剥夺了丁某某的诉权,请求撤销一审裁定,并指令江苏省高级人民法院对丁某某的起诉按法律规定予以立案登记受理。

本院认为:民事诉讼法第一百一十九条规定了起诉与受理的条件。实施立案登记制后,人民法院对于当事人提起的诉讼,仍然要根据法律的规定决定是否立案受理。本案中,丁某某向一审法院提起诉讼,主张苏州市中级人民法院错误适用《中华人民共和国法官法》的相关规定,侵害其作为律师的执业权利,要求判令苏州市中级人民法院停止限制执业、赔偿损失等。因苏州市中级人民法院限制丁某某在该院作为律师执业,系依照《中华人民共和国法官法》的履职行为,由此引发的纠纷,不属于人民法院民事诉讼调整的范围,故一审法院不予受理并无不当。综上,丁某某的上诉理由,没有法律依据,不能被支持。依照《中华人民共和国民事诉讼法》第一百七十条第一款第一项、第一百七十一条的规定,裁定如下:

驳回上诉,维持原裁定。

本裁定为终审裁定。

审　判　长　　杨立初
代理审判员　　李盛烨
代理审判员　　沈　佳
二〇一六年六月二十九日
书　记　员　　张　闻

〔评注〕

1. 本实例是由最高人民法院按照旧民事诉讼文书样式制作的一份二审民事裁定书。此类裁定书在一审不予受理裁定认定事实清楚、适用法律正确时使用,目的在于维持一审裁定。

2. 审查上诉人(原告)起诉主要看其是否符合《民事诉讼法》第一百一十九条规定的起诉必须具备的四项条件:确定原告是否与案件有直接的利害关系,被告是否明确、具体;原告提出的诉讼请求是否明确、具体,是否说明了支持其诉讼请求的事实和理由;当事人提起的诉讼是否属于法院主管的范围和受诉法院管辖。经审查,发现起诉不符合这四项条件的,一审裁定不予受理,二审裁定维持一审裁定。

3. 本类裁定书只写上诉人情况,没有被上诉人。主要原因在于,审查起诉阶段人民法院未通知被告应诉,被上诉人(被告)也未答辩,未参与到诉讼中来。人民法院只是对上诉人(原告)起诉行为进行审查,因此在本裁定书中只写上诉人(原告)的相关情况。

4. 从文书结构来看,本实例详细写明一审审查情况。按照新民事诉讼文书样式的要求,本类裁定书不需要写明一审审查情况。法理依据在于审查受理阶段尚未进入法院的实体审理,从简化文书形式考虑,可以不写一审审查情况。

5. 根据《诉讼费用交纳办法》第二十七条第二款"第一审人民法院裁定不予受理或者驳回起诉的,应当退还当事人已交纳的案件受理费;当事人对第一审人民法院不予受理、驳回起诉的裁定提起上诉,第二审人民法院维持第一审人民法院作出的裁定的,第一审人民法院应当退还当事人已交纳的案件受理费"的规定,对不予受理案件,一审法院通常没有收取原告的诉讼费。上诉人上诉时,也不需要预交上诉费,所以本类裁定不写诉讼费负担情况。本实例没有写诉讼费用负担情况,符合新民事诉讼文书样式的要求。

11. 民事裁定书(二审指令立案受理用)

×××× 人民法院

民事裁定书

(××××)……民终……号

上诉人(一审起诉人):×××,……。

……

(以上写明上诉人及其代理人的姓名或者名称等基本信息)

上诉人×××因……(写明案由)一案,不服××××人民法院(××××)……民初……号民事裁定,向本院提起上诉。本院依法组成合议庭对本案进行了审理。

×××上诉请求:……(写明上诉请求)。事实和理由:……(概述上诉人主张的事实和理由)。

本院审理查明,……(二审查明的事实与一审查明的事实一致,没有新的证据和事实的,该部分可以不作表述)。

本院认为:……(简要写明指令立案受理的理由)。依照《中华人民共和国民事诉讼法》第一百七十一条、《最高人民法院关于适用〈中华人民共和国民事诉讼法〉的解释》第三百三十二条规定,裁定如下:

一、撤销××××人民法院(××××)……民初……号民事裁定;

二、本案指令××××人民法院立案受理。

本裁定为终审裁定。

审　判　长　×××
审　判　员　×××
审　判　员　×××

××××年××月××日
（院印）
书　记　员　×××

【说明】

本样式供上一级人民法院在对第一审人民法院作出的不予受理裁定进行审理时，发现不予受理裁定有错误，指令一审法院立案受理用。

【实例评注】

新疆生产建设兵团第二师中级人民法院
民事裁定书①

（2016）兵02民终156号

上诉人（一审起诉人）：方某，男，1960年出生。

委托诉讼代理人：乐某某，新疆腾格斯律师事务所律师。

上诉人方某因广告合同纠纷一案，不服新疆生产建设兵团库尔勒垦区人民法院（2016）兵0201民初524号民事裁定，向本院提起上诉。本院依法组成合议庭对本案进行了审理。

方某上诉请求：撤销新疆生产建设兵团库尔勒垦区人民法院（2016）兵0201民初524号民事裁定，指令新疆生产建设兵团库尔勒垦区人民法院立案受理。事实和理由：1. 上诉人方某系库尔勒富迪人广告有限公司原法定代表人、股东，上诉人主张的债权是库尔勒富迪人广告有限公司注销前未清收的债权，库尔勒富迪人广告有限公司注销前住所地位于库尔勒市人民西路88号第二师绿源小区8号楼1807室。上诉人在一审起诉的被告新疆华世丹药业有限公司属于兵团企业。2. 库

---

① 来源：中国裁判文书网。

尔勒富迪人广告有限公司与新疆华世丹药业有限公司签订的《广告发布业务合同》属于广告承揽合同，广告发布行为地为合同履行地，根据合同约定，本案广告制作发布行为地为第二师电视台，属于第二师所在地。综上，该案属于新疆生产建设兵团库尔勒垦区人民法院管辖。

本院审理查明，2008年10月28日、2009年9月18日、2010年9月16日，新疆华世丹药业有限公司与库尔勒富迪人广告有限公司分别签订三份《广告发布业务合同》，合同第二条规定："广告发布媒介为农二师综合频道、影视剧频道。"库尔勒富迪人广告有限公司的股东为方某、靳某。2013年9月25日库尔勒富迪人广告有限公司召开股东会，股东会决议注销库尔勒富迪人广告有限公司，公司的债权债务由股东方某承受。库尔勒富迪人广告有限公司于2013年12月2日被准予注销登记。

本院认为：本案系广告合同纠纷，由被告住所地或者合同履行地人民法院管辖。上诉人方某以库尔勒富迪人广告有限公司注销后债权债务承受人的名义提起诉讼，上诉人主张广告费的依据是新疆华世丹药业有限公司与库尔勒富迪人广告有限公司签订的《广告发布业务合同》，该合同中明确规定广告发布媒介为农二师综合频道、影视剧频道，双方对合同的履行地点进行了约定。《最高人民法院关于适用〈中华人民共和国民事诉讼法〉的解释》第十八条第一款规定："合同约定履行地点的，以约定的履行地点为合同履行地。"因此，本案的合同履行地在新疆生产建设兵团第二师范围内，属于新疆生产建设兵团库尔勒垦区人民法院管辖，新疆生产建设兵团库尔勒垦区人民法院对本案有管辖权，其应当立案受理。依照《中华人民共和国民事诉讼法》第一百七十条第一款第二项、第一百七十一条、《最高人民法院关于适用〈中华人民共和国民事诉讼法〉的解释》第三百三十二条规定，裁定如下：

一、撤销新疆生产建设兵团库尔勒垦区人民法院（2016）兵0201民初524号民事裁定；

二、本案指令新疆生产建设兵团库尔勒垦区人民法院立案受理。

本裁定为终审裁定。

审　判　长　　张富强
代理审判员　　谢桂芳
代理审判员　　周　洁

二〇一六年九月九日

书　记　员　　苗佳雨

〔评注〕

1. 本实例是由新疆生产建设兵团第二师中级人民法院按照新民事诉讼文书样式制作的一份二审民事裁定书。此类裁定书在一审不予受理裁定认定事实错误或适用法律错误时使用，目的在于撤销原裁定，由一审法院受理。本类裁定书基本写法可以参照二审维持不予受理民事裁定书，但也存在一些特殊之处。

2. 与二审维持不予受理民事裁定书不同，如果有新的证据和事实，二审查明的事实与一审查明的事实不一致的，本类裁定书还应当对此单独作表述。本实例中因为出现了二审查明的事实与一审查明的事实不一致的情况，通过"本院审理查明"单独进行了表述。

3. 本类裁定主要法律依据是《民事诉讼法》第一百七十一条，但这个条文没有对指令审理法院作出规定。《民诉法解释》第三百三十二条规定："第二审人民法院查明第一审人民法院作出的不予受理裁定有错误的，应当在撤销原裁定的同时，指令第一审人民法院立案受理；查明第一审人民法院作出的驳回起诉裁定有错误的，应当在撤销原裁定的同时，指令第一审人民法院审理。"因此，指令一审法院审理还应当以其作为法律依据。

4. 与二审维持不予受理民事裁定书不同，本类裁定书判项有两点：首先是先撤销原判决，其次再指令一审法院受理，顺序不可颠倒。

5. 本实例中二审法院新疆生产建设兵团第二师中级人民法院在二审中查明了新的事实，与一审法院查明的事实不一致，其认为一审法院对本案具有管辖权，遂作出了撤销原裁定，指令一审法院重新受理的裁定，文书格式完全符合新民事诉讼文书样式的要求。

12. 民事裁定书（二审维持驳回起诉裁定用）

××××人民法院
民事裁定书

（××××）……民终……号

上诉人（原审诉讼地位）：×××，……。
……
被上诉人（原审诉讼地位）：×××，……。
……
原审原告/被告/第三人：×××，……。

……

（以上写明当事人和其他诉讼参加人的姓名或者名称等基本信息）

上诉人×××因与被上诉人×××/上诉人×××及原审原告/被告/第三人×××……（写明案由）一案，不服×××人民法院（××××）……民初……号民事裁定，向本院提起上诉。本院于××××年××月××日立案后，依法组成合议庭审理了本案。上诉人×××、被上诉人×××、原审原告/被告/第三人×××（写明当事人和其他诉讼参加人的诉讼地位和姓名或者名称）到庭参加诉讼。本案现已审理终结。

×××上诉请求：……（写明上诉请求）。事实和理由：……（概述上诉人主张的事实和理由）。

×××辩称，……（概述被上诉人答辩意见）。

×××述称，……（概述原审原告/被告/第三人陈述意见）。

×××向一审法院起诉请求：……（写明原告/反诉原告/有独立请求权的第三人的诉讼请求）。

一审法院认定事实：……（概述一审认定的事实）。一审法院认为，……（概述一审裁判理由）。裁定：……（写明一审裁定主文）。

本院审理查明，……（二审查明的事实与一审查明的事实一致，没有新的证据和事实的，该部分可以不作表述）。

本院认为：……（针对上诉人的上诉请求及相关事由和理由进行分析评判，阐明应予驳回的理由）。

综上，×××的上诉请求不能成立，一审裁定认定事实清楚、适用法律正确，依照《中华人民共和国民事诉讼法》第一百七十条第一款第一项、第一百七十一条规定，裁定如下：

驳回上诉，维持原裁定。

本裁定为终审裁定。

审　判　长　×××
审　判　员　×××
审　判　员　×××

××××年××月××日
（院印）
书　记　员　×××

【说明】

本样式供上一级人民法院在对当事人不服第一审人民法院作出的驳回起诉裁定案件审理后，认为上诉人的上诉请求不能成立，维持原裁定用。

【实例评注】

辽宁省葫芦岛市中级人民法院
民事裁定书①

（2016）辽14民终1654号

上诉人（原审原告）：建昌县喇嘛洞镇小三家子村七组。

负责人：李某某，系该村民组组长。

被上诉人（原审被告）：项某某

上诉人建昌县喇嘛洞镇小三家子村七组因与被上诉人项某某土地承包经营权纠纷一案，不服建昌县人民法院（2016）辽1422民初1450号民事裁定，向本院提起上诉。本院依法组成合议庭对本案进行了审理。

建昌县喇嘛洞镇小三家子村七组上诉请求：依法撤销一审裁定，案件受理费由被上诉人承担。事实和理由：2015年6月29日喇嘛洞镇人民政府的答复意见，经过建昌县政府、葫芦岛市人民政府信访复核委员会作出的复核意见，已经符合（2015）葫民终字第01338号民事（以下简称01338号民事案件）裁定认定的"应由政府部门予以审查和决定"，因此，本案应当属于法院审理的范围。

本院认为：01338号民事案件因不属于人民法院主管范围被裁定驳回起诉，并已发生法律效力。经查，建昌县喇嘛洞镇小三家子村七组已于01338号民事案件中向法院提交过葫芦岛市人民政府信访事项复核意见书（葫信复核字〔2015〕1号）、建昌县人民政府信访事项复查意见书（建信复字〔2012〕01号），本案与01338号民事案件的案件事实、诉讼标的相同，建昌县喇嘛洞镇小三家子村七组就已裁判生效的案件再行起诉，一审法院裁定驳回其起诉并无不当，本院应予以维持。综上，依据《最高人民法院关于适用〈中华人民共和国民事诉讼法〉的解释》第二百四十七条，及《中华人民共和国民事诉讼法》第一百七十条第一款第一项之规定，裁定如下：

驳回上诉，维持原裁定。

本裁定为终审裁定。

---

① 来源：中国裁判文书网。

审　判　长　　赵明航
审　判　员　　焦　娇
代理审判员　　席　贺
二〇一六年九月二十六日
书　记　员　　赵　欣

〔评注〕

1. 本实例是由辽宁省葫芦岛市中级人民法院制作的一份二审民事裁定书。此类裁定书在一审驳回起诉裁定认定事实清楚、适用法律正确时使用，目的在于维持一审裁定。

2. 驳回起诉与不予受理的关系。二者相同点在于，均是法院在原告起诉不符合《民事诉讼法》第一百一十九条规定的受理条件后作出的处理方式。二者主要的区别在于，不予受理是在当事人起诉之后法院立案受理前的"审查"阶段作出的；驳回起诉是立案受理后审理审结前作出的，对于法院尚未立案的案件不适用驳回起诉。

3. 与二审维持不予受理民事裁定书不同，本类裁定书需要写明双方当事人和诉讼参加人的基本情况。主要是因为，不予受理发生在立案前，法院没有受理，当事人起诉的被告没有应诉参加诉讼，裁定书不能把起诉的被告列为诉讼当事人；而驳回起诉和驳回诉讼请求发生在立案之后的审理过程中，当事人起诉的被告已经参加了诉讼，应列被告为诉讼当事人。本实例中就列明了被上诉人（原审被告）项某某的基本情况。具体写作中，当事人和诉讼参与人基本情况主要参照一审裁定书。

4. 与不予受理不同，驳回起诉发生在法院受理后。法院已经对案件进行了审理，当事人已经参加了一审审理，案件事实经过质证、认证后已经查清，可以作为二审裁定的依据，因此二审裁定书应当写明一审法院的诉讼过程。本实例没有写明一审审理情况是不妥当的。

5. 根据《诉讼费用交纳办法》第二十七条第二款"第一审人民法院裁定不予受理或者驳回起诉的，应当退还当事人已交纳的案件受理费；当事人对第一审人民法院不予受理、驳回起诉的裁定提起上诉，第二审人民法院维持第一审人民法院作出的裁定的，第一审人民法院应当退还当事人已交纳的案件受理费"的规定，对驳回起诉案件，一审法院通常没有收取原告的诉讼费。上诉人上诉时，也不需要预交上诉费，所以本类裁定书不写诉讼费负担情况。本实例没有写诉讼费用负担情况，符合新民事诉讼文书样式的要求。

6. 本实例中上诉人（原告）主要是因为重复起诉，被法院认定不符合受理条件，最终被法院裁定驳回起诉，因而实例引用《民诉法解释》第二百四十七条关于重复起诉的规定作为法律依据是正确的,这也说明新民事诉讼文书样式关于法律依据的写法并不是固定的,可以根据案件情况增加法律依据。但本实例将《民诉法解释》写作顺序放在《民事诉讼法》之前是错误的。《最高人民法院关于裁判文书引用法律、法规等规范性法律文件的规定》第二条规定:"并列引用多个规范性法律文件的,引用顺序如下:法律及法律解释、行政法规、地方性法规、自治条例或者单行条例、司法解释。同时引用两部以上法律的,应当先引用基本法律,后引其他法律。引用包括实体法和程序法的,先引用实体法,后引用程序法。"因此,法律应当在司法解释之前。

13. 民事裁定书(二审指令审理用)

×××× 人民法院
民事裁定书

(××××)……民终……号

上诉人(原审诉讼地位):×××,……。
……

被上诉人(原审诉讼地位):×××,……。
……

原审原告/被告/第三人:×××,……。
……

(以上写明当事人和其他诉讼参加人的姓名或者名称等基本信息)

上诉人×××因与被上诉人×××/上诉人×××及原审原告/被告/第三人×××……(写明案由)一案,不服××××人民法院(××××)……民初……号民事裁定,向本院提起上诉。本院依法组成合议庭对本案进行了审理。

×××上诉请求:……(写明上诉请求)。事实和理由:……(概述上诉人主张的事实和理由)。

×××辩称,……(概述被上诉人答辩意见)。

×××述称,……(概述原审原告/被告/第三人陈述意见)。

×××向一审法院起诉请求:……(写明原告/反诉原告/有独立请求权的第三人的诉讼请求)。

一审法院认定事实:……(概述一审认定的事实)。一审法院认为,……(概述一审裁判理由)。裁定:……(写明一审裁定主文)。

本院审理查明,……(二审查明的事实与一审查明的事实一致,没有新的证据和事实的,该部分可以不作表述)。

本院认为，……（写明指令审理的理由）。依照《中华人民共和国民事诉讼法》第一百七十一条、《最高人民法院关于适用〈中华人民共和国民事诉讼法〉的解释》第三百三十二条规定，裁定如下：

一、撤销××××人民法院（××××）……民初……号民事裁定；

二、本案指令××××人民法院审理。

本裁定为终审裁定。

审　判　长　×××
审　判　员　×××
审　判　员　×××

××××年××月××日

（院印）

书　记　员　×××

【说明】

1. 本样式供上一级人民法院在对当事人不服第一审人民法院作出的驳回起诉裁定案件审理时，发现驳回起诉裁定有错误，指令一审法院审理用。

2. 本裁定书应简要写明指令审理的理由。

【实例评注】

葫芦岛市中级人民法院
民事裁定书[①]

（2016）辽14民终1622号

上诉人（原审原告）：于某某。

被上诉人（原审被告）吕某某。

被上诉人（原审被告）潘某某。

上诉人于某某因与被上诉人吕某某、潘某某排除妨害纠纷一案，不服建昌县人民法院（2016）辽1422民初1492号民事裁定，向本院提起上诉。本院依法组成合议庭对本案进行了审理。

---

① 来源：中国裁判文书网。

于某某上诉请求：撤销建昌县人民法院(2016)辽1422民初1492号民事裁定，支持上诉人一审提出的诉讼请求，由被上诉人承担一、二审诉讼费及邮寄费。事实和理由：一审法院认定吕某某、潘某某的违章建筑应由行政机关确认，非人民法院审理民事案件范围，以此理由驳回上诉人的起诉是错误的。上诉人一审的诉求不是要求被上诉人拆除违章建筑，而是被上诉人的违章建筑妨碍了上诉人的通行，是被上诉人将上诉人通往自家的唯一通道阻塞，上诉人要求排除妨害。2012年建昌县国土资源局已作出行政处罚决定书，责令潘某某退还非法占地448平方米。2014年建昌县国土资源局又为吕某某办理了196平方米的集体土地使用证，即使被上诉人的土地使用证合法，也仅是196平方米，其非法占有的252平方米(448平方米-196平方米)土地也应退还。

于某某向一审法院起诉请求：潘某某与吕某某系母子关系，与原告系同村民组村民。2005年潘某某、吕某某未经有批准权限的人民政府批准非法建房，且在2012年又非法套上院墙。潘某某、吕某某所套的东西院墙把原告通往自家自留地的公用通道堵死，致使原告对以上土地无法经营。由于潘某某、吕某某的建筑物属非法建筑，故建昌县国土资源局曾给潘某某下发建国资强申字(2012)46号强制执行申请书，要求潘某某将非法占地的建筑拆除。后建昌县国土资源局又向建昌县法院申请立执行案，且建昌县法院已作出(2012)建行审字第00046号行政裁定书，裁定对建昌县国土局于2012年7月31日对潘某某作出的建国土行资罚字(2012)103号行政处罚决定书准予强制执行。可现在潘某某的非法建筑仍未拆除。由于潘某某、吕某某的行为致使原告的土地五年时间都没法经营，造成原告巨大损失。原告依《民法通则》及相关规定诉至法院要求潘某某、吕某某将其占用公共通道的东西院墙拆除，使道路恢复原状；要求潘某某、吕某某赔偿原告经济损失2 500元；本案的诉讼费、邮寄费由被告承担。庭审中原告明确拆除院墙的范围：要求拆除西边院墙8米，东边院墙15米。

一审法院认为，于某某与潘某某、吕某某之间的排除妨害纠纷系潘某某建房及建院墙后与于某某因是否占用公共通道问题引发的土地使用权纠纷。关于被告违章占地一事建昌县国土资源局曾于2012年作出行政处罚决定，责令潘某某退还非法占用的448平方米土地，限期15日内拆除非法占用的448平方米土地上新建的建筑物和其他设施(其中住宅127平方米，水泥地面321平方米)，恢复土地原貌。此决定书已向建昌县人民法院申请强制执行，现正在执行之中。2014年建昌县国土资源局给被告吕某某办理了争议地块集体土地使用证，确定其土地使用权面积为196平方米。上述两份法律文件导致被告占用土地违建拆除部分与合理使用部分存在冲突。在此情况下原告起诉要求判令将被告部分东西院墙拆除并赔偿经济损失，依据相关法律规定，违章建筑物的拆除应由行政机关确认处理，非人民法院审理民事案件确认范围，综上依法应驳回原告的起诉。关于原告提出的赔偿损失问题，因被告违建拆除部分无法明确，导致赔偿的时间节点不能确定，在尚存土地使用权等方面的争议需进一步确认的情况下，赔偿损失一项法院无法进行审理，如有争议可待强制执行案件完毕后另行起诉。依照《中华人民共和国民事诉讼法》第一百一十九条之规定，裁定：驳回原告于某某的起诉。案件受理费50元，退回原告于某某。

本院认为，于某某的诉讼主张是因为潘某某、吕某某所建院墙阻塞了通往自留地的公用通道，要求潘某某、吕某某拆除院墙，恢复通道。法院应审查潘某某、吕某某所建院墙是否对于某某构成妨害。依照《中华人民共和国民事诉讼法》第一百七十一条、《最高人民法院关于适用〈中华人民共和国民事诉讼法〉的解释》第三百三十二条规定，裁定如下：

一、撤销建昌县人民法院(2016)辽1422民初1492号民事裁定；

二、本案指令建昌县人民法院审理。

本裁定为终审裁定。

审　判　长　康永杰
审　判　员　郭逸群
审　判　员　刘亚伟

二〇一六年九月十九日

书　记　员　于　燕

〔评注〕

1. 本实例是由葫芦岛市中级人民法院按照新民事诉讼文书样式制作的一份二审民事裁定书。此类裁定书在一审驳回起诉裁定认定事实错误或适用法律错误时使用，目的在于撤销原裁定，由一审法院继续审理。本类裁定书的基本写法可以参照二审维持驳回起诉民事裁定书，但也存在一些特殊之处。

2. 与二审维持驳回起诉民事裁定书不同，如果有新的证据和事实，二审查明的事实与一审查明的事实不一致的，本类裁定书还应当对此单独作表述。本实例中因为没有出现二审查明的事实与一审查明的事实不一致的情况，裁定书中就没有单独表述。

3. 本类裁定主要法律依据是《民事诉讼法》第一百七十一条，但此条文没有对指令审理法院作出规定。《民诉法解释》第三百三十二条规定："第二审人民法院查明第一审人民法院作出的不予受理裁定有错误的，应当在撤销原裁定的同时，指令第一审人民法院立案受理；查明第一审人民法院作出的驳回起诉裁定有错误的，应当在撤销原裁定的同时，指令第一审人民法院审理。"因此，指令一审法院审理还应当以其作为法律依据。

4. 与二审维持驳回起诉民事裁定书不同，本类裁定书判项有两点：首先是先撤销原判决，其次再指令一审法院审理，顺序不可颠倒。

5. 本实例文书格式基本符合新民事诉讼文书样式的要求，但在法院名称的使用上值得商榷。法院名称一般应与院印一致，基层人民法院和中级人民法院之前应当冠以省、自治区、直辖市的名称。因此，本实例中"葫芦岛市中级人民法院"和"建昌县人民法院"应为"辽宁省葫芦岛市中级人民法院"和"辽宁省建昌县人民法院"。

14. 民事裁定书（二审驳回起诉用）

××××人民法院
民事裁定书

（××××）……民终……号

上诉人（原审诉讼地位）：×××，……。
……

被上诉人（原审诉讼地位）：×××，……。
……

原审原告/被告/第三人：×××，……。
……

（以上写明当事人和其他诉讼参加人的姓名或者名称等基本信息）

上诉人×××因与被上诉人×××/上诉人×××及原审原告/被告/第三人×××……（写明案由）一案，不服××××人民法院（××××）……民初……号民事判决，向本院提起上诉。本院依法组成合议庭对本案进行了审理。本案现已审理终结。

×××上诉请求：……（写明上诉请求）。事实和理由：……（概述上诉人主张的事实和理由）。

×××辩称，……（概述被上诉人答辩意见）。

×××述称，……（概述原审原告/被告/第三人陈述意见）。

×××向一审法院起诉请求：……（写明原告/反诉原告/有独立请求权的第三人的诉讼请求）。

一审法院认定事实：……（概述一审认定的事实）。一审法院认为，……（概述一审裁判理由）。判决：……（写明一审判决主文）。

本院审理查明，……（写明与驳回起诉有关的事实）。

本院认为：……（写明驳回起诉的理由）。依照《最高人民法院关于适用〈中华人民共和国民事诉讼法〉的解释》第三百三十条规定，裁定如下：

一、撤销×××人民法院（××××）……民初……号民事判决；

二、驳回×××（写明一审原告的姓名或名称）的起诉。

一审案件受理费……元，退还（一审原告）×××；上诉人×××预交的二审案件受理费……元予以退还。

本裁定为终审裁定。

审　判　长　×××
审　判　员　×××
审　判　员　×××

××××年××月××日
（院印）
书　记　员　×××

【说明】

1. 本样式供上一级人民法院在对民事二审案件进行审理时，发现该案依法不应由人民法院受理，驳回当事人起诉用。

2. 本裁定书应写明驳回起诉的理由。

【实例评注】

浙江省宁波市中级人民法院
民事裁定书①

(2016)浙02民终2341号

上诉人（原审被告）：华升建设集团有限公司。住所地：浙江省绍兴市上虞区崧厦镇。

法定代表人：司某某，该公司董事长。

委托代理人：周某某，浙江国良律师事务所律师。

被上诉人（原审原告）：卢某，男，1980年3月6日出生，汉族，住安徽省涡阳县闸北镇。

委托代理人：杨某某，浙江维知律师事务所律师。

上诉人华升建设集团有限公司（以下简称华升公司）因与被上诉人卢某工伤保险待遇纠纷一案，不服宁波市江东区人民法院于2016年6月1日作出的(2016)浙0204民初1919号民事判决，向本院提起上诉。本院于2016年7月21日立案受理后，依法组成合议庭进行了审理。经过阅卷和询问当事人，事实已核对清楚，决

---

① 来源：中国裁判文书网。

定径行判决。本案现已审理终结。

华升公司上诉请求：撤销原判，发回重审或者依法改判驳回被上诉人的诉讼请求或驳回起诉。事实和理由：1. 一审法院判决由上诉人承担赔偿责任在程序上有错误。按照有关法律规定，人民法院审理工伤赔偿案件的前置条件是必须经过工伤认定。虽然司法实践中将违法转分包中的自然人在工作中发生伤亡，受害人直接请求承包单位参照工伤有关规定进行赔偿的予以支持，但上诉人所承包的工程中并不涉及违法转分包情形，被上诉人未经过工伤认定，直接要求上诉人进行赔偿，应驳回被上诉人的起诉。2. 一审判决认定事实错误。首先，被上诉人并非上诉人员工。一审中，上诉人提供的考勤表充分证明这一点。被上诉人未提供任何证据证明双方之间存在劳动关系。一审法院认定被上诉人经上诉人钢筋班组负责人招用进入工地，缺乏事实依据。一审法院认定2015年10月28日，被上诉人在工作过程中受伤，也无任何证据，事实认定错误。

被上诉人卢某辩称：上诉人的上诉理由不能成立，一审判决公正，请求二审法院驳回上诉，维持原判。

卢某向一审法院起诉请求：华升公司向其支付医疗费1 005元、鉴定费1 200元、交通费33元、误工费19 400元、一次性伤残补助金42 000元、一次性伤残就业补助金8 062元、一次性工伤医疗补助金8 062元，合计79 762元。

原审法院审理认定：华升公司系宁波高新区GX02-01-01恒春四季花园地块项目承包人。2015年9月，卢某经涉案工程钢筋班组负责人招用进入该工地，从事钢筋工作。2015年10月28日，卢某在工作过程中不慎受伤，后被送往宁波市颐康医院及宁波市第六医院就诊，经诊断为左髌骨骨折。医院建议休息97天。卢某为治疗共计支付医疗费1 005元。2016年1月29日，卢某经宁波天童司法鉴定所鉴定，根据《因伤致残等级标准》的规定，评定卢某因工受伤致左髌骨骨折经对症支持治疗的致残等级评定十级。卢某为此支出鉴定费1 200元。卢某于2016年4月5日向宁波市劳动人事争议仲裁委员会申请仲裁，该委以主体不适格为由作出不予受理案件通知书。

原审法院审理认为：该案的争议焦点如下：一、卢某是否可以要求参照工伤进行赔偿？虽华升公司主张双方当事人间不存在劳动关系，但卢某在涉案工地工作过程中受伤，华升公司未举证证明卢某系由分包涉案工程的具备用工主体资格的组织或者自然人所招用，故对华升公司的辩称不予采信。现华升公司与非其所招用劳动者间虽不具有劳动关系，但如果劳动者出现工伤，华升公司应承担用工主体责任，在劳动者不能享受工伤保险待遇时，可以主张工伤保险待遇赔偿。故卢某可以要求参照工伤赔偿。二、赔偿项目及标准。华升公司应当赔偿卢某因伤治疗而实际支出的医疗费，经核算，卢某的医疗费用为1 005元。根据《工伤保险条例》第三十七条第一项规定，职工因工致残被鉴定为十级伤残的，享受标准为 7 个月本人工资的一次性伤残补助金。故对于卢某主张的一次性伤残补助金的诉讼请求，该院予以支持，因双方均未举证证明卢某的工资标准，参照 2015 年度宁波市同行业工资中位数，认定一次性伤残补助金为 21 833 元。依据《浙江省人力资源和社会保障厅、浙江省财政厅关于贯彻落实国务院修改后〈工伤保险条例〉若干问题的通知》第五条规定，七级至十级工伤职工，劳动关系解除时，可享受一次性工伤医疗补助金及一次性伤残就业补助金，十级工伤职工其标准为劳动关系解除或终止时上年度全省在岗职工月平均工资 2 倍。因卢某伤后未至涉案工地工作，故可视为解除，一次性伤残医疗补助金及一次性伤残就业补助金均为 8 062 元。鉴定费用系卢某为主张自身权利而支出的必要费用，且华升公司未对此提出异议，该院予以支持。卢某提供的诊断意见书载明卢某的建议休息时间，可以证明卢某因伤暂停工作接受医疗的时间，故该院认定停工留薪期为 97 天，卢某的主张标准过高，依照上年度全省在岗职工平均工资计算卢某停工留薪期工资为 12 855 元。根据卢某就诊的次数、时间等，卢某主张的交通费 33 元，该院依法予以支持。据此，原审法院依照《工伤保险条例》第三十条、第三十三条第一款、第三十七条、第六十二条第二款及《最高人民法院关于适用〈中华人民共和国民事诉讼法〉的解释》第九十条，参照《浙江省人力资源和社会保障厅、浙江省财政厅关于贯彻落实国务院修改后〈工伤保险条例〉若干问题的通知》第五条之规定，作出判决：一、华升建设集团有限公司支付卢某医疗费 1 005 元、一次性伤残补助金 21 833 元、一次性工伤医疗补助金 8 062 元、一次性伤残就业补助金 8 062 元、停工留薪期工资 12 855 元、鉴定费 1 200 元、交通费 33 元，合计 53 050 元，于判决生效之日起十日内履行完毕；二、驳回卢某的其他诉讼请求。如果华升建设集团有限公司未按照判决指定的期间履行上述给付金钱义务，应依照《中华人民共和国民事诉讼法》第二百五十三条及相关司法解释之规定，加倍支付迟延履行期间的债务利息(加倍部分债务利息＝债务人尚未清偿的生效法律文书确定的除一般债务利息之外的金钱债务×日万分之一点七五×延迟履行期间)。

华升公司上诉请求：撤销原判，发回重审或者依法改判驳回被上诉人的诉讼请求或驳回起诉。事实和理由：1. 一审法院判决由上诉人承担赔偿责任在程序上有错误。按照有关法律规定，人民法院审理工伤赔偿案件的前置条件是必须经过工伤认定。虽然司法实践中将违法转分包中的自然人在工作中发生伤亡，受害人直接请求承包单位参照工伤有关规定进行赔偿的，予以支持。但是上诉人所承包的工程中并不涉及违法转分包情形，被上诉人未经过工伤认定，直接要求上诉人进行赔偿，应驳回被上诉人的起诉。2. 一审判决认定事实错误。首先，被上诉人并非上诉人员工。一审中，上诉人提供的考勤表充分证明了这一点。被上诉人未提供任何证据证明双方之间存在劳动关系。一审法院认定被上诉人经上诉人钢筋班组负责人招用进入工地，缺乏事实依据。一审法院认定 2015 年 10 月 28 日，被上诉人在工作过程中受伤,也无任何证据,事实认定错误。

被上诉人卢某辩称:上诉人的上诉理由不能成立,一审判决公正,请求二审法院驳回上诉,维持原判。

二审期间,被上诉人卢某表示其未主张涉诉工程存在违法转分包,对涉诉工程是否存在违法转分包情形不清楚。

本院认为:职工发生事故伤害的,所在单位应当自事故伤害发生之日起30日内,向统筹地区社会保险行政部门提出工伤认定申请。用人单位未提出工伤认定申请的,工伤职工或者其近亲属、工会组织在事故伤害发生之日起1年内,可直接向用人单位所在统筹地区社会保险行政部门提出工伤认定申请。职工发生工伤,经治疗伤情相对稳定后存在残疾、影响劳动能力的,应当进行劳动能力鉴定。劳动者能力鉴定由用人单位、工伤职工或者其近亲属向设区的市级劳动能力鉴定委员会提出申请。因此,卢某在尚未认定工伤的情况下,直接起诉华升公司主张工伤保险待遇,缺乏法律基础和依据。依照《最高人民法院关于适用〈中华人民共和国民事诉讼法〉的解释》第三百三十条、《工伤保险条例》第十四条、第十七条、第二十一条和第二十三条之规定,裁定如下:

一、撤销宁波市江东区人民法院(2016)浙0204民初1919号民事判决;

二、驳回卢某的起诉。

本裁定为终审裁定。

审　判　长　赵　晖

审　判　员　樊瑞娟

代理审判员　龚　静

二〇一六年九月二十七日

书　记　员　吴佳易

〔评注〕

1. 本实例是由浙江省宁波市中级人民法院制作的一份二审民事裁定书。此类裁定书在二审认为起诉不符合受理条件,而一审法院没有驳回起诉时使用,目的在于撤销原裁判,终结诉讼。

2. 本类裁定的法律依据是《民诉法解释》第三百三十条。该条规定,人民法院依照第二审程序审理案件,认为依法不应由人民法院受理的,可以由第二审人民法院直接裁定撤销原裁判,驳回起诉。之所以如此规定,主要原因有二:一是强化上级法院对下级法院的监督。如果二审法院发现一审法院受理错误后,只能由一审法院驳回起诉,一审法院接到重审裁定后仍坚持原意见,则二审法院因为没有直接驳回的权利,将导致上级法院的监督形同虚设。二是符合民事诉讼"两便原则",二审法院发现案件不属于法院受理范围，可以尽快做出结论，使当事人尽早采取其他方式保护自己的权利。

3. 本类裁定主要针对的是一审时没有发现不符合受理条件的案件。一审时一审法院对案件进行了全面审理，已经收取了诉讼费，上诉时上诉人也预交了上诉费。根据《诉讼费用交纳办法》第二款"第一审人民法院裁定不予受理或者驳回起诉的，应当退还当事人已交纳的案件受理费；当事人对第一审人民法院不予受理、驳回起诉的裁定提起上诉，第二审人民法院维持第一审人民法院作出的裁定的，第一审人民法院应当退还当事人已交纳的案件受理费"的规定，对驳回起诉的案件法院不应当收取诉讼费。因此，本类裁定书要写明退还诉讼费情况。

4. 本实例基本符合新民事诉讼文书样式的要求，但也存在不足之处。首先，委托代理人应为委托诉讼代理人。其次，案件审理经过中没有必须写"经过阅卷和询问当事人，事实已核对清楚，决定径行判决"。再次，根据《最高人民法院关于裁判文书引用法律、法规等规范性法律文件的规定》第二条"并列引用多个规范性法律文件的，引用顺序如下：法律及法律解释、行政法规、地方性法规、自治条例或者单行条例、司法解释。同时引用两部以上法律的，应当先引用基本法律，后引用其他法律。引用包括实体法和程序法的，先引用实体法，后引用程序法"的规定，《工伤保险条例》的顺序应放在《民诉法解释》之前。最后，实例中没有写明退还诉讼费情况。

15. 二审受理案件通知书（通知上诉人用）

××××人民法院
受理案件通知书

（××××）……民终……号

×××（写明上诉人的姓名或者名称）：

你(你公司/单位)因与×××（写明对方当事人的姓名或者名称）、×××（写明一审其他当事人的姓名或者名称）……（写明案由）一案，不服××××人民法院作出的（××××）……民初……号民事判决/裁定，向本院提起上诉。一审法院已经将一审案卷及上诉状报送本院。经审查，本院决定受理该上诉案件，现将有关事项通知如下：

一、你(你公司/单位)应向本院提交身份证明复印件(若为公司或单位应提交营业执照副本复印件、法定代表人身份证明书)；如需委托代理人代理诉讼，应向本院提交授权委托书（委托书应写明授权范围）。（涉外案件中还应写明：在中华人民共和国领域内没有住所的外国人、无国籍人、外国企业和组织委托中华人民共和国律师或者他人代理诉讼，应当依照《中华人民共和国民事诉讼法》第二百六十四条规定，办理相应的公证、认证手续。）

二、你方可以向本院提供与该案有关的证据。

（以上材料请用 A4 纸提交，左侧留出 3 厘米装订空白）

三、当事人参加诉讼，必须依法行使诉讼权利，遵守诉讼秩序。

四、本案二审合议庭由审判长×××、审判员×××、审判员×××组成。书记员由×××担任。

五、根据《最高人民法院关于人民法院在互联网公布裁判文书的规定》，本院作出的生效裁判文书将在中国裁判文书网上公布。如果你(公司/单位)认为案件涉及个人隐私或商业秘密，申请对裁判文书中的有关内容进行技术处理或者申请不予公布的，至迟应在裁判文书送达之日起三日内以书面形式提出并说明具体理由。经我院审查认为理由正当的，可以在公布裁判文书时隐去相关内容或不予公布。

联 系 人：……(写明姓名、部门、职务)

联系电话：……

联系地址：……

特此通知。

××××年××月××日

（院印）

【说明】

本样式供二审人民法院受理当事人提起上诉后，通知上诉人用。

【实例评注】

湖北省武汉市中级人民法院
受理案件通知书[①]

（2016）鄂 01 民终 4515 号

王某某：

你与中信银行股份有限公司武汉分行、湖北海沃众毅能源有限公司、武汉世纪金星科技有限公司、尹某金融借款合同纠纷一案，不服湖北省武汉市江汉区人民法院于 2016 年 8 月 27 日作出的(2016)鄂江汉民二初字第 05273 号民事判决，向本院提起上诉。

---

① 来源：湖北省武汉市中级人民法院(2016)鄂 01 民终 4515 号案卷。

一审法院已经将一审案卷及上诉状报送本院。经审查，本院决定受理该上诉案件，现将有关事项通知如下：

一、你（你公司/单位）应向本院提交身份证明复印件（若为公司或单位应提交营业执照副本复印件、法定代表人身份证明书）；如需委托代理人代理诉讼，应向本院提交授权委托书（委托书应写明授权范围）。（如系涉外案件，应写明：在中华人民共和国领域内没有住所的外国人、无国籍人、外国企业和组织委托中华人民共和国律师或者他人代理诉讼，应当依照《中华人民共和国民事诉讼法》第二百六十四条规定，办理相应的公证、认证手续。）

二、你方可以向本院提供与该案有关的证据。

（以上材料请用 A4 纸提交，左侧留出 3 厘米装订空白）

三、当事人参加诉讼，必须依法行使诉讼权利，遵守诉讼秩序。

四、根据《最高人民法院关于人民法院在互联网公布裁判文书的规定》，本院作出的生效裁判文书将在中国裁判文书网上公布。如果你（公司/单位）认为案件涉及个人隐私或商业秘密，申请对裁判文书中的有关内容进行技术处理或者申请不予公布的，至迟应在裁判文书送达之日起三日内以书面形式提出并说明具体理由。经我院审查认为理由正当的，可以在公布裁判文书时隐去相关内容或不予公布。

二〇一六年九月二十七日

〔评注〕

1. 本文书是一种新类型的文书样式。与《民事诉讼法》第一百二十六条明确要求一审程序中应当向当事人送达受理案件通知书和应诉通知书不同，《民事诉讼法》对二审程序中是否应向当事人送达受理案件通知书和应诉通知书没有明确要求，这也导致司法实践中鲜有法院制作这种文书类型。此次文书样式修订将其为一种独立的文书样式，应是准用了一审程序的相关规定，其目的是为了完善二审立案程序，保障当事人合法权益。

2. 关于二审立案程序。二审案件采取登记立案方式，主要法律依据有：（1）《民事诉讼法》第一百六十七条第二款"原审人民法院收到上诉状、答辩状，应当在五日内连同全部案卷和证据，报送第二审人民法院"。（2）《最高人民法院关于人民法院立案工作的暂行规定》第二十条"第二审人民法院立案机构收到第一审人民法院移送的上诉材料及一审案件卷宗材料，应当查对以下内容：（一）上诉状、一审裁判文书齐全；一审卷宗数应与案件移送函标明的数量相符。（二）上诉人递交上诉状的时间在法定上诉期限以内；虽然超过法定上诉期限，但提交了因不可抗拒的事由或者具有其他正当理由申请顺延上诉期限的书面材料。（三）附有上诉案件受理费单据或者上诉人关于缓、减、免交上诉费用的申请。对卷宗、材料不齐备的，应当及时通知第一审人民法院补充"。(3)《最高人民法院关于严格执行案件审理期限制度的若干规定》第六条第三款"第二审人民法院应当在收到第一审人民法院移送的上(抗)诉材料及案卷材料后的五日内立案"。

3. 关于本文书的制作和送达主体，按照立审分立原则，一般应由立案庭在二审立案完成。

4. 关于主体资格证明和诉讼权利。本文书的写法相比一审程序受理案件通知书有较大幅度的简化，可能的原因在于当事人已经经过了一审程序，对于诉讼程序等有了了解，可以简化。

5. 关于提交证据。文书中的写法是："你方可以向本院提供与该案有关的证据。"笔者认为，二审时当事人仍然可以举证，但应受举证期限的制约。人民法院仍应当给予当事人一定的举证期限。因此，从简化程序出发，可以吸纳举证通知书中的内容，在此处规定是应当给当事人提交新证据的时间。

6. 关于合议庭组成成员的告知。在立案阶段告知合议庭成员的前提是由立案庭负责分案。司法实践中仍有相当一分部法院采取业务庭庭长分案的方式。此时，可以不写此条，变通的做法是由审判庭向当事人发送合议庭组成人员通知书。

7. 《最高人民法院关于人民法院在互联网公布裁判文书的规定》第十条规定："人民法院在互联网公布裁判文书时，应当删除下列信息：(一)自然人的家庭住址、通讯方式、身份证号码、银行账号、健康状况、车牌号码、动产或不动产权属证书编号等个人信息；(二)法人以及其他组织的银行账号、车牌号码、动产或不动产权属证书编号等信息；(三)涉及商业秘密的信息；(四)家事、人格权益等纠纷中涉及个人隐私的信息；(五)涉及技术侦查措施的信息；(六)人民法院认为不宜公开的其他信息。"该条对人民法院不应公布信息的范围规定的十分广泛，当事人认为其他涉及个人隐私和商业秘密的信息不宜公开的，也可以向合议庭提出不予公开。

8. 关于联系人。一般应由案件承办人或者书记员作为联系人，配备法官助理的，也可以将法官助理作为联系人。如果由业务庭负责分案，可以不写联系人。本实例也没有写，与该院的分案方式有直接关系。

9. 本样式中第四项和第五项内容与第十章样式14"受理案件通知书（通知提起诉讼的当事人用）"中的第六项、第五项内容相同，但顺序却不同，笔者认为应统一起来。

16. 二审应诉通知书（通知被上诉人用）

××××人民法院
应诉通知书

（××××）……民终……号

×××（写明被上诉人的姓名或者名称）：

　　×××（写明上诉人的姓名或名称）因与你（你公司/单位）、×××（写明一审其他当事人的姓名或者名称）……（写明案由）一案，不服××××人民法院于××××年××月××日作出的（××××）……民初……号民事判决/裁定，向本院提起上诉。一审法院已经将一审案卷及上诉状报送本院。经审查，本院决定受理该上诉案件，现将有关事项通知如下：

　　一、你（你公司/单位）应向本院提交身份证明复印件（若为公司或单位应提交营业执照副本复印件、法定代表人身份证明书）；如需委托代理人代理诉讼，应向本院提交授权委托书（委托书应写明授权范围）。（如系涉外案件，应写明：在中华人民共和国领域内没有住所的外国人、无国籍人、外国企业和组织委托中华人民共和国律师或者他人代理诉讼，应当依照《中华人民共和国民事诉讼法》第二百六十四条规定，办理相应的公证、认证手续。）

　　二、你方可以向本院提供与该案有关的证据。

　　（以上材料请用A4纸提交，左侧留出3厘米装订空白）

　　三、当事人参加诉讼，必须依法行使诉讼权利，遵守诉讼秩序。

　　四、本案二审合议庭由审判长×××、审判员×××、审判员×××组成。书记员由×××担任。

　　五、根据《最高人民法院关于人民法院在互联网公布裁判文书的规定》，本院作出的生效裁判文书将在中国裁判文书网上公布。如果你（公司/单位）认为案件涉及个人隐私或商业秘密，申请对裁判文书中的有关内容进行技术处理或者申请不予公布的，至迟应在裁判文书送达之日起三日内以书面形式提出并说明具体理由。经我院审查认为理由正当的，可以在公布裁判文书时隐去相关内容或不予公布。

　　联 系 人：……（写明姓名、部门、职务）

　　联系电话：……

　　联系地址：……

　　特此通知。

　　附：1. 上诉状副本一份
　　　　2. 当事人送达地址确认书一份

××××年××月××日
（院印）

【说明】

1. 本样式供二审人民法院受理上诉人提出上诉后，通知被上诉人用。

2. 根据《中华人民共和国民事诉讼法》第一百六十六条、一百六十七条规定，上诉状应当通过一审人民法院提出，一审人民法院在收到上诉状五日内将副本送达对方当事人，对方当事人在收到之日起十五日内提出答辩状。一审人民法院收到上诉状、答辩状，应当在五日内连同全部案卷和证据，报送第二审人民法院。

3. 为便于二审审理工作顺利开展，在向被上诉人发送应诉通知书及上诉状副本时，应当附当事人送达地址确认书。

【实例评注】

湖北省武汉市中级人民法院
应诉通知书[①]

（2016）鄂01民终4515号

中信银行股份有限公司武汉分行：

王某某与你公司、湖北海沃众毅能源有限公司、武汉世纪金星科技有限公司、尹某金融借款合同纠纷一案，不服湖北省武汉市江汉区人民法院于2016年8月27日作出的(2016)鄂江汉民二初字第05273号民事判决，向本院提起上诉。一审法院已经将一审案卷及上诉状报送本院。经审查，本院决定受理该上诉案件，现将有关事项通知如下：

一、你(你公司/单位)应向本院提交身份证明复印件(若为公司或单位应提交营业执照副本复印件、法定代表人身份证明书)；如需委托代理人代理诉讼，应向本院提交授权委托书(委托书应写明授权范围)。(如系涉外案件，应写明：在中华人民共和国领域内没有住所的外国人、无国籍人、外国企业和组织委托中华人民共和国律师或者他人代理诉讼，应当依照《中华人民共和国民事诉讼法》第二百六十四条规定，办理相应的公证、认证手续。)

二、你方可以向本院提供与该案有关的证据。

(以上材料请用A4纸提交，左侧留出3厘米装订空白)

三、当事人参加诉讼，必须依法行使诉讼权利，遵守诉讼秩序。

四、根据《最高人民法院关于人民法院在互联网公布裁判文书的规定》，本院作出的生效裁判文书将在中国裁判文书网上公布。如果你(公司/单位)认为案件涉及个人隐

---

① 来源：湖北省武汉市中级人民法院(2016)鄂01民终4515号案卷。

私或商业秘密,申请对裁判文书中的有关内容进行技术处理或者申请不予公布的,至迟应在裁判文书送达之日起三日内以书面形式提出并说明具体理由。经我院审查认为理由正当的,可以在公布裁判文书时隐去相关内容或不予公布。

二〇一六年九月二十七日

〔评注〕

写法可以参照本章样式15"二审受理案件通知书(通知上诉人用)"。

17. 二审应诉通知书(通知一审其他当事人用)

××××人民法院
应诉通知书

(××××)……民终……号

×××(写明一审其他当事人的姓名或者名称):

　　×××(写明上诉人的姓名或者名称)因与×××(写明被上诉人的姓名或者名称)以及你(你单位)……(写明案由)一案,不服××××人民法院于××××年××月××日作出的(××××)……民初……号民事判决/裁定,向本院提起上诉。一审法院已经将一审案卷及上诉状报送本院。经审查,本院决定受理该上诉案件,现将有关事项通知如下:

　　一、你(你公司/单位)应向本院提交身份证明复印件(若为公司或单位应提交营业执照副本复印件、法定代表人身份证明书);如需委托代理人代理诉讼,应向本院提交授权委托书(委托书应写明授权范围)。(如系涉外案件,还应写明:在中华人民共和国领域内没有住所的外国人、无国籍人、外国企业和组织委托中华人民共和国律师或者他人代理诉讼,应当依照《中华人民共和国民事诉讼法》第二百六十四条规定,办理相应的公证、认证手续。)

　　二、你方可以向本院提供与该案有关的证据。

　　(以上材料请用A4纸提交,左侧留出3厘米装订空白)

　　三、当事人参加诉讼,必须依法行使诉讼权利,遵守诉讼秩序。

　　四、本案二审合议庭由审判长×××、审判员×××、审判员×××组成。书记员由×××担任。

　　五、根据《最高人民法院关于人民法院在互联网公布裁判文书的规定》,本院作出的生效裁判文书将在中国裁判文书网上公布。如果你(公司/单位)认为案件涉及个人隐私或商业秘密,申请对裁判文书中的有关内容进行技术处理或者申请不予公布的,至迟应在裁判文书送达之日起三日内以书面形式提出并说明具体理由。经我院审查认为理由正当的,可以在公布裁判文书时隐去相关内容或不予公布。

```
联系人：……（写明姓名、部门、职务）
联系电话：……
联系地址：……
特此通知。

附：1. 上诉状副本一份
    2. 当事人送达地址确认书一份

                                    ××××年××月××日
                                              （院印）
```

【说明】

1. 本样式供上一级人民法院受理上诉人提起的上诉后，通知一审其他当事人用。

2. 根据《中华人民共和国民事诉讼法》第一百六十六条、一百六十七条规定，上诉状应当通过一审人民法院提出，一审人民法院在收到上诉状五日内将副本送达对方当事人，对方当事人在收到之日起十五日内提出答辩状。一审人民法院收到上诉状、答辩状，应当在五日内连同全部案卷和证据，报送第二审人民法院。

3. 为便于二审审理工作顺利开展，在向一审其他当事人发送应诉通知书时，应当附当事人送达地址确认书。

【实例评注】

湖北省武汉市中级人民法院
应诉通知书①

（2016）鄂 01 民终 4515 号

湖北海沃众毅能源有限公司：

王某某与中信银行股份有限公司武汉分行、你公司、武汉世纪金星科技有限公司、尹某金融借款合同纠纷一案，不服湖北省武汉市江汉区人民法院于 2016 年 8 月 27 日作出的 (2016) 鄂江汉民二初字第 05273 号民事判决，向本院提起上诉。一审法院已经将一审案卷

---

① 来源：湖北省武汉市中级人民法院(2016)鄂 01 民终 4515 号案卷。

及上诉状报送本院。经审查，本院决定受理该上诉案件，现将有关事项通知如下：

一、你(你公司/单位)应向本院提交身份证明复印件(若为公司或单位应提交营业执照副本复印件、法定代表人身份证明书)；如需委托代理人代理诉讼，应向本院提交授权委托书(委托书应写明授权范围)。(如系涉外案件，应写明：在中华人民共和国领域内没有住所的外国人、无国籍人、外国企业和组织委托中华人民共和国律师或者他人代理诉讼，应当依照《中华人民共和国民事诉讼法》第二百六十四条规定，办理相应的公证、认证手续。)

二、你方可以向本院提供与该案有关的证据。

(以上材料请用A4纸提交，左侧留出3厘米装订空白)

三、当事人参加诉讼，必须依法行使诉讼权利，遵守诉讼秩序。

四、根据《最高人民法院关于人民法院在互联网公布裁判文书的规定》，本院作出的生效裁判文书将在中国裁判文书网上公布。如果你(公司/单位)认为案件涉及个人隐私或商业秘密，申请对裁判文书中的有关内容进行技术处理或者申请不予公布的，至迟应在裁判文书送达之日起三日内以书面形式提出并说明具体理由。经我院审查认为理由正当的，可以在公布裁判文书时隐去相关内容或不予公布。

二〇一六年九月二十七日

〔评注〕

写法可以参照本章样式15"二审受理案件通知书(通知上诉人用)"。

18. 送交上诉状副本通知书（送对方当事人用）

××××人民法院
送交上诉状副本通知书

(××××)……民初……号

×××(写明对方当事人的姓名或者名称)：

本院受理……(写明当事人名称及案由)一案，于××××年××月××日作出(××××)……民初……号民事判决/裁定。×××不服，提出上诉。现送去上诉状副本一份，你可在收到上诉状副本之日起十五日内向本院递交答辩状(正本一份，副本×份)，以便一并上报×××人民法院。

××××年××月××日
（院印）

【说明】

1. 本样式供一审人民法院向提起上诉的民事案件的对方当事人送交上诉状副本时使用。

2. 送交本通知书及上诉状副本时应使用送达回证。

【实例评注】

湖北省孝感市中级人民法院
送交上诉状副本通知书①

(2015)鄂孝感中民三初字第00035号

湖北银行股份有限公司孝感天仙支行：

　　本院受理湖北银行股份有限公司孝感天仙支行诉孝感市久昌物资贸易有限公司、苏某、李某某、吴某某、吴某、王某、吴某甲、湖北远大建设集团有限公司贵州分公司、贵州中振房地产开发有限责任公司金融借款纠纷一案，于2016年7月6日作出(2015)鄂孝感中民三初字第00035号民事判决。湖北远大建设集团有限公司贵州分公司不服，提出上诉。现送去上诉状副本一份，你可在收到上诉状副本之日起十五日内向本院递交答辩状(正本一份，副本九份)，以便一并上报湖北省高级人民法院。

××××年××月××日

〔评注〕

　　1. 本实例是湖北省孝感市中级人民法院依据新民事诉讼文书样式制作的一份送交上诉状副本通知书。法律依据为《民事诉讼法》第一百六十七条。该条第一款规定："原审人民法院收到上诉状，应当在五日内将上诉状副本送达对方当事人，对方当事人在收到之日起十五日内提出答辩状。人民法院应当在收到答辩状之日起五日内将副本送达上诉人。对方当事人不提出答辩状的，不影响人民法院审理。"

　　2. 本类文书由一审法院在收到上诉人上诉后五日内发出。

　　3. 本类文书案号仍然采用一审案号。

---

① 来源：湖北省孝感市中级人民法院(2015)鄂孝感中民三初字第00035号案卷。

4. "对方当事人"是指除提交该份上诉状副本以外的其他案件当事人或诉讼参与人。

5. 送达回证上应当写明送达的文书有上诉状副本和送交上诉状副本通知书。

19. 上诉移送函（向二审人民法院移送案卷等材料用）

××××人民法院
报送上诉案件函

（××××）……民初……号

××××人民法院(第二审人民法院名称)：

本院××××年××月××日判决/裁定的(××××)……民初……号……(写明当事人及案由)一案，因×××(写明当事人姓名或者名称)不服，提出上诉。我院已将该案的上诉状副本送达×××(写明对方当事人的姓名或者名称)。×××(写明提出答辩状的当事人姓名或者名称)在收到上诉状副本之日起十五日内提出答辩状，本院已将答辩状副本送达×××(写明上诉人姓名或者名称)。

现将该案上诉状、答辩状以及全部案卷共计×卷，一并送上，请查收。

附件：1. 上诉状及送达回证
2. 答辩状及送达回证
3. （××××）××民初××号案卷共×卷
4. 证据

××××年××月××日
（院印）

【说明】

1. 本样式根据《中华人民共和国民事诉讼法》第一百六十七条制定，供一审人民法院向第二审人民法院移送上诉状、答辩状及案卷材料等用。

2. 移送案件时，如有未订入案卷的其他证据材料，应一并移送。

3. 如果对方当事人未提交答辩状的，可写明其未提交答辩状，不影响一审人民法院报送第二审人民法院。

【实例评注】

湖北省鄂州市中级人民法院
民事案件上诉移送函

（2016）鄂 07 民初 43 号

湖北省高级人民法院：

  关于原告李某某诉被告武汉宏博投资有限公司股权转让纠纷一案，本院于二〇一六年五月十五日作出(2016)鄂 07 民初 43 号民事判决书。送达后，被告武汉宏博投资有限公司不服，向你院提起上诉。我院已将该案的上诉状送达原告李某某。

  现将该案的案卷材料三宗、民事判决书六份送交你院。

二〇一六年九月二十日

〔评注〕

  1. 本文书样式的法律依据是《民事诉讼法》第一百六十七条。该条第二款规定："原审人民法院收到上诉状、答辩状，应当在五日内连同全部案卷和证据，报送第二审人民法院。"

  2. 案件中如果有多个被上诉人，部分被上诉人提交了答辩状，另一部分被上诉人未提交答辩状的，均应在文书中写明。对未提交答辩状的，应当写明"×××在收到上诉状副本之日起十五日内未提出答辩状"。实例中只有李某某一个被上诉人，其未提交答辩状，实例未叙述，规范的做法应该在移送函中具体叙明。

  3. 对附件 2 中的答辩状及其送达回证，如果被上诉人未提交答辩状的，此点可不写。对附件 4 中的证据，一般是指上诉人提供的新证据，如果上诉人未提供的，附件中可以不写。实例中正是因为没有答辩状和新证据，所以没有写明。

  4. 对"（××××）××民初××号案卷共×卷"一般应具体写明案卷正卷×卷、副卷×卷，共×卷。

十七、非讼程序

（一）选民资格案件

1. 民事判决书（申请确定选民资格用）

×××人民法院
民事判决书

（××××）……民特……号

起诉人：×××，……。
……
（以上写明起诉人及其代理人的姓名或者名称等基本信息）

起诉人×××申请确定选民资格一案，本院于××××年××月××日立案后，依法适用特别程序进行了审理。起诉人×××、×××选举委员会的代表×××、公民×××到庭参加诉讼。现已审理终结。

×××诉称，……（概述起诉人的请求、事实和理由）。

经审理查明：××××年××月××日，×××选举委员会作出《关于……的决定》，……（写明选举委员会对起诉人选民资格问题的处理和法院查明的其他事实）。

本院认为，……（写明判决理由）。

依照《中华人民共和国民事诉讼法》第一百八十二条规定，判决如下：

（支持申请的，写明:)×××在……选区具有/不具有选民资格。

（驳回申请的，写明:)驳回×××的申请。

本判决为终审判决。

审　判　长　×××
审　判　员　×××
审　判　员　×××

××××年××月××日
（院印）
书　记　员　×××

【说明】

1. 本样式根据《中华人民共和国民事诉讼法》第一百八十二条制定,供选区所在地基层人民法院在审理申请确定选民资格案后,判决变更选举委员会决定或者驳回申请用。

2. 特别程序案件案号类型代字为"民特",但是民事特别程序监督案件案号类型代字为"民特监"。

3. 没有有关公民的,不写"公民×××"。

4. 法律依据可以先引用《中华人民共和国全国人民代表大会和地方各级人民代表大会选举法》的相关法律条文。

5. 特别程序案件实行一审终审。

6. 选民资格案件或者重大、疑难的特别程序案件,由审判员组成合议庭审理;其他特别案件由审判员一人独任审理。落款中审判组织中的"审判员"也可以是"代理审判员",不能是"人民陪审员"。

7. 本判决书应当在选举日前送达选举委员会和起诉人,并通知有关公民。

【实例评注1】

河北省秦皇岛市海港区人民法院
民事判决书[①]

(2014)海民特字第9号

起诉人师某,女,汉族,现住河北省秦皇岛市海港区。

起诉人师某不服海港镇李姓安庄第九届村委会换届选举委员会对其选民资格申诉所作的处理决定,向本院起诉。本院受理后,依照《中华人民共和国民事诉讼法》第十五章第二节规定的选民资格案件特别程序,依法组成合议庭,于2014年4月9日公开开庭审理了本案。起诉人师某、海港镇李姓安庄第九届村委会换届选举委员会主任赵某某、副主任李某某到庭参加诉讼。本案现已审理终结。

起诉人师林诉称,起诉人为海港镇李姓安庄村村民,1979年10月27日在李姓安庄出生。2014年3月底在被起诉人公布选民名单中并无起诉人的姓名,因此起诉人无法行使海港镇李姓安庄村的选举权和被选举权。2014年3月31日起诉人正式向被起诉人提交了参加选举申请,要求参加本届海港镇李姓安庄村换届选举活动。2014年4月4日,被起诉人作出答复"经过选举委员会全体人员再次研究决定,第九届参选人员资

[①] 来源:中国裁判文书网。

格以第八届参选人员为准"，故不给起诉人登记为第九届换届选举的选民。起诉人不服这一申诉处理决定，因身为李姓安庄村村民，应依法享有选举权和被选举权，被起诉人将起诉人排除在选民之外的处理决定是违法的，依法应予以纠正。由于被起诉人的行为违反了中华人民共和国的宪法和选举法的有关规定，剥夺了起诉人的选举权利，根据《中华人民共和国村民委员会选举法》第十三条的规定，特提请人民法院依法判决确认起诉人具有海港镇李姓安庄第九届村委会换届选举选民资格并予以公布。

经审理查明，起诉人师某1979年10月27日出生于李姓安庄村，1984年师某将户口迁入其父亲师某某在兴隆村的户籍中，2000年又将户籍迁回李姓安庄村，其户籍一直在李姓安庄村。

2014年李姓安庄村村民委员会因任期届满，依法需进行第九届村委会换届选举，村委会主任和委员的候选人推荐日定于4月11日，4月17日进行正式选举。2014年3月27日海港镇李姓安庄第九届村委会换届选举委员会公布选民名单，并告知村民对选民名单有异议的，于2014年4月1日17时前可以向选举委员会提出，后又将提出异议的日期延期至4月5日17时。2014年4月3日师某向选举委员会提出申诉，4月3日下午李姓安庄第九届村委会换届选举委员会作出处理决定："师某：海港区海港镇李姓安庄第九届村委会换届选举委员会已经收到你们对于选举权利的申诉，经过选举委员会全体人员再次研究决定，第九届参选人员资格以第八届参选人员为准，减去死亡人员，增加已年满18周岁人员（时间从2011年3月24日至2014年4月17日）为本届参选人员，故此不给你登记选民。"李姓安庄第九届村委会换届选举委员会在庭审过程中述称"本届选民资格以第八届为准，减去死亡的人员，增加年满十八周岁以上的具备集体经济组织成员资格的人员，师某不在第八届选举名单范围内，也不是本届应该增加人员的范围，因此对师某没有进行选民登记"。

本院认为，《中华人民共和国村民委员会组织法》第十三条规定："年满十八周岁的村民，不分民族、种族、性别、职业、家庭出身、宗教信仰、教育程度、财产状况、居住期限，都有选举权和被选举权；但是，依照法律被剥夺政治权利的人除外。村民委员会选举前，应当对下列人员进行登记，列入参加选举的村民名单：（一）户籍在本村并且在本村居住的村民；（二）户籍在本村，不在本村居住，本人表示参加选举的村民；（三）户籍不在本村，在本村居住一年以上，本人申请参加选举，并且经村民会议或者村民代表会议同意参加选举的公民。已在户籍所在村或者居住村登记参加选举的村民，不得再参加其他地方村民委员会的选举。"根据上述法律规定，是否具有集体经济组织成员资格不是认定具有选民资格的条件，起诉人符合上述规定，且现未被剥夺政治权利，具备李姓安庄第九届村委会换届选举的选民登记条件，依法具有选民资格。海港镇李姓安庄第九届村委会换届选举委员会以起诉人不具备集体经济组织成员资格为由对起诉人作出的不进行选民登记的决定不符合上述法律规定，起诉人要求确认其具有海港镇李姓安庄第九届村委会换届选举选民资格的请求应予支持。依据《中华人民共和国村民委员会组织法》第十三条、第三十六条第一款、《中华人民共和国民事诉讼法》第一百八十一条、第一百八十二条之规定,判决如下:

起诉人师某具有海港镇李姓安庄第九届村委会换届选举选民资格。

本判决为终审判决。

审　判　长　鹿有力
审　判　员　熊海华
审　判　员　张冬梅
二〇一四年四月九日
书　记　员　孙　静

〔评注〕

选举权和被选举权是我国公民享有的重要政治权利,根据《中华人民共和国宪法》和《中华人民共和国全国人民代表大会和地方各级人民代表大会选举法》的有关规定,年满18周岁的我国公民一般都享有选举权与被选举权,未满18周岁的公民和依法被剥夺政治权利的人没有选举权。选民资格名单是确定选民资格的重要依据,列入选民名单的公民,有权参加选举。由于社会人口流动大、公民年龄和政治权利的变化等多种原因,选民资格名单有可能出现错误,为保障应当列入选举名单的公民的合法权利、方便其他公民指出选举名单中的错误,我国法律明确了申请确定选民资格的程序。人民法院作为保障国家选举制度的防线之一,其判决是确定公民选民资格的最后保障,人民法院应当依法保障公民的这一合法权利不受任何非法侵犯。

申请确定选民资格案件是指公民对选举委员会确定的选民资格名单有不同意见时,经向选举委员会申诉后,仍不服选举委员会所作的处理决定,依法向人民法院起诉的案件。人民法院审理选民资格案件,通过对公民提出的申请进行审查,查明事实,判断选举委员会对公民的申诉所作的决定是否正确、合法,并以判决的形式予以确认。

1. 根据《民事诉讼法》第一百八十二条的规定,选民资格案件在审理时,起诉人、选举委员会的代表和有关公民必须参加。有关公民是指起诉人认为是漏掉的公民或者不应列入选举名单的人。人民法院在审理此类案件时,应当依照民事诉讼法的有关规定,认真听取起诉人、选举委员会和有关公民的陈述和辩论,查明情况,对选民资格进行审查,然后根据认定的事实,适用法律,作出公民是否有选举权的判决。案件中不涉及有关公民的,不写有关公民的情况。

2. 人民法院受理选民资格案件后,必须在选举日前审结。因为这类案件时间紧迫,不在选举前审结,就会影响选举工作的正常进行,就有可能造成有选举权的公民不能行使权利，无选举权的人却取得了选举权的情况。人民法院作出判决，制作判决书后，应当在选举日前将判决书送达选举委员会和起诉人，并通知有关公民。

3. 法律依据可以引用选举法的有关内容，本实例是对村委会换届选举选民资格名单不服向人民法院起诉，故引用《中华人民共和国村民委员会组织法》的相关法条。

4. 需要特别注意的是，选民资格案件，应当组成合议庭审理，并且全部由审判员或代理审判员组成合议庭。选民资格案件实行一审终审。

5. 正文首部中，当事人的诉讼地位与姓名或名称之间用"："间隔，实例应补充冒号。

【实例评注2】

河北省宽城满族自治县人民法院
民事裁定书①

（2015）宽民特字第2号

起诉人赵某某。

起诉人赵某某不服宽城满族自治县桲椤台镇新甸子村村民选举委员会作出的关于不给予赵某某登记参加选举的村民名单的决定，于2015年1月13日向本院起诉，本院受理后依法组成合议庭进行了审理。

起诉人赵某某诉称，其自出生至今一直居住在宽城满族自治县桲椤台镇新甸子村（以下简称新甸子村），在2015年1月6日新甸子村村民选举委员会公布的村民选举名单中，其不在选举名单范围内。起诉人于2015年1月6日向新甸子村村民选举委员会提出申诉，新甸子村村民选举委员会于2015年1月9日作出关于赵某某、赵某甲、赵某乙、才某某申请选举的处理决定，该决定认为起诉人不是本村村民，是非农业村民，不予登记村民名单。起诉人认为其户口在新甸子村，长期居住在该村，履行了该村经济组织成员应履行的义务，历届村民委员会换届选举中，起诉人均在选举名单范围内，新甸子村村民选举委员会作出的决定是违法的，故诉请判令其具有新甸子村村民委员会选举的选民资格。

本院认为，本案系村民在村民委员会的选举中对"选民"资格不服而产生的纠纷。《中华人民共和国全国人民代表大会和地方各级人民代表大会选举法》第二十八条规定："对于公布的选民名单有不同意见的，可以在选民名单公布之日起五日内向选举委

---

① 来源：中国裁判文书网。

员会提出申诉。选举委员会对申诉意见,应在三日内作出处理决定。申诉人如果对处理决定不服,可以在选举日的五日以前向人民法院起诉,人民法院应在选举日以前作出判决。人民法院的判决为最后决定。"但该条规定实际上是指公民在选举国家权力机关代表中的选举资格,是一项政治权利,村民委员会的选举不适用该法。

而根据《中华人民共和国村民委员会组织法》第二条、第十二条、第十四条的规定,村民委员会是村民自我管理、自我教育、自我服务的基层群众性自治组织。村民委员会的选举,由村民选举委员会主持。对登记参加选举的村民名单有异议的,应当自名单公布之日起五日内向村民选举委员会申诉,村民选举委员会应当自收到申诉之日起三日内作出处理决定,并公布处理结果。上述条款并未规定对村民选举委员会公布的村民名单有不同意见的可以向人民法院起诉。

另外,《中华人民共和国民事诉讼法》第一百八十一条、第一百八十二条虽规定了选民资格案件的诉讼程序,但这一程序仅适用于各级人民代表大会的选举,并不适用于村民委员会的选举。

综上,本案不属于人民法院受理的选民资格案件范围。据此,依照《中华人民共和国民事诉讼法》第一百一十九条、《最高人民法院关于适用〈中华人民共和国民事诉讼法〉若干问题的意见》第一百三十九条之规定,裁定如下:

驳回起诉人赵某某的起诉。

案件受理费依法不予收取。

如不服本裁定,可在裁定书送达之日起十日内,向本院递交上诉状,并按对方当事人的人数提出副本,上诉于河北省承德市中级人民法院。

审 判 长 李玉富
审 判 员 张宝贵
审 判 员 玄文斌
二〇一五年一月十五日
书 记 员 王 宇

〔评注〕

1. 实例为驳回确定选民资格申请的民事裁定书,法院认为不属于人民法院受理的选民资格案件范围,从程序上驳回起诉人的申请,故作出民事裁定书而不是判决书,笔者认为该部分文书样式应增加从程序上驳回申请的民事裁定书样式。

2. 选民资格案件不需要交纳案件受理费,因此本实例不必在文书中对依法不予收取案件受理费进行说明。

3. 正文首部中,当事人的诉讼地位与姓名或名称之间用":"间隔,实例应补充冒号。

（二）宣告失踪、宣告死亡案件

2. 民事判决书（申请宣告公民失踪用）

×××人民法院
民事判决书

（××××）……民特……号

申请人：×××，……。
……

（以上写明申请人及其代理人的姓名或者名称等基本信息）

申请人×××申请宣告公民失踪一案，本院于××××年××月××日立案后，依法适用特别程序进行了审理。现已审理终结。

×××称，……（概述申请人的请求、事实和理由）。

经审理查明：下落不明人×××，男/女，××××年××月××日生，×族，户籍地……，原住……，系申请人×××的××。……（写明下落不明的事实、时间）。申请人×××申请宣告×××失踪后，本院于××××年××月××日在……（写明公告方式）发出寻找×××的公告。（下落不明得到确认的，写明:）法定公告期间为三个月，现已届满，×××仍然下落不明。（下落不明得不到确认的，写明事实根据:）……。

本院认为，……（写明判决理由）。

依照《中华人民共和国民事诉讼法》第一百八十五条、《最高人民法院关于适用〈中华人民共和国民事诉讼法〉的解释》第三百四十三条规定，判决如下：

（宣告失踪的，写明:）

一、宣告×××失踪；

二、指定×××为失踪人×××的财产代管人。

（驳回申请的，写明:）驳回×××的申请。

本判决为终审判决。

审　判　员　×××

××××年××月××日
（院印）

书　记　员　×××

【说明】

1. 本样式根据《中华人民共和国民事诉讼法》第一百八十五条以及《最高人民法院关于适用〈中华人民共和国民事诉讼法〉的解释》第三百四十三条制定，供下落不明人住所地基层人民法院判决宣告失踪或者驳回申请用。

2. 符合法律规定的多个利害关系人提出宣告失踪申请的，列为共同申请人。

3. 宣告失踪的公告期间为三个月。

4. 宣告失踪案件，人民法院可以根据申请人的请求，清理下落不明人的财产，并指定案件审理期间的财产管理人。公告期满后，人民法院判决宣告失踪的，应当同时依照《中华人民共和国民法通则》第二十一条第一款规定指定失踪人的财产代管人。无民事行为能力人、限制民事行为能力人失踪的，其监护人即为财产代管人。

【实例评注1】

吉林省梅河口市人民法院
民事判决书[①]

(2016)吉0581民特6号

申请人：葛某某，男，1960年2月22日出生，汉族，农民，住吉林省梅河口市。

申请人葛某某申请宣告公民失踪一案，本院于2016年5月30日立案后，依法适用特别程序进行了审理。现已审理终结。

葛某某称：我与妻子张某某婚后生育两名子女，女儿葛某甲，儿子葛某乙，妻子张某某已去世多年，儿子葛某乙于2013年8月23日（阴历）去世。葛某乙住院期间，葛某甲曾回来陪伴照顾，葛某乙去世后，葛某甲离家去北京打工，之后一个月左右，我与葛某甲通了一次电话，此后就再无联系。为寻找葛某甲，我于2015年5月6日至5月10日到北京市寻找葛某甲，但多方努力后也未能找到。现葛某甲下落不明已满两年，故申请宣告葛某甲失踪。

经审理查明：下落不明人葛某甲，女，1985年12月29日出生，汉族，户籍地吉林省梅河口市，原住吉林省梅河口市，系申请人葛某某的女儿。2013年8月23日（阴历），葛某甲离家外出打工，此后不久葛某甲与家人失去联系，至今杳无音讯，下落不明已满两年。申请人葛某某申请宣告葛某甲失踪后，本院于2016年6月3日在《北方

[①] 来源：中国裁判文书网。

《法制报》上发出寻找葛某甲的公告。法定公告期间为三个月，现已届满，葛某甲仍然下落不明。

本院认为：葛某甲下落不明至今已满二年，本院在发出寻找葛某甲的公告后，葛某甲仍然没有出现，故葛某甲失踪的事实成立。申请人葛某某作为葛某甲的父亲，申请宣告葛某甲失踪，符合法律规定，本院予以支持。综上，依照《中华人民共和国民事诉讼法》第一百八十五条、《最高人民法院关于适用〈中华人民共和国民事诉讼法〉的解释》第三百四十三条的规定，判决如下：

一、宣告葛某甲失踪；
二、指定葛某某为失踪人葛某甲的财产代管人。

本判决为终审判决。

审　判　员　　武晓君

二〇一六年九月五日

书　记　员　　温　爽

〔评注〕

2017年10月1日开始施行的《中华人民共和国民法总则》（以下评注中简称《民法总则》）第四十条规定："自然人下落不明满二年的，利害关系人可以向人民法院申请宣告该自然人为失踪人。"第四十一条规定："自然人下落不明的时间从其失去音讯之日起计算。战争期间下落不明的，下落不明的时间自战争结束之日或者有关机关确定的下落不明之日起计算。"利害关系人包括配偶、父母、成年子女、祖父母、外祖父母、兄弟姐妹以及与被宣告失踪的人有民事权利义务关系的公民和法人。

1. 本文书样式系非讼程序判决书样式，与诉讼程序判决书写法不同的是，本文书样式只列一方当事人即申请宣告公民失踪的申请人，被申请失踪人的身份情况不在当事人部分列明。

2. 本文书样式的首部载明申请人（代理人）的姓名或名称等身份情况，利害关系人申请撤销宣告公民失踪的，应在申请人基本信息之后写明与被宣告失踪人的关系，即"系申请人×××的××"。

3. 在申请人请求部分一般采用"×××称"的写法，简要概括申请公民失踪的理由。

4. 审理查明部分列明被申请失踪人的身份情况及与申请人的关系，并将时间节点交代清楚，如何时失去联系，下落不明是否已满两年，等等，最后写明法院发出寻找失踪人公告并已届满三个月的期间，依法认定被申请失踪人仍然下落不明。如果下落不明经过公告仍得不到确认的，写明无法认定的事实依据。

5. 裁判主文除写明"宣告×××失踪"，还可根据申请人的请求，依照《民法总则》

的相关规定指定失踪人的财产代管人。该案申请人为失踪人的父亲，故法院依法指定该申请人为失踪人的财产代管人。

【实例评注2】

广西壮族自治区北流市人民法院
民事判决书①

(2016)桂0981民特5号

申请人：李某甲。

申请人：李某乙。

上述申请人的监护人：北流市清湾镇龙南村民委员会。

法定代表人：李某丙，主任。

委托代理人：陈某某，北流市法律援助中心法律援助律师。

申请人李某甲、李某乙申请宣告公民失踪一案，本院于2016年5月19日立案后，依法适用特别程序进行了审理。现已审理终结。

申请人李某甲、李某乙向本院提出请求：宣告周某某失踪。事实和理由：周某某与申请人李某甲、李某乙系母子关系。周某某于2007年1月离家出走后，至今没有任何音讯，下落不明已九年。申请人的父亲李某丁于2014年12月死亡，申请人的祖父母、外祖父母均已死亡，申请人没有其他成年兄、姐，现由北流市清湾镇龙南村民委员会担任监护人。为维护申请人的合法权益，特提出申请，请求依法判决。

经审理查明：下落不明人周某某，女，1978年8月3日出生，汉族，户籍地北流市×××号，原住北流市××××号，系申请人李某甲、李某乙的母亲。周某某于2007年1月离家出走后，没有任何音讯，至今下落不明。申请人李某甲、李某乙申请宣告周某某失踪后，本院于2016年6月1日在北流市清湾镇××、北流市××龙南村××组通过张贴的方式发出寻找周某某的公告。法定公告期间为三个月，现已届满，周某某仍然下落不明。申请人的父亲李某丁于2014年12月死亡，申请人的祖父母、外祖父母均已死亡，申请人没有其他成年兄、姐，现由北流市清湾镇龙南村民委员会担任监护人。

本院认为，周某某自2007年1月下落不明至今，经周某某的儿子李某甲、李某乙申请，法院以公告方式寻找，公告期间届满后，周某某仍然下落不明，依法应宣告其失踪。因申请人至今未满十八周岁，由北流市清湾镇龙南村村民委员会负责担任监护人，因而，

---

① 来源：中国裁判文书网。

应指定北流市清湾镇龙南村村民委员会为周某某的财产代管人。综上所述，依照《中华人民共和国民事诉讼法》第一百八十五条、《最高人民法院关于适用〈中华人民共和国民事诉讼法〉的解释》第三百四十三条规定，判决如下：

一、宣告周某某失踪；
二、指定北流市清湾镇龙南村民委员会为失踪人周某某的财产代管人。

本判决为终审判决。

审　判　员　　林　杜
二〇一六年九月五日
书　记　员　　饶亮亮

〔评注〕

实例2也是支持申请人的请求，判决宣告公民失踪并指定财产代管人。与实例1不同的是，该案申请人为两名未成年人，且没有其他法定监护人，故由村民委员会担任其监护人向法院提起申请其母亲失踪的请求。该判决书采用了"申请人李某甲、李某乙向本院提出请求"而没有按照文书样式"申请人李某甲、李某乙称"的写法，笔者认为是比较合适的，因为该两名申请人系未成年人，由村民委员会代为提出申请，因此使用"提出请求"的表达方式更符合实际情况。由于是村民委员会作为监护人提出申请，故审理查明及本院认为部分要将村民委员会担任监护人的理由充分阐述清楚，最后在裁判主文部分写明指定村民委员会为失踪人的财产代管人。

3. 民事判决书（申请撤销宣告失踪用）

××××人民法院
民事判决书

（××××）……民特……号

申请人：×××，……。
……
（以上写明申请人及其代理人的姓名或者名称等基本信息）

申请人×××申请撤销宣告失踪一案，本院于××××年××月××日立案后，依法适用特别程序进行了审理。现已审理终结。

>   ×××称，……（概述申请人的请求、事实和理由）。
>   经审理查明：××××年××月××日，××××人民法院作出（××××）……民特……号民事判决：宣告×××失踪。
>   ××××年××月××日，被宣告失踪人×××……（写明被宣告失踪人是否重新出现的事实）。
>   本院认为，……（写明判决理由）。
>   依照《中华人民共和国民事诉讼法》第一百八十六条规定，判决如下：
>   （撤销宣告失踪的，写明：）撤销××××人民法院（××××）……民特……号民事判决。
>   （驳回申请的，写明：）驳回×××的申请。
>   本判决为终审判决。
>
>   　　　　　　　　　　　　　　　　审　判　员　×××
>
>   　　　　　　　　　　　　　　　××××年××月××日
>   　　　　　　　　　　　　　　　　　（院印）
>   　　　　　　　　　　　　　　　　书　记　员　×××

【说明】

1. 本样式根据《中华人民共和国民事诉讼法》第一百八十六条制定，供作出宣告失踪判决的基层人民法院判决撤销宣告失踪或者驳回申请用。

2. 申请人应当是被宣告失踪人本人或者利害关系人。利害关系人应当在申请人基本信息末尾写明与被宣告失踪人的关系"系×××的××"。

【实例评注1】

辽宁省沈阳市苏家屯区人民法院
民事判决书[①]

（2015）苏民特字第6号

申请人田某某。
委托代理人赵某某，系律师。
申请人田某某要求撤销宣告失踪一案，本院依法进行了审理，现已审理终结。

[①] 来源：中国裁判文书网。

申请人田某某称，申请人在丈夫去世后于2009年3月离家出走。2015年11月，申请人回到原住所地，现申请人要求撤销宣告失踪。

经查，申请人田某某于2009年3月离家出走。2012年申请人的儿子陶某向我院申请宣告田某某失踪，我院作出(2012)苏民特字第6号民事判决书，宣告田某某为失踪人。2015年11月，申请人回到原住所地沈阳市苏家屯区姚千街道办事处夹宝山村。现申请人起诉来院，请求撤销(2012)苏民特字第6号民事判决书。

本院认为，申请人田某某申请撤销宣告失踪，理由充分，符合法律规定。依照《中华人民共和国民事诉讼法》第一百八十六条之规定，判决如下：

撤销(2012)苏民特字第6号民事判决书。

本判决为终审判决。

代理审判员　李　远
二〇一五年十二月十五日
书　记　员　金美玲

〔评注〕

2017年10月1日开始施行的《民法总则》第四十五条规定："失踪人重新出现，经本人或者利害关系人申请，人民法院应当撤销失踪宣告。失踪人重新出现，有权要求财产代管人及时移交有关财产并报告财产代管情况。"利害关系人包括配偶、父母、成年子女、祖父母、外祖父母、兄弟姐妹以及与被宣告失踪的人有民事权利义务关系的公民和法人。该案系本人申请法院撤销宣告其失踪的民事判决书，申请人在被法院宣告失踪后回到原住所地，故向法院申请撤销对其宣告失踪的判决。

1. 正文首部中，诉讼参加人的诉讼地位与姓名或名称之间用"："间隔，实例应补充冒号。按照《人民法院民事裁判文书制作规范》的要求，实例中"委托代理人"应表述为"委托诉讼代理人"。

2. 利害关系人申请撤销宣告公民失踪的，应在申请人基本信息之后写明与被宣告失踪人的关系，即"系×××的××"。

3. 法院审理查明部分应写明之前宣告申请人失踪的理由及民事判决书文号，之后申请人重新出现的事实。

4. 最后裁判主文部分应表述为"撤销××××人民法院（××××）……民特……号民事判决"。

4. 民事判决书（申请宣告公民死亡用）

×××人民法院
民事判决书

（××××）……民特……号

申请人：×××，……。
……
（以上写明申请人及其代理人的姓名或者名称等基本信息）

申请人×××申请宣告公民死亡一案，本院于××××年××月××日立案后，依法适用特别程序进行了审理。现已审理终结。

×××称，……（概述申请人的请求、事实和理由）。

经审理查明：下落不明人×××，男/女，××××年××月××日生，×族，户籍地……，原住……，系申请人×××的××。……（写明下落不明的事实、时间）。申请人×××申请宣告×××死亡后，本院于××××年××月××日在……（写明公告方式）发出寻找×××的公告。（下落不明得到确认的，写明：）法定公告期间为一年/三个月，现已届满，×××仍然下落不明。（下落不明得不到确认的，写明事实根据：）……。

本院认为，……（写明判决理由）。

依照《中华人民共和国民事诉讼法》第一百八十五条规定，判决如下：

（宣告死亡的，写明：）宣告×××死亡。
（驳回申请的，写明：）驳回×××的申请。

本判决为终审判决。

审　判　员　×××

××××年××月××日
（院印）
书　记　员　×××

【说明】

1. 本样式根据《中华人民共和国民事诉讼法》第一百八十五条以及《最高人民法院关于适用〈中华人民共和国民事诉讼法〉的解释》第三百四十三条制定，供下落不明人住所地基层人民法院判决宣告死亡或者驳回申请用。

2. 符合法律规定的多个利害关系人提出宣告死亡申请的，列为共同申请人。

3. 宣告死亡的公告期间为一年。因意外事故下落不明，经有关机关证明该公民不可能生存的，宣告死亡的公告期间为三个月。

4. 宣告死亡案件，人民法院可以根据申请人的请求，清理下落不明人的财产，并指定案件审理期间的财产管理人。

【实例评注】

江苏省南京市高淳区人民法院
民事判决书[①]

（2015）高民特字第 4 号

申请人卞某某，男，1982 年 10 月 5 日生，汉族。

委托代理人沈某某，江苏奋发律师事务所律师。

申请人卞某某申请宣告公民死亡一案，本院于 2015 年 9 月 8 日立案后，依法适用特别程序进行了审理。现已审理终结。

申请人卞某某称，其与徐某某系夫妻关系。2013 年 9 月 6 日，其与被申请人所在的宁东湖××号货船航行至长江南通××号浮时，被申请人不慎落水。事故发生后，申请人立即报警处理，水警支队民警赶到事发水域，同时通知海事部门的巡逻艇进行搜救，但一直未发现被申请人。经打捞及寻找均无果，现已无生还可能，故申请宣告徐某某死亡。

经审理查明，下落不明人徐某某，女，1985 年 10 月 4 日生，居民身份证号码××，汉族，住南京市高淳区××镇××号，系申请人卞某某的妻子。2013 年 9 月 6 日 18 时许，卞某某与徐某某所在的××号货船航行至长江××号××号锚地时，徐某某不慎落水。事故发生后，卞某某立即报警处理，水警支队民警赶到事发水域，同时通知海事部门的巡逻艇进行搜救，但一直未能发现徐某某。经打捞及寻找均无果，现已无生还可能。申请人卞某某申请宣告徐某某死亡后，本院于 2015 年 9 月 14 日在法院公告栏、被申请人住所地及所在村委公告栏张贴了寻找徐某某的公告。法定公告期间为一年，现已届满，徐某某仍然下落不明。

本院认为，徐某某因意外事故下落不明，从事故发生之日起已满二年，申请人卞某某作为其配偶，有权申请宣告死亡。公告期间届满后，徐某某仍下落不明，依法应当

[①] 来源：中国裁判文书网。

宣告其死亡。

依照《中华人民共和国民事诉讼法》第一百八十五条规定，判决如下：

宣告徐某某死亡。

本判决为终审判决。

审 判 员　王国平

二〇一六年九月十四日

书 记 员　朱承子

〔评注〕

2017年10月1日开始施行的《民法总则》第四十六条规定："自然人有下列情形之一的，利害关系人可以向人民法院申请宣告该自然人死亡：（一）下落不明满四年；（二）因意外事件，下落不明满二年。因意外事件下落不明，经有关机关证明该自然人不可能生存的，申请宣告死亡不受二年时间的限制。"利害关系人包括配偶、父母、成年子女、祖父母、外祖父母、兄弟姐妹以及与被宣告失踪的人有民事权利义务关系的公民和法人。

1. 与宣告公民失踪的民事判决书一样，本民事判决书只列明一方当事人即申请宣告公民死亡的申请人，被申请失踪人的身份情况不在当事人部分列明。利害关系人申请撤销宣告公民死亡的，应在申请人基本信息之后写明与被宣告死亡人的关系，即"系×××的××"。

2. 在申请人请求部分一般采用"×××称"的写法，简要概括被申请公民死亡的理由。

3. 审理查明部分列明下落不明人的身份情况及与申请人的关系，并将时间节点交代清楚，如何时失去联系，下落不明是否已届满期限，等等，最后写明法院发出寻找下落不明人公告并已届满一年/三个月的期间，依法认定其仍然下落不明。如果下落不明经过公告仍得不到确认的，写明无法认定的事实依据。

4. 裁判主文部分写明宣告×××死亡或者驳回×××的申请。

5. 需要注意的是，按照《人民法院民事裁判文书制作规范》的要求，实例中"委托代理人"应表述为"委托诉讼代理人"。正文首部中，诉讼参加人的诉讼地位与姓名或名称之间用"："间隔，实例应补充冒号。

5. 民事判决书（申请撤销宣告死亡用）

××××人民法院
民事判决书

（××××）……民特……号

申请人：×××，……。
……
（以上写明申请人及其代理人的姓名或者名称等基本信息）

申请人×××申请撤销宣告死亡一案，本院于××××年××月××日立案后，依法适用特别程序进行了审理。现已审理终结。

×××称，……（概述申请人的请求、事实和理由）。

经审理查明：××××年××月××日，××××人民法院作出（××××）……民特……号民事判决：宣告×××死亡。

××××年××月××日，被宣告死亡人×××……（写明被宣告死亡人是否重新出现的事实）。

本院认为，……（写明判决理由）。

依照《中华人民共和国民事诉讼法》第一百八十六条规定，判决如下：

（撤销宣告死亡的，写明：）撤销××××人民法院（××××）……民特……号民事判决。

（驳回申请的，写明：）驳回×××的申请。

本判决为终审判决。

审　判　员　×××

××××年××月××日
（院印）
书　记　员　×××

【说明】

1. 本样式根据《中华人民共和国民事诉讼法》第一百八十六条制定，供作出宣告死亡判决的基层人民法院判决撤销宣告死亡或者驳回申请用。

2. 申请人应当是被宣告死亡人本人或者利害关系人。利害关系人应当在申请人基本信息末尾写明与被宣告死亡人的关系"系×××的××"。

【实例评注】

广西壮族自治区横县人民法院
民事判决书①

(2016)桂 0127 民特 7 号

申请人：徐某某，电工。

申请人徐某某申请撤销宣告死亡一案，本院于 2016 年 9 月 1 日立案后，依法适用特别程序进行了审理。本案现已审理终结。

申请人徐某某称，横县法院依申请人母亲莫某某的申请，于 2015 年 1 月 8 日作出(2014)横民特字第 1 号判决书判决宣告申请人死亡。事实上申请人于 2005 年开始至今一直到广西各个建筑工地务工。因申请人个人原因一直未与亲属有任何联系。亲属也无法联系到申请人。2016 年 7 月份，申请人回横县办理更换第二代身份证时，母亲莫某某告知已申请宣告本人死亡。因此，申请人现向法院提出撤销宣告申请人死亡的申请。

经审理查明：2015 年 1 月 8 日，横县人民法院作出(2014)横民特字第 1 号民事判决：宣告徐某某死亡。

2016 年 7 月，申请人徐某某从外地回户口驻地横县横州镇办理身份证时，其母亲告知申请人徐某某已经被人民法院宣告死亡。之后，申请人徐某某便向当地城东派出所重新办理户口登记和第二代公民身份证，同时，向本院申请撤销宣告死亡。

本院认为，本院作出的(2014)横民特字第 1 号宣告徐某某死亡的民事判决已经发生法律效力，在案证据户口本和第二代公民身份证等足以证明徐某某重新出现的事实，现在徐某某本人向本院申请撤销宣告死亡符合《中华人民共和国民事诉讼法》第一百八十六条的规定，本院予以支持。据此，依照《中华人民共和国民事诉讼法》第一百八十六条的规定，判决如下：

撤销横县人民法院(2014)横民特字第 1 号民事判决。

本判决为终审判决。

审　判　员　李雪波

二〇一六年九月七日

书　记　员　邓小媚

---

① 来源：中国裁判文书网。

〔评注〕

2017年10月1日开始施行的《民法总则》第五十条规定："被宣告死亡的人重新出现，经本人或者利害关系人申请，人民法院应当撤销死亡宣告。"利害关系人包括配偶、父母、成年子女、祖父母、外祖父母、兄弟姐妹以及与被宣告失踪的人有民事权利义务关系的公民和法人。该案系本人申请法院撤销宣告其死亡的民事判决书，申请人在被法院宣告死亡后回到原住所地，故向法院申请撤销对其宣告死亡的判决。

1. 利害关系人申请撤销宣告公民死亡的，应在申请人基本信息之后写明与被宣告死亡人的关系，即"系×××的××"。

2. 法院审理查明部分应写明之前被宣告死亡人被法院宣告死亡的情况及民事判决书文号，之后被宣告死亡人重新出现的事实。

3. 裁判主文部分应表述为"撤销××××人民法院（××××）……民特……号民事判决"。

6. 民事裁定书（申请变更失踪人财产代管人用）

××××人民法院

民事裁定书

（××××）……民特……号

申请人：×××，……。

……

（以上写明申请人及其代理人的姓名或者名称等基本信息）

申请人×××申请变更失踪人财产代管人一案，本院于××××年××月××日立案后，依法适用特别程序进行了审理。现已审理终结。

×××称，……（概述申请人的请求、事实和理由）。

经审理查明：××××年××月××日，××××人民法院（××××）……民特……号民事判决：一、宣告×××失踪；二、指定×××为失踪人×××的财产代管人。

……（写明失踪人的基本信息、原财产代管人与失踪人的关系、原代管情况、拟代管人基本信息等）。

本院认为，……（写明裁定理由）。

依照《中华人民共和国民事诉讼法》第一百五十四条第一款第十一项、《最高人民法院关于适用〈中华人民共和国民事诉讼法〉的解释》第三百四十四条第一款规定，裁定如下：

（变更失踪人财产代管人的，写明：）

一、撤销×××为失踪人×××的财产代管人身份；
二、指定×××为失踪人×××的财产代管人。
（驳回申请的，写明：）
驳回×××的申请。
本裁定一经作出即生效。

审　判　员　×××
××××年××月××日
（院印）
书　记　员　×××

【说明】

1. 本样式根据《最高人民法院关于适用〈中华人民共和国民事诉讼法〉的解释》第三百四十四条第一款制定，供作出宣告失踪判决的基层人民法院裁定变更失踪人财产代管人或者驳回申请用。

2. 失踪人的财产代管人经人民法院指定后，代管人申请变更代管的，比照民事诉讼法特别程序的有关规定进行审理。申请理由成立的，裁定撤销申请人的代管人身份，同时另行指定财产代管人；申请理由不成立的，裁定驳回申请。

3. 失踪人的其他利害关系人申请变更代管的，人民法院应当告知其以原指定的代管人为被告起诉，并按普通程序进行审理。

4. 失踪人的财产由他的配偶、父母、成年子女或者关系密切的其他亲属、朋友代管。代管有争议的，没有以上规定的人或者以上规定的人无能力代管的，由人民法院指定的人代管。

【实例评注】

广东省江门市新会区人民法院
民事裁定书①

（2014）江新法会民特字第5号

申请人谭某某（曾用名"谭某丙"），女。

---

① 来源：中国裁判文书网。

诉讼代理人梁某某,男。

被申请人林某甲,女。

申请人谭某某申请为失踪人财产变更代管人一案,本院于2014年10月16日受理后依法进行了审理,现已审理终结。

申请人谭某某诉称,林某乙与申请人是叔嫂关系,林某乙自1949年离家后,至今未归,亦未与任何家人、亲戚、朋友联系,毫无音讯。2013年,申请人申请宣告林某乙失踪,法院判决宣告林某乙失踪,并指定申请人为其财产代管人。现因申请人年事已高(现年89岁),体弱多病,最近又患过脑中风,难以继续胜任代管工作,因此申请变更为由女儿林某甲作为林某乙的财产代管人。

经查,申请人谭某某与被申请人林某甲是母女关系。林某乙,男,1925年7月30日出生,原住江门市新会区会城鸢岗坊十巷×号,与申请人谭某某是叔嫂关系,与被申请人林某甲是叔侄关系。林某乙自1949年离家后失踪,经申请人谭某某申请,本院于2013年9月29日作出(2013)江新法民特字第5号民事判决书,判决:一、宣告林某乙失踪;二、指定谭某某为林某乙的财产代管人。该判决已发生法律效力。2014年10月16日,申请人谭某某向本院申请为林某乙变更财产代管人。

又查明,申请人谭某某现年满89周岁,2014年7月30日因脑梗塞、Ⅱ型糖尿病、泌尿系感染、双侧颈动脉硬化并斑块、高尿酸血症等疾病在江门市新会区人民医院住院治疗。

本院认为,申请人谭某某经生效法律文书指定为失踪人林某乙的财产代管人,但现时年事已高且体弱多病,已无法为财产代管事务提供足够精力和体力保证,故其申请为林某乙的财产变更代管人,符合《最高人民法院关于适用〈中华人民共和国民事诉讼法〉若干问题的意见》第195条"失踪人的财产代管人经人民法院指定后,代管人申请变更代管的,比照民事诉讼法特别程序的有关规定进行审理。申请有理的,裁定撤销申请人的代管人身份,同时另行指定财产代管人;申请无理的,裁定驳回申请。失踪人的其他利害关系人申请变更代管的,人民法院应告知其以原指定的代管人为被告起诉,并按普通程序进行审理"的规定,且被申请人林某甲是林某乙的侄女,亦同意作为林某乙的财产代管人,故本院依照《中华人民共和国民法通则》第二十一条第一款、《最高人民法院关于贯彻执行〈中华人民共和国民法通则〉若干问题的意见(试行)》第30条之规定,裁定如下:

一、撤销申请人谭某某为失踪人林某乙财产代管人的身份。

二、指定被申请人林某甲为失踪人林某乙的财产代管人。

审　判　员　吴子媚

二〇一四年十月二十三日

书　记　员　林慕兰

〔评注〕

1. 根据《民诉法解释》第三百四十四条第一款的规定，失踪人的财产代管人经人民法院指定后，代管人申请变更代管的，比照民事诉讼法特别程序的有关规定进行审理。申请理由成立的，裁定撤销申请人的代管人身份，同时另行指定财产代管人；申请理由不成立的，裁定驳回申请。从这一规定可以看出，适用该民事裁定书样式的前提是申请人必须是现财产代管人，如果是失踪人的其他利害关系人申请变更代管的，人民法院应当告知其以原指定的代管人为被告起诉，并按普通程序进行审理，即不能适用该文书样式。

2. 本文书样式正文首部只需列明申请人身份情况即可，不需要列明被申请人。

3. 由于本文书样式为裁定书，因此法律依据应引用《民事诉讼法》及《民诉法解释》的相关规定。

4. 需要注意的是，按照《人民法院民事裁判文书制作规范》的要求，实例中"委托代理人"应表述为"委托诉讼代理人"。正文首部中，诉讼参加人的诉讼地位与姓名或名称之间用"："间隔，实例应补充冒号。

7. 公告（申请宣告公民失踪寻找下落不明人用）

××××人民法院
公告

（××××）……民特……号

本院于××××年××月××日立案受理申请人×××申请宣告×××失踪一案。申请人×××称，……（写明下落不明人失踪的事实、时间）。下落不明人×××应当自公告之日起三个月内向本院申报本人具体地址及其联系方式。逾期不申报的，下落不明人×××将被宣告失踪。凡知悉下落不明人×××生存现状的人，应当自公告之日起三个月内将知悉的下落不明人×××情况，向本院报告。

特此公告。

××××年××月××日
（院印）

【说明】

1. 本样式根据《中华人民共和国民事诉讼法》第一百八十五条第一款以及《最高人民法院关于适用〈中华人民共和国民事诉讼法〉的解释》第三百四十七条制定，供基层人民法院受理申请宣告公民失踪案后，寻找下落不明人用。

2. 宣告失踪的公告期间为三个月。

【实例评注】

公告①

本院受理董某某申请宣告黄某某失踪一案，经查：黄某某，男，汉族，1968年4月9日出生，出走前住北京市海淀区公汽四场×门×号，于1995年11月24日出走，下落不明已满2年。现发出寻人公告，公告期为3个月。希望黄某某本人或知其下落的有关利害关系人与本院联系。逾期仍下落不明的，本院将依法宣告黄某某失踪。

2016 年 10 月 20 日

〔评注〕

本实例没有完全按照文书样式书写。标题部分应写明××人民法院公告以及案号。正文部分应写明法院立案受理案件的时间。"经查"应当改为"申请人称"，在"申请人称"中写明被申请宣告失踪人的身份情况，何时下落不明，下落不明届满时间。告知被申请宣告失踪人及知悉该公民下落的人应于公告之日起三个月内向法院报告，并写明逾期不报的后果。另起一段注明"特此公告"，最后写明落款时间，盖院印。

8. 公告（申请宣告公民死亡寻找下落不明人用）

××××人民法院
公告

（××××）……民特……号

本院于××××年××月××日立案受理申请人×××申请宣告公民死亡一案。申请

---

① 来源：《人民法院报》2016 年 10 月 20 日。

人×××称，……（写明下落不明人失踪的事实、时间）。下落不明人×××应当自公告之日起一年/三个月内向本院申报本人具体地址及其联系方式。逾期不申报的，下落不明人×××将被宣告死亡。凡知悉下落不明人×××生存现状的人，应当自公告之日起一年/三个月内将知悉的下落不明人×××情况，向本院报告。

特此公告。

××××年××月××日
（院印）

【说明】

1. 本样式根据《中华人民共和国民事诉讼法》第一百八十五条第一款以及《最高人民法院关于适用〈中华人民共和国民事诉讼法〉的解释》第三百四十七条制定，供基层人民法院受理申请宣告公民死亡案后，寻找下落不明人用。

2. 宣告死亡的公告期间为一年。因意外事故下落不明，经有关机关证明该公民不可能生存的，宣告死亡的公告期间为三个月。

【实例评注】

公告①

本院于2016年9月29日立案受理申请人胡某某申请宣告公民死亡一案。申请人胡某某称，毛某某，女，汉族，1918年7月15日生，居民身份证号码320520××××××××××××，住江苏省常熟市任阳派出所支塘镇任南村（×）严家湾×号，于2011年6月离家出走，至今未归，下落不明已满4年。下落不明人毛某某应当自公告之日起一年内向本院申报本人具体地址及其联系方式，逾期不申报的，下落不明人毛某某将被宣告死亡。凡知悉下落不明人毛某某生存现状的人，应当自公告之日起一年内将知悉的下落不明人毛某某情况，向本院报告。

特此公告。

2016年10月21日

---

① 来源：《人民法院报》2016年10月21日，第08版。

〔评注〕

本实例标题部分不符合文书样式的要求，应写明××人民法院公告以及案号。正文部分首先写明法院何时立案受理案件。在"申请人称"中写明被申请宣告死亡人的身份情况，何时下落不明，下落不明届满时间。告知被申请宣告死亡人及知悉该公民下落的人应于公告之日起一年内（因意外事故下落不明，经有关机关证明该公民不可能生存的，公告期为三个月）向法院报告，并写明逾期不报的后果。另起一段注明"特此公告"，最后写明落款时间，盖院印。

（三）认定公民民事行为能力案件

9. 民事判决书（申请认定公民无民事行为能力用）

××××人民法院

民事判决书

（××××）……民特……号

申请人：×××，……。
……
被申请人：×××，……。
……
代理人：×××（系被申请人×××的××），……。
……
（以上写明申请人、被申请人及其代理人的姓名或者名称等基本信息）

申请人×××申请认定×××无民事行为能力一案，本院于××××年××月××日立案后，依法适用特别程序进行了审理。现已审理终结。

×××称，……（概述申请人的请求、事实和理由）。

×××称，……（概述被申请人意见）。

×××称，……（概述代理人意见）。

经审理查明：……（写明被申请人的基本信息、申请人与被申请人的关系、行为能力鉴定意见等）。

本院认为，……（写明判决理由）。

依照《中华人民共和国民事诉讼法》第一百八十九条规定，判决如下：

（认定无民事行为能力的，写明：）

×××为无民事行为能力人。

(驳回申请的，写明:)驳回×××的申请。
本判决为终审判决。

审　判　员　×××

××××年××月××日
（院印）
书　记　员　×××

【说明】

1. 本样式根据《中华人民共和国民事诉讼法》第一百八十九条制定，供公民住所地基层人民法院审理申请认定公民无民事行为能力案后，判决为无民事行为能力人或者驳回申请用。

2. 申请人应当是被申请认定为无民事行为能力人的近亲属或者其他利害关系人。

3. 人民法院审理认定公民无民事行为能力的案件，应当由该公民的近亲属为代理人，但申请人除外。近亲属互相推诿的，由人民法院指定其中一人为代理人。该公民健康情况许可的，还应当询问本人的意见。

【实例评注 1】

<h3 style="text-align:center">南京市秦淮区人民法院
民事判决书①</h3>

（2016）苏 0104 民特 73 号

申请人：顾某某，女，1947 年 11 月 1 日生，汉族。
被申请人：邱某甲，男，1947 年 5 月 24 日生，汉族。
代理人：邱某乙，女，1978 年 2 月 16 日生，汉族。

申请人顾某某申请宣告被申请人邱某甲无民事行为能力一案，本院于 2016 年 7 月 25 日立案后，依法适用特别程序进行了审理，现已审理终结。

顾某某称：申请人与被申请人系配偶关系，两人育有一女：邱某乙。另外，

---

① 来源：中国裁判文书网。

被申请人父母早已去世。被申请人自 2015 年 11 月至今，因病多次入院治疗。目前被申请人大小便失禁，无自主运动，鼻饲流质，无法与人交流。故向法院申请宣告邱某甲为无民事行为能力人，并依法指定监护人代邱某甲参加诉讼及日后照料其日常生活。

经审理查明：邱某甲系顾某某的配偶，两人育有一女：邱某乙，邱某甲的父母早已去世。目前，被申请人神志不清，被动进食流质，大小便失禁，无自主运动，无法进行交流，生活不能自理。2016 年 8 月，本案申请人向本院提出鉴定申请后，本院依法委托南京脑科医院司法鉴定所对被申请人邱某甲的行为能力进行司法鉴定。鉴定机构向本院出具宁脑司鉴所［2016］精鉴字第 713 号鉴定意见书，认定被鉴定人邱某甲系植物状态，无民事行为能力。顾某某与邱某乙达成一致意见，由顾某某作为邱某甲的指定监护人。

本院认为，公民的近亲属或者其他利害关系人可依法申请认定公民无民事行为能力。根据申请人与被申请人的身份关系，申请人的陈述及鉴定部门的鉴定意见，申请人的身份和理由符合法律规定的条件。据此，依照《中华人民共和国民事诉讼法》第一百八十七条、第一百八十八条、第一百八十九条之规定，判决如下：

一、宣告邱某甲为无民事行为能力人。

二、指定顾某某为被申请人邱某甲的监护人。

本判决为终审判决。

代理审判员　　唐　华

二〇一六年九月二十二日

见习书记员　　宋婷婷

〔评注〕

1. 本文书样式正文首部应列明申请人、被申请人及代理人的身份情况。申请人应当是被申请人的近亲属或其他利害关系人，代理人应是除申请人以外的被申请人的近亲属。代理人基本信息之后还应写明与被申请人的关系，即"系被申请人×××的××"。

2. 本文书样式要求概述申请人的请求、事实和理由以及被申请人、代理人的意见，但被申请人基本都是无法表达自己的意见的，因此文书该部分一般如本实例所写，概述申请人的意见即可。

3. 审理查明部分叙述申请人、被申请人之间的关系以及对被申请人作行为能力鉴定的情况。

4. 裁判主文部分除写明×××为无民事行为能力，还可以根据申请人的请求，为被申请人指定监护人。指定监护人的事实须在审理查明部分进行表述。判决法律依据除了文书样式中引用的《民事诉讼法》第一百八十九条外，还可以根据案件具体情况引用《民事诉讼法》第一百八十七条、第一百八十八条。

【实例评注2】

北京市门头沟区人民法院
民事判决书①

（2016）京0109民特12号

申请人：李某某，女，1953年12月22日出生。

被申请人：李某甲，男，1959年3月4日出生。

代理人：李某乙（系被申请人李某甲之妹），女，1964年4月15日出生。

申请人李某某申请认定李某甲无民事行为能力一案，本院于2016年6月21日立案后，依法适用特别程序进行了审理。现已审理终结。

李某某称：我与李某甲系姐弟，李某甲自幼身患智障及精神疾病，根据民法通则的有关规定，特向法院申请认定李某甲无民事行为能力。

李某乙称：我同意由法大法庭科学技术鉴定研究所对李某甲的民事行为能力进行鉴定。

经审理查明：李某丙、李某某、李某甲、李某乙系兄弟姐妹。2016年6月28日，李某某向本院提出申请，请求对李某甲的民事行为能力进行鉴定。经双方当事人一致同意，本院于2016年7月12日委托法大法庭科学技术鉴定研究所对李某甲的民事行为能力进行鉴定。2016年9月7日，法大法庭科学技术鉴定研究所出具《关于李某甲鉴定的终止鉴定函》，载明：经多次联系申请人李某某，均表示无法带被鉴定人李某甲参加鉴定。现因被鉴定人不配合鉴定，致使鉴定无法继续进行。根据《司法鉴定程序通则》第二十九之规定，终止该鉴定。

本院认为，申请认定公民无民事行为能力，由其近亲属或者其他利害关系人向该公民住所地基层人民法院提出。人民法院受理申请后，必要时应当对被请求认定为无民事行为能力的公民进行鉴定。申请人已提供鉴定意见的，应当对鉴定意见进行审查。人民法院经审理认定申请有事实根据的，判决该公民为无民事行为能力人；认定申请没有事实根据的，应当判决予以驳回。本案中，李某某申请认定李某甲无民事行为能力，因无法对李某甲的民事行为能力进行鉴定，根据现有证据，本院无法对李某甲的民事行为能力作出认定，故李某某的认定申请没有事实根据，应予驳回。

---

① 来源：中国裁判文书网。

综上，依照《中华人民共和国民事诉讼法》第一百八十九条第二款之规定，判决如下：

驳回李某某的申请。

本判决为终审判决。

审　判　员　李欢喜

二〇一六年九月十四日

书　记　员　陈奕婷

〔评注〕

根据《民事诉讼法》第一百八十九条第二款的规定，人民法院经审理认定申请有事实根据的，判决该公民为无民事行为能力或者限制民事行为能力人；认定申请没有事实根据的，应当判决予以驳回。实例系法院驳回认定公民无民事行为能力申请的民事判决书，因未能对被申请人作行为能力鉴定，故法院认为无法对被申请人的民事行为能力作出认定，申请人的认定申请没有事实根据，应予驳回。

10. 民事判决书（申请认定公民限制民事行为能力用）

××××人民法院
民事判决书

（××××）……民特……号

申请人：×××，……。

……

被申请人：×××，……。

……

代理人：×××（系被申请人×××的××），……。

……

（以上写明申请人、被申请人及其代理人的姓名或者名称等基本信息）

申请人×××申请认定×××限制民事行为能力一案，本院于××××年××月××日立案后，依法适用特别程序进行了审理。现已审理终结。

×××称，……（概述申请人的请求、事实和理由）。

×××称，……（概述被申请人意见）。

×××称，……（概述代理人意见）。

经审理查明：……（写明被申请人的基本信息、申请人与被申请人的关系、行为能力鉴定意见等）。

本院认为，……（写明判决理由）。

依照《中华人民共和国民事诉讼法》第一百八十九条规定，判决如下：

（认定限制民事行为能力的，写明：）

×××为限制民事行为能力人。

（驳回申请的，写明：）

驳回×××的申请。

本判决为终审判决。

审　判　员　×××

××××年××月××日

（院印）

书　记　员　×××

【说明】

1. 本样式根据《中华人民共和国民事诉讼法》第一百八十九条制定，供公民住所地基层人民法院审理申请认定公民限制民事行为能力案后，判决为限制民事行为能力人或者驳回申请用。

2. 申请人应当是被申请认定为限制民事行为能力人的近亲属或者其他利害关系人。

3. 人民法院审理认定公民限制民事行为能力的案件，应当由该公民的近亲属为代理人，但申请人除外。近亲属互相推诿的，由人民法院指定其中一人为代理人。该公民健康情况许可的，还应当询问本人的意见。

【实例评注】

湖南省新邵县人民法院
民事判决书[①]

（2015）湘0522民特30号

---

① 来源：中国裁判文书网。

申请人：黄某某。

被申请人：刘某某。

代理人刘某甲，系被申请人刘某某的父亲。

申请人黄某某申请认定刘某某限制民事行为能力一案，本院于2016年8月29日立案后，依法适用特别程序进行了审理。现已审理终结。

申请人黄某某称：申请人黄某某与被申请人刘某某系夫妻关系，感情不和多年，申请人两次起诉至新邵县人民法院要求离婚，因被申请人婚前患有轻微精神病，婚后吃药治疗未见好转，不能完全辨认自己的行为，为维护被申请人的权益，申请人不便担任其监护人，故申请人民法院依法指定其父刘某甲为其监护人。

代理人刘某甲称：被申请人刘某某情绪反复，一直靠吃药稳定精神病的病情，我自愿担任被申请人刘某某的监护人。

经审理查明：被申请人刘某某，女，1979年10月15日出生，汉族，农民，邵东县人，现住湖南省新邵县陈家坊镇刘什村。申请人与被申请人系夫妻关系。被申请人婚前因受刺激患有精神分裂症，一直靠吃药稳定病情。并于2013年2月7日、2013年4月3日、2014年8月11日三次进入邵阳市脑科医院治疗，医生诊断患有精神分裂症。

以上事实有申请人提供的申请人身份证复印件、被申请人户籍证明、被申请人父亲的身份证复印件、邵阳市脑科医院门诊病历等予以证明，本院予以确认。

本院认为，申请人为被申请人的配偶，依法有权向法院申请要求认定被申请人为无民事行为能力或限制民事行为能力人。根据医院的诊断证明，应认定被申请人为限制民事行为能力人。本案的申请人系被申请人的配偶，申请人要求被申请人的父亲做被申请人刘某某的监护人亦符合法律规定，本院予以支持。据此，依照《中华人民共和国民法通则》第十七条、第十九条，《中华人民共和国民事诉讼法》第一百八十七条、第一百八十八条、第一百八十九条之规定，判决如下：

一、宣告被申请人刘某某为限制民事行为能力人；

二、指定被申请人刘某某的父亲刘某甲为被申请人刘某某的监护人。

本判决为终审判决。

审 判 员 胡 飞

二〇一六年九月二十八日

代理书记员 肖 冰

〔评注〕

1. 本文书样式正文首部应列明申请人、被申请人及代理人的身份情况。申请人应当是被申请人的近亲属或其他利害关系人，代理人应是除申请人以外的被申请人的近亲属。代理人基本信息之后还应写明与被申请人的关系，即"系被申请人×××的××"。

2. 本文书样式要求概述申请人的请求、事实和理由以及被申请人、代理人的意见，如被申请人不便表达自己意见的，如本实例所写，概述代理人的意见即可。

3. 审理查明部分叙述申请人、被申请人之间的关系以及对被申请人作行为能力鉴定或诊断的情况。

4. 裁判主文部分除写明×××为限制民事行为能力之外，还可以根据申请人的请求，为被申请人指定监护人。裁判依据除了文书样式中引用的《民事诉讼法》第一百八十九条外，还可以根据案件具体情况引用《民事诉讼法》第一百八十七条、第一百八十八条。

11. 民事判决书（申请认定公民恢复限制民事行为能力用）

××××人民法院
民事判决书

（××××）……民特……号

申请人：×××，……。
……
被申请人：×××，……。
……
（以上写明申请人、被申请人及其代理人的姓名或者名称等基本信息）

申请人×××申请认定×××恢复限制民事行为能力一案，本院于××××年××月××日立案后，依法适用特别程序进行了审理。现已审理终结。

×××称，……（概述申请人的请求、事实和理由）。

×××称，……（概述被申请人意见）。

经审理查明，××××年××月××日，××××人民法院（××××）……民特……号民事判决：一、×××为无民事行为能力人；二、指定×××为×××的监护人。

……（写明申请人与被申请人的关系、行为能力鉴定意见等）。

本院认为，……（写明判决理由）。

依照《中华人民共和国民事诉讼法》第一百九十条规定，判决如下：

（恢复限制民事行为能力的，写明:）

一、撤销×××人民法院（××××）……民特……号民事判决；

二、×××为限制民事行为能力人。

（驳回申请的，写明：）
驳回×××的申请。
本判决为终审判决。

审　判　员　×××

××××年××月××日
（院印）
书　记　员　×××

【说明】

1. 本样式根据《中华人民共和国民事诉讼法》第一百九十条制定，供作出认定无民事行为能力民事判决的基层人民法院判决恢复限制民事行为能力或者驳回申请用。

2. 申请人应当是被认定无民事行为能力人本人或者其监护人。

3. 申请人系本人的不写被申请人的相关内容。

【实例评注】

北京市丰台区人民法院
民事裁定书[①]

(2014) 丰民特字第 03167 号

申请人高某，男，1993 年 11 月 9 日出生。
委托代理人耿某，北京市瑞都律师事务所律师。
被申请人蒋某某，女，1941 年 1 月 29 日出生。
法定代理人高某甲，男，1964 年 1 月 5 日出生。
委托代理人刘某某，北京市铭泰律师事务所律师。
申请人高某申请宣告蒋某某恢复限制民事行为能力一案，本院依法公开进行了审理，现已审理终结。
申请人高某诉称：我与被申请人系祖孙关系，共同生活十余年。被申请人因被高

---

① 来源：中国裁判文书网。

某甲挟持后精神受到刺激，在2012年7月4日经法大法庭科学技术研究所法医鉴定×××被宣告为限制行为能力人。2013年，经高某甲申请，并由中国法医学会司法鉴定中心进行鉴定，丰台法院作出(2013)丰民特字第08007号民事判决书，判决宣告被申请人为无民事行为能力人。2013年8月6日，法大法庭科学技术研究所作出鉴定意见，得出被申请人仅……，根据《成人智残评定量表》评分为×××，即为轻度×××。故我认为新的鉴定结果直接否定了生效判决书的结论；且高某甲……，不适于担任监护人的责任。故我诉至法院，请求撤销(2013)丰民特字第08007号民事判决书，宣告蒋某某恢复限制行为能力。

被申请人蒋某某之法定代理人高某甲辩称：不同意申请人的申请事项。第一，高某不符合提起本案申请的主体条件。根据《民事诉讼法》第一百九十条的规定，只有被认定为无民事行为能力的蒋某某本人及其监护人高某甲，才有权申请宣告蒋某某恢复限制民事行为能力，高某不是蒋某某的监护人，不具备申请人的主体资格。第二，高某所提理由不能推导出蒋某某可恢复限制行为能力。《成人智残评定量表》是对成人智力情况的定量分析，是鉴定的参考依据，但不是唯一依据，单纯凭借该分析无法得出科学的鉴定意见。第三，高某在本案中不能同时申请变更监护人或者申请撤销监护人资格。申请变更监护人或者申请撤销监护人资格案件中，监护人高某甲应当是被申请人，这与本案性质不同，不能合并审理。第四，高某对于高某甲的评价与本案无关，其发表的观点是否妥当、是否有事实依据，不属于本案审理范围。综上，请求法院驳回申请人的申请。

经审理，本院认为：公民、法人和其他组织提起民事诉讼，应当符合《中华人民共和国民事诉讼法》规定的起诉条件，不符合起诉条件的，人民法院不予受理，已经受理的，裁定驳回起诉。根据《中华人民共和国民事诉讼法》第一百九十条的规定，人民法院根据被认定为无民事行为能力人、限制民事行为能力人或者他的监护人的申请，证实该公民无民事行为能力或者限制民事行为能力的原因已经消除的，应当作出新判决，撤销原判决。根据庭审查明的事实，高某并非是本案中被申请人蒋某某的监护人，故其不具备申请人的主体资格，其申请不符合法律规定的申请条件。综上，依照《中华人民共和国民事诉讼法》第一百九十条规定，裁定如下：

驳回高某的申请。

本裁定为终审裁定。

代理审判员　　马洁蓉

二〇一四年四月十五日

书　记　员　　马文丽

〔评注〕

1. 依照《民事诉讼法》第一百九十条的规定，人民法院根据被认定为无民事行为能力人、限制民事行为能力人或者他的监护人的申请，证实该公民无民事行为能力或者限制民事行为能力的原因已经消除的，应当作出新判决，撤销原判决。实例中申请人既不是被认定无民事行为能力人本人，也不是其监护人，因此无权提出本案申请，法院据此驳回申请人的申请。

2. 关于驳回申请，文书样式中只有民事判决书的样式，但从实例看出，驳回申请可能是从实体上驳回，也可能是从程序上驳回，因此这一类文书样式中应该考虑增加裁定书的样式。

3. 需要注意的是，按照《人民法院民事裁判文书制作规范》的要求，实例中"委托代理人"应表述为"委托诉讼代理人"。正文首部中，诉讼参加人的诉讼地位与姓名或名称之间用"："间隔，实例应补充冒号。

12. 民事判决书（申请认定公民恢复完全民事行为能力用）

××××人民法院

民事判决书

（××××）……民特……号

申请人：×××，……。
被申请人：×××，……。
（以上写明申请人、被申请人及其代理人的姓名或者名称等基本信息）
申请人×××申请认定×××恢复完全民事行为能力一案，本院于××××年××月××日立案后，依法适用特别程序进行了审理。现已审理终结。
　×××称，……（概述申请人的请求、事实和理由）。
　×××称，……（概述被申请人的意见）。
经审理查明：××××年××月××日，××××人民法院（××××）……民特……号民事判决：一、×××为无/限制民事行为能力人；二、指定×××为×××的监护人。……（写明申请人与被申请人的关系、行为能力鉴定意见等）。
本院认为，……（写明判决理由）。
依照《中华人民共和国民事诉讼法》第一百九十条规定，判决如下：
（恢复完全民事行为能力的，写明:）
一、撤销××××人民法院（××××）……民特……号民事判决；
二、×××恢复完全民事行为能力。

```
（驳回申请的，写明：）
驳回×××的申请。
本判决为终审判决。

                                        审 判 员  ×××

                                        ××××年××月××日
                                             （院印）
                                        书 记 员  ×××
```

【说明】

1. 本样式根据《中华人民共和国民事诉讼法》第一百九十条制定，供作出认定无民事行为能力民事判决或者限制民事行为能力民事判决基层人民法院在审理申请认定公民恢复完全民事行为能力案后，判决恢复完全民事行为能力或者驳回申请用。

2. 申请人应当是被认定无民事行为能力人、限制民事行为能力人或者监护人。

3. 申请人系本人的不写被申请人的相关内容。

【实例评注1】

黑龙江省黑河市爱辉区人民法院
民事判决书[①]

(2015) 爱民特字第2号

申请人刘某某，男，1979年4月4日出生，汉族，无固定职业。

委托代理人王某某，黑河市法律服务所法律工作者。

申请人刘某某申请宣告公民恢复限制民事行为能力一案，本院受理后，依法由审判员张家双独任审判，公开开庭进行了审理，申请人刘某某及其委托代理人王某某到庭参加诉讼。现已审理终结。

申请人诉称，申请人刘某某于2012年11月22日被黑河市爱辉区人民法院作出(2012)爱民特字第8号民事判决，宣告为限制民事行为能力人，现申请人各项能力完全

[①] 来源：中国裁判文书网。

正常，要求撤销宣告其是限制民事行为能力人，恢复为完全民事行为能力人。

经审理查明，2012年10月22日，刘某某的父亲刘某甲作为申请人，向本院申请宣告被申请人刘某某为限制民事行为能力人，本院作出（2012）爱民特字第8号民事判决，依法宣告刘某某为限制民事行为能力人，并指定其父亲刘某甲为其监护人。2015年5月18日，刘某某作为申请人申请撤销宣告其为限制民事行为能力人，恢复民事行为能力，并提交鉴定申请，经黑河市中级人民法院技术室委托黑龙江省第三医院司法鉴定所对刘某某是否有精神疾病，是否有完全民事行为能力进行鉴定，该所于2015年9月7日作出黑龙江省第三医院司法鉴定所（2015）精鉴字第45号司法鉴定意见书，鉴定结论为：被鉴定人刘某某边缘智力；有完全民事行为能力。

本院认为，申请人限制民事行为能力的情形已经消除，申请人申请恢复民事行为能力符合法律规定，应予支持。依据《中华人民共和国民事诉讼法》第一百九十条之规定，判决如下：

撤销（2012）爱民特字第8号民事判决，宣告申请人刘某某恢复民事行为能力。

本判决为终审判决。

审 判 员　张家双
二〇一五年九月二十一日
书 记 员　张 扬

〔评注〕

1. 本文书样式正文首部当事人情况部分应列明申请人、被申请人的身份情况。申请人应当是被认定无民事行为能力人、限制民事行为能力人或者监护人。本实例申请人为本人，不需写被申请人的情况。

2. 本文书样式要求概述申请人的请求、事实和理由以及被申请人的意见。

3. 审理查明部分叙述申请人、被申请人之间的关系以及对被申请人作行为能力鉴定或诊断的情况。

4. 裁判主文部分表述为："一、撤销×××人民法院（××××）……民特……号民事判决；二、×××恢复完全民事行为能力。"

5. 需要注意的是，按照《人民法院民事裁判文书制作规范》的要求，实例中"委托代理人"应表述为"委托诉讼代理人"。正文首部中，诉讼参加人的诉讼地位与姓名或名称之间用"："间隔，实例应补充冒号。

【实例评注 2】

江西省吉安县人民法院
民事判决书①

(2014)吉民特字第 3 号

申请人尹某某,女,1950 年 12 月 15 日生,汉族,吉安县人,住吉安县,系被申请人的监护人。

被申请人刘某甲,男,1982 年 6 月 18 日生,汉族,吉安县人,住吉安县。

代理人:刘某乙,女,1979 年 3 月 1 日生,汉族,吉安县人,住吉安县,系刘某甲姐姐。

申请人尹某某申请宣告公民恢复完全民事行为能力一案,本院于 2014 年 9 月 10 日立案受理后,依法进行了审理。本案现已审理终结。

申请人尹某某称,2013 年 9 月 9 日,其向法院申请宣告其子刘某甲为无民事行为能力人,法院作出(2013)吉民特字第 2 号民事判决,宣告刘某甲为无民事行为能力人。现刘某甲病情已好转,并在外务工一年,民事行为能力已经恢复,请求撤销本院(2013)吉民特字第 2 号民事判决,宣告刘某甲恢复完全民事行为能力。

被申请人刘某甲的代理人刘某乙称,刘某甲家族无精神病史,其发病是后天的,可以治愈。自江西省精神病院出院后,刘某甲病情有所好转,已停服药物两年,今年以来精神状况较好,在外连续务工已有一年。

经审理查明:被申请人刘某甲于 2007 年 11 月经吉安市第三人民医院诊断为偏执型精神分裂症,2007 年 11 月至 2011 年 2 月期间,三次入该院治疗,2011 年 6 月至 2011 年 9 月入江西省精神病院治疗。申请人尹某某于 2013 年 9 月 9 日向本院申请宣告刘某甲为无民事行为能力人。本院委托宜赣西春精神病学司法鉴定所对刘某甲的民事行为能力进行鉴定,鉴定结论为刘某甲患有偏执型精神分裂症,处于发病期,无民事行为能力,本院据此判决宣告刘某甲为无民事行为能力人。后尹某某认为刘某甲病情已好转,于 2014 年 6 月 16 日来院申请宣告刘某甲恢复完全民事行为能力,本院依尹某某申请,再次委托宜春赣西精神病学司法鉴定所对刘某甲的民事行为能力进行鉴定,该所于 2014 年 7 月 11 日作出赣西司法鉴定所(2014)司鉴字第 2044 号鉴定意见书,鉴定意见为刘某甲患有偏执型精神分裂症,处于病症残留期,目前无民事行为能力。本院据此驳回尹某某的申请。2014 年 9 月 9 日,尹某某再次向本院申请宣告刘某甲恢复完全民事行

---

① 来源:中国裁判文书网。

能力,并对宜春赣西精神病学司法鉴定所的鉴定意见书提出异议,认为该鉴定意见书未将送检材料列全。诉讼期间,经本院释明,申请人尹某某及刘某甲的代理人刘某乙均表示不再申请鉴定。

上述事实,有本院(2013)吉民特字第2号、(2014)吉民特字第1号民事判决书、刘某甲在吉安市第三人民医院治疗期间的住院病历、宜春赣西精神病学司法鉴定所鉴定意见书予以证实。

本院认为,认定公民有无民事行为能力,需要对该公民的精神状态作科学的认定。精神病人心神失常的程度,仅凭一般的常识往往难以作出正确的判断,必须借助科学鉴定,才能得出正确的结论。宜春赣西精神病学司法鉴定所2014年7月提出刘某甲"处于病症残留期,目前无民事行为能力"的鉴定意见,申请人尹某某对该鉴定意见提出异议,但未向本院提供证据予以反驳。申请人尹某某、刘某甲代理人刘某乙认为刘某甲的精神状态较好,已恢复完全民事行为能力,未提交证据证明,本院不予支持。据此,依照《中华人民共和国民事诉讼法》第六十四条第一款、《最高人民法院关于民事诉讼证据的若干规定》第二条之规定,判决如下:

驳回尹某某的申请。

本判决为终审判决。

审　判　员　　何燕兰

二〇一四年九月三十日

书　记　员　　朱全英

〔评注〕

1. 实例中申请人为监护人,因此需写明被申请人的情况。

2. 当事人请求部分概述申请人的请求、事实和理由以及被申请人(代理人)的意见。

3. 审理查明部分叙述申请人、被申请人之间的关系以及对被申请人作行为能力鉴定或诊断的情况。

4. 实例系法院认为申请认定被申请人恢复完全民事行为能力的证据不足,依法驳回申请人的申请。

5. 需要注意的是,需要注意的是,按照《人民法院民事裁判文书制作规范》的要求,实例中"代理人"应表述为"委托诉讼代理人"。正文首部中,诉讼参加人的诉讼地位与姓名或名称之间用":"间隔,实例应补充冒号。

13. 通知书（指定行为能力案件代理人用）

××××人民法院
通知书

（××××）……民特……号

×××：
　　本院立案受理申请人×××申请认定×××无/限制民事行为能力一案中，×××被申请认定无/限制民事行为能力。依照《中华人民共和国民事诉讼法》第一百八十九条第一款、《最高人民法院关于适用〈中华人民共和国民事诉讼法〉的解释》第三百五十二条规定，本院指定你为×××的代理人，参加本案审理。

××××年××月××日
（院印）

【说明】
　　1. 本样式根据《中华人民共和国民事诉讼法》第一百八十九条第一款以及《最高人民法院关于适用〈中华人民共和国民事诉讼法〉的解释》第三百五十二条制定，供人民法院在审理认定无民事行为能力或者限制民事行为能力的案件中，指定代理人用。
　　2. 人民法院审理认定公民无民事行为能力或者限制民事行为能力的案件，应当由该公民的近亲属为代理人，但申请人除外。近亲属互相推诿的，由人民法院指定其中一人为代理人。该公民健康情况许可的，还应当询问本人的意见。
　　3. 被申请人没有近亲属的，人民法院可以指定其他亲属为代理人。被申请人没有亲属的，人民法院可以指定经被申请人所在单位或者住所地的居民委员会、村民委员会同意，且愿意担任代理人的关系密切的朋友为代理人。没有符合上述规定的代理人的，由被申请人所在单位或者住所地的居民委员会、村民委员会或者民政部门担任代理人。
　　4. 代理人可以是一人，也可以是同一顺序中的两人。

【实例评注】

（暂缺实例）

〔评注〕

指定诉讼代理人，是指在无诉讼行为能力的当事人没有法定代理人或其法定代理人不能行使代理权的情况下，由法院依职权为该当事人指定的诉讼代理人。指定诉讼代理既不是基于亲权或监护权而发生，也不是基于当事人委托而发生，而是源于受诉法院在特定情况下的临时指定，人民法院根据需要与可能，可以指定律师或其他人担任诉讼代理人，也可以指定其他适当的公民担任诉讼代理人。从审判实践来看，指定诉讼代理人主要适用于以下两种情况：无诉讼行为能力的当事人没有法定代理人，而诉讼又不得不进行；无诉讼行为能力的当事人虽有法定代理人，但其法定代理人不能行使诉讼代理权，又无其他人可做法定代理人的。

（四）认定财产无主案件

14. 民事判决书（申请认定财产无主用）

×××venir×人民法院

民事判决书

（××××）……民特……号

申请人：×××，……。

（以上写明申请人及其代理人的姓名或者名称等基本信息）

申请人×××申请认定财产无主一案，本院于××××年××月××日立案后，依法适用特别程序进行了审理。现已审理终结。

×××称，……（概述申请人的请求、事实和理由）。

经审理查明：……（写明申请人要求认定的无主财产的名称、数量及其根据）。

本院于××××年××月××日在……（写明公告方式）发出认领上述财产的公告，法定公告期间为一年，现已届满，上述财产无人认领。

本院认为，人民法院受理认定财产无主申请后，经审查核实，发出财产认领公告满一年无人认领的，判决认定财产无主，收归国家或者集体所有。

依照《中华人民共和国民事诉讼法》第一百九十二条规定，判决如下：

……（写明无主财产的名称、数量；财产多的只写明概况，财产清单附后）为无主财产，收归国家/×××所有。

本判决为终审判决。

审　判　员　×××

××××年××月××日

（院印）

书　记　员　×××

【说明】

1. 本样式根据《中华人民共和国民事诉讼法》第一百九十二条制定，供财产所在地基层人民法院在审理申请认定财产无主案后，经审查核实发出财产认领公告满一年无人认领的，判决认定财产无主用。

2. 本判决书可以附录财产清单。

【实例评注1】

浙江省兰溪市人民法院
民事判决书①

（2015）金兰民特字第2号

申请人兰溪市女埠街道后角村经济合作社。

法定代表人吴某某。

委托代理人陈某某，浙江申科律师事务所律师。

申请人兰溪市女埠街道后角村经济合作社认定财产无主一案，本院依法进行了审理，现已审理终结。

申请人兰溪市女埠街道后角村经济合作社称，吴某甲生前系兰溪市女埠街道后角村经济合作社成员，低保户，于2012年7月3日去世，死后留有银行存款单数张面额共计133 923.9元。吴某甲生前终身未婚，无法定继承人，生前亦未订立遗嘱。申请人请求判决吴某甲遗产存款133 923.9元及利息归申请人所有。

经审查，吴某甲系兰溪市女埠街道后角村经济合作社成员，于2012年7月3日去世，留有银行存款133 923.9元。吴某甲生前终身未婚，无法定继承人，也未订立遗嘱。

---

① 来源：中国裁判文书网。

本院于 2014 年 9 月 6 日在本院公告栏、吴某甲户籍地及人民法院报发出认领上述财产的公告。法定公告期间为一年，现已届满，上述财产无人认领。

本院认为，吴某甲名下的银行存款 133 923.9 元及利息无人继承亦无人受遗赠，公告期满无人认领，属无主财产，应归国家或集体所有。依照《中华人民共和国继承法》第三十二条、《中华人民共和国民事诉讼法》第一百七十八条、第一百九十一条、第一百九十二条的规定，判决如下：

吴某甲名下的银行存款 133 923.9 元及利息为无主财产，归申请人兰溪市女埠街道后角村经济合作社所有。

本判决为终审判决。

审　判　员　高春红

二〇一五年十月八日

书　记　员　潘华健

〔评注〕

申请认定财产无主，由公民、法人或者其他组织向财产所在地基层人民法院提出。人民法院受理申请后，经审查核实，应当发出财产认领公告。公告满一年无人认领的，判决认定财产无主，收归国家或者集体所有。本实例中，被申请人系集体所有制组织成员，去世后遗产无人继承又无人受遗赠，应归所在集体所有制组织所有。

1. 文书正文首部写明申请人基本情况：申请人是公民则写明身份事项；申请人是法人或其他组织则写明其名称、地址、法定代表人姓名、职务。需要注意的是，按照《人民法院民事裁判文书制作规范》的要求，实例中"委托代理人"应表述为"委托诉讼代理人"。正文首部中，诉讼参加人的诉讼地位与姓名或名称之间用"："间隔，实例应补充冒号。

2. 文书审理查明部分应写清楚申请人要求认定的无主财产名称数量及其根据，并写明发出认领财产公告期间届满，财产仍无人认领的情况。需注意的是，要注明公告方式，是在法院公告栏、被申请人户籍地张贴公告还是在哪家报纸上发布公告都要写清楚。

3. 文书裁判主文部分要写明无主财产名称数量，本实例中无主财产只有存款及利息，故只需写清楚存款金额，如果财产名目或数量较多，在裁判主文部分只写明概况，具体财产明细清单可附后。

【实例评注2】

广西壮族自治区横县人民法院
民事判决书①

(2015)横民一特字第1号

申请人：卢某某。

申请人卢某某申请认定财产无主一案，本院于2015年7月30日立案后，依法适用特别程序进行了审理。现已审理终结。

卢某某称，请求法院认定：卢某甲在中国邮政储蓄银行横县六景营业所账号60×××37内的存款809.84元、在横县农村信用合作联社良圻信用社账号10×××92内的存款24 293.29元为无主财产，并将上述财产补偿给申请人卢某某所有。事实理由：申请人与卢某甲是叔侄关系，因卢某甲无配偶、子女，且年老体弱，需要人照顾，从2004年开始，申请人便承担起照顾卢某甲的责任，将他接到家中同吃同住，直至卢某甲于2015年6月19日去世。11年间，卢某甲的日常生活开支、过世时丧葬费均是申请人负担。按当地农村生活水平折算申请人扶养卢某甲11年支出22 000元(2 000元/年)，丧葬费11 500元，合计33 500元。为弘扬正能量，希望法院判如所请。

经审理查明：卢某甲生前一直没有结婚、无子女，系五保户，于2015年6月19日去世，没有法定继承人，也未留有遗嘱。卢某甲有下列遗产：在中国邮政储蓄银行股份有限公司横县六景营业所(账号60×××37)存款人民币809.84元、在横县农村信用合作联社良圻信用社(账号10×××92)存款人民币24 293.29元，合计25 103.13元。申请人系卢某甲的侄子，从2004年开始照料卢某甲生活起居，对卢某甲生前尽了较多扶养义务，并在卢某甲去世后安排了丧葬事宜。本院于2015年7月31日在《广西法治日报》及卢某甲户籍地发出认领上述财产的公告，法定公告期间为一年，现已届满，上述财产无人认领。

本院认为，上述财产依法可确定为无主财产，应收归国家或者集体所有。鉴于申请人卢某某对卢某甲生前尽了较多扶养义务，依照《中华人民共和国继承法》第十四条关于"继承人以外的对被继承人扶养较多的人，可以分给他们适当的遗产"的规定，应当从上述无主财产中分给卢某某适当的财产。但是，上述无主财产价值不大，收归国家或集体所有无多大实际意义。故申请人卢某某要求将上述无主财产归其所有，符合法律规定，本院予以支持。依照《中华人民共和国继承法》第十四条、《最高人民法院关于贯彻执行〈中华人民共和国继承法〉若干问题的意见》第57条之规定，判决如下：

---

① 来源：中国裁判文书网。

卢某甲在中国邮政储蓄银行股份有限公司横县六景营业所账号60××××37内的存款人民币809.84元、在横县农村信用合作联社良圻信用社账号10×××92内的存款人民币24 293.29元，以上合计人民币25 103.13元及提取时获得的孳息归卢某某所有。

本判决为终审判决。

审　判　员　　陈伟强

二〇一六年八月六日

书　记　员　　粟剑锋

〔评注〕

《中华人民共和国继承法》第十四条规定："对继承人以外的依靠被继承人扶养的缺乏劳动能力又没有生活来源的人，或者继承人以外的对被继承人扶养较多的人，可以分配给他们适当的遗产。"《最高人民法院关于贯彻执行〈中华人民共和国继承法〉若干问题的意见》第57条规定："遗产因无人继承收归国家或集体组织所有时，按继承法第十四条规定可以分给遗产的人提出取得遗产的要求，人民法院应视情况适当分给遗产。"实例中，法院考虑到本案申请无主财产价值不大，收归国家或集体所有无多大实际意义，而申请人在被申请人生前给予了较多的扶养义务，故将全部无主财产分给申请人是较为妥当的，实例具有一定的参考示范意义。但笔者认为引用法律依据不够完整，还是应当引用民事诉讼法的相关规定。

15. 民事判决书（申请撤销认定财产无主用）

××××人民法院

民事判决书

（××××）……民特……号

申请人：×××，……。

（以上写明申请人及其代理人的姓名或者名称等基本信息）

申请人×××申请撤销认定财产无主一案，本院于××××年××月××日立案后，依法适用特别程序进行了审理。现已审理终结。

×××称，……（概述申请人的请求、事实和理由）。

经审理查明：××××年××月××日，××××人民法院（××××）……民特……号民事判决：……财产为无主财产，收归国家/×××所有。

……（写明申请人系原判决认定无主的财产所有权人或者继承人的事实）。

本院认为，申请人×××作为案涉财产的所有权人/继承人在诉讼时效期间内申请撤销（××××）……民特……号民事判决，应予支持。

依照《中华人民共和国民事诉讼法》第一百九十三条规定，判决如下：

撤销××××人民法院（××××）……民特……号民事判决。

本判决为终审判决。

审　判　员　×××

××××年××月××日

（院印）

书　记　员　×××

【说明】

1. 本样式根据《中华人民共和国民事诉讼法》第一百九十三条制定，供作出认定财产无主判决的基层人民法院在审理申请撤销认定财产无主判决案件时，判决撤销认定财产无主判决用。

2. 判决认定财产无主后，原财产所有人或者继承人出现，在诉讼时效期间内可以对财产提出请求，人民法院审查属实后，应当作出新判决，撤销原判决。

3. 本判决书可以附录财产清单。

【实例评注】

（暂缺实例）

〔评注〕

判决认定财产无主后，原财产所有人或者继承人出现，在诉讼时效期间可以对财产提出请求，人民法院审查属实后，应当作出新判决，撤销原判决。

1. 申请撤销认定财产无主案件由作出认定财产无主案件的基层人民法院管辖。

2. 确定该案应当注意以下问题：认定无主财产的判决被撤销后，如果原财产还存在的，占有该项财产的单位应当返还；原财产已不存在或者返还财产确有困难的，可以返还同类财产，或者按照原财产的数量和质量的实际价值，予以补偿。

3. 文书正文首部写明申请人基本情况：申请人是公民则写明身份事项；申请人是法人或其他组织则写明其名称、地址、法定代表人姓名、职务。

4. 文书审理查明部分首先写明原认定财产无主判决的时间、案号及判决内容，再写明申请人系原判决认定无主的财产所有权人或者继承人的事实。

5. 文书裁判主文部分直接表述为:"撤销××××人民法院(××××)……民特……号民事判决。"如果财产名目或数量较多,可在判决书后面附财产明细清单。

16. 公告(财产认领用)

```
                ××××人民法院
                    公  告

                          (××××)……民特……号

    本院于××××年××月××日立案受理申请人×××申请认定财产无主一案。申请人×××申请称,……(写明财产无主的事实与理由)。凡认为对该财产具有所有权或者其他财产权益的人,应当自公告之日起一年内向本院申请认领,并提供具体联系地址及其联系方式。逾期无人认领的,本院将判决认定该财产无主,收归国家/×××集体所有。
    特此公告。

                                ××××年××月××日
                                       (院印)
```

【说明】

1. 本样式根据《中华人民共和国民事诉讼法》第一百九十二条制定,供基层人民法院在受理申请认定财产无主案后,公告财产认领用。

2. 公告期间为一年。

【实例评注】

公　告[①]

本院于2016年8月11日立案受理申请人天津市梨园监狱申请认定财产无主一案。申请人天津市梨园监狱申请称,已故赵某某系申请人单位退休职工,于2016年3月13日因病去世,该人无父母、无配偶、无子女、无近亲属的独身情况,晚年由单位劳资科关照其

---

① 来源:《人民法院报》2016年8月24日。

生活起居。赵某某生前持有天津市工商银行宾水道支行存折030××××××××××××××及银行卡622××××××××××××内存款。凡认为对该财产具有所有权或者其他财产权益的人,应当自公告之日起一年内向本院申请认领,并提供具体联系地址及其联系方式。逾期无人认领的,本院判决认定该财产无主,收归国家或集体所有。

2016 年 8 月 24 日

〔评注〕

　　申请认定财产无主,由公民、法人或者其他组织向财产所在地基层人民法院提出。人民法院受理申请后,经审查核实,应当发出财产认领公告。公告满一年无人认领的,判决认定财产无主,收归国家或者集体所有。

　　本实例部分不符合文书样式的要求,标题应写明××人民法院公告以及案号,尾部应另起一行写明"特此公告"。正文部分首先写明法院受理申请的时间,"申请人申请称"中写明财产无主的事实和理由,最后写明逾期无人认领的法律后果。

(五)确认调解协议案件

17. 民事裁定书(对申请司法确认调解协议不予受理用)

××××人民法院

民事裁定书

(××××)……民特……号

　　申请人:×××,……。
　　申请人:×××,……。
　　(以上写明申请人及其代理人的姓名或者名称等基本信息)
　　××××年××月××日,本院收到×××与×××申请司法确认调解协议的申请书。申请人×××、×××称,……(概述申请人的请求、事实和理由)。
　　本院经审查认为,……(写明对申请不予受理的理由)。
　　依照《中华人民共和国民事诉讼法》第一百五十四条第一款第一项、《最高人民法院关于适用〈中华人民共和国民事诉讼法〉的解释》第三百五十七条第一款第×项规定,裁定如下:

对×××、×××的申请，本院不予受理。

申请人不服本裁定，应当在收到本裁定书之日起十五日内，向本院提出异议。

审　判　员　×××

××××年××月××日
（院印）
书　记　员　×××

【说明】

1. 本样式根据《最高人民法院关于适用〈中华人民共和国民事诉讼法〉的解释》第三百五十七条第一款制定，供基层人民法院对于申请司法确认调解协议经审查不符合法律规定的，裁定不予受理用。

2. 当事人申请司法确认调解协议，有下列情形之一的，人民法院裁定不予受理：(1)不属于人民法院受理范围的；(2)不属于收到申请的人民法院管辖的；(3)申请确认婚姻关系、亲子关系、收养关系等身份关系无效、有效或者解除的；(4)涉及适用其他特别程序、公示催告程序、破产程序审理的；(5)调解协议内容涉及物权、知识产权确权的。

3. 本裁定一经作出即生效。

【实例评注】

安徽省庐江县人民法院
民事裁定书①

(2016)皖 0124 民初 2246 号

申请人：宋某某，农民。

申请人：张某某，农民。

申请人：段某某，农民。

2016 年 5 月 9 日，本院收到申请人宋某某申请司法确认调解协议的申请书。申请人宋某某称，2011 年底，宋某某在自家门前增修了一条路，被段某某等人阻止，双方

---

① 来源：中国裁判文书网。

发生肢体冲突。宋某某、张某某系夫妻关系。2012年2月17日经庐江县公安局万山派出所主持调解，张某某与段某某达成了（20120217号）治安案件调解协议书，内容有：1. 张某某方现在放弃修新路，保持家门口老路原状。2. 双方发生的治疗费用自己支付。3. 双方此事了结，原谅对方行为，互不追究对方法律责任。4. 签字生效，不得反悔。5. 如再有争议，自行到法院进行诉讼。现宋某某申请确认上述调解协议书无效。

本院经审查认为，本案张某某与段某某达成的调解协议，系在公安机关主持下当事人达成的治安案件调解协议书，并非经人民调解委员会调解达成的调解协议；宋某某虽将张某某、段某某列为申请人，但张某某、段某某并未向本院申请确认该调解协议效力。综上，宋某某的申请不符合法律规定，本院依法不予受理。依照《中华人民共和国民事诉讼法》第一百五十四条第一款第（十一）项、第一百九十四条，《最高人民法院关于适用〈中华人民共和国民事诉讼法〉的解释》第三百五十七条第一款第（一）项规定，裁定如下：

对宋某某的申请，本院不予受理。

申请人不服本裁定，应当在收到本裁定书之日起十五日内，向本院提出异议。

审 判 员　计小龙

二〇一六年七月二十九日

书 记 员　姜红勤

〔评注〕

申请司法确认调解协议，由双方当事人依照人民调解法等法律，自调解协议生效之日起三十日内，共同向调解组织所在地基层人民法院提出。

1. 当事人申请确认调解协议，不属于人民法院受理范围的，人民法院裁定不予受理。实例中，张某某与段某某达成的调解协议系在公安机关主持下当事人达成的治安案件调解协议书，并非经人民调解委员会调解达成的调解协议。另外，申请人中的宋某某也并非调解协议当事人，故法院依法作出裁定不予受理。

2. 申请人不服本裁定，应在规定期限内向法院提出异议，而不是上诉。实践中在新民事诉讼文书样式未施行前，有的法院是按上诉表述的。

3. 依据《人民法院民事裁判文书制作规范》的规定，引用法律条款中的项的，一律使用汉字不加括号，例如"第一项"，故实例中引用的"第一百五十四条第一款第（十一）项""第三百五十七条第一款第（一）项"应去掉括号。

18. 民事裁定书（准许撤回司法确认调解协议申请用）

×××× 人民法院
民事裁定书

（××××）……民特……号

申请人：×××，……。
申请人：×××，……。
（以上写明申请人及其代理人的姓名或者名称等基本信息）

申请人×××与×××申请司法确认调解协议一案，本院于××××年××月××日立案。申请人×××、×××于××××年××月××日向本院提出撤回申请。

本院认为，申请人×××、×××在确认调解协议的裁定作出前，向本院撤回其申请，不违反法律规定，依法予以准许。

依照《中华人民共和国民事诉讼法》第一百五十四条第一款第十一项、《最高人民法院关于适用〈中华人民共和国民事诉讼法〉的解释》第三百五十九条第一款规定，裁定如下：

准许申请人×××、×××撤回申请。

审　判　员　×××

××××年××月××日
（院印）
书　记　员　×××

【说明】

本样式根据《最高人民法院关于适用〈中华人民共和国民事诉讼法〉的解释》第三百五十九条第一款制定，供基层人民法院在受理申请司法确认调解协议案后、确认调解协议的裁定作出前，当事人申请撤回的，裁定准许申请人撤回申请用。

【实例评注】

江苏省扬中市人民法院
民事裁定书①

(2016) 苏 1182 民特 16 号

申请人：陈某某。

申请人：朱某某。

申请人陈某某与朱某某申请司法确认调解协议一案，本院于 2016 年 8 月 22 日立案。申请人陈某某、朱某某于 2016 年 9 月 13 日向本院提出撤回申请。

本院认为，申请人陈某某、朱某某在确认调解协议的裁定作出前，向本院撤回其申请，不违反法律规定，依法予以准许。

依照《中华人民共和国民事诉讼法》第一百五十四条第一款第十一项、《最高人民法院关于适用〈中华人民共和国民事诉讼法〉的解释》第三百五十九条第一款规定，裁定如下：

准许申请人陈某某、朱某某撤回申请。

审　判　员　季晖

二〇一六年九月十三日

书　记　员　景欢

〔评注〕

确认调解协议的裁定作出前，当事人撤回申请的，人民法院可以裁定准许。本文书样式与准许撤回起诉的民事裁定书写法基本一致。

---

① 来源：中国裁判文书网。

19. 民事裁定书（按撤回司法确认调解协议申请处理用）

×××人民法院
民事裁定书

（××××）……民特……号

申请人：×××，……。
申请人：×××，……。
（以上写明申请人及其代理人的姓名或者名称等基本信息）

申请人×××与×××申请司法确认调解协议一案，本院于××××年××月××日立案。申请人×××、×××未在本院指定的××××年××月××日前向本院补充陈述/补充证明材料/拒不接受询问。

本院认为，申请人无正当理由未在限期内补充陈述/补充证明材料/拒不接受询问，可以按撤回申请处理。

依照《中华人民共和国民事诉讼法》第一百五十四条第一款第十一项、《最高人民法院关于适用〈中华人民共和国民事诉讼法〉的解释》第三百五十九条第二款规定，裁定如下：

本案按申请人×××、×××撤回申请处理。

申请人不服本裁定，应当在收到本裁定书之日起十五日内，向本院提出异议。

审　判　员　×××
××××年××月××日
（院印）
书　记　员　×××

【说明】

本样式根据《最高人民法院关于适用〈中华人民共和国民事诉讼法〉的解释》第三百五十八条第二款、第三百五十九条第二款制定，供基层人民法院在受理申请司法确认调解协议案后，当事人无正当理由未在限期内补充陈述、补充证明材料或者拒不接受询问的，裁定按撤回申请处理。

【实例评注】

河南省郑州高新技术产业开发区人民法院
民事裁定书①

(2016)豫 0191 民特 595 号

申请人郭某
申请人赵某。
申请人李某。

申请人郭某与申请人赵某、李某申请司法确认调解协议一案,本院于 2016 年 7 月 18 日立案。申请人郭某与申请人赵某、李某未在指定的 2016 年 8 月 15 日前向本院补充证明材料。

本院认为,申请人无正当理由未在期限内补充证明材料,可以按撤回申请处理。

依照《中华人民共和国民事诉讼法》第一百五十四条第一款第十一项、《最高人民法院关于适用〈中华人民共和国民事诉讼法〉的解释》第三百五十九条第二款规定,裁定如下:

本案按申请人郭某、申请人赵某、申请人李某撤回申请处理。

申请人不服本裁定,应当在收到本裁定书之日起十五日内,向本院提起异议。

审 判 员　陈晓菲

二〇一六年八月十六日

书 记 员　杨喜华

〔评注〕

当事人无正当理由未在限期内补充陈述、补充证明材料或者拒不接受询问的,人民法院可以按撤诉申请处理。本文书样式与按照撤诉处理的民事裁定书写法基本一致。文书尾部应表述为:"申请人不服本裁定,应当在收到本裁定书之日起十五日内,向本院提出异议。"

需要注意的是,正文首部中,诉讼参加人的诉讼地位与姓名或名称之间用":"间隔,实例应补充冒号。

---

① 来源:中国裁判文书网。

20. 民事裁定书（司法确认调解协议有效用）

××××人民法院
民事裁定书

（××××）……民特……号

申请人：×××，……。
申请人：×××，……。
（以上写明申请人及其代理人的姓名或者名称等基本信息）

本院于××××年××月××日立案受理申请人×××与×××关于司法确认调解协议的申请并进行了审查。现已审查终结。

申请人因……（写明案由），于××××年××月××日经……（调解组织）主持调解，达成调解协议如下：

……（写明调解协议内容）。

本院经审查认为，申请人达成的调解协议，符合司法确认调解协议的法定条件。

依照《中华人民共和国民事诉讼法》第一百九十五条规定，裁定如下：

申请人×××与×××于××××年××月××日经……（调解组织）主持调解达成的调解协议有效。

当事人应当按照调解协议的约定自觉履行义务。一方当事人拒绝履行或者未全部履行的，对方当事人可以向人民法院申请执行。

审　判　员　×××

××××年××月××日
（院印）
书　记　员　×××

【说明】

1. 本样式根据《中华人民共和国民事诉讼法》第一百九十五条制定，供调解组织所在地基层人民法院受理申请司法确认调解协议案后，经审查符合法律规定的，裁定确认调解协议有效用。

2. 一方当事人拒绝履行或者未全部履行的，对方当事人可以向人民法院申请强制执行。

【实例评注】

石家庄铁路运输法院
民事裁定书①

(2016)冀 8601 民特 29 号

申请人：马某某。
申请人：中银保险有限公司河北分公司，住所地河北省石家庄市建华南大街 78 号。
负责人：刘某某，该公司总经理。
委托代理人：曹某，该公司员工。

本院于 2016 年 9 月 22 日立案受理了申请人马某某与中银保险有限公司河北分公司关于司法确认调解协议的申请并进行了审查。现已审查终结。

申请人因保险合同纠纷，于 2016 年 8 月 25 日经河北省保险行业协会石家庄市保险合同纠纷人民调解委员会主持调解，达成了调解协议如下：

中银保险有限公司河北分公司一次性给付马某某各项费用 86 000 元（含医疗费、误工费、护理费和住院伙食补助费），双方再无其他争议，马某某不再要求中银保险有限公司河北分公司承担其他赔偿责任。赔偿金于协议签订之日起十个工作日内支付到马某某账户。

本院经审查认为，申请人达成的调解协议，符合司法确认调解协议的法定条件。依照《中华人民共和国民事诉讼法》第一百九十五条的规定，裁定如下：

申请人马某某与中银保险有限公司河北分公司于二〇一六年八月二十五日经河北省保险行业协会石家庄市保险合同纠纷人民调解委员会主持调解达成的调解协议有效。

当事人应当按照调解协议的约定自觉履行义务。一方当事人拒绝履行或者未全部履行的，对方当事人可以向人民法院申请执行。

审 判 员 赵 毅
二〇一六年九月二十二日
书 记 员 刘新运

〔评注〕

《民事诉讼法》第一百九十五条规定："人民法院受理申请后，经审查，符合法律

---

① 来源：中国裁判文书网。

规定的,裁定调解协议有效,一方当事人拒绝履行或者未全部履行的,对方当事人可以向人民法院申请执行;不符合法律规定的,裁定驳回申请,当事人可以通过调解方式变更原调解协议或者达成新的调解协议,也可以向人民法院提起诉讼。"

1. 文书正文首先列明双方申请人(即调解协议双方当事人)的身份情况,并注意要将双方申请人于何时经何人民调解委员会主持调解达成的调解协议内容写清楚和完整。需要注意的是,按照《人民法院民事裁判文书制作规范》的要求,实例中"委托代理人"应表述为"委托诉讼代理人"。正文中"二〇一六年八月二十日"应改为"2016年8月25日"。

2. 文书尾部要写明:"一方当事人拒绝履行或者未全部履行的,对方当事人可以向人民法院申请执行。"

21. 民事裁定书（驳回司法确认调解协议申请用）

××××人民法院

民事裁定书

（××××）……民特……号

申请人：×××，……。
申请人：×××，……。
（以上写明申请人及其代理人的姓名或者名称等基本信息）

本院于××××年××月××日立案受理申请人×××与×××关于司法确认调解协议的申请并进行了审查。现已审查终结。

申请人因……纠纷,于××××年××月××日经……(调解组织)主持调解,达成调解协议如下：

……（写明调解协议内容）。

本院经审查认为,申请人于××××年××月××日达成的调解协议,……（写明不予确认理由）,不符合法律规定。

依照《中华人民共和国民事诉讼法》第一百九十五条、《最高人民法院关于适用〈中华人民共和国民事诉讼法〉的解释》第三百五十七条第一款第×项、第二款/第三百六十条第×项规定,裁定如下：

驳回×××与×××司法确认调解协议的申请。

当事人可以通过调解方式变更原调解协议或者达成新的调解协议,也可以向人民法院提起诉讼;当事人之间有仲裁协议的,可以向仲裁机构申请仲裁。

申请人不服本裁定,应当在收到本裁定书之日起十五日内,向本院提出异议。

审　判　员　×××

××××年××月××日

（院印）

书　记　员　×××

【说明】

1. 本样式根据《中华人民共和国民事诉讼法》第一百九十五条以及《最高人民法院关于适用〈中华人民共和国民事诉讼法〉的解释》第三百五十七条、第三百六十条制定,供调解组织所在地基层人民法院受理申请司法确认调解协议案后,经审查不符合法律规定的,裁定驳回申请用。

2. 当事人申请司法确认调解协议,有下列情形之一的,人民法院裁定不予受理:(1)不属于人民法院受理范围的;(2)不属于收到申请的人民法院管辖的;(3)申请确认婚姻关系、亲子关系、收养关系等身份关系无效、有效或者解除的;(4)涉及适用其他特别程序、公示催告程序、破产程序审理的;(5)调解协议内容涉及物权、知识产权确权的。人民法院受理申请后,发现有上述不予受理情形的,应当裁定驳回当事人的申请。

3. 经审查,调解协议有下列情形之一的,人民法院应当裁定驳回申请:(1)违反法律强制性规定的;(2)损害国家利益、社会公共利益、他人合法权益的;(3)违背公序良俗的;(4)违反自愿原则的;(5)内容不明确的;(6)其他不能进行司法确认的情形。

4. 当事人可以通过调解方式变更原调解协议或者达成新的调解协议,也可以向人民法院提起诉讼;当事人之间有仲裁协议的,可以向仲裁机构申请仲裁。

【实例评注1】

湖北省保康县人民法院
民事裁定书[①]

(2016)鄂 0626 民特 77 号

申请人:任某某,男,1944 年 4 月 2 日出生,汉族,住保康县歇马镇堰坪村×组。

[①] 来源:中国裁判文书网。

公民身份证号码：420626××××××××××。

申请人：周某某。

本院于 2016 年 9 月 2 日受理申请人任某某与周某某关于司法确认调解协议的申请并进行了审查，现已审查终结。

申请人因用益物权纠纷，于 2016 年 3 月 29 日经歇马镇法律服务所主持调解，达成调解协议如下：

1. 任某某与周某某的山林、饲料地，上起邓正培山林山边，下起公路边香椿树为准。2. 以上协议，望双方相互遵守，自双当事人签字之日起即具法律效力，协议一式三份，申请人双方各一份，村委会存档一份。

申请人出于解决纠纷的目的自愿达成协议，没有恶意串通，规避法律的行为；如果因为该协议内容而给国家、集体或者他人造成损害的，愿意承担相应的民事责任和其他法律责任。

本院经审查认为，申请人在超过法定期限后提出司法确认调解协议的申请，不符合法律规定。

依照《中华人民共和国民事诉讼法》第一百九十四条、《最高人民法院关于适用〈中华人民共和国民事诉讼法〉的解释》第三百六十条第（六）项规定，裁定如下：

驳回任某某与周某某司法确认调解协议的申请。

当事人可以通过调解方式变更原调解协议或者达成新的调解协议，也可以向人民法院提起诉讼；当事人之间有仲裁协议的，可以向仲裁机构申请仲裁。

申请人不服本裁定，应当在收到本裁定书之日起十五日之内，向本院提起异议。

审　判　员　胡俊峰

二〇一六年九月二十七日

书　记　员　余延群

〔评注〕

1. 申请司法确认调解协议，由双方当事人依照人民调解法等法律，自调解协议生效之日起三十日内，共同向调解组织所在地基层人民法院提出。本实例中，申请人超过上述期限向人民法院提出申请，人民法院依法驳回申请，引用法律依据为《民诉法解释》第三百六十条第六项"其他不能进行司法确认的情形"。需要注意的是，依据《人民法院民事裁判文书制作规范》的规定，引用法律条款中的项的，一律使用汉字不加括号，例如"第一项"，故实例中引用的"第三百六十条第（六）项"应去掉括号。

2. 在裁定驳回申请后须写明救济途径："当事人可以通过调解方式变更原调解协议或者达成新的调解协议，也可以向人民法院提起诉讼；当事人之间有仲裁协议的，可以向仲裁机构申请仲裁。"

3. 结尾应表述："申请人不服本裁定,应当在收到本裁定书之日起十五日之内,向本院提出异议。"

【实例评注2】

河北省沽源县人民法院
民事裁定书①

(2016)冀0724民特3号

申请人:河北万兴建筑安装有限公司,住所地为张家口市万全区孔家庄镇工业街1号,统一社会信用代码为911307×××××××××××。

法定代表人温某,系河北万兴建筑安装有限公司董事长。

委托诉讼代理人:张某某,系河北万兴建筑安装有限公司沽源县小厂镇新民居工程项目经理。

申请人:沽源县小厂镇人民政府,住所地为沽源县小厂镇小厂村,统一社会信用代码为111307×××××××××××。

法定代表人:卢某某,系沽源县小厂镇人民政府镇长。

委托诉讼代理人:贾某某,系沽源县小厂镇人民政府副镇长。

本院于2016年7月11日立案受理申请人河北万兴建筑安装有限公司与沽源县小厂镇人民政府关于司法确认调解协议的申请并进行了审查。现已审查终结。

申请人因建设工程施工合同纠纷,于2016年6月13日经沽源县小厂镇人民调解委员会主持调解,达成调解协议如下:

一、沽源县小厂镇人民政府在签订调解协议之日起45日给付河北万兴建筑安装有限公司建筑工程款3 285 404元,河北万兴建筑安装有限公司自愿放弃对沽源县小厂镇人民政府违约赔偿的要求。

二、对该工程(沽源县小厂镇新民居工程)保修期乙方(沽源县小厂镇人民政府)愿意承担10万元维修费用。该费用从工程款中扣除,其他费用以后不再承担。

三、2016年5月后"营改增"的政策实行,无法确定税率,如交税过程中有困难,镇政府应协助办理。

四、双方签订本调解协议后该建筑工程所涉经济纠纷即全部解决,双方均不得再

---

① 来源:中国裁判文书网。

以本次纠纷追究对方责任。

五、本调解协议达成后,双方当事人认为有必要,可以自调解协议生效之日起30日内共同向人民法院申请司法确认。

本院经审查认为,申请人于2016年6月13日达成的调解协议不符合法律规定,理由如下:《中华人民共和国民事诉讼法》第一百九十四条规定,申请司法确认调解协议,由双方当事人依照人民调解法等法律,自调解协议生效之日起三十日内,共同向调解组织所在地基层人民法院提出。《中华人民共和国人民调解法》第二条规定,本法所称人民调解,是指人民调解委员会通过说服、疏导等方法,促使当事人在平等协商基础上自愿达成调解协议,解决民间纠纷的活动。《人民调解工作若干规定》第二条规定,人民调解委员会是调解民间纠纷的群众性组织。从上述规定可以看出,当事人向人民法院申请司法确认的调解协议,必须是在人民调解委员会主持下达成的调解协议,且只能调解民间纠纷。《人民调解工作若干规定》第二十条规定,人民调解委员会调解的民间纠纷,包括发生在公民与公民之间、公民与法人和其他社会组织之间涉及民事权利义务争议的各种纠纷。即人民调解委员会调解的民间纠纷的当事人有一方必须是公民,不包括法人与法人之间的纠纷。本案的申请人河北万兴建筑安装有限公司为企业法人,申请人沽源县小厂镇人民政府为机关法人。人民调解委员会主持下达成的法人与法人之间的调解协议是不能进行司法确认的。故本案不属于人民法院受理范围。

依照《中华人民共和国民事诉讼法》第一百九十五条、《最高人民法院关于适用〈中华人民共和国民事诉讼法〉的解释》第三百五十七条第一款第(一)项规定,裁定如下:

驳回河北万兴建筑安装有限公司与沽源县小厂镇人民政府司法确认调解协议的申请。

当事人可以通过调解方式变更原调解协议或者达成新的调解协议,也可以向人民法院提起诉讼;当事人之间有仲裁协议的,可以向仲裁机构申请仲裁。

申请人不服本裁定,应当在收到本裁定书之日起十五日内,向本院提出异议。

审 判 员　景　峰

二〇一六年九月二十二日

书 记 员　宋庙生

〔评注〕

实例基于人民调解委员会主持下达成的法人与法人之间的调解协议不能进行司法确认,故法院认为不属于人民法院受理范围,驳回申请人的申请。

需要注意的是,依据《人民法院民事裁判文书制作规范》的规定,引用法律条款中的项的,一律使用汉字不加括号,例如"第一项",故实例中引用的"第三百五十七条第一款第(一)项"应去掉括号。

22. 民事裁定书（申请撤销司法确认调解协议裁定用）

×××`人民法院
民事裁定书

（××××）……民特监……号

申请人（原申请人/利害关系人）：×××，……。
被申请人（原申请人）：×××，……。
（以上写明申请人、被申请人及其代理人的姓名或者名称等基本信息）

本院于××××年××月××日立案受理申请人×××申请撤销司法确认调解协议裁定一案，依法适用特别程序进行了审查。现已审查终结。

×××称，……（概述申请人的请求、事实和理由）。

×××称，……（概述被申请人的意见）。

经审查查明：××××年××月××日，××××人民法院作出（××××）……民特……号民事裁定：申请人×××与×××于××××年××月××日经……（调解组织）主持调解达成的调解协议有效。

……（写明调解协议符合或者不符合法律规定的事实根据）。

本院认为，原申请人×××与×××于××××年××月××日达成的调解协议，……（写明符合或者不符合法律规定的理由）。××××人民法院作出的（××××）……民特……号确认调解协议有效的民事裁定，应予撤销/维持。

依照《中华人民共和国民事诉讼法》第一百五十四条第一款第十一项、《最高人民法院关于适用〈中华人民共和国民事诉讼法〉的解释》第三百七十四条规定，裁定如下：

（撤销裁定的，写明:）撤销××××人民法院（××××）……民特……号民事裁定。
（驳回申请的，写明:）驳回×××的申请。

审　判　长　×××
审　判　员　×××
审　判　员　×××

××××年××月××日
（院印）
书　记　员　×××

【说明】

1. 本样式根据《最高人民法院关于适用〈中华人民共和国民事诉讼法〉的解释》第三百七十四条制定，供作出司法确认调解协议裁定的基层人民法院，受理申请撤销司法确认调解协议裁定案后，裁定撤销原裁定或者驳回申请用。

2. 案号类型代字为"民特监"。

3. 对人民法院作出的司法确认调解协议的裁定，当事人有异议的，应当自收到裁定之日起十五日内提出；利害关系人有异议的，自知道或者应当知道其民事权益受到侵害之日起六个月内提出。

4. 人民法院经审查，异议成立或者部分成立的，作出新的裁定撤销或者改变原裁定；异议不成立的，裁定驳回。

【实例评注】

福建省尤溪县人民法院
民事裁定书①

（2016）闽 0426 民特监 1 号

申请人（原申请人）：谢某某，男，汉族，农民，住尤溪县。
委托代理人：张某某，福建合立律师事务所律师。
委托代理人：陈某某，福建合立律师事务所实习律师。
被申请人（原申请人）：谢某甲，男，汉族，农民，住尤溪县。
委托代理人：王某某，福建明经律师事务所律师。

本院于 2016 年 7 月 5 日立案受理申请人谢某某申请撤销司法确认调解协议裁定一案，依法适用特别程序进行了审查。现已审查终结。

申请人谢某某称，对本院于 2016 年 3 月 3 日作出的（2016）闽 0426 民特 30 号民事裁定有异议，请求本院依法撤销该民事裁定。理由如下：1. 申请人并未向本院提出确认调解协议的申请，也未授权其父亲谢某乙申请，本院在未依法审查申请人代理人谢某乙身份是否真实、合法的情况下作出裁定；本院在审查调解协议相关情况时，未通知申请人到场对案件进行核实，且本院未将（2016）闽 0426 民特 30 号民事裁定书送达给申请人，剥夺了申请人申请异议的司法救济途径，故程序违法。2. 调解协议的签订违反法律规定且违反自愿原则，本院对此未裁定驳回申请，属裁定错误。故请求本院撤销

---

① 来源：中国裁判文书网。

(2016)闽 0426 民特 30 号民事裁定。

被申请人谢某甲称,谢某乙与本案申请人谢某某系父子关系,谢某乙参与本案调解并在《人民调解协议书》签字的行为构成表见代理关系,调解在场人的证言、现场录音、谢某乙通话记录可以证实谢某乙是得到谢某某的口头授权参与调解,谢某某向尤溪县公安局交警大队提交《人民调解协议书》的行为可以且应当认定为谢某某对其父亲签署的《人民调解协议书》追认。经谢某甲申请人民法院从中国大地财产保险股份有限公司福建分公司调取的《人民调解协议书》可以证实谢某某已经将《人民调解协议书》用于向中国大地财产保险股份有限公司福建分公司索赔,实质上认可了、追认了《人民调解协议书》。中国大地财产保险股份有限公司福建分公司依据《人民调解协议书》对谢某某进行了相应的赔偿,可以证实《人民调解协议书》具有法律效力,且已得到申请人认可、追认。本事故的保险责任人中国大地财产保险股份有限公司福建分公司依据《人民调解协议书》对谢某某进行了相应的赔偿,申请人谢某某也领取了保险责任人中国大地财产保险股份有限公司福建分公司的赔偿款,可见保险人已经实质上履行了《人民调解协议书》,因而《人民调解协议书》是合法的、有效的、不可撤销的,申请人谢某某对本院作出的确认调解协议的裁定提出异议应依法驳回。

经审查查明:2016 年 3 月 3 日,本院作出(2016)闽 0426 民特 30 号民事裁定,该裁定书裁定:被申请人谢某甲与申请人谢某某于 2016 年 2 月 6 日经尤溪县联合乡人民调解委员会主持调解达成的调解协议有效。

另查明,2016 年 2 月 6 日,经尤溪县联合乡人民调解委员会主持调解,申请人谢某某之父谢某乙口头征得申请人谢某某同意情况下与被申请人谢某甲签订了尤联人调字 2016 第 12 号人民调解协议,并书面申请司法确认。2016 年 3 月 3 日,尤溪县联合乡人民调解委员会受本院委托,于 2016 年 3 月 3 日将本院(2016)闽 0426 民特 30 号民事裁定书送达被申请人谢某甲,于 2016 年 4 月 2 日送达申请人谢某某及其委托代理人谢某乙,但申请人谢某某拒绝在送达回证上签名。

本院认为,尤联人调字 2016 第 12 号人民调解协议系双方当事人经尤溪县联合乡人民调解委员会主持调解,通过自愿协商情况下签订的,并不存在违反相关法律规定的情形,该调解协议合法有效,本院予以确认并无不妥。本院作出的(2016)闽 0426 民特 30 号民事裁定书经委托尤溪县联合乡人民调解委员会送达双方当事人,送达程序并无不当。当事人对确认裁定有异议,应当自收到裁定之日起十五日内提出,但申请人谢某某于 2016 年 7 月 5 日才向本院提出,已超过法律规定的期限,故申请人谢某某提出异议,理由不成立。综上,本院作出的(2016)闽 0426 民特 30 号确认调解协议有效的民事裁定,应予维持。

依照《中华人民共和国民法通则》第五十五条、第六十五条第一款、《最高人民法院关于审理涉及人民调解协议的民事案件的若干规定》第四条、《中华人民共和国民事诉讼法》第一百五十四条第一款第十一项、《最高人民法院关于适用〈中华人民共和国民事诉讼法〉的解释》第三百七十四条规定，经本院审判委员会研究决定，裁定如下：

驳回谢某某的申请。

审　判　长　罗朝栋
审　判　员　郑腾乐
审　判　员　陈　蓉
二〇一六年九月十八日
书　记　员　罗青华

〔评注〕

适用特别程序作出的判决、裁定，当事人、利害关系人认为有错误的，可以向作出该判决、裁定的人民法院提出异议。人民法院经审查，异议成立或者部分成立的，作出新的判决、裁定，撤销或者改变原判决、裁定；异议不成立的，裁定驳回。

1. 对人民法院作出的司法确认调解协议的裁定，当事人有异议的，应当自收到裁定之日起十五日内提出；利害关系人有异议的，自知道或者应当知道其民事权益受到侵害之日起六个月内提出。本实例系当事人有异议，应在收到裁定起十五日内提出，但实例中当事人过了三个月才向人民法院提出，故法院依法认定申请人超过法定期限提出异议，且调解协议未违反法律规定程序，遂驳回申请人的申请。

2. 该类案件案号类型代字为"民特监"，应当组成合议庭审理。

3. 需要注意的是，按照《人民法院民事裁判文书制作规范》的要求，实例中"委托代理人"应表述为"委托诉讼代理人"。

（六）实现担保物权案件

23. 民事裁定书（准许实现担保物权用）

××××人民法院
民事裁定书

（××××）……民特……号

申请人：×××，……。
被申请人：×××，……。
（以上写明申请人、被申请人及其代理人的姓名或者名称等基本信息）

申请人×××与被申请人×××申请实现担保物权一案，本院于××××年××月××日立案后，依法适用特别程序进行了审查。现已审查终结。

　　×××称，……（写明申请人的请求、事实和理由）。

　　×××称，……（写明被申请人的意见）。

　　本院经审查认为，……（写明准许拍卖、变卖担保财产的理由）。

　　依照《中华人民共和国民事诉讼法》第一百九十七条、《最高人民法院关于适用〈中华人民共和国民事诉讼法〉的解释》第三百七十二条第一项/第二项规定，裁定如下：

　　准许拍卖、变卖被申请人×××的……（写明财产种类和数量）。

　　申请费……元，由被申请人×××负担。

　　申请人不服本裁定，应当在收到本裁定书之日起十五日内，向本院提出异议。

审　判　员　×××

××××年××月××日
（院印）
书　记　员　×××

【说明】

　　1. 本样式根据《中华人民共和国民事诉讼法》第一百九十七条以及《最高人民法院关于适用〈中华人民共和国民事诉讼法〉的解释》第三百七十二条第一项、第二项制定，供担保财产所在地或者担保物权登记地基层人民法院在受理申请实现担保物权案后，经审查符合法律规定的，裁定准许拍卖、变卖担保财产用。

　　2. 当事人对实现担保物权无实质性争议且实现担保物权条件成就的，裁定准许拍卖、变卖担保财产，同时引用《最高人民法院关于适用〈中华人民共和国民事诉讼法〉的解释》第三百七十二条第一项规定；当事人对实现担保物权有部分实质性争议的，就无争议部分裁定准许拍卖、变卖担保财产，同时引用《最高人民法院关于适用〈中华人民共和国民事诉讼法〉的解释》第三百七十二条第二项规定。

　　3. 实现担保物权案件，人民法院裁定拍卖、变卖担保财产的，申请费由债务人、担保人负担。

　　4. 实现担保物权案件可以由审判员一人独任审查。担保财产标的额超过基层人民法院管辖范围的，应当组成合议庭进行审查。

【实例评注】

浙江省温州市洞头区人民法院
民事裁定书①

(2016)浙 0305 民特 52 号

申请人：中国工商银行股份有限公司洞头支行，住所地：浙江省温州市洞头区北岙街道连城大道 23－27 号。

主要负责人：伍某某，行长。

委托诉讼代理人(特别授权代理)：彭某某，中国工商银行股份有限公司洞头支行职员。

被申请人：魏某。

被申请人：曾某某。

申请人中国工商银行股份有限公司洞头支行与被申请人魏某、曾某某申请实现担保物权一案，本院于 2016 年 9 月 1 日立案后，依法适用特别程序进行了审查。现已审查终结。

申请人中国工商银行股份有限公司洞头支行称：2009 年 7 月 31 日，被申请人魏某作为借款人及抵押人、被申请人曾某某作为抵押人，与申请人中国工商银行股份有限公司洞头支行签订了一份编号为 01203003252009 二手贷 0000355 号的《个人房屋担保借款合同》。该合同约定：借款金额为 35 万元；借款期限自 2009 年 7 月 31 日至 2029 年 7 月 31 日止；借款利率按中国人民银行公布的同期同档次贷款利率浮动比例 －30%，借款期限在 1 年以上的，实行分段计息，从利率调整的次年 1 月 1 日开始，按相应利率的档次执行新的利率，经 2016 年 1 月 1 日调整后的利率为年利率 3.43%，借款人应按期偿还贷款本息，如未按约定的时间归还，贷款人将按国家规定对借款人计收罚息，罚息利率为年利率 6.237%；还款方式为等额本息还款法，按月计息；本合同有效期内发生借款人连续三个月或在本合同期内累计六个月未按时足额偿还贷款本息事项的，贷款人有权宣布本合同提前到期，要求借款人和保证人提前偿还全部贷款本息，或提前处分抵押物；本合同项下借款的担保方式为抵押，由被申请人魏某、曾某某共有的坐落于温州市洞头区××街道××区××××幢××室房产(所有权证号：温房权证洞头县字第××、18××90 号)提供抵押担保，并办理了抵押登记。上述合同签订后，申请人中国工商银行股份有限公司洞头支行依约于 2009 年 8 月 3 日向被申请人魏某发放了贷款

---

① 来源：中国裁判文书网。

35万元,并由借款凭证确定借款期限为2009年8月3日至2029年8月3日。被申请人魏某从2015年10月3日开始未按期偿付本息(等额本息仅偿清至2015年9月3日)。经申请人多次催收,之后于2015年10月27日归还本金1 194.56元、利息992.59元,于2016年1月14日归还本金2 600元,于2016年3月10日归还本金4 000元,剩余借款本金266 619.77元、利息8 542.57元(计至2016年9月1日)、罚息均未偿还。被申请人曾某某亦未履行还款义务。现申请人中国工商银行股份有限公司洞头支行认为被申请人已违反了合同约定,其有权宣布本借款合同提前到期,并确定以其起诉之日即2016年9月1日为合同到期日,要求对两被申请人的抵押财产实现担保物权。

本院经审查认为,申请人中国工商银行股份有限公司洞头支行与被申请人魏某、曾某某签订的《个人房屋担保借款合同》系双方当事人的真实意思表示,且不违背法律、行政法规的强制性规定,合法有效,应受法律保护。申请人依约向被申请人魏某发放贷款有权以其主张权利。被申请人魏某未按合同约定履行还款义务,且累计六个月未按时足额偿还贷款本息,申请人中国工商银行股份有限公司洞头支行有权宣布本借款合同提前到期,申请人以起诉之日即2016年9月1日作为合同到期日,本院予以支持,且被申请人魏某逾期未偿还借款,依约应承担违约责任,申请人按约定要求被申请人以年利率6.237%支付从借款逾期之日起至实际偿还之日止的罚息,合法合理,本院予以支持。被申请人魏某、曾某某以其共有的坐落于温州市洞头区××街道××区×××幢××室房产(所有权证号:温房权证洞头县字第××、18××90号)为上述债务提供抵押担保,并办理了抵押登记,抵押权已设立。申请人中国工商银行股份有限公司洞头支行依法有权申请对抵押财产进行拍卖、变卖以实现债权。且被申请人对申请人的申请并未提出异议,申请人的申请符合法律规定,本院予以支持。依照《中华人民共和国物权法》第一百七十三条、第一百七十九条、第二百零三条第一款、第二百零七条、《中华人民共和国民事诉讼法》第一百九十七条、《最高人民法院关于适用〈中华人民共和国民事诉讼法〉的解释》第三百七十二条第一项之规定,裁定如下:

准许拍卖、变卖被申请人魏某、曾某某共有的坐落于温州市洞头区××街道××区×××幢××室房产(所有权证号:温房权证洞头县字第××、18××90号),申请人中国工商银行股份有限公司洞头支行对变价后所得款项就借款本金266 619.77元、利息8 542.57元、罚息(罚息按年利率6.237%从2016年9月2日起算至实际偿还之日止)优先受偿。

申请费2 713元,由被申请人魏某、曾某某共同负担。

申请人不服本裁定,应当在收到本裁定书之日起十五日内,向本院提出异议。

审 判 员 郭灵燕

二〇一六年九月二十八日

代 书 记 员 朱纯芳

〔评注〕

人民法院受理实现担保物权申请后，经审查，符合法律规定的，裁定拍卖、变卖担保财产，当事人依据该裁定可以向人民法院申请执行；不符合法律规定的，裁定驳回申请，当事人可以向人民法院提起诉讼。

1. 文书正文首部应写明申请人及被申请人的基本情况：是公民的写明身份事项；是法人或其他组织的则写明其名称、地址、法定代表人姓名、职务。并写明申请人的请求、事实和理由及被申请人的意见。

2. 本院经审查认为部分写明准许拍卖、变卖担保财产的理由。

3. 裁判主文表述为"准许拍卖、变卖被申请人×××的……（写明财产种类和数量）"。

4. 注意最后写明申请费由被申请人负担。

5. 尾部要表述："申请人不服本裁定，应当在收到本裁定书之日起十五日之内，向本院提起异议。"

6. 实现担保物权案件可以由审判员一人独任审查。担保财产标的额超过基层人民法院管辖范围的，应当组成合议庭进行审查。本实例标的额在基层法院管辖范围内，故由独任庭审理。

24. 民事裁定书（驳回实现担保物权申请用）

××××人民法院
民事裁定书

（××××）……民特……号

申请人：×××，……。
被申请人：×××，……。
（以上写明申请人、被申请人及其代理人的姓名或者名称等基本信息）

申请人×××与被申请人×××申请实现担保物权一案，本院于××××年××月××日立案后，依法适用特别程序进行了审查。现已审查终结。

×××称，……（写明申请人的请求、事实和理由）。

×××称，……（写明被申请人的意见）。

本院经审查认为，……（写明不准许拍卖、变卖担保财产的理由）。当事人对实现担保物权有实质性争议，申请人×××的申请不符合法律规定。

依照《中华人民共和国民事诉讼法》第一百九十七条、《最高人民法院关于适用〈中华人民共和国民事诉讼法〉的解释》第三百七十二条第三项规定，裁定如下：

```
驳回×××的申请。
申请费……元，由申请人×××负担。
申请人可以向人民法院提起诉讼。

                                    审 判 员  ×××

                                    ××××年××月××日
                                        （院印）
                                    书 记 员  ×××
```

【说明】

1. 本样式根据《中华人民共和国民事诉讼法》第一百九十七条以及《最高人民法院关于适用〈中华人民共和国民事诉讼法〉的解释》第三百七十二条第三项制定，供担保财产所在地或者担保物权登记地基层人民法院受理申请实现担保物权案后，经审查不符合法律规定的，裁定驳回申请用。

2. 实现担保物权案件，人民法院裁定驳回申请的，申请费由申请人负担。

3. 实现担保物权案件可以由审判员一人独任审查。担保财产标的额超过基层人民法院管辖范围的，应当组成合议庭进行审查。

【实例评注】

青海省西宁市城中区人民法院
民事裁定书①

(2016) 青 0103 民特 30 号

申请人：冶某某，男，回族，住西宁市湟中县鲁沙尔镇。

被申请人：程某某，女，汉族，住西宁市城中区。

申请人冶某某与被申请人程某某申请实现担保物权一案，本院于 2016 年 9 月 12 日立案后，依法适用特别程序进行了审查。现已审查终结。

申请人冶某某称，2015 年 7 月 30 日，申请人与被申请人签订了《借款合同》《抵押合同》，约定由申请人向被申请人借款 220 000 元，借款期限自 2015 年 7 月 30 日至

---

① 来源：中国裁判文书网。

2015年8月17日，借款期内月利率为5‰。被申请人以位于西宁市城中区城南新区房屋抵押给申请人。现被申请人2016年7月30日归还了5万元后，未及时按照合同清偿申请人剩余的借款本金及利息，为此特申请裁定拍卖或变卖被申请人抵押的位于西宁市城中区城南新区房屋，拍卖或变卖所得价款优先偿还申请人。

被申请人程某某称，双方借款的实际本金是19万元，已向申请人归还5万元后，还剩余14万元未归还。并且上述借款是申请人与被申请人丈夫商议，被申请人只对上述借款提供了抵押担保，故对申请人申请有异议。

本院经审查认为，申请人与被申请人对约定借款的本金数额存有争议，且对利息和违约金等费用的计算亦有异议。当事人对实现担保物权有实质性争议，申请人冶某某的申请不符合法律规定。

依照《中华人民共和国民事诉讼法》第一百九十七条、《最高人民法院关于适用〈中华人民共和国民事诉讼法〉的解释》第三百七十二条第三项规定，裁定如下：

驳回申请人冶某某提出的实现担保物权的申请。

申请人可向人民法院提起诉讼。

审　判　员　邓晓华

二〇一六年九月二十六日

书　记　员　李永栋

〔评注〕

人民法院受理实现担保物权申请后，经审查，当事人对实现担保物权有实质性争议的，裁定驳回申请，并告知申请人向人民法院提起诉讼。

1. 文书正文首部列明申请人及被申请人的身份情况。申请人是公民则写明身份事项；申请人是法人或其他组织则写明其名称、地址、法定代表人姓名、职务。

2. 本实例中，申请人与被申请人对约定借款的本金数额存有争议，且对利息和违约金等费用的计算亦有异议。故法院认为当事人对实现担保物权有实质性争议，申请人的申请不符合法律规定，依法裁定驳回申请。

3. 注意最后写明申请费由被申请人负担。实例漏掉了申请费。

4. 尾部应表述："申请人可向人民法院提起诉讼。"

25. 民事裁定书（申请撤销准许实现担保物权裁定用）

×××人民法院
民事裁定书

（××××）……民特监……号

申请人（原被申请人/利害关系人）：×××，……。
被申请人（原申请人）：×××，……。
本院于××××年××月××日立案受理申请人×××与被申请人×××申请撤销准许实现担保物权裁定一案，依法适用特别程序进行了审查。现已审查终结。
申请人×××称，……（概述申请人的请求、事实和理由）。
被申请人×××称，……（概述被申请人的意见）。
经审查查明：××××年××月××日，××××人民法院作出（××××）……民特……号民事裁定：准许拍卖、变卖被申请人×××的……（财产）。申请费……元，由……负担。
……（写明准许拍卖、变卖担保财产符合或者不符合法律规定的事实根据）。
本院认为，原申请人于××××年××月××日提出的准许拍卖、变卖担保财产的申请，……（写明符合或者不符合法律规定的理由）。×××人民法院作出的（××××）……民特……号准许实现担保物权的民事裁定，应予撤销/维持。
依照《中华人民共和国民事诉讼法》第一百五十四条第一款第十一项、《最高人民法院关于适用〈中华人民共和国民事诉讼法〉的解释》第三百七十四条规定，裁定如下：
（撤销裁定的，写明：）
撤销×××人民法院（××××）……民特……号民事裁定。
原申请费……元，由……负担（写明当事人姓名或者名称、负担金额）。
（驳回申请的，写明：）
驳回×××的申请。

审　判　长　×××
审　判　员　×××
审　判　员　×××

××××年××月××日
（院印）
书　记　员　×××

【说明】

1. 本样式根据《中华人民共和国民事诉讼法》第一百五十四条第一款第十一项、《最高人民法院关于适用〈中华人民共和国民事诉讼法〉的解释》第三百七十四条制定，供作出准许实现担保物权裁定的基层人民法院，受理申请撤销准许实现担保物权案后，裁定撤销原裁定或者驳回申请用。

2. 案号类型代字为"民特监"。

3. 对人民法院作出的准许实现担保物权的裁定，当事人有异议的，应当自收到裁定之日起十五日内提出；利害关系人有异议的，自知道或者应当知道其民事权益受到侵害之日起六个月内提出。

4. 人民法院经审查，异议成立或者部分成立的，作出新的裁定撤销或者改变原裁定；异议不成立的，裁定驳回。

5. 人民法院改变原裁定结果的，应当对原申请费的负担一并作出处理。

【实例评注】

浙江省绍兴市柯桥区人民法院
民事裁定书①

（2016）浙 0603 民特监 1 号

申请人（原被申请人）：冯某。

被申请人（原申请人）：浙江绍兴瑞丰农村商业银行股份有限公司柯岩支行（组织机构代码：××）。住所地：绍兴市柯桥区柯岩街道柯南大道和文明路交叉口。

代表人：胡某某，该行行长。

本院于 2016 年 9 月 27 日立案受理申请人冯某与被申请人浙江绍兴瑞丰农村商业银行股份有限公司柯岩支行（以下简称瑞丰银行柯岩支行）申请撤销准许实现担保物权裁定一案，依法适用特别程序进行了审查。现已审查终结。

申请人冯某称，虽然借款人绍兴县多维斯纺织品有限公司存在部分到期利息未及时支付的情形，但瑞丰银行柯岩支行均在后期通过罚息、计收复利的方式继续从借款人账户划扣款项补足，表明其接受了借款人的违约行为，让借款人继续履行合同，借款合同均未届期；瑞丰银行柯岩支行划扣的款项具体应归属哪一笔借款的利息尚存争议，瑞丰银行柯岩支行请求实现担保物权的条件尚未成就，请求撤销本院（2016）浙 0603 民

---

① 来源：中国裁判文书网。

特31号民事裁定，驳回瑞丰银行柯岩支行的申请。

经审查查明，2016年8月31日，本院作出(2016)浙0603民特31号民事裁定：准许拍卖、变卖被申请人冯某名下位于绍兴市柯桥区蓝天市中心广场×幢××室的房产［《房屋他项权证》编号为：绍房他证绍县字第××××号］，申请人浙江绍兴瑞丰农村商业银行股份有限公司柯岩支行对变价后所得款项在借款本金200万元［合同号为8911120160010216号的《流动资金借款合同》项下的借款本金60万元，合同号为8911120160010375号的《流动资金借款合同》项下的借款本金140万元］及相应利息［截至2016年7月15日止的利息为13 948.56元，自2016年7月16日起至实际款清之日止的利息(含罚息、复利)按涉案合同和中国人民银行的有关规定计付］的范围内依法定程序优先受偿。申请费11 456元，财产保全申请费5 000元，合计16 456元，由被申请人冯某负担。

在原审查程序中，申请人冯某承认借款人绍兴县多维斯纺织品有限公司存在涉案借款部分到期利息未及时支付的情形。根据涉案借款合同的约定，借款人未按期支付利息视为违约，贷款人有权提前收回未到期贷款并由借款人承担违约责任；根据涉案抵押合同的约定，债务人违约，债权人有权提前处置抵押财产。

本院认为，原申请人瑞丰银行柯岩支行于2016年8月2日提出的准许拍卖、变卖担保财产的申请，经审查条件已经成就，符合法律规定。本院作出的(2016)浙0603民特31号准许实现担保物权的民事裁定，应予维持。

依照《中华人民共和国民事诉讼法》第一百五十四条第一款第(十一)项、《最高人民法院关于适用〈中华人民共和国民事诉讼法〉的解释》第三百七十四条规定，裁定如下：

驳回冯某的申请。

审　判　长　刁学伟
审　判　员　吴秀智
人民陪审员　周宗芳

二〇一六年九月二十九日
书　记　员　孔宏伟

〔评注〕

1. 适用特别程序作出的裁定，当事人、利害关系人认为有错误的，可以向作出该裁定的人民法院提出异议。人民法院经审查，异议成立或者部分成立的，作出新的裁定撤销或者改变原裁定；异议不成立的，裁定驳回。

2. 对人民法院作出的准许实现担保物权的裁定，当事人有异议的，应当自收到裁定之日起十五日内提出；利害关系人有异议的，自知道或者应当知道其民事权益受到侵害之日起六个月内提出。实例为当事人提出异议，法院应审查是否在收到裁定之日起十五日内提出。

3. 实例系驳回申请人的撤销申请,如法院撤销原裁定,应对原申请费的负担问题一并作出处理。

4. 需要注意的是,依据《人民法院民事裁判文书制作规范》的规定,引用法律条款中的项的,一律使用汉字不加括号,例如"第一项",故实例中引用的"第一百五十四条第一款第(十一)项"应去掉括号。

26. 异议权利告知书(告知被申请人受理实现担保物权案件用)

××××人民法院
异议权利告知书

(××××)……民特……号

×××:

本院已立案受理申请人×××与被申请人×××申请实现担保物权一案。依照《最高人民法院关于适用〈中华人民共和国民事诉讼法〉的解释》第三百六十八条规定,你方依法享有提出异议的权利。现将异议权利及有关事项告知如下:

一、被申请人有异议的,应当在收到申请书副本、异议权利告知书之日起五日内向人民法院书面提出,同时说明理由并提供相应的证据材料。逾期未提出异议的,不影响案件审理。

二、被申请人可以就以下事项提出异议:

1. 主合同及担保合同的效力;

2. 依法应登记的担保物权是否已登记;

3. 实现担保物权的条件是否已成就,如主债务是否已届清偿期等;

4. 担保债务的范围与金额,如利息和违约金等费用的计算是否合理,主债务是否已获部分清偿等;

5. 被申请人认为不符合实现担保物权条件的其他情形。

三、人民法院将对申请人提出的实现担保物权申请、被申请人提出的异议以及双方提供的证据进行综合审查,并视情况决定是否进行询问。询问将通知申请人、被申请人及相关利害关系人到庭,当事人应按要求如期参加或委托诉讼代理人参加询问。

询问过程中,当事人依法享有申请主持人、记录人回避等权利,亦有义务遵守询问秩序,无正当理由拒不参加询问或中途退出者,视为对自己权利的放弃。确因特殊原因无法出庭的,经人民法院准许,可以书面答复人民法院的询问。

××××年××月××日
(院印)

【说明】

1. 本样式根据《最高人民法院关于适用〈中华人民共和国民事诉讼法〉的解释》第三百六十八条制定，供基层人民法院在受理申请实现担保物权案后，告知被申请人用。

2. 人民法院受理申请后，应当在五日内向被申请人送达申请书副本、异议权利告知书等文书。被申请人有异议的，应当在收到人民法院通知后的五日内向人民法院提出，同时说明理由并提供相应的证据材料。

【实例评注】

（暂缺实例）

〔评注〕

人民法院受理申请后，应当在五日内向被申请人送达申请书副本、异议权利告知书等文书。被申请人有异议的，应当在收到人民法院通知后的五日内向人民法院提出，同时说明理由并提供相应的证据材料。

人民法院审查实现担保物权案件，可以询问申请人、被申请人、利害关系人，必要时可以依职权调查相关事实。

人民法院应当就主合同的效力、期限、履行情况，担保物权是否有效设立、担保财产的范围、被担保的债权范围、被担保的债权是否已届清偿期等担保物权实现的条件，以及是否损害他人合法权益等内容进行审查。被申请人或者利害关系人提出异议的，人民法院应当一并审查。

（七）监护权特别程序案件

27. 民事判决书（申请确定监护人用）

××××人民法院
民事判决书

（××××）……民特……号

申请人：×××，……。
（以上写明申请人及其代理人的姓名或者名称等基本信息）
申请人×××申请确定监护人一案，本院于××××年××月××日立案后进行了审理。现已审理终结。

×××称，……（概述申请人的请求、事实和理由）。

经审理查明：……（写明被监护人基本信息、申请人与被监护人的关系、原指定监护情况、拟指定监护人基本信息等事实）。

本院认为，……（写明撤销原指定同时另行指定监护人的理由）。

依照《中华人民共和国民事诉讼法》第一百七十八条、《最高人民法院关于适用〈中华人民共和国民事诉讼法〉的解释》第三百五十一条规定，判决如下：

一、撤销×××为×××的监护人的指定；

二、指定×××为×××的监护人。

本判决为终审判决。

审　判　员　×××

××××年××月××日

（院印）

书　记　员　×××

【说明】

1. 本样式根据《最高人民法院关于适用〈中华人民共和国民事诉讼法〉的解释》第三百五十一条制定，供基层人民法院审理申请确定监护人案后，认为指定不当的，判决撤销原指定同时另行指定监护人用。

2. 被指定的监护人不服指定，应当自接到通知之日起三十日内向人民法院提出异议。

3. 判决书应当送达异议人、原指定监护人及判决指定的监护人。

【实例评注】

天津市河东区人民法院
民事判决书①

（2016）津 0102 民特 71 号

申请人：董某某。

申请人董某某申请确定监护人一案，本院于 2016 年 6 月 30 日立案后进行了审理，

---

① 来源：中国裁判文书网。

本案现已审理终结。

董某某称，黄某某为其姐董某甲之子，经天津市残疾人联合会确认黄某某为精神贰级残疾人，监护人为黄某某继父黄某甲。现黄某甲在桃园养老院，生活不能自理，无法履行监护职责，董某甲因患有精神疾病而先后就诊于天津市安宁医院及武警医院，亦无法对黄某某进行监护。黄某某现在天津市安康医院治疗，其相关证件多年来均由董某某保管，其住院的伙食费亦由董某某负担，董某某一直在照料黄某某，现鉴于黄某甲、董某甲均无法履行监护职责，董某某请求法院撤销黄某甲的监护人指定，并申请为黄某某的监护人。

经审理查明：被监护人黄某某1973年6月1日出生，汉族，公民身份号码××，现于天津市安康医院住院治疗。2009年10月17日，黄某某被天津市残疾人联合会批准为精神贰级残疾人并颁发残疾人证，残疾人证指定黄某某继父黄某甲为其监护人。被监护人黄某某为申请人外甥。

监护人黄某甲为被监护人黄某某继父，1941年10月23日出生，汉族，公民身份号码××，现住于天津市桃园养老院。本院前往监护人住处对其进行了询问，黄某甲表示与被监护人黄某某及其生母董某甲很长时间没有联系，婚后与董某甲的感情也一般，现因自身生活不能自理，需要他人护理，无法履行监护职责。

董某甲为被监护人黄某某生母，1940年12月19日出生，汉族，公民身份号码××，现于中国人民武装警察部队后勤学院附属医院住院治疗。2014年10月9日，董某甲被街道工作人员及民政人员送入天津市安宁医院治疗，经天津市安宁医院诊断，董某甲患有慢性未定型分裂症，2016年7月转入中国人民武装警察部队后勤学院附属医院治疗。

黄某乙，女，1950年9月14日出生，汉族，公民身份号码××。黄某丙，女，1954年5月23日出生，汉族，公民身份号码××。黄某丁，女，1956年12月23日出生，汉族，公民身份号码××。上述三人均为监护人黄某甲的妹妹，三人向本院一致表示不同意申请人为黄某某监护人，三人均要求黄某丁为黄某某监护人。

本院认为，被监护人黄某某为精神贰级残疾人，且于天津市安康医院治疗，确需监护人进行监护。而监护人黄某甲现居住于桃园养老院，生活需要他人护理，没有实际履行监护职责，其本人亦向本院表达无法履行监护职责的意愿，本院认为黄某甲不再适宜为黄某某的监护人。而黄某某的生母董某甲因患有精神疾病多年住院，亦无法作为黄某某的监护人。申请人董某某作为黄某某除黄某甲、董某甲之外血缘关系最近的亲属，多年实际照顾被监护人黄某某并负担部分费用，其作为黄某某的监护人对照顾黄某某生活更为有利，加之董某某向本院表示，如其作为监护人，现黄某某名下承租坐落河东区中山门××里××号房屋，在黄某某有生之年不私自处分该房屋，考虑到黄某某其父母均不在身边且均生活不能自理，申请人该承诺加强了对黄某某利益的保护，其作为黄某某的监护人对保障黄某某财产利益更为有利。黄某乙、黄某丙、黄某丁三人虽要求黄某丁作为黄某某的监护人，但从血缘关系、监护被监护人便利程度、被监护人权益保障等方面衡量，申请人董某某作为黄某某监护人更为适宜。故本院撤销黄某甲为黄某某的监护人的指定，指定董某某为黄某某的监护人。申请人董某某应当履行承诺，不得在黄某某有生之年私自处分黄某某承租房屋，切实保证被监护人合法权益。

综上所述，依照《中华人民共和国民事诉讼法》第一百七十八条、《最高人民法院关于适用〈中华人民共和国民事诉讼法〉的解释》第三百五十一条之规定，判决如下：

一、撤销黄某甲为黄某某监护人的指定；

二、指定董某某为黄某某的监护人。

本判决为终审判决。

代理审判员　赵龙飞

二〇一六年八月二十六日

书　记　员　王　娟

〔评注〕

《民诉法解释》第三百五十一条规定："被指定的监护人不服指定，应当自接到通知之日起三十日内向人民法院提出异议。经审理，认为指定并无不当的，裁定驳回异议；指定不当的，判决撤销指定，同时另行指定监护人。判决书应当送达异议人、原指定单位及判决指定的监护人。"

1. 本文书样式正文首部只需列明申请人的身份情况。

2. 审理查明部分应写明被监护人基本信息、申请人与被监护人的关系、原指定监护人的情况、拟指定监护人基本信息等事实，如果有其他利害关系人对申请人作为监护人提出异议，可一并写明相关事实。

3. 本院认为部分应着重阐述撤销原指定监护人的原因，同时另行指定监护人的理由。

4. 判项表述为："一、撤销×××为×××的监护人的指定；二、指定×××为×××的监护人。"尾部写明"本判决为终审判决"。

28. 民事判决书（申请变更监护人用）

×××× 人民法院
民事判决书

（××××）……民特……号

申请人：×××，……。
（以上写明申请人及其代理人的姓名或者名称等基本信息）

申请人×××申请变更监护人一案，本院于××××年××月××日立案后进行了审理。现已审理终结。

×××称，……（概述申请人的请求、事实和理由）。

经审理查明：……（写明被监护人基本信息、申请人与被监护人的关系、原指定监护情况、拟指定监护人基本信息等事实）。

本院认为，……（写明是否变更监护的理由）。

依照《中华人民共和国民事诉讼法》第一百七十八条规定，判决如下：

（变更监护人的，写明:）

×××的监护人变更为×××。

（驳回申请的，写明:）

驳回×××的申请。

本判决为终审判决。

审　判　员　×××

××××年××月××日
（院印）
书　记　员　×××

【说明】

1. 本样式根据《中华人民共和国民事诉讼法》第一百七十八条制定，供基层人民法院在审理申请变更监护人案后，判决变更监护人或者驳回申请用。

2. 被指定的监护人不服指定，自接到通知之日起超过三十日向人民法院提出异议的，按申请变更监护人确定案由，适用本样式。

【实例评注】

福建省霞浦县人民法院
民事判决书①

(2016)闽 0921 民特 17 号

申请人：李某，男，1941 年 10 月 11 日出生，汉族，福建省霞浦县人，无业，住霞浦县。

申请人：苏某，女，1953 年 12 月 14 日出生，汉族，福建省霞浦县人，退休职工，住址同上。

委托诉讼代理人：欧阳某某，福建建达（霞浦）律师事务所律师。

申请人李某、苏某申请变更监护人一案，本院于 2016 年 8 月 22 日立案后进行了审理。现已审理终结。

李某、苏某称，其二人系被监护人胡某的外祖父母，胡某出生于 2008 年 1 月 19 日。2011 年 9 月 8 日，胡某的母亲李某甲与父亲胡某甲协议离婚，同时双方约定，婚生儿子胡某跟随母亲李某甲生活。2014 年 1 月间，胡某母亲李某甲因病死亡。胡某甲作为胡某的父亲，从未对胡某进行抚养、照顾，现在福建省福州司法强制戒毒所强制戒毒治疗。胡某长期跟随其二人共同生活至今，为保障被监护人胡某的健康成长及正常生活，遂诉至法院，请求变更其二人为胡某的监护人。

经审理查明，被监护人胡某出生于 2008 年 1 月 19 日，申请人李某、苏某系被监护人胡某的外祖父母。2011 年 9 月 8 日，被监护人胡某的母亲李某甲与父亲胡某甲协议离婚，同时双方约定，婚生儿子胡某跟随母亲李某甲生活。2014 年 1 月间，胡某某的母亲李某甲因病死亡，胡某的监护人变更为胡某甲。被监护人胡某的监护人胡某甲现在福建省福州司法强制戒毒所强制戒毒治疗。申请人苏某为退休职工，有经济收入，申请人李某、苏某有固定的住所，且被监护人胡某一直跟随该二申请人共同生活至今。

本院认为，监护人应当履行监护职责，保护被监护人的人身、财产及其他合法权益。胡某甲在前妻李某甲去世后，作为监护人未履行对儿子胡某的监护职责，而其现在福建省福州司法强制戒毒所强制戒毒治疗，亦无法履行监护职责，其对申请人李某、苏某提出变更监护人的申请表示同意。因被监护人胡某一直跟随申请人李某、苏某共同生活至今，为有利于被监护人胡某的健康成长，故对该二申请人的主张，本院予以支持。

依照《中华人民共和国民事诉讼法》第一百七十八条的规定，判决如下：

---

① 来源：中国裁判文书网。

胡某的监护人变更为李某、苏某。

本判决为终审判决。

审　判　员　　钟凌云

二〇一六年九月五日

书　记　员　　汤晶晶

〔评注〕

1. 本文书样式正文首部只需列明申请人的身份情况。

2. 审理查明部分应写明被监护人基本信息、申请人与被监护人的关系、原监护的情况、拟变更的监护人基本信息等事实。

3. 本院认为部分应着重阐述变更监护人的理由及原监护人的意见。

4. 依据《民诉法解释》第三百五十一条的规定，被指定的监护人不服指定，应当自接到通知之日起三十日内向人民法院提出异议。三十日内提出异议的，异议不成立时，人民法院应使用本章样式30"民事裁定书（申请确定监护人驳回异议用）"，如超过三十日内提出异议，则应按照申请变更监护人确定案由，适用本文书样式。

29. 民事判决书（申请撤销监护人资格用）

××××人民法院

民事判决书

（××××）……民特……号

申请人：×××，……。

被申请人：×××，……。

（以上写明申请人、被申请人及其代理人的姓名或者名称等基本信息）

申请人×××与被申请人×××申请撤销监护人资格一案，本院于××××年××月××日立案后进行了审理。现已审理终结。

×××称，……（概述申请人的请求、事实和理由）。

×××称，……（概述被申请人的意见）。

经审理查明：……（写明被监护人基本信息、被申请人与被监护人的关系、原指定监护情况等）。

本院认为，……（写明是否撤销监护的理由）。

依照《中华人民共和国民事诉讼法》第一百七十八条规定，判决如下：
（撤销监护人资格的，写明：）
一、撤销×××为×××的监护人的资格。
二、指定×××为×××的监护人。
（驳回申请的，写明：）
驳回×××的申请。
本判决为终审判决。

审 判 员 ×××

××××年××月××日

（院印）

书 记 员 ×××

【说明】

1. 本样式根据《中华人民共和国民事诉讼法》第一百七十八条制定，供基层人民法院在审理申请撤销监护人资格案后，判决撤销监护人资格或者驳回申请用。

2. 监护人不履行监护职责或者侵害被监护人的合法权益的，应当承担责任；给被监护人造成财产损失的，应当赔偿损失。人民法院可以根据有关人员或者有关单位的申请，撤销监护人的资格。

3. 监护人实施家庭暴力严重侵害被监护人合法权益的，人民法院可以根据被监护人的近亲属、居民委员会、村民委员会、县级人民政府民政部门等有关人员或者单位的申请，依法撤销其监护人资格，另行指定监护人。

4. 法律依据应当引用《中华人民共和国民法通则》第十八条；因实施家庭暴力撤销监护人资格的，同时引用《中华人民共和国反家庭暴力法》第二十一条第一款。

【实例评注】

河南省郑州市二七区人民法院
民事判决书[①]

(2016) 豫 0103 民特 33 号

[①] 来源：中国裁判文书网。

申请人：薛某甲，女，汉族，1960年9月17日出生。

委托诉讼代理人：郝某某、轩某某（实习），河南郑大律师事务所律师。

被申请人：薛某乙，男，汉族，1955年9月17日出生。

委托诉讼代理人：武某某，河南文中律师事务所律师。

申请人薛某甲与被申请人薛某乙申请撤销监护人资格一案，本院于2016年9月2日立案后进行了审理。现已审理终结。

申请人称，1. 要求撤销被申请人薛某乙的监护人资格，变更申请人为薛某丙的监护人；2. 被申请人承担全部诉讼费。事实与理由：申请人与被申请人是兄妹关系，其他四人是大哥薛某丙，大姐薛某丁，二姐薛某戊，三姐薛某己（2014年已去世），父母已去世。大哥薛某丙是××人，2007年母亲去世前，薛某丙一直和母亲生活在一起，在郑大工作居住期间，申请人一直照顾。2014年三姐去世后，被申请人为了争夺母亲位于郑州市××大学北路××院××楼××单元的房产，瞒着申请人向法院申请薛某丙为无民事行为能力人，并指定被申请人为监护人。现申请人认为被申请人不适合做薛某丙的监护人，申请人发现被申请人对被监护人有虐待和侵犯其财产的行为。申请人与薛某丙关系一直较好，并且一直给大哥钱和买生活用品，申请人现经济条件较好，生活水平相对较高，申请人马上退休了，有时间照顾大哥薛某丙，申请人愿意担任薛某丙的监护人。

被申请人称，申请人的目的是争夺母亲房产，被申请人对被监护人薛某丙没有虐待和侵犯其财产的行为，是申请人捏造的。

经审理查明，被监护人薛某丙，男，汉族，1953年1月19日出生，住郑州市××大学北路××楼××单元××号。2014年8月21日，经本院（2014）二七民特字第00002号民事判决书判决，一、宣告被申请人薛某丙为无民事行为能力人；二、指定薛某乙为薛某丙的监护人。判决后，被监护人薛某丙一直由被申请人薛某乙照顾。

本院认为，被监护人薛某丙长期由被申请人薛某乙照顾，申请人提供的证据不能证明被申请人存在对被监护人有虐待及侵犯其财产的行为。

依照《中华人民共和国民事诉讼法》第一百七十八条之规定，判决如下：

驳回申请人薛某甲的申请。

本判决为终审判决。

审　判　长　李国宁
人民陪审员　王泽清
人民陪审员　李红梅

二〇一六年九月三十日

书　记　员　李瑞丹

〔评注〕

1. 本文书样式正文首部需列明申请人及被申请人的身份情况。

2. 经审理查明部分应写明被监护人基本信息、被申请人与被监护人的关系、原指定监护的情况等事实。本实例虽然在申请人称部分叙述了申请人、被申请人与被监护人之间的关系，但在法院审理查明部分仍应当将上述关系简要写明。

3. 本院认为部分应着重阐述是否撤销监护的理由，如理由成立，则撤销监护人资格，指定申请人为监护人；如理由不能成立，则驳回申请人的申请。本实例系法院认为申请人提供的证据不能证明被申请人存在对被监护人有虐待及侵犯其财产的行为，故依法驳回申请。

4. 2017年10月1日开始施行的《民法总则》第三十四条规定："监护人的职责是代理被监护人实施民事法律行为，保护被监护人的人身权利、财产权利以及其他合法权益等。监护人依法履行监护职责产生的权利，受法律保护。监护人不履行监护职责或者侵害被监护人合法权益的，应当承担法律责任。"第三十五条规定："监护人应当按照最有利于被监护人的原则履行监护职责。监护人除为维护被监护人利益外，不得处分被监护人的财产。未成年人的监护人履行监护职责，在作出与被监护人利益有关的决定时，应当根据被监护人的年龄和智力状况，尊重被监护人的真实意愿。成年人的监护人履行监护职责，应当最大程度地尊重被监护人的真实意愿，保障并协助被监护人实施与其智力、精神健康状况相适应的民事法律行为。对被监护人有能力独立处理的事务，监护人不得干涉。"第三十六条规定："监护人有下列情形之一的，人民法院根据有关个人或者组织的申请，撤销其监护人资格，安排必要的临时监护措施，并按照最有利于被监护人的原则依法指定监护人：（一）实施严重损害被监护人身心健康行为的；（二）怠于履行监护职责，或者无法履行监护职责并且拒绝将监护职责部分或者全部委托给他人，导致被监护人处于危困状态的；（三）实施严重侵害被监护人合法权益的其他行为的。本条规定的有关个人和组织包括：其他依法具有监护资格的人，居民委员会、村民委员会、学校、医疗机构、妇女联合会、残疾人联合会、未成年人保护组织、依法设立的老年人组织、民政部门等。前款规定的个人和民政部门以外的组织未及时向人民法院申请撤销监护人资格的，民政部门应当向人民法院申请。"

5. 依据《中华人民共和国反家庭暴力法》第二十一条的规定，监护人实施家庭暴力严重侵害被监护人合法权益的，人民法院可以根据被监护人的近亲属、居民委员会、村民委员会、县级人民政府民政部门等有关人员或者单位的申请，依法撤销其监护人资格，另行指定监护人。如果查明原监护人实施家庭暴力而撤销其资格的，应当援引上述法条。

30. 民事裁定书（申请确定监护人驳回异议用）

×××× 人民法院
民事裁定书

（××××）……民特……号

申请人：×××，……。
（以上写明申请人及其代理人的姓名或者名称等基本信息）

申请人×××申请确定监护人一案，本院于××××年××月××日立案后进行了审理。现已审理终结。

×××称，……（概述申请人的请求、事实和理由）。

经审理查明：……（写明被监护人基本信息、申请人与被监护人的关系、原指定监护情况等事实）。

本院认为，……（写明指定监护并无不当的理由）。

依照《中华人民共和国民事诉讼法》第一百五十四条第一款第十一项、《最高人民法院关于适用〈中华人民共和国民事诉讼法〉的解释》第三百五十一条规定，裁定如下：

驳回×××不服指定监护的异议。

审 判 员 ×××

××××年××月××日
（院印）
书 记 员 ×××

【说明】

1. 本样式根据《最高人民法院关于适用〈中华人民共和国民事诉讼法〉的解释》第三百五十一条制定，供基层人民法院在审理申请确定监护人案后，认为指定并无不当的，裁定驳回被指定的监护人异议用。

2. 被指定的监护人不服指定，应当自接到通知之日起三十日内向人民法院提出异议。

【实例评注】

天津市东丽区人民法院
民事裁定书①

（2015）丽民特字第 0004 号

起诉人张某某，农民。

起诉人张某某申请确定监护人纠纷一案，本院于 2015 年 4 月 7 日受理后，由审判员许洪霞依法适用特别程序进行了审理，现已审理终结。

起诉人张某某诉称，起诉人与被监护人张某甲系姐妹关系，天津市东丽区军粮城街道办事处魏王庄村民委员会（以下简称魏王庄村委会）指定起诉人作为张某甲的监护人，但起诉人之子刚满 3 个月，起诉人无时间和精力承担监护责任，故请求法院判决撤销魏王庄村委会作出的《对于张某甲监护人的指定意见》。

本院认为，根据《民法通则》及相关规定，监护人应当履行监护职责，保护被监护人的人身、财产及其他合法权益。未成年人的父母已经死亡或者没有监护能力的，其兄、姐有监护能力可以担任监护人。本案中，被监护人张某甲的近亲属现有其父张某乙、其祖母平某某以及起诉人。因张某乙下落不明、平某某年迈，被监护人所在地魏王庄村委会于 2015 年 3 月 10 日指定起诉人作为张某甲的监护人。起诉人有独立的财产，具有履行监护责任的经济条件，其健康状况良好，被监护人逢周末与起诉人一起生活，其二人联系较为密切，起诉人符合法定条件，其监护能力优于张某乙、平某某，魏王庄村委会指定起诉人为张某甲的监护人并无不当，因此起诉人的异议不能成立，应予驳回。综上，本院依照《中华人民共和国民事诉讼法》第一百五十四条第一款第（十一）项、第二款、第三款之规定，《最高人民法院关于适用〈中华人民共和国民事诉讼法〉的解释》第三百五十一条之规定，裁定如下：

驳回起诉人张某某对魏王庄村委会指定其为张某甲的监护人的异议。

本裁定为终审裁定。

审　判　员　许洪霞
二〇一五年四月十五日
书　记　员　常　婧

---

① 来源：中国裁判文书网。

〔评注〕

依据《民诉法解释》第三百五十一条的规定，被指定的监护人不服指定，应当自接到通知之日起三十日内向人民法院提出异议。经审理，认为指定并无不当的，裁定驳回异议。本文书样式即为驳回被指定监护人不服指定异议的民事裁定书样式。

1. 被指定监护人在三十日内提出异议，法院认为指定并无不当裁定驳回，适用本文书样式。

2. 本文书样式法律依据应援引《民事诉讼法》第一百五十四条第一款第十一项其他需要裁定解决的事项，并同时引用《民诉法解释》第三百五十一条。

3. 需要注意的是，正文首部中，诉讼参加人的诉讼地位与姓名或名称之间用"："间隔，实例应补充冒号。依据《人民法院民事裁判文书制作规范》的规定，引用法律条款中的项的，一律使用汉字不加括号，例如"第一项"，故实例中引用的"第一百五十四条第一款第(十一)项"应去掉括号。

（八）确认仲裁协议效力案件

31. 民事裁定书（确认仲裁协议无效用）

××××人民法院
民事裁定书

（××××）……民特……号

申请人：×××，……。
被申请人：×××，……。
（以上写明申请人、被申请人及其代理人的姓名或者名称等基本信息）
申请人×××与被申请人×××申请确认仲裁协议效力一案，本院于××××年××月××日立案后进行了审查。现已审查终结。
×××称，……（概述申请人的请求、事实和理由）。
×××称，……（概述被申请人的意见）。
经审查查明：……（写明确认仲裁协议效力的事实根据）。
本院认为，……（写明确认仲裁协议无效的理由）。
依照《中华人民共和国仲裁法》第十七条第×项、第二十条规定，裁定如下：
确认申请人×××与被申请人×××的仲裁协议无效。

申请费……元，由被申请人×××负担。

$$\begin{aligned}&审\quad 判\quad 长\quad \times\times\times\\&审\quad 判\quad 员\quad \times\times\times\\&审\quad 判\quad 员\quad \times\times\times\end{aligned}$$

××××年××月××日
（院印）
书　记　员　×××

【说明】

1. 本样式根据《中华人民共和国仲裁法》第十七条、第二十条制定。
2. 案号类型代字为"民特"。
3. 有下列情形之一的，仲裁协议无效：(1)约定的仲裁事项超出法律规定的仲裁范围的；(2)无民事行为能力人或者限制民事行为能力人订立的仲裁协议；(3)一方采取胁迫手段，迫使对方订立仲裁协议的。

【实例评注】

广东省广州市中级人民法院
民事裁定书[①]

(2015)穗中法仲异字第249号

申请人(仲裁被申请人)：王某，住江苏省兴华市。
委托代理人：邓某，广东君厚律师事务所律师。
委托代理人：欧某某，广东君厚律师事务所律师。
被申请人(仲裁申请人)：广州华某网络科技有限公司，住所地：广东省广州市天河区。
法定代表人：李某某。
委托代理人：谢某，广东诺臣律师事务所律师。
委托代理人：曾某某，广东诺臣律师事务所律师。

---

① 来源：中国裁判文书网。

被申请人：广州仕丰人力资源有限公司，住所地：广东省广州市天河区。

法定代表人：彭某。

委托代理人：高某某，该公司员工。

申请人王某与被申请人广州华某网络科技有限公司（以下简称：华某公司）、广州仕丰人力资源有限公司（以下简称：仕丰公司）申请确认仲裁协议效力一案，本院受理后，依法组成合议庭进行了审查，现已审查终结。

申请人王某请求确认其与被申请人华某公司、仕丰公司签订的2014年12月3日《虎牙直播独家合作协议》第十条第二项约定的仲裁条款为无效条款。理由如下：一、申请人同华某公司实际上建立了劳动关系，并非劳务关系。1. 上述协议签订后，申请人作为华某公司的游戏主播在华某公司的网站上进行游戏视频直播。2. 协议第三条约定劳动者的固定工资和以小时计算酬劳，体现劳动关系中的报酬规定。申请人与华某公司实际上形成了被管理和管理的关系。3. 在协议中第四条约定，申请人进行游戏直播需遵守华某公司平台的规则，且不得在其他网站上进行游戏直播。4. 申请人以华某公司名义从事生产经营活动，申请人与华某公司具有人身隶属关系。申请人从2014年12月起至2015年9月均在华某公司处工作。5. 申请人从事工作的设备由华某公司提供，华某公司为申请人提供了从事游戏主播的网络设备及道具。6. 申请人的游戏直播业务是华某公司的核心业务，但华某公司未为其购买社保，而是由仕丰公司发放工资，意图逃避劳动法中的义务。依据《中华人民共和国劳动合同法》《中华人民共和国劳动争议仲裁调解法》及相关规定，请求确认《虎牙直播独家合作协议》中的仲裁条款无效。

被申请人华某公司的答辩意见：申请人与其之间存在平等的商事合作关系，而非劳动合同关系。一、申请人自备电脑，利用网络自由安排，与我公司合作，在我公司游戏平台提供游戏解说业务，无需到我公司工作，不接受我公司的考勤，不需要接受我公司的人事管理和劳动纪律约束，与我公司不存在劳动合同关系。二、《虎牙直播独家合作协议》是双方真实的意思表示，合法有效，不存在任何无效情形。双方之间因履行该协议产生争议，依法应当由广州仲裁委员会仲裁。请求法院依法驳回申请人的申请。

被申请人仕丰公司经本院依法传唤未到庭应诉，提交书面答辩称：本案《虎牙直播独家合作协议》是商业合作合同，其受华某公司委托，代华某公司向王某支付合同款项，其已经履行了合同义务，所有纠纷与其无关。

经审理查明：2014年12月3日，王某作为甲方，华某公司作为乙方，仕丰公司作为丙方，三方签订《虎牙直播独家合作协议》。该协议的主要内容：王某作为主播，合作期前12个月每月开播达20次，则华某公司在合作期的前12个月每月将给予王某4.17万元（税前）劳务费用。王某进行游戏直播，时长总计不少于90小时/月，华某公司每月给予王某价值4.17万元的金元宝作为额外劳务费用。华某公司将于2014年12

月20日向王某一次性预付46万元人民币的合作费用。仕丰公司同意代华某公司发放劳务酬劳。王某在华某公司平台进行游戏直播，王某同意将虎牙直播平台作为独家互联网游戏直播平台，承诺在合作期间内未经华某公司同意不在华某公司之外的互联网平台上直播，未经华某公司同意，其不开启游戏直播之外的直播模板，王某进行游戏直播必须遵守华某公司平台规则。华某公司拥有王某在虎牙直播平台上进行的游戏直播作品的所有相关权利。此外，双方还约定了保密、违约责任。该协议第十条第二项约定："因本协议引起或与本协议有关的任何争议，应本着友好协商的原则协商解决，协商不成，任何一方可向广州仲裁委员会提起仲裁。"双方在合同履行过程中产生争议，华某公司遂向广州仲裁委员会申请仲裁。广州仲裁委员会经审查，受理了该仲裁申请，案号为(2015)穗仲案字第6252号。

本院认为：依据上述《虎牙直播独家合作协议》的约定，王某为华某公司进行游戏直播活动，双方约定支付劳动报酬，实际工作中王某需要按照华某公司的要求进行游戏直播活动，最终由华某公司向王某支付劳动报酬，可见王某的工作是受华某公司管理，亦是华某公司业务组成部分，双方确立了劳动关系。《中华人民共和国仲裁法》第十七条规定："有下列情形之一的，仲裁协议无效：(一)约定的仲裁事项超出法律规定的仲裁范围的……"《中华人民共和国劳动争议仲裁调解法》第二条规定："中华人民共和国境内的用人单位与劳动者发生的下列劳动争议，适用本法：(一)因确认劳动关系发生的争议；(二)因订立、履行、变更、解除和终止劳动合同发生的争议；(三)因除名、辞退和辞职、离职发生的争议；(四)因工作时间、休息休假、社会保险、福利、培训以及劳动保护发生的争议；(五)因劳动报酬、工伤医疗费、经济补偿或者赔偿金等发生的争议；(六)法律、法规规定的其他劳动争议。"各方因履行《虎牙直播独家合作协议》所产生的纠纷属于劳动争议范围，并非商事仲裁的范围，各方在《虎牙直播独家合作协议》仲裁条款所约定的仲裁事项已超出法律约定的仲裁范围，应属无效。王某请求确认《虎牙直播独家合作协议》中的仲裁条款无效理由充分，本院依法予以支持。

依照《中华人民共和国仲裁法》第十七条、第二十条的规定，裁定如下：

申请人王某与被申请人广州华某网络科技有限公司、广州仕丰人力资源有限公司于2014年12月3日签订的《虎牙直播独家合作协议》第十条第二项仲裁条款无效。

本案申请费400元，由被申请人广州华某网络科技有限公司、广州仕丰人力资源有限公司共同负担。

本裁定为终审裁定。

审　判　长　　张明艳
审　判　员　　陈弋弦

代理审判员　罗　毅

二〇一六年四月二十一日

书　记　员　曹　文

〔评注〕

1. 实例系新民事诉讼文书样式施行之前所写，写作格式在细节上与新民事诉讼法文书样式有一定差别，但基本内容和写法是一致的。依据《仲裁法》第十六条的规定："仲裁协议包括合同中订立的仲裁条款和以其他书面方式在纠纷发生前或者纠纷发生后达成的请求仲裁的协议。仲裁协议应当具有下列内容：（一）请求仲裁的意思表示；（二）仲裁事项；（三）选定的仲裁委员会。"本实例属于申请确认合同中订立的仲裁条款效力的案件。

2. 本文书样式案号类型代字为"民特"。

3. 文书开头应写明本院立案受理的具体时间。

4. 申请人和被申请人的意见均应表述为"申请人称""被申请人称"。另外，按照《人民法院民事裁判文书制作规范》的要求，实例中"委托代理人"应表述为"委托诉讼代理人"。

5. "经审理查明"应表述为"经审查查明"，写明确认仲裁协议效力的事实依据。

6. 本院认为部分应着重阐述确认仲裁协议无效的理由。

7. 《仲裁法》第十七条规定："有下列情形之一的，仲裁协议无效：（一）约定的仲裁事项超出法律规定的仲裁范围的；（二）无民事行为能力人或者限制民事行为能力人订立仲裁协议的；（三）一方采取胁迫手段，迫使对方订立仲裁协议的。"第二十条第一项规定："当事人对仲裁协议的效力有异议的，可以请求仲裁委员会作出决定或者请求人民法院作出裁定。一方请求仲裁委员会作出决定，另一方请求法院作出裁定的，由人民法院裁定。"本实例属于《仲裁法》第十七条第一款第一项超过仲裁范围的情形，故依法确认无效。

8. 此类案件需缴纳申请费，文书尾部要写明申请费的负担。

9. 此类案件由中级人民法院管辖，应组成合议庭审理。

10. 文书最后是否需要写明本裁定为终审裁定，本文书样式没有相关要求，但实例进行了表述。

32. 民事裁定书（驳回确认仲裁协议效力申请用）

×××× 人民法院
民事裁定书

（××××）……民特……号

申请人：×××，……。
被申请人：×××，……。
（以上写明申请人、被申请人及其代理人的姓名或者名称等基本信息）
申请人×××与被申请人×××申请确认仲裁协议效力一案，本院于××××年××月××日立案后进行了审查。现已审查终结。
×××称，……（概述申请人的请求、事实和理由）。
×××称，……（概述被申请人的意见）。
经审查查明：……（写明确认仲裁协议效力的事实根据）。
本院认为，……（写明确认仲裁协议有效的理由）。
依照《中华人民共和国仲裁法》第十六条、第二十条规定，裁定如下：
驳回×××的申请。
申请费……元，由申请人×××负担。

审　判　长　×××
审　判　员　×××
审　判　员　×××

××××年××月××日
（院印）
书　记　员　×××

【说明】

1. 本样式根据《中华人民共和国仲裁法》第十六条、第二十条制定。
2. 案号类型代字为"民特"。

【实例评注】

江苏省常州市中级人民法院
民事裁定书①

(2016)苏04民特56号

申请人：常州市鼎峰房产开发有限公司，住所地江苏省常州市新北区汉江路建设大厦B座1303室。

法定代表人：赵某某。

委托诉讼代理人：许某某，该公司工作人员。

被申请人：李某某。

委托诉讼代理人：王某，北京市百瑞律师事务所律师。

申请人常州市鼎峰房产开发有限公司(以下简称鼎峰公司)与被申请人李某某申请确认仲裁协议效力一案，本院于2016年7月4日立案后依法组成合议庭进行审查，并于2016年8月30日组织双方当事人进行听证。本案现已审查终结。

申请人鼎峰公司称，双方除于2014年签订《商品房买卖合同》以外，还有其他约定事项，双方的权利义务及争议解决方式的确定应以有效且双方实际履行情况来确定，因双方间实质是借贷法律关系，案件的管辖应以合同的实际履行情况确定，不能以商品房买卖合同中的仲裁条款确定管辖，申请依法确认该仲裁条款无效。

被申请人李某某称，双方就商品房买卖事宜约定了仲裁，双方当事人均为完全行为能力人，且在自愿的情形下签订的合同，本案不属于仲裁法第十七条规定的事项，故仲裁条款有效，请求驳回申请人的申请，确认仲裁条款有效。

经审查查明，2014年9月15日，鼎峰公司(出卖人)与李某某(买受人)签订《商品房买卖合同》一份，合同约定李某某购买常州丰臣国际广场×号楼××号房屋，建筑面积164.13平方米，单价1万元/平方米，总价为1 641 300元。合同第二十条约定，本合同在履行过程中发生的争议，由双方当事人协商解决；协商不成的，提交常州仲裁委员会仲裁。

李某某依据双方签订的《商品房买卖合同》中约定的仲裁条款，向常州仲裁委员会提起仲裁。常州仲裁委员会受理该案，案号(2016)常仲字第0157号。鼎峰公司在常州仲裁委员会首次开庭前向本院申请确认《商品房买卖合同》中的仲裁条款无效。

本院认为，根据我国仲裁法第十七条规定，有下列情形之一的，仲裁协议无效：

---

① 来源：中国裁判文书网。

(一)约定的仲裁事项超出法律规定的仲裁范围的;(二)无民事行为能力人或者限制民事行为能力人订立的仲裁协议;(三)一方采取胁迫手段,迫使对方订立仲裁协议的。鼎峰公司提供的证据不足以证明本案存在上述三种法定情形,故案涉《商品房买卖合同》中的仲裁条款不存在无效的事由,应当认定该仲裁条款有效。鼎峰公司关于双方实质为借贷法律关系,而非商品房买卖,应由实际履行情况确定案件管辖,不能以商品房买卖合同中的仲裁条款确定管辖的主张,缺乏法律依据,本院不予支持。并且,合同的实际履行情况属案件实体审查范畴,本案解决案件管辖之程序问题,对实体审查不予理涉。综上,鼎峰公司请求确认《商品房买卖合同》中的仲裁条款无效的主张不能成立。依照《中华人民共和国仲裁法》第十六条、第二十条规定,裁定如下:

驳回常州市鼎峰房产开发有限公司确认仲裁协议无效的申请。

申请费400元,由常州市鼎峰房产开发有限公司负担。

审 判 长　　刘颖
代理审判员　　陈倩
代理审判员　　陈娥

二〇一六年九月九日
书 记 员　　徐媛

〔评注〕

本实例完全符合新民事诉讼法文书样式的写法。

1. 本文书样式案号类型代字为"民特"。

2. 此类案件需缴纳申请费,文书尾部要写明申请费的负担。

3. 《仲裁法》第十七条规定:"有下列情形之一的,仲裁协议无效:(一)约定的仲裁事项超出法律规定的仲裁范围的;(二)无民事行为能力人或者限制民事行为能力人订立仲裁协议的;(三)一方采取胁迫手段,迫使对方订立仲裁协议的。"第二十条规定:"当事人对仲裁协议的效力有异议的,可以请求仲裁委员会作出决定或者请求人民法院作出裁定。一方请求仲裁委员会作出决定,另一方请求法院作出裁定的,由人民法院裁定。"本实例中,法院认为申请人提供的证据不足以证明该案属于《仲裁法》第十七条规定的三种情形之一,故该案商品房买卖合同中的仲裁条款不存在无效的事由,法院依法予以驳回申请。

(九)撤销仲裁裁决案件

33. 民事裁定书（中止撤销程序用）

××××人民法院
民事裁定书

（××××）……民特……号

申请人：×××，……。
被申请人：×××，……。
（以上写明申请人、被申请人及其代理人的姓名或者名称等基本信息）

申请人×××与被申请人×××申请撤销仲裁裁决一案，本院于××××年××月××日立案后进行了审查，认为可以由仲裁庭重新仲裁。

依照《中华人民共和国仲裁法》第六十一条规定，裁定如下：

本案中止撤销程序。

审　判　长　×××
审　判　员　×××
审　判　员　×××

××××年××月××日
（院印）
书　记　员　×××

【说明】

1. 本样式根据《中华人民共和国仲裁法》第六十一条以及《最高人民法院关于适用〈中华人民共和国仲裁法〉若干问题的解释》第二十一条制定，供仲裁委员会所在地的中级人民法院在受理申请撤销仲裁裁决后，认为可以由仲裁庭重新仲裁的，裁定中止撤销程序用。

2. 当事人申请撤销国内仲裁裁决的案件属于下列情形之一的，人民法院可以依照《中华人民共和国仲裁法》第六十一条的规定通知仲裁庭在一定期限内重新仲裁：（1）仲裁裁决所根据的证据是伪造的；（2）对方当事人隐瞒了足以影响公正裁决的证据的。人民法院应当在通知中说明要求重新仲裁的具体理由。

【实例评注】

中华人民共和国北京市第二中级人民法院
民事裁定书①

(2015)二中民特字第00306号

申请人(原仲裁被申请人)轮台县绿源农林开发有限责任公司,住所地中华人民共和国新疆维吾尔自治区巴音郭楞蒙古自治州轮台县新疆白杏深加工高科技园区5号。

法定代表人耿某某,总经理。

委托代理人廖某某,广东海埠律师事务所律师。

被申请人(原仲裁申请人)P,S,住所地PoligonoIndustrialAlces,s/n13600AlcazardeSanJuan(CiudadReal),Spain.

法定代表人G,常务董事。

委托代理人孙某某,国浩律师(北京)事务所律师。

原仲裁被申请人中国远东国际贸易总公司,住所地中华人民共和国北京市朝阳区和平街东土城路甲9号。

法定代表人刘某某,总经理。

委托代理人张某,北京市通商律师事务所律师。

本院在审理申请人轮台县绿源农林开发有限责任公司申请撤销中国国际经济贸易仲裁委员会(以下简称贸仲委)(2014)中国贸仲京裁字第0526号仲裁裁决一案中,认为该案尚可由贸仲委重新仲裁。综上,依照《中华人民共和国仲裁法》第六十一条的规定,裁定如下:

本案中止撤销程序。

审　判　长　罗　珊
审　判　员　郭　菁
代理审判员　孙兆晖

二〇一五年十二月十五日
　　　　　　书　记　员　崔亚楠

---

① 来源:中国裁判文书网。

〔评注〕

人民法院受理当事人要求撤销仲裁裁决的申请后，认为争议可以由仲裁庭重新仲裁，通知仲裁庭在一定期限内重新仲裁而使撤销裁决的程序暂时中断停止的情况，为撤销裁决程序的中止。根据《仲裁法》第五十八条的规定，当事人可以在六种情况下提出撤销裁决的申请。这六种情形中，有的是属于仲裁机构没有依据而受理案件的，有的是属于仲裁程序不符合法律规定的，还有的是属于当事人的原因造成裁决可能发生错误的，有的是属于仲裁员品质问题造成裁决有失公正的。在这些情形中，有的可以通过仲裁庭的重新仲裁来纠正错误的裁决。法院可以在下列两种情形下中止撤销裁决程序：

（1）裁决所根据的证据是伪造的；

（2）双方当事人隐瞒了足以影响公正裁决的证据的。

以上两种情形之所以可以由仲裁庭重新仲裁是因为仲裁庭的裁决行为是正当合法的，只是由于当事人在仲裁中的某些不当行为（如提供伪证）致使仲裁庭认定发生偏离，从而使裁决出现违反法律规定的情形。所以，在影响裁决公正的因素查明后，仲裁庭可以重新仲裁，作出客观公正的裁决。

需要注意的是，正文首部中，诉讼参加人的诉讼地位与姓名或名称之间用"："间隔，实例应补充冒号。按照《人民法院民事裁判文书制作规范》的要求，实例中"委托代理人"应表述为"委托诉讼代理人"。

34. 民事裁定书（恢复撤销程序用）

×××人民法院
民事裁定书

（××××）……民特……号

申请人：×××，……。

被申请人：×××，……。

（以上写明申请人、被申请人及其代理人的姓名或者名称等基本信息）

申请人×××与被申请人×××申请撤销仲裁裁决一案，本院于××××年××月××日立案后进行了审查，认为可以由仲裁庭重新仲裁，通知仲裁庭在××日内重新仲裁，并裁定中止撤销程序。××××年××月××日，仲裁庭拒绝重新仲裁/在本院指定的期限内未开始重新仲裁。

依照《中华人民共和国仲裁法》第六十一条规定，裁定如下：

本案恢复撤销程序。

$\qquad\qquad\qquad\qquad\qquad\qquad$ 审　判　长　×××
$\qquad\qquad\qquad\qquad\qquad\qquad$ 审　判　员　×××
$\qquad\qquad\qquad\qquad\qquad\qquad$ 审　判　员　×××

$\qquad\qquad\qquad\qquad\qquad\qquad$ ××××年××月××日
$\qquad\qquad\qquad\qquad\qquad\qquad\quad$ （院印）
$\qquad\qquad\qquad\qquad\qquad\qquad$ 书　记　员　×××

【说明】

　　1. 本样式根据《中华人民共和国仲裁法》第六十一条以及《最高人民法院关于适用〈中华人民共和国仲裁法〉若干问题的解释》第二十二条制定，供仲裁委员会所在地的中级人民法院中止撤销程序后，仲裁庭拒绝重新仲裁或者在人民法院指定的期限内未开始重新仲裁的，裁定恢复撤销程序用。

　　2. 仲裁庭拒绝重新仲裁的，引用《中华人民共和国仲裁法》第六十一条；仲裁庭在人民法院指定的期限内未开始重新仲裁的，同时引用《中华人民共和国仲裁法》第六十一条和《最高人民法院关于适用〈中华人民共和国仲裁法〉若干问题的解释》第二十二条。

【实例评注】

　　（暂缺实例）

〔评注〕

　　本文书样式在撰写时需要注意的是，恢复撤销程序的情形有两种：一是仲裁庭拒绝重新仲裁的，二是仲裁庭在人民法院指定的期限内未开始重新仲裁的。如果是第一种情形，只需引用《仲裁法》第六十一条；如是第二种情形，则需要同时引用《仲裁法》第六十一条和《最高人民法院关于适用〈中华人民共和国仲裁法〉若干问题的解释》（以下评注中简称《仲裁法解释》）第二十二条。

35. 民事裁定书（终结撤销程序用）

×××× 人民法院
民事裁定书

（××××）……民特……号

申请人：×××，……。

被申请人：×××，……。

（以上写明申请人、被申请人及其代理人的姓名或者名称等基本信息）

申请人×××与被申请人×××申请撤销仲裁裁决一案，本院于××××年××月××日立案后进行了审查，认为可以由仲裁庭重新仲裁，通知仲裁庭在××日内重新仲裁，并裁定中止撤销程序。仲裁庭已于××××年××月××日开始重新仲裁。

依照《中华人民共和国仲裁法》第六十一条、《最高人民法院关于适用〈中华人民共和国仲裁法〉若干问题的解释》第二十二条规定，裁定如下：

本案终结撤销程序。

已交纳的案件受理费……元，不予退还。

申请费×××元，由……负担(写明当事人姓名或者名称、负担金额)。

审　判　长　×××
审　判　员　×××
审　判　员　×××

××××年××月××日
（院印）
书　记　员　×××

【说明】

1. 本样式根据《中华人民共和国仲裁法》第六十一条以及《最高人民法院关于适用〈中华人民共和国仲裁法〉若干问题的解释》第二十二条制定，供仲裁委员会所在地的中级人民法院，在仲裁庭在人民法院指定的期限内开始重新仲裁后，裁定终结撤销程序用。

2. 人民法院受理撤销裁决的申请后，认为可以由仲裁庭重新仲裁的，通知仲裁庭在一定期限内重新仲裁，并裁定中止撤销程序。仲裁庭在人民法院指定的期限内开始重新仲裁的,人民法院应当裁定终结撤销程序。

3. 终结撤销程序的案件,已交纳的申请费不予退还。

【实例评注】

重庆市第一中级人民法院
民事裁定书①

(2016)渝 01 民特 554 号之一

申请人:重庆锴泽置业有限公司。

法定代表人:郑某某,董事长。

委托诉讼代理人:冯某某,重庆索通律师事务所律师。

委托诉讼代理人:姚某某,重庆金讼律师事务所律师。

被申请人:刘某。

被申请人:谢某某。

委托诉讼代理人:庞某某,重庆光界律师事务所律师。

申请人重庆锴泽置业有限公司与被申请人刘某、谢某某申请撤销仲裁裁决一案,本院于 2016 年 7 月 4 日立案后进行了审查,认为可由仲裁庭重新仲裁,遂于同年 8 月 12 日向重庆仲裁委员会发出《通知书》,通知其在收到后十日内对案件重新仲裁。

2016 年 8 月 15 日,重庆仲裁委员会作出《决定》,决定对案件进行重新仲裁。

依照《中华人民共和国仲裁法》第六十一条,《最高人民法院关于适用〈中华人民共和国仲裁法〉若干问题的解释》第二十二条之规定,裁定如下:

本案终结撤销程序。

本案申请费 400 元,由申请人重庆锴泽置业有限公司负担。

审　判　长　　曹世海
代理审判员　　翟苏南
代理审判员　　彭海波
二〇一六年八月十八日
书　记　员　　王晓利

---

① 来源:中国裁判文书网。

〔评注〕

《仲裁法解释》第二十二条规定:"仲裁庭在人民法院指定的期限内开始重新仲裁的,人民法院应当裁定终结撤销程序。"需要注意的是,在文书中应写明法院通知仲裁庭在什么期限内重新仲裁以及仲裁庭开始重新仲裁的时间。

关于申请费用,只需在文书尾部写明由谁负担即可,本文书样式还要表述"已交纳的案件受理费……元,不予退还",笔者认为没有必要,而且这里的案件受理费实际就是申请费,用不同的表述易造成误解,使当事人以为需要交纳两项费用。

36. 民事裁定书(撤销仲裁裁决申请用)

××××人民法院
民事裁定书

(××××)……民特……号

申请人:×××,……。
被申请人:×××,……。
(以上写明申请人、被申请人及其代理人的姓名或者名称等基本信息)
申请人×××与被申请人×××申请撤销仲裁裁决一案,本院于××××年××月××日立案后进行了审查。现已审查终结。
×××称,……(概述申请人的请求、事实和理由)。
×××称,……(概述被申请人的意见)。
经审查查明:××××年××月××日,××××仲裁委员会作出(××××)……号裁决:……(写明裁决结果)。
……(写明撤销裁决的事实根据)。
本院认为,……(写明撤销裁决的理由)。
依照《中华人民共和国仲裁法》第五十八条、第五十九条、第六十条规定,裁定如下:
(撤销全部裁决的,写明:)撤销××××仲裁委员会(××××)……号裁决。
申请费……元,由被申请人×××负担。
(撤销部分裁决的,写明:)撤销××××仲裁委员会(××××)……号裁决第×项,即:……。
申请费……元,由申请人×××负担……元,被申请人×××负担……元。

审 判 长 ×××
审 判 员 ×××

　　　　　　　　　　　　　　　　审　判　员　×××
　　　　　　　　　　　　　　××××年××月××日
　　　　　　　　　　　　　　　　　（院印）
　　　　　　　　　　　　　　　　书　记　员　×××

【说明】

1. 本样式根据《中华人民共和国仲裁法》第五十八条、第五十九条、第六十条以及《最高人民法院关于适用〈中华人民共和国仲裁法〉若干问题的解释》第十九条制定，供仲裁委员会所在地的中级人民法院，在受理申请撤销民商事仲裁裁决后，裁定撤销全部或者部分裁决用。

2. 当事人提出证据证明裁决有下列情形之一的，可以向仲裁委员会所在地的中级人民法院申请撤销裁决：（1）没有仲裁协议的；（2）裁决的事项不属于仲裁协议的范围或者仲裁委员会无权仲裁的；（3）仲裁庭的组成或者仲裁的程序违反法定程序的；（4）裁决所根据的证据是伪造的；（5）对方当事人隐瞒了足以影响公正裁决的证据的；（6）仲裁员在仲裁该案时有索贿受贿，徇私舞弊，枉法裁决行为的。人民法院经组成合议庭审查核实裁决有前款规定情形之一的，应当裁定撤销。人民法院认定该裁决违背社会公共利益的，应当裁定撤销。

3. 人民法院应当在受理撤销裁决申请之日起两个月内作出撤销裁决或者驳回申请的裁定。

4. 当事人以仲裁裁决事项超出仲裁协议范围为由申请撤销仲裁裁决，经审查属实的，人民法院应当撤销仲裁裁决中的超裁部分。但超裁部分与其他裁决事项不可分的，人民法院应当撤销仲裁裁决。

【实例评注】

湖北省恩施土家族苗族自治州中级人民法院
民事裁定书[①]

（2016）鄂 28 民特 20 号

申请人：武汉三维空间设计工程有限公司，住所地湖北省武汉市洪山区书城路

[①] 来源：中国裁判文书网。

维佳创意大厦4楼。

　　法定代表人：高某，该公司执行董事。

　　委托代理人（特别授权）：钟某某，湖北硒都律师事务所律师。

　　被申请人：周某某。

　　被申请人：陈某某。

　　申请人武汉三维空间设计工程有限公司与被申请人周某某、陈某某申请撤销仲裁裁决一案，本院于2016年7月29日立案受理后进行了审查。现已审查终结。

　　武汉三维空间设计工程有限公司称：申请人将承包的恩施土家族苗族自治州金华坤酒店管理有限公司（以下简称金华坤公司）速8酒店装饰装修工程地毯安装项目分包给被申请人，金华坤公司将该工程投入使用后，仍拖欠申请人工程款2 583 967.2元，以至于被申请人分包项目的80 000元工程款无法支付。但2016年1月1日，被申请人与金华坤公司签订协议书，金华坤公司已向被申请人支付40 000元，被申请人隐瞒该份《协议书》，致使仲裁委在裁决时仍要求申请人支付80 000元工程款。另外，被申请人无建筑施工资质，对被申请人的非法所得应予收缴。故，（2016）恩仲裁字第1号《裁决书》存在明显错误，依法应由人民法院撤销。

　　周某某、陈某某称：金华坤公司为顺利开业，与二被申请人签订了《协议书》，约定垫付工程款40 000元，被申请人不再妨碍金华坤公司的正常经营活动，其后被申请人出具借条，领取了40 000元。该款系被申请人私人借款，与工程款无关。另外，安装地板不需要资质，没有工程质量问题，工程完工后金华坤公司签字确认。故申请人要求撤销仲裁裁决的理由不成立，请人民法院予以驳回。

　　经审查查明：2015年9月9日，申请人与被申请人签订《材料采购管理合同》，将申请人承包装修的恩施速8酒店的客房、办公室等房间的复合地板安装工程分包给被申请人。此后，被申请人按合同约定完成了相关地板安装工程。申请人2015年12月18日给被申请人出具工程结算单，载明尚欠工程款80 000元。2016年1月1日，金华坤公司与被申请人签订协议，约定金华坤公司垫付40 000元工程款后，被申请人不得以任何形式妨碍金华坤公司的正常营业。该协议第5条约定，金华坤公司垫付工程款后有向申请人追索的权利。此后，被申请人出具借条领取了40 000元工程款。因金华坤拖欠申请人工程款，申请人向法院起诉要求金华坤公司支付拖欠的工程款。金华坤公司在该案中提起反诉，要求申请人返还金华坤公司垫付的406 750元工程款。

　　为讨要工程欠款，被申请人于2016年1月10日提出仲裁申请。恩施仲裁委员会经审理，以（2016）恩仲裁字第1号裁决书裁决：一、武汉三维空间设计工程有限公司自收到本裁决书之日起10日内向周某某、陈某某支付工程欠款80 000元；并自2016年1月11日起至全部清偿之日止按照中国人民银行同期银行贷款基准利率标准支付欠款。二、本案仲裁费 3 750 元，由武汉三维空间设计工程有限公司承担。申请人不服，遂向本院申请撤销该仲裁裁决。

本院认为，当事人在仲裁活动中应如实陈述相关案件事实、主动提供对方尚未掌握但与本案有关的证据，促使仲裁机构作出客观、正确的裁决。被申请人所分包的工程经验收后，申请人尚欠被申请人工程款 80 000 元。但后来被申请人与发包方金华坤公司签订协议，金华坤公司提前垫付了 40 000 元工程款。虽然被申请人在领取该款项时出具的是借条，但双方在协议中已注明金华坤公司为了正常营业而垫付工程款，同时协议也载明，金华坤公司对垫付的工程款享有追索权，在与申请人的诉讼中金华坤公司对已垫付的工程款也实际提起了反诉。故综合分析，被申请人在金华坤公司领取的 40 000 元系工程欠款，而并非金华坤公司给其的借款。因此，申请人在支付其余欠款时，应扣除金华坤公司垫付部分。由于被申请人未如实提供与金华坤公司签订的协议以及陈述金华坤公司已垫付 40 000 元工程款的事实，导致仲裁机构仍裁决申请人应支付工程款 80 000 元。根据我国《仲裁法》的相关规定，一方当事人隐瞒了足以影响公正裁决的证据的，对方当事人可以申请撤销仲裁裁决。综上所述，申请人申请撤销仲裁裁决的理由成立，本院予以准许。另外，申请人提出的收缴被申请人违法所得的问题，与本案无关，本院不予审查。依照《中华人民共和国仲裁法》第五十八条第一款第(五)项、第五十九条、第六十条之规定，裁定如下：

撤销恩施仲裁委员会(2016)恩仲裁字第 1 号裁决。

申请费 400 元，由被申请人周某某、陈某某负担。

审　判　长　王颖昇
审　判　员　韩艳芳
审　判　员　张成军

二〇一六年九月二十日

书　记　员　刘继红

〔评注〕

1.《仲裁法》第五十八条规定了六种情形当事人能够提出证据证明的，可以向仲裁委员会所在地的中级人民法院申请撤销裁决，即：(1)没有仲裁协议的；(2)裁决的事项不属于仲裁协议的范围或者仲裁委员会无权仲裁的；(3)仲裁庭的组成或者仲裁的程序违反法定程序的；(4)裁决所根据的证据是伪造的；(5)对方当事人隐瞒了足以影响公正裁决的证据的；(6)仲裁员在仲裁该案时有索贿受贿，徇私舞弊，枉法裁决行为的。另外人民法院认为裁决违背社会公共利益的，应当裁定撤销，实际有七种应当撤销民商事仲裁裁决的情形。

2. 这里有两个时限规定，一是《仲裁法》第五十九条规定的"当事人申请撤销裁决的，应当自收到裁决书之日起六个月内提出"；二是《仲裁法》第六十条规定的"人民法院应当在受理撤销裁决申请之日起两个月内作出撤销裁决或者驳回申请的裁定"。

3. 本实例为撤销全部裁决，但《仲裁法解释》第十九条还规定：当事人以仲裁裁决事项超出仲裁协议范围为由申请撤销仲裁裁决，经审查属实的，人民法院应当撤销仲裁裁决中的超裁部分。但超裁部分与其他裁决事项不可分的，人民法院应当撤销仲裁裁决。因此裁定事项根据具体情况应分为撤销全部裁决和撤销部分裁决，表述为撤销×××号裁决第×项。

4. 需要注意的是，撤销全部裁决的，申请费由被申请人负担；撤销部分裁决的，申请费由申请人负担一部分，被申请人负担一部分。另外，按照《人民法院民事裁判文书制作规范》的要求，实例中"委托代理人"应表述为"委托诉讼代理人"；引用法律条款中的项的，一律使用汉字不加括号，例如"第一项"，故实例中引用的"第五十八条第一款第(五)项"应去掉括号。

37. 民事裁定书（驳回撤销仲裁裁决申请用）

×××× 人民法院

民事裁定书

（××××）……民特……号

申请人：×××，……。
被申请人：×××，……。
（以上写明申请人、被申请人及其代理人的姓名或者名称等基本信息）
申请人×××与被申请人×××申请撤销仲裁裁决一案，本院于××××年××月××日立案后进行了审查。现已审查终结。
×××称，……（概述申请人的请求、事实和理由）。
×××称，……（概述被申请人的意见）。
经审查查明：××××年××月××日，××××仲裁委员会作出（××××）……号裁决：……（写明裁决结果）。
……（写明驳回申请的事实根据）。
本院认为，……（写明驳回申请的理由）。
依照《中华人民共和国仲裁法》第六十条规定，裁定如下：
驳回×××的申请。
申请费……元，由申请人×××负担。

	审 判 长　××× 审 判 员　××× 审 判 员　××× ××××年××月××日 （院印） 书 记 员　×××

【说明】

1. 本样式根据《中华人民共和国仲裁法》第六十条制定，供仲裁委员会所在地的中级人民法院，在受理申请撤销民商事仲裁裁决后，裁定驳回申请用。

2. 人民法院应当在受理撤销裁决申请之日起两个月内作出撤销裁决或者驳回申请的裁定。

【实例评注】

河南省郑州市中级人民法院
民事裁定书①

（2016）豫 01 民特 40 号

申请人：驻马店市星海置业有限公司。

法定代表人：赵某某，该公司总经理。

委托诉讼代理人：王某某，河南华浩律师事务所律师。

被申请人：张某。

委托诉讼代理人：李某某，金博大律师事务所律师。

被申请人：河南亿诺投资担保有限公司。

法定代表人：蔡某某，该公司总经理。

申请人驻马店市星海置业有限公司（以下简称星海公司）与被申请人张某、被申请人河南亿诺投资担保有限公司（以下简称亿诺公司）申请撤销仲裁裁决一案，本院于 2016 年 9 月 2 日立案后进行了审查。现已审查终结。

星海公司称，请求：1. 依法撤销郑州仲裁委员会（2016）郑仲裁字第 0235 号仲裁裁

---

① 来源：中国裁判文书网。

决书；2. 本案的申请费用由张某承担。事实与理由：一、仲裁庭的组成及仲裁程序违反法律规定。本案仲裁庭由驻马店星海置业公司与河南亿诺投资担保有限公司共同选定的仲裁员武宗章、张某选定的仲裁员田士城及仲裁委指定的首席仲裁员李贵修组成。《中华人民共和国仲裁法》第三十一条规定"当事人约定由三名仲裁员组成仲裁庭的，应当各自选定或者各自委托仲裁委员会主任指定一名仲裁员，第三名仲裁员由当事人共同选定或者共同委托仲裁委员会主任指定。第三名仲裁员是首席仲裁员"。根据上述规定，第三名仲裁员应由当事人共同选定或者共同委托仲裁委员会主任指定，而仲裁委在既没有组织当事人共同选定，也没有获得当事人共同委托的前提下，直接指定本案的首席仲裁员，违反了上述法条的规定。仲裁委在这种情况下组成仲裁庭，一方面是对当事人选定首席仲裁员权利的剥夺，另一方面也导致当事人无法参与和监督仲裁庭的组成，易产生不公正的裁决。另外，本案开庭审理时未按《仲裁规则》第二十六条第一款的规定披露仲裁员信息，首席仲裁员未在首次开庭时宣读保证依法独立、公正仲裁的声明书；首席仲裁员在开庭前对担保公司的评论带有倾向性，未站在公正的立场上独立审理案件。驻马店星海置业公司为查清案件事实依法向仲裁庭提交《鉴定申请书》，而仲裁庭置之不理，剥夺了驻马店星海置业公司申请鉴定的权利。二、裁决认定事实错误、证据不足。本案属于借款合同纠纷，根据《合同法》的规定，民间借贷属于实践合同，除签订合同外，还应证实款项交付情况；另外，依据《民事诉讼法》第六十四条"当事人对自己提出的主张，有责任提供证据"的规定，张某对其出借义务已履行的主张负有举证责任。关于张某出借义务的履行情况，仲裁庭是根据《借款合同》第一条第二款的约定及收据、借据，结合驻马店星海置业公司的陈述，便认定驻马店星海置业公司的出借义务已经履行。而根据张某提交的银行流水，其于2015年6月19日转入"于某"账户52万元，实际收款人与本案双方当事人之间的关系却未提供有效证据予以证明。对此，仲裁庭认为在张某向于某账户打款以后，驻马店星海置业公司为其出具借据、收据及担保人出具担保函的行为，便已经认可了于某账户的收款行为为驻马店星海置业公司的行为；本案《借款合同》上的签订日期为2015年6月19日，而借据、收据和担保函上并未载明时间，仲裁庭缘何认定上述行为的先后顺序？另外，结合张某没有任何证据证明于某为驻马店星海置业公司的指定收款人这一情况，仲裁庭认定出借义务已履行属于认定事实错误、证据不足。三、仲裁裁决适用法律错误。本案借款合同约定了逾期利息、违约金和实现债权的费用，驻马店星海置业公司认为实现债权的费用(主要体现为律师费)属于《最高人民法院关于审理民间借贷案件适用法律若干问题的规定》第三十条规定的"其他费用"，依据该条法律规定，张某可以选择主张逾期利息、违约金，或者其他费用，也可以一并主张，但总计超过年利率24%的部分应不予支持。而仲裁庭对该条款理解错误，未将实现债权的费用认定为"其他费用"，属于适用法律错误。

张某称，一、被申请人称仲裁庭组成及仲裁程序违反法律规定，该观点不能成立。（一）本案的仲裁庭组成符合我国仲裁法的规定。1. 本案仲裁庭由答辩人选定的仲裁员田士城、被答辩人驻马店市星海置业有限公司选定的仲裁员武宗章及郑州仲裁委指定的首席仲裁员李贵修组成。本案开庭之前，郑州市仲裁委员会向答辩人及被答辩人、河南亿诺投资担保有限公司送达了《郑州市仲裁委员会仲裁庭组成通知书（ZZAC1507902）》，各方在收到该通知书之后，均未对该仲裁庭的组成提出任何异议，在开庭过程中答辩人与被答辩人也均未对仲裁庭的组成提出过任何异议，答辩人与被答辩人双方的默认行为视为"共同委托郑州市仲裁委员会指定李贵修担任首席仲裁员"，在仲裁裁决书送达之后被答辩人又以"仲裁庭组成违反法律规定"为由申请郑州市中级人民法院撤销仲裁裁决书没有任何法律依据。2. 根据《最高人民法院关于适用〈中华人民共和国仲裁法〉若干问题的解释》第二十条的规定，"仲裁法第五十八条规定的'违反法定程序'，是指违反仲裁法规定的仲裁程序和当事人选择的仲裁规则可能影响案件正确裁决的情形"。答辩人与被答辩人默认郑州市仲裁委员会指定李贵修担任首席仲裁员，在仲裁整个过程中没有出现任何可能影响案件正确裁决的情形。因此，答辩人与被答辩人以默认的方式共同委托郑州市仲裁委员会指定李贵修担任本案的首席仲裁员符合法律的规定，不存在违反法律规定的情况。3. 根据《郑州仲裁委员会仲裁规则》第二十四条"仲裁员的规定"第二项的规定，双方当事人应当自被申请人收到仲裁通知之日起15日内共同选定或者共同委托主任指定首席仲裁员。双方当事人也可以在上述期限内，各自推荐一至三名仲裁员作为首席仲裁员人选，推荐名单中有一名相同的，为双方当事人共同选定的首席仲裁员，有一名以上相同的，由主任根据案件具体情况在相同人选中确定，确定的仲裁员仍为双方当事人共同选定的首席仲裁员，推荐名单中没有相同的人选，由主任在推荐名单或者选择名单之外指定首席仲裁员。答辩人在收到仲裁通知15日内选定程政举、靳建丽或宁金城为首席仲裁员人选，由于被答辩人在15日内只选定了武宗章为仲裁员，未选首席仲裁员人选，所以郑州仲裁委员会主任在答辩人选择名单之外指定了李贵修为首席仲裁员，该行为完全符合郑州仲裁委员会仲裁规则，不存在任何违反法律规定的地方。（二）被答辩人称"仲裁程序违反法律规定"，该观点不能成立。1. 郑州市仲裁委依照《仲裁规则》的规定向答辩人及被答辩人进行了仲裁员的信息披露。根据该规则第二十六条的规定，只是在"仲裁员知悉与案件当事人或者代理人存在可能导致当事人对其独立性、公正性产生合理怀疑的情形的，应当书面披露"。根据该规定，郑州市仲裁委在上述情况之外的情况下是可以不以书面形式披露仲裁员信息的。2. 被答辩人称，"首席仲裁员在开庭前对担保公司的评论带有倾向性，未站在公正的立场上独立审理案件"，该说法没有任何证据证明。（三）被答辩人称"申请人为查清案件事实依法向仲裁庭提交《鉴定申请书》，而仲裁庭置之不理，剥夺了申请人申请鉴定的权利"，该说法没有事实依据。1. 在仲裁开庭过程中，被答辩人的委托人向仲裁庭提交了没有加盖"驻马店市星海置业有限公司"的公章的《鉴定申请书》，仅仅签署了代理人"王某甲"的名字。该仅仅签有"王某甲"名字的所谓"鉴定申请书"不能视为被答辩人提供的。(1)首先是没有被答辩人的公章；(2)王某甲作为代理人并没有得到被答辩人的明确授权，无权以代理人身份提交被答辩人的《鉴定申请书》。2. 即使是有授权，根据《郑州仲裁委员会仲裁规则》第三十九条第一款的规定，"鉴定(一)当事人申请鉴定且仲裁庭同意，或者当事人虽未申请鉴定但仲裁庭认为需要鉴定的，可以通知当事人在仲裁庭规定的期限内共同选定鉴定人。当事人不能达成一致意见的，由仲裁庭指定鉴定人"。根据该规则的规定，是否鉴定，仲裁庭具有决定权，并非当事人提出鉴定，仲裁庭必须准许鉴定。因此，仲裁委对被答辩人的鉴定申请不予支持是符合仲裁规则的规定的。3. 仲裁庭不予鉴定是具有充分的法律依据。(1)仲裁裁决书第8页至第9页第一段写明，"第一被申请人(被答辩人)以《借款合同》《还款计划书》《借据》《收据》上'驻马店市星海置业有限公司'印章不明晰，与其公司印章似有不同为由申请鉴定，其并非正面否认上述证据上面的公章为虚假公章，且该公章为第一被申请人所有，其也未举出相应的证据正面其主张，同时，如伪造公章印鉴应当到公安机关报案，但是第一被申请人并未到公安机关报案，也未正面否认欠款事实，综上，仲裁庭决定对第一被申请人的鉴定申请不予支持"。(2)根据该表述，被答辩人并没有明确答辩人提交证据上的公章不是被答辩人的，如果明确不是被答辩人的公章，可以向公安机关报案，追究答辩人伪造公司、企业印章罪的刑事责任；如果该公章属于被答辩人所有，根本没有鉴定的必要。(3)被答辩人自始至终都不明确是否收到了答辩人的52万元的借款，既不承认收到了，也不否认收到了52万元的款项。在这种情况下，鉴定所谓的公章没有任何意义。仲裁庭不予鉴定是完全符合法律规定的。二、被答辩人称"裁决认定事实错误，证据不足"，该观点是不能成立的。(一)"裁决认定事实错误，证据不足"是被答辩人对判决结果的一种片面理解，被答辩人提出的观点不能成立，也不是人民法院撤销仲裁裁决书的法定事由。答辩人认为仲裁裁决认定事实清楚，证据确实充分。根据《仲裁法》第五十八条的规定，人民法院对仲裁裁决实体审查只有在"裁决所根据的证据是伪造的"的情况下进行，才能作为撤销仲裁裁决书的法定事由，被答辩人没有任何证据证明存在这种情形。(二)仲裁裁决认定事实清楚，证据确实充分，不存在撤销的任何事由。答辩人向仲裁庭提交了加盖了被答辩人公章"驻马店市星海置业有限公司"的《借款合同》《收据》《借据》《还款计划书》及答辩人向被答辩人汇款凭证，这些证据形成了完整的证据链条，证明双方存在借款合同关系，答辩人已经依照合同的约定履行出借义务。(三)被答辩人称"根据张某的银行流水，其于2015年6月19日转入'于某'账户中52万元，实际收款人与本案当事人之间的关系却未提供有效证据予以证明"，该说法没有任何事实依据。在答辩人向被答辩人汇款52万元之时，被答辩人的工作人员曾经向答辩人出示过委托汇款的证明,后又以只有一份其他客户还要看为由,未给答辩人保存,答辩人汇款之后,被答辩人向答辩人出具了《收据》《借据》《还款计划书》,之后被答辩人按照《借款合同》约定的利率,约定支付利息的时间向答辩人支付利息。汇款给"于某"的借款人不只有答辩人一人,还有其他客户同样是通过"于某"向被答辩人汇款。在仲裁庭开庭之时,答辩人向被答辩人发问其是否收到 52 万元的款项,被答辩人一直未做正面回答,既不说收到了 52 万元款项,又不说没有收到,回答模棱两可。仲裁员再次让被答辩人确认其是否收到 52 万元的款项,被答辩人仍然未做正面回答,在"是否收到 52 万元这一款项问题上"含糊其辞。在其申请书中也是如此的态度,只是说"被申请人没有证据证明答辩人履行了出借义务"。难道被答辩人是否收到 52 万元款项这一问题就那么难回答吗?因此,仲裁庭根据答辩人提交的证据作出裁决书是完全正确客观的,事实清楚,证据确实充分,不存在撤销的法定事由。三、被答辩人称"仲裁裁决适用法律错误",该观点不能成立。(一)"仲裁裁决适用法律错误"是被答辩人对裁决结果的一种片面认识,答辩人认为仲裁裁决适用法律正确,而且该理由不是撤销仲裁裁决的法定事由。(二)根据《郑州仲裁委员会仲裁规则》第五十九条费用承担中第四项规定,仲裁庭有权根据当事人的请求在裁决书中裁定败诉方补偿胜诉方因办理案件支出的合理费用,包括但不限于律师费、保全费、差旅费、公告费、公证费等。由此可以看出,仲裁庭做出的由被答辩人承担律师费是完全符合郑州仲裁委员会仲裁规则的。(三)根据《最高人民法院关于审理民间借贷案件适用法律若干问题的规定》第三十条的规定,"出借人与借款人既约定了逾期利率,又约定了违约金或者其他费用,出借人可以选择主张逾期利息、违约金或者其他费用,也可以一并主张,但总计超过年利率24%的部分,人民法院不予支持"。律师费显然不包括在"其他费用"之中。1. 根据该司法解释的规定,"逾期利息、违约金、其他费用"并列,应当属于同一属性的费用,"逾期利息、违约金"是具有违约惩罚属性的条款,因此,"其他费用"应当是也有惩罚属性的费用名目,如滞纳金等。2. 律师费不具有惩罚的属性,两者不属于同一类型的费用支出,因此,律师费不属于"其他费用"的范畴,仲裁裁决被答辩人支付律师费是符合法律规定的。综上所述,被答辩人的撤销仲裁裁决申请没有任何事实和法律依据,其根本目的就是为了拖延执行的时间,答辩人请求人民法院依法判决,驳回被答辩人的诉讼请求,依法维护答辩人的合法权益。

亿诺公司经本院依法传唤,无正当理由,未到庭,未陈述。

经审查查明:2016 年 7 月 18 日,郑州仲裁委员会作出(2016)郑仲裁字第 0235 号裁决:依据《中华人民共和国合同法》第六条、第六十条、第一百零七条、第二百零五条、第二百零六条、第二百零七条,《中华人民共和国担保法》第十八条,《中华人民共和国仲裁法》第四十二条之规定,裁决:一、第一被申请人驻马店市星海置业有限公司清偿申请人张某借款本金52万元,并支付从 2016 年 2 月 21 日起按每月利率20‰

计算到所有款项付清之日止的利息和违约金。二、第一被申请人驻马店市星海置业有限公司向申请人支付因本案产生的律师费1万元。三、第二被申请人河南亿诺投资担保有限公司承担连带保证责任。四、驳回申请人张某的其他仲裁请求。五、本案仲裁费21 024元，由第一被申请人驻马店市星海置业有限公司、第二被申请人河南亿诺投资担保有限公司承担。鉴于该仲裁费已由申请人预缴，两被申请人应将其承担的仲裁费在履行本裁决时一并支付给申请人。第一被申请人驻马店市星海置业有限公司、第二被申请人河南亿诺投资担保有限公司的上述义务，应于本裁决送达之日起十日内履行。逾期履行，按照《中华人民共和国民事诉讼法》第二百五十三条之规定，加倍支付迟延履行期间的债务利息或支付迟延履行金。

本案在仲裁审理中，仲裁庭适用2014年7月1日起施行的《郑州仲裁委员会仲裁规则》，并向星海公司、亿诺公司送达了仲裁申请书副本、《郑州仲裁委员会仲裁规则》和《仲裁员名册》等材料。张某在收到仲裁通知15日内选定田士城为仲裁员，程政举、靳建丽或宁金城为首席仲裁员人选，由于星海公司、忆诺公司在15日内只选定了武宗章为仲裁员，未选择首席仲裁员人选，所以郑州仲裁委员会主任在张某选择名单之外指定了李贵修为首席仲裁员，

本院认为，确定首席仲裁员有三种方法：①双方共同选定；②各自委托仲裁委员会主任指定一名；③双方在规定的期限内没有选定的，由仲裁委员会主任指定。当事人没有在仲裁规则规定的期限内约定仲裁庭的组成方式或者选定仲裁员的，由仲裁委员会主任指定。本案在仲裁过程中，只有张某一方在仲裁规则规定的期限内选择了首席仲裁员，星海公司、亿诺公司均未在仲裁规则规定的期限内选择仲裁员，因此，仲裁庭依照《仲裁法》第三十二条的规定由仲裁委员会主任指定首席仲裁员并不违法法律规定；《郑州仲裁委员会仲裁规则》第二十六条第(一)项并不是针对仲裁员信息披露的规定，第(二)项才是针对仲裁员信息披露的规定，依照该规定，仅在仲裁员知悉与案件当事人或者代理人存在可能导致当事人对其独立性、公正性产生合理怀疑的情形，才需要披露。星海公司未能提供证据证明前述情形的存在，也未提供证据证明首席仲裁员未在首次开庭时宣读保证依法独立、公正仲裁的声明书，首席仲裁员在开庭前对担保公司的评论带有倾向性、未站在公正的立场上独立审理案件等情形的存在。星海公司所称的裁决认定事实错误、证据不足的理由、剥夺申请鉴定权利的理由以及仲裁庭对"其他费用的认定"有误的理由，均未能提供证据予以佐证，并且均不符合《仲裁法》第五十八条的规定。综上，驻马店市星海置业有限公司的申请不能成立，本院不予支持。

依照《中华人民共和国仲裁法》第六十条之规定，裁定如下：

驳回驻马店市星海置业有限公司的申请。

申请费400元，由申请人驻马店市星海置业有限公司负担。

审　判　长　朱　梅
审　判　员　秦　宇
审　判　员　邱　帅

二〇一六年九月二十三日

书　记　员　袁正明

〔评注〕

1.《仲裁法》第五十八条规定了六种情形当事人能够提出证据证明的，可以向仲裁委员会所在地的中级人民法院申请撤销裁决，即：(1)没有仲裁协议的；(2)裁决的事项不属于仲裁协议的范围或者仲裁委员会无权仲裁的；(3)仲裁庭的组成或者仲裁的程序违反法定程序的；(4)裁决所根据的证据是伪造的；(5)对方当事人隐瞒了足以影响公正裁决的证据的；(6)仲裁员在仲裁该案时有索贿受贿，徇私舞弊，枉法裁决行为的。另外人民法院认为裁决违背公共利益的，应当裁定撤销，实际有七种应当撤销民商事仲裁裁决的情形。

2. 这里有两个时限规定，一是《仲裁法》第五十九条规定的"当事人申请撤销裁决的，应当自收到裁决书之日起六个月内提出"；二是《仲裁法》第六十条规定的"人民法院应当在受理撤销裁决申请之日起两个月内作出撤销裁决或者驳回申请的裁定"。

3. 本实例中，法院认为申请人对于裁决认定事实错误、证据不足的理由、剥夺申请鉴定权利的理由以及仲裁庭对"其他费用的认定"有误的理由，均未能提供证据予以佐证，并且均不符合《仲裁法》第五十八条的规定，据此认定申请不能成立，依法予以驳回申请。驳回申请的，申请费由申请人负担，在文书尾部写明。

4. 依据《仲裁法解释》第二十六条的规定，当事人向人民法院申请撤销仲裁裁决被驳回后，又在执行程序中以相同理由提出不予执行抗辩的，人民法院不予支持。

38. 民事裁定书（撤销劳动争议仲裁裁决用）

××××人民法院

民事裁定书

（××××）……民特……号

申请人：×××，……。

被申请人：×××，……。

（以上写明申请人、被申请人及其代理人的姓名或者名称等基本信息）

申请人×××与被申请人×××申请撤销劳动争议仲裁裁决一案，本院于××××年××月××日立案后进行了审查。现已审查终结。

×××称，……（概述申请人的请求、事实和理由）。

×××称，……（概述被申请人的意见）。

经审查查明：××××年××月××日，××××劳动争议仲裁委员会作出(×××x)……号裁决：……（写明裁决结果）。

……（写明撤销裁决的事实根据）。

本院认为，申请人有证据证明……（写明撤销裁决的理由）可以申请撤销裁决。

依照《中华人民共和国劳动争议调解仲裁法》第四十七条第×项、第四十九条规定，裁定如下：

（撤销全部裁决的，写明：）撤销××××劳动争议仲裁委员会（××××）……号裁决。

申请费……元，由被申请人×××负担。

（撤销部分裁决的，写明：）撤销××××劳动争议仲裁委员会（××××）……号裁决第×项，即：……。

申请费……元，由申请人×××负担……元，由被申请人×××负担……元。

当事人可以自收到裁定书之日起十五日内就该劳动争议事项向人民法院提起诉讼。

审　判　长　×××
审　判　员　×××
审　判　员　×××

××××年××月××日
（院印）
书　记　员　×××

【说明】

1. 本样式根据《中华人民共和国劳动争议调解仲裁法》第四十七条、第四十九条制定，供劳动争议仲裁委员会所在地的中级人民法院，在受理用人单位申请撤销劳动争议仲裁一裁终局裁决后，裁定撤销全部或者部分裁决用。

2. 申请人为用人单位，被申请人为劳动者。

3. 可以根据用人单位申请撤销的劳动争议仲裁裁决事项包括：（1）追索劳动

报酬、工伤医疗费、经济补偿或者赔偿金，不超过当地月最低工资标准十二个月金额的争议；（2）因执行国家的劳动标准在工作时间、休息休假、社会保险等方面发生的争议。

4. 人民法院经组成合议庭审查核实裁决有下列情形之一的，应当裁定撤销：（1）适用法律、法规确有错误的；（2）劳动争议仲裁委员会无管辖权的；（3）违反法定程序的；（4）裁决所根据的证据是伪造的；（5）对方当事人隐瞒了足以影响公正裁决的证据的；（6）仲裁员在仲裁该案时有索贿受贿、徇私舞弊、枉法裁决行为的。

5. 仲裁裁决被人民法院裁定撤销的，当事人可以自收到裁定书之日起十五日内就该劳动争议事项向人民法院提起诉讼。

【实例评注1】

浙江省温州市中级人民法院
民事裁定书①

（2016）浙03民特59号

申请人：温州市瓯海南方鞋业有限公司，住所地：浙江省温州市瓯海区郭溪任桥工业基地3幢5号。

法定代表人：凌某某。

被申请人：张某某。

申请人温州市瓯海南方鞋业有限公司（以下简称南方鞋业公司）与被申请人张某某申请撤销劳动争议仲裁裁决一案，本院于2016年8月9日立案后进行了审查。现已审查终结。

南方鞋业公司称，请求撤销温州市瓯海区劳动人事争议仲裁委员会作出的温瓯劳人仲案字（2016）第124号仲裁裁决。理由：一、被申请人故意隐瞒足以影响公正裁决的证据。被申请人和案外人吴某某发生交通事故后，温州市瓯海区人民法院已于2014年11月5日对该交通事故责任纠纷案件作出（2014）温瓯民初字第855号民事调解书。其中，被申请人已就第一次住院期间的医疗费、误工费、住院伙食补助费、护理费、交通费、残疾赔偿金等与吴某某、中国人寿财产保险股份有限公司温州瓯海区支公司达成调解协议，即被申请人已获得赔偿，但被申请人故意隐瞒该事实与证据，仲裁委员会也未能深入调查了解即裁决南方鞋业公司支付一次性伤残补助金45 000元、一次性医疗

---

① 来源：中国裁判文书网。

补助金 16 124 元、停工留薪期工资 41 666.67 元、医疗费 29 878.9 元、住院伙食费 300 元、护理费 1 200 元、交通费 500 元。反之，如被申请人在法院调解时未获这几项赔偿，被申请人则有与吴某某、中国人寿财产保险股份有限公司温州瓯海区支公司恶意串通，损害申请人合法权益之嫌。并且被申请人提供的工资证明并不真实，数额虚高。该证明虽系南方鞋业公司出具，但初衷是为其在交通事故案件中能获得更多赔偿，并非被申请人的真实工资。二、温州市瓯海区劳动人事争议仲裁委员会作出的裁决适用法律、法规错误。如前所述，因被申请人在法院调解时已获赔医疗费、误工费、住院伙食补助费、护理费、交通费、残疾赔偿金等费用，因此温州市瓯海区劳动人事争议仲裁委员会再依据《工伤保险条例》的相关规定裁决申请人对上述费用予以赔偿，显然适用法律、法规错误。

被申请人张某某未到庭，亦未提供书面意见。

经审查查明：2016 年 7 月 4 日温州市瓯海区劳动人事争议仲裁委员会作出温瓯劳人仲案字(2016)第 124 号仲裁裁决：一、解除张某某与南方鞋业公司之间的劳动关系；二、南方鞋业公司于裁决书生效之日起十日内向张某某支付一次性伤残补助金 45 000 元、一次性医疗补助金 16 124 元、一次性伤残就业补助金 16 124 元、停工留薪工资 41 666.67元、医疗费 29 878.9 元、住院期间伙食费 300 元、住院期间护理费 1 200 元、交通费 500 元，合计 150 793.5 元；三、驳回张某某的其他仲裁请求。

申请人南方鞋业公司为证明其主张提供了如下证据：证据 1，营业执照，证明申请人的身份情况；证据 2，民事调解书、仲裁裁决书，证明被申请人的身份情况与被申请人部分项目已重复赔偿，但工伤赔偿中仍未扣除；证据 3，送达回证，证明被申请人于 2016 年 7 月 11 日收到仲裁裁决书。被申请人张某某经传票传唤无正当理由不到庭，视为放弃质证。

本院认为，对上述证据的真实性均予以认定。申请撤销劳动争议裁决案件以《中华人民共和国劳动争议调解仲裁法》第四十九条为审查范围，故证据 1、证据 2 中的仲裁裁决书和证据 3 与申请人的待证主张不具有关联性，至于证据 2 中的民事调解书能否证明申请人的待证主张，详见本裁定说理部分。

本院认为，本案系用人单位申请撤销劳动争议仲裁裁决案件，案件争议焦点为仲裁裁决是否存在《中华人民共和国劳动争议调解仲裁法》第四十九条第一款第(一)、(五)项规定的情形，即仲裁裁决是否适用法律错误、被申请人是否隐瞒了足以影响公正裁决的证据。本院经审查，仲裁裁决书第 3 页"本委另查明"部分已确认被申请人张某某与吴某某的交通事故责任纠纷案件已经温州市瓯海区人民法院调解结案，被申请人已获赔医疗费、住院伙食补助费、护理费、交通费等费用的事实，故申请人南方鞋业公司主张被申请人隐瞒了足以影响公正裁决的证据与事实相符。根据《浙江省人力资源和社会保障厅浙江省财政厅关于贯彻落实国务院修改后〈工伤保险条例〉若干问题的通知》第七条：因第三人侵权认定为工伤的待遇处理办法。在遭遇交通事故或其他事故伤害的情形下，职工因劳动关系以外的第三人侵权造成人身损害，同时构成工伤的，依法享受工伤保险待遇。如职工获得侵权赔偿，其享受待遇的相对应项目中应当扣除第三人支付的下列五项费用：医疗费，残疾辅助器具费，工伤职工在停工留薪期间发生的护理费、交通费、住院伙食补助费。本案被申请人受伤符合上述情形，其因第三人侵权而获赔的医疗费应从其享受的工伤保险待遇中扣除。本案被申请人在（2014）温瓯民初字第855号机动车交通事故责任纠纷一案中，请求赔偿医疗费58 295元，在该案调解书中，其已经与侵权人吴某某就医疗费等其他费用达成赔偿协议，医疗费用已经调解书确认，故仲裁裁决再次裁决用人单位支付，违反了上述通知之规定，属法律适用错误。申请人南方业鞋公司主张仲裁裁决适用法律错误的理由成立，本院予以支持。

依照《中华人民共和国劳动争议调解仲裁法》第四十七条第（二）项、第四十九条的规定，裁定如下：

撤销温州市瓯海区劳动人事争议仲裁委员会温瓯劳人仲案字（2016）第124号裁决。

申请费400元，由被申请人张某某负担。

当事人可自收到裁定书之日起十五日内就该劳动争议事项向人民法院提起诉讼。

审　判　长　　杨宗波
代理审判员　　钟志亮
代理审判员　　张元华

二〇一六年九月二十二日
代 书 记 员　　章亦诗

〔评注〕

1. 只有《中华人民共和国劳动争议调解仲裁法》（以下评注中简称《劳动争议调解仲裁法》）第四十七条规定的仲裁裁决才是终局裁决。即：

（1）追索劳动报酬、工伤医疗费、经济补偿或者赔偿金，不超过当地月最低工资标准十二个月金额的争议；

（2）因执行国家的劳动标准在工作时间、休息休假、社会保险等方面发生的争议。

这两种裁决劳动者不服可以起诉，用人单位不服不能起诉，用人单位认为仲裁确有错误的只能申请撤销。其他仲裁裁决，不是终局裁决，十五日内双方都可以起诉，不存在申请撤销仲裁裁决问题。

2. 撤销仲裁裁决程序主要是为了解决仲裁委员会对不属于自己主管的问题作出裁决，不按照仲裁程序进行裁决，仲裁员索贿受贿、枉法仲裁和依据伪造的证据进行仲裁等问题。

3. 按照我国《仲裁法》的规定，法院认为仲裁裁决应当撤销的，通知仲裁委员会重新裁决，因为《仲裁法》规定当事人可以选择仲裁员。法院撤销仲裁裁决后，当事人可以就同一纠纷另行选择仲裁员重新仲裁，也可以到法院起诉。我国《劳动争议调解仲裁法》没有规定当事人有选择仲裁员的权利，所以实例中没有提当事人是否可以重新申请仲裁，直接规定当事人可以自收到裁定书之日起十五日内就该劳动争议事项向人民法院提起诉讼。

对于国内仲裁裁决的撤销，有管辖权的人民法院可以直接裁定撤销。对于涉外仲裁裁决的撤销，则实行"逐级报告制度"。

4. 本实例为撤销全部裁决，应表述为："撤销×××劳动争议仲裁委员会(××××)……号裁决。申请费……元，由被申请人×××负担。"

5. 需要注意的是，依据《人民法院民事裁判文书制作规范》的规定，引用法律条款中的项的，一律使用汉字不加括号，例如"第一项"，故实例中引用的"第四十九条第一款第(一)、(五)项""第四十七条第(二)项"应去掉括号。

【实例评注2】

安徽省合肥市中级人民法院
民事裁定书①

(2016)皖01民特168号

申请人：安徽振升保安服务有限公司，住所地安徽省合肥市高新区合欢路16号新世纪商务中心2幢504室，统一社会信用代码913401××××××××××(×-×)。

法定代表人：汤某，副总经理。

委托诉讼代理人：崔某某，安徽华人律师事务所律师。

被申请人：余某某。

申请人安徽振升保安服务有限公司(以下简称振升保安公司)与被申请人余某某申请撤销劳动争议仲裁裁决一案，本院于2016年7月26日立案后进行了审查。现已审查终结。

振升保安公司称，请求撤销合肥高新技术产业开发区劳动人事争议仲裁委员会作出的(2016)合高新劳动人仲案字第224号仲裁裁决。事实和理由：仲裁裁决书事实认定

---

① 来源：中国裁判文书网。

不清,适用法律错误。余某某入职后,因个人原因主动提出要求放弃购买社保,将社保补贴随同工资按月发放,且签订了个人意愿书和劳动合同,劳动关系存续期间也没有向本公司提出缴纳社保,显然其不可能因社保的原因离职。实际上是余某某不想上班了、主动离职的。本公司无义务向其支付经济补偿金。本公司已将社保补贴按月发放给余某某,如其要求补办社保,应退回社保补贴。

余某某辩称,入职后,振升保安公司口头说给本人缴纳社保,但一直没有办,劳动合同和个人意愿书,在本人签字的时候是空白的。工资发放表没有本人的签字。振升保安公司存有打卡记录,能证明一个班是24小时,一个月有20个班。因为本人催促振升保安公司补办社保,所以其就不让本人上班了。

经审查查明:2016年6月28日,合肥高新技术产业开发区劳动人事争议仲裁委员会作出(2016)合高新劳人仲案字第224号裁决:一、双方劳动关系于2016年3月28日解除,振升保安公司于裁决书生效之日起十日内支付余某某经济补偿金4 726元;二、振升保安公司于裁决书生效之日起十五日内为余某某补缴2014年9月至2016年3月的社会保险,具体费用由经办部门核算,双方按规定承担;三、驳回余某某的其他仲裁请求。该裁决为终局裁决。

余某某于2014年8月26日至2016年3月28日在振升保安公司从事保安工作。2014年10月1日,双方签订《劳动合同》一份,合同期限从2014年8月26日至2016年8月25日,试用期2个月,约定从事保安工作,工资1 260元/月。同日,余某某签署一份《个人意愿书》,内容包括余某某要求自行到社保部门缴纳社保费用,再凭缴费凭证到公司按比例报销等。若因个人原因未办理社保缴费的,不需要公司承担任何责任,不再向公司主张涉及社会保险的任何要求。余某某解除劳动关系前十二个月平均工资为2 363元/月。之后,余某某向合肥高新技术产业开发区劳动人事争议仲裁委员会申请仲裁,请求振升保安公司支付经济补偿金4 800元并为其补缴2014年8月至2016年3月的社会保险。

本院认为,余某某提起劳动仲裁主张振升保安公司支付其解除劳动合同经济补偿金的理由是振升保安公司没有依法为其缴纳社会保险。参照《安徽省高级人民法院关于审理劳动争议案件若干问题的指导意见》第二十六条的规定:"用人单位与劳动者约定无需办理社会保险手续或将社会保险费以补贴形式直接支付给劳动者,劳动者事后反悔并主张用人单位为其补办社会保险手续或缴纳社会保险费,如用人单位未在社保机构指定期限内办理,劳动者以此为由解除劳动合同并请求用人单位支付经济补偿金的,人民法院应予支持。"本案中,余某某入职时签署的《个人意愿书》载明其本人要求自行到社保部门缴纳社保费用,再凭缴费凭证到公司按比例报销。若因个人原因未办理社保缴费的,不需要公司承担任何责任,不再向公司主张涉及社会保险的任何要求。由此可知,余某某实际上与振升保安公司已约定不需要振升保安公司为其办理社会保险手续，那么，参照上述安徽省高级人民法院的指导意见，余某某若以振升保安公司未为其办理社会保险要求解除合同并主张经济补偿金的，需要事前向振升保安公司提出要求其补办社会保险手续或缴纳社会保险费，在振升保安公司未在社保机构指定期限内办理的，法院才能支持余某某的该项请求。而本案中，余某某并未举证证实其对《个人意愿书》中约定的自行办理社会保险手续存在反悔行为，以及要求振升保安公司为其补办社保手续或缴纳社会保险费，并振升保安公司未在社保机构指定期限内办理的相关事实。故余某某以此为由主张解除劳动合同并要求支付经济补偿金，于法无据，仲裁裁决第一项中关于振升保安公司应支付余某某经济补偿金4 726元，依法应予撤销。对于仲裁裁决振升保安公司为余某某补办社会保险的事项，并未违反相关法律规定，振升保安公司要求撤销该项裁决的请求，应予驳回。依照《中华人民共和国劳动争议调解仲裁法》第四十七条第(一)项、第四十九条之规定，裁定如下：

撤销合肥高新技术产业开发区劳动人事争议仲裁委员会(2016)合高新劳人仲案字第224号裁决第一项，即：双方劳动关系于2016年3月28日解除，安徽振升保安服务有限公司于裁决书生效之日起十日内支付余某某经济补偿金4 726元。

申请费400元，由申请人安徽振升保安服务有限公司负担200元，由被申请人余某某负担200元。

当事人可以自收到裁定书之日起十五日内就该劳动争议事项向人民法院提起诉讼。

审　判　长　张　勇

审　判　员　马枫蔷

代理审判员　余海兰

二〇一六年九月十九日

书　记　员　胡梦云

〔评注〕

本实例为撤销部分裁决，裁判主文应表述为："撤销××××劳动争议仲裁委员会(××××)……号裁决第×项，即：……。"尾部申请费负担应表述为："申请费……元，由申请人×××负担……元，由被申请人×××负担……元。"

需要注意的是，依据《人民法院民事裁判文书制作规范》的规定，引用法律条款中的项的，一律使用汉字不加括号，例如"第一项"，故实例中引用的"第四十七条第(一)项"应去掉括号。

39. 民事裁定书（驳回撤销劳动争议仲裁裁决申请用）

××××人民法院
民事裁定书

（××××）……民特……号

申请人：×××，……。
被申请人：×××，……。
（以上写明申请人、被申请人及其代理人的姓名或者名称等基本信息）
申请人×××与被申请人×××申请撤销劳动争议仲裁裁决一案，本院于××××年××月××日立案后进行了审查。现已审查终结。
×××称，……（概述申请人的请求、事实和理由）。
×××称，……（概述被申请人的意见）。
经审查查明：××××年××月××日，××××劳动争议仲裁委员会作出（××××）……号裁决：……（写明裁决结果）。
……（写明驳回申请的事实根据）。
本院认为，……（写明驳回撤销劳动争议仲裁裁决的理由）。
依照《中华人民共和国劳动争议调解仲裁法》第四十七条第×项规定，裁定如下：
驳回×××的申请。
申请费……元，由申请人×××负担。

审　判　长　×××
审　判　员　×××
审　判　员　×××

××××年××月××日
（院印）
书　记　员　×××

【说明】

1. 本样式根据《中华人民共和国劳动争议调解仲裁法》第四十七条制定，供劳动争议仲裁委员会所在地的中级人民法院，在受理用人单位申请撤销劳动争议仲裁一裁终局裁决后，裁定驳回申请用。

2. 申请人为用人单位，被申请人为劳动者。

3. 可以根据用人单位申请撤销的劳动争议仲裁裁决事项包括：（1）追索劳动报酬、工伤医疗费、经济补偿或者赔偿金，不超过当地月最低工资标准十二个月金额的争议；（2）因执行国家的劳动标准在工作时间、休息休假、社会保险等方面发生的争议。

【实例评注】

北京市第一中级人民法院
民事裁定书①

（2015）一中民特字第2809号

申请人雅士利国际集团有限公司，住所地广东省潮州市潮安大道雅士利工业城。

法定代表人张某某，总裁。

委托代理人周某某，男，1980年7月15日出生，雅士利国际集团有限公司职员。

委托代理人王某某，女，1974年9月20日出生，雅士利国际集团有限公司职员。

被申请人刘某某，女，1973年2月13日生。

被申请人韶关市锐旗人力资源服务有限公司，住所地广东省韶关市新华南路新津小区劳动力市场内。

法定代表人杨某某，董事长。

委托代理人李某，男，1983年9月1日出生。

申请人雅士利国际集团有限公司（以下简称雅士利公司）与被申请人刘某某、韶关市锐旗人力资源服务有限公司（以下简称锐旗公司）申请撤销劳动争议仲裁裁决一案，本院受理后，依法组成合议庭，公开开庭审理了本案。雅士利公司委托代理人周某某，刘某某，锐旗公司委托代理人李某到庭参加诉讼。本案现已审理终结。

刘某某申请仲裁要求雅士利公司、锐旗公司支付2008年1月至2011年7月的养老保险补偿金，2008年1月至2014年4月加班费、经济补偿金。北京市延庆县劳动人事争议仲裁委员会于2015年1月15日作出延劳人仲字（2015）第5号终局裁决：一、锐旗公司自本裁决书生效之日起十日内支付刘某某养老保险补偿金四千七百七十三元八角；二、锐旗公司自本裁决书生效之日起十日内支付刘某某经济补偿金一万零九百三十四元三角六分；三、雅士利公司对第一项、第二项裁决承担连带赔偿责任；四、驳回刘某某其他仲裁请求。

---

① 来源：中国裁判文书网。

雅士利公司不服上述终局裁决，向本院申请撤销。其主要理由为：仲裁适用法律错误。《劳动合同法》第九十二条规定用工单位承担连带责任的前提是存在过错，并且该过错与劳动者损害结果之间有因果关系。刘某某未交证据证明雅士利公司存在过错。

刘某某答辩称：锐旗公司、雅士利公司应承担连带责任。

锐旗公司同意雅士利公司的意见。

本院经审查认为：刘某某系由锐旗公司派遣至雅士利公司工作，而后因派遣单位的更换产生纠纷。在刘某某在从事派遣工作期间，锐旗公司、雅士利公司共同享有对刘某某劳动付出的使用利益。因此，对刘某某遭受的经济补偿金、养老保险补偿金损害，仲裁机构裁决由锐旗公司、雅士利公司承担连带责任，符合法律规定的公平原则，适用法律并无错误。本院依据《中华人民共和国劳动合同法》第三条，《中华人民共和国劳动争议调解仲裁法》第四十九条之规定，裁定如下：

驳回雅士利国际集团有限公司的申请。

申请费十元，由雅士利国际集团有限公司负担(已交纳)。

本裁定为终审裁定。

审　判　长　　高海鹏
代理审判员　　刘佳洁
代理审判员　　吴博文

二〇一五年三月二十五日

书　记　员　　苑要楠

〔评注〕

《劳动争议调解仲裁法》第四十七条规定："下列劳动争议，除本法另有规定的外，仲裁裁决为终局裁决，裁决书自作出之日起发生法律效力：(一)追索劳动报酬、工伤医疗费、经济补偿或者赔偿金，不超过当地月最低工资标准十二个月金额的争议；(二)因执行国家的劳动标准在工作时间、休息休假、社会保险等方面发生的争议。"

《劳动争议调解仲裁法》第四十八条规定："劳动者对本法第四十七条规定的仲裁裁决不服的，可以自收到仲裁裁决书之日起十五日内向人民法院提起诉讼。"该法第四十九条规定，在劳动争议仲裁委员会作出终局裁决后，用人单位认为裁决出现下列六种情形之一时，可自收到仲裁裁决书之日起三十日内向劳动争议仲裁委员会所在地的中级人民法院申请撤销裁决：(1)适用法律、法规确有错误；(2)劳动争议仲裁委员会无管辖权的；(3)违反法定程序的；(4)裁决所根据的证据是伪造的；(5)对方当事人隐瞒了足以影响公正裁决的证据的；(6)仲裁员在仲裁该案时有索贿受贿、徇私舞弊、枉法裁决行为的。人民法院经组成合议庭审查核实裁决有前款规定情形之一的，应当裁定撤销；如不符合上述情形的，裁定驳回用人单位的申请。

对于法律依据的援引，文书样式引用第四十七条，实例引用第四十九条，笔者认为可以都引用。

需要注意的是，正文首部中，诉讼参加人的诉讼地位与姓名或名称之间用"："间隔，实例应补充冒号。按照《人民法院民事裁判文书制作规范》的要求，实例中"委托代理人"应表述为"委托诉讼代理人"。

40. 通知书（通知仲裁庭重新仲裁用）

××××人民法院
通知书

（××××）……民特……号

××××仲裁委员会：

本院于××××年××月××日立案受理申请人×××与被申请人×××申请撤销仲裁裁决一案后，因……（写明要求重新仲裁的具体理由）。本院认为可以由仲裁庭重新仲裁。依照《中华人民共和国仲裁法》第六十一条、《最高人民法院关于适用〈中华人民共和国仲裁法〉若干问题的解释》第二十一条规定，本院通知你委于××××年××月××日前重新仲裁，并将仲裁结果书面告知本院。

特此通知。

附：××××人民法院(××××)……民特……号民事裁定书。

××××年××月××日
（院印）

【说明】

1. 本样式根据《中华人民共和国仲裁法》第六十一条以及《最高人民法院关于适用〈中华人民共和国仲裁法〉若干问题的解释》第二十一条制定，供仲裁委员会所在地的中级人民法院受理撤销裁决的申请后，认为可以由仲裁庭重新仲裁的，通知仲裁庭在一定期限内重新仲裁用。

2. 当事人申请撤销国内仲裁裁决的案件属于下列情形之一的，人民法院可以依照《中华人民共和国仲裁法》第六十一条的规定通知仲裁庭在一定期限内重新仲裁：

（1）仲裁裁决所根据的证据是伪造的；（2）对方当事人隐瞒了足以影响公正裁决的证据的。人民法院应当在通知中说明要求重新仲裁的具体理由。

3. 人民法院认为可以由仲裁庭重新仲裁的，通知仲裁庭在一定期限内重新仲裁，并裁定中止撤销程序。

4. 通知书应当附中止撤销程序民事裁定书。

【实例评注】

（暂缺实例）

〔评注〕

重新仲裁是法院对仲裁实施司法监督的一种手段，按照《仲裁法》的规定，仲裁庭是依照法院的通知、而非根据任何一方当事人的申请重新进行仲裁活动的。在该程序中，仲裁庭是在一定范围内重新审理案件的；如果允许当事人撤销其仲裁请求，这将意味着仲裁庭可以在不受限制的范围内重新考虑和审理整个案件。这与撤销程序的本意相悖。

本通知书撰写需要注意的是：要着重写明要求重新仲裁的具体理由，并应当附中止撤销程序民事裁定书。

（十）人身安全保护令案件

41. 民事裁定书（作出人身安全保护令用）

××××人民法院
民事裁定书

（××××）……民保令……号

申请人×××，……。
……
被申请人×××，……。
……
（以上写明当事人及其代理人的姓名或者名称等基本信息）
申请人×××与被申请人×××申请人身安全保护令一案，本院于××××年××月××日立案后进行了审查。现已审查终结。
申请人×××称，……（概述申请人主张的请求、事实和理由）。

> 本院经审查认为，……（写明作出人身安全保护令的理由）。×××的申请符合人身安全保护令的法定条件。
>
> 依照《中华人民共和国反家庭暴力法》第二十六条、第二十七条、第二十八条、第二十九条规定，裁定如下（以下写明人身安全保护令的一项或者多项措施）：
>
> 一、禁止被申请人×××对×××实施家庭暴力；
>
> 二、禁止被申请人×××骚扰、跟踪、接触×××及其相关近亲属；
>
> 三、责令被申请人×××迁出×××的住所；
>
> 四、……（写明保护申请人人身安全的其他措施）。
>
> 本裁定自作出之日起×个月内有效。人身安全保护令失效前，人民法院可以根据申请人的申请撤销、变更或者延长。被申请人对本裁定不服的，可以自裁定生效之日起五日内向本院申请复议一次。复议期间不停止裁定的执行。
>
> 如×××违反上述禁令，本院将依据《中华人民共和国反家庭暴力法》第三十四条规定，视情节轻重，处以罚款、拘留；构成犯罪的，依法追究刑事责任。
>
> 审　判　员　×××

××××年××月××日
（院印）
书　记　员　×××
>
> 遭遇家庭暴力时，请于第一时间拨打110报警或者向所在单位、居（村）民委员会、妇女联合会等单位投诉、反映或者求助并注意保留相关证据。

【说明】

1. 本样式根据《中华人民共和国反家庭暴力法》第四章人身安全保护令制定，供申请人或者被申请人居住地、家庭暴力发生地的人民法院在受理申请人身安全保护令案后，经审查符合法律规定的，裁定作出人身安全保护令用。

2. 案号类型代字为"民保令"。

3. 人身安全保护令由人民法院以裁定形式作出。

4. 如果申请人与被申请人是受诉法院正在审理的案件中的原、被告则应当写为：申请人（原告）或者被申请人（被告）。

5. 如果家暴受害者是无民事行为能力人或者限制民事行为能力人，由监护人代为提出申请的，则在申请人基本情况之后另起一行，写明其法定代理人的基本情况。

如果家暴受害者是无民事行为能力人或者限制民事行为能力人，或者因受到强制、威吓等原因无法自行申请人身安全保护令，代为申请的为其近亲属的，应当在申请人基本情况之后另起一行，写明代为申请人的自然情况。由公安机关、妇女联合会、居民委员会、村民委员会、救助管理机构代为申请的，应当在申请人基本情况之后另起一行，写明代为申请机构的名称、住所地、法定代表人的名称、经办人的姓名、职务。

6. 作出人身安全保护令，应当具备下列条件：(1) 有明确的被申请人；(2) 有具体的请求；(3) 有遭受家庭暴力或者面临家庭暴力现实危险的情形。

7. 人民法院受理申请后，应当在七十二小时内作出人身安全保护令或者驳回申请；情况紧急的，应当在二十四小时内作出。

8. 人身保护令案件受理后，如果开庭询问当事人，则应当简述开庭询问的时间、到庭接受询问的当事人及其他相关人员的情况，接到传唤未能到庭的原因。如果曾经调取证据，则应当简要写明调取证据的内容。

9. 人身安全保护令可以包括下列措施：(1) 禁止被申请人实施家庭暴力；(2) 禁止被申请人骚扰、跟踪、接触申请人及其相关近亲属；(3) 责令被申请人迁出申请人住所；(4) 保护申请人人身安全的其他措施。

10. 人身安全保护令的有效期不超过六个月，自作出之日起生效。

11. 被申请人对人身安全保护令不服的，可以自裁定生效之日起五日内向作出裁定的人民法院申请复议一次。人民法院依法作出人身安全保护令的，复议期间不停止人身安全保护令的执行。

12. 人民法院作出人身安全保护令后，应当送达申请人、被申请人、公安机关以及居民委员会、村民委员会等有关组织。人身安全保护令由人民法院执行，公安机关以及居民委员会、村民委员会等应当协助执行。

【实例评注】

湖北省襄阳市樊城区人民法院
民事裁定书①

(2016) 鄂 0606 民保令 3 号

申请人：杨某，女，1985 年 11 月 20 日出生，汉族，襄阳市人，住襄阳市襄州区，暂住襄阳市樊城区乔营小区×幢×单元×楼左室。

被申请人：刘某，男，1985 年 10 月 10 日出生，汉族，安徽省凤台县人，住安徽省

---

① 来源：中国裁判文书网。

凤台县，现住址同上，系申请人杨某的丈夫。

申请人杨某与被申请人刘某申请人身安全保护令一案，本院于2016年9月5日立案后进行了审查。现已审查终结。

申请人杨某称，申请人与被申请人于2008年1月登记结婚。被申请人婚后经常赌博、酗酒，输钱后就找申请人要钱，不给动手就打，申请人的母亲上前劝阻，也被打晕住院。被申请人经常因琐事殴打申请人和孩子，家中的电器、手机砸坏的不计其数，申请人和孩子一直生活在恐惧之中。申请人为此向公安部门报警并向居委会、妇联反映，但被申请人不思悔改。故申请人民法院发出人身保护令，请求禁止被申请人殴打、威胁、骚扰申请人及近亲属。申请人提供了双方的结婚证、公安机关的接处警登记表、病历等作为被申请人刘某实施家庭暴力的证据。

本院经审查认为，申请人杨某的申请符合人身安全保护令的法定条件。依照《中华人民共和国反家庭暴力法》第二十六条、第二十七条、第二十八条、第二十九条规定，裁定如下：

一、禁止被申请人刘某对申请人杨某实施家庭暴力；

二、禁止被申请人刘某骚扰申请人杨某及其相关近亲属。

本裁定自作出之日起六个月内有效。人身保护令失效前，人民法院可以根据申请人的申请撤销、变更或者延长。被申请人对本裁定不服的，可以自裁定生效之日起五日内向本院申请复议一次。复议期间不停止裁定的执行。

如被申请人刘某违反上述禁令，本院将依据《中华人民共和国反家庭暴力法》第三十四条之规定，视情节轻重，处以罚款、拘留；构成犯罪的，依法追究刑事责任。

审 判 员　张小明

二〇一六年九月五日

书 记 员　邵泽润

〔评注〕

1. 人身安全保护令案件由申请人或者被申请人居住地、家庭暴力发生地的基层人民法院管辖。人身安全保护令由人民法院以裁定形式作出。依据《中华人民共和国反家庭暴力法》（以下评注中简称《反家庭暴力法》）第二十七条的规定，作出人身安全保护令，应当具备下列条件：(1)有明确的被申请人；(2)有具体的请求；(3)有遭受家庭暴力或者面临家庭暴力现实危险的情形。

2. 文书首部应列明申请人和被申请人的身份情况，被申请人与申请人的关系。

3. 本院经审查认为部分可简要写明作出人身安全保护令的理由。本实例没有写明理由，稍显简单。

4. 裁定事项写明人身安全保护令的一项或多项措施。依据《反家庭暴力法》第二十九条的规定，人身安全保护令可以包括下列措施：(1)禁止被申请人实施家庭暴力；(2)禁止被申请人骚扰、跟踪、接触申请人及其相关近亲属；(3)责令被申请人迁出申请人住所；(4)保护申请人人身安全的其他措施。

5. 尾部写明裁定作出后的有效时限，自作出之日起不超过六个月。人身安全保护令失效前，人民法院可以根据申请人的申请撤销、变更或者延长。

6. 人民法院受理申请后，应当在七十二小时内作出人身安全保护令或者驳回申请；情况紧急的，应当在二十四小时内作出。

7. 申请人对驳回申请不服或者被申请人对人身安全保护令不服的，可以自裁定生效之日起五日内向作出裁定的人民法院申请复议一次。人民法院依法作出人身安全保护令的，复议期间不停止人身安全保护令的执行。人民法院作出人身安全保护令后，应当送达申请人、被申请人、公安机关以及居民委员会、村民委员会等有关组织。人身安全保护令由人民法院执行，公安机关以及居民委员会、村民委员会等应当协助执行。

42. 民事裁定书（驳回人身安全保护令申请用）

×××× 人民法院
民事裁定书

（××××）……民保令……号

申请人×××，……。
……
被申请人×××，……。
……
（以上写明当事人及其代理人的姓名或名称等基本信息）

申请人×××与被申请人×××申请人身安全保护令一案，本院于××××年××月××日立案后进行了审查。现已审查终结。

申请人×××称，……（概述申请人主张的请求、事实和理由）。

本院经审查认为，申请人×××的申请不符合发出人身安全保护令的条件。

依照《中华人民共和国反家庭暴力法》第二十六条、第二十七条、第二十八条规定，裁定如下：

驳回×××的申请。

如不服本裁定，可以自本裁定生效之日起五日内向本院申请复议一次。

$\qquad$ 审 判 员 ×××

$\qquad$ ××××年××月××日
$\qquad$ （院印）
$\qquad$ 书 记 员 ×××

【说明】

1. 本样式根据《中华人民共和国反家庭暴力法》第四章人身安全保护令制定，供申请人或者被申请人居住地、家庭暴力发生地的人民法院在受理申请人身安全保护令案后，经审查不符合法律规定的，裁定驳回申请用。

2. 案号类型代字为"民保令"。

3. 作出人身安全保护令，应当具备下列条件：（1）有明确的被申请人；（2）有具体的请求；（3）有遭受家庭暴力或者面临家庭暴力现实危险的情形。

4. 人民法院受理申请后，应当在七十二小时内作出人身安全保护令或者驳回申请；情况紧急的，应当在二十四小时内作出。

5. 申请人对驳回申请不服的，可以自裁定生效之日起五日内向作出裁定的人民法院申请复议一次。

【实例评注】

湖南省郴州市北湖区人民法院
民事裁定书①

(2016) 湘 1002 民保令 2 号

申请人艾某某，女，1961 年 5 月 20 日出生，现住湖南省郴州市北湖区。

被申请人曾某某，男，1962 年 2 月 21 日出生，现住湖南省郴州市北湖区。

申请人艾某某与被申请人曾某某申请人身安全保护令一案，本院于 2016 年 8 月 9 日立案后进行了审查。现已审查终结。

申请人艾某某称，被申请人曾某某在婚姻存续期间长期殴打、恐吓、谩骂、侮辱申请

---

① 来源：中国裁判文书网。

人，现双方已经法院判决离婚。申请人艾某某和儿子同去催要判给申请人的财产，却遭被申请人毒打，并造成申请人头部、面部、牙齿等多处受伤，申请人的儿子右手、手背、大拇指、颈部、右脚等多处受伤，并在涌泉派出所当着干警的面，多次狂言灭申请人全家。现申请人及申请人子女人身安全遭到严重的威胁，为防患未然特向法院申请。

申请事项：

1. 禁止被申请人殴打、恐吓、威胁、辱骂、跟踪申请人；
2. 禁止被申请人殴打、恐吓、威胁、辱骂、跟踪申请人子女；
3. 禁止被申请人损毁申请人及其子女财产；
4. 被申请人应负责本次殴打申请人的医药费、牙齿恢复正常费、误工费、护理费、营养费；
5. 被申请人强行占有申请人投资，现被申请人独占经营的和旺超市两年门面租金及水电费。

本院经审查认为，申请人艾某某与被申请人曾某某的离婚纠纷已经本院判决准予离婚，2016年6月20日，郴州市中级人民法院下达二审判决，维持原判。《中华人民共和国反家庭暴力法》第二条规定："本法所称家庭暴力，是指家庭成员之间以殴打、捆绑、残害、限制人身自由以及经常性谩骂、恐吓等方式实施的身体、精神等侵害行为。"申请人与被申请人的离婚判决已于2016年6月20日生效，此后双方夫妻关系已解除，故双方并非法律意义上的家庭成员。按照上述法律规定，人身安全保护令的申请人与被申请人应同属家庭成员，故申请人艾某某在婚姻关系解除后申请人身安全保护令并不适格，其申请不符合发出人身安全保护令的条件。但是，申请人艾某某可依法向其他有关部门主张权利。

依照《中华人民共和国反家庭暴力法》第二十六条、第二十七条、第二十八条之规定，裁定如下：

驳回申请人艾某某的申请。

如不服本裁定，可以在本裁定生效之日起五日内向本院申请复议一次。

审　判　员　王　林
二〇一六年八月二十九日
书　记　员　欧阳雷

〔评注〕

1. 人身安全保护令案件由申请人或者被申请人居住地、家庭暴力发生地的基层人民法院管辖。人身安全保护令由人民法院以裁定形式作出。依据《反家庭暴力法》第二十七条的规定，作出人身安全保护令，应当具备下列条件：（1）有明确的被申请人；

(2) 有具体的请求；(3) 有遭受家庭暴力或者面临家庭暴力现实危险的情形。

2. 人民法院经审查认为人身安全保护措施申请不符合申请条件的，驳回申请，并告知申请人申请复议的权利。本实例法院认为申请人与被申请人已离婚，申请人在婚姻关系解除后作为申请人身安全保护令的主体并不适格，其申请不符合发出人身安全保护令的条件，故依法驳回申请人的申请。申请人对人身安全保护裁定不服的，可以在收到人身安全保护裁定之日起五日内向签发裁定的人民法院申请复议一次。人民法院在收到复议申请之日起五日内作出复议裁定。

3. 需要注意的是，正文首部中，诉讼参加人的诉讼地位与姓名或名称之间用""：""间隔，实例应补充冒号。

43. 民事裁定书（驳回复议申请用）

×××× 人民法院
民事裁定书

（××××）……民保令……号

复议申请人：×××，……。
……

人身安全保护令申请人：×××，……。
……

（以上写明当事人及其代理人的姓名或者名称等基本信息）

复议申请人×××不服本院于××××年××月××日作出（××××）……民保令……号人身保护令民事裁定，申请复议。×××提出，……（概述复议申请人复议请求和理由）。

经复议，本院认为，……（写明驳回复议申请的理由）。

依照《中华人民共和国反家庭暴力法》第三十一条规定，裁定如下：

驳回×××的复议申请。

审　判　员　×××

××××年××月××日
（院印）

书　记　员　×××

【说明】

1. 本样式根据《中华人民共和国反家庭暴力法》第三十一条制定，供作出驳回人身安全保护令申请裁定的人民法院在受理复议申请后，裁定驳回复议申请用。

2. 案号类型代字为"民保令"。

【实例评注】

天津市河东区人民法院
民事裁定书①

（2016）津 0102 民保更 2 号

申请复议人：于某某，无职业。

人身安全保护令申请人：于某，女。

委托代理人卢某某，被告之母，天津市螺帽五厂退休工人。

本院于 2016 年 3 月 14 日作出（2016）津 0102 民保令 3 号人身安全保护令。于某某不服，于 2016 年 3 月 23 日向本院申请复议。

本院认为，（2016）津 0102 民保令 3 号人身安全保护令，符合《中华人民共和国反家庭暴力法》第二十七条之规定。于某某申请复议理由不能成立。本院依照《中华人民共和国反家庭暴力法》第三十一条之规定，裁定如下：

驳回于某某复议申请。

代理审判员　　王　辉

二〇一六年七月八日

书　记　员　　杨文浩

〔评注〕

1. 案号类型代字为"民保令"。本实例写成"民保更"，应予改正。

2. 申请人对驳回申请不服或者被申请人对人身安全保护令不服的，可以自裁定生效之日起五日内向作出裁定的人民法院申请复议一次。人民法院依法作出人身安全保护令的，复议期间不停止人身安全保护令的执行。法院经审查认为之前作出的人身安全保护令裁定符合法律规定，复议申请人复议申请理由不成立的，

---

① 来源：中国裁判文书网。

依法裁定驳回复议申请。

3. 需要注意的是，文书正文首部当事人应分别表述为"复议申请人"和"人身安全保护令申请人"。

4. 复议申请人不服的请求和理由应在文书正文中简要概述。

44. 民事裁定书（复议作出人身安全保护令用）

××××人民法院
民事裁定书

（××××）……民保令……号

复议申请人：×××，……。

……

人身安全保护令被申请人：×××，……。

……

（以上写明当事人及其代理人的姓名或者名称等基本信息）

复议申请人不服本院于××××年××月××日作出（××××）……民保令……号驳回申请民事裁定，申请复议。×××提出，……（概述复议申请人申请复议的请求和理由）。

经复议，本院认为，……（写明撤销驳回申请民事裁定、作出人身安全保护令的理由）。

依照《中华人民共和国反家庭暴力法》第二十六条、第二十七条、第二十九条、第三十条、第三十一条规定，裁定如下：

一、撤销本院（××××）……民保令……号驳回申请民事裁定；

二、……（写明作出人身安全保护令的措施）。

本裁定自作出之日起×个月内有效。人身安全保护令失效前，人民法院可以根据申请人的申请撤销、变更或者延长。

审　判　员　×××

××××年××月××日

（院印）

书　记　员　×××

遭遇家庭暴力时，请于第一时间拨打110报警或者向所在单位、居（村）民委员会、妇女联合会等单位投诉、反映或者求助并注意保留相关证据。

【说明】

1. 本样式根据《中华人民共和国反家庭暴力法》第二十六条、第二十七条、第二十九条、第三十条、第三十一条制定，供作出驳回申请人申请裁定的人民法院根据申请人的复议申请，裁定撤销原裁定、作出人身安全保护令用。

2. 案号类型代字为"民保令"。

3. 人身安全保护令的有效期不超过六个月，自作出之日起生效。

4. 人民法院作出人身安全保护令后，应当送达申请人、被申请人、公安机关以及居民委员会、村民委员会等有关组织。人身安全保护令由人民法院执行，公安机关以及居民委员会、村民委员会等应当协助执行。

【实例评注】

（暂缺实例）

〔评注〕

1. 需要注意的是，文书正文首部当事人应分别表述为"复议申请人"和"人身安全保护令申请人"。

2. 复议申请人不服申请复议的请求和理由应在文书正文中简要概述。本院认为部分应写明撤销原驳回申请民事裁定以及作出人身安全保护令的理由。

3. 2016年7月，最高人民法院印发《关于人身安全保护令案件相关程序问题的批复》，就人身安全保护令案件的复议问题作出规定，明确对于人身安全保护令的被申请人提出的复议申请和人身安全保护令的申请人就驳回裁定提出的复议申请，可以由原审判组织进行复议，人民法院认为必要的，也可以另行指定审判组织进行复议。

45. 民事裁定书（复议撤销人身安全保护令用）

×××人民法院
民事裁定书

（××××）……民保令……号

复议申请人：×××，……。
……
人身安全保护令申请人：×××，……。
……

（以上写明当事人及其代理人的姓名或者名称等基本信息）

复议申请人×××不服本院于××××年××月××日作出（××××）……民保令……号人身保护令民事裁定，申请复议。×××提出，……（概述复议申请人复议请求和理由）。

经复议，本院认为，……（写明作出撤销的理由）。

依照《中华人民共和国反家庭暴力法》第二十七条、第三十一条规定，裁定如下：

撤销本院（××××）……民保令……号人身安全保护令民事裁定。

审 判 员　×××

××××年××月××日

（院印）

书 记 员　×××

【说明】

1. 本样式根据《中华人民共和国反家庭暴力法》第二十七条、第三十一条制定，供作出人身安全保护令裁定的人民法院根据被申请人的复议申请，裁定撤销原人身安全保护令用。

2. 案号类型代字为"民保令"。

【实例评注】

温州市龙湾区人民法院
民事裁定书[①]

（2016）浙0303民保更1号

申请复议人：纪某。

委托代理人：吴某某，浙江和乐律师事务所律师。

人身安全保护令申请人：虞某某，女，1991年2月3日出生，汉族，住温州市龙湾区，公民身份号码：330324××××××××××。

委托代理人：项某某，浙江人民联合律师事务所律师。

---

① 来源：中国裁判文书网。

本院于2016年6月15日作出(2016)浙0303民保令第2号人身安全保护令。纪某不服，于2016年7月1日向本院申请复议。

本院认为，鉴于双方已就离婚等纠纷达成一揽子调解协议，人身安全保护令申请人虞某某同意撤销人身安全保护令，本院依照《中华人民共和国反家庭暴力法》第三十一条之规定，裁定如下：

撤销(2016)浙0303民保令第2号人身安全保护令。

审　判　员　　金　丛

二〇一六年七月十五日

代书记员　　章　特

〔评注〕

1. 案号类型代字为"民保令"。本实例写成"民保更"，应予改正。

2. 申请人对驳回申请不服或者被申请人对人身安全保护令不服的，可以自裁定生效之日起五日内向作出裁定的人民法院申请复议一次。人民法院依法作出人身安全保护令的，复议期间不停止人身安全保护令的执行。法院经审查认为可以撤销的，依法裁定撤销原人身安全保护令。本实例中，法院鉴于双方已达成离婚调解协议并取得人身安全保护令申请人的同意，作出撤销原人身安全保护令的裁定。

3. 需要注意的是，文书正文首部当事人应分别表述为"复议申请人"和"人身安全保护令申请人"。按照《人民法院民事裁判文书制作规范》的要求，实例中"委托代理人"应表述为"委托诉讼代理人"。

4. 复议申请人不服申请复议的请求和理由应在文书正文中简要概述。

5. 申请人提出申请后很快撤回申请的，或者经合法送达听证通知后不出席听证的，经审查，如存在以下因素，人民法院应当保持警觉，判断其是否因施暴人的威胁、胁迫所致。存在以下因素的，不予批准：（1）被申请人有犯罪前科的；（2）被申请人曾有严重家庭暴力行为的；（3）被申请人自行或与申请人共同来申请撤销的；（4）申请人的撤销申请无正当理由的或不符合逻辑的；等等。

46. 民事裁定书（申请撤销、变更、延长人身安全保护令用）

×××人民法院
民事裁定书

（××××）……民保更……号

申请人×××，……。
……
被申请人×××，……。
……
（以上写明当事人及其代理人的姓名或者名称等基本信息）

申请人×××与被申请人×××申请人身安全保护令一案，本院于××××年××月××日作出人身安全保护令民事裁定。申请人×××于××××年××月××日申请撤销/延长/变更人身安全保护令，本院进行了审查。现已审查终结。

×××称，……（概述申请人主张撤销、变更、延长的请求、事实和理由）。

本院经审查认为，……（写明撤销、变更、延长或者驳回申请的理由）。

依照《中华人民共和国反家庭暴力法》第二十六条、第三十条规定，裁定如下：

（撤销的，写明:）撤销本院（××××）……民保令……号人身安全保护令民事裁定。

（驳回申请的，写明:）驳回×××的申请。

（延长的，写明延长的人身安全保护令的措施:）……。

（变更的，写明:）

一、撤销本院（××××）……民保令……号人身安全保护令民事裁定第×项；

二、……（写明人身安全保护令的新措施）。

（延长或者变更的，写明:）本裁定自作出之日起×个月内有效。

审 判 员　×××

××××年××月××日
（院印）
书 记 员　×××

【说明】

1. 本样式根据《中华人民共和国反家庭暴力法》第二十六条、第三十条制定，供作出人身安全保护令裁定的人民法院在人身安全保护令失效前，根据申请人的申请，裁定撤销、变更、延长人身安全保护令或者驳回申请用。

2. 案号类型代字为"民保更"。

3. 变更或者延长后的人身安全保护令的有效期不超过六个月，自作出之日起生效。

4. 撤销、变更、延长的裁定，应当送达申请人、被申请人、公安机关以及居民委员会、村民委员会等有关组织。变更、延长的人身安全保护令由人民法院执行，公安机关以及居民委员会、村民委员会等应当协助执行。

【实例评注】

（暂缺实例）

〔评注〕

1. 文书正文首部写明申请人及被申请人的身份情况。
2. 申请人称部分概述申请人主张撤销、变更、延长的请求、事实和理由。
3. 本院经审查认为部分写明撤销、变更、延长或者驳回申请的理由。
4. 注意裁定事项部分三种不同情况的表述分别为：

（1）撤销的，写明：撤销本院（××××）……民保令……号人身安全保护令民事裁定。驳回申请的，写明：驳回×××的申请。

（2）延长的，写明：延长的人身安全保护令的措施。

（3）变更的，写明：一、撤销本院（××××）……民保令……号人身安全保护令民事裁定第×项；二、人身安全保护令的新措施。

延长或者变更的，还要写明：本裁定自作出之日起×个月内有效。变更或者延长后的人身安全保护令的有效期不超过六个月，自作出之日起生效。

（十一）其他

47. 民事裁定书（对特别程序申请不予受理用）

××××人民法院
民事裁定书

（××××）……民特……号

申请人：×××，……。
（以上写明申请人及其代理人的姓名或者名称等基本信息）

> ×××年××月××日，本院收到×××……（写明案由）的申请书。申请人×××称，……（概述申请人的请求、事实和理由）。
> 　　本院经审查认为，……（写明对申请不予受理的理由）。
> 　　依照《中华人民共和国民事诉讼法》第一百五十四条第一款第一项、第一百七十八条规定，裁定如下：
> 　　对×××的申请，本院不予受理。
>
>
> 审　判　长　×××
> 审　判　员　×××
> 审　判　员　×××
>
>
>
> ×××年××月××日
> （院印）
> 书　记　员　×××
>

【说明】

1. 本样式根据《中华人民共和国民事诉讼法》第一百五十四条第一款第一项、第一百七十八条制定，供基层人民法院对于申请人申请的特别程序，经审查不符合法律规定的，裁定不予受理用。

2. 对申请司法确认调解协议不予受理的，适用相应样式，不适用本样式。

【实例评注】

山西省古县人民法院
民事裁定书[①]

（2016）晋 1025 民特 1 号

申请人：中国邮政储蓄银行股份有限公司古县支行，住所地：临汾市古县相如路煤炭安监大楼一层。

负责人：罗某某，该行行长。

委托代理人：郑某某，男，30岁。

[①] 来源：中国裁判文书网。

2016年8月22日，本院收到申请人中国邮政储蓄银行股份有限公司古县支行实现担保物权纠纷一案的申请书。申请人中国邮政储蓄银行股份有限公司古县支行称，2013年4月10日，被申请人范某某、杨某某与申请人签订了《个人额度借款合同》及《个人最高额抵押合同》，杨某甲、李某某与申请人签订了《个人最高额抵押合同》，杨某乙、孙某某与申请人签订了《个人最高额抵押合同》，为履行合同，被申请人范某某、杨某某将自有的古县向阳西街北一巷×号的古房权证×××城字第×号房产；被申请人杨某甲、李某某将自有的古县延平路×号的古房权证×××城字第×号房产；被申请人杨某乙、孙某某将自有的古县延平路×号的古房权证×××城字第×号房产；作为其向申请人借款的抵押担保。后被申请人范某某、杨某某分别于2013年4月16日、2013年9月12日、2015年1月8日从申请人处分别获得三笔借款：其中一笔借款20万元，借款期限为5年，年利率8.96%；另一笔借款36万元，借款期限5年，年利率8.96%；第三笔借款12万元，借款期限5年，年利率8.4%。三笔借款发放后，被申请人范某某、杨某某只履行了部分归还本息的义务，截止2016年8月8日，被申请人范某某、杨某某拖欠原告借款本息27 487.26元，至今无法归还。其行为已经构成严重违约。根据物权法、民事诉讼法有关规定及合同约定，申请人决定提前收回未到期贷款。现依法申请法院裁定：1. 对被申请人范某某、杨某某的位于古县向阳西街北一巷×号（古房权证×××城字第×号）的房产进行拍卖、变卖；对被申请人杨某甲、李某某的位于古县延平路×号（古房权证×××城字第×号）的房产进行拍卖、变卖；对被申请人杨某乙、孙某某的位于古县延平路×号（古房权证×××城字第×号）的房产进行拍卖、变卖；2. 申请人对上述抵押物变价后所得价款在贷款本金36.37万元及合同约定利息等范围内优先受偿。

本院经审查认为，根据《中华人民共和国合同法》规定，依法成立的合同，对当事人具有法律约束力。当事人应当按照约定全面履行自己的义务。申请人中国邮政储蓄银行股份有限公司古县支行与被申请人在《个人额度借款合同》和《最高额抵押合同》中明确约定，双方在履行合同中如发生争议，可由双方协商或调解解决，协商或调解不成时，向申请人住所地有管辖权的人民法院提起诉讼。根据《中华人民共和国民事诉讼法》相关规定，抵押权人向法院申请实现担保物权属于非诉讼程序。抵押权人中国邮政储蓄银行股份有限公司古县支行向法院提出实现担保物权的申请，不符合其与被申请人双方所签合同之约定，导致其申请不符合法律规定的受理条件，所以，本院依法不予受理。建议双方当事人依据合同约定，结合具体客观事实，通过诉讼程序予以处理双方的纠纷为妥。

依照《中华人民共和国民事诉讼法》第一百五十四条第一款第一项、第二款、第一百七十八条之规定，裁定如下：

对中国邮政储蓄银行股份有限公司古县支行的申请，本院不予受理。

如不服本裁定，可以在裁定书送达之日起十日内，向本院递交上诉状，上诉于山西省临汾市中级人民法院。

审　判　员　狄小平

二〇一六年八月三十一日

书　记　员　成春艳

〔评注〕

本样式适用于基层人民法院对于申请人申请的特别程序，经审查不符合法律规定的，裁定不予受理用。对申请司法确认调解协议不予受理的，不适用本样式。本文书写法与诉讼案件不予受理裁定基本一致，属于可以上诉的裁定类型。

需要注意的是，按照《人民法院民事裁判文书制作规范》的要求，实例中"委托代理人"应表述为"委托诉讼代理人"。

48. 民事裁定书（准许撤回特别程序申请用）

×××× 人民法院

民事裁定书

（××××）……民特……号

申请人：×××，……。

被申请人：×××，……。

（以上写明申请人、被申请人及其代理人的姓名或者名称等基本信息）

申请人×××与被申请人×××……（写明案由）一案，本院于××××年××月××日立案。申请人×××于××××年××月××日向本院提出撤回申请。

本院认为，当事人有权在法律规定的范围内处分自己的民事权利和诉讼权利。申请人撤回申请，不违反法律规定。

依照《中华人民共和国民事诉讼法》第十三条第二款、第一百五十四条第一款第十一项规定，裁定如下：

准许申请人×××撤回申请。

```
                                   审 判 员  ×××
                                ××××年××月××日
                                      (院印)
                                   书 记 员  ×××
```

【说明】

1. 本样式根据《中华人民共和国民事诉讼法》第十三条第二款制定，供基层人民法院在审理特别程序案件过程中，裁定准许申请人撤回申请用。

2. 人民法院受理宣告失踪、宣告死亡案件后，作出判决前，申请人撤回申请的，人民法院应当裁定终结案件。

3. 准许撤回司法确认调解协议申请的，适用相应样式，不适用本样式。

【实例评注】

福建省厦门市湖里区人民法院
民事裁定书[①]

(2014)湖民特字第1号

申请人旷某某，女，1956年9月18日出生，汉族，住湖南省衡山县。

委托代理人刘某甲，北京盈科(厦门)律师事务所律师。

被申请人刘某某，男，1956年3月26日出生，汉族，住湖南省衡山县。

法定代理人刘某乙，女，1981年10月17日出生，汉族。

本院在审理申请人旷某某要求宣告被申请人刘某某为无民事行为能力人一案中，申请人于2014年10月16日向本院提交撤诉申请。

本院认为，当事人有权在法律规定的范围内处分自己的民事权利和诉讼权利。申请人向本院提出的撤诉申请，符合法律规定。依照《中华人民共和国民事诉讼法》第十三条第二款、第一百四十五条第一款、第一百五十四条第一款之规定，裁定如下：

准许申请人旷某某撤回申请。

[①] 来源：中国裁判文书网。

代理审判员　　张晓毅

二〇一四年十月十七日

代　书　记　员　　刘林芝

〔评注〕

1. 本文书样式的案号类型代字应为"民特"。

2. 本文书样式适用范围为：除宣告失踪、宣告死亡案件及准许撤回司法确认调解协议申请案件以外的其他特别程序案件。人民法院受理宣告失踪、宣告死亡案件后，作出判决前，申请人撤回申请的，人民法院应当裁定终结案件。

3. 需要注意的是，正文首部中，诉讼参加人的诉讼地位与姓名或名称之间用"："间隔，实例应补充冒号。按照《人民法院民事裁判文书制作规范》的要求，实例中"委托代理人"应表述为"委托诉讼代理人"。

49. 民事裁定书（终结特别程序用）

×××× 人民法院

民事裁定书

（××××）……民特……号

申请人：×××，……。

被申请人：×××，……。

（以上写明申请人、被申请人及其代理人的姓名或者名称等基本信息）

申请人×××与被申请人×××……（写明案由）一案，本院于××××年××月××日立案后进行了审理。

本院经审查认为，……（写明终结特别程序的理由）。

依照《中华人民共和国民事诉讼法》第一百七十九条规定，裁定如下：

终结本案程序。

审　判　员　×××

××××年××月××日

（院印）

书　记　员　×××

【说明】

本样式根据《中华人民共和国民事诉讼法》第一百七十九条制定,供基层人民法院在审理特别程序案件过程中裁定终结特别程序用。

【实例评注】

江苏省扬州经济技术开发区人民法院
民事裁定书①

(2014)扬开商特字第 00003 号

申请人扬州市某某担保有限责任公司。
法定代表人屈某某,总经理。
委托代理人陈某某,江苏石立律师事务所律师。
被申请人石某某。
委托代理人闵某,男,1954 年 4 月 7 日出生,汉族。
申请人扬州市某某担保有限责任公司与被申请人石某某申请实现担保物权纠纷一案,本院于 2014 年 5 月 30 日立案受理后,依法由审判员袁伟进行了审理,在审理过程中,被申请人石某某对本案提出异议。依照《中华人民共和国民事诉讼法》第一百七十九条之规定,裁定如下:
终结特别程序。
案件受理费 80 元,由申请人扬州市金信担保有限责任公司负担。

审　判　员　袁　伟

二〇一四年六月二十三日

书　记　员　魏继霞

〔评注〕

1. 本实例基本符合文书样式写法,唯一需要改进的就是在立案进行审理之后应另起一行表述"本院经审查认为",写明终结特别程序的理由。
2. 依据《民事诉讼法》第一百七十九条的规定,人民法院在依照特别程序审理案件的过程中,发现本案属于民事权益争议的,应当裁定终结特别程序,

---

① 来源:中国裁判文书网。

并告知利害关系人可以另行起诉。本实例中，因被申请人提出异议，故法院裁定终结特别程序。

3. 需要注意的是，正文首部中，诉讼参加人的诉讼地位与姓名或名称之间用"："间隔，实例应补充冒号。按照《人民法院民事裁判文书制作规范》的要求，实例中"委托代理人"应表述为"委托诉讼代理人"。